河南大學圖書館館藏善本圖録

李景文　郭鴻昌　主編

中原出版传媒集团
中原传媒股份公司
大象出版社
·郑州·

圖書在版編目（CIP）數據

河南大學圖書館館藏善本圖録 / 李景文主編 . -- 鄭州 : 大象出版社 , 2019.9

ISBN 978-7-5711-0030-8

Ⅰ . ①河… Ⅱ . ①李… Ⅲ . ①院校圖書館 - 古籍 - 善本 - 圖書館目録 - 河南 Ⅳ . ① Z838

中國版本圖書館 CIP 數據核字（2018）第 289307 號

HENANDAXUE TUSHUGUAN GUANCANG SHANBEN TULU

河南大學圖書館館藏善本圖録

李景文　郭鴻昌　主編

出 版 人　王劉純
責任編輯　遲慶國　王　冰
封面設計　劉　民
責任校對　牛志遠　裴紅燕

出版發行　大象出版社
（鄭州市鄭東新區祥盛街27號　郵政編碼：450016）
發行科 0371-63863551　總編室 0371-65597936
網　　址　www.daxiang.cn
經　　銷　各地新華書店
印　　刷　鄭州新海岸電腦彩色制印有限公司
版　　次　2019年9月第1版　2019年9月第1次印刷
開　　本　890mm×1240mm　1/16
印　　張　38.5
定　　價　278.00元

若發現印、裝質量問題，影響閲讀，請與承印廠聯系調换。
印廠地址　鄭州市鼎尚街 15 號
郵政編碼　450002　　電話 0371-67358093

《河南大學圖書館館藏善本圖録》編委會

目録

001 《元史》提要

《元史》二百一十卷，目録二卷，明宋濂等撰。明洪武内府刻嘉靖萬曆南京國子監遞修本。凡二十六册。半葉十行，行二十字。粗黑口，四周雙邊。版框高二十六點二厘米，寬十六點八厘米。

《元史》是系統記載元朝興亡過程的一部紀傳體斷代史，成書於明朝初年，是二十四史之一。洪武二年，得元朝《實録》，命修《元史》，以宋濂爲總裁，八月書成，而順帝朝史未備，乃命儒士歐陽佑等往北平采其遺事，洪武三年詔重開史局，約六月書成。《元史》的本紀，以原始史料的多寡量體裁剪，體現了《元史》編纂的求實精神。《元史》的志對元朝典章制度作了比較詳細的記述，保存了大批珍貴史料。《元史》的列傳有類傳十四種，所敘之事，多有詳細年、月、日記載，有較高參考價值。《元史》體例整齊，文字淺顯，敘事明白易懂。

館藏本收入第二批國家珍貴古籍名録。

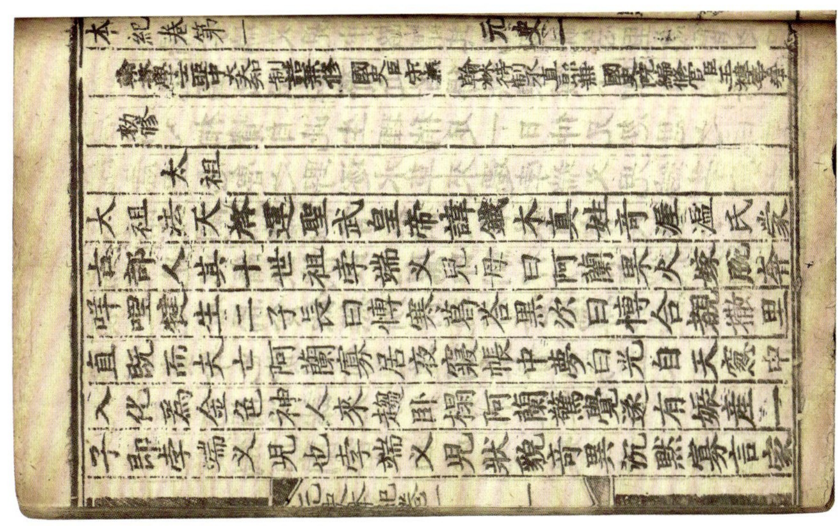

002 《周易傳義》提要

《周易傳義》十卷，宋程頤傳，宋朱熹本義。明正統十二年（1447）内府司禮監刻本。凡四册。半葉八行，行十四字，小字雙行，行十七字。上下粗黑口，黑順魚尾，四周雙邊。版框高二十二點二厘米，寬十六點四厘米。

聖人教化萬民，大抵因事以寓教。《易》之爲書，推天道以明人事者也。《易》道廣大，無所不包，旁及天文、地理、樂律、兵法、韵學、算術等。伊川先生程頤著《易傳》，言理爲本，一闡天道，一明人事，以其書授門人張繹。後張繹卒，其書散亡，故學者所傳無善本。朱熹刊定古文，訂正淆亂，作爲本義，廣益宏博。

館藏本存七卷：卷二至卷八。書品寬大，字大行稀，紙墨精細，頗能體現經廠本的特點。又程子《傳》、朱子《本義》，素以永樂御定《大全》本爲流行，是書少見。

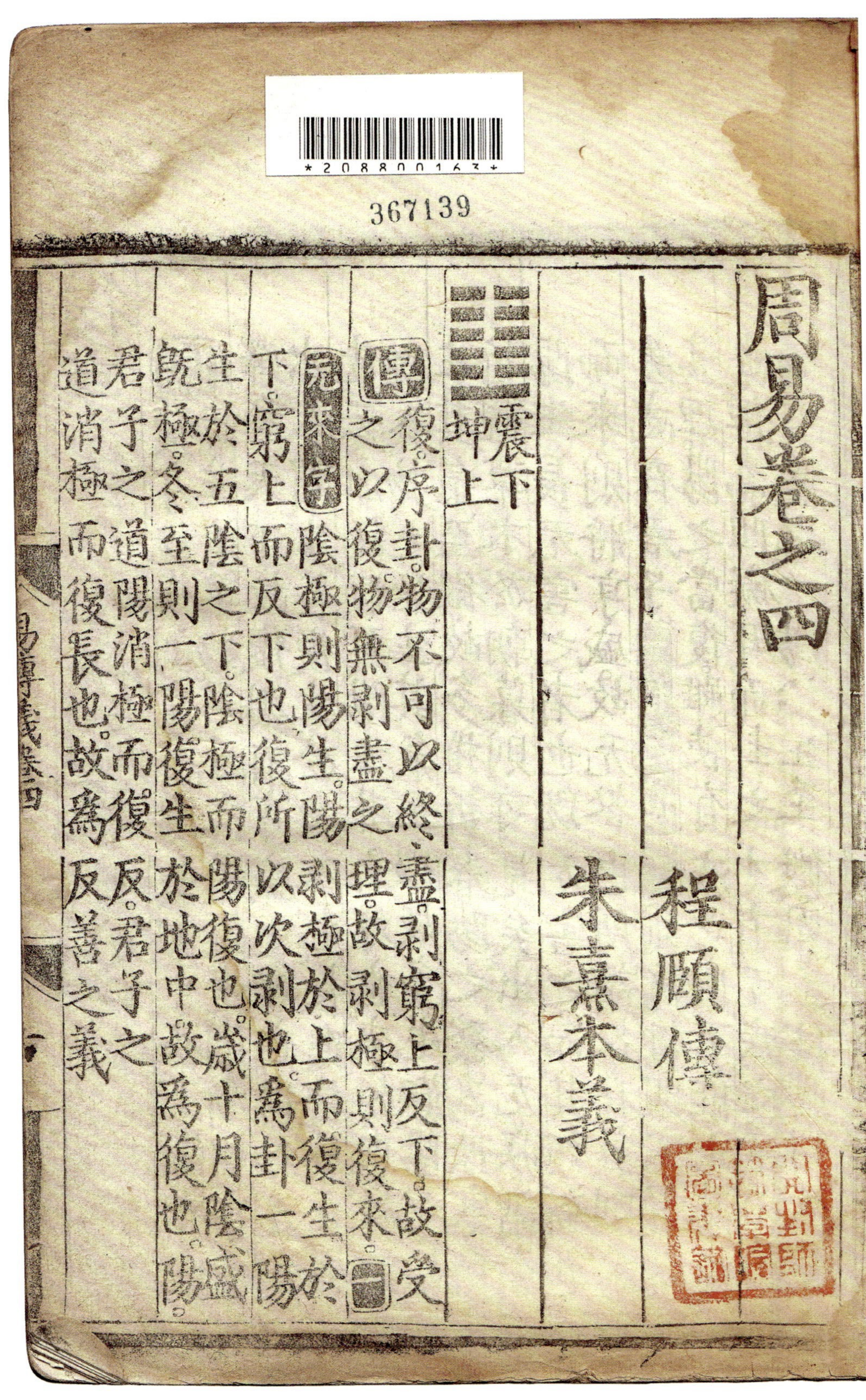

周易卷之四

程頤傳
朱熹本義

䷗ 震下坤上

〔傳〕復序卦物不可以終盡剝窮上反下故受之以復物無剝盡之理故剝極則復來〔一〕〔元来子〕陰極則陽生陽剝極於上而復生於下窮上而反下也復所以次剝也爲卦一陽生於五陰之下陰極而陽復也歲十月陰盛陽既極冬至則一陽復生於地中故爲復也陽君子之道陽消極而復反君子之道消極而復長也故爲反善之義

003 《春秋胡傳》提要

《春秋胡傳》三十卷，宋胡安國撰。明成化刻本。凡四册。半葉九行，行十八字，小字雙行，行十八字。白口，黑單魚尾，四周雙邊。版框高二十二厘米，寬十三點六厘米。

胡安國（1074—1138），又名胡迪，字康侯，號青山，謚號文定。學者稱武夷先生，後世稱胡文定公。建寧崇安（今福建省武夷山市）人，北宋學者。

《春秋胡傳》作於南渡之後，胡安國感激時事，往往借《春秋》以寓意。明初定科舉之制，大略承元舊式，以安國之學出程氏、張洽之學出朱氏，故《春秋》定用二家，後張洽《傳》漸不行用，遂獨用安國書，故此書實爲元、明兩代科舉取士之法定讀本。

館藏本爲明成化新安同知張英刻。是書承元刻，附林堯叟音注，下欄爲經傳，上欄爲考异，天頭有批點。

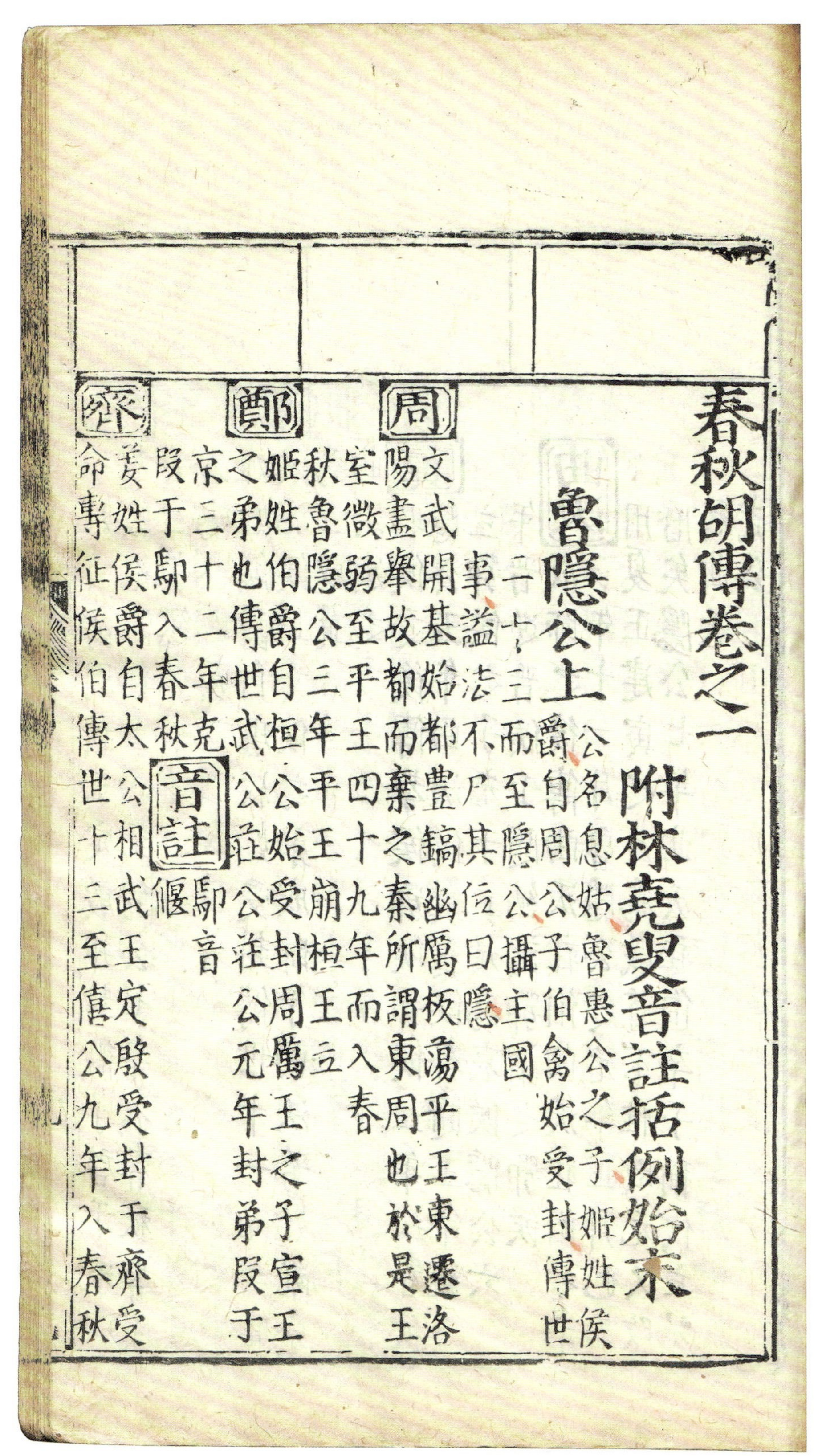

春秋胡傳卷之一

附林堯叟音註括例始末

魯隱公上 公名息姑魯惠公之子姬姓侯爵自周公子伯禽始受封傳世二十三而至隱公攝主國事謚法不尸其位曰隱

周 文武開基始都豐鎬幽厲板蕩平王東遷洛陽盡舉故都而棄之秦所謂東周也於是王室微弱至平王四十九年而入春秋魯隱公三年平王崩桓王立

鄭 姬姓伯爵自桓公始受封周厲王之子宣王之弟也傳世武公莊公莊公元年封弟段于京三十二年克段于鄢入春秋 音註 鄢音偃

齊 姜姓侯爵自太公相武王定殷受封于齊受命專征侯伯傳世十三至僖公九年入春秋

004 《爾雅翼》提要

《爾雅翼》三十二卷，宋羅願撰，元洪焱祖音釋。明正德十四年（1519）羅文殊刻本。凡四册。半葉九行，行十九字。白口和細黑口，白順魚尾，左右雙邊。版框高十九點八厘米，寬十四點一厘米。

羅願（1136—1184），字端良，號存齋，徽州歙縣（今安徽歙縣）人。羅汝楫子，蔭補承務郎。宋乾道二年（1166）進士，歷任鄱陽知縣、贛州通判、鄂州知事，人稱羅鄂州。精博物之學，長於考證。文章精練醇雅，有秦漢古文之風。撰《新安志》，著有《爾雅翼》《鄂州小集》。洪焱祖（1262—約1328），字潛夫，自號杏亭，徽州歙縣人。學問博洽，著有《杏亭摘稿》及《爾雅翼音釋》，又嘗繼《新安志》作《續新安志》，并傳於世。

《爾雅》是中國最早解釋名物的書，十三經之一，也是後人考證古語的重要文獻。《爾雅翼》是解釋《爾雅》鳥獸蟲魚各種物名的訓詁書，以爲《爾雅》之輔翼，故名。全書五萬字，體例仿《爾雅》，分《釋草》《釋木》《釋鳥》《釋獸》《釋蟲》《釋魚》六類，《四庫全書總目》評價『其書考據精博，而體例謹嚴，在陸佃《埤雅》之上』。

館藏本行款匀整，朱筆圈點，刻寫精細。

爾雅翼卷第一　釋草一

黍　稷　稻　粱　麥　麰

麻　菽　秬　秠　苽

黍

禾屬而黏者也以大暑而種故謂之黍從禾雨省聲孔子曰黍可爲酒禾入水也然則又以禾入水三字合而爲黍不但從雨而已黍以大暑而種故農家以三月上旬爲上時四月上旬爲中時五月上旬爲下時然月令仲夏之月農旣

005 《初學記》提要

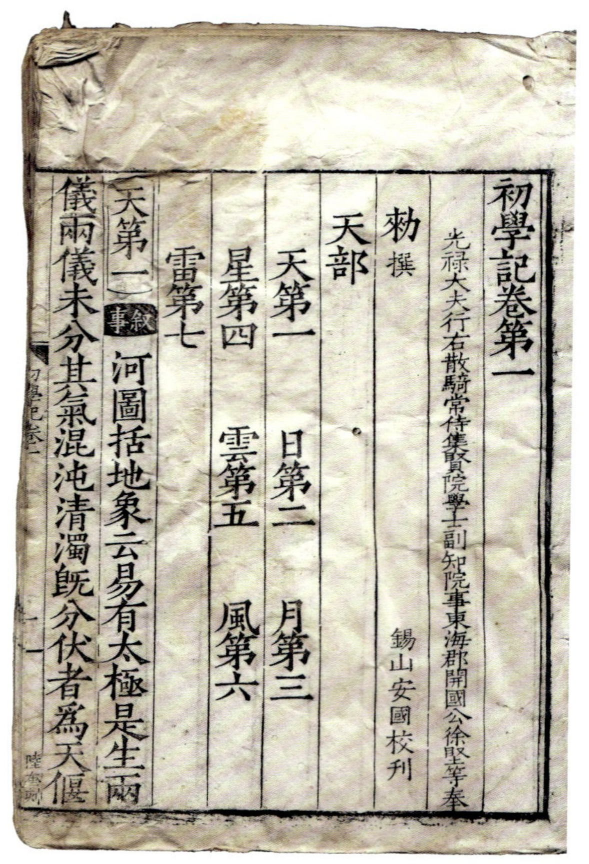
初學記卷第一
光禄大夫行右散騎常侍集賢院學士副知院事東海郡開國公徐堅等奉
勑撰
錫山安國校刊
天部
天第一　日第二　月第三
星第四　雲第五　風第六
雷第七
天第一 叙事 河圖括地象云易有太極是生兩儀兩儀未分其氣混沌清濁既分伏者爲天偃

《初學記》三十卷，唐徐堅撰，明嘉靖錫山安國桂坡館刻本。凡二十四册。半葉九行，行十八字，小字雙行，行二十四字。白口，左右雙邊。版框高二十一厘米，寬十六厘米。

《初學記》取材群經諸子、歷代詩賦及唐初諸家，體例略仿《藝文類聚》，其體例前爲叙事，次爲事對，末爲詩文。此書叙事雖雜取群書，而次第若相連屬，與他類書獨殊。其擇取詩文兼録初唐，諸臣之作附前代後，太宗御製則升冠前代之首。較《玉臺新咏》以梁武帝詩雜置諸臣之中者，亦特有體例。其所采摭，皆隋以前古書，而去取謹嚴，多可應用。在唐人類書中，博雖不及《藝文類聚》，而精則勝之，若《北堂書鈔》及《六帖》，則出此書下遠矣。

館藏《初學記》，乃現存最早版本，保存相對完好，寫工精美，行格疏朗匀稱，字迹清晰流暢，觀之賞心悦目。收入第一批全國珍貴古籍名録。

006 《漢雋》提要

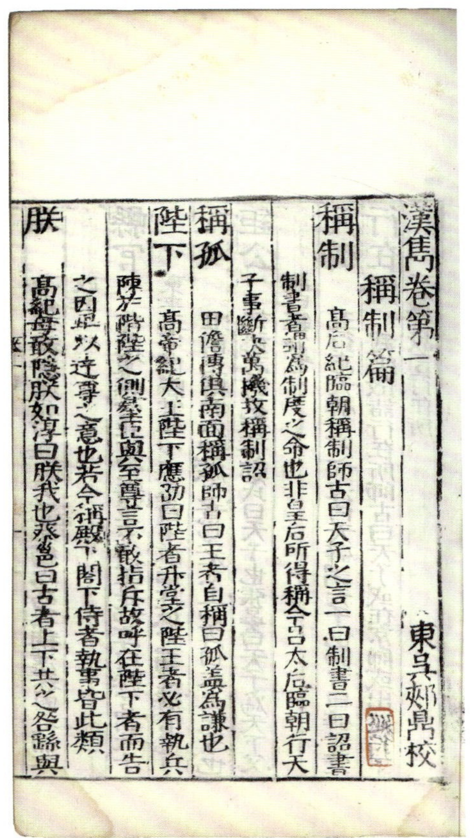
漢雋卷第一　東吳鄭鼎校

稱制篇

稱制　高后紀臨朝稱制師古曰天子之言一曰制書二曰詔書制書者謂爲制度之命也非皇后所得稱今呂太后臨朝行天子事斷決萬機故稱制詔

稱孤　田儋傳與南面稱孤師古曰王者自稱曰孤孤蓋爲謙也

陛下　高帝紀大王陛下應劭曰陛者升堂之陛王者必有執兵陳於階陛之側羣臣與至尊言不敢指斥故呼在陛下者而告之因卑以達尊之意也若今稱殿下閤下侍者執事皆此類

朕　高紀毋敢隱朕如淳曰朕我也蔡邕曰古者上下共之咎繇與

《漢雋》十卷，宋林越撰，明鄭鼎校，明嘉靖刻本。凡四册。半葉十行，行二十四至二十六字不等。白口，四周單邊。版框高十九點七厘米，寬十四點三厘米。

《漢雋》是拾取班固《漢書》的精華而編纂的精要本。按陳振孫《直齋書録解題》載此書，卷數與今相符，而注稱『括蒼林鉞』。《處州府志》亦作林鉞。此本則皆作林越，未詳孰是也。其書取《漢書》中古雅之字，分類排纂爲五十篇。每篇即以篇首二字爲名，亦間附原注。後有延祐庚申袁桷重刻《跋》，稱《漢雋》之作，蓋爲習宏博便利，斯爲定論矣。

館藏《漢雋》爲明嘉靖刻本，保存完好，經明人校勘，足稱善本。收入第一批全國珍貴古籍名録。

007 《困知記》提要

《困知記》二卷，明羅欽順撰。明嘉靖十二年（1533）刻本。凡一册。半葉九行，行十八字。白口，黑單魚尾，左右雙邊。版框高十九厘米，寬十四點一厘米。

羅欽順（1465—1547），字允升，號整庵，泰和（今江西省泰和縣）人。著名哲學家，明代『氣學』的代表人物之一。弘治六年（1493）進士科探花，官至南京吏部尚書。後辭官，隱居鄉里，專心研究理學，與王陽明一時瑜亮，時稱『江右大儒』。著有《困知記》《整庵存稿》《整庵續稿》。死後贈太子太保，謚文莊。

是書乃羅欽順晚年所作，仿張載《正蒙》，書名取自《論語》中『困而知之』一語，意指苦心鑽研所得。其記成於嘉靖戊子年，凡一百五十六章。羅欽順官南雍，取聖賢之書潛玩，久之漸覺就實，始知所見者乃此心虛靈之妙，而非性之理。自此研磨體認，積數十年，蓋其學由積漸體驗而得，故專以躬行實踐爲務，而深斥姚江良知之非。

館藏本卷前有黄芳序和作者自序。是書爲作者早期二卷本，具有較高文獻價值、校勘價值。

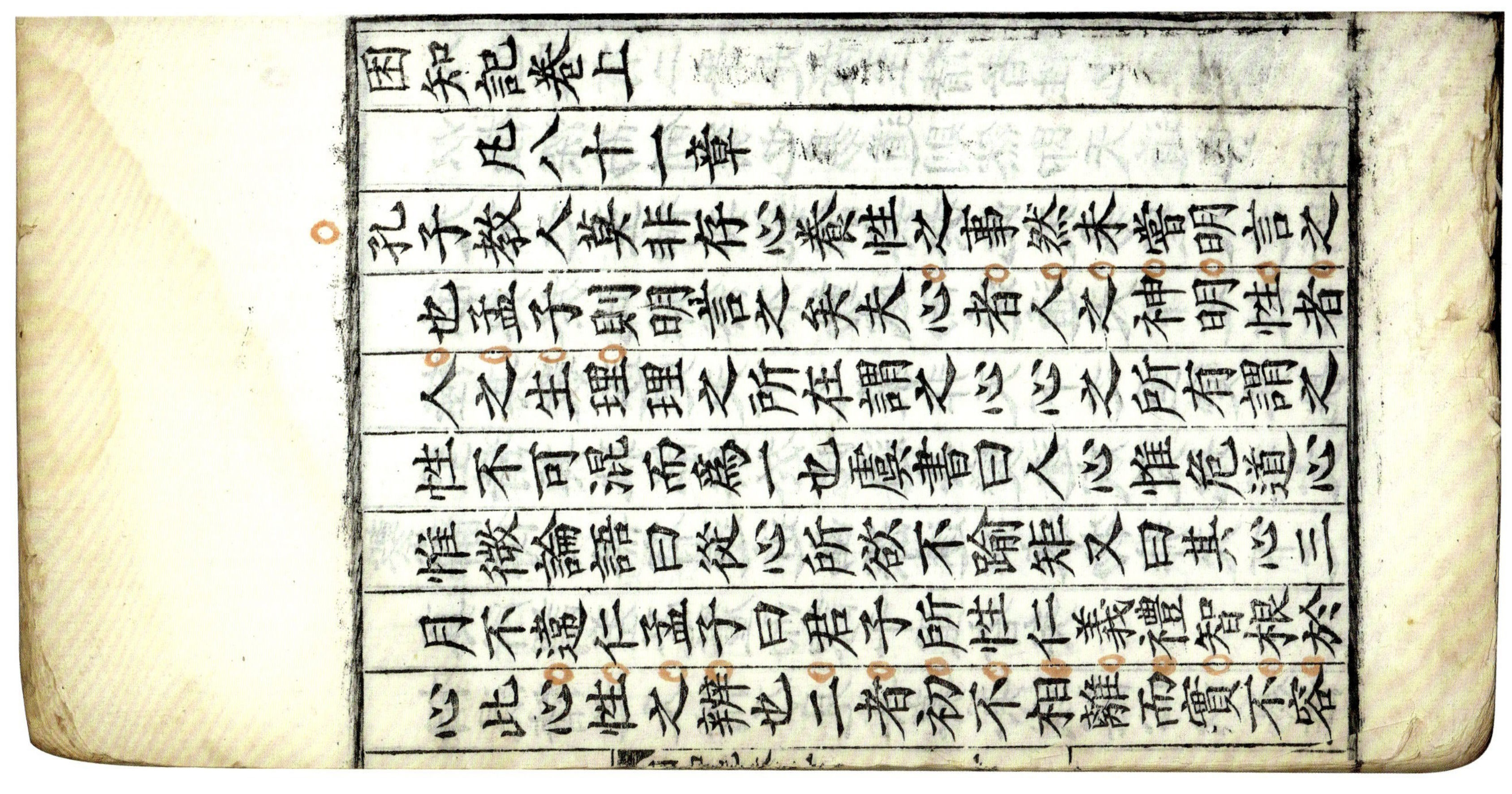
困知記卷上

凡八十一章

孔子教人莫非存心養性之事然未嘗明言之也孟子則明言之矣夫心者人之神明性者人之生理理之所在謂之心心之所有謂之性不可混而為一也虞書曰人心惟危道心惟微論語曰從心所欲不踰矩又曰其心三月不違仁孟子曰君子所性仁義禮智根於心此心性之辨也二者初不相離而實不容

008 《六書精藴》提要

《六書精藴》六卷，明魏校撰，附明徐官撰，《音釋舉要》一卷，明嘉靖魏希明刻本。凡十二册。半葉五行，行字數不一。細黑口，左右雙邊。版框高十八點五厘米，寬十三點五厘米。

《六書精藴·自序》謂『因古文正小篆之訛，擇小篆補古文之缺』，又謂『惟祖頡而參諸籀斯篆，可者取之，其不可者厘正之』云云。然字者孳也，輾轉孳生如子孫之於祖父，血脉相通而面目各别。魏校以古文正小篆，又擇小篆以補古文，是子孫之貌有偶似其祖父者，即躋之於祖父之列，以補其世系之缺也。元以來好异之流，以篆入隸，魏校更層纍而高，求出其上。末附《音釋舉要》一卷，乃其門人徐官所作，以釋注中奇字者。書有難解，假注以明。而其注先需重譯，則乖僻無用可知矣。

館藏《六書精藴》爲明代魏希明刻，希明與文徵明、祝枝山爲友，常於『依緑園』唱和。是書爲現存傳世刊本最佳者，刻寫極見功夫，具有特殊版本價值。收入第一批全國珍貴古籍名録。

衞佫遒㞢也气曷兮卍復侖亐从耆
佁　之也氣陽乎萬復齊于從者

六書精蘊弟一　上篇

一

一。於悉切。衞㞢統體也。天悳㞢純也。形气㞢元也。數㞢始也。昜㞢奇也。衞超兮无形。太一亦彊名。是何可象。生天生地。卍物以蕃。數夥不可復扸。反而求㞢。未有不始亐一也。是故象其自无而有㞢形。伏羲卦爻。倉頡文字。咸起自一画矣。一从何起。从吾心混沌㞢也。學而致一。反亐无迹。一爲字㞢大母。又爲画㞢大母。其在上者。若天葢形。在下者。若地載形。

009 《分類補注李太白詩》提要

《分類補注李太白詩》二十五卷，唐李白撰，宋楊齊賢集注，元蕭士贇補注，明嘉靖刻本。凡十二册。半葉八行，行十七字，小字雙行，行十七字。白口，四周雙邊。版心刻有卷數和頁數。版框高二十二點九厘米，寬十三點五厘米。

楊齊賢，字子見，舂陵人。蕭士贇，字粹可，寧都人，篤學工詩，著有《詩評》《冰崖集》等，俱亡佚。

是書是現存最早的李白詩注本，對李白作品的闡釋與流傳起到了很大的作用。清代王琦《李太白全集》即在楊、蕭等人注的基礎上拾遺補闕、訂訛糾謬而成。

館藏本天頭和地脚有墨批，中有紅色貼簽，是明坊刻本佳品。有《重刻李太白序》，李陽冰《唐翰林李太白詩序》，樂史《後序》，劉全白《唐翰林李君碣記》，宋敏求《後序》，毛漸校正題跋，蕭士贇序，薛仲邕編《唐翰林李太白年譜》。内封右上鎸『許玄祐先生評訂』，中間鎸『李太白全集』，左上鎸『内集千家注』，左下鎸『六經堂梓』。

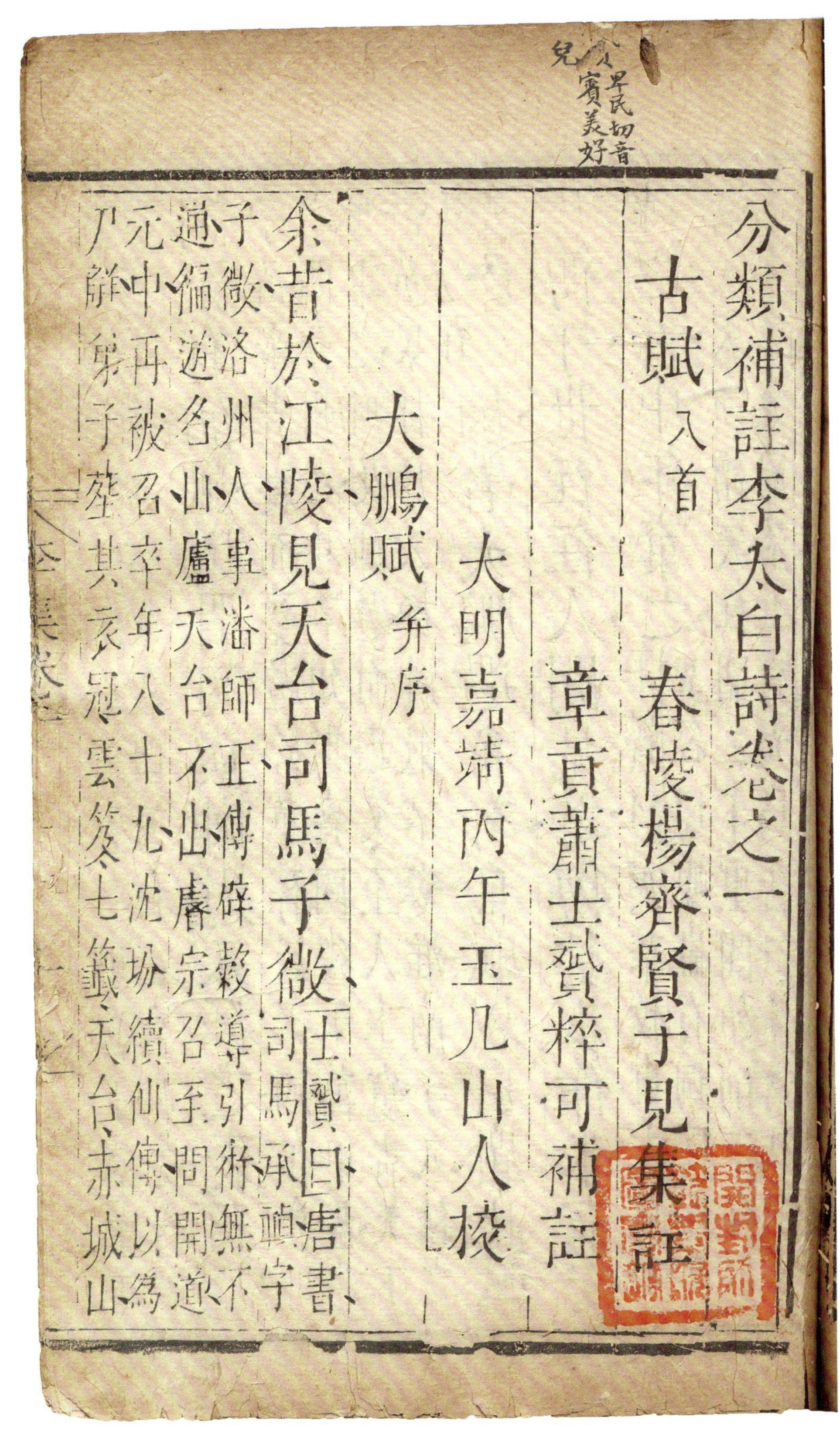
分類補註李太白詩卷之一

古賦八首　春陵楊齊賢子見集註

章貢蕭士贇粹可補註

大明嘉靖丙午玉几山人校

大鵬賦并序

余昔於江陵見天台司馬子微、士贇曰、唐書、司馬承禎字子微、洛州人、事潘師正、傳辟穀導引術、無不通、徧遊名山、廬天台不出、睿宗召至、問開遨、元中、再被召、卒年八十九、沈汾續仙傳、以爲尸解、弟子葬其衣冠、雲笈七籤、天台、赤城山

010 《性理纂要標題》提要

《性理纂要標題》二卷，明莘墟吴氏纂。明嘉靖二十七年（1548）莘墟吴氏刻本。凡二册。半葉十一行，行二十二字，小字雙行，行二十一字。白口，雙白魚尾，四周單邊。版框高十七點八厘米，寬十二點四厘米。

本書是胡廣等奉敕撰《性理大全書》七十卷一書之纂要本。《性理大全書》一書輯録宋儒諸家之説百二十家，以程朱理學爲核心，弟子録其師説者輯録而成，是即後世之語録，乃官家主持修訂之兩宋理學資料彙集。後來刻性理者汗牛充棟，其源皆出於是書。將舉其末，必有其本。莘墟吴氏删其支離，存其綱要，集宋儒之説，自爲卷帙者九家，均爲纂要，摭拾群言分爲十三目，僅存三目。

館藏本卷端題『嘉靖戊申孟夏望日徽歙莘墟吴氏輯刻』，是書前有《成祖文皇御製序》《學士胡廣等進書表》，内有紅筆圈點。

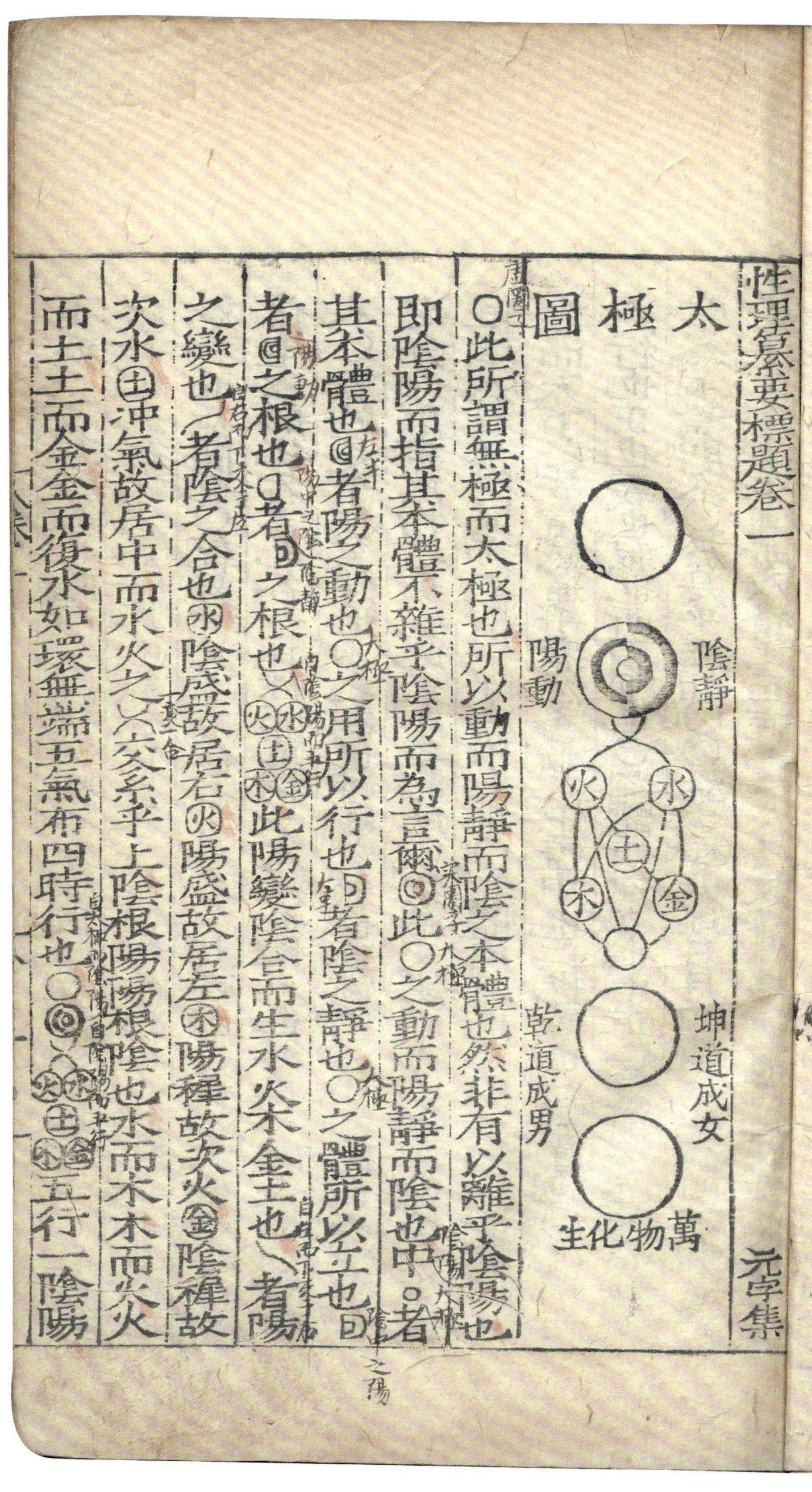

太極圖

〇此所謂無極而太極也所以動而陽靜而陰之本體也然非有以離乎陰陽也即陰陽而指其本體不雜乎陰陽而為言爾◎此〇之動而陽靜而陰也中〇者其本體也◎者陽之動也〇之用所以行也◎者陰之靜也〇之體所以立也◎者◎之根也◎者◎之根也㊌㊋㊏㊍㊎此陽變陰合而生水火木金土也〔者陽之變也〔者陰之合也㊌陰盛故居右㊋陽盛故居左㊍陽穉故次火㊎陰穉故次水㊏冲氣故居中而水火之〳〵交系乎上陰根陽陽根陰也水而木木而火火而土土而金金而復水如環無端五氣布四時行也〇◎㊌㊋㊏㊍㊎五行一陰陽

011 《唐儲光羲詩集》提要

《唐儲光羲詩集》五卷，唐儲光羲撰。明嘉靖二十九年（1550）刻本。凡一册。半葉十行，行二十字。白口，左右雙邊。版框高十九點六厘米，寬十四厘米。

儲光羲之詩源出陶潛，質樸之中有古雅之味，以山水田園詩著稱於時，所作詩文集七十卷，今皆散佚，存者僅《唐儲光羲詩集》五卷。至清末，此嘉靖刻本已頗爲難覓。是書原爲項城袁寒雲所藏，民國六年（1917）袁以此書饋贈高世异，民國二十三年（1934）又轉歸河南大學前知名教授邵次公之手，民國二十四年（1935）又歸開封著名藏書家武慕姚先生，解放後轉入河南大學圖書館。

館藏本有薛應旂序及補抄顧況《儲光羲集序》，序後有金陵德啓（高世异，字尚同，一字德啓）朱筆校改補抄顧況序文記，另有德啓朱筆書得書記。鈐十數枚印：内封鈐有橢圓陽文『華陽高氏蒼茫齋考藏金石書籍記』和朱筆書『唐儲光羲詩集明嘉靖刊本蒼茫齋戊午人日記』，序首頁鈐長方陽文『高世异圖書印』，序末鈐長方陽文『寒雲秘笈珍藏之印』、正方陰文『世異印信』、長方陽文『蒼茫齋高氏藏書記』，序中鈐長方陽文『次公』，書尾鈐方形陰文『高氏家藏』、長方陰文『蒼茫齋高氏珍藏』、方形陰文『武福鼐』，目録首頁鈐長方陽文『蒼茫齋藏善本』，目録尾頁鈐方形陰文『紫電青霜』、橢圓陽文『博覽群書』，首卷卷端鈐方形陽文『高氏審定』、方形陰文『尚同讀書』等印記。

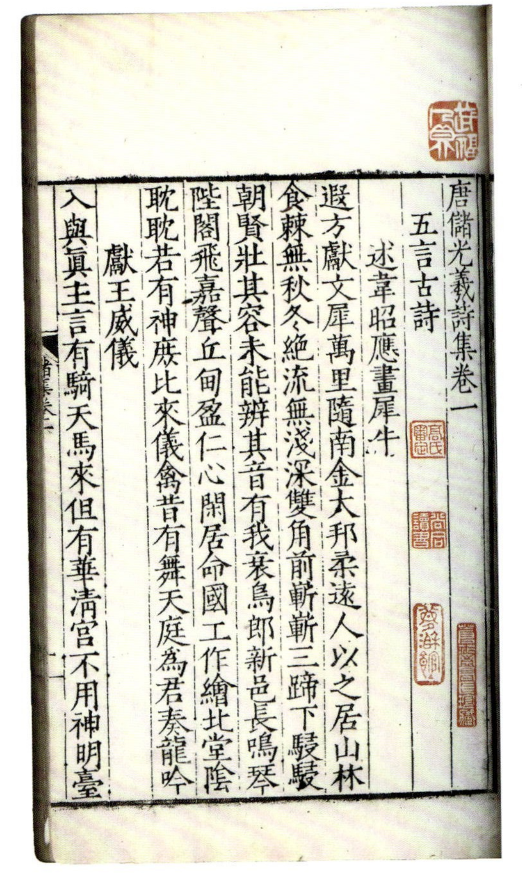

唐儲光羲詩集卷一

五言古詩

述韋昭應畫犀牛

遐方獻文犀萬里隨南金大邦柔遠人以之居山林
食棘無秋冬絶流無淺深雙角前嶄嶄三蹄下駸駸
朝賢壯其容未能辨其音有我衮鳥郎新邑長鳴琴
陛閣飛嘉聲丘甸盈仁心閑居命國工作繪北堂陰
眈眈若有神庶比來儀禽昔有舞天庭爲君奏龍吟

獻王威儀

入輿眞主言有騎天馬來但有華清宮不用神明臺

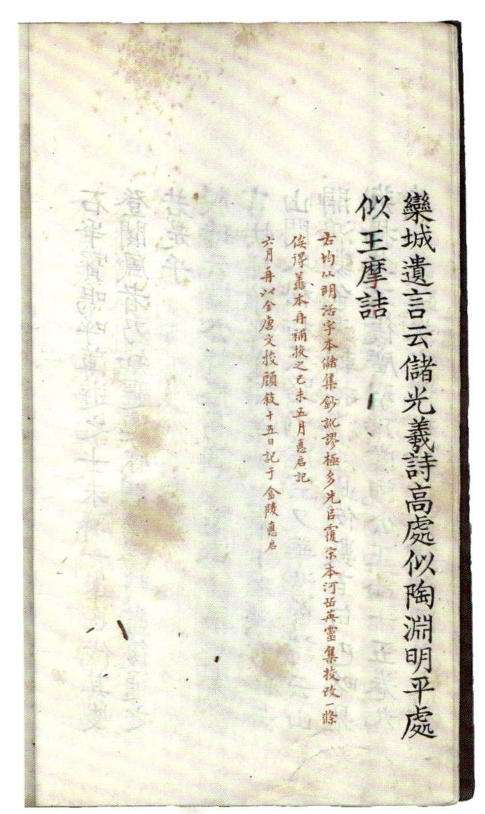

欒城遺言云儲光羲詩高處似陶淵明平處似王摩詰

古均以明活字本儲集鈔訛謬極多先以宋本河岳英靈集校改一條
俟得善本再補校之己未五月蕙启記
六月再以全唐文校顧叙十五日記于金陵蕙启

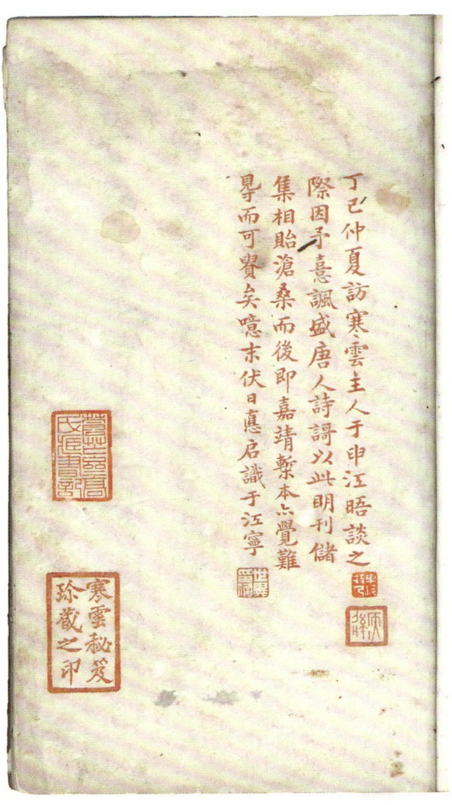

丁巳仲夏訪寒雲主人于申江晤談之際因予意諷盛唐人詩詞以此明刊儲集相貽滄桑而後即嘉靖槧本亦覺難覓而可貴矣噫末伏日蕙启識于江寧

012 《新刊宋學士全集》提要

《新刊宋學士全集》三十三卷，明宋濂撰。明嘉靖三十年（1551）韓叔陽刻，明末清初遞修本。凡十二册。半葉十一行，行二十四字。白口，左右雙邊。版心上刻書名、卷數，下刻字數。版框高十九點五厘米，寬十四厘米。

宋濂（1310—1381），字景濂，號潛溪，又號玄真子，浙江浦江人。官至學士承旨知制誥。明初政治家、文學家、思想家、史學家。

韓叔陽彙集宋濂《朝京稿》《潛溪集》《翰苑集》《芝園集》《浦陽人物記》等集，萃爲一編，刊刻《新刊宋學士全集》。是書共三十三卷，一千三百五十篇，分表、賦、頌、詔、誥、記、序、傳、題、跋、箴、銘、碑等類，係研究宋濂學術著作及思想的一部重要文獻。

是書有雷禮序和陳元珂序，言刻書事。書尾有『順治九年壬辰季夏望日邑庠生張應廣訂竣書』之牌記。

新刊宋學士全集卷之一

賜進士第文林郎浦江縣知縣高淳韓叔陽彙集　舉人張元中編次

　　　　　　　　　　　　　　　　　　　　庠生張孟昂校正

參政大夫處州府同知兼攝縣事即墨周日燦修補　庠生張應麕重訂

表凡四首

進大明律表

臣聞天生烝民莫不有欲欲動情勝詭僞日滋強暴縱其侵陵柔懦無以自立故聖人者出因時制治設刑憲以爲之防欲使惡者知懼而善者獲寧傳所謂獄者萬民之命所以禁暴止邪養育群生者也譬諸禾黍必刈稂莠而後苗始茂方秋白露必夫沴氛而後食可飡苟梗化敗俗之徒不有以誅之雖堯舜不

013 《河南通志》提要

《河南通志》四十五卷，明鄒守愚修，明李濂纂，明嘉靖刻本。凡十二册。半葉十行，行二十字，小字雙行，行四十字。白口，左右雙邊。版框高二十一點九厘米，寬十五點五厘米。

河南之名，宋代惟屬洛陽一郡。宋敏求作《河南志》，僅記西都典故，而不及他州。自明初設河南布政司，所屬八府，實跨河以北。封疆於古時略有差异，故郡邑雖各有偏記，而未有統爲一書者，嘉靖中始創爲之。是書包括星野、祥异、疆域、形勢、山川、關津、橋梁、風俗、封建、户口、民役、田賦、物産、職官、城池、河防、公署、學校、帝王、聖迹、名宦、人物、藝文、書目、碑目、辨疑、備遺等三十六門。本書着重記述明前期河南地方政治、經濟、文化等方面歷史。

《河南通志》四十五卷原版久湮，遺珠罕見，民國張鳳台以爲修豫乘者當奉爲藍本。此書完整的本子，一藏北京圖書館，後典渡臺灣；一藏河南大學圖書館。收入第一批國家珍貴古籍名録。

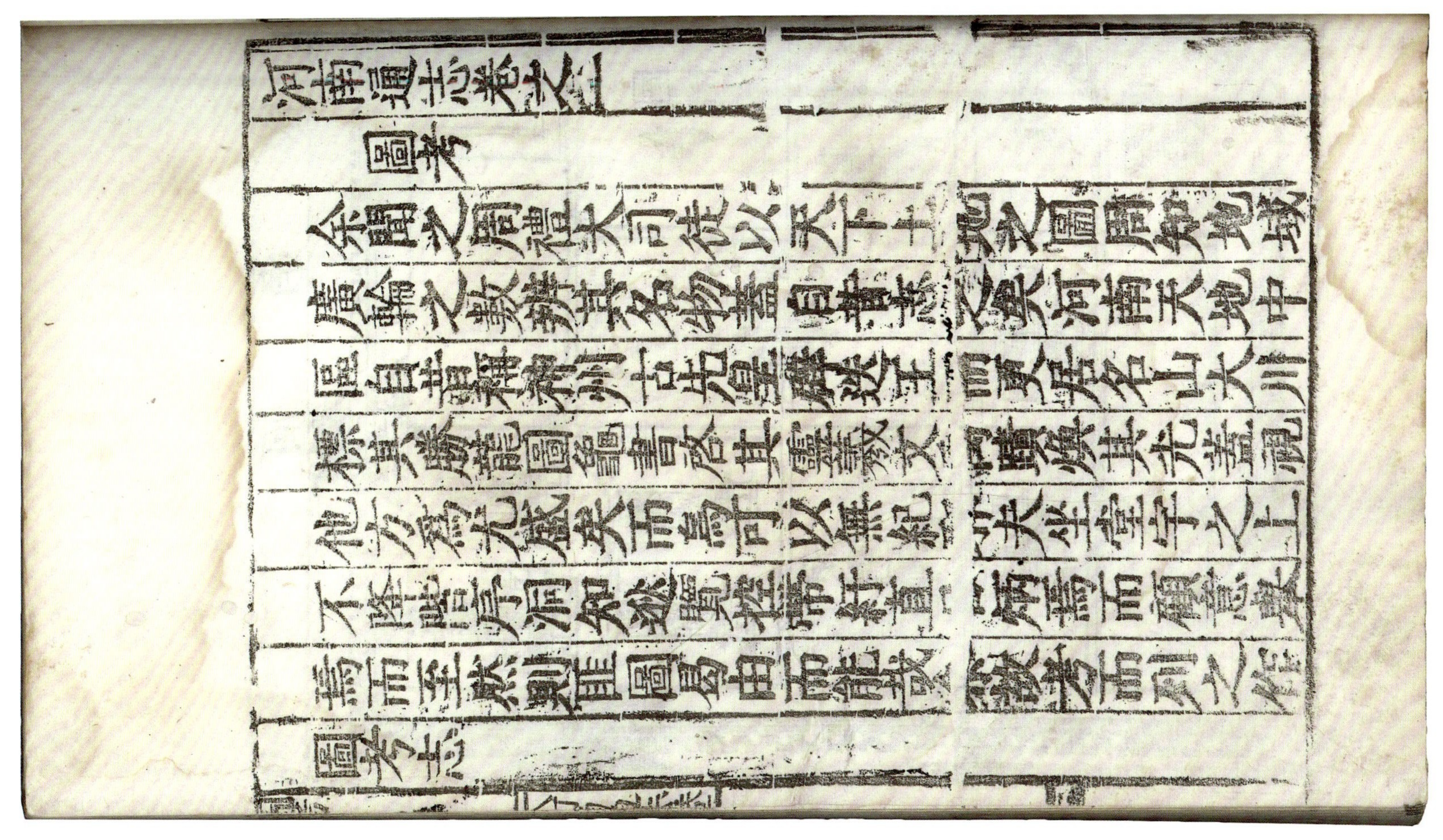

河南通志卷之二

圖考

余聞之周禮大司徒以天下土地之圖周知地域廣輪之數辨其名物蓋自昔志之矣河南天地中區自昔稱神州古先皇辟迭王而更居名山大川標其勝龍圖龜書啓其靈藂文[illegible]賁煥其光蓋視他方爲尤盛矣而烏可以無紀[illegible]夫坐堂宇之上不降階序洞知遐覽控帶紆直[illegible]柄焉而顧意舉焉而至然則匪圖曷由而能或[illegible]故考而列之作

圖考志

014 《建文遜國臣記》提要

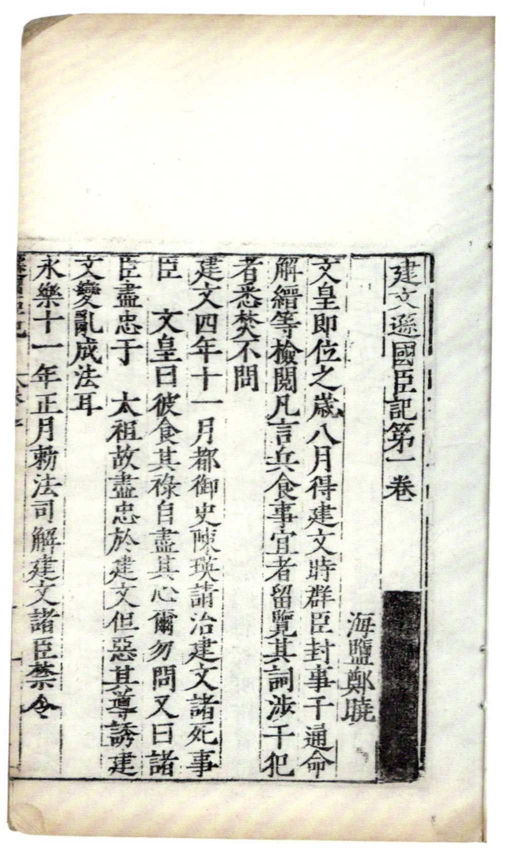
建文遜國臣記第一卷　海鹽鄭曉
文皇即位之歲八月得建文時群臣封事千通命
解縉等檢閲凡言兵食事宜者留覽其詞涉干犯
者悉焚不問
建文四年十一月都御史陳瑛請治建文諸死事
臣　文皇曰彼食其祿自盡其心爾勿問又曰諸
臣盡忠于　太祖故盡忠於建文但惡其導誘建
文變亂成法耳
永樂十一年正月勅法司解建文諸臣禁令

《建文遜國臣記》八卷，明鄭曉撰。明嘉靖四十五年（1566）刻本。凡二册。半葉十行，行十九字。白口，白單魚尾，左右雙邊。版框高十八點三厘米，寬十三點七厘米。

鄭曉（1499—1566），字窒甫，號淡泉，謚端簡，浙江海鹽縣人。嘉靖二年（1523）進士，授職方主事。喜披閲舊文牘，盡知天下扼塞和兵馬虛實强弱。歷任吏部考功郎中、和州同知、太常卿、刑部尚書等職。

是書詳述有關建文話題之『解禁』過程，即自永樂到嘉靖年間朝廷有關此事態度的變化過程。

館藏本品相完好，有鄭履淳序，序首頁鈐有竪長方陽文印『李宗侗藏書』『佐伯文庫』。

015 | 《顯密圓通成佛心要集》提要

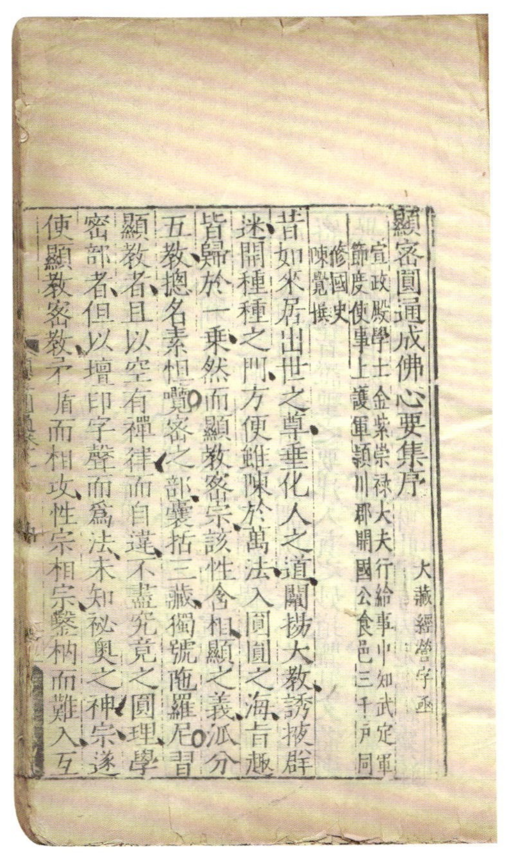
顯密圓通成佛心要集序　大藏經䂓字函
宣政殿學士金紫崇祿大夫行給事中知武定軍
節度使事上護軍潁川郡開國公食邑三千戶同
修國史陳覺撰
昔如來居出世之尊垂化人之道闡揚大教誘披群
迷開種種之門方便雖陳於萬法入圓圓之海旨趣
皆歸於一乘然而顯教密宗該性含相顯之義派分
五教揔名素怛覽密之部囊括三藏獨號陁羅尼習
顯教者且以空有禪律而自違不盡究竟之圓理學
密部者但以壇印字聲而爲法未知祕奧之神宗遂
使顯教密教矛盾而相攻性宗相宗鑿枘而難入互

《顯密圓通成佛心要集》二卷，遼釋道㲀集。明嘉靖四十五年（1566）刻本。凡一册。半葉十行，行二十字，小字雙行，行二十字。細黑口，左右雙邊。版框高十九點一厘米，寬十三點六厘米。

釋道㲀，五臺山金河寺沙門。

是書提倡準提法，大幅度提升了佛教界對準提菩薩的信仰，歷元明清諸代，迄今未絶，可見是書之歷史意義實不可輕忽，有其研究價值。此書叙講佛理，兼顧學理與修行技巧，提倡顯密雙修而有所抉擇，創建準提法儀軌，并未全部沿用印度修法。

館藏本前有陳覺序，書尾有刻寫牌記。

016 《吴皋先生續集》提要

《吴皋先生續集》四卷，明喻時撰。明嘉靖四十五年（1566）安希堯刻隆慶增修本。凡四册。半葉八行，行二十字。白口，四周單邊。版框高二十點四厘米，寬十三點四厘米。

喻時（1506—1570），字中甫，號吴皋，河南光州人。與毛伯温、唐順之友善，常相辯難。其文追迹韓退之，其詩宗法王右丞，其賦精工典麗，頗有漢魏風範。

館藏本係初印本，校勘精細，印刷精良，字大墨黑，觀之賞心悦目，前有百泉先生皇甫汸序，書末有安如山跋。世人珍之如宋版，對文化傳播，如洪流瀾波。序文頁鈐方形陽文印『無竟先生獨志堂物』，可知著名藏家張其鍠曾經收藏。

是書國内僅社科院文學研究所與河南大學圖書館有藏，甚爲罕見。收入第四批國家珍貴古籍名録。

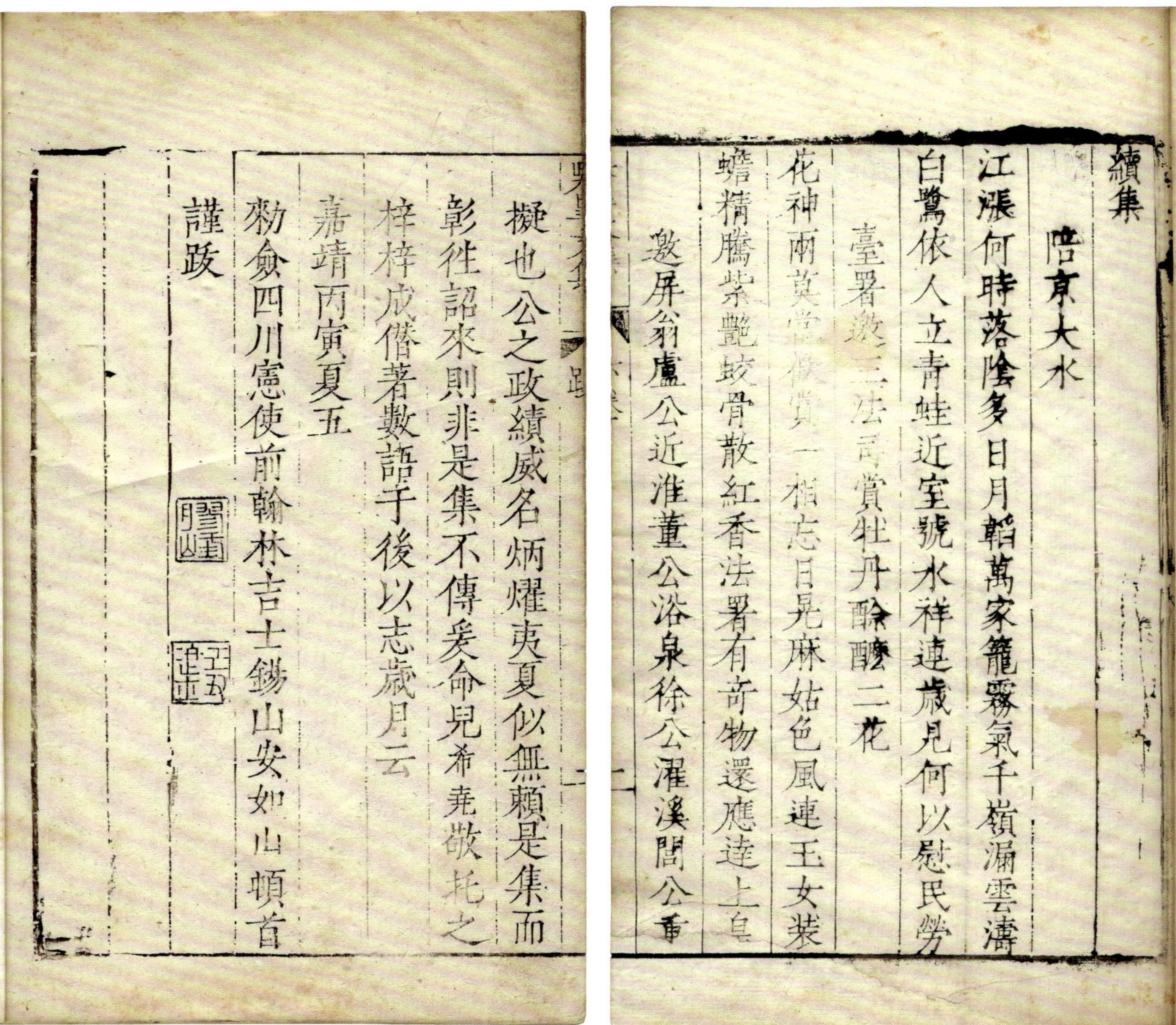
續集

晤京大水

江漲何時落陰多日月韜萬家籠霧氣千嶺漏雲濤

白鷺依人立青蛙近室號水祥連歲見何以慰民勞

臺署邀二法司賞牡丹酴醿二花

花神兩莫當俊賞一相忘日見麻姑色風連玉女裝

蟾精騰紫艷皎骨散紅香法署有奇物還應達上皇

邀屏翁盧公近淮董公洛泉徐公濯溪閻公重

擬也公之政績威名炳燿夷夏似無賴是集而

彰往詔來則非是集不傳爰命兒希堯敬托之

梓梓成僭著數語于後以志歲月云

嘉靖丙寅夏五

勑僉四川憲使前翰林吉士錫山安如山頓首

謹跋

017 ｜《西山先生真文忠公文章正宗》提要

《西山先生真文忠公文章正宗》二十四卷，宋真德秀編。明正德十五年（1520）馬卿刻本。凡三册。半葉十行，行二十一字，小字雙行，行二十一字。白口，四周單邊。版心正中鎸『正宗卷』，下有頁數。版框高十九點三厘米，寬十三點二厘米。

是書分辭命、議論、叙事、詩歌四類，錄《左傳》《國語》以下，至於唐末之作，其持論甚嚴，大意主於論理，而不論文。顧炎武《日知録》曰：『真希元《文章正宗》所選詩，一掃千古之陋，歸之正旨。』真德秀其說卓然成理，專執其法以論文，矯枉過直，兼存其理，以救浮華冶蕩之揚，則亦未嘗無裨。藏弆之家，至今著錄，厥亦有由矣。

館藏本存三卷：卷一至卷三。傳世版本甚多，有元刊本、明初刊本、朱鴻漸刊本、安正書堂刊本、蔣氏家塾刊本等。館藏本從卷一頁一、二字體和斷版情況分析，係補刻本，有較高的版本價值。

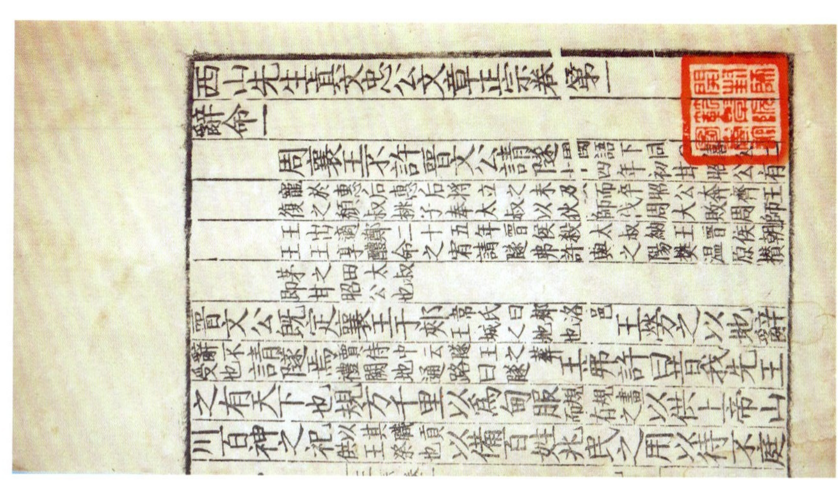
西山先生真文忠公文章正宗卷第一
辭命一
周襄王不許晉文公請隧

018 《資治通鑒綱目》提要

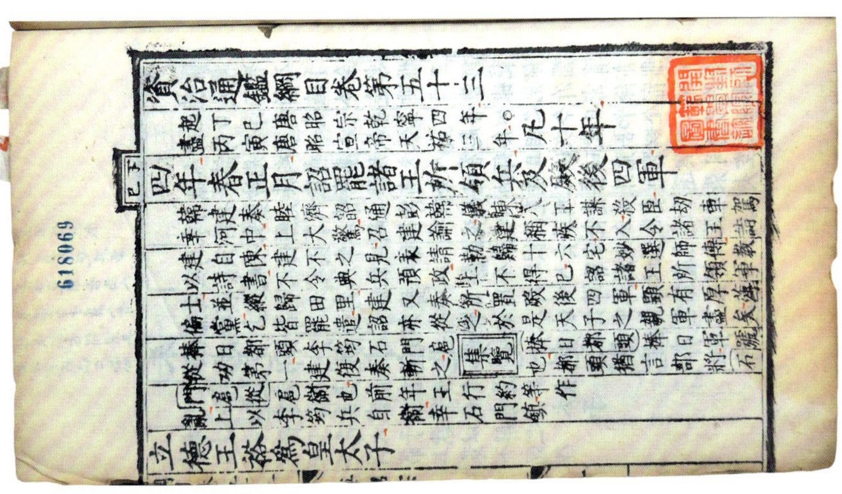

《資治通鑒綱目》五十九卷，宋朱熹撰。明嘉靖刻本。凡六册。半葉九行，行二十字，小字雙行，行十九字。白口，四周雙邊。版框高二十點五厘米，寬十四點三厘米。

《資治通鑒綱目》是朱熹生前未能定稿的史學巨著，其門人趙師淵於鰲川書院續編完成。內容注重嚴分正閏之際，明辨倫理綱常，并注意褒貶春秋筆法。全書以『綱目』爲體，綱仿《春秋》，目仿《左傳》，創造了一種新的史書體裁——綱目體。宋明以來，許多學人對此書進行研究，拓展其價值，如尹起莘寫了《發明》，劉友益寫了《書法》，汪克寬寫了《考异》等。

館藏《資治通鑒綱目》存六卷：卷三十六至卷四十一。行款勻整，字形疏朗，刻寫精細，朱筆圈點。入選第一批國家珍貴古籍名録。

019 《唐宋白孔六帖》提要

《唐宋白孔六帖》一百卷，目録二卷，唐白居易輯、宋孔傳輯。明嘉靖刻本。凡五十册。半葉十行，行十八字，小字雙行，行十八字。白口，左右雙邊。版心下刻刻工姓名。版框高十八點七厘米，寬十五厘米。

《白氏六帖》爲唐白居易所輯類書，共三十卷。孔傳，字世文，宋建炎初年南渡，寓居於衢州，仿白居易六帖，取唐以下詩、頌、銘、贊并奇編典録，分類彙聚而成，名曰《六帖新書》。孔氏此書，雜録群籍，其所徵引皆唐宋以前書，墜簡遺文，裨益考證實多。後南宋建陽書坊將此二書合刻，名曰《唐宋白孔六帖》，全書共一百卷。體例同《北堂書鈔》，分一千三百八十七個門類。門類前，標有『白』字的，是白書原文；標有『孔』字的，是孔書原文。每一門類采録古籍中有關史事、成語典故等，有一定史料價值。但録文很少注出處。葉德輝《書林清話》云：『唐宋人類書，宋刻罕傳，惟恃元明翻刻本相接續。』

館藏《唐宋白孔六帖》是存世較早版本。刻書人陸奎爲明代蘇州地區的著名刻工。入選第二批國家珍貴古籍名録。

唐宋白孔六帖卷第一

天一　地二

日三　月四

星五　明天文六

晨夜七　律曆八

天一

【白】高明柔克（高明天也柔克寒暑不干）陰隲下人（言天默定下人之命）天尊（地卑）成象（在天成象）觀天之道（而四時不忒）天垂象（見吉凶聖人則之）天行健　資始（大哉乾元萬物資始）上浮爲天　下降（天氣下降）高遠（窮高極遠）貞觀（天地之道）無私不息（者天）清

020 《詩緝》提要

《詩緝》三十六卷，宋嚴粲撰。明嘉靖趙府味經堂刻本。凡十二册。半葉九行，行十七字，小字雙行，行十八字。白口，白單魚尾，四周雙邊。版框高十八厘米，寬十四點二厘米。

《詩緝》是研究《詩經》的著作，此書以吕祖謙《吕氏家塾讀詩記》爲底本，并雜采諸家之説而成，舊説有未妥者則斷以己意。其體例爲字訓句義都插注在經文各句之下，概括解釋章義，明白易曉，便於初學。此書雜采舊説，體現出儒家詩教之影響，而時有新義。

館藏《詩緝》是味經堂本，傳世稀少，是明代藩府刻本。藩府刻書是明代特有的、介於官刻和私刻之間，多以宋元善本爲底，故品質多較高。收入第一批國家珍貴古籍名録。

嚴氏詩緝序
敘曰六經皆厄於傳疏詩爲甚我朝歐蘇王劉諸鉅儒雖擺落毛鄭舊説爭出新意而得失互有之東萊呂氏始集百家所長極意條理頗見詩人趣味然疎缺渙散要未爲全書蓋詩於人學自爲一宗筆墨蹊徑或不可尋逐非若他經然其流既爲騷爲選爲唐古律而吾聖人所謂可以興觀羣怨孟子所謂以意逆志者悉付之明經家艾軒林先生嘗曰鄭康成以三禮之學

詩緝卷之一

朝奉大夫臣嚴粲述

周南 國風

譜曰周名者禹貢雍州岐山之陽地名今屬右扶風美陽縣太王避狄難自豳始遷焉商王帝乙之初命其子王季爲西伯至紂又命文王典治南國江漢汝旁之諸侯文王作邑於豐乃命岐邦周召之地爲周公旦召公奭之采地武王定天下巡狩述職陳誦諸國之詩以觀民風俗得二公之德教尤純屬之太師分而國之謂之周南召南周公作樂用之鄉人焉用之邦國焉或謂之房中之樂者后妃夫人侍御於其君子女史歌之周公封魯召公封燕元子世之其次子亦世守采地在王官春秋時周公召公是也采音菜○疏曰縣言太王遷於周原召是周內

021 《廣十二家唐詩》提要

《廣十二家唐詩》七十八卷，明蔣孝輯。明嘉靖刻本。凡五册。半葉九行，行十九字，小字雙行。白口，邊框四周雙邊與四周單邊。版框高二十一厘米，寬十四點六厘米。

蔣孝，字惟忠，武進（今屬江蘇）人。嘉靖二十三年（1544）進士，纍官户部主事。

是書又名《中唐十二家詩集》，收録儲光羲（附儲嗣宗）、獨孤及、劉長卿、盧綸、錢起、孫逖、崔峒、劉禹錫、張籍、王建、賈島、李商隱十二人詩集彙編爲一集。明正德、嘉靖年間彙刻初盛唐十二家詩人之集流行，本書即承其風而續刻十二家者，以多爲中唐時人，故名。

館藏本有墨筆圈點，鈐有『陳景勳印』『景勳印信』『澹園長壽』等印記，寫刻上版，字體精美，具有較高版本價值。

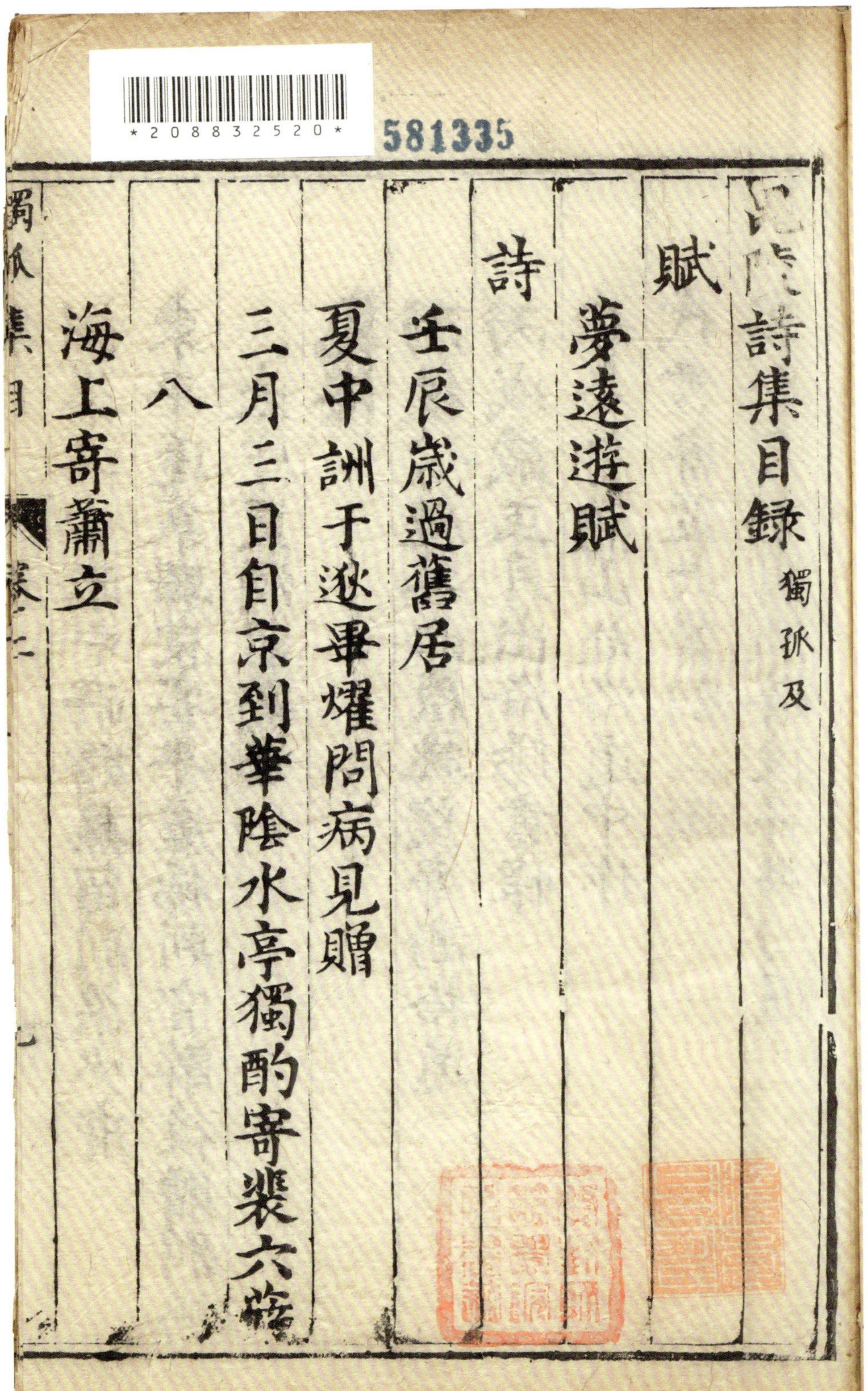

毘陵詩集目録　獨孤及

賦

夢遠遊賦

詩

壬辰歲過舊居

夏中詶于逖畢燿問病見贈

三月三日自京到華陰水亭獨酌寄裴六薛

八

海上寄蕭立

獨孤集目

022 《文苑英華》提要

《文苑英華》一千卷，宋李昉等編。明隆慶元年（1567）刻明萬曆遞修本。凡一百册。半葉十一行，行二十二字。白口，四周單邊。版心上鎸遞修補刻年代，版心下有刻工姓名。版框高二十點四厘米，寬十五點八厘米。

《文苑英華》是宋太宗趙炅命李昉、徐鉉、宋白及蘇易簡等二十餘人共同編纂的一部重要文學總集，太平興國七年（982）開始，雍熙三年（986）完成。全書一千卷，選文範圍上繼《文選》，起自蕭梁，下訖晚唐五代，共選録作家兩千余人，作品近兩萬篇，按文體分爲賦、詩、歌行、雜文、中書制誥、翰林制誥等三十九類，分類編排，每類之中又按題材分若干子目。清朝纂修《全唐詩》《全唐文》和《四庫全書》時，都曾用作參考。此書還收録不少詔誥、書判、表疏、碑志，可以用來考訂史實，具有重要的史料價值。

館藏《文苑英華》係明隆慶元年（1567）胡維新、戚繼光刻，明隆慶、萬曆年間補版，卷九百五十四頁七—八鎸『壬申重刊』（隆慶六年，1572），卷一百二十二頁三—八鎸『萬曆六年（1578）重刊』，卷九百三十一頁九鎸『三十年（1602）刊』，卷三十五頁一—二，卷一百一十六頁十，卷一百二十一頁一—二、九—十等鎸『三十六年（1608）重刊』。卷端有胡維新和涂澤民『刻文苑英華序』二篇。是書保存完好，具有較高版本價值。

文苑英華卷第一　賦一

天象一

天賦　劉允濟

臣聞混成發粹大道含元與於物祖首自胚渾分泰階而立極光耀魄以司尊懸兩明而必照列五緯而無言驅馭陰陽裁成風雨叶乾位而凝化建坤儀而作輔錯落九垓岧嶤八柱縿黄道而開域闢紫宫而爲宇横斗樞以旋運

文苑英華卷第九百五十五　誌二十一

職官十七　此下六卷英華所編失作者先後今正之

申州司馬王府君墓誌　陳子昂

君諱某字某先太原人也昔周文王有聖人之德甲子受圖至我靈王誕膺不顯太子晉得鳳凰之瑞恭揖群后上爲帝賓綿綿生人作我王氏迨秦有賁剪并吞諸侯晉有渾祥功格帝室至魏集作魏至慧龍爲貴種矣十二代祖卓晉常山公主子也始公主湯沐邑在汾陰東嘉淪夷不及南

023 《何文定公文集》提要

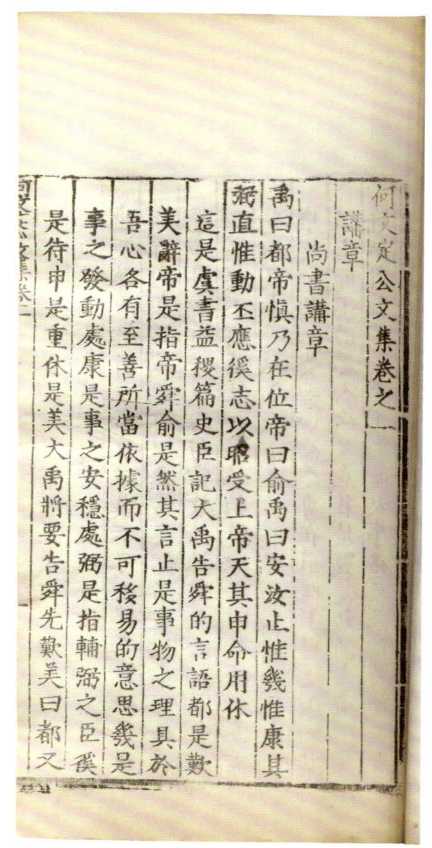

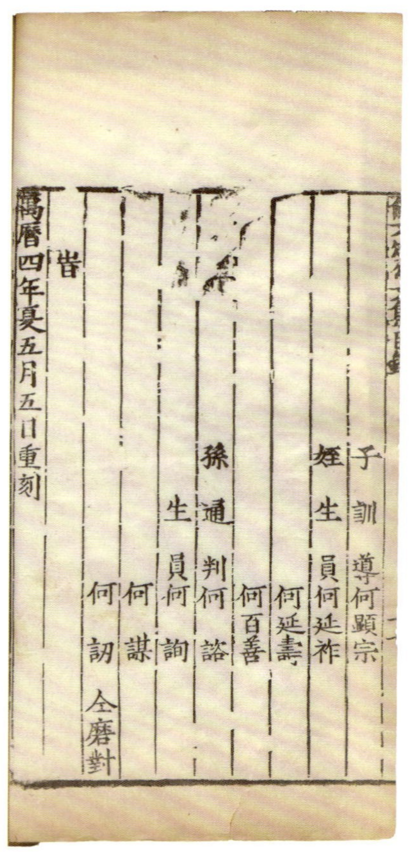

《何文定公文集》十一卷，明何瑭撰。明萬曆四年（1576）賈待問刻本。凡四册。半葉十行，行二十一字。白口，左右雙邊，書口上刻書名。版框高二十點二厘米，寬十二點八厘米。

何瑭（1474—1543），字粹夫，号柏齋，謚文定。武陟人。弘治十五年（1502）進士，歷工、户、禮三部侍郎，進南京右都御史。有《柏齋何先生樂府》一卷。

館藏本目録後另葉刻有：懷慶府知府賈待問、知府胡汝欽校訂及校、編閲、繕梓、集録、磨對人員身份姓名十八人，并有『萬曆四年夏五月五日重刻』牌記一行；有賈待問《重刻何文定公全集序》，鄭上《柏齋文集叙》，吴三樂序。

024 《孔叢子》提要

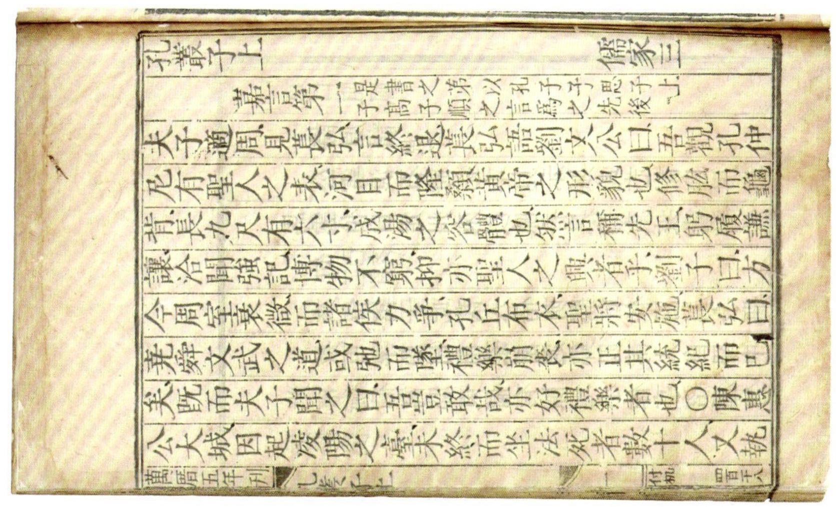
孔叢子上　儒家三

嘉言第一

夫子適周見萇弘言終退萇弘語劉文公曰吾觀孔仲
尼有聖人之表河目而隆顙黃帝之形貌也修肱而龜
背長九尺有六寸成湯之容體也然言稱先王躬履謙
讓洽聞強記博物不窮抑亦聖人之興者乎劉子曰方
今周室衰微而諸侯力爭孔丘布衣聖將安施萇弘曰
堯舜文武之道或弛而墜禮樂崩喪亦正其統紀而已
矣既而夫子聞之曰吾豈敢哉亦好禮樂者也○陳惠
公大城因起凌陽之臺未終而坐法死者數十人又執

《孔叢子》三卷，漢孔鮒撰。明萬曆五年（1577）刻本。凡二册。半葉十行，行二十一字。上黑口，黑順魚尾，四周雙邊。版心上鎸『萬曆五年刊』，間鎸『萬曆四年刊』，下刻刻工姓名温志、付機、蔣寅、黄許等，并刻字數。版框高二十一點四厘米，寬十四點七厘米。

孔鮒（約前264—前208），山東曲阜人。秦末儒生。孔子八世孫，居於魏國。本名鮒甲，字子魚，亦字甲。晚年投奔陳勝，陳勝在陳郡（今河南淮陽）稱王後，陳人或稱子鮒，或稱孔甲。

是書內容主要記叙孔子及子思、子上、子高、子順、子魚（即孔鮒）等人的言行，書末又附綴孔臧所著之賦和書上下兩篇，而別名爲《連叢》。到宋仁宗嘉祐時，宋咸曾爲是書作注。

館藏本前有《孔叢子序》。

025 《空同先生集》提要

《空同先生集》六十六卷，明李夢陽撰。明萬曆六年（1578）刻本。凡十六册。半葉十一行，行二十字。白口，黑單魚尾，左右雙邊。版框高十八點七厘米，寬十五點六厘米。

李夢陽（1473—1529），字獻吉，號空同子，慶陽人。弘治六年（1493）進士，官户部郎中。因彈劾劉瑾下獄，瑾敗後，遷江西提學副使。在文學上提倡復古，反對虚浮華貴的臺閣文風，與何景明、徐禎卿、邊貢、康海、王九思、王廷相相呼應，并稱『前七子』。

是集收録李夢陽所作之賦、詩、文等。觀其詩文，可見其『文必秦漢，詩必盛唐』的創作主張。四庫館臣云：『其詩才力富健，實足以籠罩一時，而古體必漢魏，近體必盛唐，句擬字摹，食古不化，亦往往有之，所謂武庫之兵利鈍雜陳者也。其文則故作聱牙，以艱深文其淺易。』集中詩文雖稱不上是上乘之作，但對於了解明代中期的文學復古運動及文學理論具有一定的研究價值。

館藏本，卷首有黄省曾《空同先生集序》和高文薦序。

空同先生集卷第一

北郡李夢陽撰

賦一十首

疑賦　鈍賦

思賦　述征賦

省愆賦　宣歸賦

緒寓賦　寄兒賦

俟軒子賦　竹石賦

賦一十首

疑賦

下乾上坤高卑易矣星辰在下江河逆矣天喬喬天

026　《萬姓統譜》提要

《萬姓統譜》一百四十卷，附《歷代帝王姓系統譜》六卷、《氏族博考》十四卷，明凌迪知撰。明萬曆七年(1579)刻本。凡四十册。統譜：姓氏大字，上冠朝代，下簡歷小字雙行，半葉九行；帝王姓系：半葉九行，姓氏大字，簡歷小字雙行；氏族博考：半葉九行，行二十字。以上均白口，黑魚尾，四周單邊。版心下有字數和刻工姓名：沈玄龍、顧諒等。版框高二十厘米，寬十三点五厘米。

是書將古今姓氏分韵編排，以姓氏爲目次，先常姓，後稀姓，每姓下先注郡望和五音，并考姓氏所出，而後依時代先後，分列各姓著名人物，從古代至萬曆年間止，記述人物生平事迹，實則合譜牒傳記共成一書。因其收羅廣博，既可爲姓氏學專著，又可作爲查閲歷史人名之工具書，所以有較高的學術價值和實用價值。

館藏本有凌迪知叙。内封中鎸『萬姓統譜』，左下鎸『汲古閣藏板』，右上鎸『凌稚哲先生原本』。卷端有『吴興凌迪知稚哲輯，同郡吴京朝卿校』。凡例頁鈐有方形陽文印『少伯』。

歷代帝王姓系統譜卷之一

吳興　淩迪知稚哲　輯

同郡　吳京朝卿　校

三皇

太昊伏羲氏　亦曰庖犧氏虙犧氏風姓繼燧人氏位以木德繼天而王位在東方象日月之明故曰太昊都於陳曰太昊之墟在位一百一十年

女媧氏　共工氏　大庭氏　栢皇氏

中皇氏　栗陸氏　驪連氏　赫胥氏

尊盧氏　混沌氏　昊英氏　朱襄氏

027　《文選纂注》提要

《文選纂注》十二卷，明張鳳翼撰，明萬曆八年（1580）刻本。凡十二册。半葉十一行，行二十二字，小字雙行，行二十二字。白口，白魚尾，左右雙邊。版心中鎸文選卷次，下刻葉數。版框高十九點二厘米，寬十三點一厘米。

張鳳翼（1527—1613），字伯起，號陵虚，又署靈虚先生、冷然居士，長洲（今屬江蘇蘇州）人。嘉靖四十三年（1564）舉人。著有《夢占類考》《處實堂集》《文選纂注》等書。又善度曲，著有傳奇《陽春六集》。

是書雜采諸家詮釋《文選》之説，故曰纂注，彙集前人諸家之説，但也頗爲用心，且版刻精良，大興於世。梅鼎祚極力稱揚此書：『删繁會簡，提要鈎玄，兼以剞劂都工，豕魚悉正。一加拭目，便知苦心。實足羽翼斯文，豈徒橐籥後進。』（《答張伯起書》）是書多引前人資料，却未注明出處，『然所引多不著所出。夫詮釋義理，可以融會群言，至於考證舊文，豈可不明依據。言各有當，不得以朱子集傳、集注藉口也』（《四庫全書總目》）。

館藏本有張鳳翼序。首卷卷端鈐竪長方陽文印『王氏漱芳樓圖書印』。

文選卷第一

梁昭明太子蕭統選　明吳郡張鳳翼纂註

賦○兩都賦序（明帝修洛陽西土父老怨帝不都長安固作兩都賦以諷）

班固（固字孟堅北地人九歲能屬文長遂博貫載籍顯宗時除蘭臺令史遷爲郎大將軍竇憲出征匈奴以固爲中護軍）

或曰賦者古詩之流也昔成康没而頌聲寢王澤竭而詩不作（頌者以其成功告於神明作興也）大漢初定日不暇給（言不暇崇文化）至於武宣之世乃崇禮官考文章（武帝宣帝始立禮官考校文章）內設金馬石渠之署外興樂府協律之事（門傍有銅馬故謂之金馬門金馬門宦者署漢時有賢良並待詔於此石渠閣名主校秘書署司也樂府聚樂之所協律都尉武帝置之以考校律呂者）以興廢繼絶潤色鴻業是以衆庶說豫福應尤盛（言能興起遺文以光讚大業也）白

028 《漢書評林》提要

《漢書評林》一百卷，明凌稚隆輯，明萬曆九年（1581）凌稚隆刻本。凡四十一册。半葉十行，行二十字，小字雙行，行二十字。白口，黑魚尾，左右雙邊。眉欄内刻評語。版框高二十三點七厘米，寬十四點七厘米。

凌稚隆，字以棟，篤志好學，滿腹經綸，著作等身。曾仿陰時夫《韵府群玉》之例編成《五車韵瑞》一百六十餘卷，又收集一百七十四家評《漢書》言論，編成《漢書評林》一百卷，是《漢書》研究的集大成之作。其他著作有《史記評林》《春秋評注測義》《史記纂》等。

《漢書評林》匯集名家評點《漢書》之文，其間不乏凌氏個人之精彩點評，對《漢書》學研究工作做出很大貢獻。

館藏本有序跋五：王世貞序，王宗沐刻《漢書評林叙》，何洛文序，茅坤序，陳文燭序。序首頁鈐印五：方形陰文印三：『延安李祖承順汝』『王瑞澧印』『尹定禧印』；方形陽文印二：『栘溪』『淮陽杜氏藏書』。凡例頁鈐方形陽文印一：『卧盧所得善本』，目次頁鈐方形陽文印一：『絳梅樹屋』。

劉知幾曰漢書帝紀此其最勝者王維楨曰此紀指次楚漢得失與亡處間多攝籍紀而併入之以故較史記更詳而整

隆按史記先紀項籍次紀高祖遡詳于楚而略于漢漢書首紀高祖後傳項籍遡詳于漢而略于楚

漢書評林卷之一上

吳興後學凌稚隆輯校

高帝紀第一上

師古曰紀理也統理衆事而繫之於年月者也

高祖荀悅曰諱邦字季邦之字曰國張晏曰禮謚法無高以爲功最高而爲漢帝之太祖故特起名焉師古曰邦之字曰國者臣下所避以相代也**沛豐邑中陽里人也**應劭曰沛縣也豐其鄉也孟康曰後沛爲郡而豐爲縣師古曰沛者本秦泗水郡之屬縣豐者沛之聚邑耳方言高祖所生故舉其本稱以說之也此下言縣鄉邑告喻之故知邑繫於縣也**姓劉氏**師古曰本出劉累而范氏在秦者又爲劉因以爲姓**母媪**文穎曰幽州及漢中皆謂老嫗爲媪孟康曰媪母別名音烏老反師古曰媪女老稱也孟音是矣史家不詳著高祖母之姓氏無得記之故取當時相呼稱號而言也其下王媪之屬意義皆同至如皇甫謐等妄引讖記好奇騁博强爲高祖父母名字皆非正史所說蓋無取

長洲顧環書

029 《韓非子》提要

《韓非子》二十卷，周韓非撰。明萬曆十年（1582）趙用賢刻本。凡一册。半葉九行，行十九字，小字雙行，行十九字。白口，白單魚尾，四周單邊。版心刻書名、卷數、頁數。版框高二十一點五厘米，寬十三厘米。天頭有墨刻批語。

《韓非子》是戰國末期韓國法家集大成者韓非之著作，重點宣揚了韓非法、術、勢相結合的法治理論，其思想體系較爲完備，達到先秦法家理論的最高峰，爲秦統一六國提供了理論武器，同時也爲以後的封建專制制度提供了理論根據。

館藏本存一卷：卷六。校刻俱精，字體工整、優美。

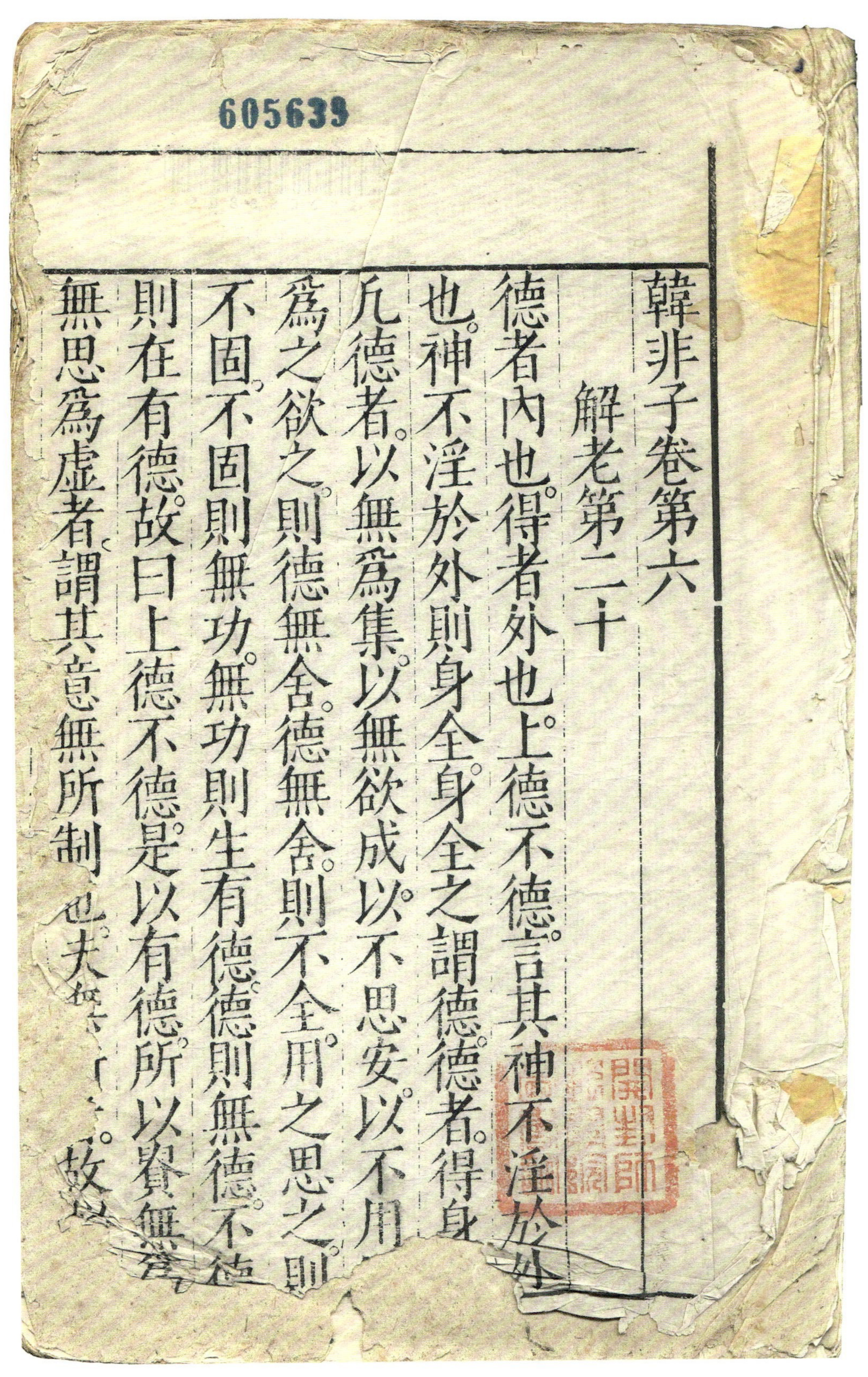

韓非子卷第六

解老第二十

德者內也。得者外也。上德不德。言其神不淫於外
也。神不淫於外則身全。身全之謂德。德者。得身
凡德者。以無爲集。以無欲成。以不思安。以不用
爲之欲之。則德無舍。德無舍則不全。用之思之則
不固。不固則無功。無功則生有德。德則無德。不德
則在有德。故曰上德不德。是以有德。所以貴無
無思爲虛者。謂其意無所制也。夫[illegible]故

030 │《管子》提要

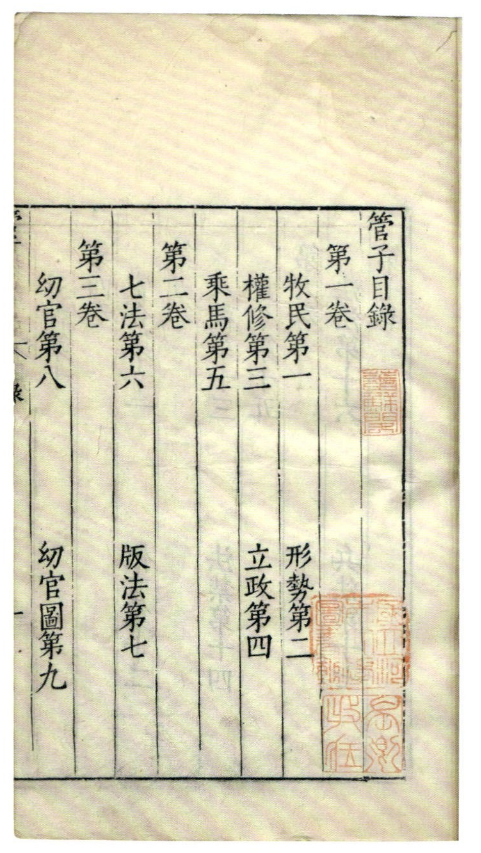
管子目録
第一卷
牧民第一　形勢第二
權修第三　立政第四
乘馬第五
第二卷
七法第六　版法第七
第三卷
幼官第八　幼官圖第九

《管子》二十四卷，唐房玄齡注。明萬曆十年（1582）趙用賢刻本。凡八册。半葉九行，行十九字，小字雙行，行十九字。白口，白單魚尾，四周單邊。版心下刻刻工名：顧時中、顧植、顧言、劉廷惠等，上有眉欄刻評語。版框高二十二厘米，寬十二點九厘米。

是書輯録了春秋時期齊國政治家、思想家管仲及管仲學派的言行事迹。《漢書・藝文志》將其列入子部道家類，《隋書・經籍志》將其列入法家類。史學家章學誠認爲此書爲道家之言。

館藏本卷端有王世貞《合刻管子韓非子序》。序首頁鈐有竪長方形陽文印『宛平查氏藏書印』。

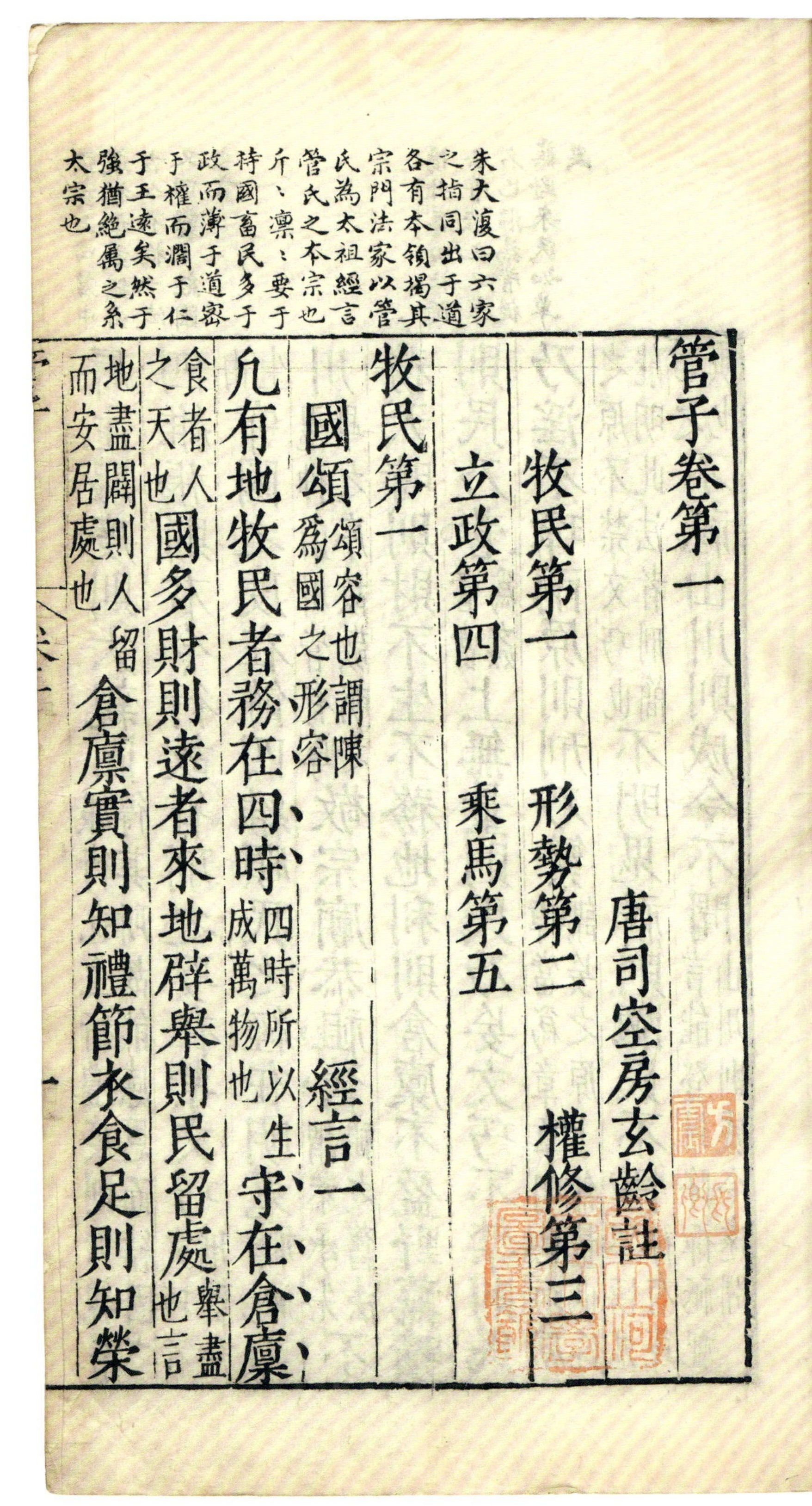

朱大復曰六家之指同出于道各有本領揭其宗門法家以管氏為太祖經言管氏之本宗也斤斤凜凜要于持國畜民多于政而薄于道密于權而濶于仁于王遠矣然于強猶絕屬之系太宗也

管子卷第一

唐司空房玄齡註

牧民第一　形勢第二　權修第三

立政第四　乘馬第五

牧民第一

國頌 頌容也謂陳為國之形容　經言一

凡有地牧民者務在四時 四時所以生成萬物也 守在倉廩 食者人之天也 國多財則遠者來地辟舉則民留處 舉盡也言地盡闢則人留而安居處也 倉廩實則知禮節衣食足則知榮

031 《寶顔堂訂正道德寶章》提要

《寶顔堂訂正道德寶章》不分卷，宋白玉蟾注，明陳繼儒、陳詩教校。明萬曆十一年（1583）寶顔堂刻本。凡一册。半葉八行，行十八字，小字雙行，行十八字。白口，四周單邊。版框高二十點五厘米，寬十三點三厘米。

白玉蟾（1194—1229），本名葛長庚，字如晦，又字白叟，號海瓊子，又號海南翁、瓊山道人、武夷散人、神霄散人，福建閩清人。有《玉隆集》《上清集》《武夷集》行世。

是書乃注釋《道德經》之書，以内丹術解老子，其突出特點是以心性學説解釋老子之道，反映了儒、道、佛三教合流的思想傾向。

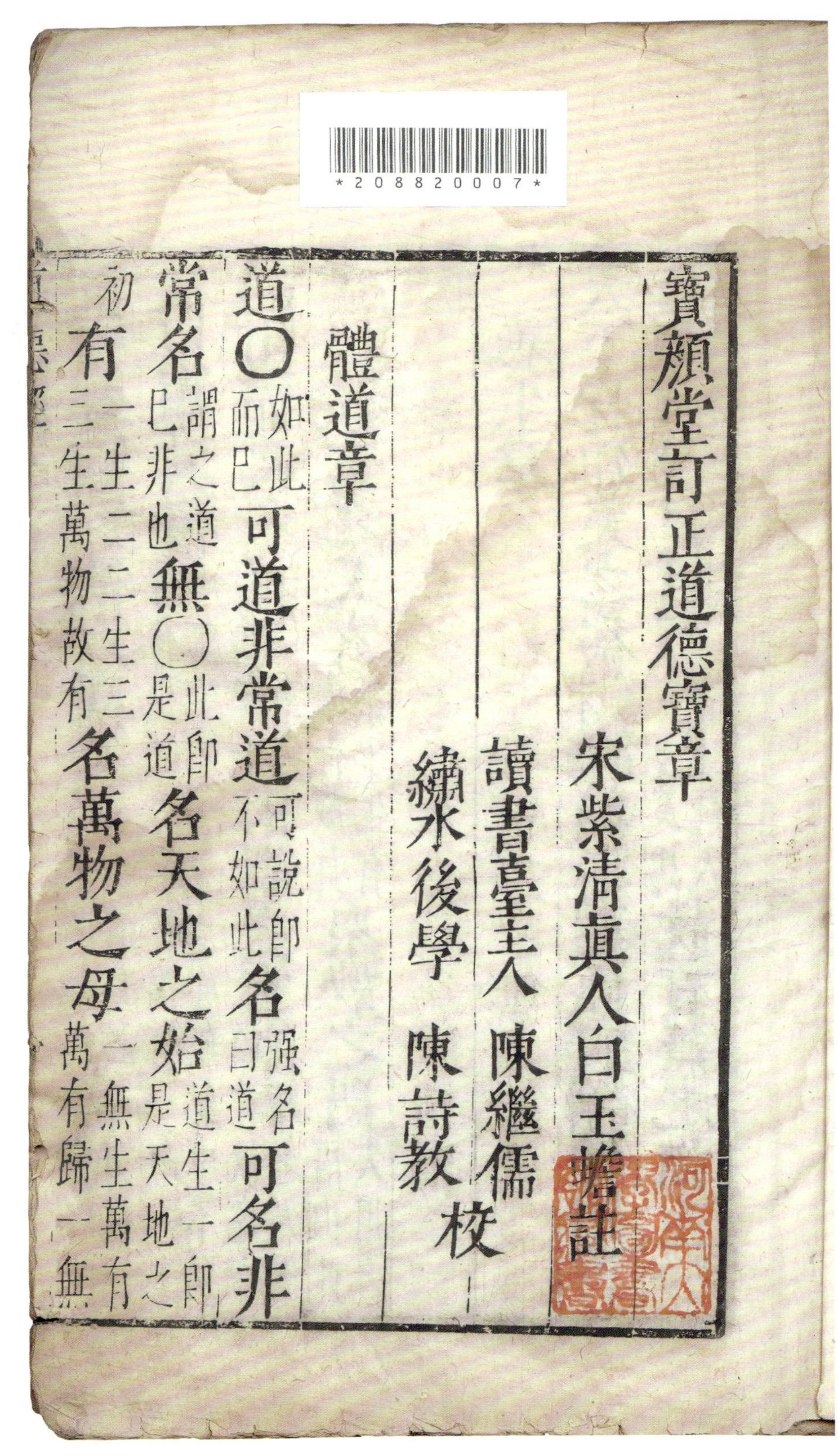

寶顏堂訂正道德寶章

宋紫清真人白玉蟾註

讀書臺主人 陳繼儒 校

繡水後學 陳詩教

體道章

道〇如此而已可道非常道可說即不如此名強名曰道可名非常名謂之道已非也無〇此即是道名天地之始道生一即是天地之初有一生二二生三三生萬物故有名萬物之母一無生萬有萬有歸一無

032 │《李卓吾批點世説新語補》提要

《李卓吾批點世説新語補》二十卷，附《釋名》一卷，劉宋劉義慶撰，梁劉孝標注，宋劉辰翁批，明何良俊增、王世貞删定，王世懋批釋，李贄批點，張文柱校注。明萬曆十三年（1585）刻本。凡六册。半葉九行，行十八字，小字雙行，行十八字。白口，四周單邊。版心上刻『批點世説補』及卷數，下刻頁數，上爲眉欄，刻批語。版框高二十三點四厘米，寬十四點八厘米。

《世説新語》是六朝志人小説代表作，依内容分德行、言語、政事、文學、方正、雅量等三十六類，每類收有若干則，記載東漢後期到晋宋間一些名士之言行與軼事。《李卓吾批點世説新語補》是眾家在劉義慶、劉孝標《世説新語》基礎上訂訛補闕、删繁就簡的結晶，真可謂『千金之裘，非一狐之腋也』。

館藏本有序跋五：王世懋《世説新語序》，陸師道世説新語舊題一首舊跋二首，王世貞《世説新語補序》，陳文燭刻《世説新語補序》，袁褧《李卓吾批點世説新語補舊序》一首。全書鈐印四：序首頁鈐方形陽文印『輔臣珍藏』和方形陽文印『吕祖怡印』，第十八卷卷端鈐豎長方陽文印『精勤堂吕氏印』，第六册内封鈐長方陰文印『率真』。是書具有重要的資料價值和一定的版本價值。

世說新語補序

余少時得世說新語善本吴中，私心已好之。每讀輒患其易竟，又恨是書僅自後漢終於晉，以

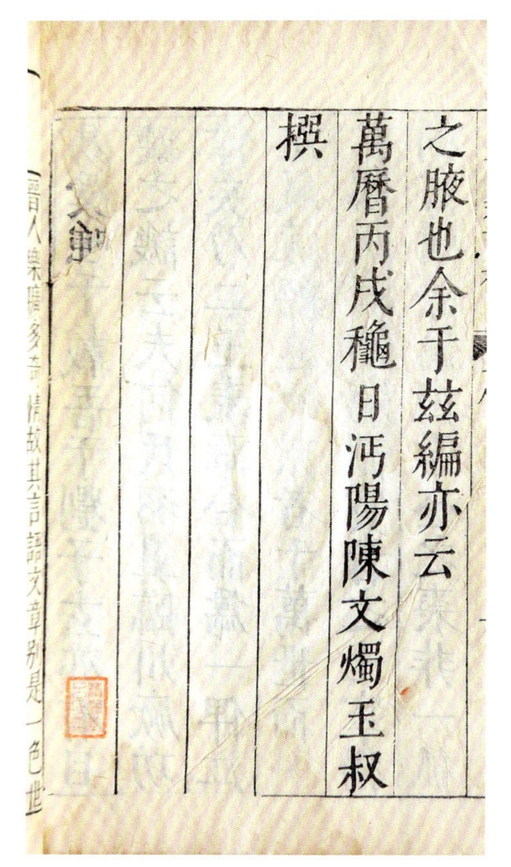
之腋也。余于兹編亦云。

萬曆丙戌秭日沔陽陳文燭玉叔撰

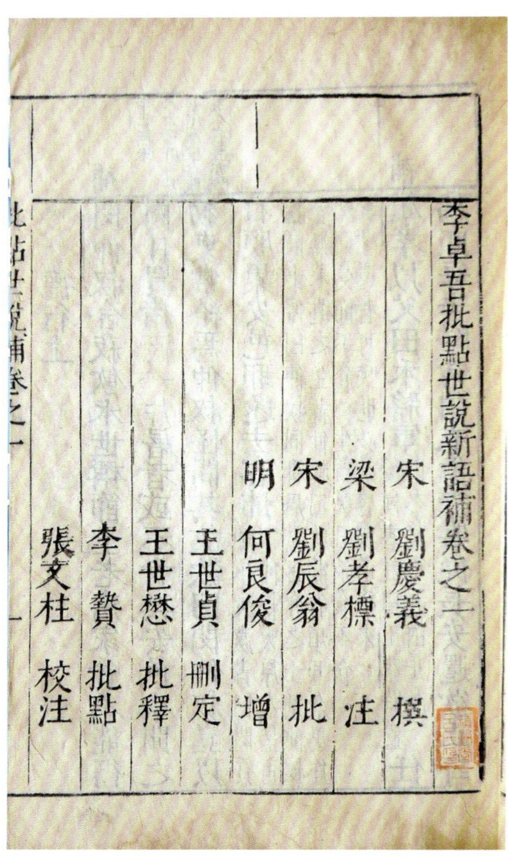
李卓吾批點世說新語補卷之一

宋　劉慶義　撰

梁　劉孝標　注

宋　劉辰翁　批

明　何良俊　增

王世貞　删定

王世懋　批釋

李　贄　批點

張文柱　校注

033 《唐詩紀》提要

《唐詩紀》一百七十卷，目録三十四卷，明吴琯輯。明萬曆十三年（1585）刻本。凡三十一册。半葉九行，行十九字，小字雙行，行二十字。白口，黑單魚尾，四周雙邊。版框高二十點六厘米，寬十三點七厘米。

是書原爲黄德水所編，甫成初唐詩十六卷而病故。吴琯得其遺稿，藉門客俞安期、陸弼、謝陛諸人之力，仿明馮惟訥《古詩紀》體例輯纂，亦僅成初盛唐部分，但此書在搜輯材料上有重要貢獻，共録入初盛唐一千三百多家詩萬餘首，多以宋版原集爲底本，校補以各種善本及金石遺文。編排上以時代先後爲序，以人繫詩，各人詩再按體分編。詩人名下附小傳，據正史本傳以及《唐詩紀事》諸書撰録。詩中文字有校勘，或引前人考辨。

館藏本有方沆《唐詩紀序》，卷端署『豫章李明睿閲，滁陽方一元彙編，海寧方天眷重訂』，内封中鎸『唐詩紀』，右上角鎸『李本寧李太虚兩先生重訂』，左下角鎸『文樞堂藏板』。

唐詩紀一

初唐第一

滁陽方一元彙編

海寧方大眷重訂

豫章李明睿 閱

太宗皇帝 本紀云姓李氏諱世民高祖第二子高祖起義兵拜右領大都督封燉煌郡公徙封趙國公高祖受禪拜尚書令右武候大將軍進封秦王海內漸平乃鋭意經籍開文學館以待四方之士杜如晦等十有八人爲學士與之討論高祖傳位在位二十四年崩謚文皇帝有集四十卷。帝嘗作宮體詩使虞世南賡和世南曰聖作誠工然體非雅正上有所好下必有甚焉恐此詩一傳天下風靡不敢奉詔帝曰朕試卿爾後帝爲詩一篇述古興亡既而歎曰鍾子期死伯牙不復鼓琴朕此詩何所示邪勅褚遂良即世南

詩紀 初唐卷之一 二

034 《詩紀》提要

《詩紀》一百五十六卷，目録三十六卷，明馮惟訥輯，明吴琯校訂。明萬曆十四年（1586）金陵刻本。凡二十册。半葉九行，行十九字，小字雙行，行十九字。白口，四周雙邊。版框高二十點二厘米，寬十三點五厘米。

馮惟訥（1513—1572），字汝言，號少洲，臨朐人，嘉靖戊戌年進士，官至江西左布政使，加光禄寺卿致仕。擅長詩文，曾纂集書籍多種，著有《馮光禄集》。

《詩紀》乃中國現存最早的一部專門搜輯古詩的總集。前集十卷，皆古逸詩；正集一百三十卷，則漢、魏以下，陳、隋以前之詩；外集四卷，附録仙鬼之詩；别集十二卷，則前人論詩之語也。上薄古初，下迄六代，有韵之作，無不兼收，溯詩家之淵源者，不能外是書而别求。後來詩家編輯總集，多以馮惟訥此編爲圭臬，如明代張溥《漢魏六朝百三家集》、近人丁福保《全漢三國晋南北朝詩》等。

館藏本有汪道昆《詩紀合序》，王世貞《詩紀序》；汪序後鎸『金陵徐智督刊』六字。是書鈐有方形陽文『長沙龍氏』『龍紱祺印』和方形陰文『華陽鄭氏百瞻樓珍藏圖籍』印記。此本爲吴琯等重刊，雖去其前集、正集、外集、别集之名，合并爲一百五十六卷，而次第悉如其舊，有較高的資料價值。

古逸第一　　詩紀一

北海馮惟訥彙編

鄣郡吳　琯校訂

歌上

彈歌

吳越春秋曰越王欲謀復吳范蠡進善射者陳音音楚人也越王請音而問曰孤聞子善射道何所生音曰臣聞弩生于弓弓生于彈彈起于古之孝子不忍見父母爲禽獸所食故作彈以守之歌云云○劉勰云黄歌斷竹質之至也又曰斷竹黄歌乃二言之始○黄黄帝也

035 《楚辭章句》提要

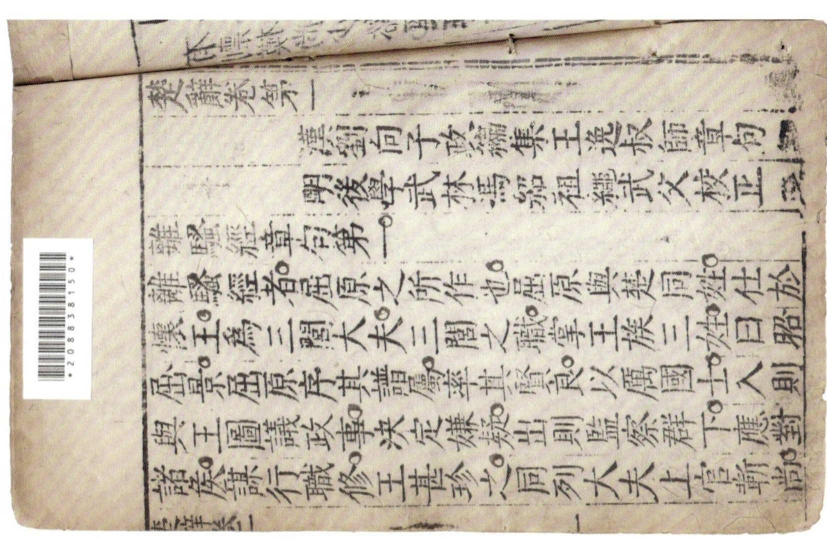
楚辭卷第一
漢劉向子政編集　王逸叔師章句
明後學武林馮紹祖繩武父校正
離騷經章句第一
離騷經者屈原之所作也屈原與楚同姓仕於
懷王爲三閭大夫三閭之職掌王族三姓曰
昭屈景屈原序其譜屬率其賢良以厲國士入則
與王圖議政事決定嫌疑出則監察群下應對
諸侯謀行職修王甚珍之同列大夫上官靳尚

《楚辭章句》十七卷，附録一卷，漢王逸注。明萬曆十四年（1586）武林馮紹祖刻本。凡六册。半葉九行，行十八字。白口，左右雙邊。版心上刻『楚辭』及卷數。版框高二十一点五厘米，寬十四点五厘米。

是書原收録戰國楚人屈原、宋玉及西漢淮南小山等人的辭賦十六卷，後王逸補入己作一卷，成十七卷。作品具有濃郁的楚地地方色彩和語言特徵，富於抒情性，後世將此種文體稱爲『楚辭體』，因其中以屈原《離騷》一篇最著名，故又稱爲『騷體』。是書與《詩經》并列爲中國古典詩歌兩大源頭。《楚辭章句》中歸於屈原名下之作共二十五篇，并收入宋玉和一些漢代作家之作，其中《九思》乃王逸之作。

館藏本有序二：黄汝亨《楚辭序》，馮紹祖《校楚辭章句後序》。附録包括屈原傳、各家楚辭書目、楚辭章句總評。内封題名『楚辭箋注』，右鎸『汲古閣校』四字，左刻『三樂齋梓』，卷端題『楚辭』。

036 ｜《梵網經心地品菩薩戒義疏發隱》提要

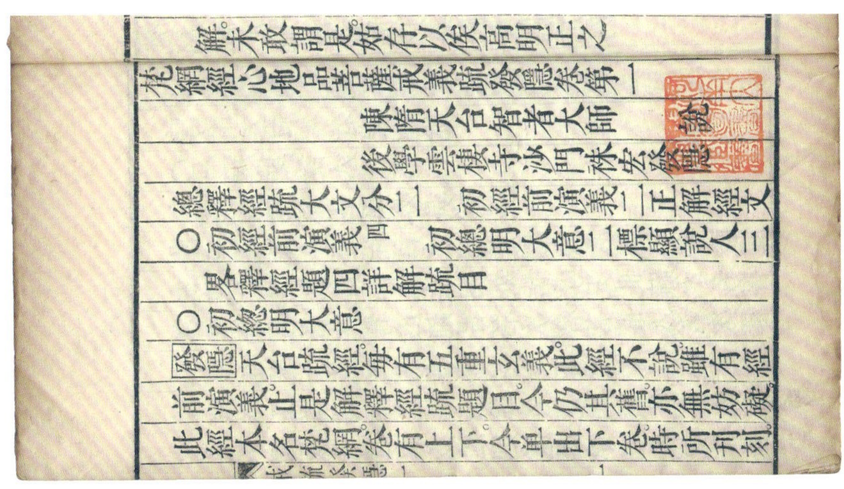
解。未敢謂是，姑存以俟高明正之
梵網經心地品菩薩戒義疏發隱卷第一
陳隋天台智者大師説
後學雲棲寺沙門袾宏發隱
總釋經疏大文分三　初經前演義　二正解經文
○初經前演義四　初總明大意　二標顯說人　三畧釋經題　四詳解疏目
○初總明大意
發隱　天台疏經，每有五重玄義。此經不說，雖有經前演義，止是解釋經疏題目。今仍其舊，亦無妨礙。此經本名梵網，卷有上下。今單出下卷，時所刊刻。

《梵網經心地品菩薩戒義疏發隱》五卷，隋釋智者大師說，明釋袾宏發隱。明萬曆十五年（1587）刻本。凡三册。半葉十行，行十九字。白口，黑單魚尾，左右雙邊。版框高十九點四厘米，寬十二點二厘米。

袾宏（1535—1615），俗姓沈，名袾宏，字佛慧，别號蓮池，因久居杭州雲栖寺，又稱雲栖大師，與紫柏真可、憨山德清、藕益智旭并稱爲『明代四大高僧』。出身望族，三十二歲投西山無門性天禪師落髮，并於昭慶無塵玉律師座下受具足戒。一生致力於弘揚净土法門，主持雲栖道場四十餘年。融合禪净二宗，定十約，僧徒奉爲科律。清雍正中賜號净妙真修禪師。因弘揚净土宗貢獻頗大，被後世尊爲中國净土宗第八代祖師。

是書記載天台宗大師經說語録、經文、儀軌等。

館藏本存四卷：卷一至四。卷首有袾宏序、識。

037 《泊如齋重修宣和博古圖録》提要

《泊如齋重修宣和博古圖録》三十卷，宋王黼等撰。明萬曆十六年（1588）泊如齋刻本。凡十六册。半葉八行，行十七字。白口，白魚尾，四周单邊。版框高二十四點八厘米，寬十五点五厘米。

王黼（1079—1126），字將明，宋開封祥符（今河南開封）人。王黼風姿俊美，善於逢迎。徽宗崇寧二年（1103）進士，任相州司理參軍、校書郎、符寶郎、左司諫，宣和元年（1119）從通議大夫到少宰（右宰相），連跳八級，乃宋開國以來第一人。

是書主要記載從商到唐的各種古器物，凡五十九種八百三十多件。每一件古器物，均畫有圖形并附文字説明。此本版圖繪刻精細，是現存的幾種明刻本中較佳者。

館藏本内封中鎸『博古圖』，右下角鎸『劉季然書録』，右上角鎸『丁南羽、吴左干繪圖』，欄綫上鎸『本立堂藏板』。有程士莊《博古圖録序》，序後鎸『黄德時刻』四字。序頁鈐有陰文印二：『李晋鼎印』『郭本堂印』，又有陽文印一：『白花居』，首卷頁鈐印二：『友山閣』『李子康』。

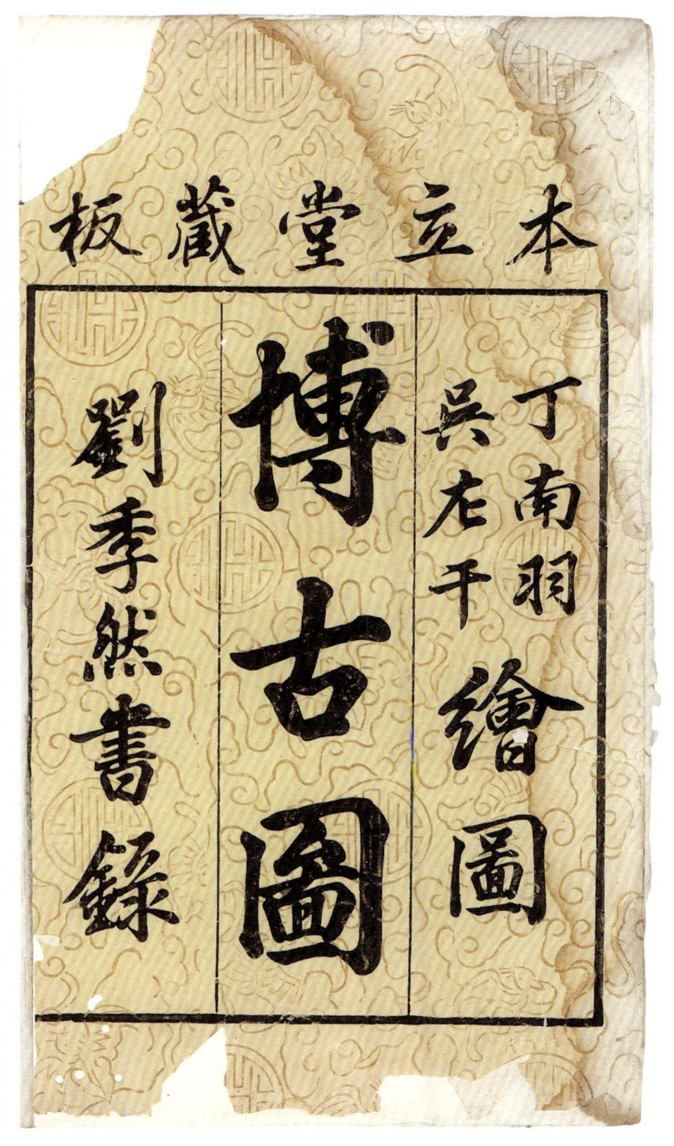

本立堂藏板

丁南羽
吳左干
繪圖

博古圖

劉季然書録

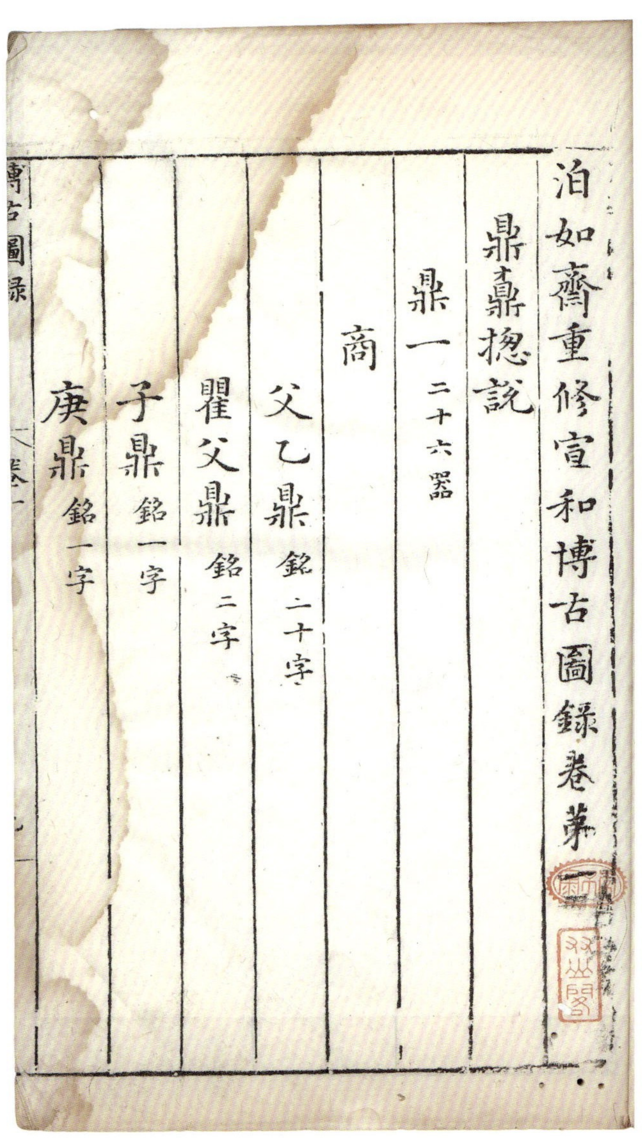

泊如齋重修宣和博古圖録卷第一

鼎鼒鼎揔説

鼎一　二十六器

商

父乙鼎　銘二十字

瞿父鼎　銘二字

子鼎　銘一字

庚鼎　銘一字

博古圖録　卷一

038 《天中記》提要

《天中記》六十卷，明陳耀文撰。明萬曆二十三年（1595）刻本。凡六十册。半葉十一行，行二十一字。白口，左右雙邊，黑魚尾。版心上刻書名，中刻卷數。版框高十八點七厘米，寬十三點二厘米。

陳耀文，字晦伯，號筆山，明代確山縣人，嘉靖二十九年（1550）進士。纍官至陝西行太僕卿。政務閑暇，即以博覽群書自娱。後因忤觸權相嚴嵩，辭官歸故里汝南天中山下，專心致志於鈎沉纂輯，辨正稽疑。所著有《經典稽疑》二卷、《學林就正》四卷、《學圃萱蘇》六卷、（嘉靖）《確山縣志》二卷、《花草粹編》十二卷等，其中《天中記》六十卷最爲知名。

《天中記》以作者所居近天中山得名。分五百餘類，每類俱有類目，輯録資料，『自九流毖緯以逮僻典遺文，搜羅頗廣』（《四庫全書總目》）。所列條目均注明出處，體例較善。其特點是作者在輯録資料時，兼指其錯誤，并加以訂正，這是其他類書所不能比及的。《天中記》取材廣泛，采輯豐富，徵引完備。

天中記卷之一

朗陵陳耀文晦伯甫纂

四明屠　隆緯真甫校

天

五號 尚書說云天有五號尊而君之則曰皇天元氣廣大則稱昊天仁覆愍下則稱旻天自天監下則稱上天據遠視之蒼蒼然則稱蒼天（周禮疏）

四名 爾雅曰春爲蒼天夏爲昊天秋爲旻天冬爲上天李巡注曰春萬物始生其色蒼蒼故曰蒼天夏萬物壯盛其氣昊昊故曰昊天秋萬物成熟皆有文章故曰旻天旻文也冬陰氣在上萬物伏藏故曰上天

039 《佛經九種》提要

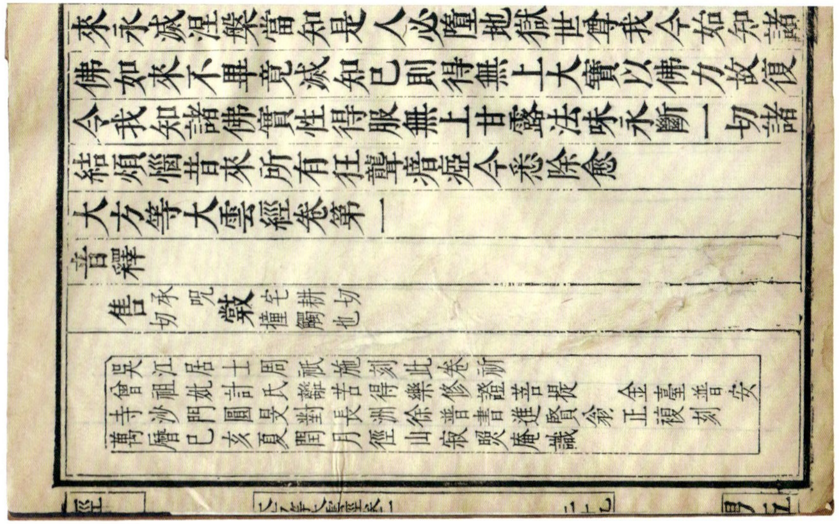

《佛經九種》，劉宋曇摩蜜多等譯。明萬曆二十七年（1599）刻本（有圖）。凡二册。半葉十行，行二十字。白口，四周雙邊。版心上刻『經』，中刻經名和卷數、頁數，下刻『男一（二……十）』。版框高二十三點六厘米，寬十四點二厘米。

是書包括魏晋至隋唐時的佛經九種：《佛說轉女身經》《文殊師利問菩提經》《伽耶山頂經》《佛說象頭精舍經》《大乘伽耶山頂經》《佛說決定總持經》《佛說謗佛經》《大方等大雲經》《如來莊嚴智慧光明入一切佛境界經》。

館藏本每種經後刻有牌記，記録施刻者、刻經原因、刻經者和時間。首卷卷端鈐方形陰文印『繡佛子弟』。

佛說長者法志妻經

出安公涼土錄失譯師名

聞如是一時佛在舍衛國祇樹給孤獨園與大比丘千二百五十菩薩萬人倶佛時明旦著衣持鉢入城分衛比丘菩薩皆悉侍從諸天龍神及香音神無善之神鳳凰神山神執樂神王皆散華燒香鼓諸音樂歌歎佛德而說頌曰

從無數億劫　積行難可量　慈愍于衆生

使發大道行　三界猶幻化　一切悉空無

能曉了此慧　度脫諸十方　三十二相明

040 《薛文清公讀書全録類編》提要

《薛文清公讀書全録類編》二十卷，明薛瑄撰，明侯鶴齡編。明萬曆二十七年（1599）刻本。凡八册。半葉十行，行二十字。白口，黑魚尾，四周單邊。版心上鎸『讀書録』，中刻卷數，下刻頁數。版框高十九點九厘米，寬十五厘米。

薛瑄（1389或1392—1464），字德温，號敬軒。河津（今山西省河津縣）人。明代著名思想家、理學家、文學家，河東學派的創始人，世稱『薛河東』。官至通議大夫、禮部左侍郎兼翰林院學士。謚號文清，故後世稱其爲『薛文清』。隆慶五年（1571），從祀孔廟。薛瑄繼曹端之後，在北方開創了『河東之學』，門徒遍及山西、河南、關隴一帶，蔚爲大宗。其學傳至明中期，又形成以吕楠爲主的『關中之學』，其勢『幾與陽明中分，其盛一時』。清人視薛學爲朱學傳宗，稱之爲『明初理學之冠』『開明代道學之基』。其著作有《薛文清集》。侯鶴齡，河津人，萬曆年間曾任昌邑縣令，爲人清正廉潔。

是書爲薛瑄數十年讀書的心得筆記，包括哲學、文學、政治、自我修養等内容。

館藏本有張崇儒《薛文清公讀書全録類編序》，趙用光《薛文清公讀書全録類編序》，萬自約《薛文清公讀書全録類編（後）跋》，馬負圖《薛文清先生讀書全録類編（後序）》，趙訥《薛文清公讀書全録類編後跋》。

薛文清公讀書全錄類編卷之一

横渠張子云心中有所開即便劄記不思則還塞之矣余讀書至心有所開處隨即錄之蓋以備不思而還塞也若所見之是否則俟正於後之君子云　河東薛瑄謹識

易總論

數自河圖始理在其中

河圖乃萬數萬理萬象萬化之源

河圖之數在天水火土金水春夏秋冬元亨利貞在人肝心脾肺腎仁義禮知信萬理咸備

041 《坡仙集》提要

《坡仙集》十六卷，宋蘇軾撰，明李贄評輯。明萬曆二十八年（1600）焦竑刻本。凡二十册。半葉九行，行二十字。白口，白魚尾，四周单邊。版框高二十一點七厘米，寬十四點八厘米。

李贄（1527—1602），明思想家、文學家，泰州學派的一代宗師。初姓林，名載贄，後改姓李，名贄，字宏甫，號卓吾，别號温陵居士、百泉居士等。嘉靖三十一年（1552）舉人，不應會試。歷共城知縣、國子監博士，萬曆中爲姚安知府。旋棄官，寄寓黄安、麻城。在麻城講學時，從者數千人，中雜婦女，晚年往來南北兩京等地，被誣下獄，自刎死。著有《焚書》《續焚書》《藏書》等。

是書體現了李贄的文章觀和選擇蘇文的旨趣：弟子全刻抄出作四册，俱世人所未嘗取者。世人所取者，世人所知耳，亦長公俯就世人而作者也。至其真黄鐘大吕，大扣大鳴，小扣小應，俱係彼精神骨髓所在，弟今盡數録出，閑時一披閲，平生心事，宛然如見，如對長公披襟面語，朝夕共游也。

館藏本内封題『重校李卓吾先生評選坡仙集』，『小築藏板』，内封鈐竪長方形陰文印『彙古齋金石書畫莊經售古今書籍』。

拔仙集卷一

詩

息壤詩 并序

淮南子曰、鯀堙洪水、盜帝之息壤、帝使祝融殺之於羽淵、今荊州南門外、有狀若屋宇、陷入地中、而猶見其脊者、旁有石記云。不可犯。春鋤所及、輒復如故、又頗以致雷雨、歲大旱、屢發有應、于感之、乃爲作詩、其詞曰、

帝息此壤、以藩幽臺、有神司之、隨取而培、帝勑下民、

042 《大佛頂首楞嚴經正脉疏》提要

《大佛頂首楞嚴經正脉疏》十卷，懸示一卷，科一卷，明釋真鑒撰。明萬曆二十八年（1600）刻本。凡六册。半葉十行，行二十二字。白口，黑單魚尾，四周單邊。版框高二十一點八厘米，寬十三點六厘米。

是書又名《楞嚴經》《首楞嚴經》，是一部極爲重要的佛教經典。此經在内容上包含了顯、密、性、相各方面的深刻道理；在宗派上則横跨禪、净、密、律，均衡發揮，各得其所；在修行的次第上，則更是充實、圓滿。舉凡發心、解、行、證、悟，皆詳盡剖析開示：從教令正發心起，經循循善誘的破惑、見真（明心見性）、依性起修（設壇結界、於實際上起正修行），并詳細開示了一切凡聖境界（二十五聖圓通、三界七趣衆生），令於聖境起企慕，而於凡外得知解，從而不受迷惑、不入歧途；又詳述六十位修證（三漸次、乾慧地、十信、十住、十行、十回向、四加行、十地、等覺、妙覺），令行者於菩提道上知所趣向；最後更廣示五陰魔境，及其破除之法，俾於菩提道上，能克服魔怨留難，使所修圓滿成就。

館藏本有楊崇《首楞嚴經正脉疏》，釋真鑒《大佛頂首楞嚴經正脉疏并序》和朱俊梃《刊楞嚴正脉後跋》。卷末刻有牌記。

大佛頂首楞嚴經正脉疏卷第八

京都西湖沙門交光真鑑述

蒲州萬固沙門妙峰福登校

別以詳列已竟（寅）三申結互妄。又二（卯）一正申互具喻明

阿難如是衆生一一類中。亦各各具十二顛倒。猶如捏目亂華發生　孤山曰。各具即互具也。以一一類心妄種皆具。一則現起名事造。餘則寘伏名理具○捏華喻其虛妄也。亂發喻其互具也（卯）二推結倒真成妄

顛倒妙圓真淨明心。具足如斯虛妄亂想　上喻虛妄此推即真。但由顛倒本真。故即具足衆妄也。具足者言

楞嚴正脉　卷八

043　《真誥》提要

《真誥》二十卷，梁陶弘景撰。明萬曆二十八年（1600）刻、三十二年（1604）俞安期重修本。凡四册。半葉九行，行十七字，小字雙行，行十七字。白口，黑單魚尾，左右雙邊。版框高十九點九厘米，寬十四點二厘米。

陶弘景（452或456—536），字通明，晚號華陽真逸，謚號貞白先生，丹陽秣陵人，是道教重要派别『上清派』的承傳者。陶弘景平生著述甚豐，有《真誥》《真靈位業圖》《登真隱訣》《養生延命録》等二百餘卷。

是書乃南北朝時道教洞玄部經書，爲上清派重要典籍，所謂『真誥』指道教仙真口授的訓戒勉勵文誥，分《運題象》等七篇。前十六卷是晋哀帝興寧中楊羲、許穆等記録的衆真降授之誥，故稱『真誥』。第十七、十八兩卷《握真輔》是楊羲、許穆、許翽等書疏，第十九、二十卷《翼真檢》是陶弘景撰述。全書内容龐雜，既載仙真傳授真訣，論冥數禍福，又載録藥物、導引、按摩、攝養修持之事，并記述了道教名山洞府、真仙位業等，是研究道教茅山宗及上清經源流的一份重要歷史文獻。

館藏本有王徹《書高似孫真誥序》。

眞誥卷之一

梁華陽隱居陶弘景撰

明震維居士俞安期校

運象篇第一

蕚緑華詩

神嶽排霄起飛峰鬱千尋寥籠靈谷虛瓊林

蔚蕭森（丨）此一字被墨濃黵不復可識正中抽一脚出下似是羊字其人名權

生標美秀弱冠流清音棲情莊慧津超形象

魏林揚彩朱門中內有邁俗心我與夫子族

眞誥　卷之一　一

044 《升庵先生文集》提要

《升庵先生文集》八十一卷，目録四卷，明楊慎撰，明萬曆二十九年（1601）刻本。凡十册。半葉十行，行二十字。白口，黑魚尾，左右雙邊。版框高二十一厘米，寬十四點一厘米。

楊慎（1488—1559），字用修，號升庵，四川新都人。以氣節學術文章，冠冕一代，世所仰止。而其遭際，則於嘉靖初議禮逆鱗，謫戍窮邊，佯狂避禍，世尤惜之。時心學已流爲狂禪，習尚空虚，乃倡博約，以挽頽風，上追漢學，下啓清儒音訓考據之盛。詩則七子之摹擬，風靡海内。先生以卓絶之才，沉酣六朝三唐，牢籠當世，芳風鼓煽，至清初而大震。詞主《花間》《草堂》，并推蘇辛，以矯元明體格纖柔之陋，萬曆以來遂壓詞壇，餘波及於樂府，臨川、昆山競以『花草』之麗辭爲曲。故其衣被學人，又非一代也。

館藏本有王藩臣《重刻楊升庵先生文集叙》，陳邦瞻《楊用修太史集叙》，陳文燭《楊升庵先生文集序》，張士佩《訂刻太史升庵文集序》，宋仕《訂刻太史升庵文集序》。宋仕序鈐有方形陽文印『耀遠』，序首頁鈐方形陽文印『楊榮光印』，目録頁及各卷卷端鈐方形陽文印『耀遠珍藏』。

升菴先生文集卷之一

從子　有仁編輯

成都楊慎著　後學趙開美校正　高安陳邦瞻重校

江陽王藩臣　內江蕭如松仝校

鳳賦

黃帝晨坐於扆閣降觀於榮阿有鳥來巢命音交和
乃召天老而問焉天老對曰西申之國丹穴之山爰
有神鳥名爲鳳焉羽族三百六十以應周天天帝命
此鳥以爲羽族先其爲狀也鴻前而麟後蛇頸而魚
尾鸛顙而鴛腮龍文而龜身燕頷而鷄味鶴植而麗

楊升菴文集　卷之一　一

045 《續文獻通考》提要

《續文獻通考》二百五十四卷，明王圻撰。明萬曆三十一年（1603）曹時聘、許維新等刻本。凡六十册。半葉十一行，行二十二字。白口，黑單魚尾，左右雙邊。版心下刻字數和刻工姓名：京、王成、顧憲、顧文、沈賓等。版框高二十點八厘米，寬十四點九厘米。

王圻，字元翰，號洪洲，上海人。明代文獻學家、藏書家。明嘉靖四十四年（1565）進士，後官至陝西布政參議。王圻學問淵博，著述宏豐，傳世的有《洪洲類稿》《三才圖會》《兩浙鹽志》《續文獻通考》《謚法通考》《稗史類編》《雲間海防志》等，并主纂萬曆《青浦縣志》。

是書收集史乘、各家文集、往牒及奏疏等，據事節録，於萬曆十四年編次成書。所紀上起南宋嘉定年間，下至明萬曆初年。體例仿《通考》，又兼取《通志》之長。全書共二百五十四卷，分三十考，較《文獻通考》增出節義、書院、氏族、六書、道統、方外等六考，各考之下分標籤目。但田賦考中增加了黄河、太湖、三江和河渠四個子目；國用考中增加了海運；學校考中增加了書院、義學。明代以前部分，多取材於宋、遼、金、元四史；明代部分輯録史料甚多，不少史料爲他書所不載。是書可與《大明會典》參用，但體例和内容失之雜亂，不够謹嚴。清修《清文獻通考》多取材於是書。

館藏本有周家棟叙，《刻續文獻通考文移》，許維新《書續文獻通考後》，温純序，曹時聘序，何儼跋。序首頁鈐長方形陽文印『環山樓藏書印』。

續文獻通考卷之一

皇明進士雲間王圻纂輯

田賦考　宋寧宗至金哀宗

宋

寧宗嘉定八年詔兩浙江淮路諭民雜種粟麥麻荳有司毋收其賦田主毋責其租　十一年詔常州嘉興府行經界青田縣主簿陳耆卿奏臣聞之孟軻曰行仁政必自經界始經界蓋良法也不幸而經界法壞則所信者簿書爾併簿書而不足信則何所取信哉且有田則有賦役此常理也田有多寡則賦役有輕重亦常理也今之世乃有田愈多而賦役愈輕者有無田而賦役反重

046 《唐類函》提要

《唐類函》二百卷，明俞安期輯。明萬曆三十一年（1603）俞氏刻本。凡五十九册。半葉十行，行二十字，小字雙行，行二十字。白口，四周單邊，黑單魚尾。版框高二十點六厘米，寬十四點六厘米。

俞安期（約 1596 年前後在世），初名策，字公臨，後改今名，字羨長。江蘇吴江（今江蘇蘇州）人，徙陽羨（今江蘇宜興），老於金陵（今南京），約明神宗萬曆中前後在世。以長律一百五十韵投王世貞，世貞爲之延譽，名由是起，然竟以布衣終。亦工書。安期有《寥寥集》四十卷，詩獨占三十七卷；又有《唐類函》《類苑瓊英》《啓雋類函》等。

是書取材唐人類書，以《藝文類聚》爲主，并取《北堂書鈔》《初學記》《白氏六帖》删其重複而成，其缺略之處，選取韓鄂《歲華紀麗》、杜佑《通典》等有關材料加以補充，計分天、歲時、地、帝王、后妃、儲宫、帝戚、設官、封爵、政術、禮儀、樂、文學、武功、邊塞、人、釋、道、靈异、方術、巧藝、京邑、州郡、居處、産業、火、珍寶、布帛、儀飾、服飾、器物、舟車、食物、五穀、藥、菜、果、草、木、鳥、獸、鱗介、蟲豸共四十三部，每部又分若干子目，目下先録《類序》，依次録《初學記》《北堂書鈔》《白氏六帖》，時令兼取《歲華》，政典補以《通典》，每書又首列『釋名』，次列『故實』『事對』『詩歌文賦』。『取材不濫，於諸類書中爲近古。』（《四庫全書總目》）

館藏本存一百九十六卷：卷一至一九六。内封右上鎸『蘭居重訂』，中鎸『唐類函』，左下鎸『養正堂藏版』。有申時行《刻唐類函序》，沈思孝《唐類函序》，程開祜《唐類函序辭》，李維楨《唐類函叙》。

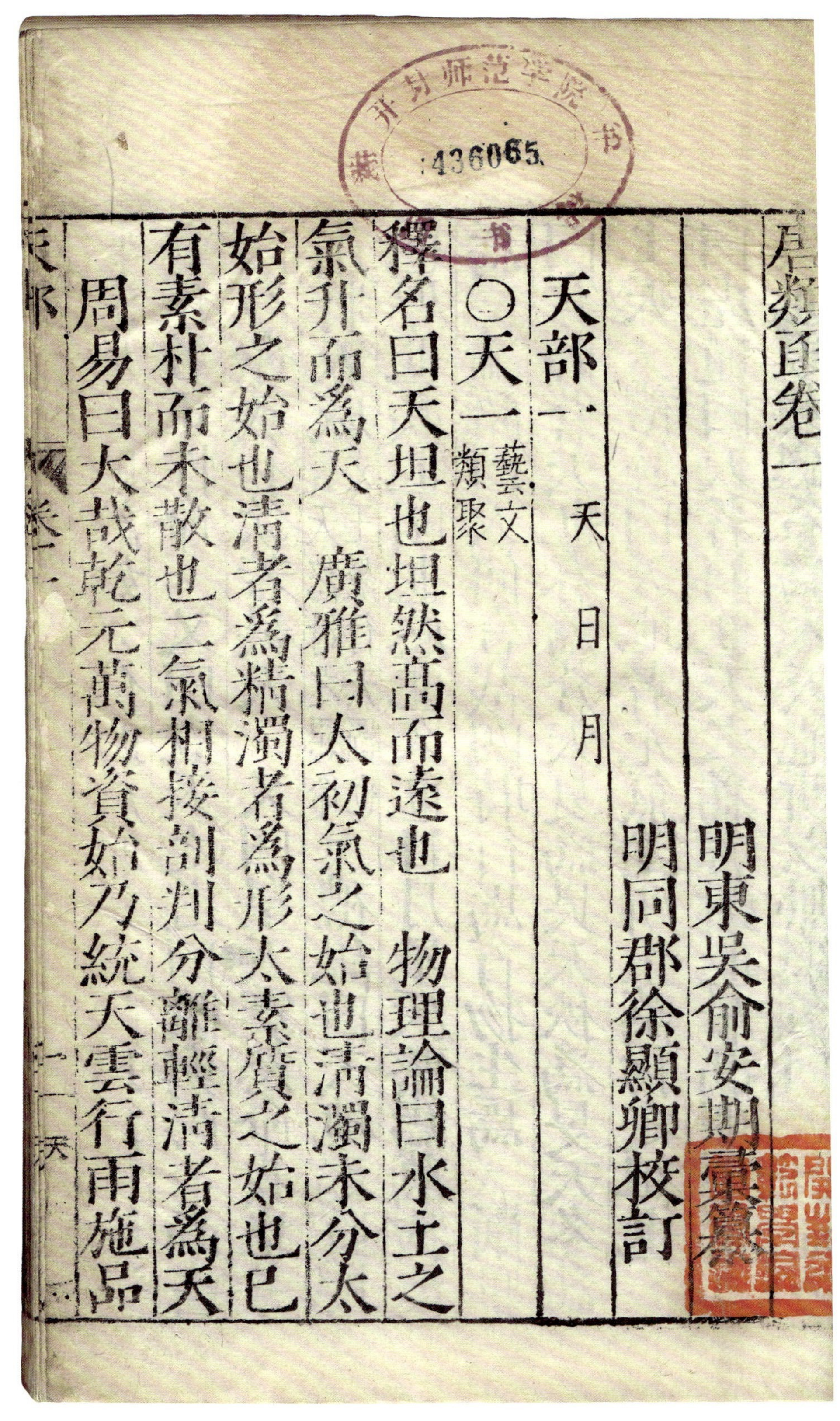
唐類函卷一

明東吴俞安期纂

明同郡徐顯卿校訂

天部一　天　日　月

〇天一　藝文類聚

釋名曰天坦也坦然髙而遠也　物理論曰水土之氣升而為天　廣雅曰太初氣之始也清濁未分太始形之始也清者為精濁者為形太素質之始也已有素朴而未散也二氣相接剖判分離輕清者為天

周易曰大哉乾元萬物資始乃統天雲行雨施品

天部　卷一　一　天

047 《皇明資治通鑑》提要

皇明續紀卷之上

秀水卜大有纂述

卜大典校正

世宗肅皇帝

正德十六年三月丙寅 武宗崩于豹房無子廷議以

興獻王長子爲 憲宗純皇帝孫倫序當立乃譔爲遺

詔遵祖訓兄終弟及之文告于宗廟請于慈壽皇大后

遣官迎取來嗣皇帝位越丁卯遣司禮太監韋霦壽寧

侯張鶴齡駙馬都尉崔元大學士梁儲禮部尚書毛澄

皇明續紀 卷之上

《皇明資治通鑑》十四卷，明陳建撰；《續記》三卷，明卜大有撰，明萬曆三十二年（1604）卜世臣刻本。凡十二册。半葉十行，行二十字。白口，黑魚尾，四周單邊。版框高二十點五厘米，寬十四點五厘米。

陳建（1497—1567），明東莞人，字廷肇，號清瀾，嘉靖舉人。

是書乃東莞陳建私家纂輯，紀事自元至正十一年（1351）朱元璋起兵至明隆慶六年（1572）。

館藏本有朱批圈點，有陳建《皇明通紀前編序》，卜世臣序。序首頁鈐方形陰文印『楊溥私印』，陽文印章『溪堂』，卷端題『東莞陳建輯著，秀水卜世昌校正』。

皇明資治通紀卷之一

臣東莞陳　建輯著

秀水卜世昌校正

辛卯元順帝至正十一年夏潁州人劉福通徐州蕭縣人李二蘄州羅田人徐壽輝等起兵攻陷郡縣天下大亂自胡元入主中國人心痛憤傳至順帝卽位日久宴安失德災異屢見四方盜賊蜂起有司不能制是年又聽邪臣賈魯之言發河南北丁夫十七萬開濬黃河故道民心益愁怨思亂先是童謠云石人一隻眼挑動黃河天下反及開河果於黃陵岡得石人一眼而徐潁蘄

048 《事文類聚》提要

《事文類聚》前集六十卷，後集五十卷，續集二十八卷，别集三十二卷，新集三十六卷，外集十五卷，遺集十五卷，宋祝穆撰。明萬曆三十二年（1604）金谿唐氏德壽堂重刻本。凡八十四册。半葉十一行，行二十四字。白口，黑單魚尾，四周單邊。版心下刻『德壽堂梓』。版框高二十一點一厘米，寬十三點五厘米。

祝穆（？—1255），少名丙，字伯和，又字和甫，晚年自號『樟隱老人』，祖籍婺源（今屬江西）。嗜書，手不釋卷，於書無所不讀。青年時，往來於吴、越、荆、楚之間，所到必登高探幽，臨水覽勝，遍訪民情風俗；晚年卜居建陽縣麻沙水南，名其廬『南溪樟隱』，凡經、史、子、集，稗官野史，金石刻，列郡志，『有可采摭，輒抄録』。善文章，『下筆頃刻數百言』。在麻沙水南隱居期間，撰《事文類聚》《方輿勝覽》。

是書分前、後、别、續四集，祝淵撰遺集十五卷，仿《藝文類聚》《初學記》等類書，每類皆始以群書要語，次古今事實，次古今文集，詩文多載全篇。其書搜羅巨富，亦有零星神話資料存於其間。搜集古今紀事即詩文，合編成書，供查檢典故之用。書内突出儒家思想，搜集材料較豐富，包括一些已經散佚的古書中的資料。後元富大用復編新集三十六卷，外集十五卷，體例并無所改。

館藏本有唐富春《重刻事文類聚序》，鈐方形陰文『范陽世家』、方形陽文『鄒道沂手斠本』。

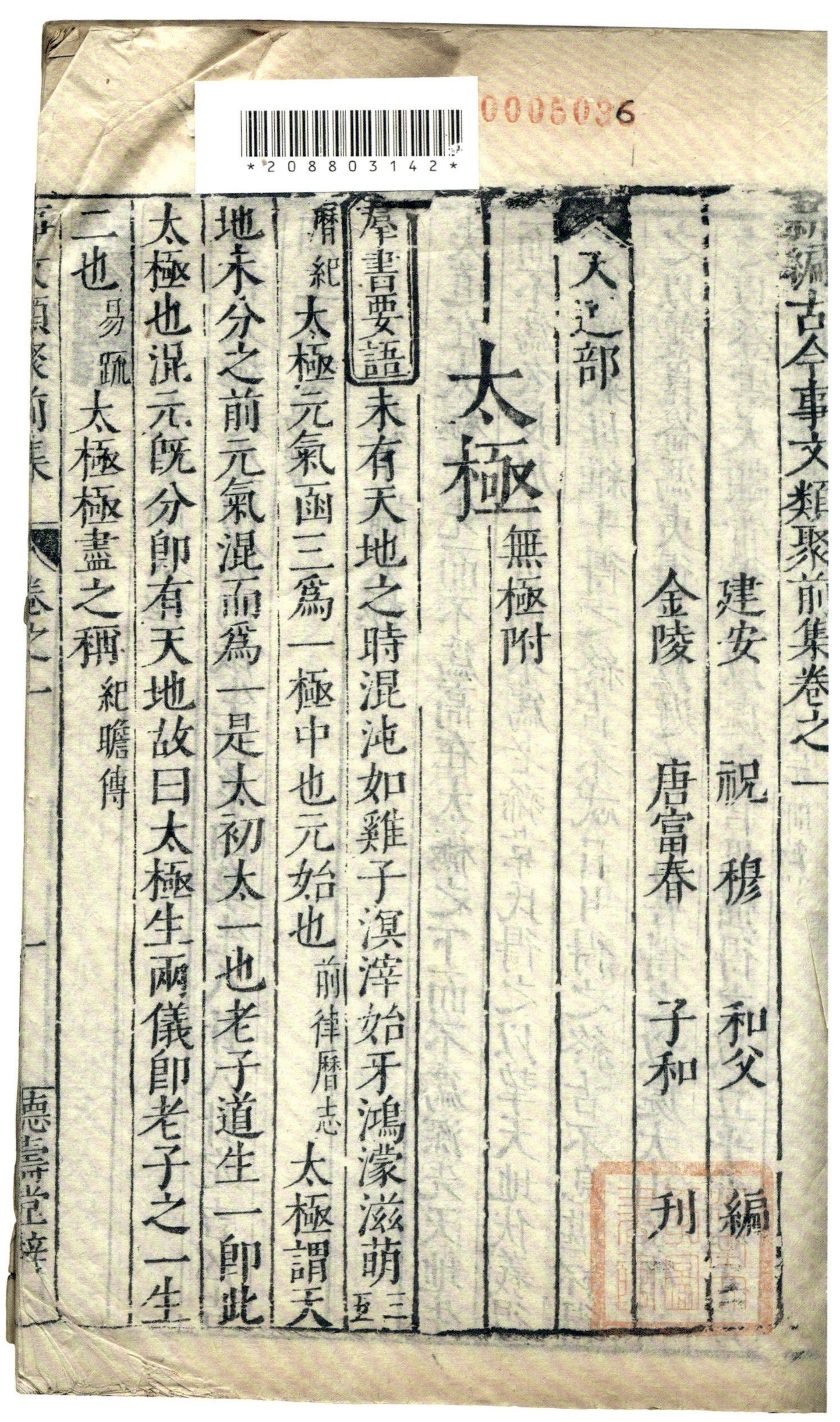

新編古今事文類聚前集卷之一

建安　祝穆　和父　編

金陵　唐富春　子和　刊

天道部

太極　無極附

羣書要語　未有天地之時混沌如雞子溟涬始牙鴻濛滋萌　三五曆紀　太極元氣函三爲一極中也元始也　前漢律曆志　太極謂天地未分之前元氣混而爲一是太初太一也老子道生一即此太極也混元既分即有天地故曰太極生兩儀即老子之一生二也　易疏　太極極盡之稱　紀瞻傳

事文類聚前集　卷之一　一　德壽堂梓

049 《朱文公校昌黎先生文集》提要

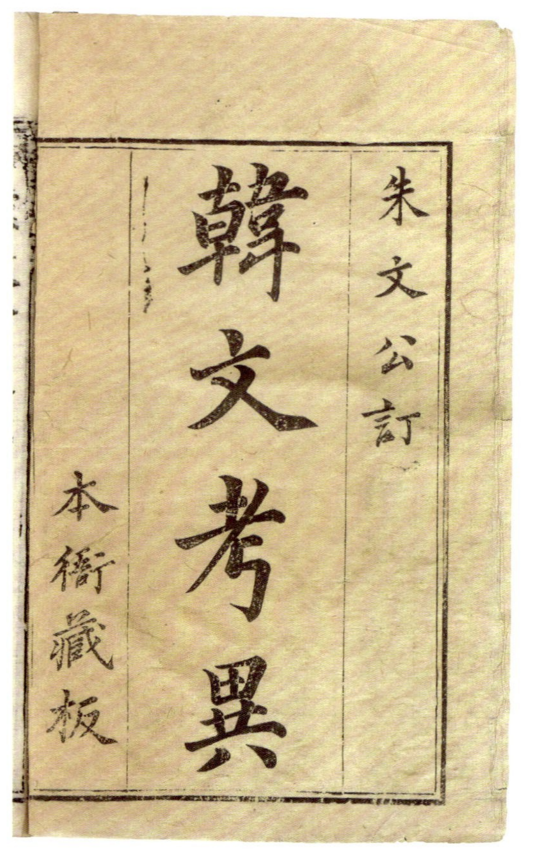

《朱文公校昌黎先生文集》四十卷，外集十卷、遺文一卷、集傳一卷，唐韓愈撰，唐李漢編集，宋朱熹考异。明萬曆三十三年（1605）刻本。凡六册。半葉九行，行十八字。白口，白魚尾，四周雙邊。版框高二十一厘米，寬十五厘米。

韓愈（768—824），字退之，世以郡望稱昌黎先生。愈爲唐宋散文八大家之首，作品歷來受到重視。但是韓文諸本互有异同，頗令閲者不便。於是朱子在前人研究成果上覆加考訂，作《韓文考异》。

館藏本内封中鎸『韓文考异』，左下鎸『本衙藏板』，右上鎸『朱文公訂』。有朱吾弼《韓文考异序》，朱熹序，李漢序。鈐有方形陽文印『陳雲路印』。

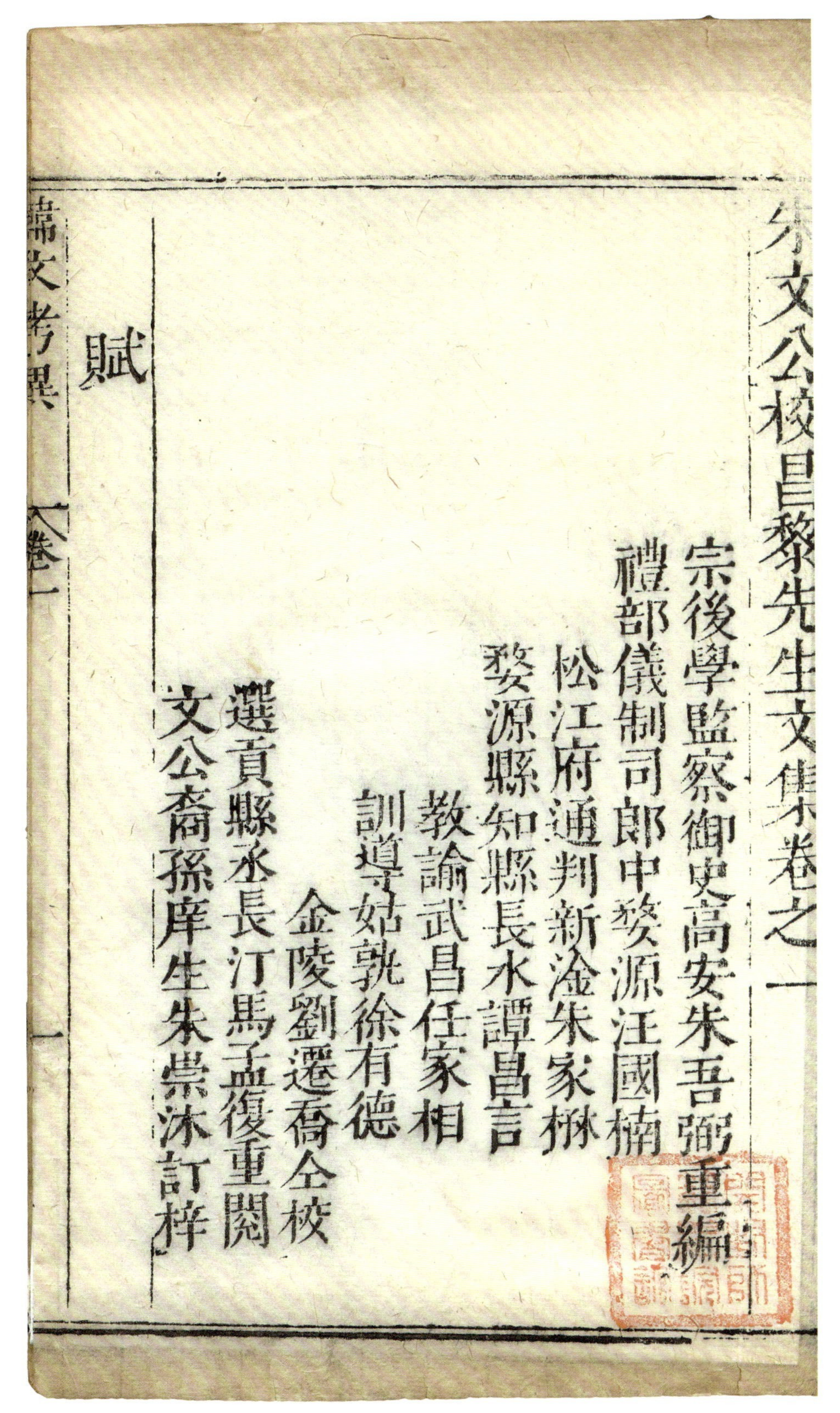
朱文公校昌黎先生文集卷之一
宗後學監察御史高安朱吾弼重編
禮部儀制司郎中婺源汪國楠
松江府通判新淦朱家栻
婺源縣知縣長水譚昌言
教諭武昌任家相
訓導姑孰徐有德
金陵劉遷喬仝校
選貢縣丞長汀馬孟復重閲
文公裔孫庠生朱崇沐訂梓
賦
韓文考異　卷一　一

050　《空同子集》提要

《空同子集》六十六卷，目録三卷，附録二卷，明李夢陽撰，明鄧雲霄、潘之恒校。明萬曆三十年（1602）刻本。凡十二册。半葉十行，行二十字。白口，白單魚尾，左右雙邊。版框高二十點六厘米，寬十四點七厘米。

是集凡收賦、詩、文，并附録二卷，係李夢陽之墓志銘、年表、小傳及悼念文章等。觀其詩文，可見其『文必秦漢，詩必盛唐』的創作主張，『其詩才力富健，實足以籠罩一時，而古體必漢魏，近體必盛唐，句擬字摹，食古不化，亦往往有之，所謂武庫之兵利鈍雜陳者也。其文則故作聱牙，以艱深文其淺易』（《四庫全書總目》）。集中詩文雖稱不上是上乘之作，但對於了解明代中期文學復古運動，在文學批評方面具有一定的研究價值。

館藏本卷首有王廷相序，黄省曾序，鄧雲霄序及自序。序首頁鈐有方形陽文『蘇完瓜爾佳景霖藏書畫之印』和方形陽文『方陽』印記。

空同子集　卷之一
北郡李夢陽撰　東莞鄧雲霄歙潘之恒蒐校
賦類一之一
疑賦　鈍賦
思賦　述征賦
省愆賦　宣歸賦
緒寓賦　寄兒賦
俟軒子賦　竹石賦
右次賦一十首
賦一

051 《三禮編繹》提要

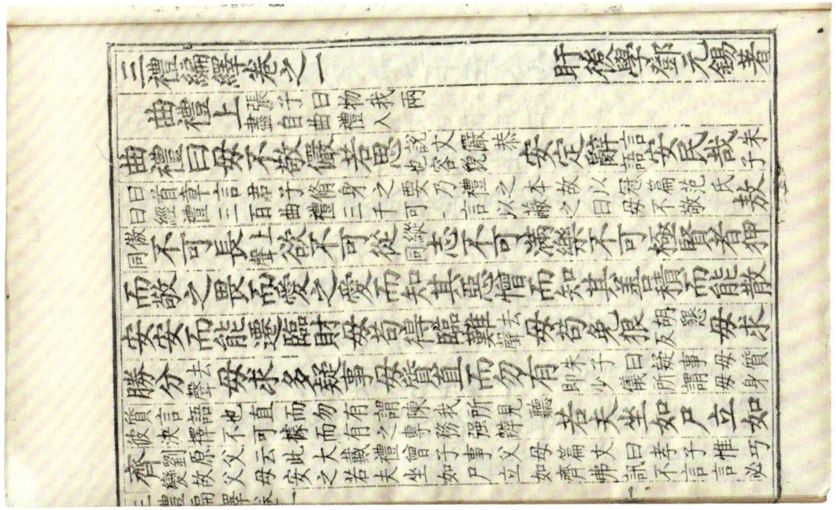
三禮編繹卷之一
盱後學鄧元錫著
曲禮上
曲禮曰毋不敬儼若思安定辭安民哉敖不可長欲不可從志不可滿樂不可極賢者狎而敬之畏而愛之愛而知其惡憎而知其善積而能散安安而能遷臨財毋苟得臨難毋苟免很毋求勝分毋求多疑事毋質直而勿有若夫坐如尸立如齊

《三禮編繹》二十六卷，明鄧元錫著，明萬曆三十三年（1605）刻本。凡十二册。半葉十行，行二十一字，小字雙行，行二十一字。白口，四周雙邊。版框高二十一點四厘米，寬十四點七厘米。

鄧元錫（1529—1593），字汝極，號潛谷，人稱『潛谷先生』。新城縣（今屬江西省黎川縣）人。明代中後期理學家、文學家。

是書爲闡釋儒家經典之作，雖名爲『三禮』，實乃注釋《曲禮》《儀禮》《周禮》的論著。鄧元錫在編繹過程中調整部分順序，對原書字句加以注釋并提出個人見解，注重文意之闡釋，『句下夾注，音訓頗簡，蓋非所重。其自爲發明者，則大書而附《經》文下，所謂「繹」也』（《四庫全書總目》），宣揚了個人儒學觀念。

館藏本有饒景曜序，鄧元錫序。

052 《旁訓史漢芳潤》提要

《旁訓史漢芳潤》五卷，明袁黄注。萬曆三十四年（1606）刻本。凡三册。半葉八行，行二十四字，小字單行批注三十二至三十四字不等。白口，四周單邊。版框高二十三厘米，寬十四點五厘米。

袁黄（1533—1606），初名表，後改名黄，字坤儀；初號學海，后改了凡，晚年自號趙田逸農。萬曆十四年中進士，歷任縣令、兵部職方司主事。著有《曆法新書》《寶坻勸農書》《皇都水利》《群書備考》，批削《四書》《書經集注》而成《删正》等，其餘著作還有《寶坻政書》《情理論》《了凡四訓》《祈嗣真詮》等。

是書選擇《史記》《前漢書》《後漢書》中有關篇目進行評點注釋，爲士子科舉考試提供一己之見。卷端有袁黄序。袁黄序叙其作是書緣由：『不佞爲兒輩慮，乃發青箱之籍，充棟盈車者蠹魚其中，雌黄在前，鉛槧在後，汰其九而存其一，割其雋而采其腴，凡幾易寒暑而後蔚然燦然渢渢可誦，然猶恐文氣隔截而句句旁釋，頭緒錯雜而叚叚揭明，洵足爲舉業指南。』

館藏本正文卷端題名『新鎸了凡家傳利用舉業史漢芳潤』『明吴了凡　袁黄選注』，目録作：『史記』卷一、二，『前漢書』卷一、二，『後漢書』卷三。是書版本稀見，寫刻精美，具有重要的歷史資料價值和版本價值。

内封鈐正方陽文印『陳雲路印』。

新鐫了凡家傳利用舉業史漢芳潤史記卷一

明吳了凡　袁　黃　選註

男　袁天啟　參閱

伯夷列傳

孤竹君是殷湯所封相傳至夷齊之父名初夷名元齊名致夷齊謚也姓墨胎孤竹即今永平府

伯夷叔齊。孤竹君之二子也。父欲立叔齊。及父卒。叔齊讓伯夷。伯夷以父命為尊叔齊以天倫為重俱逃去中子名遠伯夷曰。父命也。遂逃去。叔齊亦不肯立而逃之。國人立其中子。伯諸侯之長昌文王名歸以就養於是伯夷叔齊聞西伯昌善養老。盍往歸焉。及至西伯卒。武王靈位也載木主。號為文王。東伐紂。於是伯夷叔齊叩馬而諫曰。父死不

053　《唐陸宣公翰苑集》提要

《唐陸宣公翰苑集》二十四卷，唐陸贄撰。明萬曆三十五年（1607）陸基忠刻本。凡八册。半葉九行，行十八字。白口，四周雙邊。版心下鎸『秣陵楊應時寫』字樣。版框高二十點四厘米，寬十四厘米。

陸贄（754—805），字敬輿，吴郡蘇人，唐翰林學士，爲參贊機要。卒謚宣。

是書收陸宣公奏議七卷、制誥十卷、奏草七卷。《四庫全書總目》卷一五〇云：『宋祁作贄傳贊，稱其論諫數十百篇，譏陳時病，皆本仁義，炳炳如丹青，而惜德宗之不能盡用。故《新唐書》例不録排偶之作，獨取贄文十餘篇，以爲後世法。司馬光作《資治通鑑》，尤重陸贄議論，采奏疏三十九篇。其後蘇軾亦乞以贄文校正進讀。蓋其文雖多出於一時匡救規切之語，而於古今往來政治得失之故，無不深切著明，有足爲萬世龜鑒者，故歷代寶重焉。』

館藏本有吴道南《唐陸宣公奏議序》，陸基忠《重梓宣公奏議跋》。奏議、制誥、奏草後均鎸有『二十七世孫基忠校梓』。

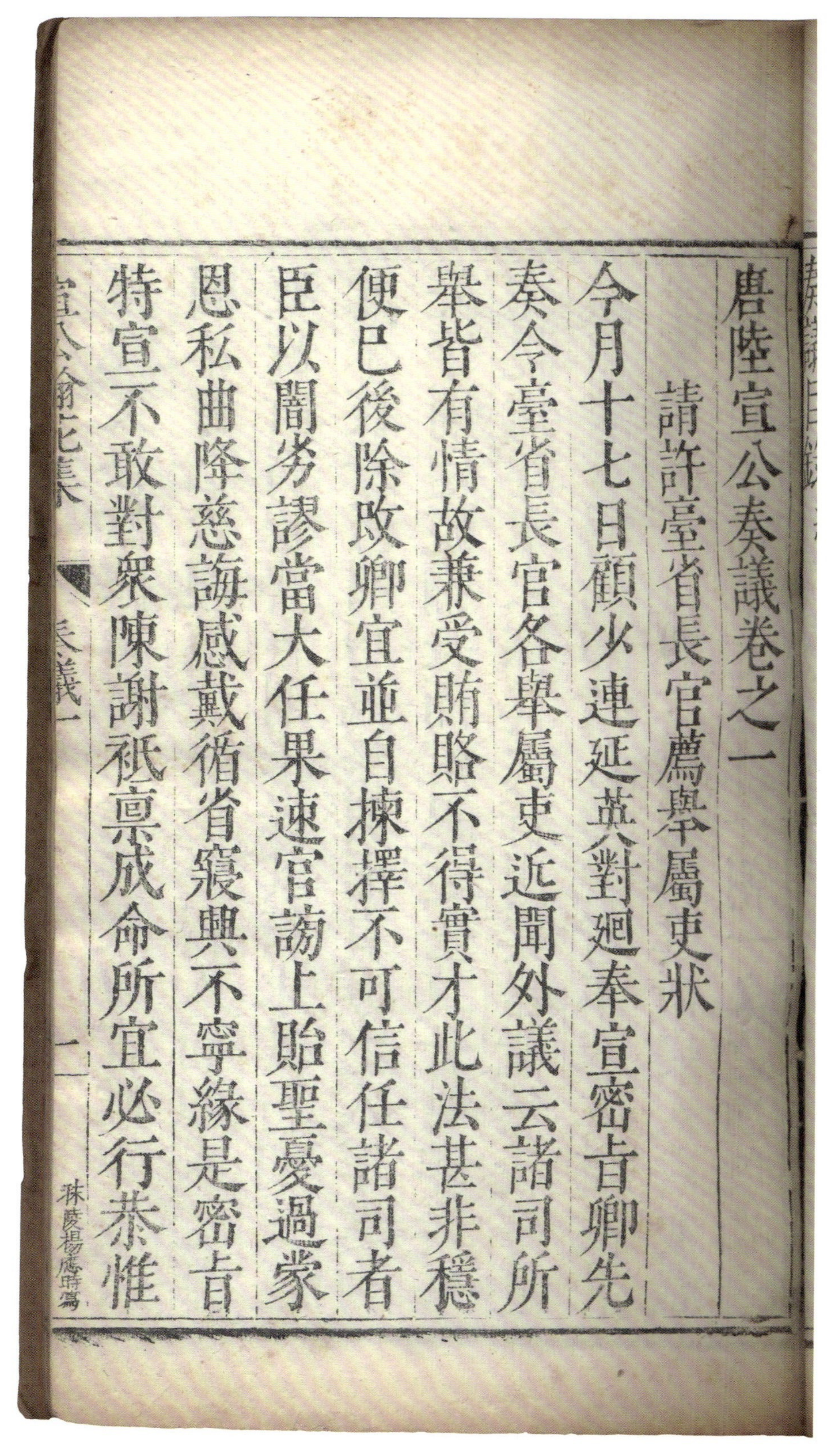

唐陸宣公奏議卷之一

請許臺省長官薦舉屬吏狀

今月十七日顧少連延英對迴奉宣密旨卿先奏令臺省長官各舉屬吏近聞外議云諸司所舉皆有情故兼受賄賂不得實才此法甚非穩便已後除改卿宜並自揀擇不可信任諸司者臣以闇劣謬當大任果速官謗上貽聖憂過蒙恩私曲降慈誨感戴循省寢興不寧緣是密旨特宣不敢對衆陳謝祗稟成命所宜必行恭惟

宣公奏議卷一　一

秣陵楊應時寫

054 《廣博物志》提要

《廣博物志》五十卷，明董斯張纂。明萬曆三十五年（1607）高暉堂刻本。凡三十六册。半葉九行，行十八字。白口，黑魚尾，四周單邊。版心下鎸『高暉堂』。版框高二十點二厘米，寬十五點七厘米。

董斯張（1587—1628），原名嗣章，字遐周，又號借庵，明末浙江湖州人。明末監生，耽於書海，手抄書達百部。與周永年、茅維有詩唱作。因體弱多病，自稱『瘦居士』。著有《靜嘯齋詞》《吴興備志》《廣博物志》《吴興藝術補》。

是書凡分大目二十有二，子目一百六十有七。所載始於《三墳》，訖於隋代，詳略互見，未能首尾賅貫。其徵引諸書，皆標列原名，綴於每條之末，體例較善，而中間亦有舛駁者。然其搜羅既富，唐以前遺文墜簡，裒輯良多。在明代諸類書中，固猶爲近古矣。

館藏本有《廣博物志序》和韓敬《廣博物志叙》。首卷首頁版心下鎸『吴興蔣禮梓』，頁二鎸『孟魁』，卷一末鎸『西吴蔣文英寫　蔣禮孟魁刻』兩行，多處有補版。

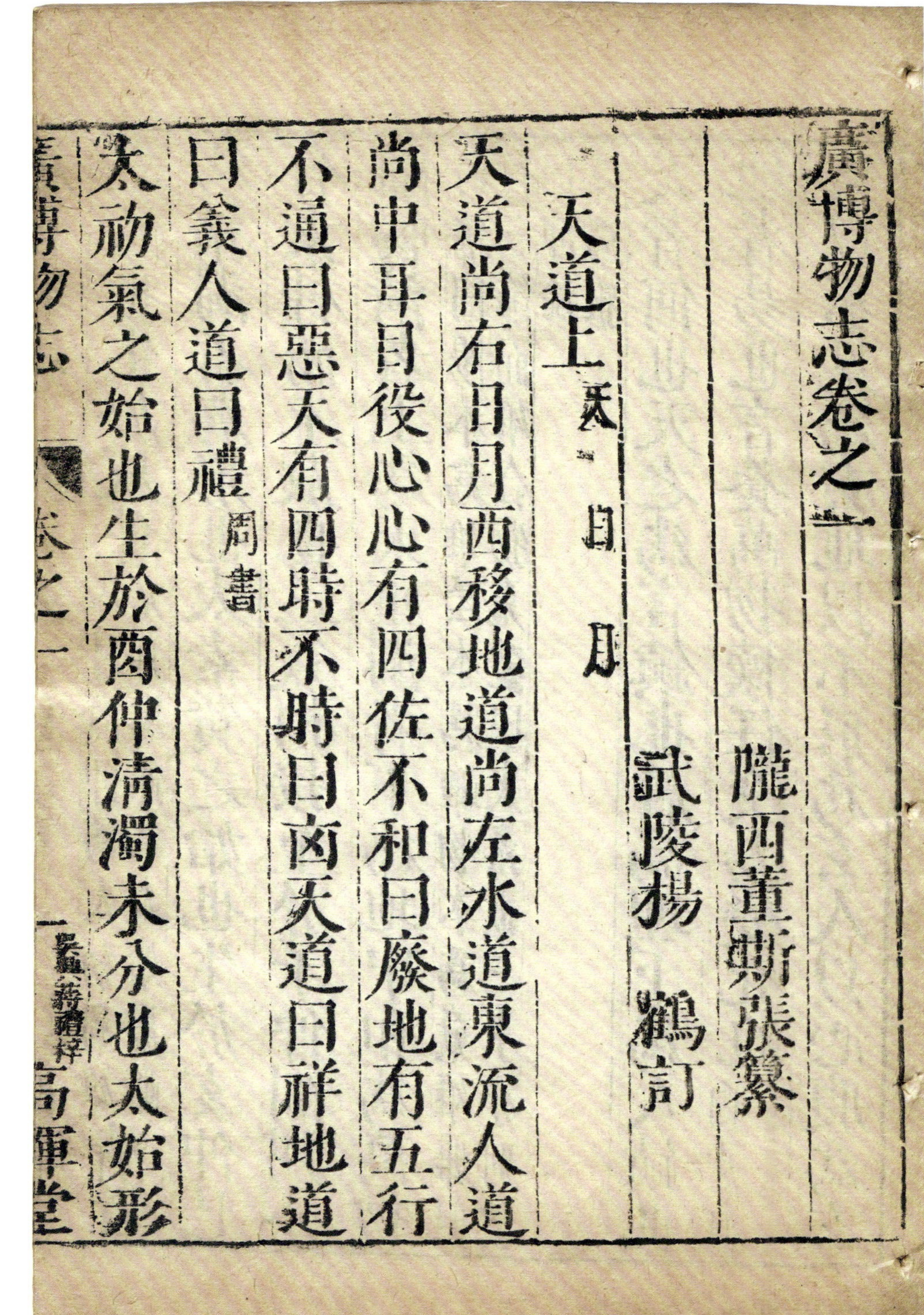
廣博物志卷之一

隴西董斯張纂

武陵楊鶴訂

天道上 天 日 月

天道尚右日月西移地道尚左水道東流人道尚中耳目役心心有四佐不和曰廢地有五行不通曰惡天有四時不時曰凶天道曰祥地道曰義人道曰禮周書

太初氣之始也生於酉仲清濁未分也太始形

廣博物志 卷之一 一 吳鑑壽禮梓 高暉堂

055 《[萬曆]韓城縣志》提要

《[萬曆]韓城縣志》八卷，明蘇進修，明張士佩纂修。明萬曆三十五年（1607）刻本，明天啓三年（1623）增修。凡二册。半葉九行，行十九字。白口，四周單邊，黑魚尾。版框高二十一點一厘米，寬十四厘米。

蘇進，字瞻叔，大梁（今河南開封）人，進士，萬曆三十三年（1605）任韓城縣令，天啓四年（1624）任廣東承宣布政使司左布政使。張士佩，字玫父，號濾濱，陝西韓城人。明嘉靖三十五年（1556）中進士，授紹興府推官，纍官至南京户部尚書。士佩居家期間，應當時知縣蘇進之邀，慨允修志。

此萬曆本《韓城縣志》爲現存第一部韓城地方志書。首有序言兩篇：李維楨序，叙述此志體例及修地方志之重要性和必要性；次爲蘇進自序，叙述修志緣由及韓城縣沿革等。後有義例、目録。此志共八卷，三十三目，圖表五幅。卷一爲雍韓考、縣建沿革、星野、城郭、邑署、學宫、里甲、風俗共八目。卷二爲山川、津渡、扼塞、形勝、土産、賦役共六目。卷三爲秩官、秩官表、循吏傳共三目。卷四爲科貢、科貢表、人才共三目。卷五爲鄉獻、文學、武略、義行、孝子、節婦、方技共七目。卷六爲古迹、壇廟、寺觀、祥异共四目。卷七、卷八爲藝文，共兩目。卷末有薛芳跋和梁元跋。卷一有星野、城郭、學宫、邑署、芝川鎮城等五幅圖。是書討論詳密，體裁嚴謹，體例得當，圖表清晰。

是書收入第三批全國珍貴古籍名録。

韓城縣志卷之一

南京戸部尚書邑人張士佩纂修

四川威州知州邑人張士魁訂正

雍韓考

韓何昉乎昉于周左氏傳曰邘晉應韓武之穆也
而史伯亦云應韓武王之子宣王時賢其裔而禮
之故尹吉甫有韓奕之詩焉其一章曰奕奕梁山
維禹甸之有倬其道韓侯受命王親命之纘戎祖
考無廢朕命夙夜匪解虔共爾位朕命不易榦不

056 《大方廣佛華嚴經新論》提要

《大方廣佛華嚴經新論》四十卷，唐釋李通玄撰，明鄭弘道定稿。明萬曆三十六年（1608）刻本。凡十二册。半葉十行，行二十字。白口，綫魚尾，左右雙邊。版心上刻『華嚴論』，中刻卷名、篇名。版框高二十一點五厘米，寬十五厘米。

李通玄（635—730），世稱李長者，又稱棗柏大士，唐代華嚴學者，山西太原人，李唐王室後裔。青年時鑽研易理，到四十餘歲時，專攻佛典，潜心《華嚴經》。耄耋之年，《華嚴經》譯成。開元七年（719），他携帶新譯《華嚴經》自定襄至盂縣大賢村，掩室造論，三年足不出户。他後來携帶論稿移居神福山原下的土龕（即太原壽陽方山土龕）繼續撰述，經過五年告成，這就是《新華嚴經論》四十卷。繼而又作《略釋新華嚴經修行次第决疑論》四卷。鄭弘道，明萬曆三十二年（1604）甲辰科殿試金榜第三甲第十七名同進士出身。

《大方廣佛華嚴經》係法喻因果并舉，『理智人法』兼備之名稱，一經之要旨，皆在此中。大，即包含之義；方，即軌範之義；廣，即周遍之義。亦即總説一心法界之體用，廣大而無邊，稱爲大方廣。佛，即證入大方廣無盡法界者；華，即成就萬德圓備之果體的因行譬喻；故開演因位之萬行，以嚴飾佛果之深義，則稱爲佛華嚴。總之，大方廣佛華嚴係所詮之義理，而『經』則爲能詮之言教。《華嚴經》以十方成佛的思想使大乘佛教的成佛理論更加豐富，更加切實。

館藏本存二十九卷：卷三至卷四、卷八至卷十一、卷十五至卷二十九、卷三十三至卷四十。字體優美，書尾有寫刻者姓名，如卷四末頁有牌記『萬曆戊申仲春方道華寫歙謝陛楊貞一黄奐對字句竟』，卷九末頁有牌記『萬曆戊申首夏潘弼予沐手寫，同業郝連城、汪有封對無誤竟』。

大方廣佛華嚴經新論卷三

唐方山長者李通玄造

明幻如居士鄭弘道定

明 純素居士鮑應鰲參閱

海陽學人丁惟曜校梓

○第二明依宗教別。夫大覺出興，稱真智而自在，法身無際，等群品以同軀，任器現形，應根施教，如空谷響，應擊成音，谷響無心，亦無處所，但以隨緣而能普應，如來設教，亦復如是，稱自根緣，得自心之法，隨根增廣而成熟之，示無常宗而成立教，對病施藥，病痊藥除，一念之間，甫無量法，稱周法界，對現色身，法既無窮，宗教無盡，無前後際，普備諸根，但爲衆生，自分

華嚴論　三　經首

057 《旁注左國芳潤》提要

《旁注左國芳潤》，其中《左傳》三卷，《國語》三卷，明吳默評注。明萬曆三十六年（1608）刻本。凡一册。半葉七行，行二十四字，小字雙行，三十六至三十九字，行間係公文格式，内有旁訓。白口，黑魚尾，四周單邊。版框高二十三點七厘米，寬十四點三厘米。

是書爲坊間刻本，乃科舉考試用書，爲注釋《左傳》《國語》之讀本。

館藏本卷端題：新刻吳無障先生評注利用舉業芳潤左傳卷之一、松陵會元無障吳默因之父評注、二酉居士養虚王世元惟良父校售。内封有陽文印章『陳雲路印』，卷端有陽文印章『風清月朗』。

新刻吳無障先生評註利用舉業芳潤左傳卷之一

松陵會元無障吳　默因之父評註

二酉居士養虛王世元惟良父校讎

魯隱公 名息姑魯惠公之子姬姓侯爵在位十一年按謚法不尸其位曰隱

鄭莊公叔段本末 隱公元年

初 初者因事而推其所由始 鄭武公娶于申 申國名 曰武姜。生莊公。 姜長子 及共 音恭 叔段。 姜次子後奔共故曰共叔 莊公寤生。 寤生生之難也絕而復蘇因寤而驚故以其事名之 驚姜氏。故名曰寤生。遂惡之。愛共叔段。欲立之。 立為太子 亟請於武公。公弗許

058 《三才圖會》提要

《三才圖會》一百零六卷，明王圻撰。明萬曆三十七年（1609）刻本。凡一百零四册。半葉九行，二十二字。白口，四周單邊。版心下間有字數。版框高二十一厘米，寬十四厘米。

王圻，字元翰，號洪洲，上海人。明代文獻學家、藏書家。明嘉靖四十四年（1565）進士，後官至陝西布政參議。王圻學問淵博，著述宏豐，傳世的有《洪洲類稿》《三才圖會》《兩浙鹽志》《續文獻通考》《謚法通考》《稗史類編》《雲間海防志》等，并主纂萬曆《青浦縣志》。

是書爲明代的一部類書，圖文并茂，采摭浩博，分爲十四門：天文、地理、人物、時令、宫室、器用、身體、衣服、人事、儀制、珍寶、文史、鳥獸、草木。每寫一物，繪製成圖，加以説明，圖文互證，細大畢載，爲後世研究古物、古建築者提供了重要資料。

館藏本有周孔教序，顧秉謙序，陳繼儒序，熊劍化序。内封中鎸『三才圖會』，左下角鎸『藏板』，右上角鎸『明王圻纂集』，欄綫上鎸『萬曆歲次己酉年刻』；顧秉謙序頁一版心下鎸『金陵吴雲刊刻』六字。卷七頁一署名：『曾孫爾賓重較』，字體有别，係後人補刻的，據『重較』二字判斷，當係天啓印本。序、目頁均有鈐印五枚：竪長方形陽文印『己巳進士己酉增廣』，正方形陽文印『驪興後人』，横長方形陽文印『閔聖徽』，正方形陰文印『尚玉』，方形朱文印『用拙堂藏』。

三才圖會卷之一

雲間元翰父王圻纂集

男思義校正

天文一

天文總圖　太微垣圖

紫微垣圖　天市垣圖

三才圖會卷之一　天文　一

059 《元韵譜》提要

《元韵譜》，明喬中和撰。明萬曆三十九年（1611）刻本。凡一册。釋目半葉九行，行十八字，韵譜版分上下兩節各十行，共十二佸。黑單魚尾。版心上鎸『元韵譜釋目』或『元韵譜』，下鎸頁數，白口，釋目左右雙邊，韵譜四周雙邊。版框高十九點五厘米，寬十四點二厘米。

喬中和，字還一，直隸内丘（今河北内邱）人。

是書以上平爲陽，下平爲陰，上聲爲陰，去聲爲陽，入聲則陰極而陽生。删三十六母爲十九母，四重之爲七十六。去蒙音四，得七十有二。而七十二母之中又析之爲柔律、柔吕、剛律、剛吕。又據律法十二宫分十有二佸，以佸統母，以母統各韵之字。五十有四韵，條分縷析，似乎窮極要眇，而實則純用俗音。是書之音韵系統反映了當時實際語言情况。

館藏本有明魯廷彦序，王時英序，馬逢造序，崔數仞序，喬中和序。序首頁鈐有邵次公竪長方陽文印『次公』。

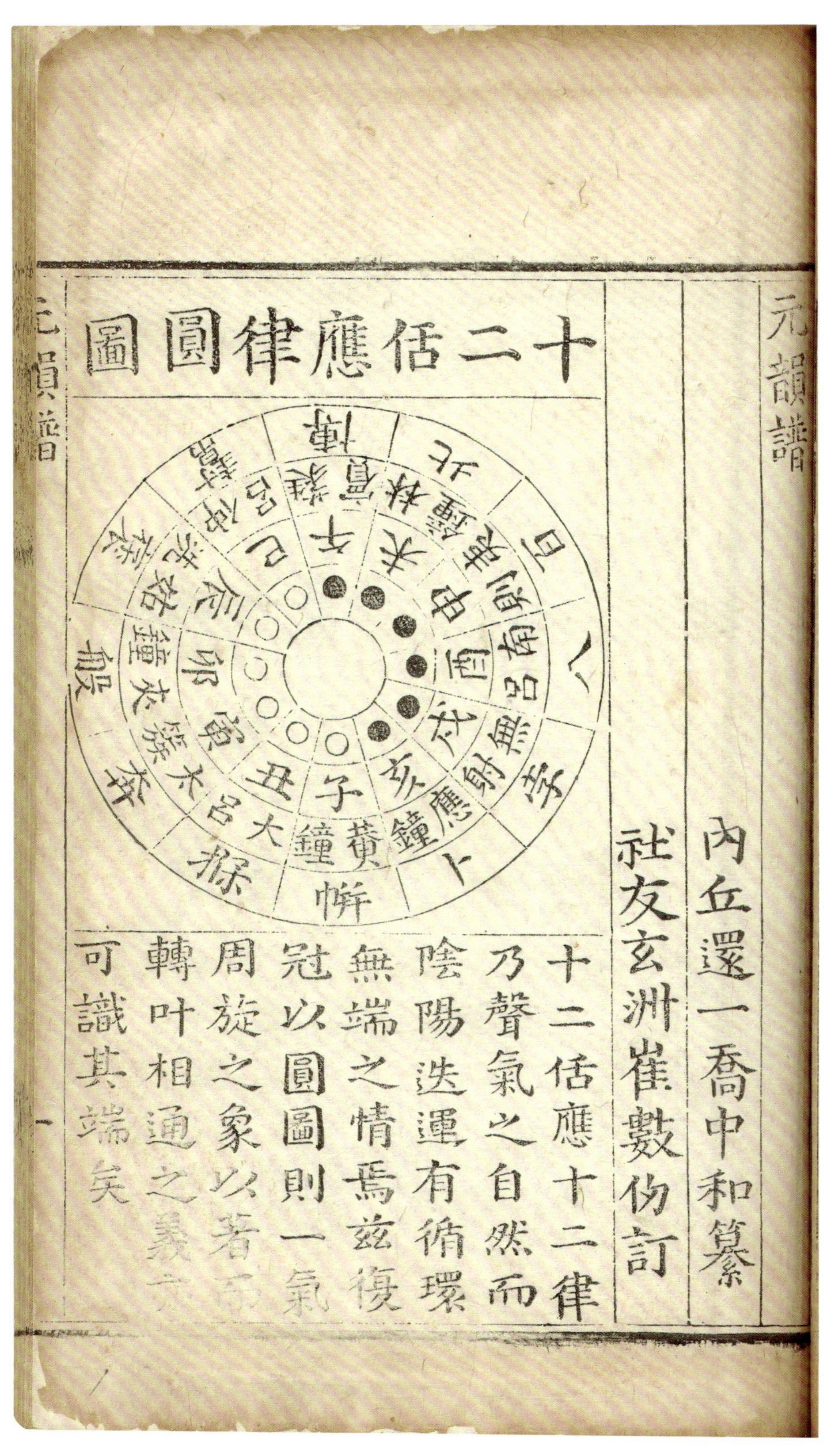

內丘還一喬中和纂

社友玄洲崔數仂訂

十二佸應律圓圖

十二佸應十二律而乃聲氣之自然而陰陽迭運有循環無端之情焉茲復冠以圓圖則一氣周旋之象以著而轉叶相通之義亦可識其端矣

060 《重訂古史全本》提要

《重訂古史全本》六十卷，宋蘇轍撰，明吴弘基、明吴思穆訂。明萬曆四十年（1612）刻本。凡二十四册。半葉八行，行十九字。白口，左右雙邊，眉刻批語。版框高十九點一厘米，寬十二點五厘米。

蘇轍（1039—1112），字子由，一字同叔，號潁濱遺老，眉州眉山（今屬四川）人，北宋文學家、詩人、宰相，『唐宋八大家』之一。蘇轍與父親蘇洵、兄長蘇軾齊名，合稱『三蘇』。生平學問深受其父兄影響，以散文著稱，擅長政論和史論，其詩力圖追步蘇軾，風格淳樸無華，文采少遜。蘇轍亦善書，其書法瀟灑自如，工整有序。著有《詩傳》《春秋傳》《欒城集》等行於世。

是書乃北宋時期一部重要的上古史著作，爲補《史記》之缺，盡聖人之意而作。記載了上起三皇五帝，下迄秦始皇時的歷史，采用紀傳體形式。全書共分爲七本紀、十六世家、三十七列傳。與《史記》相較，内容和體例上都有所改動。

館藏本有序六：宋蘇軾序，孫如游序，焦竑序，汪定國序，張孔法序，吴弘基自序。附：《史拾載補》不分卷，明吴弘基箋；《史拾彙斷》二卷，吴弘基輯撰。《史拾載補》内容爲十一列傳，即儒林、循吏、酷吏、游俠、續滑稽、日者、龜策、貨殖、匈奴、西南夷、大宛；《史拾彙斷》内容分爲『叢文』『古扐』兩部分，『叢文』包括經原、五帝非官天下、辛壬癸甲等二十一篇。

重訂古史全本

宋　眉山蘓　轍著

明　雲間陳子龍閲

明西陵吳弘基
吳思穆仝訂

三皇本紀第一　古史一

太昊伏犧氏風姓，始觀天地之象，鳥獸之文，近取諸身，遠取諸物，以畫八卦，教民𡛟取儷皮以爲禮，作結繩爲網罟，以佃以漁，豢犧牲服牛乘馬，故曰伏犧，亦曰包犧氏。伏犧以木德王天下，故爲三皇首。河出圖，

史補曰庖犧作三十

061 《管子権》提要

《管子権》二十四卷，唐房玄齡注，明朱長春権。明萬曆四十年（1612）張維樞刻本。凡十二册。半葉九行，行十九字，『評』『通』『演』皆爲小字，釋小字雙行十九字。白口，黑單魚尾，左右雙邊。版心下有刻工、字數，眉欄有評語。版框高二十二點五厘米，寬十四點三厘米。

朱長春，字大複，烏程人。萬曆四年（1576）丙子科舉人，萬曆十一年（1583）進士，歷知尉城、常熟、信陽三縣，升至刑部主事，以事削籍。好道，好詩歌。張維樞，字子環，福建泉州府晋江人。萬曆二十六年（1598）進士，曾任寧夏河東道。著有《澹然齋集》三十卷。

《管子》一書輯録了春秋時期（前770—前476）齊國政治家、思想家管仲及管仲學派的言行事迹。《漢書·藝文志》將其列入子部道家類，《隋書·經籍志》列入法家類。是書主要以趙用賢本爲底本，在此基礎之上朱長春作『評』『通』『演』，其意義在於對《管子》原文之闡發。

館藏本前有明朱長春《管子権自序》《校管子舊序》，張維樞序，趙用賢《管子書序》，宋楊忱《管子序》。

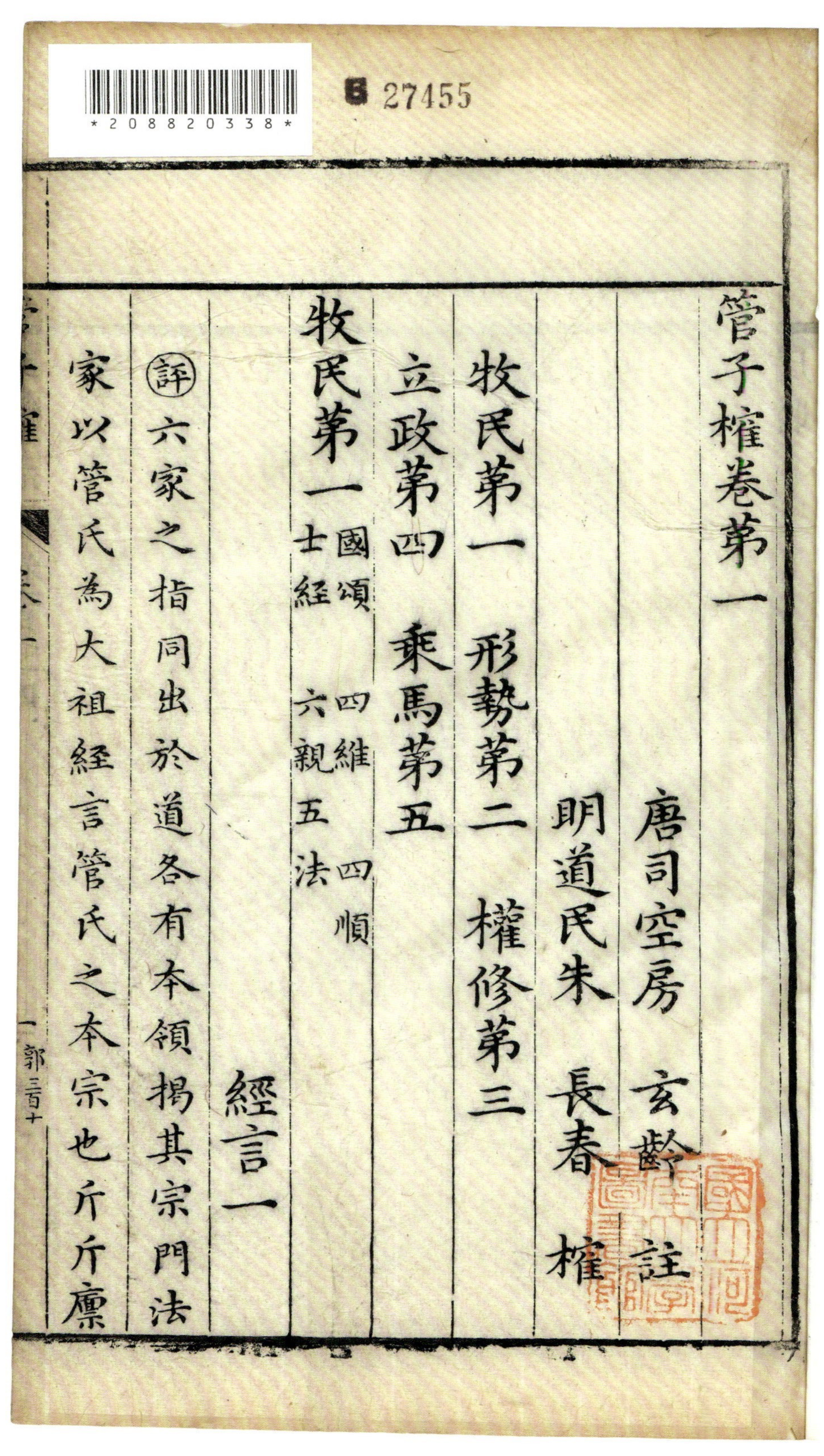

管子權卷第一

唐司空房　玄齡　註

明道民朱　長春　權

牧民第一　國頌　四維　四順　士經　六親五法

經言一

評　六家之指同出於道各有本領揭其宗門法家以管氏為大祖經言管氏之本宗也斤斤廩

一　郭三百十

062 《水經注箋》提要

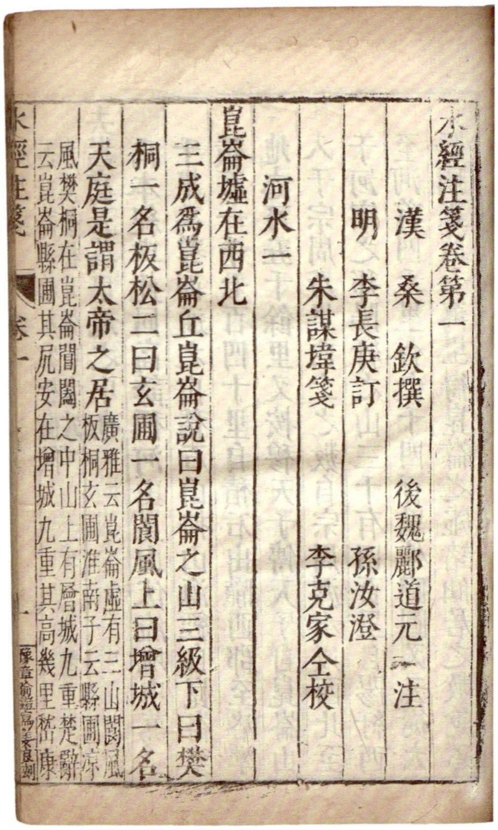
水經注箋卷第一
漢　桑　欽撰　後魏酈道元注
明　李長庚訂　孫汝澄
朱謀㙔箋　李克家仝校
河水一
崑崙墟在西北
三成爲崑崙丘崑崙説曰崑崙之山三級下曰樊
桐一名板松二曰玄圃一名閬風上曰增城一名
天庭是謂太帝之居

《水經注箋》四十卷，北魏酈道元注，明朱謀㙔箋。明萬曆四十三年（1615）刻本。凡十册。半葉十行，行二十字。白口，黑魚尾，左右雙邊。版心下鎸寫工：喻鎧、穆文等；刻工：姜全、熊元銓、姜良、鄒邦畿、萬奇、熊貴等。版框高十八點六厘米，寬十二點九厘米。

是書爲《水經注》作注的第一部著作。此書以吴琯校刻本《水經注》爲底本，并參校黄省曾校刻本及當時尚流傳的鈔宋本和其他版本，兼采謝兆申等人的校勘按語，在當時是《水經注》的較好版本。箋注考訂，徵引文獻，相對粗略，但不擅改舊籍，在當時尚屬罕見。

館藏本有李長庚序，朱謀㙔《水經注箋序》，黄省曾叙。

063 《鍥旁訓古事鏡》提要

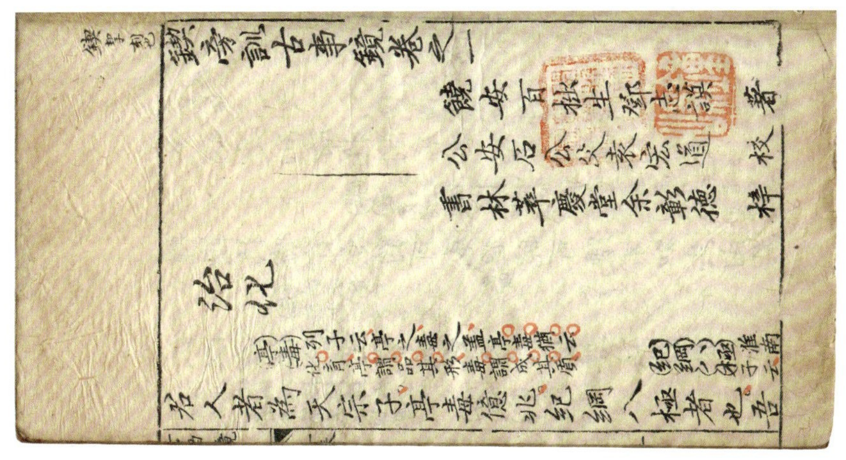
鍥旁訓古事鏡卷之一
饒安百拙生鄧志謨著
公安石公父袁宏道校
書林萃慶堂余彰德梓
治化

《鍥旁訓古事鏡》十二卷，明鄧志謨撰，袁宏道校。明萬曆四十三年（1615）書林萃慶堂余氏刻本。凡六册。半葉四行，行十八字，小字雙行，行二十六字。白口，黑魚尾，綫魚尾相間，四周單邊。版框高十九點五厘米，寬十二點二厘米。

鄧志謨，字景南，號竹溪散人，亦號百拙生，饒州府安仁人。生卒年不詳，約明神宗萬曆時期在世。明代重要的通俗小説家和民間文學家。

是書四庫收名『古事苑』，凡六十篇，捃摭古事，裁爲儷偶。其注釋則各附篇末。

館藏本卷前有余應虬叙。首卷卷端鎸『饒安百拙生鄧志謨著，公安石公父袁宏道校，書林萃慶堂余彰德梓』。是書上有墨筆批注，鎸刻精美，校正謹細，有朱筆圈點，實不多見，具有重要的版本價值。

064 《新刻徐玄扈先生纂輯毛詩六帖講意》提要

《新刻徐玄扈先生纂輯毛詩六帖講意》四卷，明徐光啓撰。明萬曆金陵廣慶堂刻本。凡六册。半葉十一行，行二十八字。白口，黑魚尾，四周單邊。版框高二十三點二厘米，寬十三點四厘米。

是書乃研究《詩經》之作，是明代詩經學著作中較爲重要的一部，在注解上綜合漢宋，頗能自出新意。全書分爲四卷，《國風》《小雅》《大雅》《頌》各一卷；在内容上分爲翼傳、存古、廣義、攬藻、博物、正葉六目。翼傳者，以朱熹《詩集傳》爲準則來探索《詩經》的主題；存古者，即對西漢毛亨的《毛詩故訓傳》和東漢鄭玄的《毛詩故訓傳箋》等注釋中可取的部分予以輯録；廣義者，即闡發自己不同於前賢的獨特見解；攬藻者，即從作文方法、文學評論、文學歷史的角度詮釋《詩經》；博物者，即對《詩經》中的名物加以訓詁；正葉者，即以自己對詩韵的理解，列出各首詩的韵譜。是書對《詩經》的研究既有經學的角度，也有文學的品評，是介於經學和文學之間的著作。

是書傳世刻本稀少，館藏本爲初刻本，刻印精細。

新刻徐玄扈先生纂輯毛詩六帖講意國風卷之一

吳淞　徐光啟　子先父　輯
東吳　鄒之麟　臣虎父　校
金陵書林廣慶堂唐振吾督刊

國風

程子曰二南之詩為教于衽席之上閨門之內上下貴賤之所同故用之鄉人邦國而謂之正風。劉氏曰男女亂倫而邶鄘鄭衛之風變君臣失道而王幽之風變昳遊荒淫而齊國之風變儉嗇褊急而魏國之風變以至唐風變而憂傷秦風變而武勇陳風變而淫遊歌舞檜曹之風變而亂極思治雖不可以風化天下而亦各有音節如季札所觀是已故樂官兼掌其詩

065 《古文奇賞》提要

《古文奇賞》二十二卷，目録一卷，略紀一卷，明陳仁錫選評。明萬曆四十六年（1618）刻本。凡一册。半葉十行，行二十字，小字雙行，行二十字。白口，四周單邊。版框高二十點二厘米，寬十五點一厘米。

陳仁錫（1581—1636），字明卿，號芝台，長洲（今江蘇蘇州）人。天啓二年（1622）進士，授翰林編修，因得罪權宦魏忠賢被罷職。崇禎初復官，官至國子監祭酒。陳仁錫講求經濟，性好學，喜著述，有《四書備考》《經濟八編類纂》《重訂古周禮》《陳太史無夢園初集》《潜確居類書》等。

是書陳仁錫自序稱『舊有《古文類》一書，盈數百卷，大率仿英華而廣之。偶得之故家，各從其類，删成一書』。收録自屈平《離騷》至南宋文天祥、王炎午諸代作家作品，依時代編次。『謂折衷往古，有一代大作手，有一代持世之文，有一代樂世之文。其目録内，即以此三者或標注人名之下，或標注篇題之旁。』（《四庫全書總目》）有時以人爲類，又或以事爲類，再或列出一代文學之超絶者，其體例略爲龐雜。

館藏本爲初刻本，眉上鎸評，鎸刻精美。

古文奇賞卷之一

古吳陳仁錫選評

離騷經

屈平

帝高陽之苗裔兮楚若敖子武王生瑕受屈爲客卿朕皇考曰伯庸字攝提寅貞于孟陬正月兮惟庚寅吾以降皇考覽揆余于初度兮肇錫余以嘉名名余曰正則兮字余曰靈均紛盛吾既有此內美忠信也兮又重之以修能扈楚人名被爲扈江離與辟芷江離芷皆香草名兮紉索秋蘭以爲佩汨余若將弗及兮恐年歲之不吾與朝搴取阰山之木蘭草去皮不死兮夕攬采中洲之宿莽草遇冬不死日月忽

066 《管子》提要

《管子》二十四卷，周管仲撰，明朱長春、明趙用賢、明張維樞等評。明萬曆四十八年（1620）凌汝亨朱墨套印刻本。凡十冊。半葉九行，行十九字。白口，白單魚尾，四周單邊。書眉刻有朱筆評語，正文朱筆圈點。版框高二十點四厘米，寬十四點六厘米。

張維樞，字子環，福建泉州府晉江人。萬曆二十六年（1598）進士，著有《澹然齋集》三十卷，《明文海》收有一些作品。趙用賢（1535—1596），明著名學者、藏書家。字汝師，號定宇，江蘇常熟人。隆慶五年（1571）進士。萬曆初，官檢討。萬曆五年（1577）因彈劾張居正，與吳中行同杖戍，被奪官歸里。居正歿，起官，終吏部侍郎。卒，謚文毅。

館藏本評語朱色，正文墨色，朱墨相映，鐫刻精美。卷端有施辰賓書趙用賢《管子書序》，凡例後鐫『西吴凌汝亨識』。收入第一批全國珍貴古籍名録。

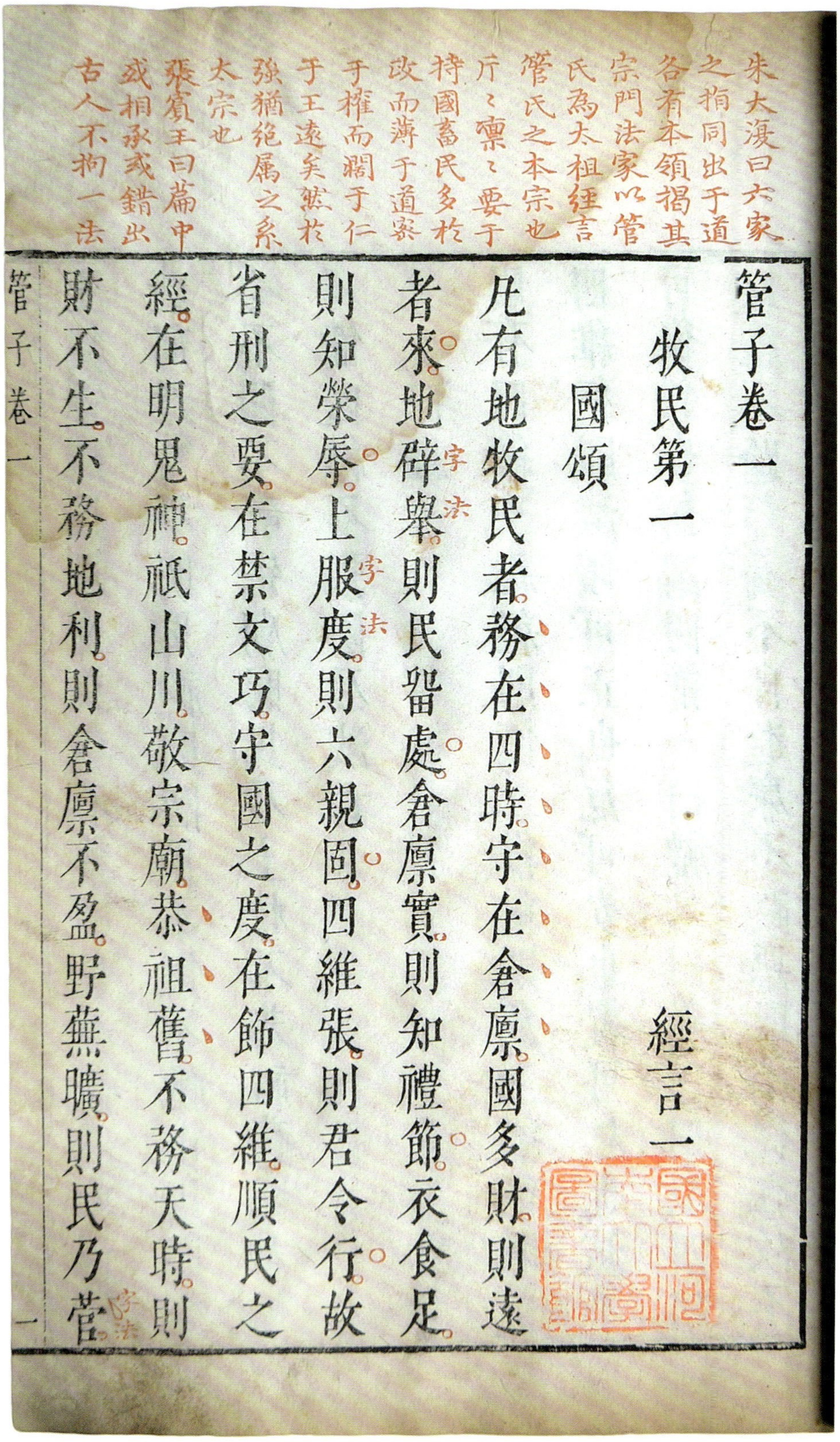

朱大復曰六家之指同出于道各有本領揭其宗門法家以管氏為太祖經言管氏之本宗也斤〻稟〻要于持國畜民多於政而濟于道家于權而潤于仁于王遠矣然於強猶絶屬之系太宗也

張賓王曰篇中或相承或錯出古人不拘一法

管子卷一

牧民第一

經言一

國頌

凡有地牧民者務在四時守在倉廩國多財則遠者來地辟舉則民留處倉廩實則知禮節衣食足則知榮辱上服度則六親固四維張則君令行故省刑之要在禁文巧守國之度在飾四維順民之經在明鬼神祇山川敬宗廟恭祖舊不務天時則財不生不務地利則倉廩不盈野蕪曠則民乃菅

067 《晋書纂》提要

《晋書纂》，明華玄禔纂。明萬曆刻本。凡一册。半葉九行，行二十字。白口，四周雙邊，板框内有一横欄刻注釋。版框高二十一點五厘米，寬十二点七厘米。

華玄禔，萬曆三十二年（1604）甲辰科进士。是書乃注解《晋書》之作。

館藏本存一卷：卷四。卷四首頁鈐有朱文印七枚：『榮光樓藏書』『微小子齋寶』『己丑進士太史圖書』『紫來藏書』『汪元范印』『米漢倬印』等。書眉有行書小字批校。

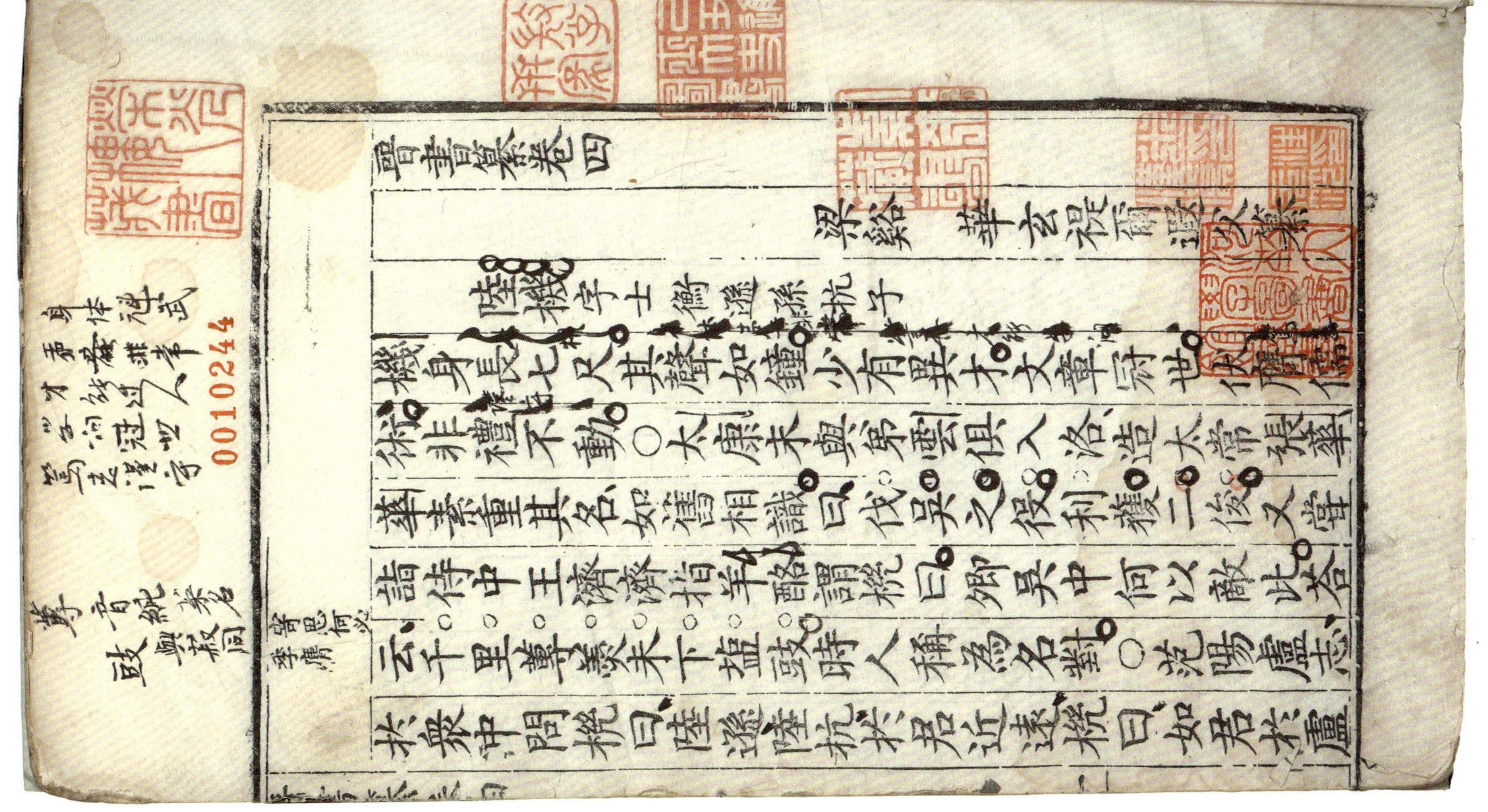

068 《史記評林》提要

《史記評林》一百三十卷，明凌稚隆輯，明萬曆刻本。凡二十四册。版分兩節，上刻眉批，下刻文和注。半葉十行，行十九字，小字双行，行十九字。白口，黑魚尾，左右雙邊。版框高二十三點八厘米，寬十三點八厘米。

凌稚隆，浙江烏程晟舍（今浙江湖州織裏晟舍）人，字以棟，號磊泉，明代學者、雕版印刷家，撰纂并刻印了大量書籍，如《萬姓類苑》《史記評林》《漢書評林》《史記纂》《五車韵瑞》《文林綺綉》等，雕制精良，爲後世藏書家所珍視。

是書匯集萬曆四年（1576）以前諸家研究《史記》之成果，借鑒蘇轍《古史贊》、吕祖謙《十七史詳節》之編寫方法，正文前列有《史記評林》中所引用作者的簡介及其相應的參考書籍。正文依《史記》篇章之順序，先録《史記》内容，保留了《史記》原有風貌，再寫個人研究内容，或置於對應史事所在頁面的眉首，或在篇末加以佐評。是書學術包容性强，爲後世研究漢史學提供了可貴之借鑒。

館藏本有茅坤序，并鈐有陽文印章『丁福保讀書記』，有朱批圈點；有徐中行序，首卷卷端鈐陰文印章『丁福保印』。

唐順之曰秦興滅斈而宗譜不立及漢司馬遷修史記上述黃帝下迄麟趾採世本世系而作帝紀採周譜國語而作周家由是人乃知姓氏之所出

史記評林卷之一

吳興淩稚隆輯校

五帝本紀第一

裴駰曰凡是徐氏義稱徐姓名以別之餘者悉是駰註解幷集衆家義○司馬貞索隱曰紀者記也本其事而記之故曰本紀又紀理也絲縷有紀而帝王書稱紀者言爲後代綱紀也○正義曰鄭玄註中候敕省圖云德合五帝坐星者稱帝又坤靈圖云德配天地在正不在私曰帝按太史公依世本大戴禮以黃帝顓頊帝嚳唐堯虞舜爲五帝譙周應劭宋均皆同而孔安國尚書序皇甫謐帝王世紀孫氏註世本竝以伏犧神農黃帝爲三皇少昊顓頊高辛唐虞爲五帝裴松之史目云天子稱本紀諸侯曰世家本者繫其本系故曰本紀者理也統理衆事繫之年月名之曰紀第者次序之目一者舉數之由故曰五帝本紀第一○又曰禮云動則左史書之言則右史書之正義曰左陽故記動右陰故記言

長洲顧標寫　同邑沈玄易刊

069 《亦政堂重修考古圖》提要

《亦政堂重修考古圖》十卷，宋吕大臨撰。清乾隆刻本。凡五册。半葉八行，行十七字。白口，白魚尾，四周單邊。版心刻有書名，中刻卷數，下刻頁數。版框高二十四點三厘米，寬十五點三厘米。

吕大臨（1044—1092），字與叔，宋代金石學家。宋京兆藍田（今陝西藍田）人。曾學於程頤，與游酢、楊時、謝良佐并稱『程門四先生』。元祐中，爲太學博士，遷秘書省正字。後范祖禹薦其充任講官，未及用而卒。吕通『六經』，尤精於《禮》，與兄吕大防等同居時即切磋古禮，自謂所施冠昏喪祭諸禮一本於古，當時有『關中言禮學者推吕氏』之稱。著有《考古圖》《易章句》《大學説》《中庸説》《禮記傳》《論語解》《孟子講義》《玉溪先生集》，又與其兄吕大防合著《家祭儀》。

是書著録了當時宫廷及一些私家的古代銅器、玉器藏品。按器形分類編排，每件器物均摹繪圖形、銘文，記録原器之尺寸、重量及容量，并進行一定的考證，對藏處及有出土地點者也加以説明。全書第一卷至第六卷爲鼎、鬲、爵等商周銅器；第七卷爲鐘、磬等樂器，目列十三器，實收九器；第八卷爲玉器，目列六十三器，實收六十器。全書共收入目二百二十四器，實收二百三十四器。

館藏本據明泊如齋本稍有增減改動而成。

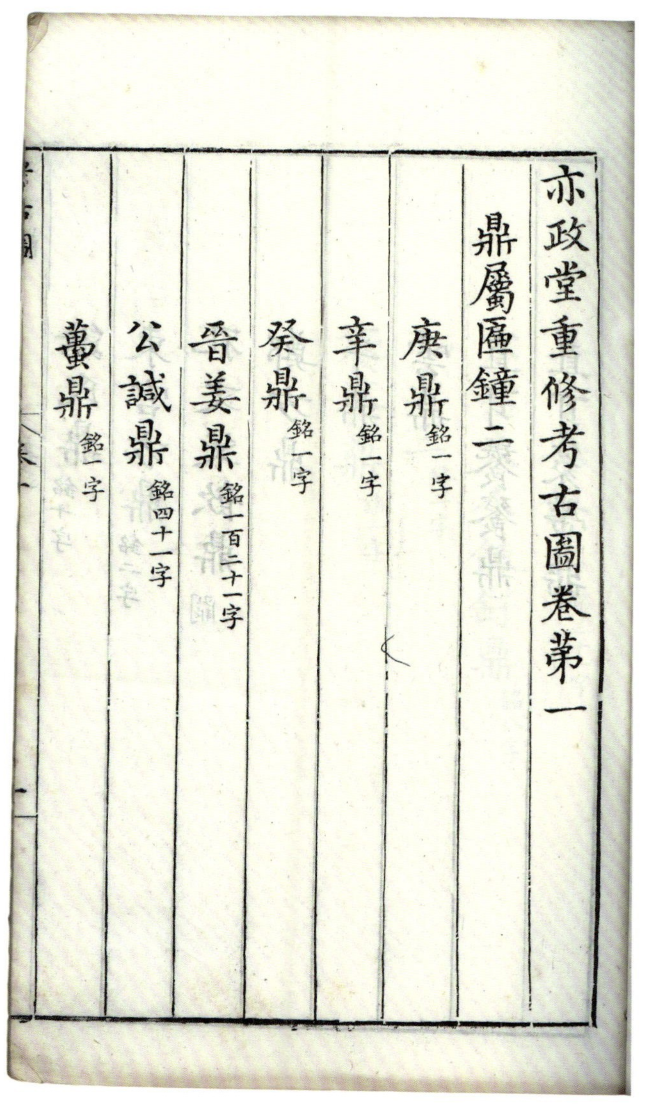

亦政堂重修考古圖卷第一

鼎屬匜鐘二

庚鼎 銘一字

辛鼎 銘一字

癸鼎 銘一字

晉姜鼎 銘一百二十一字

公諴鼎 銘四十一字

薑鼎 銘一字

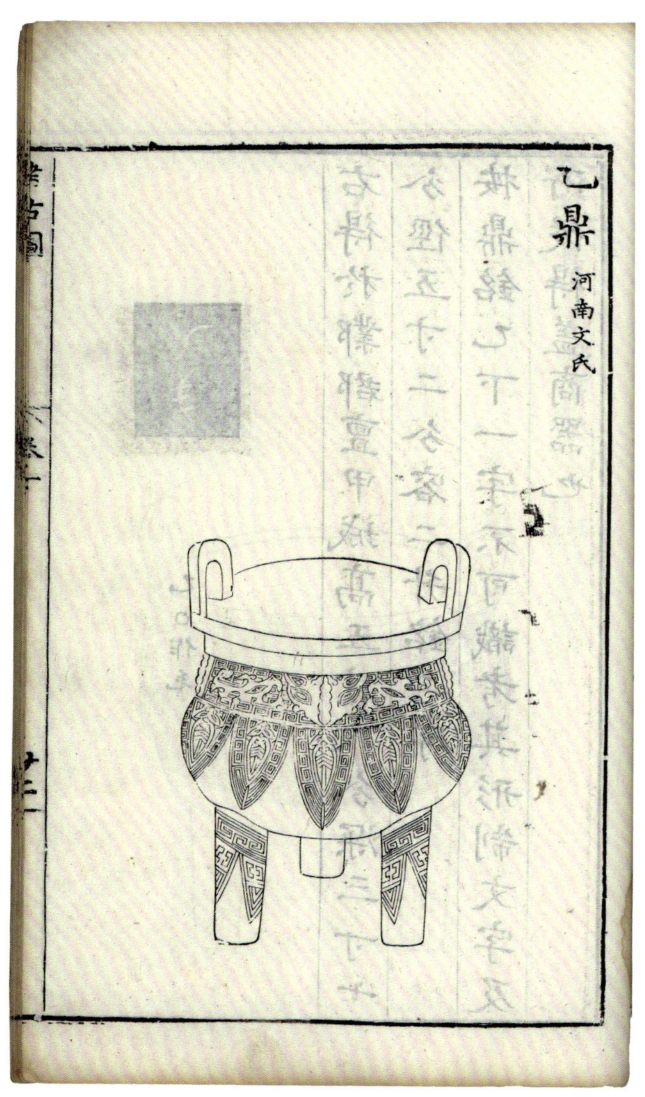

乙鼎 河南文氏

070 ｜《楊升庵文集》提要

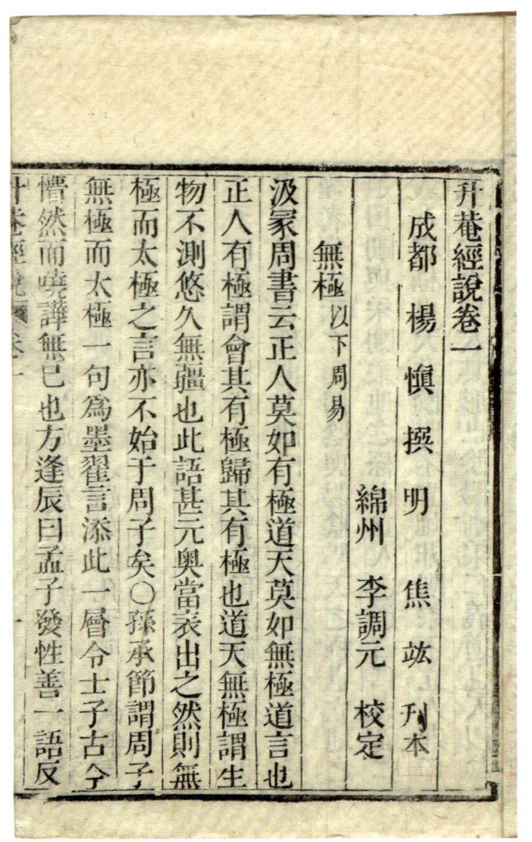
升菴經說卷一
成都 楊 慎 撰　明 焦 竑 刋本
綿州 李調元 校定
無極 以下周易
汲冢周書云正人莫如有極道天莫如無極道言也
正人有極謂會其有極歸其有極也道天無極謂生
物不測悠久無疆也此語甚元奥當表出之然則無
極而太極之言亦不始于周子矣○孫承節謂周子
無極而太極一句爲墨翟言添此一層令士子古今
憒然而曉譊無已也方逢辰曰孟子發性善一語反

《楊升庵文集》七種，明楊慎撰，明萬曆焦竑刻本。凡十册。半葉十行，行二十字。白口，黑魚尾，四周雙邊。版框高二十一厘米，寬十四厘米。

楊慎（1488—1559），字用修，號升庵，别號博南山人、博南戍史，謚文憲。四川新都（今成都市新都）人，楊廷和之子，正德六年（1511）進士，官至翰林院修撰。明代著名文學家，與解縉、徐渭合稱『明朝三才子』。生平著作四百余種。

是書包括《升庵經説》十四卷、《檀弓叢訓》二卷、《世説舊注》一卷、《山海經補注》一卷、《莊子闕誤》一卷、《藝林伐山》二十卷、《古雋》八卷。

071 《歷代小史》提要

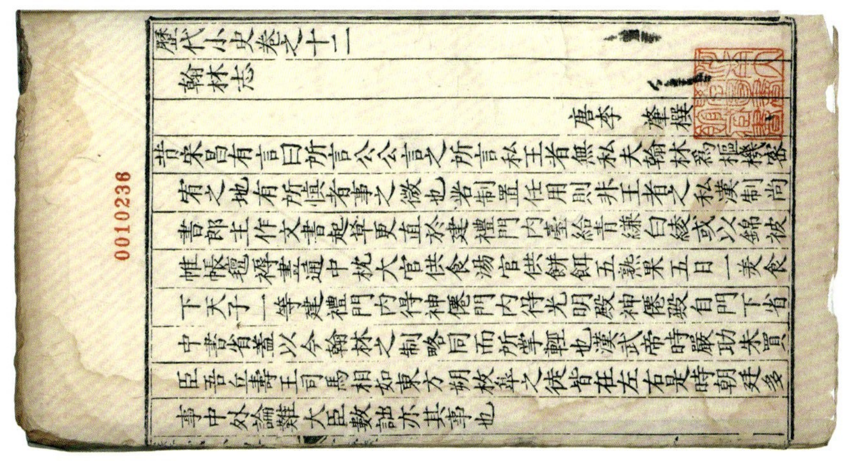
歷代小史卷之十二
翰林志
唐李肇

《歷代小史》一百六卷，明李栻輯。明萬曆李栻刻本。凡一册。半葉十一行，行二十六字。白口，黑魚尾，四周雙邊。版框高二十點七厘米，寬十三點一厘米。

李栻，字克儼，號懷藍，福建安溪人。萬曆四十一年（1613）進士，初授刑曹，多平冤案。知維陽、潮陽，後升爲雲南按察使，死於任上。著有《趨對易説》《武書撮要》。

館藏本存十卷：卷十二至卷二十一。專輯歷代野史，上起《路史》《漢武帝故事》，下迄《復辟録》，依史實先後順序排列。

072 《山堂肆考》提要

《山堂肆考》二百二十八卷，附補遺十二卷，明彭大翼撰，張幼學編輯。明萬曆梅墅石渠閣刻本。凡三十九册。半葉十一行，二十二字。白口，四周單邊，黑魚尾，眉欄刻批注。版框高十九點七厘米，寬十三點三厘米。

彭大翼，字雲舉，又字一鶴，揚州人。早年科場不順。明嘉靖間曾任廣西梧州通判，後任雲南沾益州知州，最後官銜爲奉訓大夫。爲官期間，政聲翔洽。彭大翼性好讀書，勤於著述，以學識淵博，操行高潔著聞。著述除《山堂肆考》外，還有《一鶴齋稿》《明時席珍》等。隆慶、萬曆年間，彭大翼等六位學有所成、德高望重之士被譽爲『通邑六先生』。

是書采集巨富，内容浩博，門類繁雜，經史子集、釋經道藏，無所不及。全書分宫、商、角、徵、羽五集，共四十五門：宫集爲天文、時令、地理、君道、帝屬、臣職；商集爲臣職、仕進、科第、學校、政事、親屬；角集爲人品、形貌、性行、文學、謚法、人事、誕育、民業；徵集爲釋教、道教、神祇、仙教、鬼怪、曲禮、音樂、技藝、宫室、器用、珍寶、幣帛、衣服、飲食；羽集爲百穀、蔬菜、花品、草卉、果品、樹木、羽蟲、鱗蟲、甲蟲、昆蟲、補遺。每門又分子目若干，每一子目有小序一篇，述其内容、範圍、沿革等，下録引文，或標書名。剪裁得當，淺顯易懂。參、校訂者衆多，均爲當時飽學之士、名公巨卿。

館藏本内封左下鎸『梅墅石渠閣藏板』。前有凡例，焦竑序，彭大翼自序等。分宫、商、角、徵、羽五集著録，每集前均有『纂著』『編輯』『較』『重較』，諸人姓名字體與正文不同，且諱『校』爲『較』。

山堂肆考天文第一卷

明古揚　彭大翼　雲舉父　纂著

張幼學　儀伯父　編輯

秣陵　焦竑　弱矦父

同郡　凌儒　海樓父

四明　馮任　重夫父　較

同郡　成友謙　石生父

弟　大翶　雲健父

外孫　張映漢　矦赤父　重較

〇天

河圖括地象。易有大極。是盈兩儀。兩儀未分。其氣

山堂肆考　宮集一卷　一百九十五

073 |《墨莊漫録》提要

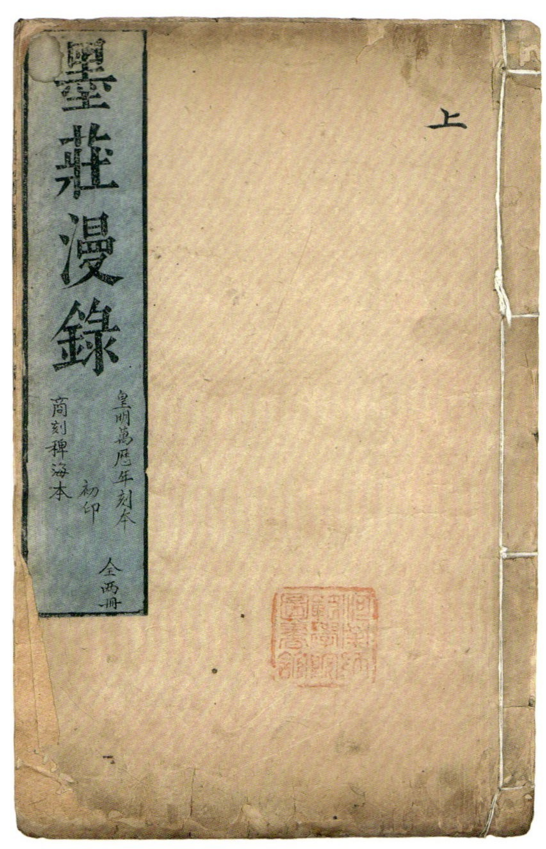

《墨莊漫録》十卷，宋張邦基撰，明商濬校。明萬曆商氏稗海刻本。凡二册。半葉九行，行二十字。白口，黑單魚尾，四周单邊。版心上刻『墨莊漫録』，魚尾下刻卷數，再下頁數。版框高二十一厘米，寬十四點三厘米。

是書多記雜事，兼及考證，尤留意於詩文詞的評論及記載，較多地保存了一些重要的文學史資料，其辨杜、韓、蘇、黄諸家詩，評詩多精當，論詩又重『箴諷』，多有見地。《四庫全書總目》稱之爲『宋人説部之可觀者』。

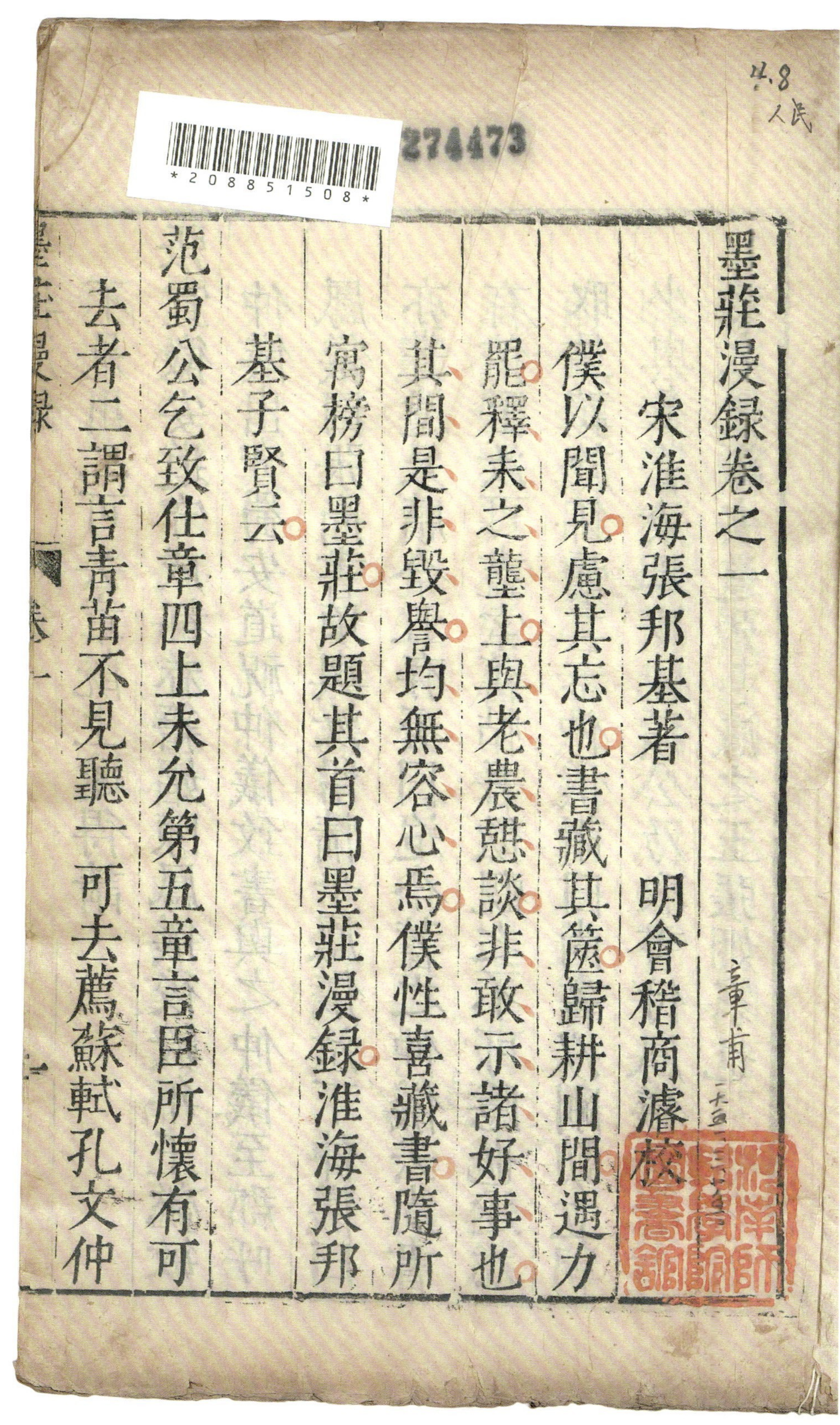
墨莊漫録卷之一

宋淮海張邦基著　明會稽商濬校

僕以聞見慮其忘也書藏其篋歸耕山間遇力罷釋耒之壟上與老農憇談非敢示諸好事也其間是非毁譽均無容心焉僕性喜藏書隨所寓榜曰墨莊故題其首曰墨莊漫録淮海張邦基子賢云

范蜀公乞致仕章四上未允第五章言臣所懷有可去者二謂言青苗不見聽一可去薦蘇軾孔文仲

墨莊漫録　卷一　一

074　《關尹子文始真經》提要

《關尹子文始真經》一卷，周尹喜撰。明萬曆吴勉學刻本。凡一册。半葉九行，行十八字。白口，黑單魚尾，左右雙邊。版心上鎸『關尹子』，魚尾下刻『卷』，也有無『卷』字，再下頁數。版框高十九點八厘米，寬十三點九厘米。

關尹，道教樓觀派祖師、文始派祖師。相傳姓尹，名喜，字公度，曾爲關令，與老子同時。《漢書·藝文志》著録《關尹子》九篇，舊題周尹喜撰，亦即後世所謂之《文始真經》也。其著是書，當在老子《道德經》後，而道亦近似，故《莊子·天下》叙古之道術以老子與關尹子并述。其大要在貴本重神，澹然無爲，清静自守，獨任虚無，隨物因應。關尹子的貴清思想對『清』概念的形成有重要影響。

館藏本卷端署『新安後學吴勉學校』。

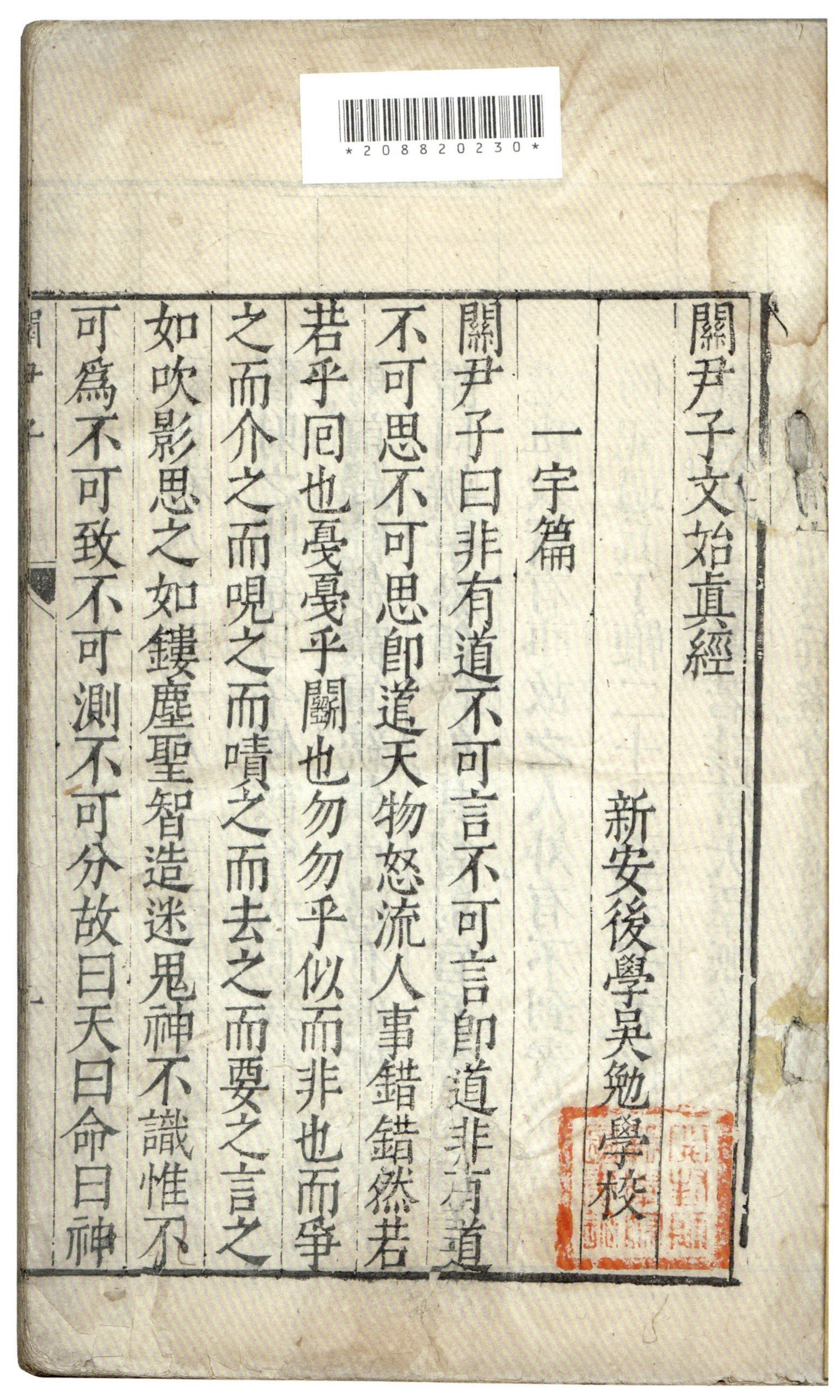

關尹子文始眞經
新安後學吳勉學校
一宇篇
關尹子曰非有道不可言不可言卽道非有道
不可思不可思卽道天物怒流人事錯錯然若
若乎回也戞戞乎鬭也勿勿乎似而非也而爭
之而介之而覞之而嘖之而去之而要之言之
如吹影思之如鏤塵聖智造迷鬼神不識惟不
可爲不可致不可測不可分故曰天曰命曰神

075 《儼山雜著》提要

《儼山雜著》不分卷，明陸深撰。明萬曆秀水沈氏刻本。凡一册。半葉八行，行十八字。白口，間有黑魚尾，四周單邊。版框高二十厘米，寬十三厘米。

陸深（1477—1544），初名榮，字子淵，號儼山，明松江府（今上海）人，明代文學家、書法家。弘治十八年（1505）進士，授編修，遭劉瑾忌，改南京主事，瑾誅，復職，纍官四川左布政使。嘉靖中，官至詹事府詹事。卒，謚文裕。工書，著述宏富，今上海陸家嘴因其故宅和祖塋而得名。

是書乃陸氏筆記雜錄，主要内容包括記人、記事、記灾異、記行、地理、名勝、詩文、農作、植物、天文。

館藏本卷端題『秀水沈先、張設校』。鈐印有二：寶顔堂訂正溪山餘話卷端方形陽文『耀遠珍藏』，玉堂漫筆卷末方形陽文『雙雲山館主人』。

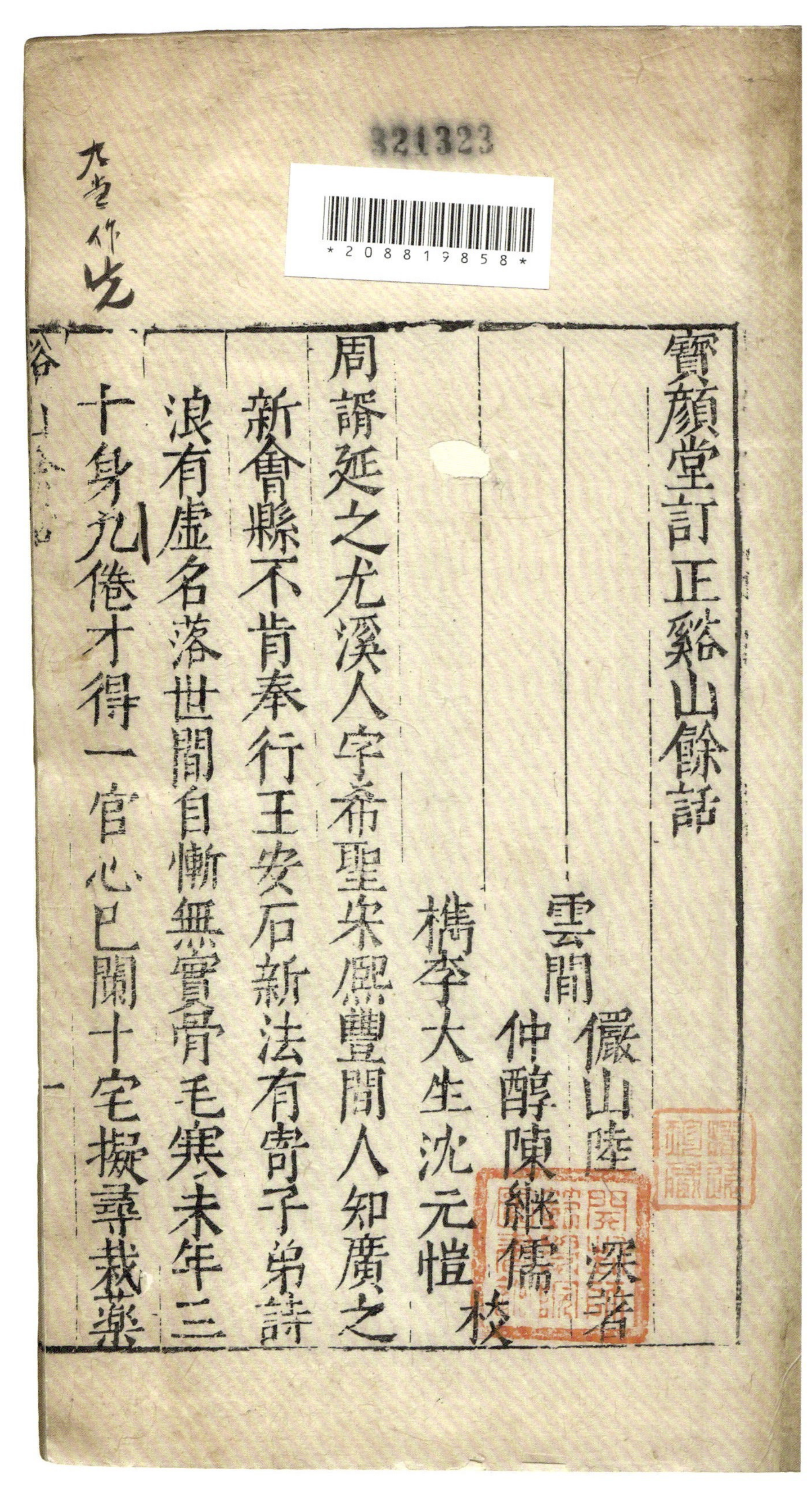
寶顏堂訂正谿山餘話
雲間　儼山陸　深著
仲醇陳繼儒
檇李大生沈元愷校
周諝延之尤溪人字希聖宋熙豐間人知廣之
新會縣不肯奉行王安石新法有寄子弟詩
浪有虛名落世間自慚無實骨毛寒未年三
十身九倦才得一官心已闌十宅擬尋栽藥
谿山餘話　一

076 《嘉樂齋三蘇文範》提要

《嘉樂齋三蘇文範》十八卷，明楊慎輯。明天啓二年（1622）南城翁少麓刻本。凡十二册。半葉九行，行十八字，小字雙行，行三十六字。白口，四周單邊。版心下有字數，眉欄鎸評行五字，卷一版心下鎸：『吴郡姚可達書章欽刻』。版框高二十一厘米，寬十三點六厘米。

《嘉樂齋三蘇文範》舊本題明楊慎編，袁宏道校，乃精選蘇洵、蘇軾、蘇轍三人文章而成。

館藏本内封有牌記：『鎸袁中郎注釋擬點三蘇文範』，左側鎸小字『三蘇文集鮮有注者，此本爲太史楊升庵家寶，中郎先生得之，嚴加擬點補注之，所未備亦秘帳中。本坊捐資敦請精書善刻，公諸海内識者鑒之，南城翁少麓梓行』。鈐朱文方印『本衙藏板，不許翻刻』。卷端有陳元素序，琅琊王世貞題識，成都楊廷和、公安袁宗道題序。陳序後署『吴郡章欽刻』。該本鎸刻精美，校正謹細。

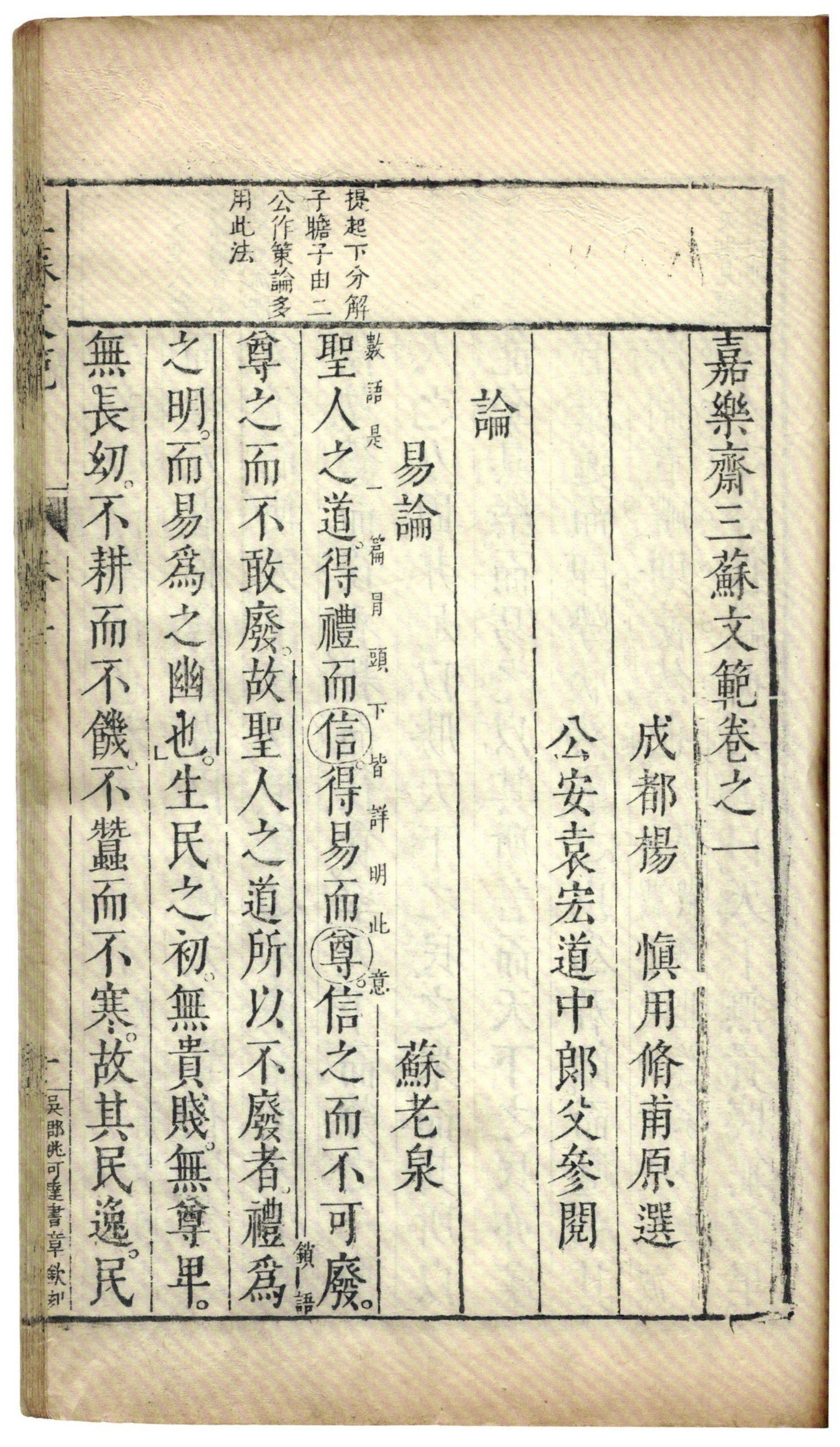

提起下分解子瞻子由二公作策論多用此法

嘉樂齋三蘇文範卷之一

成都楊　慎用脩甫原選

公安袁宏道中郎父參閱

論

易論

蘇老泉

數語是一篇冒頭下皆詳明此意

聖人之道，得禮而信，得易而尊。信之而不可廢，尊之而不敢廢。故聖人之道所以不廢者，禮爲之明，而易爲之幽也。（鎖語）生民之初，無貴賤，無尊卑，無長幼，不耕而不饑，不蠶而不寒，故其民逸。民

吳郡兆可堂書章欽刻

077 《明文奇賞》提要

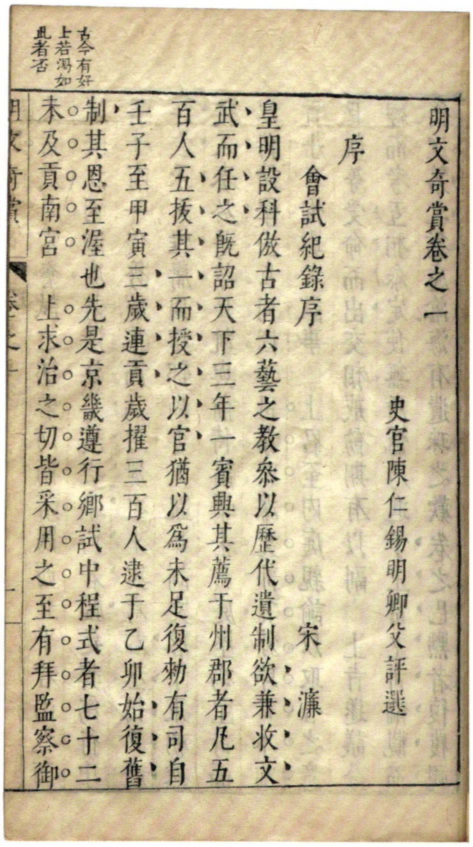

《明文奇賞》四十卷，明陳仁錫評選。明天啓三年（1623）刻本。凡二十册。半葉十行，行二十一字。白口，黑單魚尾，眉刻批語。版框高二十點八厘米，寬十四厘米。

是書選輯明代自宋濂、楊維楨起，以至陳勳、王衡，凡一百八十餘人之作品匯集成書，内容豐富。

館藏本有陳仁錫《明文奇賞序》，沈國元述引。書尾鎸『古吴沈國元飛仲甫較正』。

078 《四續古文奇賞》提要

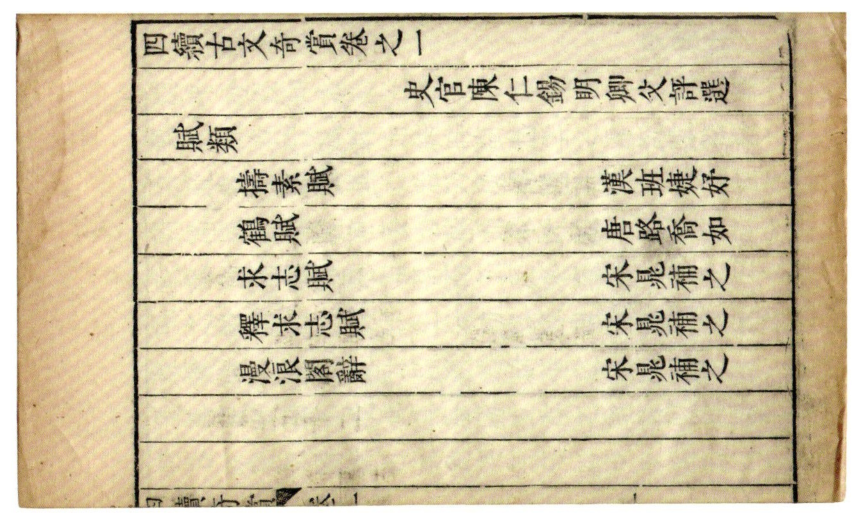

四續古文奇賞卷之一

史官陳仁錫明卿父評選

賦類

擣素賦　漢班婕妤

鶴賦　唐路喬如

求志賦　宋晁補之

釋求志賦　宋晁補之

漫浪閣辭　宋晁補之

《四續古文奇賞》五十三卷，明陳仁錫選評。明天啓五年（1625）刻本。凡二十册。半葉十行，行二十字，小字雙行，行四十字。白口，四周雙邊。版框高二十點三厘米，寬十四點六厘米。

『奇』是晚明小品的特質之一，晚明多奇人、癖人。奇人出奇語，寫奇文，故論人、論文皆重『奇』，不少小品選本也以『奇』字命名。館藏本輯漢至元諸家之文，分類編纂成集，鎸刻精美，具有重要文獻價值、版本價值。

是書前有陳仁錫序。内封鈐長方形陽文印章『六德堂』。

079 《路史》提要

《路史》前紀九卷，後紀十四卷，國名紀十一卷，發揮六卷，餘論十卷，宋羅泌撰。明天啓六年（1626）五桂堂刻本。凡十五册。半葉十行，行二十字，小字雙行，行二十字。白口，黑單魚尾，四周單邊。版心下刻『五桂』。版框高二十點二厘米，寬十四點五厘米。

羅泌（1131—1189），字長源，號歸愚，宋吉州廬陵（今江西省吉安縣）人。泌生而穎邁，弱冠好讀書，精於詩文，一生不事科舉。羅泌深惜自孔子『删書』斷自唐堯，忽略遠古史的傳統，上溯舊史所稱『三皇五帝』以上之往事，記述了上古以來有關歷史、地理、風俗、氏族等方面的傳説和史事，取材繁博龐雜，是神話歷史集大成之作。

館藏本内封中鎸『路史』，右上鎸『廬陵羅長源先生纂定』，左下鎸『五桂堂藏板』，天頭鎸『丙寅年重鎸』。有朱之藩《重刻宋羅長源先生路史序》，張鼎思序，喬可傳序，羅泌序，費輝序。

路史第一卷

宋廬陵羅泌纂

男苹註

明廣陵喬可傳校

初三皇紀

初天皇

初地皇

初人皇

事有不可盡究物有不可臆言衆人疑之聖人之所稽也易有太極是生兩儀老氏謂有物混成先

080 《八編類纂》提要

《八編類纂》二百八十五卷，附六經圖六卷、地類圖二卷，明陳仁錫輯。明天啓六年（1626）刻本。凡一百册。半葉十行，行二十字。白口，四周單邊，黑魚尾，魚尾上刻書名，下刻卷數。版框高二十一厘米，寬十四厘米。

是書爲陳氏所纂輯之類書，分爲八編：丘濬作《大學衍義補》，唐順之作《史纂左編》《右編》《稗編》，章潢作《圖書編》，鄧元錫《函史編》，馮應京《實用編》和馮琦《經濟類編》。編下又分三十六類：一是圖書編，又分爲圖和書，分别是《大易圖》《尚書圖》《毛詩圖》《春秋圖》《周禮圖》《禮記圖》和《大易類》《尚書類》《毛詩類》《春秋類》《三禮類》《樂類》；第二到三十六類分别是吏曹、户曹、禮曹、兵曹、工曹、天、地、人、君、后、儲、宗、公主、列婦、戚、臣、將、學、鎮、邊、幸、奸、盜、篡、夷、亂、諸惡、文、治。

館藏本有陳仁錫序。

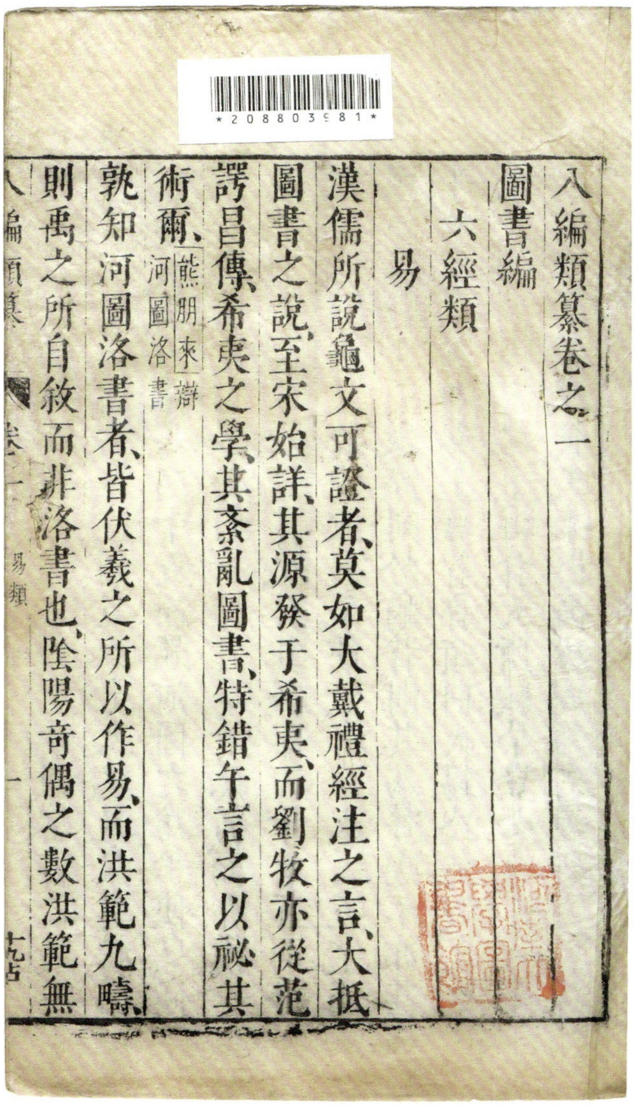
入編類纂卷之一

圖書編

六經類

易

漢儒所說龜文可證者、莫如大戴禮經注之言、大抵
圖書之說至宋始詳、其源發于希夷、而劉牧亦從范
諤昌傳希夷之學、其紊亂圖書、特錯午言之以祕其
術爾、熊朋來河圖洛書辯
孰知河圖洛書者、皆伏羲之所以作易、而洪範九疇
則禹之所自敘而非洛書也、陰陽奇偶之數洪範無

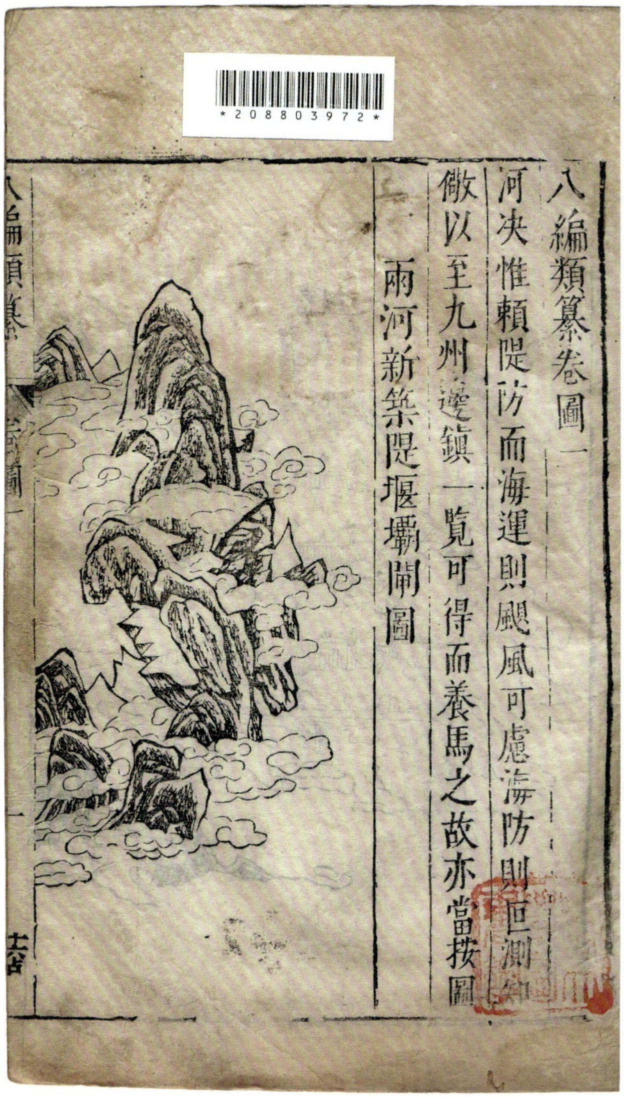
入編類纂卷圖一

河決惟賴隄防而海運則颶風可慮海防則叵測知
徼以至九州邊鎮一覽可得而養馬之故亦當按圖

兩河新築隄堰壩閘圖

081 《四六法海》提要

《四六法海》十二卷，明王志堅編。明天啓七年（1627）刻本。凡十二冊。半葉九行，行二十字。白口，白魚尾，魚尾上刻書名，下刻卷數，四周單邊。版框高二十一厘米，寬十三点五厘米。

王志堅（1576—1633），字弱生，更字淑士，一字聞修，明江蘇府昆山人。萬曆三十八年（1610）進士。

此書爲駢文總集，乃編者『擇其有體裁者』，從《文選》《藝文類聚》《文苑英華》《唐文粹》《宋文鑒》《元文類》等書中，參以諸家文集、正史、野史所載，選魏晋至元駢文共七百零二篇。此書標名『四六』，所選以唐前作品居大多數。卷首有自序，論述四六文源流，頗有見地。編選者主張知人論世，『每篇之末，或箋注其本事，或考證其异同，或臚列其始末』『皆元元本本，語有實徵』。

館藏本有王志堅序，王志慶小引，王志長序及四明門人陸符序。卷端鈐方形陰陽合文印『丙戌頭陀』。

四六法海卷之一

吳郡王志堅論次

友張我城弟志長志慶參閱男偲偕倣編較

與臧燾勅　宋武帝

項學尚廢弛、後進頹業、衡門之內、清風輟響、良由戎車屢警、禮樂中息、浮夫近志、情與事染、豈可不敷崇墳籍、敦厲風尚。此境人士、子姪如林、明發搜訪、想聞令軌。然荆玉含寶、要俟開瑩。幽蘭懷馨、事資扇發。獨習寡悟、義著周典。今經師不遠、而赴業無聞、非惟志

四六法海　卷一　勅　一

082 《宋太學生陳東盡忠録》提要

《宋太學生陳東盡忠録》八卷，宋陳東撰，明陳沂輯。明天啓七年（1627）朱國盛四印堂刻本。凡二册。半葉八行，行十九字。白口，四周單邊。版心上刻『四印堂』。版框高十九點七厘米，寬十四點九厘米。

陳東（1086—1127），字少陽，鎮江丹陽（今屬江蘇）人。年十七入學，後以上舍貢入太學。欽宗即位，上書首論蔡京、王黼等六賊誤國，乞正典刑。時李綱罷相，復率諸生伏闕上書乞留，從者數萬。高宗建炎元年（1127），再次上書乞留綱，而罷黄潛善、汪伯彦。同年八月，會布衣歐陽澈亦上書言事，潛善遽以不亟誅，將復鼓衆伏闕激怒高宗，遂與澈同斬於市。著有《靖炎兩朝見聞録》，其文集《宋志》不載。《直齋書録解題》亦不載。陳東死以後，尚牽連興鈎黨之獄，宜無編輯其文者。元大德中，始有刻本《盡忠録》，凡八卷。明天啓五年（1625）賀懋忠刻有《陳少陽先生文集》十卷。

是書爲陳東文集彙編。

館藏本卷端有朱國盛序，楊一清序。民國時期武福鼐、李竟容題跋，考證是書版本源流。卷端首頁鈐方形陽文印『適齋』。

宋太學生陳東盡忠録卷一

雲間朱國盛敬韜甫較梓

行狀

公諱東字少陽鎮江丹陽人也曾大父諱廣大父諱思齊考諱震自五世以来以儒嗣其業皆隱德不耀公生而性頴悟有氣局未冠已如成人博學强記善屬文年十七朝廷以三舍取士入學與諸生居十年以上舍貢于辟雍升太學在太學十五

四印堂　一

083 《韵書四種》提要

《韵書四種》四十卷，明釋真空輯。明崇禎二年至十年（1629—1637）金陵新仁回衆姓刻本。凡十一冊。半葉十行，字頭大字，釋小字雙行，行二十二字。白口，四周雙邊或四周單邊，黑對魚尾。版框高二十八點四厘米，寬十八點三厘米。

是書爲韵書合集，包括金韓道昭《改并五音集韵》《改并五音類聚四聲篇》，元劉鑒《經史正音切韵指南》，真空自撰《新編篇韵貫珠集》附《直指玉鑰門法》。

館藏本各子目均刻有『崇禎己巳至丁丑完金陵圓覺後學沙門新仁回衆姓重刊』牌記，卷後有萬曆己丑重刊改并五音集韵去聲卷數。有劉聰識、真空編《重刊檢篇韵貫珠集序》，滕霄《重刊五音篇韵序》，金韓道升《重編改并五音篇序》。

館藏是書爲殘本，存三十八卷：《改并五音集韵》十五卷，《改并五音類聚四聲篇》十五卷，《新編篇韵貫珠集》八卷。

新編篇韻貫珠集一之八

京都大慈仁寺後學沙门清泉真空編

五音篇首歌决第一

第一篇端叙古宗

篇無韻有類其中

芟繁補隙重甄正

凢字難推向此窮

第二見溪甲古洽古高户革古陌

乔古老韭居酉九沽酒谷高鹿鬼居尾龜古爲门居燓

高古豪光古黄交古稍癸居水巳居喜鼓公户骨古忽

084 《聖賢像贊》提要

《聖賢像贊》三卷，明呂維祺撰。明崇禎五年（1632）刻本。凡四册。半葉十行，行十九字。白口，左右雙邊，黑魚尾。版框高十九點四厘米，寬十四點二厘米。

呂維祺（1587—1641），字介孺，號豫石，謚號忠節。河南府新安人。明代著名理學家，其父爲河南府名儒呂孔學。呂維祺自幼習理學，萬曆四十一年（1613）中進士，授兗州推官，擢升吏部主事，傳播理學。崇禎元年，任南京兵部尚書。又因『勦寇』不力，歸居洛陽，著書立説。呂維祺著述豐厚，有《明德堂文集》《孝經本義》《孝經翼》《節孝義忠集》等傳世。

是書收録先秦至明代享有盛名的百三十幅孔門聖賢畫像。每像有圖，後刻贊語。

館藏本卷端有呂維祺序。

至聖先師孔子名丘字仲尼山
東兗州府曲阜縣人

085 《唐詩紀事》提要

《唐詩紀事》八十一卷，宋計有功撰。明崇禎五年（1632）毛氏汲古閣刻本。凡二十四册。半葉八行，行十九字。白口，左右雙邊。版心下鎸『汲古閣』，上鎸『唐詩紀事』，中刻頁數，右刻卷數。版框高十九厘米，寬十三點三厘米。

計有功，生卒年不詳，字敏夫，號灌園居士，宋邛州臨邛人。南渡後遣詣行在奏對，獻所著《晋鑒》。紹興五年（1135）以右承議郎知簡州，提舉兩浙西路常平茶鹽公事。

是書爲唐詩資料彙編，選取唐代一千一百五十人，或録名作，或紀本事，按年代順序分人編排，采摭豐富。於唐一代詩人，凡事迹可考者，多具生平簡歷；於詩或録全篇，或摘佳句，或記本事，或采軼聞，内容豐富。因多係唐代詩人軼聞事迹的記載，故書名『紀事』。是書采摘繁富，且詳略適當，又輯集本事與品評，兼記世系爵里，既是唐代詩歌總集，又是唐有關詩評的彙編，爲唐詩研究提供了寶貴的資料。

館藏本有明計有功序，王思任序，李穀書《重刻唐詩紀事叙》，王禧叙，張子立序。

唐詩紀事卷第一

宋臨邛計敏夫有功輯

明海虞毛　晉子晉訂

太宗

帝京篇序云余以萬機之暇遊息藝文觀列代之

皇王考當時之行事軒昊舜禹之上信無間然

矣至於秦皇周穆漢武魏明峻宇雕牆窮侈極

麗征稅殫於宇宙轍跡徧於天下九域無以稱

唐詩紀事　卷一　汲古閣

086　《兩漢文選》提要

《兩漢文選》四十卷，明張采輯。明崇禎六年（1633）刻本。凡二十册。半葉九行，行十九字，小字雙行，行十八字。白口，左右雙邊，黑單魚尾，魚尾上刻『西漢文』及類目或『東漢文』及類目，下刻卷數。版框高二十二点五厘米，寬十二厘米。

張采（1596—1648），字受先，號南郭，江蘇太倉人。明末官吏，學者。天啓四年（1624）與同里張溥同創應社，合稱『婁東二張』。後在臨川創立合社，崇禎元年進士。歷官臨川知縣、禮部員外郎。性嚴毅，喜甄別可否。知臨川，摧强扶弱，聲譽大起。移疾歸，人民泣送載道。福王時，起禮部主事，進員外郎。乞假去。南都失守，怨家乘機群擊之，幾死，復用大錐亂刺之，已而蘇，避之鄰邑，又三年卒。有《太倉州志》《知畏堂集》。

是書《西漢文》包括詔令、章疏、對策、移教、書記、著撰、史記論贊、五行説。《東漢文》包括詔令、章疏、策對、移教、書記、著撰、漢書論贊、漢紀論贊。

館藏本卷端有張溥《兩漢文選序》，張采題辭及紀事，書名以序定。

兩漢文卷之一

吳下張　采受先輯　　周　鍾介生
張　溥天如　鑒定

高帝

與沛父老帛書

天下同苦秦久矣。今父老雖爲沛令守。諸侯並起。今屠沛。沛今共誅令。擇可立立之。以應諸侯。卽室家完。不然。父子俱屠。無爲也。

時秦二世元年。沛令召高祖、後悔、乃閉城、城守、高祖因書帛射城上、父老乃共殺沛令。迎高祖、欲以爲沛令。高祖曰、天下方擾、諸侯並起。今置將不善。一敗塗地。吾非敢自愛。恐能薄。不能完

087 《孟子注疏解經》提要

《孟子注疏解經》十四卷，漢趙岐注，宋孫奭疏。明崇禎六年（1633）毛氏汲古閣刻本。凡七册。半葉九行，正文二十一字，注二十字，疏小字雙行二十字。白口，左右雙邊。版心下鎸『汲古閣』。版框高十八點七厘米，寬十二點八厘米。

趙岐（？—201），字邠卿。京兆長陵縣（今陝西咸陽）人。最初名嘉，字台卿，後因避難而改名。少有才藝。曾應司徒胡廣辟命。後拜并州刺史，又因黨錮遭禁十餘年。光和七年（184）拜議郎，又被車騎將軍張温請爲長史。漢獻帝遷都長安時，再拜趙岐爲議郎，不久遷任太僕。獻帝東遷，留荆州，拜太常。建安六年（201），趙岐去世，享年九十餘歲。孫奭（962—1033），字宗古，今山東茌平人，北宋經學家、教育家。自幼讀經書，篤學成才，九經及第，宋太宗時入國子監爲直講。真宗時，爲諸王侍讀，纍官至龍圖閣待制。仁宗即位，他以名儒被召爲翰林侍講學士，判國子監，後遷兵部侍郎、龍圖閣學士、禮部尚書。晚年以太子少傅致仕，卒於家。他以經學成名，一生堅守儒家之道。

是書共分十四卷，每卷分上下兩部分。正文部分是戰國時期孟子論著，在孟子論著的章節之下又附以後人作的注與疏。注是東漢趙岐作。關於疏或者正義的作者，古代學者衆説紛紜。南宋著名理學家朱熹認爲正義是南宋邵武一士人的僞作，非孫奭之手筆，而宋人陳振孫等却認爲孫奭嘗奉詔校訂正義。就現有記載來看，明朝人對孫奭是否作正義并無争論。至趙岐《注》好用古事爲比，《疏》多不得其根據。

館藏本内封中鎸『汲古閣繡梓』，左右鎸『毛氏孟子注疏正本』，書尾有牌記『皇明崇禎六年歲在昭陽作噩古虞毛氏繡鎸』，有孫奭序。

孟子註疏解經卷第一上

漢趙氏註

宋孫奭疏

梁惠王章句上凡七章【注】梁惠王者魏惠王也魏國名惠謚也王號也時天下有七王皆僭號者猶春秋之時吳楚之君稱王也魏惠王居於大梁故號曰梁王聖人及大賢有道德者王公侯伯及卿大夫咸願以爲師孔子時諸侯問疑質禮若弟子之問師也魯衞之君皆專事焉故論語或以弟子名篇而有衞靈

者也孟子亦必止於無有乎爾而終其篇者蓋亦見孟子擬仲尼而作者也故哀公十四年春西狩獲麟杜氏云麟仁獸也聖王之嘉瑞時無明王出而遇獲仲尼傷周道不興感嘉瑞之無應故春秋修中興之教絕筆於獲麟之一句所感而作固所以爲終也孟子之書終於是言者蓋亦憫聖道不明于世歷三皇以來推以世代雖有歲限然亦有遇不遇焉故述仲尼之意而作此七篇遂以無有乎爾終於篇章之末蓋亦深歎而不態之云爾

皇明崇禎十六年歲在昭陽協洽古虞毛氏繡鐫

孟子註疏解經卷第十四下終

088 《春秋公羊注疏》提要

《春秋公羊注疏》二十八卷，漢何休注，唐徐彦疏。明崇禎七年（1634）毛氏汲古閣刻本。凡十二册。半葉九行，行二十一字，小字雙行，行二十字。白口，左右雙邊。版心下刻『汲古閣』。版框高十八厘米，寬十二點七厘米。

何休（129—182），字邵公，任城樊（今山東曲阜）人。太傅陳蕃徵其參政，蕃敗，罹黨錮，黨禁解，辟爲司徒，拜議郎，後遷諫議大夫，撰《公羊墨守》《左氏膏肓》《穀梁廢疾》。其學術主張以春秋公羊學爲中心，其公羊學著作是中國春秋學的重要内容，影響了清代晚期的常州學派以及中華民國的古史辯派。

何休受董仲舒餘脉，精研今文經學，凡歷十七年乃成《春秋公羊傳解詁》。其書合經傳於一帙，廢除章句之學，依胡毋生條例爲《公羊傳》定三科九旨凡例，系統地闡發春秋大義，遂成今文經學圭臬。

館藏本有牌記『皇明崇禎七年歲在閼逢閹茂古虞毛氏繡鐫』。

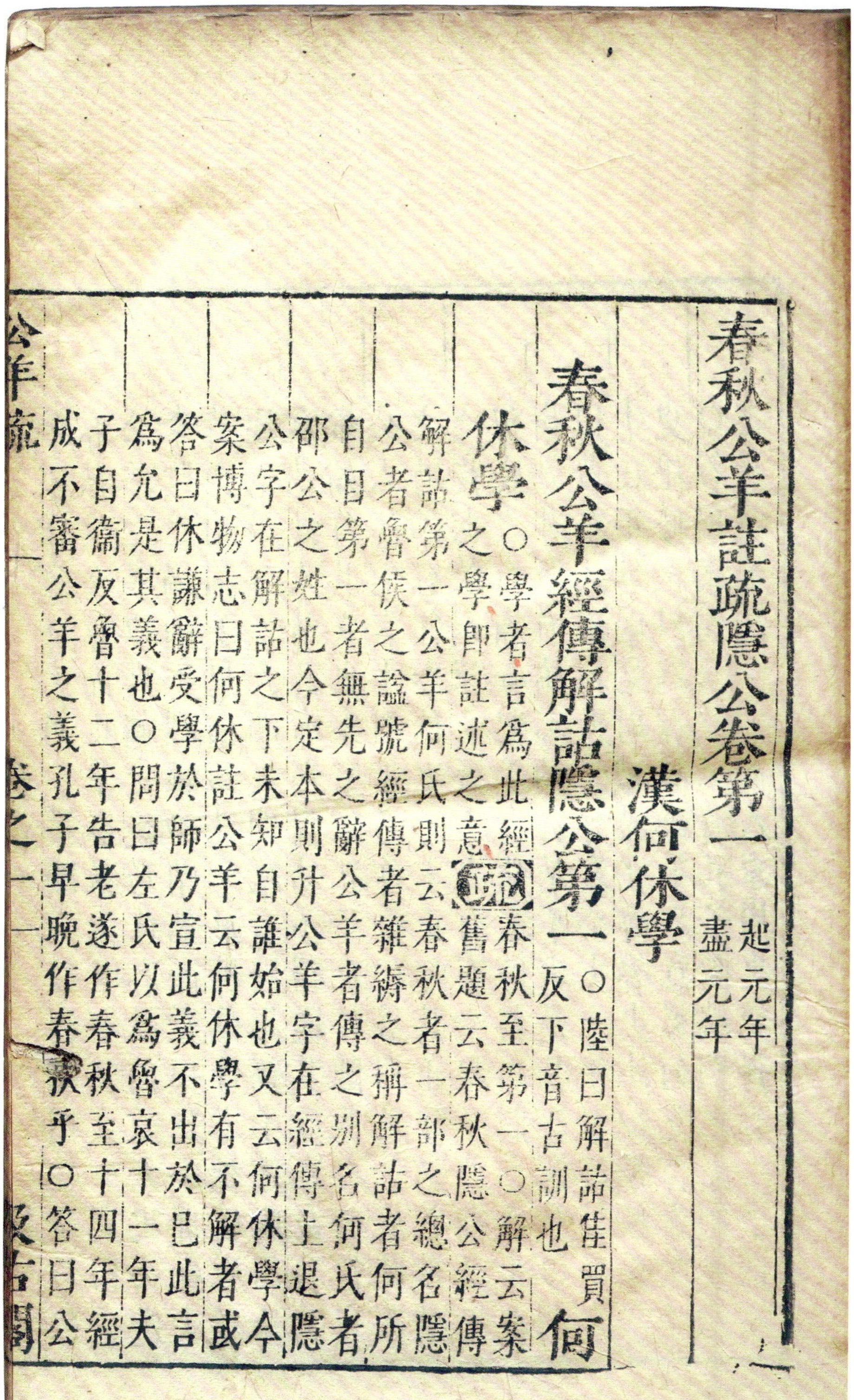
春秋公羊註疏隱公卷第一　起元年盡元年

漢何休學

春秋公羊經傳解詁隱公第一○陸曰解詁佳買反下音古訓也何休學○學者言爲此經之學即註述之意【疏】春秋至第一○解云案舊題云春秋隱公經傳解詁第一公羊何氏則云春秋者一部之總名隱公者魯侯之諡號經傳者雜縟之稱解詁者何所自目第一者無先之辭公羊者傳之別名何氏者邵公之姓也今定本則升公羊字在經傳上退隱公字在解詁之下未知自誰始也又云何休學今案博物志曰何休註公羊云何休學有不解者或答曰休謙辭受學於師乃宣此義不出於已此言爲允是其義也○問曰左氏以爲魯哀十一年夫子自衛反魯十二年告老遂作春秋至十四年經成不審公羊之義孔子早晚作春秋乎○答曰公

公羊疏　卷之一　一　汲古閣

089 《音韵日月燈》提要

《音韵日月燈》三種六十卷，首一卷，明吕維祺撰。明崇禎七年（1634）志清堂刻本。凡十二册。半葉韵母：八行，十六字，旁刻小字；同文鐸：八行，字韵大字，釋小字雙行，行二十四字。白口，四周單邊，黑單魚尾。版框高二十一厘米，寬十四點七厘米。

是書遵用《洪武正韵》及《續刊洪武通韵》，故又名《正韵通》。《韵母》是一部等韵圖，大體上照詩韵（平水韵）一百零六韵列字而又依據《洪武正韵》，折中於兩者之間。分等按《四聲等子》的系統，但把一、二、三、四等稱爲開、發、收、閉。作者自稱此書『主中原雅音』，但實際上它調和古今音的傾向相當明顯。

館藏本存三十五卷：韵母五卷（卷一至卷五），同文鐸三十卷（卷一至卷三十），缺韵鑰二十五卷。有吕維祺自叙、楊文驄序、吕維祜序、畢懋康序。

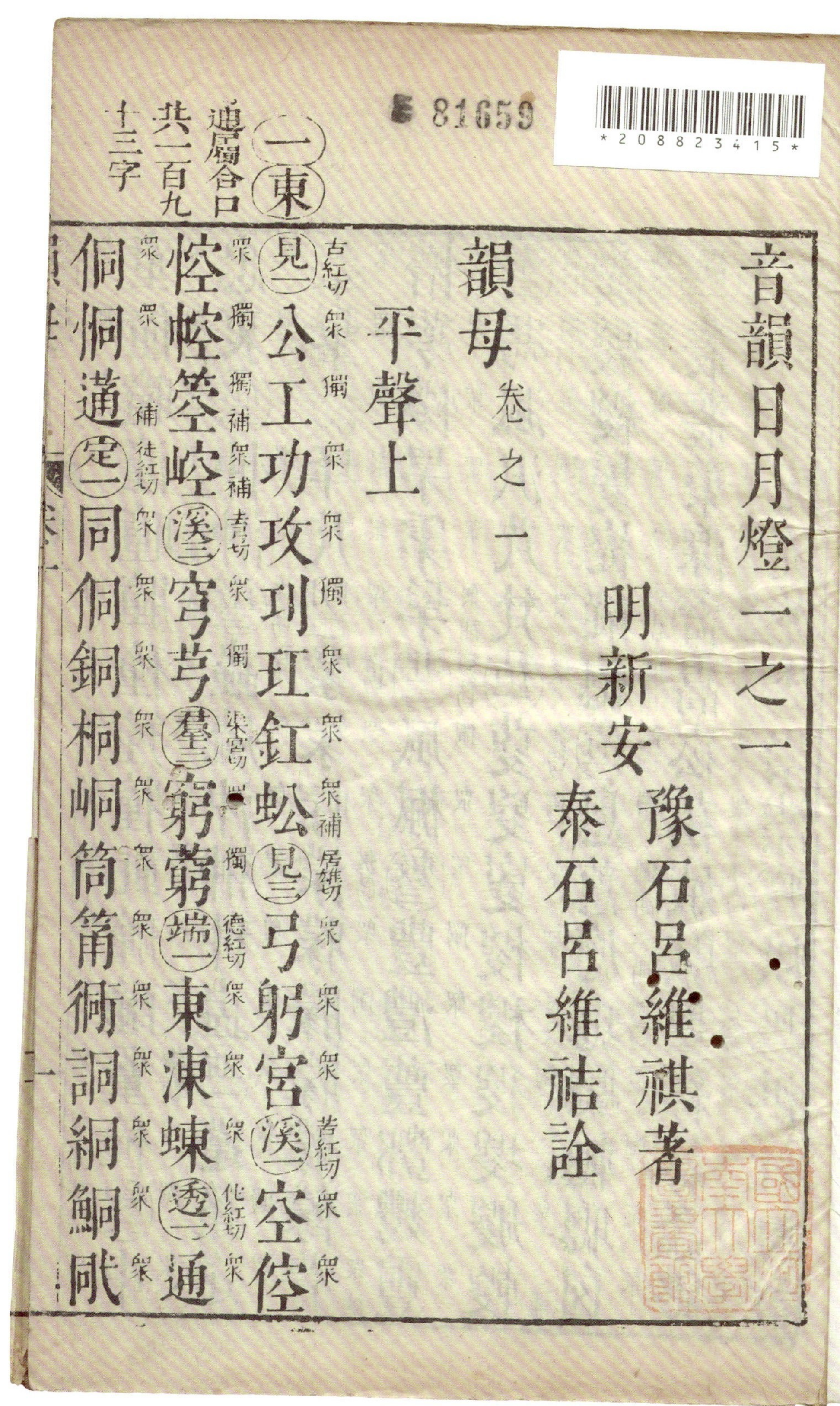

音韻日月燈一之一

豫石呂維祺著

明新安

泰石呂維祜詮

韻母 卷之一

平聲上

一東 遇屬合口 共二百九十三字

見一 公工功攻刉玒釭蚣 見三 弓躬宮 溪一 空倥

悾崆箜崆 溪三 穹芎 羣三 窮藭 端一 東涷蝀 透一 通

侗恫迵 定一 同侗銅桐峒筒筩衕詷絧鮦戙

090 |《歷代名臣奏議》提要

《歷代名臣奏議》三百十九卷，明黄淮、楊士奇等輯。明崇禎八年（1635）刻本。凡七十册。半葉九行，行十八字。白口，左右雙邊，黑單魚尾。版分兩節，上節刻眉釋，下節文旁刻有圈點，版框高二十點三厘米，寬十四厘米。

黄淮（1367—1449），字宗豫，號介庵，浙江永嘉人。明朝首輔，明朝内閣初創期間的重臣，歷事太祖、惠帝、成祖、仁宗、宣宗五朝。官至榮禄大夫少保户部尚書兼武英殿大學士知制誥國史總裁。著有《省愆集》等。楊士奇（1365—1444），名寓，字士奇，以字行，號東里，江西泰和（今江西省吉安市泰和縣）人。官至禮部侍郎兼華蓋殿大學士，兼兵部尚書，歷五朝，在内閣爲輔臣四十餘年，首輔二十一年，與楊榮、楊溥同輔政，并稱『三楊』，因其居地所處，時人稱之爲『西楊』。『三楊』中，楊士奇以『學行』見長，先後擔任《明太祖實録》《明仁宗實録》《明宣宗實録》總裁。一生見證了明朝由盛轉衰。正統九年（1444），楊士奇去世。贈太師，謚文貞。

是書收集自商周至宋元歷代名臣學士向當朝帝王進言的奏、疏、議、札子、封事、策對等，共八千零九條。内容涉及政治、經濟、文化、軍事等各個方面。全書分爲君德、聖學、孝親、敬天、郊廟、法祖、儲嗣、宗室、經國、用人、選舉、考課、水利、賦役、禦邊等六十四門，輯録包括晏子、管仲、李斯、陳平、賈誼、諸葛亮、魏徵、柳宗元、富弼、歐陽修、司馬光、王安石、王禹偁、辛弃疾、完顔素蘭等名臣奏疏。是書取材廣泛，網羅宏富，門類濟濟，是一部談古論今、諫諍資治的百家言録，舉凡歷代政治得失、典制沿革、用人賞罰，無不收録，爲文臣學士『劫政』『執异』開闢了一個群言的席位，是研究中國歷史的重要史料。

館藏本應爲當時禁之毁書，明刻清印本。故書商將各卷端的『吴郡張溥删正』的『張溥』二字挖去，唯目録處保留『吴郡張溥編次』。卷端張溥的序挖改爲陳明卿氏序，并僞造内封鎸『陳明卿太史删正』以便發行。内封鎸『歷代名臣奏議』『本衙藏板』。

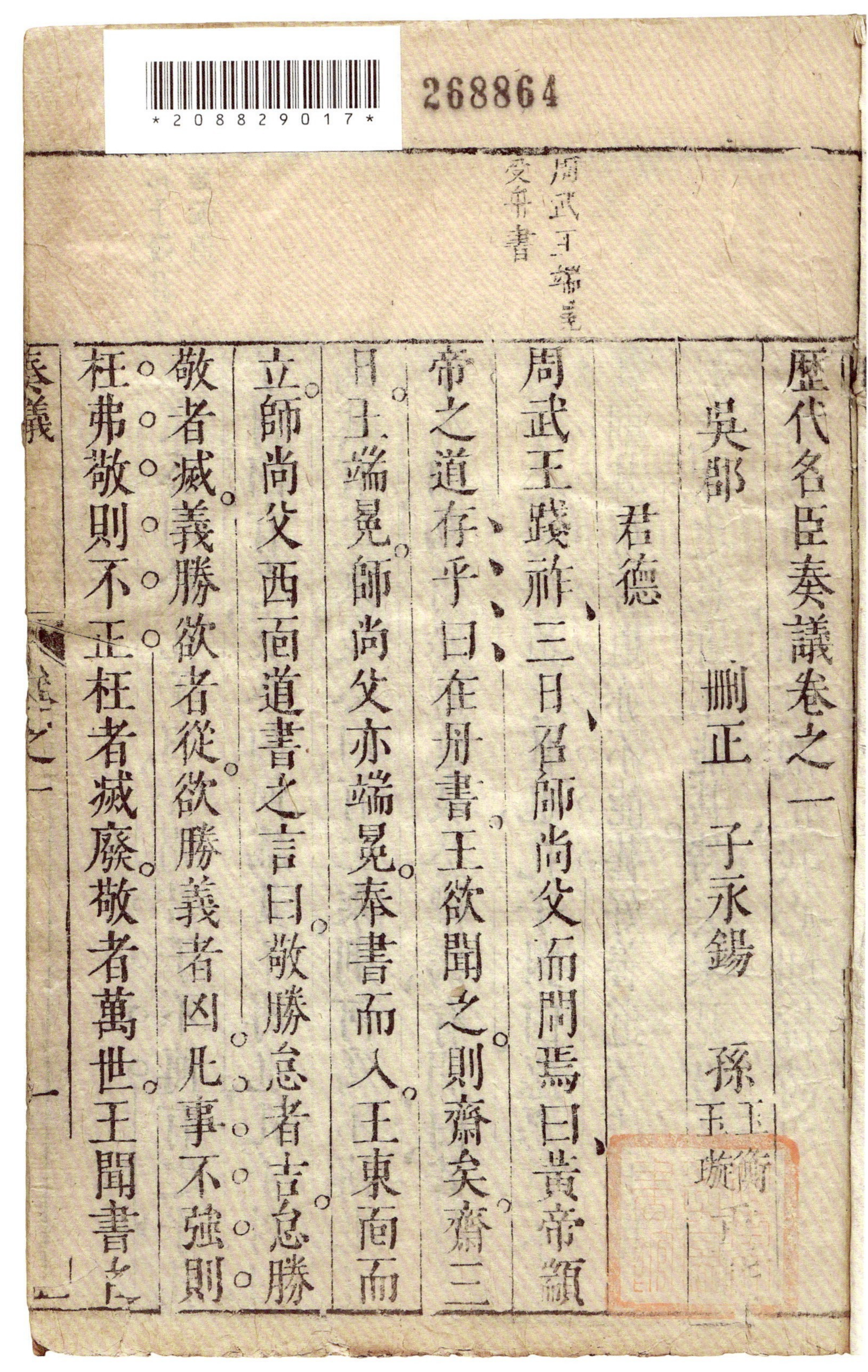

歷代名臣奏議卷之一

吳郡　刪正　子永錫　孫玉璇

君德

周武王踐祚三日，召師尚父而問焉，曰：黄帝顓帝之道存乎？曰：在丹書。王欲聞之，則齋矣。齋三日，王端冕，師尚父亦端冕，奉書而入，王東面而立，師尚父西面道書之言曰：敬勝怠者吉，怠勝敬者滅，義勝欲者從，欲勝義者凶。凡事不強則枉，弗敬則不正。枉者滅廢，敬者萬世。王聞書之

奏議　卷之一　一

091 《古文正集二編》提要

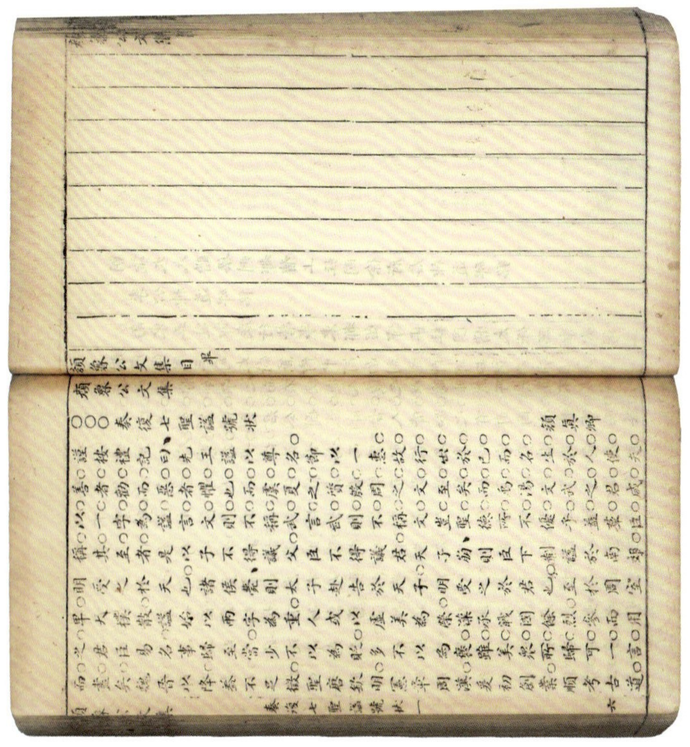

《古文正集二編》，明葛鼒編。明崇禎九年（1636）刻本。凡六册。文半葉十行，行二十七字，無界格；小傳半葉八行，行二十五字。白口，四周單邊。版框高二十五厘米，寬十四點五厘米。

是書選唐宋元二十二家文集，唐六家、宋十四家、元二家，每家各以小傳冠集前。

館藏本有楊廷樞叙，顧緗小叙序。

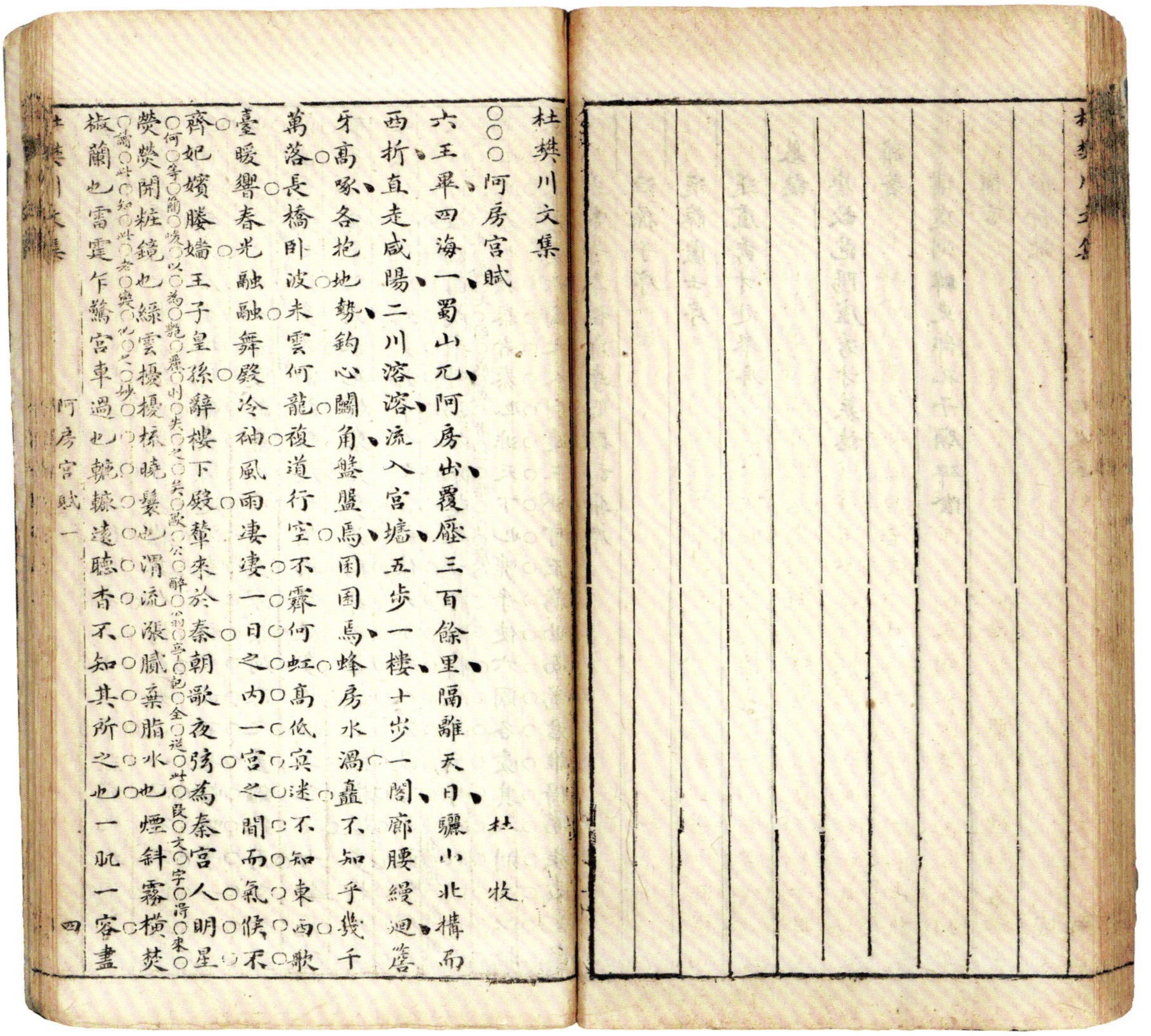

杜樊川文集

○○阿房宮賦　杜牧

六王畢四海一蜀山兀阿房出覆壓三百餘里隔離天日驪山北構而西折直走咸陽二川溶溶流入宮墻五步一樓十步一閣廊腰縵迴簷牙高啄各抱地勢鈎心鬭角盤盤焉囷囷焉蜂房水渦矗不知乎幾千萬落長橋卧波未雲何龍複道行空不霽何虹高低冥迷不知東西歌臺暖響春光融融舞殿冷袖風雨凄凄一日之内一宮之間而氣候不齊妃嬪媵嬙王子皇孫辭樓下殿輦來於秦朝歌夜絃為秦宮人明星熒熒開粧鏡也綠雲擾擾梳曉鬟也渭流漲膩棄脂水也煙斜霧横焚椒蘭也雷霆乍驚宮車過也轆轆遠聽杳不知其所之也一肌一容盡

杜樊川文集　阿房宮賦一　四

092 《四書直解》提要

《四書直解》二十七卷，明張居正撰，明顧宗孟重訂。明崇禎九年（1636）南城翁少麓刻本。凡十五册。版分上下，上半框爲小字，二十行，行十五字；下半框十一行，行二十字。白口，黑單魚尾，四周單邊。版框高二十三點一厘米，寬十四點五厘米。

張居正（1525—1582），字叔大，號太岳。江陵人，時人又稱張江陵。明朝中後期政治家、改革家，萬曆時期的内閣首輔，輔佐萬曆皇帝朱翊鈞開創了『萬曆新政』。著有《張太岳集》《書經直解》《帝鑒圖説》等。顧宗孟，明代官員。字岩叟，南直隸長洲（今江蘇蘇州）人。萬曆四十七年（1619）進士，授定海知縣，在任五年，去時民争相留。崇禎初，起福建參政。以母老歸。

是書乃一部明萬曆元年（1573）張居正進呈經筵之書。每章順文衍義，期於易曉。敕下司禮監鏤板印行，後人於上截加章旨，如坊間高頭講章式，以爲村塾啓蒙之書。明時在坊間十分流行。

館藏本内封右刻『合參指南四書鼎峙直解』，左側下刻『南城翁少麓梓行』。卷端有顧宗孟序。卷端鈐有方形陽文印『夢常』，内封鈐竪橢圓陽文印『斐齋』。

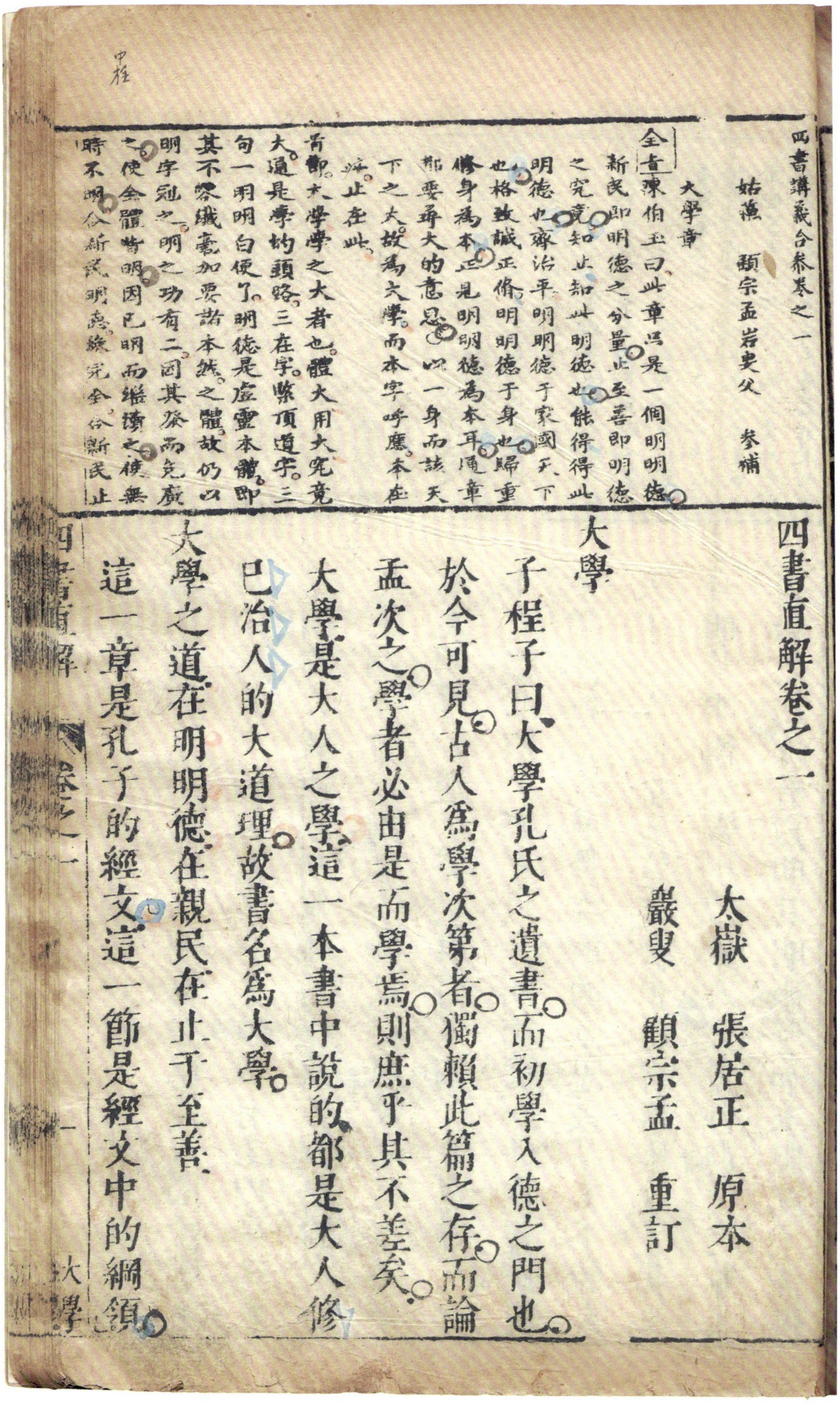

四書講義合參卷之一

姑蘇　顧宗孟岩叟父　參補

大學章

全章 陳伯玉曰此章只是一個明明德新民即明德之分量止至善即明明德之究竟知止知此明德也能得得此明德也齊治平明明德于家國天下也格致誠正修明明德于身也歸重修身為本正見明明德為本耳通章都要尋大的意思以一身而該天下之大故為大學而本字呼應本在此止在此

首節 大學學之大者也體大用大究竟大道是學的頭路三在字緊頂道字三句一明明白便了明德是虛靈本體即其不容纖毫加惡諸本然之體故仍以明字冠之明之功有二因其發而充擴之使全體皆明因已明而繼續之使無時不明分新民明為緣究全分新民止

四書直解卷之一

太嶽　張居正　原本

叢叟　顧宗孟　重訂

大學

子程子曰大學孔氏之遺書而初學入德之門也於今可見古人為學次第者獨賴此篇之存而論孟次之學者必由是而學焉則庶乎其不差矣

大學是大人之學這一本書中說的都是大人修己治人的大道理故書名為大學

大學之道在明明德在親民在止于至善

這一章是孔子的經文這一節是經文中的綱領

093 《論語注疏解經》提要

《論語注疏解經》二十卷，魏何晏集解，宋邢昺疏。明崇禎十年（1637）毛氏汲古閣刻本。凡三册。半葉九行，正文行二十一字，注行二十字，疏小字雙行，行二十字。白口，左右雙邊。版心下鐫『汲古閣』。版框高十七點八厘米，寬十二點六厘米。

何晏（190—249），字平叔，南陽宛（今河南南陽）人，三國時期魏國玄學家，曾與鄭衝等共撰《論語集解》。有文集十一卷。邢昺（932—1010），字叔明，曹州濟陰（今山東曹縣）人，北宋經學家。擢九經及第，官禮部尚書。所撰《論語注疏》，討論心性命理，爲後來理學家所采納。所撰《爾雅注疏》及《孝經正義》，均收入《十三經注疏》。

是書又稱《論語正義》《論語注疏》。《論語》有漢何晏集解，以道家思想解《論語》，頗爲學人不滿。北宋邢昺梳理舊解，回歸儒學義理，又加名物制度之疏解，成爲論語之標準注疏。

館藏本内封中鐫『汲古閣繡梓』，左右鐫『毛氏論語注疏正本』。書尾有牌記『皇明崇禎十年歲在强圉赤奮若古虞毛氏鐫』。

論語註疏解經卷第一

魏何晏集解

宋邢昺疏

學而第一【疏】正義曰自此至堯曰是魯論語二十篇之名及第次也當弟子論撰之時以論語爲此書之大名學而以下爲當篇之小目其篇中所載各記舊聞意及則言不爲義例或亦以類相從此篇論君子孝弟仁人忠信道國之法主友之規聞政在乎行德由禮貴於用和無求安飽以好學能自切磋而樂道皆人行之大者故爲諸篇之先既以學爲章首遂以名篇言人必須學也爲政以下諸篇所次先儒不無意焉當篇各言其指此不煩説第順次也一數之始也言此篇於次當一也

子曰學而時習之不亦說乎【注】馬曰子者男子之通稱

094　《二十一史文鈔》提要

《二十一史文鈔》三百三十二卷，明戴羲摘鈔。明崇禎十一年（1638）刻本。凡二十八册。半葉九行，行十九字。白口，綫魚尾，四周單邊。版框高二十點五厘米，寬十四點六厘米。

戴羲，明代人，字馭長，崇禎中官光禄寺典簿。

自古迄今，書有兩大部，一者是經，再者是史。經用來探義理之精微，史用以考古今之變遷。經用以明理，史用以記事，所以經史兩家不可偏廢。二十一史涉史數千年，浩瀚繁衍，援前券後，據古證今，既有甚難處之事，皆歷歷有善處之方，是爲《文鈔》之可寶處也。其中《史記文鈔》二十二卷，抄録本紀九篇、表五篇、書六篇、世家二十一篇、列傳五十八篇，或全文照録，或有删節，或只取序贊。

館藏本爲殘卷，存《史記文鈔》卷一至卷十一，《晋書文鈔》卷十一至卷四十，《南史文鈔》卷五至卷十，《魏書文鈔》卷八至卷十八，《梁書文鈔》卷一至卷八，《宋史文鈔》卷一、卷六至卷十四、卷二十一至卷二十三、卷二十七至卷三十八。

史記文鈔　卷一　　　　史鈔一

五帝本紀

太史公曰學者多稱五帝尚矣然尚書獨載堯以來而百家言黃帝其文不雅馴薦紳先生難言之孔子所傳宰予問五帝德及帝繫姓儒者或不傳余甞西至空峒北過涿鹿東漸於海南浮江淮矣至長老皆各往往稱黃帝堯舜之處風教固殊焉總之不離古文者近是予觀春秋國語其發明五帝德帝繫姓章矣顧弟弗深考其所表見皆不虛

史記文鈔　卷一　一

095　《禮吴中石佛起止儀式》提要

《禮吴中石佛起止儀式》一卷，附《吴中石佛緣起》一卷，明傳燈撰。明崇禎十一年（1638）刻本。凡一册。半葉六行，分『緣起』『儀式』，『緣起』行十八字，『儀式』經文字分上下兩段，『誓願』行十八字。白口，左右雙邊。版框高二十點五厘米，寬十五點二厘米。

傳燈（1554—1628），明代龍游籍高僧，字無盡，號有門。自幼學習儒家典籍，却不屑於走科舉之途而遁入空門，終成天台宗一代祖師。傳燈對佛經了然於胸，講解經義，弘揚佛法口若懸河，因而四方名刹紛紛邀請前去講學。晚年回故鄉龍游，講經於東安寺。撰有著作二十四種一百餘卷，其中《天台山方外志》《幽溪别志》爲《四庫全書》存目。前人贊頌他文思泉涌，行文『縱横奔泄，如石梁懸瀑，飛流千丈』。不獨著作等身，傳燈法師的書法也是自成一家。

是書記録了佛教天台宗禮佛之儀式。

館藏本書尾有牌記『大明國浙江嘉興府秀水縣北都北麗坊居住弟子曹禎驥發心敬寫，碩祈先母吴氏孺人早生天界，速證菩提者，崇禎十一年春王正月上元之吉』。

吴中石佛緣起

西晉建興元年西天有石佛二尊泛海而来光明徹天至松江滬瀆口巫人往迎之風濤愈盛沉軀不見後有吴縣清信朱膺聞之曰莫非大覺東来為衆生作眼目也同數人往迎像即乘流而至遂請登舟其輕如羽背各有銘一名維

096 《春秋左傳注疏》提要

《春秋左傳注疏》六十卷，晉杜預注，唐孔穎達疏。明崇禎十一年（1638）毛氏汲古閣刻本。凡二十六册。半葉九行，行二十一字，小字雙行，行二十字。白口，左右雙邊。版心下鎸『汲古閣』。版框高十七點七厘米，寬十二點二厘米。

孔穎達（574—648），字衝遠，冀州衡水（今屬河北）人。在初唐歷任國子博士、國子司業、國子祭酒。學問淵博，爲唐經學家之首。

是書又名《春秋左傳正義》《左傳注疏》。晉杜預注本名《春秋左氏經傳集解》，以往經、傳各自單行，至杜預始將二者合并，兼爲之注，故名『集解』。杜預能綜觀全書，以《左傳》中『凡例』爲據，放其注頗有條貫；義注重史事與典制，能以經傳相互發明，所注大多剴切；注文也極簡要明通。故此書行世後，漢魏諸舊注漸以淹没。但也有望文生義、疏於地理等弊。孔穎達疏本名《春秋左傳正義》。此書係奉唐太宗詔令所編《五經正義》之一，對杜預《春秋左氏經傳集解》加以疏解。疏文博采諧説，廣徵史料，疏解精細，形成詳贍完密的風格，與杜注的極簡相得益彰，對杜注及經、傳之旨多所發明，但因守『疏不破注』之規，對杜注之誤曲爲闡護。

館藏本書尾有牌記『皇明崇禎十一年歲在著雍攝提格古虞毛氏鎸』，有唐孔穎達《春秋正義序》。

春秋左傳註疏卷第一

晉杜氏註

唐孔穎達疏

春秋序○陸曰此元凱所作既以釋經故依例音之本或題爲春秋左傳序者沈文何以爲釋例序今不用【疏】正義曰此序題目文多不同或云春秋序或云左氏傳序或云春秋經傳集解序或云春秋左氏傳序按晉宋古本及今定本並云春秋左氏傳序今依用之南人多云此本釋例序後人移之於此且有題曰春秋釋例序置之釋例之端今所不用晉太尉劉寔與杜同時人也宋大學博士賀道養去杜亦近俱爲此序作註題並不言釋例序明非釋例序也又晉宋古本序在集解之端徐邈以晉世言五經音訓爲此序作音且此序稱分年相附隨而

097 《佛本行集經》提要

《佛本行集經》六十卷，隋闍那崛多譯。明崇禎十三年（1640）刻本。凡一册。半葉十行，行二十字。白口，左右雙邊。版框高十七點五厘米，寬十三厘米。

是書乃闍那崛多以曇無德部所傳的佛傳爲主，集合摩訶僧祇、薩婆多、迦葉維（或作『迦葉遺』『迦葉惟』）、尼沙塞（一作『彌沙塞』）四部所傳，以及《譬喻經》等异説而成的一部綜合佛傳，并以曇無德部的《釋迦牟尼佛本行》的經名爲本書名，而稱爲《集經》。本經是佛傳中内容最繁博的一種，共六十品。大體分兩部分。第一部分三品，從《發心供養品》到《賢劫王種品》，叙述關於釋迦牟尼佛出身的兩種世系：一、宗教中佛佛相傳的法統；二、世俗中王室相傳的王統。第二部分五十品，從《上托兜率品》至《阿難因緣品》，叙述釋迦牟尼佛的生平事迹到成道後行化六年爲止，以及一些過去因緣，連帶叙述六年中所化弟子的事迹和因緣。

館藏本存五卷：卷六至卷十。每卷後皆有牌記，詳細記載捐資者姓名及刊刻原因和刻工價錢，『丹陽居士湯道衡捐資刻此，崇禎十三年仲冬月金沙顧龍山識』。

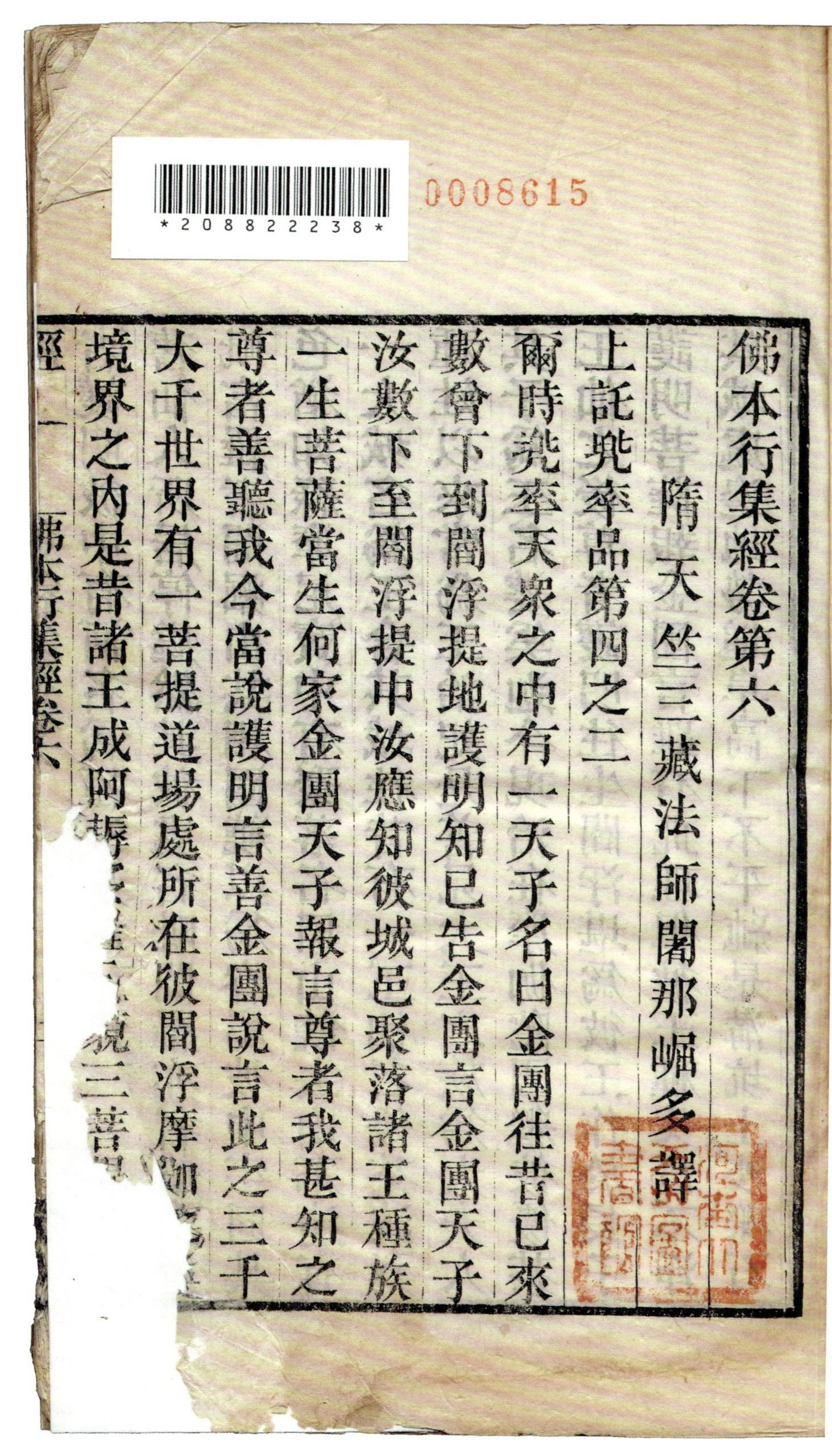

佛本行集經卷第六

隋天竺三藏法師闍那崛多譯

上託兜率品第四之二

爾時兜率天衆之中有一天子名曰金團往昔已來數曾下到閻浮提地護明知已告金團言金團天子汝數下至閻浮提中汝應知彼城邑聚落諸王種族一生菩薩當生何家金團天子報言尊者我甚知之尊者善聽我今當說護明言善金團說言此之三千大千世界有一菩提道場處所在彼閻浮摩[illegible]境界之內是昔諸王成阿[illegible]號三菩[illegible]

經一　佛本行集經卷六

098 《册府元龜》提要

《册府元龜》一千卷，附目録十卷，宋王欽若等輯。明崇禎十五年（1642）黄國琦刻本。凡一百五十册。半葉十行，行二十字。白口，四周單邊。版心上刻書名及部數，中刻卷數，下刻頁數。版框高十九點二厘米，寬十四點二厘米。

王欽若（962—1025），字定國，臨江軍新喻（今江西新餘市）人，北宋初期政治家，宋真宗時期宰相，主和派勢力代表。歷任樞密使、同平章事。天禧元年（1017），出任宰相。三年（1019），出判杭州。宋仁宗即位，改秘書監，起爲太常卿、知濠州，以刑部尚書知江寧府，復拜司空、門下侍郎、同平章事、玉清昭應宫使、昭文館大學士，監修國史。二度爲相，時人稱爲『癭相』。

『元龜』即大龜，古人認爲龜可以鑒往知來，所以常用於借鑒之義，『册府元龜』意爲書名寶庫，能給人以借鑒和啓示。是書專門彙輯自上古至五代時期各代君臣事迹，所以初名《歷代君臣事迹》，書成之後真宗改題爲《册府元龜》。全書一千卷，另有目録十卷，約九百四十萬字，是宋代最大的類書。以人物和事物分部編次，總分三十一部，部有總序；一千一百零四門，門有小序。總序言規制，於各部事迹之沿革，亦頗核備，長者數千言，短者亦數百言，不啻爲各部之一篇小史；閲讀各部之前，首讀各部總序，裨益良多。

館藏本内封右上鎸『黄石公先生鑒正』，中刻『册府元龜』，左下刻『五繡堂梓』。前有李嗣京序，文翔鳳序，黄國琦序。序首頁鈐方形陰文印『故城賈臻』、方形陰陽合文印『芝閣藏書』。正文首頁鈐有長方形陽文『賈運生書畫印』。

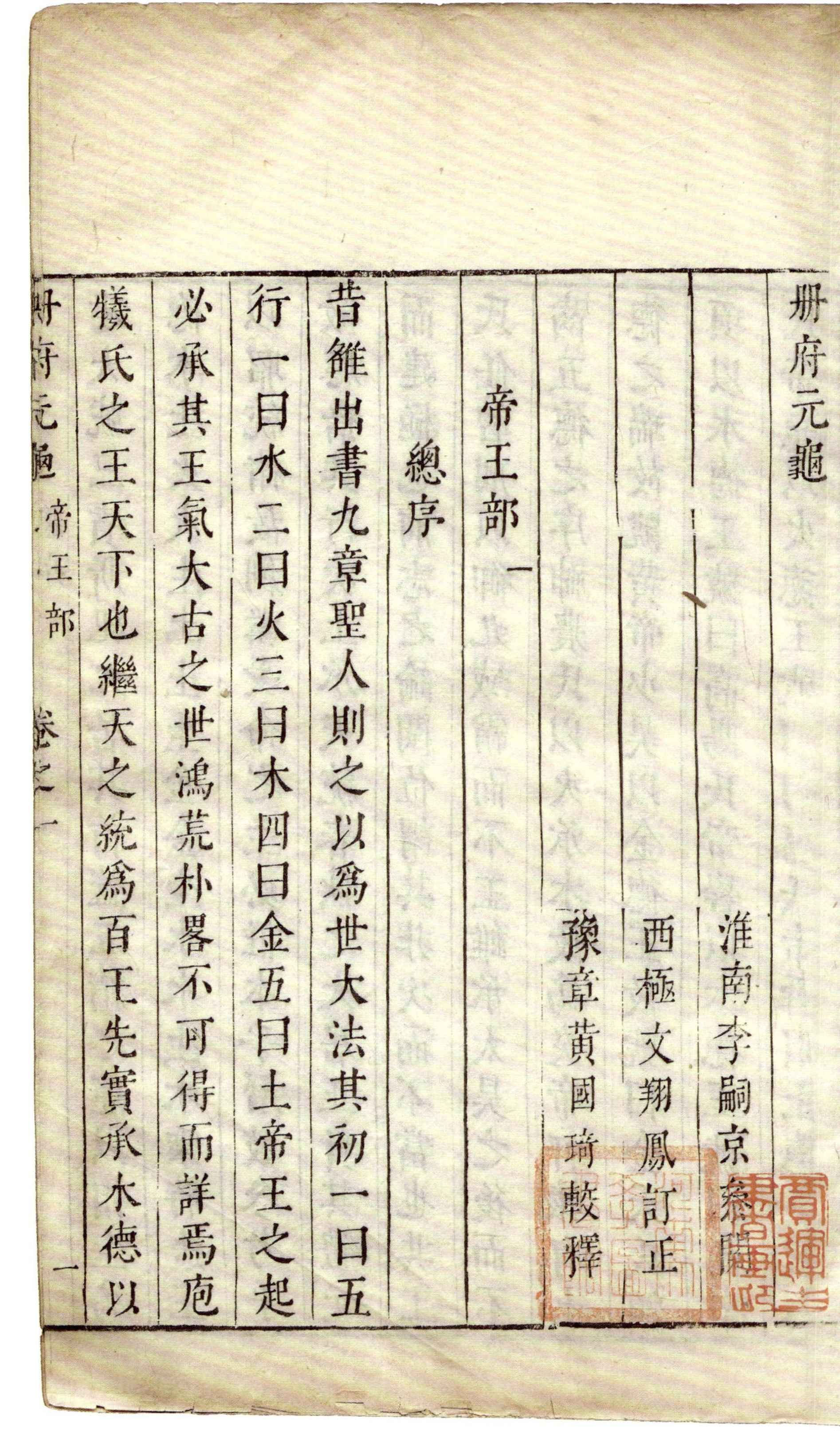
冊府元龜

淮南李嗣京纂臚

西極文翔鳳訂正

豫章黄國琦較釋

帝王部一

總序

昔雒出書九章聖人則之以爲世大法其初一曰五行一曰水二曰火三曰木四曰金五曰土帝王之起必承其王氣大古之世鴻荒朴畧不可得而詳焉庖犧氏之王天下也繼天之統爲百王先實承木德以

冊府元龜　帝王部　卷之一　一

099 《新鐫旁批詳注總斷廣名將譜》提要

《新鐫旁批詳注總斷廣名將譜》二十卷，明黄道周撰。明崇禎十六年（1643）刻本。凡二十册。半葉九行，行二十字，无格。白口，黑單魚尾，四周單邊。版心上刻『廣名將譜』，下刻卷數，行間刻小字譯語。版框高十八點八厘米，寬十二點七厘米。

黄道周（1585—1646），字幼玄，又字螭若，漳浦（今屬福建）人。明代學者、書畫家。天啓二年（1622）進士。官至禮部尚書，謚忠烈。著作甚豐，有《儒行集傳》《石齋集》《易象正義》《春秋揆》《孝經集傳》等。

是書乃在陳元素改編宋人張預所集《百將傳》爲《名將傳》的基礎上所作之增廣輯評本。本書從史書選録周至明代名將一百七十餘人的傳記，述其事迹，評其功過，究其作戰得失，并加韵文斷贊。可作爲了解古代軍事之入門書。

館藏本内封右上鐫『黄石齋先生注斷』，中鐫『廣百將傳』，左下鐫『武學便讀　世德堂藏板』，天頭鐫『軍政備覽』。有黄道周序。

新鐫旁批詳註總斷廣名將譜卷之一

古閩黄道周石齋父註斷

姜太公呂尚

呂尚者。東海上人。本姓姜。從其先祖封於呂。故名呂尚。字子牙。尚抱經天緯地之才。嘗著有六韜。備言陰陽。以爲兵書之祖。時值商紂暴虐。避居東海之濱。坐石磯垂釣。絲不設餌。釣不用鈎。每言不釣魚鱉。獨釣王侯。人多笑之。困窮老矣。聞西伯賢善養老。遂往歸

100 《增訂二三場群書備考》提要

《增訂二三場群書備考》四卷，明袁黄撰。明崇禎十五年（1642）刻本。凡六册。半葉九行，行二十一字，小字雙行，行二十一字。白口，四周單邊，白魚尾，偶有黑魚尾，魚尾上刻『群書備考』，下刻卷數。版框高二十一點三厘米，寬十四厘米。

是書爲科舉考試而編纂，針對科舉考試的第二、三場，全書四卷，卷一爲儒家經典、諸子學説、詩詞歌賦、史學書法等；卷二是天文曆數、地理形勢、歲時水利等；卷三是職官人事、土地貢賦等；卷四是禮樂制度、學校軍隊、氏族輿圖等。

館藏本内封天頭位置鎸『闈務秘笈』，左下鎸『致□□堂』，右下鎸『袁了凡先生收定』。有沈昌世序。内封鈐有方形陽文印『卓堂手翰』，書簽上鈐方形陽文印『陳雲路印』。

101 ｜《司馬温公文集》提要

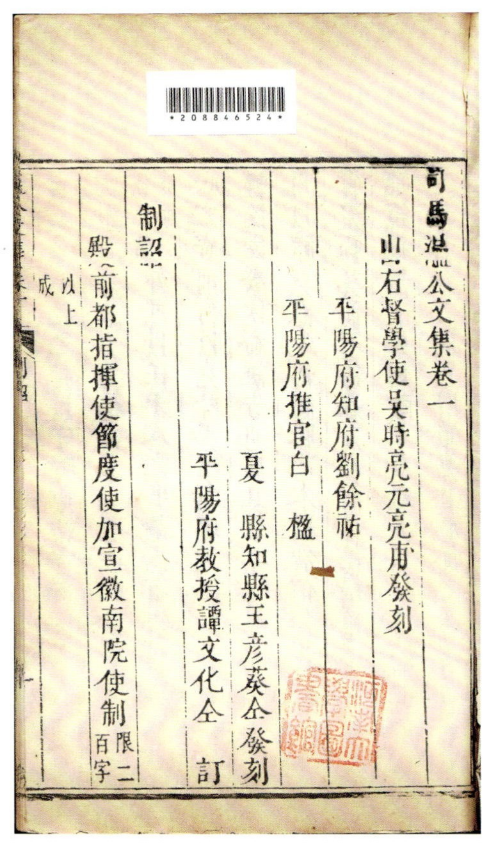

司馬温公文集卷一

山右督學使吳時亮元亮甫發刻

平陽府知府劉餘祐

平陽府推官白　楹

夏　縣知縣王彦葵仝發刻

平陽府教授譚文化仝　訂

制詔一

賜前都指揮使節度使加宣徽南院使制 限二百字

以上成

《司馬温公文集》八十二卷，宋司馬光撰。明崇禎元年（1628）吳時亮刻，清康熙十七年（1678）林芃百補刻本。凡二十四册。半葉九行，行二十字。白口，四周雙邊，黑單魚尾，上刻書名。版框高二十一點三厘米，寬十四點七厘米。

吳時亮任山西學政按察使，獲晋人家傳刻本《司馬温公集》八十卷本，分校彙刻爲八十二卷。

館藏本版面疏朗，开化紙刷印，品相佳。前有潘晟序，其中有『虜人』『胡馬』等語，入清當屬禁毁之列。有吳時亮序，劉餘祐刻書序，林芃百補刻序。卷端鎸『山右督學使吳時亮元亮甫發刻』字樣。

102　《兩漢博文》提要

《兩漢博文》十二卷，宋楊侃輯。明嘉靖黄魯曾刻本。凡六册。半葉八行，行十六字，小字雙行，行二十字。白口，左右雙邊，白單魚尾。版框高十七點三厘米，寬十二點一厘米。

是編摘録前後《漢書》，不依篇第，不分門類，惟簡擇其字句故事列爲標目，而節取顔師古及章懷太子注列於其下，然較他類書摭采雜説者，究爲雅馴。如『四皓』條下引《顔師古注》曰：『四皓稱號，本起於此，更無姓名可稱。蓋隱居之人，匿迹遠害，不自標顯，秘其氏族，故史傳無得而詳。至於皇甫謐、圈稱之徒及諸地理書説，竟爲四人安姓字。自相錯互，語又不經。班氏不載於書，諸家皆臆説。今并弃略，一無取焉。』明監本《漢書注》竟佚此條，惟賴此書幸存，則亦非無資考證者矣。

是書現存早期版本僅有宋孝宗乾道壬辰姑蘇郡齋刻本、明嘉靖黄魯曾刻本兩種。館藏本《兩漢博文》爲明嘉靖刻本，保存完好，刻寫精美，紙潔墨黑，上有『長洲張氏執經堂藏』『張紹仁印』印，具有很高的文獻版本價值。收入第一批全國珍貴古籍名録。

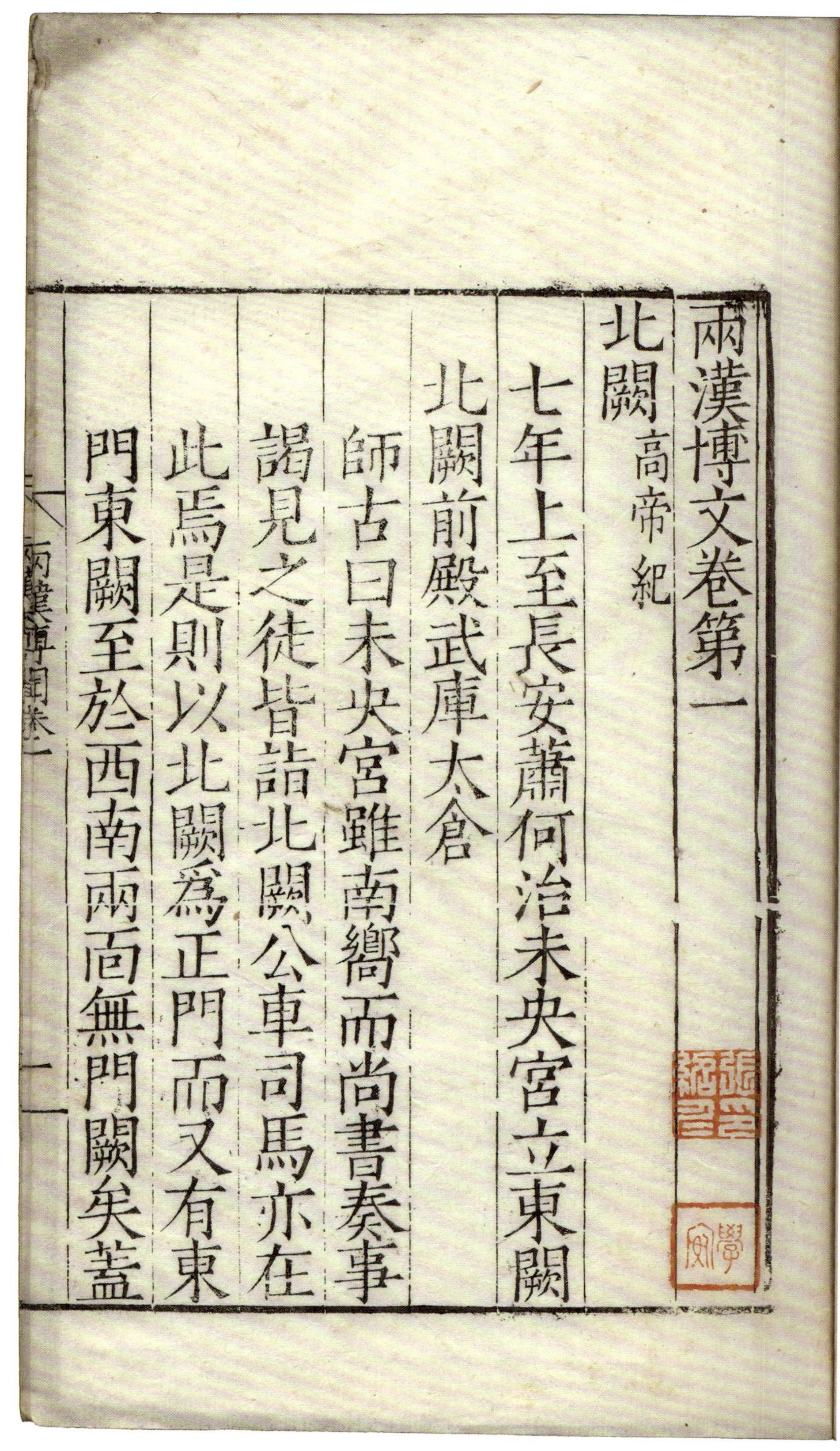
兩漢博文卷第一

北闕 高帝紀

七年上至長安蕭何治未央宮立東闕

北闕前殿武庫太倉

師古曰未央宮雖南嚮而尚書奏事

謁見之徒皆詣北闕公車司馬亦在

北焉是則以北闕爲正門而又有東

門東闕至於西南兩面無門闕矣蓋

兩漢博文卷一　一

103 《甲子會紀》提要

《甲子會紀》五卷，明薛應旂撰，明陳仁錫刻本。凡四册。半葉八行，行十八字，小字雙行，行十八字，六十甲子紀年大字，每年之下略紀大事，小字雙行。白口，黑單魚尾，四周單邊，眉刻批語。版框高二十一点六厘米，寬十四点七厘米。

薛應旂，字仲常，號方山。明學者、藏書家。嘉靖十四年（1535）進士，官南京考工郎中。家居垂二十年未嘗釋卷，專勤著述。每一書成，凡幾易稿，皆手自抄謄點竄，未嘗借力於人。

其編年唯以甲子爲準，述及主德之醇疵、相道之修廢、政事之得失、制度之繁簡、君子小人之進退以及夷狄之盛衰等，以彰文章經國之大業，不朽之盛事。

館藏本有許穀序。序頁鈐方形陰文印『楊榮光印』、方形陽文印『耀遠』。卷一頁鈐印二：方形陽文『耀遠珍藏』、竪長方陽文『楊氏雙雲山館所藏書』。内封鈐有陰文印『路氏松林工藏書記』。

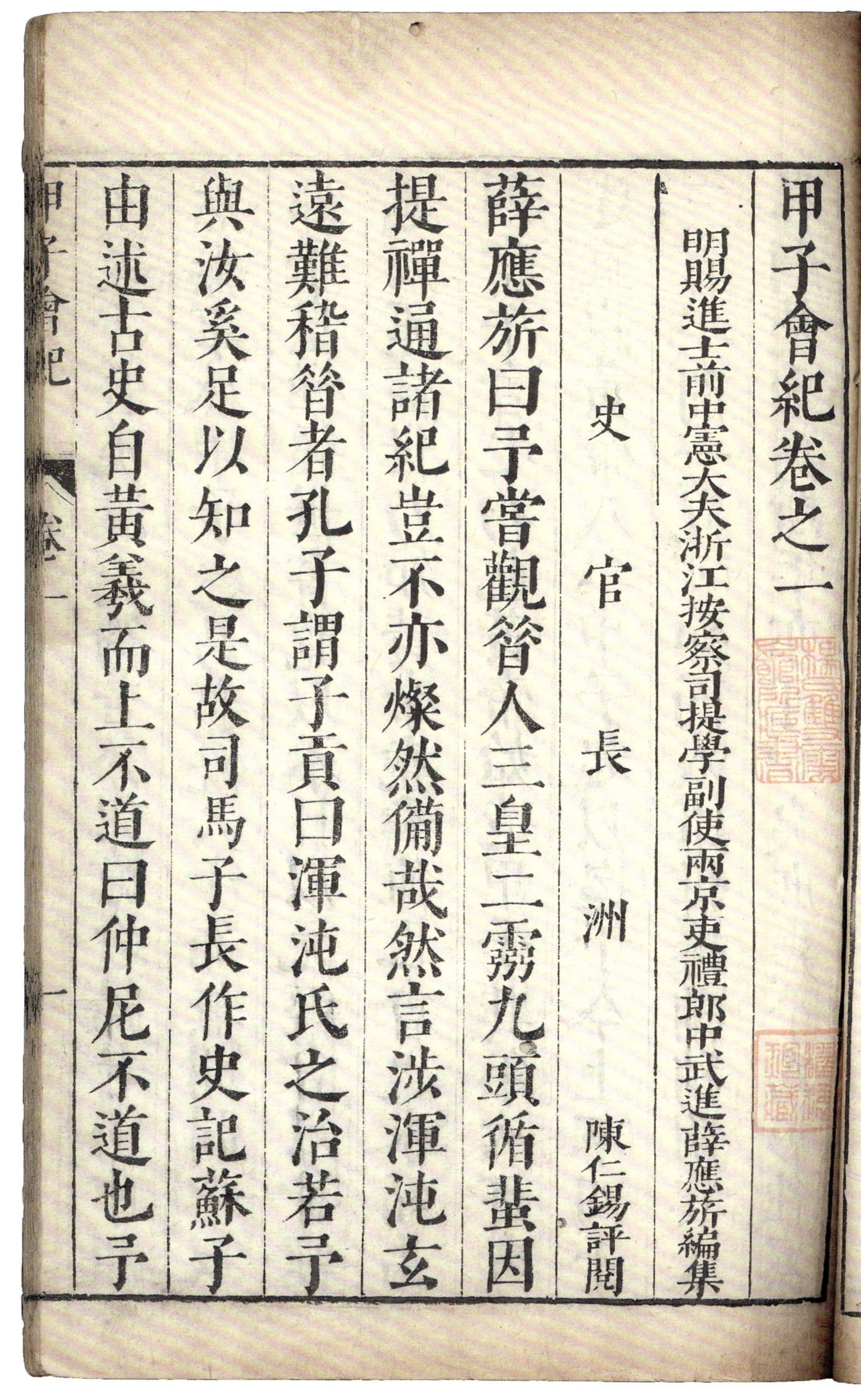

甲子會紀卷之一

明賜進士前中憲大夫浙江按察司提學副使兩京吏禮郎中武進薛應旂編集

史官長洲陳仁錫評閲

薛應旂曰予嘗觀鄧人三皇二霸九頭循蜚因提禪通諸紀豈不亦燦然備哉然言涉渾沌玄遠難稽鄧者孔子謂子貢曰渾沌氏之治若予與汝奚足以知之是故司馬子長作史記蘇子由述古史自黃羲而上不道曰仲尼不道也予

甲子會紀　卷一　一

104 《續資治通鑑綱目》提要

《續資治通鑑綱目》二十七卷，明陳仁錫評閱。明崇禎長洲陳氏刻本。凡二十七册。半葉七行，行十八字，小字雙行，行十八字。白口，黑魚尾，魚尾上刻『通鑑綱目』，下刻卷數。眉刻批語，四周單邊。版框高二十一點四厘米，寬十四點六厘米。

是書記録了上起後周恭帝元年（959），下迄元順帝至正二十七年（1367）之史實。

館藏本有序二：《御製續通鑑綱目序》，周禮《續資治通鑑綱目發明序》。卷端鎸『明史官陳仁錫評閱』。

續資治通鑑綱目卷之一

明　史官陳仁錫評閱

起庚申周恭帝元年宋太祖建隆 凡十五年
元年盡甲戌宋太祖開寶七年

庚 周恭帝宗訓元年宋太祖神德皇帝趙匡胤
申 建隆元年○蜀主孟昶廣政二十三南漢主
劉鋹大寶三北漢孝和帝劉鈞天會五南唐元
宗李景十八年○是歲周亡宋代新大國一舊
小國四凡五國吳越
荊南湖南凡三鎮

春正月周殿前都點檢趙
匡胤稱皇帝國號宋廢周主宗訓爲鄭王周侍

105　《唐宋八大家文抄》提要

《唐宋八大家文抄》一百四十四卷，明茅坤選評。明崇禎金閶黄玉堂刻本。凡三十册。半葉九行，行二十字。白口，無魚尾間或白魚尾，魚尾上刻『韓文』『歐文』等，下分别刻卷數，四周單邊。版框高二十厘米，寬十三点五厘米。

茅坤（1512—1601），字順甫，號鹿門，浙江湖州府歸安（今湖州）人，明代散文家、藏書家。嘉靖十七年（1538）得中三甲進士。今存《白華樓置稿》《續稿》《吟稿》《玉芝山房稿》《耄年録》《浙江分署紀事本末》《史記鈔》《紀剿除徐海本末》等。行世者有《茅鹿門集》。

明末茅坤選輯了《唐宋八大家文抄》，收録韓愈、柳宗元、歐陽修、蘇洵、蘇軾、蘇轍、王安石、曾鞏八家文章。此書流傳甚廣，唐宋八大家之名也隨之流行。韓愈和柳宗元是唐代古文運動的代表，他們主張推行古道，復興儒學，反對六朝以來的浮艶文風，反對講究排偶、辭藻、音律和典故的駢文，提倡散行單句、不拘格式的古文，以利於反映現實生活，表達思想。自明人標舉唐宋八家後，治古文者皆以八家爲宗。

館藏本内封中鎸『唐宋八大家文抄』，右上鎸『茅鹿門先生評選』，左上鎸『内附五代史』，右下鎸『金閶黄玉堂梓』。有茅坤總叙，茅著跋。總叙首頁鈐方形陽文印『耀遠珍藏』，末頁鈐方形陽文印『耀遠』、方形陰文印『楊榮光印』。

唐大家韓文公文抄卷之一

歸安鹿門茅坤批評　孫男闇叔　著　訂

表狀

進撰平淮西碑文表

不獨碑文冠當世而表亦壯

臣某言伏奉正月十四日勑牒以收復淮西羣臣請刻石紀功明示天下爲將來法式陛下推勞臣下允其志願使臣撰平淮西碑文者聞命震駭心識顛倒

106　《東坡先生詩集注》提要

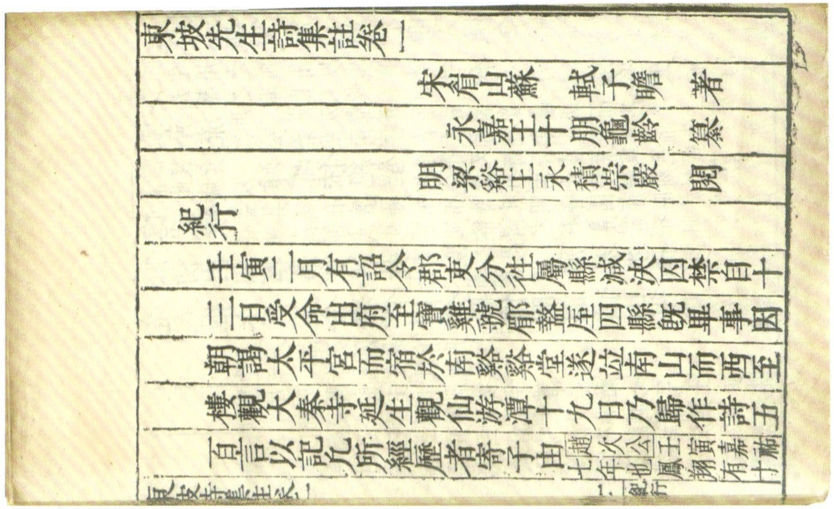

《東坡先生詩集注》三十二卷，宋蘇軾撰，宋王十朋集注。明崇禎刻本。凡十二册。半葉十行，行二十一字，小字雙行，行二十一字。白口，左右雙邊。版框高二十點二厘米，寬十六點六厘米。

王十朋（1112—1171），字龜齡，號梅溪，南宋著名的政治家和詩人。紹興二十七年（1157）中進士第一，被擢爲狀元。

是書乃現存較爲完整的宋代蘇軾詩集注本，以内容分類編次，彙集諸家注釋，徵引浩博，考據精當，歷來受到學界重視。

107 《潛確居類書》提要

《潛確居類書》一百二十卷，明陳仁錫輯。明崇禎刻本。凡四十四册。半葉十行，行二十字，小字雙行，行十九字。白口，四周單邊，黑單魚尾，魚尾上刻『潛確類書』。版框高二十一點三厘米，寬十四點五厘米。

是書乃陳氏歷經多年編纂而成，分爲十三類，包括玄象、歲時、區宇、人倫、方外、藝習、稟受、服御、遭遇、交與、飲啖、藝植、飛躍等。

館藏本有陳仁錫序及類書隱旨。

108 《詩經注疏大全合纂》提要

《詩經注疏大全合纂》三十四卷，明張溥纂。明崇禎刻本。凡二十一册。正文半葉八行，行十八字；傳、箋、集傳半葉八行，行十七字；釋文、疏小字雙行，行十七字。白口，黑魚尾，左右雙邊。版框高十九點五厘米，寬十四點四厘米。

張溥（1602—1641），字乾度，一字天如，號西銘，南直隸太倉（今屬江蘇）人，明朝晚期文學家。崇禎四年（1631）進士，選庶吉士。自幼發奮讀書，《明史》上記有他『七録七焚』的佳話，與同鄉張采齊名，合稱『婁東二張』。張溥曾與郡中名士結爲復社，評議時政，是東林黨與閹黨鬥争的繼續。文學方面，推崇前後七子的理論，主張復古，又以『務爲有用』相號召。一生著作宏豐，編述三千餘卷，涉及文、史、經學各個學科，精通詩詞，尤擅散文、時論。代表作《七録齋集》《五人墓碑記》。

是書乃雜取各家注疏及《詩經大全》而成的詩經教材，爲應對科舉考試編纂而成，《四庫全書總目》謂之『鈔撮之學，無所考證』，個人見解不多，未能體現張溥個人才學，但是此書却『愈於科舉株守殘匱者』。首卷卷端鈐長方陽文『研詩讀曲室藏書記』。

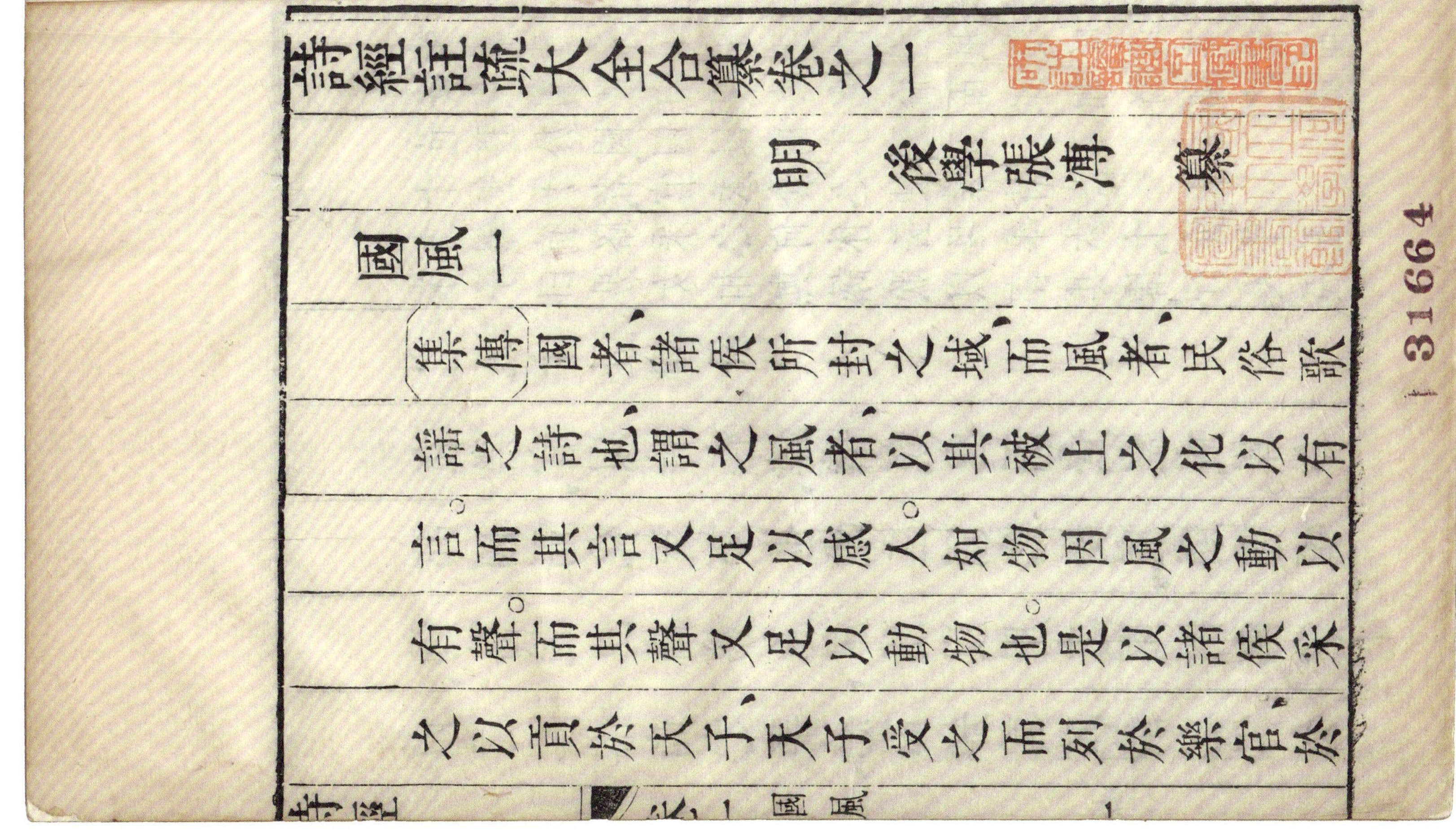

詩經註疏大全合纂卷之一

明　後學張溥　纂

國風一

集傳　國者，諸侯所封之域，而風者，民俗歌謡之詩也。謂之風者，以其被上之化以有言，而其言又足以感人，如物因風之動以有聲，而其聲又足以動物也。是以諸侯采之以貢於天子，天子受之而列於樂官，於

109 《稽神録》提要

《稽神録》六卷，拾遺一卷，宋徐鉉撰，明毛晉訂。明崇禎毛氏汲古閣刻本。凡四册。半葉八行，行十九字，白口，左右雙邊。版心上刻『稽神録』，下刻『汲古閣』。版框高十八点八厘米，寬十二点八厘米。

徐鉉（917—992），字鼎臣，廣陵（今江蘇省揚州市）人，五代宋初文學家、書法家。歷官五代吴校書郎、南唐知制誥、翰林學士、吏部尚書，後隨李煜歸宋，官至散騎常侍，世稱徐騎省。淳化二年（991），貶静難軍行軍司馬。曾受詔與句中正等校定《説文解字》。工於書，好李斯小篆。與弟徐鍇有文名，號稱『二徐』；又與韓熙載齊名，江東謂之『韓徐』。

《稽神録》是一部宋代志怪小説集，徐鉉自序稱『自乙未歲（935）至乙卯（955），凡二十年』撰作此書，則此書爲入宋以前所作。

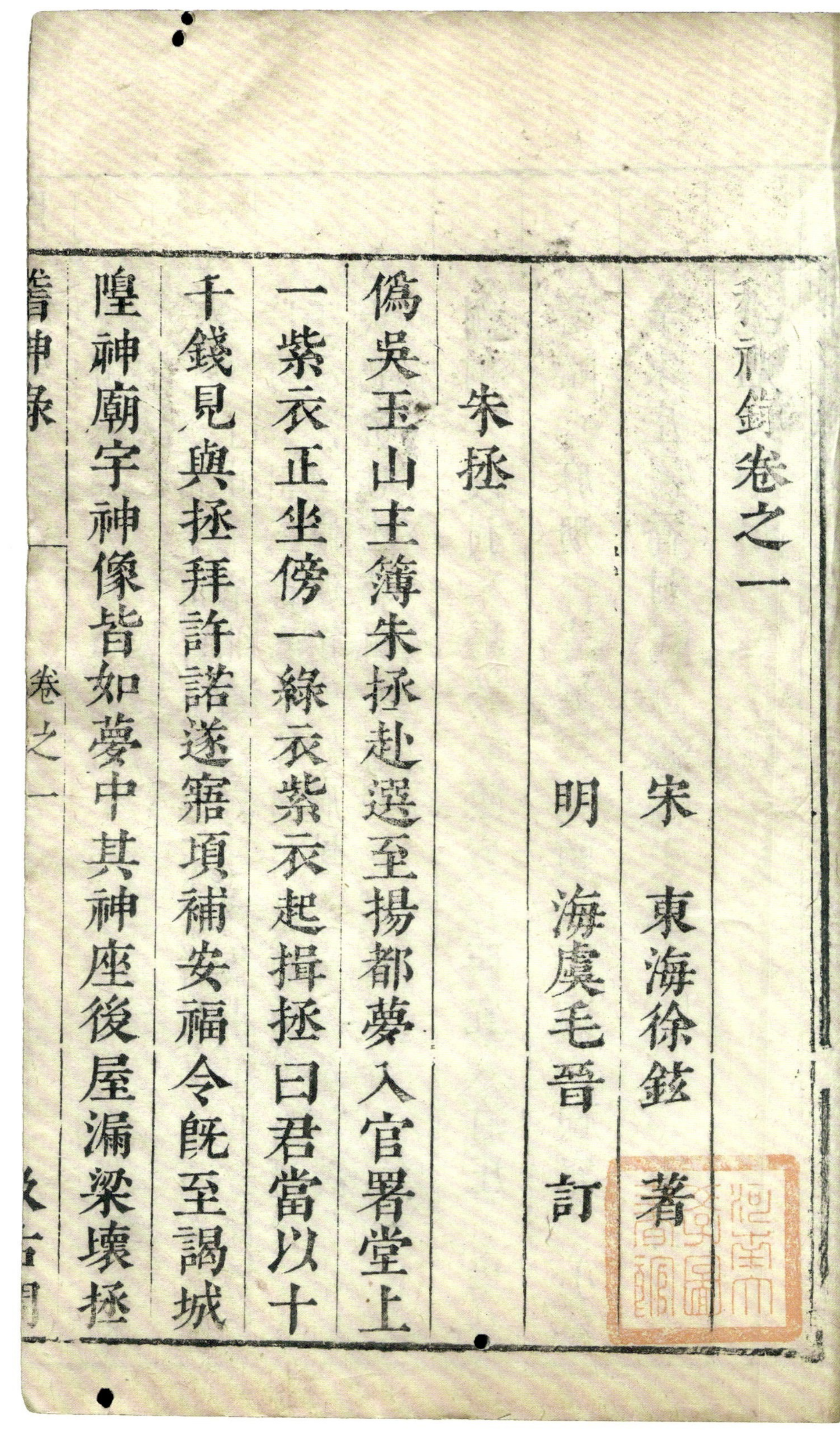

稽神録卷之一

宋　東海徐鉉　著

明　海虞毛晉　訂

朱拯

僞吴玉山主簿朱拯赴選至揚都夢入官署堂上一紫衣正坐傍一緑衣紫衣起揖拯曰君當以十千錢見與拯拜許諾遂寤頃補安福令既至謁城隍神廟宇神像皆如夢中其神座後屋漏梁壞拯

稽神録　卷之一

110　《輟耕録》提要

《輟耕録》三十卷，明陶宗儀撰。明崇禎毛氏汲古閣刻本。凡十册。半葉十行，行二十一字。白口，左右雙邊。版心上鎸『輟耕録』，中左刻頁數，右刻『卷次』。版框高二十点二厘米，寬十三点三厘米。

陶宗儀（1316—約1412），字九成，號南村，浙江黄岩（今屬浙江省台州市）人，著名的史學家、文學家。著有《説郛》《輟耕録》《南村詩集》《四書備遺》《古唐類苑》《草莽私乘》《游志續編》《古刻叢鈔》《元氏掖庭記》《金丹密語》《滄浪棹歌》《國風尊經》《淳化帖考》等。

此書乃雜記聞見瑣事。書中稱明兵曰集慶軍，或曰江南游軍，蓋丙午爲至正二十七年（1367），猶未入明時所作也。郎瑛《七修類稿》謂宗儀多録舊書，如《廣客談》《通本録》之類，皆攘爲己作，但此書紀録頗詳。所考訂書畫文藝，亦多足備參證。惟多雜以俚俗戲謔之語，閭里鄙穢之事，頗乖著作之體。朱彝尊《静志居詩話》謂宗儀練習舊章，元代朝野舊事，實借此書以存，而許其有裨史學。則雖瑜不掩瑕，固亦論古者所不廢矣。

館藏本有孫作叙，彭瑋跋。序首頁鈐正方陽文印『耀遠珍藏』，首葉卷端鈐竪長方陽文印『楊氏雙雲山館藏書』。

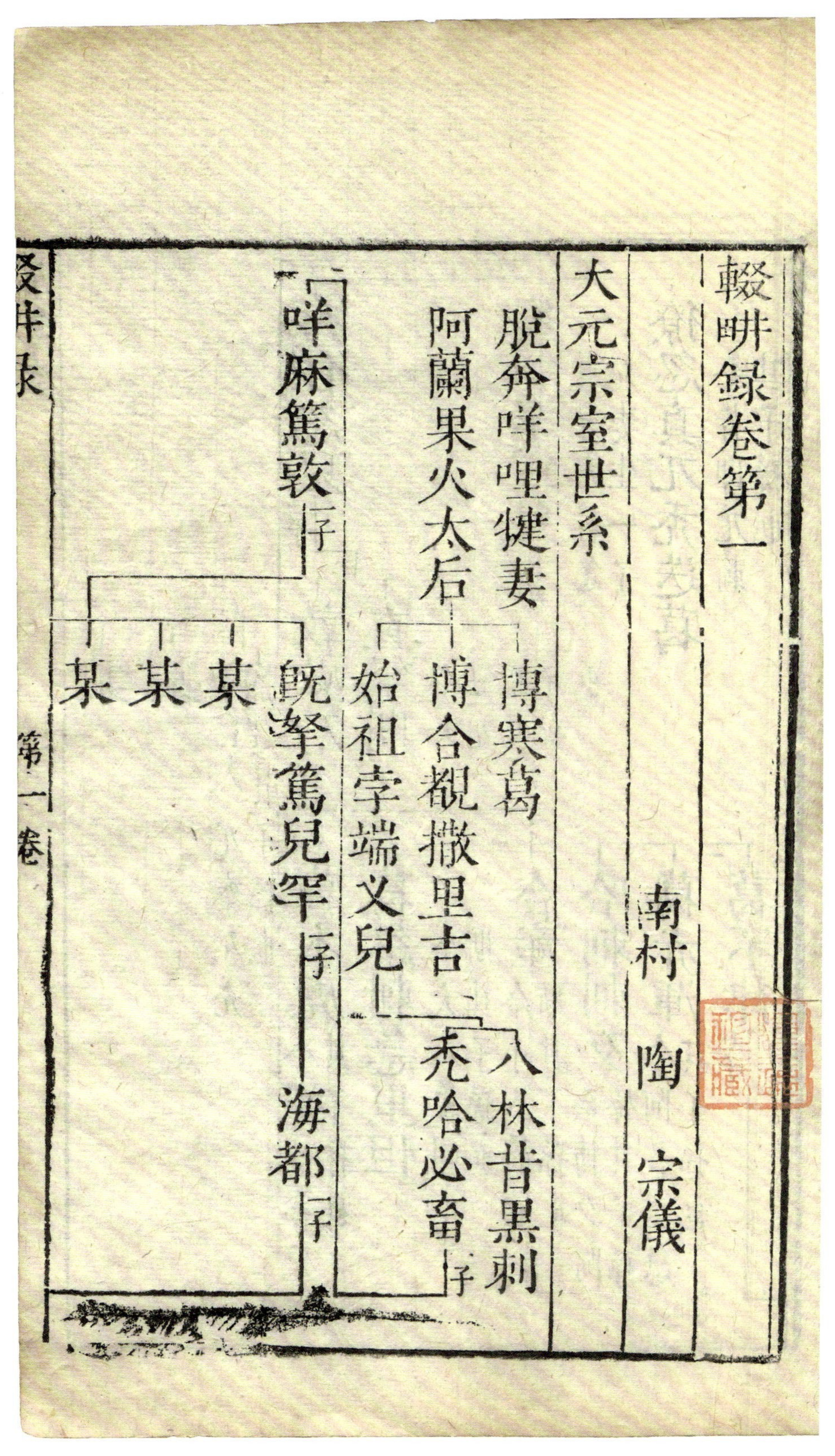
輟畊録卷第一
南村 陶 宗儀
大元宗室世系
脫奔咩哩犍妻
阿蘭果火太后
博寒葛
博合覩撒里吉
始祖孛端乂兒
八林昔黑剌
禿哈必畜子
海都子
咩麻篤敦子
既孥篤兒罕子
某
某
某
輟畊録
卷第一

111 《宋李忠定公文集選》提要

《宋李忠定公文集選》五十卷，文集二十九卷，奏議選十五卷，卷首四卷，目录两卷，宋李綱撰，明左光先選，明李春熙輯。明崇禎刻清康熙、乾隆修補重印刻本。凡六册。半葉十行，行二十字。白口，白單魚尾，四周單邊。版心上刻『李忠定公文集』或『李忠定公奏議』，下刻卷數。版框高二十點一厘米，寬十四點三厘米。

李綱（1083—1140），字伯紀，號梁溪先生，祖籍福建邵武，祖父一代遷居江蘇無錫。宋徽宗政和二年（1112）進士，歷官至太常少卿。欽宗時，授兵部侍郎、尚書右丞。紹興十年（1140）正月十五，病逝於倉前山欏嚴精舍寓所，贈少師。淳熙十六年（1189）特贈隴西郡開國公，謚忠定。李綱能詩文，著有《梁溪先生文集》《靖康傳信録》《梁溪詞》。

是書爲李綱作品集，包括文集、奏議等。

館藏本爲殘卷，存二十七卷：奏議卷一至卷四，文集卷三至卷九、卷十五至卷二十九。

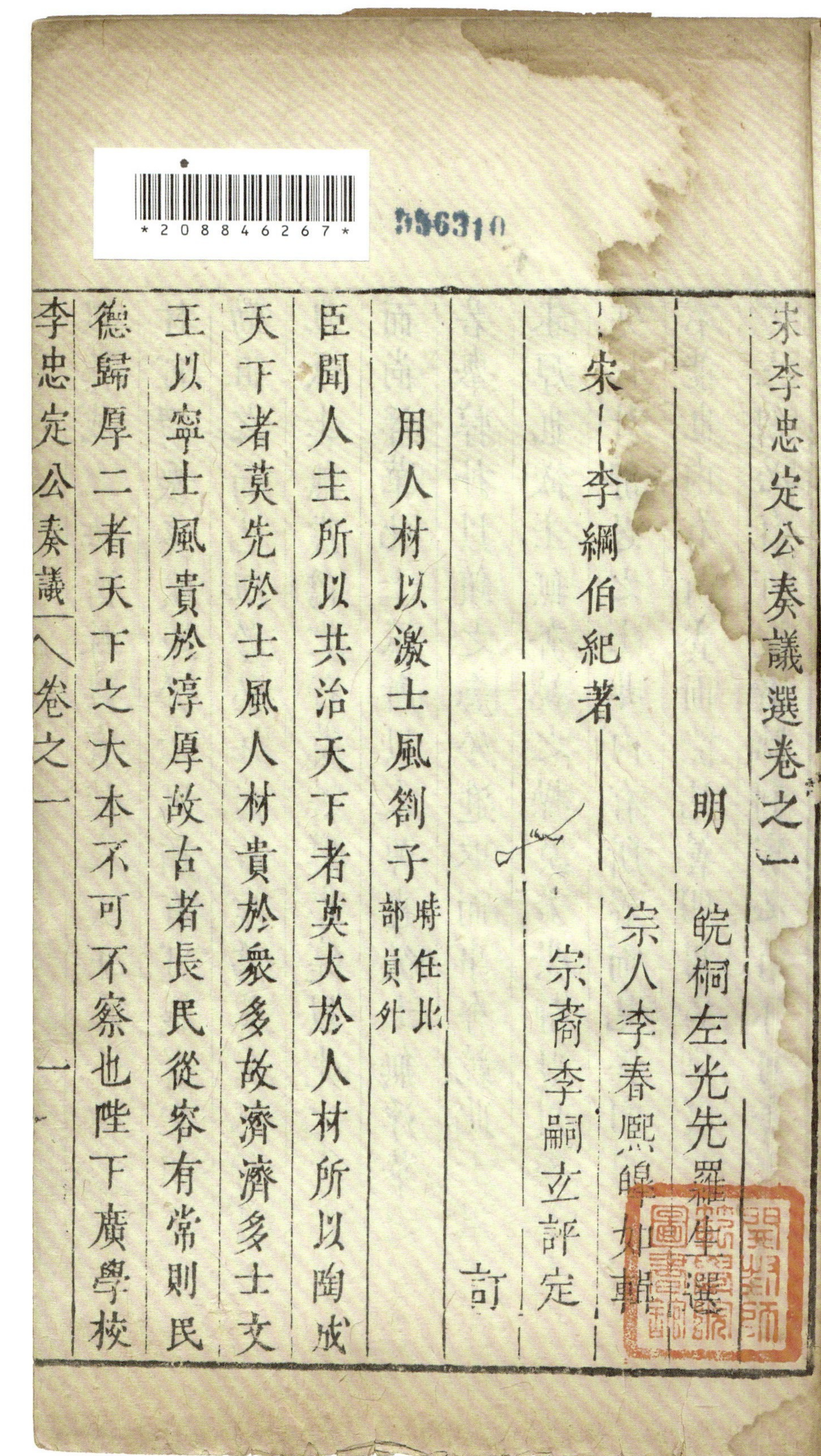

宋李忠定公奏議選卷之一

明　皖桐左光先羅生選
宗人李春熙皞如輯
宗裔李嗣立評定

宋　李綱伯紀著

訂

用人材以激士風劄子時任比部員外

臣聞人主所以共治天下者莫大於人材所以陶成天下者莫先於士風人材貴於衆多故濟濟多士文王以寧士風貴於淳厚故古者長民從容有常則民德歸厚二者天下之大本不可不察也陛下廣學校

李忠定公奏議　卷之一　一

112 《六書正訛》提要

《六書正訛》五卷，元周伯琦編注，明胡正言訂纂。明崇禎十竹齋刻本。凡五册。半葉五行，字數不等。白口，白單魚尾，四周單邊。版心上刻『六書正訛』，下刻『十竹齋』。版框高二十點二厘米，寬十三點八厘米。

周伯琦（1298—1369），字伯温，號玉雪坡真逸，饒州鄱陽（今江西省鄱陽縣）人。元代書法家、文學家。以蔭授南海縣主簿，後轉爲翰林修撰。博學工文章，而尤以篆、隸、真、草，擅名當時。著有《六書正訛》《説文字原》二書。胡正言，明末書畫篆刻家、出版家。字曰從，號十竹，原籍安徽休寧，寄居南京鷄籠山側。嘗從李如真攻六書之學，篆、隸、真、行，簡正矯逸。善山水、人物，尤擅花卉、墨梅。善製墨，并印箋紙。他主持雕版印刷的《十竹齋書畫譜》和《十竹齋箋譜》，成爲印刷史上劃時代的作品。著有《十竹齋雪弘散迹》《六書正訛》《印存初集》《印存玄覽》等。

是書乃一部闡述《説文》、記録古文、考辨俗字的字書，正字是周伯琦編寫本書的主要目的。成書於元至正十一年（1351），共收兩千餘字，均爲字書常見字。本書以《禮部韵略》韵部爲序，分轄諸字；釋字方式以小篆爲字頭，下列正字、反切及造字本義和字形結構，最後指出所謂俗字之失，有些字還列出古文字形以資佐證。

館藏本内封中鎸『六書正訛』，右上鎸『元周伯琦先生著』，左下鎸有『古香閣藏板』。書中有周伯琦叙。

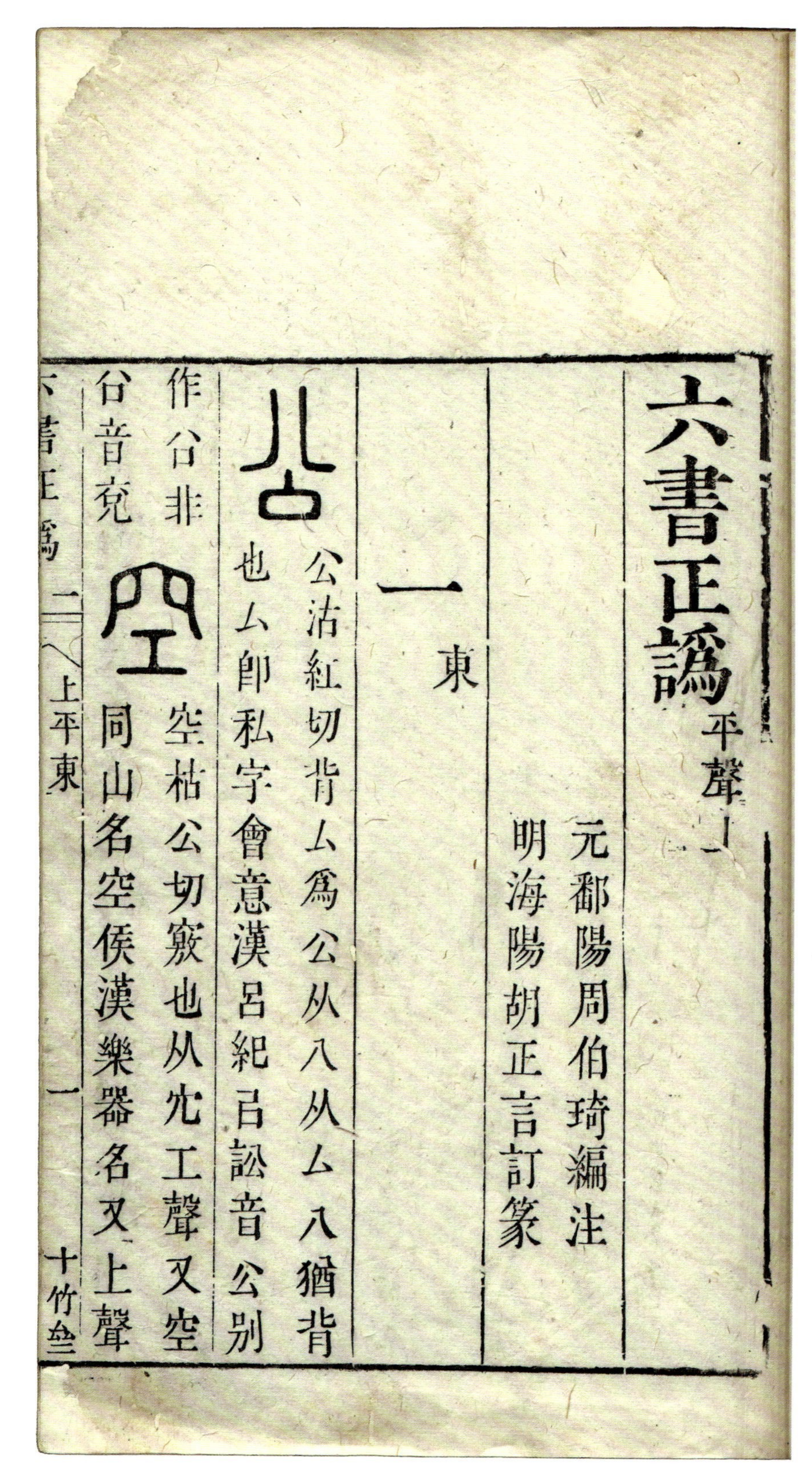

六書正譌 平聲一

元鄱陽周伯琦編注

明海陽胡正言訂篆

一東

公 公沽紅切背厶爲公从八从厶八猶背也厶即私字會意漢呂紀呂訟音公別作谷非谷音兗

空 空枯公切竅也从穴工聲又空同山名空侯漢樂器名又上聲

六書正譌 二 上平東 一 十竹

113 《東都事略》提要

《東都事略》一百三十卷，宋王稱撰。明刻本。凡十二册。半葉十二行，行二十四字。白口，黑對魚尾，左右雙邊。版框高十八點九厘米，寬十三厘米。

王稱，字季平，眉州（今四川省眉山市）人。

是書乃紀傳體北宋史。因爲北宋建都開封（今屬河南），故書名《東都事略》。全書記載起自宋太祖趙匡胤，終於宋欽宗趙桓，計帝紀十二卷，爲各代帝王在位時的大事記；世家五卷，記叙后妃和宗室；列傳一百零五卷，載各種人物共六百九十七人事迹；附録八卷，列舉遼、金、夏、西蕃、交阯的情况，没有表和志。雖然它的内容頗顯單薄，但是叙事簡明扼要，有些内容爲《宋史》所無，或可糾正《宋史》之失誤，與《宋史》互相補充，爲研究宋史不可缺少的資料。

館藏本目録後有牌記題『眉山程舍人宅刊行已申上司不許覆板』。首卷卷端鈐方形陽文印『治南何氏瑞室圖書』。

東都事略卷第一

承議郎新權知龍州軍州兼管內勸農事管界沿邊都巡檢使借紫臣王稱上進

本紀一

太祖啟運立極英武睿文神德聖功至明大孝皇帝其先出于
帝高陽氏之後造父爲周穆王御破徐偃封趙城因氏焉自漢
京兆尹廣漢居涿郡遂爲涿郡人至唐而　高祖僖祖皇帝生
焉　僖祖仕至文安令　曾祖順祖皇帝仕歷藩府從事兼御
史中丞　皇祖翼祖皇帝少有大志仕至涿州刺史贈左驍衛
上將軍　皇考宣祖皇帝少驍勇善騎射而雅好儒素起家事
趙王王鎔時梁晉爭天下晉求援於鎔鎔命　宣祖以五百騎
赴之莊宗嘉其勇敢因留之命掌禁軍爲飛捷指揮使自同光
至開運踰二十年不遷而　宣祖亦未嘗以介意漢乾祐中王

114 《春秋左傳》提要

《春秋左傳》不分卷，明孫鑛批點。明刻本。凡八冊。半葉九行，行十九字。白口，無欄綫，四周單邊。版框高二十一點八厘米，寬十四點九厘米。

孫鑛（1542—1613），字文融，號月峰、湖上散人，明朝大臣、學者，浙江余姚人。隆慶舉人，萬曆二年（1574）會試第一，殿試成二甲第四名進士。歷仕文選郎中、兵部侍郎，加右都御史、兵部尚書，加封太子少保，參贊機務，人稱其『手持書卷，坐大司馬堂』。

館藏本有韓敬《孫月峰先生左評分次經傳序》。第四冊昭公下五十三頁鎸『萬曆丙辰夏吴興閔齊華、閔齊伋、閔象泰分次經傳』。

春秋左傳

隱公

○惠公元妃孟子、孟子卒、繼室以聲子、生隱公、宋武公生仲子、仲子生而有文在其手、曰爲魯夫人、故仲子歸于我、生桓公而惠公薨、是以隱公立而奉之、

元年春王正月

元年春王周正月、不書即位、攝也、

三月公及邾儀父盟于蔑、

115 《袁中郎先生批評唐伯虎彙集》提要

《袁中郎先生批評唐伯虎彙集》四卷，外集一卷，紀事一卷，明唐寅撰，明袁宏道評。明坊刻本。凡一册。半葉九行，行二十字。白口，黑單魚尾，四周單邊。天頭上有小字批語。版框高二十點一厘米，寬十三點六厘米。

是書係明朝唐寅之文集彙編，并經『公安派』領袖袁宏道批評之刻本。唐寅（1470—1523），字伯虎，一字子畏，號六如居士、桃花庵主等，明蘇州吴縣人。《明史·文苑傳》有其傳。

館藏本内封右上鎸『袁中郎先生批評』，中鎸『唐伯虎全集』，左下鎸『内附畫譜紀事』，『白玉堂藏板』。此外卷首還輯録有袁宏道《序唐子畏集》，閻秀卿、徐禎卿、顧璘、王世貞爲唐寅所作的傳贊。

袁中郎先生批評唐伯虎彙集

吳趨唐　寅著

公安袁宏道評

賦

嬌女賦

臣居左里有女未歸長壯妖潔聊頼善顧態體多媚
窈窕不妒既閑巧笑流連雅步三十尚小十四尚大
見出行賈長嫁持戶日織五丈罷不及莫三丈縫衣
餘剪作袴袍布貿絲肷浥行露負者下擔行者佇路

116 《太醫院校注婦人良方大全》提要

《太醫院校注婦人良方大全》二十四卷，宋陳自明編，明薛己校注。明富春堂刻本。凡八册。半葉十一行，行二十二字。白口，四周雙邊，黑單魚尾。版心下鎸『富春堂原版』。版框高十九點七厘米，寬十三點八厘米。

陳自明，字良甫。出身於世醫家庭，精於婦産科，他認爲婦科病最爲難治，尤其産科諸症多有危險，收集各家的長處，再加上家傳驗方，編成《婦人大全良方》。薛己（1487—1559），字新甫，號立齋。吴郡（今江蘇省蘇州市）人。父薛鎧，字良武，府學諸生，弘治中以名醫徵爲太醫院醫士，以子己故贈院使。治疾多奇中，以兒科及外科見長。薛氏得家傳，原爲瘍醫，後以内科擅名。薛氏著述涉及内、外、婦、兒、針灸、口齒、眼、正骨、本草等諸多方面。

是書又名《婦人良方大全》《婦人良方集要》《婦人良方》，古代中醫學名著。本書二十四卷，原分八門，共二百六十多篇論述。薛己《校注婦人良方》增删了部分内容，分爲十門，每論之下，都加按語，并大多附以治驗和新方。是書引述了多種醫書，分别對胎兒發育狀態、妊娠診斷、孕期衛生、孕婦用藥禁忌、妊娠期特有疾病、各種難産、産褥期護理及産後病症，都作了詳細的論述。是書是對前人成就及作者臨床經驗的總結，内容豐富，在理論上和實踐上形成完整的體系，學術價值和實用價值很高，可以説是中國第一部完善的婦産科專著，它的流傳爲促進中國中醫婦科學的發展作出了重要貢獻。

館藏本有《婦人良方序》。内封中鎸『原版婦人良方』，上鎸『薛立齋先生校注』，下鎸『敦化堂珍藏』。

太醫院校註婦人良方大全卷之一

江右臨川陳自明良甫編

太醫院使立齋薛巳校註

金陵書林對溪唐富春梓

調經門 凡醫婦人先須調經故以爲首

月經序論第一

岐伯曰女子七歲腎氣盛齒更髮長二七而天癸至任脉通太衝脉盛月事以時下天謂天真之氣癸謂壬癸之水故云天癸也然衝爲血海任主胞胎二脉流通經血漸盈應時而下常以三旬一見以像月盈則虧也若遇經行最宜謹慎否則與產後症相類若被驚怒勞役則血氣襍亂

117　《渭南文集》提要

《渭南文集》五十卷，宋陸游撰，明汲古閣刻本。凡十四册。半葉八行，行十八字。白口，無魚尾，左右雙邊。版心下鎸『汲古閣』。版框高十八點七厘米，寬十四点四厘米。

是書爲陸游自編詞文集，共五十卷，分爲文集四十二卷、入蜀記六卷、詞二卷。陸游曾封渭南縣伯，故集名《渭南文集》。陸游是南宋詩詞大家，其詩稿在生前已有付刊，而文集雖已編就，却未付諸剞劂。到嘉定十三年（1220）陸游幼子陸子遹知溧陽縣，始刻《渭南文集》五十卷。此集雖爲陸子遹所刊，實游所自定。陸游晚年封『渭南伯』，遹跋稱先太史未病時故已編輯，凡命名及次第之旨皆出遺意，今不敢紊。

館藏本前有毛晋序，溧陽縣主管子遹序。目次頁鈐印二：方形陰文『楊榮光印』、方形陽文『耀遠』，首卷卷端鈐有竪長方陽文印『楊氏雙雲山館藏書』、方形陽文印『耀遠珍藏』。

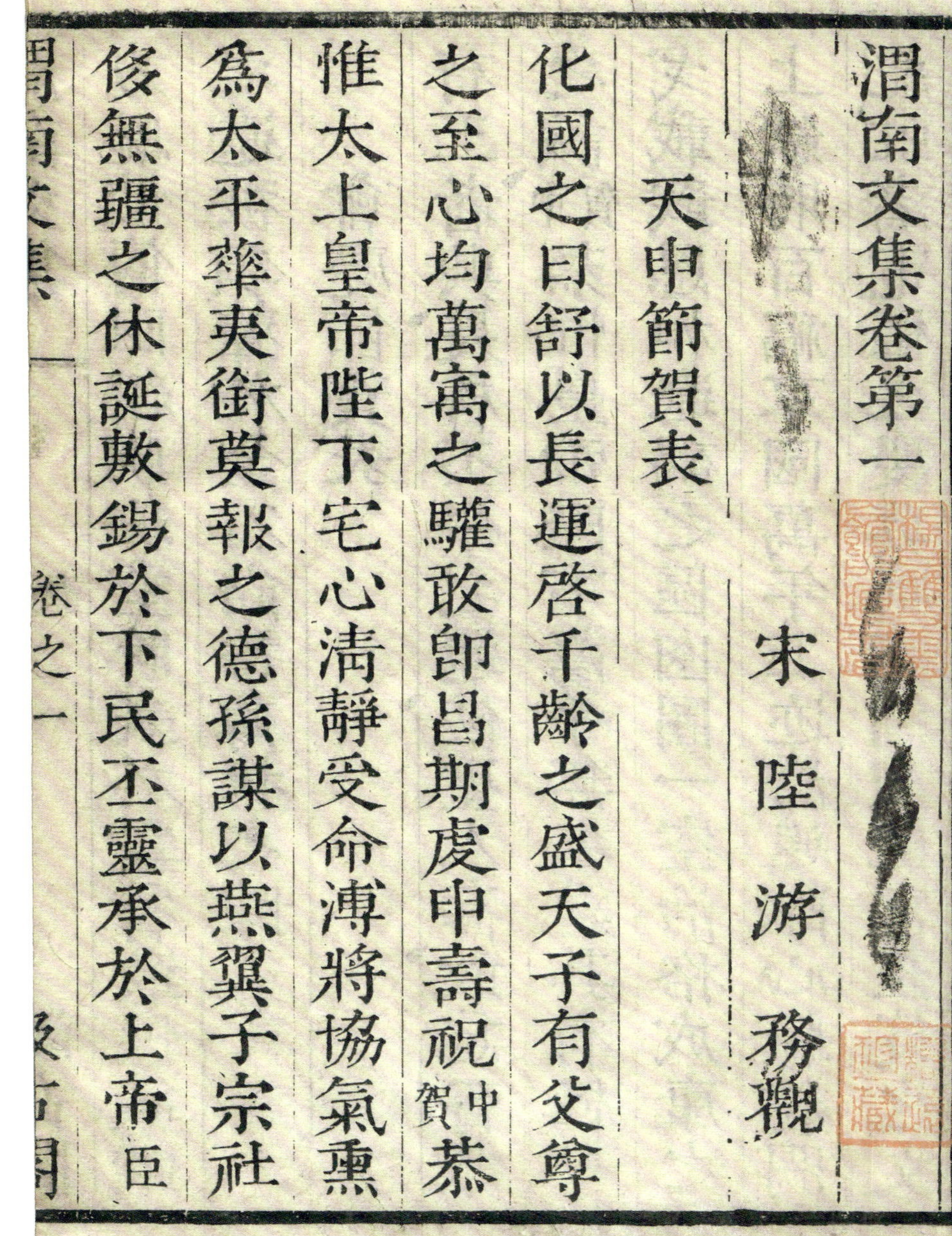
渭南文集卷第一
宋 陸游 務觀
天申節賀表
化國之日舒以長運啓千齡之盛天子有父尊
之至心均萬寓之驩敢卽昌期虔申壽祝中賀恭
惟太上皇帝陛下宅心淸靜受命溥將協氣熏
爲太平蕐夷銜莫報之德孫謀以燕翼子宗社
偐無疆之休誕敷錫於下民丕靈承於上帝臣
渭南文集 卷之一

118 |《酉陽雜俎》提要

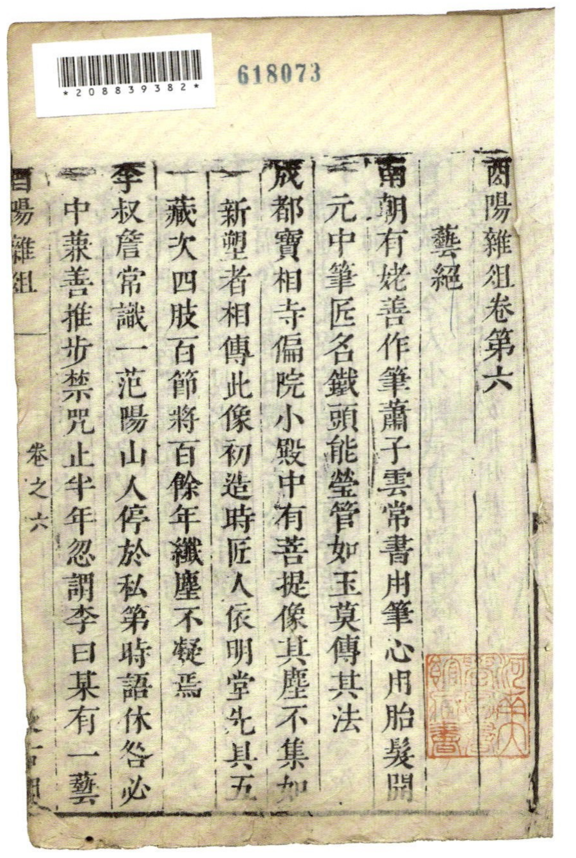
酉陽雜俎卷第六
藝絕
南朝有姥善作筆蕭子雲常書用筆心用胎髮開
元中筆匠名鐵頭能瑩管如玉莫傳其法
成都寶相寺偏院小殿中有菩提像其塵不集如
新塑者相傳此像初造時匠人依明堂先具五
藏次四肢百節將百餘年纖塵不凝焉
李叔詹常識一范陽山人停於私第時語休咎必
中兼善推步禁咒止半年忽謂李曰某有一藝
酉陽雜俎　卷之六

《酉陽雜俎》二十卷，續集十卷，唐段成式撰，明毛晋訂，明汲古閣刻本。凡五册，半葉九行，行十九字。白口，左右雙邊。版框高十八点八厘米，寬十四点五厘米。

段成式（？—863），字柯古。唐代著名志怪小説家。在詩壇上，他與李商隱、温庭筠齊名。

是書爲唐代筆記小説集，所記有仙佛、鬼怪、人事，以至動物、植物、酒食、寺廟等等，分類編録，一部分内容屬志怪傳奇類，另一些則記載各地與异域珍异之物，與晋張華《博物志》相類。其所記述，或采輯舊聞，或出自撰，其中不少篇目頗爲隱僻詭异，保存了許多珍貴史料，爲後代編長安史志者所取資。

館藏本存二十五卷：卷六至卷二十，續集卷一至卷十。頁眉有朱筆圈點，内封鈐有方形陰文印『身在天涯家在海角』，方形陽文印『後公』。

119 《六十種曲》提要

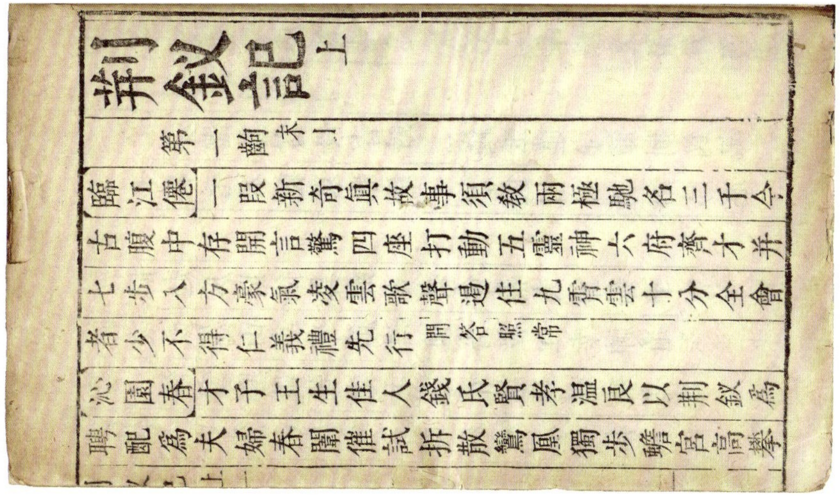
荊釵記　上
第一齣　末上
臨江僊　一段新奇真故事，須教兩極馳名。三千今古腹中存，開言驚四座，打動五靈神。六府齊才并七步，八方豪氣凌雲。歌聲遏住九霄雲。十分全會者，少不得仁義禮先行。問答照常
沁園春　才子王生，佳人錢氏，賢孝溫良。以荊釵為聘，配為夫婦。春闈催試，拆散鸞鳳，獨步蟾宫高攀

《六十種曲》二十卷，明毛晉輯，明汲古閣刻本。凡二十册。半葉九行，行十九字。白口，左右雙邊。版框高二十点一厘米，寬十三点一厘米。

是書又名《綉刻演劇十本》，戲曲作品集。館藏本爲殘本，存十種：《四喜記》《浣紗記》《荊釵記》《琵琶記》《三元記》《綉襦記》《紫簫記》《蕉帕記》《千金記》《贈書記》。每種曲前有圖數幅，題詩及序。

120 《樂府詩集》提要

《樂府詩集》一百卷，目録二卷，宋郭茂倩輯。明汲古閣刻本。凡十二册。半葉十一行，行二十一字。細黑口，黑單魚尾，左右雙邊。各卷末頁版心鎸『汲古閣正本』。版框高十九厘米，寬十四點五厘米。

郭茂倩，字德粲，北宋鄆州須城（今山東省東平縣）人，神宗元豐七年（1084）時爲河南府法曹參軍。編有《樂府詩集》百卷傳世。

是書爲現存收集樂府歌辭最完備的一部詩歌總集，輯録漢魏到唐五代的樂府歌辭及先秦至唐代歌謡，分爲郊廟歌辭、燕射歌辭、鼓吹曲辭、横吹曲辭、相和歌辭、清商曲辭、舞曲歌辭、琴曲歌辭、雜曲歌辭、近代曲辭、雜歌謡辭和新樂府辭等十二大類；其中又分若干小類。編次順序是將每一種曲調的『古辭』（較早的無名氏之作）或較早出現的詩列前，後人擬作列後。對各類樂曲之起源、性質及演唱時所使用的樂器等都作了介紹和説明。解題考據精博，爲學術界所重視。

館藏本各卷末鎸『東吴毛晋訂正，男扆再訂』。

樂府詩集卷第一

太原　郭茂倩　編次

郊廟歌辭

樂記曰王者功成作樂治定制禮是以五帝殊時不相沿樂三王異世不相襲禮明其有損益也然自黄帝已後至於三代千有餘年而其禮樂之備可以考而知者唯周而已周頌昊天有成命郊祀天地之樂歌也清廟祀太廟之樂歌也我將祀明堂之樂歌也載芟良耜藉田社稷之樂歌也然則祭樂之有歌其來尚矣兩漢已後世

汲古閣　毛氏

121 《鼎鍥葉太史彙纂玉堂鑑綱》提要

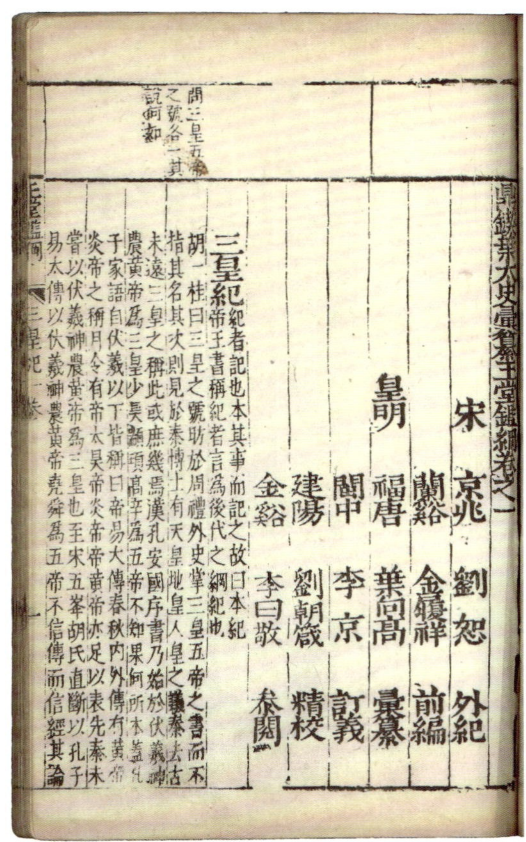
鼎鍥葉太史彙纂玉堂鑑綱卷之一
宋 京兆 劉 恕 外紀
蘭谿 金履祥 前編
皇明 福唐 葉向高 彙纂
閩中 李 京 訂義
建陽 劉朝箴 精校
金谿 李曰敬 參閱
三皇紀 紀者記也本其事而記之故曰本紀 帝王書稱紀者言爲後代之綱紀也

《鼎鍥葉太史彙纂玉堂鑑綱》七十二卷，明葉向高撰，明建陽坊刻本。凡二十四册。半葉十二行，行二十五字，小字雙行，行二十五字，眉刻批語。白口，黑魚尾，四周單邊。版框高十九點三厘米，寬十五點八厘米。

葉向高（1559—1627），字進卿，號臺山，晚年自號福廬山人。福建福清人，生於明世宗嘉靖三十八年（1559）。明萬曆、天啓年間，葉向高兩度出任内閣首輔大臣。

是書乃明代綱鑑類史書，爲科舉考試用書，前有時任陝西道監察御史柯廷序。

122 《忠孝節義録》提要

《忠孝節義録》不分卷，明陶溥等撰，明陶漸逵等續。明萬曆三十九年（1611）陶重茂、陶世徵刻本。凡一册。半葉九行，行十九字。白口，四周單邊。版框高二十一點九厘米，寬十四點八厘米。

山西絳州陶氏，族系繁衍，真人輩出，賢哲如林。館藏本鈐有方形陽文『兼山嫠婦』和『魏氏綉峰』印記，卷端有曹於汴《忠孝節義録序》，卷尾有陶氏五世孫跋語（殘缺），記述了明正德至萬曆年間絳州陶氏三代五人事迹，主要有陶琰長子太常公陶滋、陶琰次子運同公陶治、陶琰三子隱逸公陶沭、陶沭長子恩榮公陶祐、陶祐之子鹺丞公陶登。

是書係研究山西絳州陶氏支流的一部重要著作，具有很重要的文獻價值。且此本全國存世稀少，除河大館藏外，僅清華大學藏有是書，故其版本價值較著。

123 《五車韵瑞》提要

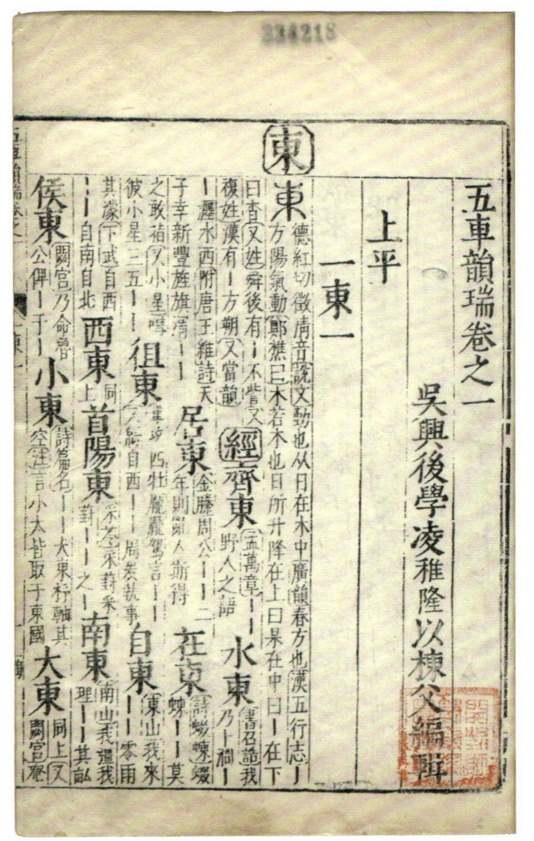
五車韻瑞卷之一
吳興後學凌稚隆以棟父編輯
上平
一東一

《五車韵瑞》一百六十卷，明凌稚隆輯。明金閶葉瑶池刻本。凡二十四册。洪武正韵半葉十行，行二十字。正文半葉十行，行十八字，小字雙行，行二十七字，有眉欄，内注字韵大字。白口，左右雙邊，黑魚尾。版心下有刻工姓名吴興沈**、鄧元等。版框高二十二厘米，寬十五點五厘米。

此書仿宋陰時夫《韵府群玉》而成。分爲經、史、子、集、雜五部，每部列出二、三、四字的常見語，注明出處。在每一韵之下，先列出一小篆字，後以韵隸事。『五車』表示多，『瑞』爲美好之意。

館藏本書前有謝肇淛序。

124 《校正重刊官板宋朝文鑑》提要

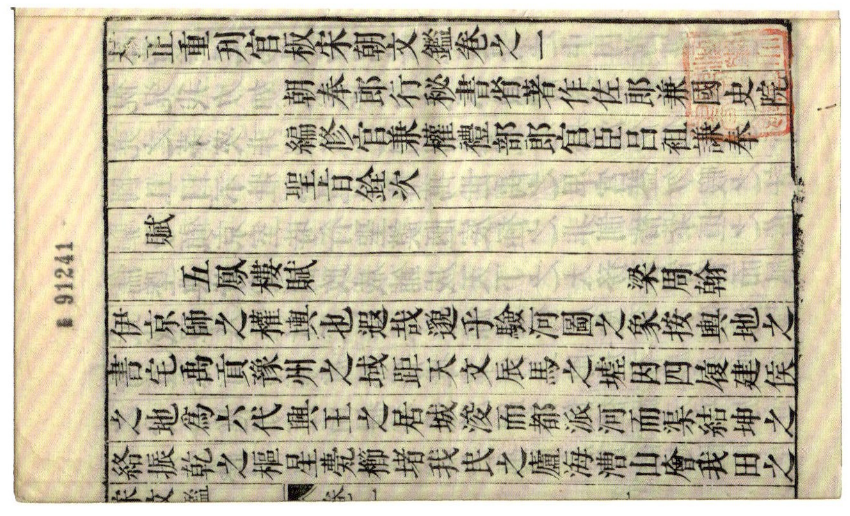
校正重刊官板宋朝文鑑卷之一
朝奉郎行秘書省著作佐郎兼國史院
編修官兼權禮部郎官臣吕祖謙奉
聖旨銓次
賦
五鳳樓賦　梁周翰
伊京師之權輿也遐哉邈乎驗河圖之象按輿地之

《校正重刊官板宋朝文鑑》一百五十卷，宋吕祖謙輯。明金陵唐錦池刻本。凡十六册。半葉十行，行二十字。白口，黑魚尾，四周單邊。版框高二十一點五厘米，寬十四點五厘米。

吕祖謙（1137—1181），字伯恭，世稱『東萊先生』。婺州（今浙江省金華市）人，原籍壽州（治今安徽省壽縣）。南宋著名理學家，出身『東萊吕氏』，爲吕夷簡六世孫、吕大器之子。

是書原名《皇朝文鑑》，宋代詩文總集，吕祖謙奉宋孝宗之命編輯。『所得文集凡八百』，搜羅廣博。共一百五十卷，編爲六十一類。卷一至十一，收賦八十餘篇；卷十二至卷三十，收各體詩約一千零二十篇；卷三十一至卷一百五十，收文一千四百多篇。所收詩文之作者二百多人。

館藏本内封中鐫『金陵唐錦池梓』，左右鐫『校正重刊宋朝文鑑』。有商輅序、胡拱辰序、周必大序。

125 《玉海》提要

《玉海》二百卷，附辭學指南四卷，卷八七至一一二、一四〇至一四四配嘉慶本，宋王應麟輯。明刻明清遞修本。凡六十册。半葉十行，行二十字。白口，黑對魚尾，左右雙邊或四周單邊或四周雙邊。版心鎸有歷次遞修時間。版框高二十一點一厘米，寬十三點六厘米。

王應麟（1223—1296），南宋官員、經史學者。字伯厚，號深寧居士，又號厚齋。慶元府鄞縣（今浙江省寧波市鄞州區）人，祖籍河南開封。宋理宗淳祐元年（1241）進士。官至禮部尚書兼給事中等職，後辭官回鄉，專事著述二十年。爲學宗朱熹，涉獵經史百家、天文地理，熟悉掌故制度，長於考證。一生著述頗富，計有二十餘種、六百多卷。有《玉海》《困學紀聞》《三字經》等。

是書爲一部規模宏大的類書，分天文、地理、官制、食貨等二十一門，對宋代史事大多采用『實録』和『國史日曆』，有較高的史料價值。卷末附有《辭學指南》四卷，并有輯者所作《詩考》《詩地理考》等十三種。在《玉海》的各個類目當中，不僅提供了歷史文獻資料，還提供了代表這些文獻來源的圖書目録，有别於一般的類書。

館藏本内封刻『玉海』，左下角刻『尊經閣藏板』，書前有李振裕《補刊玉海序》，胡助序，薛元德《玉海後序》，熊本《補刊玉海叙》，李恒序。序首頁鈐方形陰文印三：『樓煩康氏收藏』『太原康少山』『儀鈞』。目次頁鈐印二：方形陰文印『少山』、方形陽文印『康儀鈞印』。

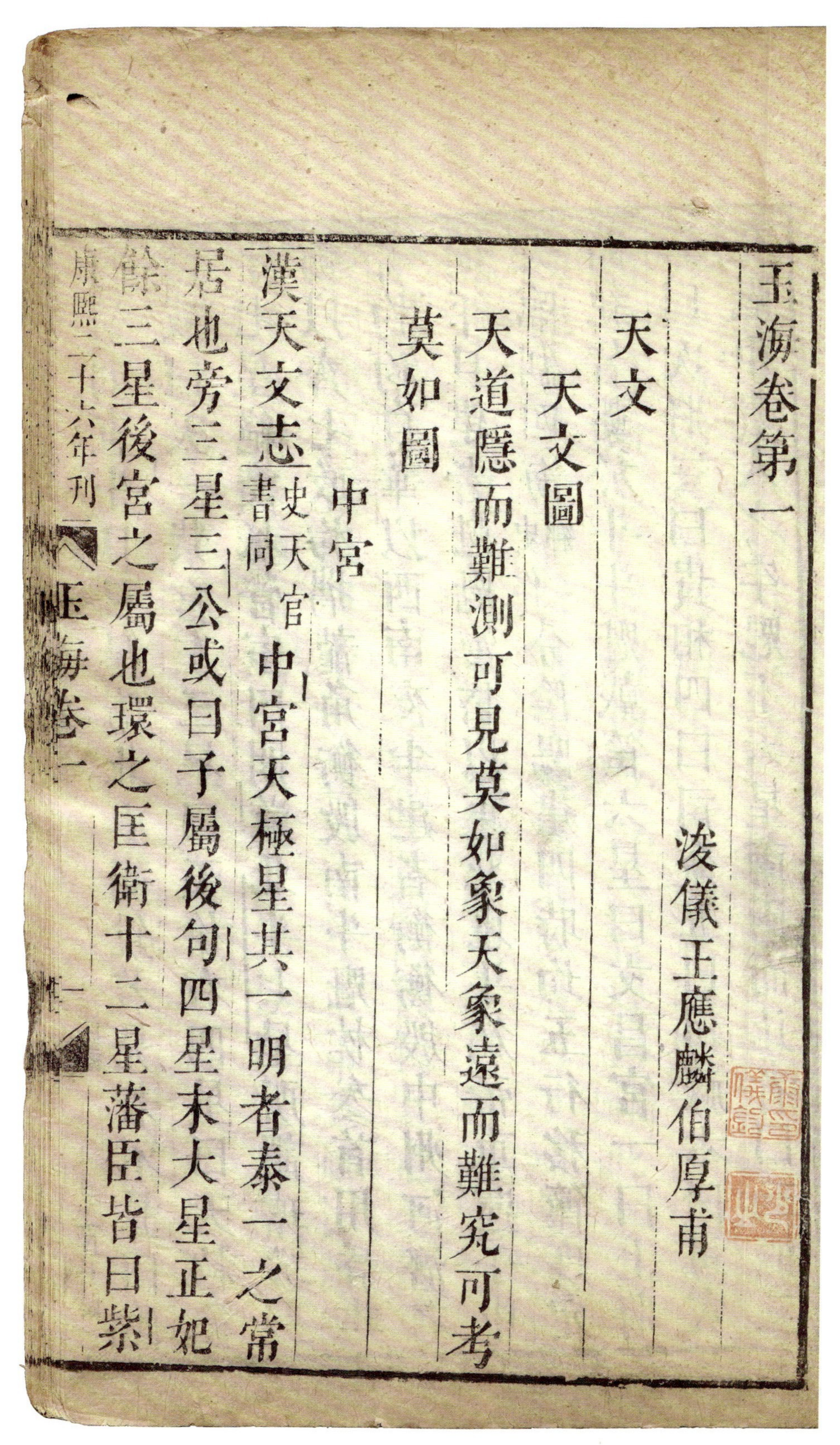

玉海卷第一

浚儀王應麟伯厚甫

天文

天文圖

天道隱而難測可見莫如象天象遠而難究可考莫如圖

中宮

漢天文志（史記天官書同）中宮天極星其一明者泰一之常居也旁三星三公或曰子屬後句四星末大星正妃餘三星後宮之屬也環之匡衛十二星藩臣皆曰紫

康熙二十六年刊　玉海卷一

126 《世説新語注》提要

《世説新語注》八卷，南朝宋劉義慶撰，南朝梁劉孝標注，明王世懋批點，明凌瀛初刻本。凡四册。半葉九行，行二十字，小字雙行，行二十字。細黑口，黑單魚尾，眉刻批語，左右雙邊。版心下刻有字數，有刻工陶昂、徐禎、張佩之等。版框高二十點六厘米，寬十三點五厘米。

劉孝標，名峻，南朝梁時人。王世懋（1536—1588），字敬美，别號麟州，時稱少美，江蘇太倉人。嘉靖三十八年（1559）進士，纍官至太常少卿，明代文學家、史學家王世貞之弟。好學善詩文，著述頗富，而才氣名聲亞於其兄。

《世説新語》是南朝宋臨川王劉義慶所作的一部主要記載漢末、三國、兩晋士族遺聞軼事的小説。《世説》原分八卷，劉注本分十卷，已亡佚。僅唐寫殘本後題《世説新書》卷第六，尚存十卷本的舊貌。引用諸家之説，皆注明出處，其中劉辰翁、劉應登、王世懋的評語，見於凌刻本。

館藏本有袁褧《刻世説新語序》。

李卓吾批點世說新語補卷之一

宋　劉慶義　撰

梁　劉孝標　注

宋　劉辰翁　批

明　何良俊　增

王世貞　删定

王世懋　批釋

李　贄　批點

張文柱　校注

批點世說補卷之一　一

127 《陸放翁全集》提要

《陸放翁全集》一百五十七卷，宋陸游撰。明毛氏汲古閣刻本。凡八十册。半葉八行，行十八字。白口，左右雙邊。版心上刻書名，中刻卷數，下刻『汲古閣』。版框高十八點九厘米，寬十四點四厘米。

是書爲南宋著名詩人陸游之詩詞文全集，包括《劍南詩稿》八十五卷、《渭南文集》五十卷、《南唐書》十八卷、《家世舊聞》一卷、《齋居紀事》一卷和《放翁逸稿》兩卷。

館藏本之《渭南文集》尾有毛晋識語，《劍南詩稿》尾有毛晋跋語，卷一、二末刻『虞山毛晋宋本校刊　男扆再校　孫綏德又校』字樣，卷一末詩比目録少三首，《放翁逸稿》《齋居紀事》二文尾有毛扆識語。目録葉鈐印二：方形陽文『惕庵行篋珍藏書畫印』、方形陰文『王樹翰』。

劍南詩稾卷第一

宋 陸游 務觀

○別曾學士

兒時聞公名。謂在千載前。稍長誦公文。雜之韓杜編。夜輒夢見公。皎若月在天。起坐三歎息。欲見亡繇緣。忽聞高軒過。驩喜忘食眠。袖書拜轅下。此意私自憐。道若九達衢。小智妄鑿穿。所願瞻德容。頑固或少痊。公不謂狂疎。屈體與周旋。

劍南詩稾 卷之一 汲古閣

128 《文獻通考》提要

《文獻通考》三百四十八卷，元馬端臨撰。明梅墅石渠閣刻本。凡七十三册。半葉十行，行二十字，小字雙行，行二十字。白口，黑魚尾，四周單邊。版框高二十一厘米，寬十四點五厘米。

馬端臨（1254—1323），字貴與，號行州，江西樂平人，馬廷鸞子，漕試第一，以蔭補承事郎。曾短期間内出任慈湖書院、柯山書院院長、教授及台州路學教授等學職，一生主要時間都在家鄉隱居著書。著作除《文獻通考》外，還有《多識録》《義根墨守》《大學集注》等，可惜都已失傳。

是書著成於丁未之歲，即元成宗大德十一年（1307），共三百四十八卷，四百七十餘萬字，分爲二十四門（考）：田賦、錢幣、户口、職役、徵榷、市糴、土貢、國用、選舉、學校、職官、郊社、宗廟、王禮、樂、兵、刑、經籍、帝系、封建、象緯、物异、輿地、四裔。各門下再分子門，制度史的體例更加細密完備。是以《通典》爲藍本，兼采經史、會要、傳記、奏疏、議論等多種資料，擴大和補充内容，在内容上比《通典》更加廣泛，在分類上比《通典》更加精密。書之内容起自上古，終於南宋寧宗嘉定年間。就其體例與内容來看，實爲《通典》的擴大與續作，這是此書的第一個特點。取材中唐前以《通典》爲基礎，并進行適當補充。中唐以後則是馬端臨廣收博采的結果，尤其是宋代部分，當時《宋史》尚未成書，而馬氏所見到的宋代史料最豐富，所以其所收之材料多有爲《宋史》所無者。取材廣博，網羅宏富，可以説是此書的第二個特點。

館藏内封中鎸『文獻通考全書』，左下鎸『梅墅石渠閣藏板』。有明世宗朱厚熜《御製重刊文獻通考序》和馬端臨序。

文獻通考卷之十四

鄱陽　馬端臨　貴與　著

征榷考

征商 關市

周官司市國凶荒札喪則市無征而作布。有災害物貴市不稅為民困乏也金銅無凶年因物貴大鑄泉以饒民

廛人掌斂市絘布總布質布罰布廛布而入于泉府。布泉也鄭司農云絘布列肆之稅布杜子春云總當為儳儳謂無肆立持者之稅也言謂總讀如租稯之稯總布謂守斗斛銓衡者之稅也質布者質人之所罰犯質劑者之泉也罰布者犯市令者之泉也廛布者貨賄諸物邸舍之稅凡屠者。斂其皮角筋骨入于玉府以當稅給作器

129 《楚辭疏》提要

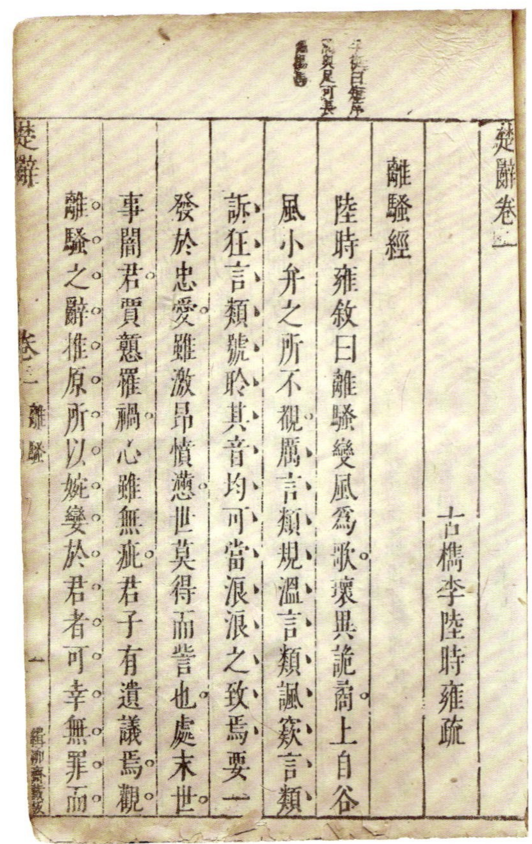
楚辭卷之一

古檇李陸時雍疏

離騷經

陸時雍敘曰離騷變風爲歌褒異詭裔上自谷風小弁之所不覩厲言類規溫言類諷款言類訴狂言類號聆其音均可當泿泿之致焉要一發於忠愛雖激昂憤懣世莫得而訾也處末世事闇君買葸罹禍心雖無疵君子有遺議焉覩離騷之辭推原所以婉孌於君者可幸無罪而

楚辭　卷之一　離騷　一　緝柳齋藏板

《楚辭疏》十九卷，附録一卷，讀楚辭語一卷，明陸時雍撰，明周拱辰别注，明末緝柳齋刻本。凡三册。半葉九行，行二十字，疏字略小，注小字雙行，行二十字。白口，四周單邊。每卷第一頁版心下刻『緝柳齋藏板』，眉刻評語。版框高二十點四厘米，寬十四點四厘米。

陸時雍是明末思想比較深刻、有一定獨立見解的學者和詩論家。他的《楚辭疏》論詩談藝，多所會心，是明代楚辭學著作中有特色的注本。

館藏本有陸時雍《楚辭序》。内封鎸『七十二家評注楚辭，有文堂藏板』，但紙略薄，版框比正文小，故疑爲書賈所增。

130 《續文章正宗》提要

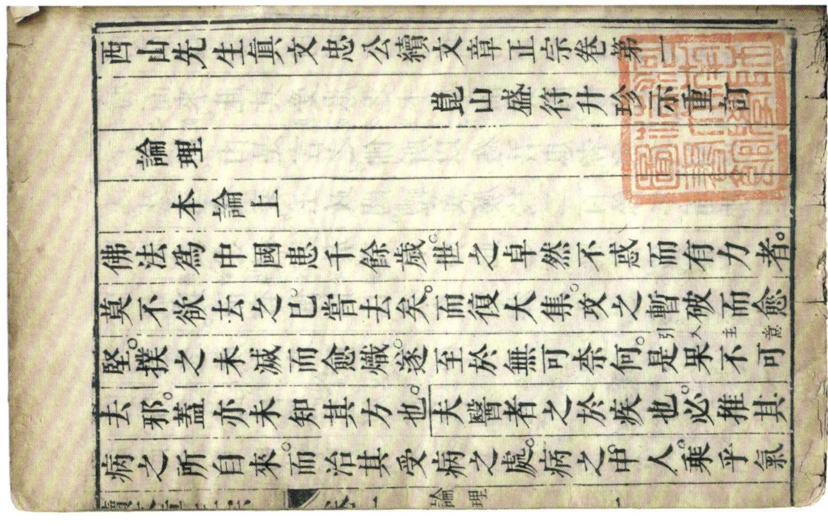

《續文章正宗》十九卷，宋真德秀撰。明末刻本。凡十册。半葉九行，行十九字，白口，黑魚尾，左右雙邊。版框高二十點五厘米，寬十三點五厘米。

是書前有金華倪澄序文，知此爲真德秀晚年所續。是書收録宋人作品，以『明義理』『切世用』爲標準，體現了理學家的文學觀念，對唐宋文傳統的形成頗具影響。

館藏本有宋倪澄跋。序文頁鈐陰文印『顧訓賢印』一枚，目録頁有長方陽文印『洞室李氏經眼書畫印』一枚。

131 《合諸名家點評古文鴻藻》提要

《合諸名家點評古文鴻藻》十二卷，明黃士京輯，明末刻本。凡六册。半葉十行，行二十一字。白口，黑單魚尾，四周單邊。頁内上刻有眉批，中有朱筆圈點。版框高二十一點五厘米，寬十二點八厘米。

黃士京，蒼南横渎（今浙江省蒼南縣灵溪镇横渎）人。清康熙貢生。

是書選秦漢、六朝、唐、宋、元、明之文，乃有資於舉業，故作者認爲凡博大雄渾、幽奇清逸之文皆收。其以『鴻藻』爲名，蓋鴻以納之軌物，藻以盡其菁華。其『合諸名家』者，爲穆文熙、林之奇、鄭維岳、焦竑、楊維楨、羅大經、張之象、汪道昆、丘浚、唐順之、凌稚隆、黃震、吴鼎、馬端臨、孫鑛、王宇、董份、王世貞、茅坤、林希元、李廷機、洪邁、黃洪憲、歸有光、凌約言、王廷相、樓枋等數十人。斯刻積日經年，旁搜博采，庶幾稱無遺力。

館藏本有錢塘水因道人翁鴻業序，没有版框，半葉五行，行十一字，行距寬可走馬，這種情况較少見。

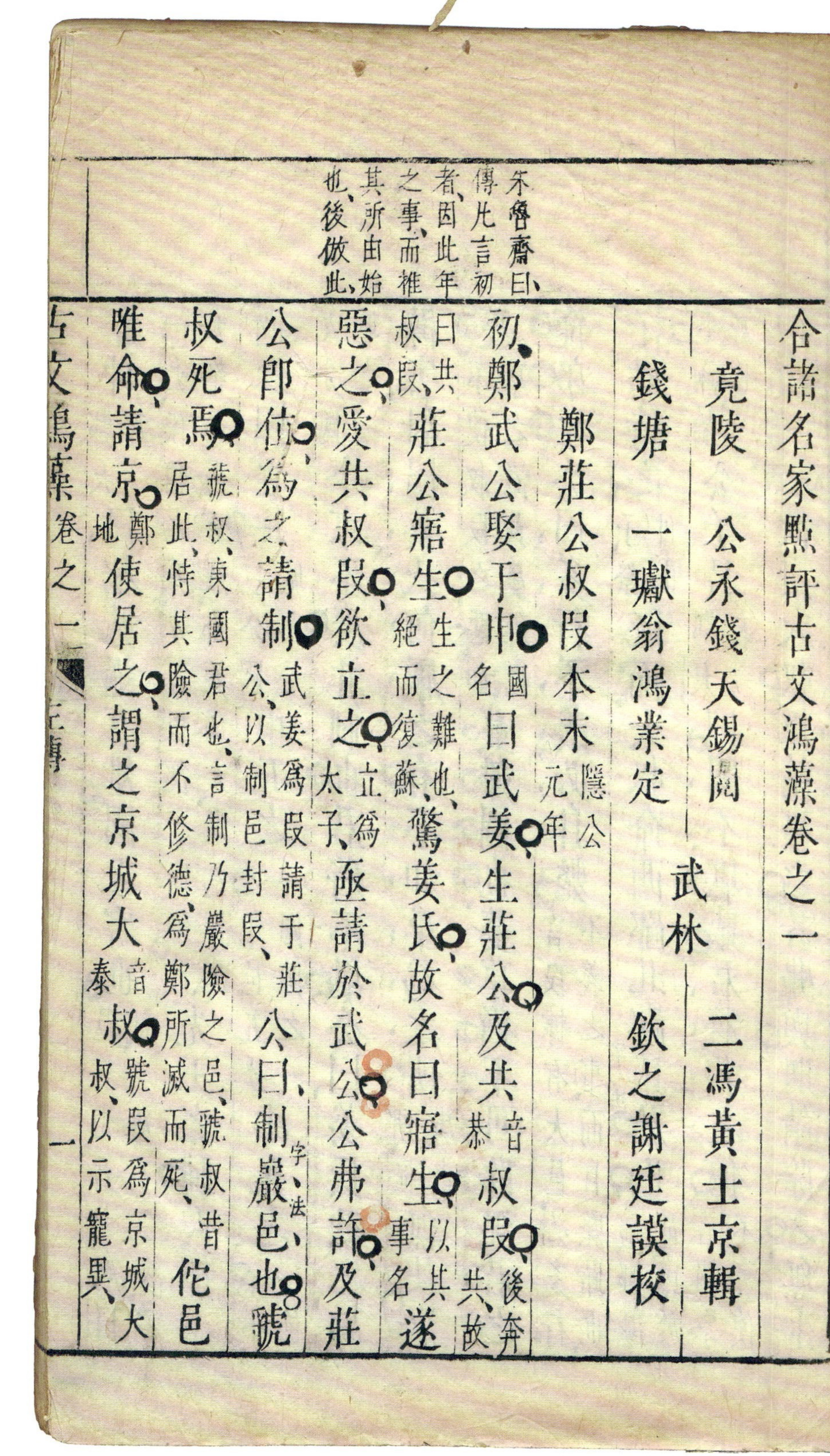

不魯齋曰、傳凡言初者、因此年之事、而推其所由始也、後倣此、

合諸名家點評古文鴻藻卷之一

竟陵　公永錢天錫閱　二馮黃士京輯

錢塘　一巘翁鴻業定　武林　欽之謝廷謨校

鄭莊公叔段本末 隱公元年

初、鄭武公娶于申、國名曰武姜、生莊公及共音恭叔段、後奔共、故曰共叔段、莊公寤生、生之難也、絕而復蘇驚姜氏、故名曰寤生、以其事名遂惡之、愛共叔段、欲立之、立為太子、亟請於武公、公弗許、及莊公即位、為之請制、武姜為段請于莊公、以制邑封段、公曰、制、巖邑也、字、法、虢叔死焉、虢叔、東國君也、言制乃巖險之邑、虢叔昔居此、恃其險而不修德、為鄭所滅而死、佗邑唯命、請京、鄭地使居之、謂之京城大音泰叔、號段為京城大叔、以示寵異、

古文鴻藻卷之一　左傳　一

132 《漢魏六朝百三名家集》提要

《漢魏六朝百三名家集》一百一十八卷，明張溥輯。明末刻本。凡六册。半葉九行，行十八字。白口，綫魚尾，左右雙邊。版框高二十點五厘米，寬十二點五厘米。

《漢魏六朝百三名家集》又名《漢魏六朝百三家集》，是一部大型古代文學總集，編者根據明張燮《七十二家集》、馮惟訥《古詩紀》、梅鼎祚《歷代文紀》中作品較多的作家，自漢賈誼至隋薛道衡共一百零三人，將其詩文組成一編，并有所增益。

館藏本爲殘本，存《謝宣城集》《顔光禄集》《王文憲集》《王寧朔集》《張長史集》《謝光禄集》《蕭竟陵集》《謝康樂集》《鮑參軍集》《袁忠憲集》《謝法曹集》。有張溥輯刻題詞，文中多處有朱筆圈點。

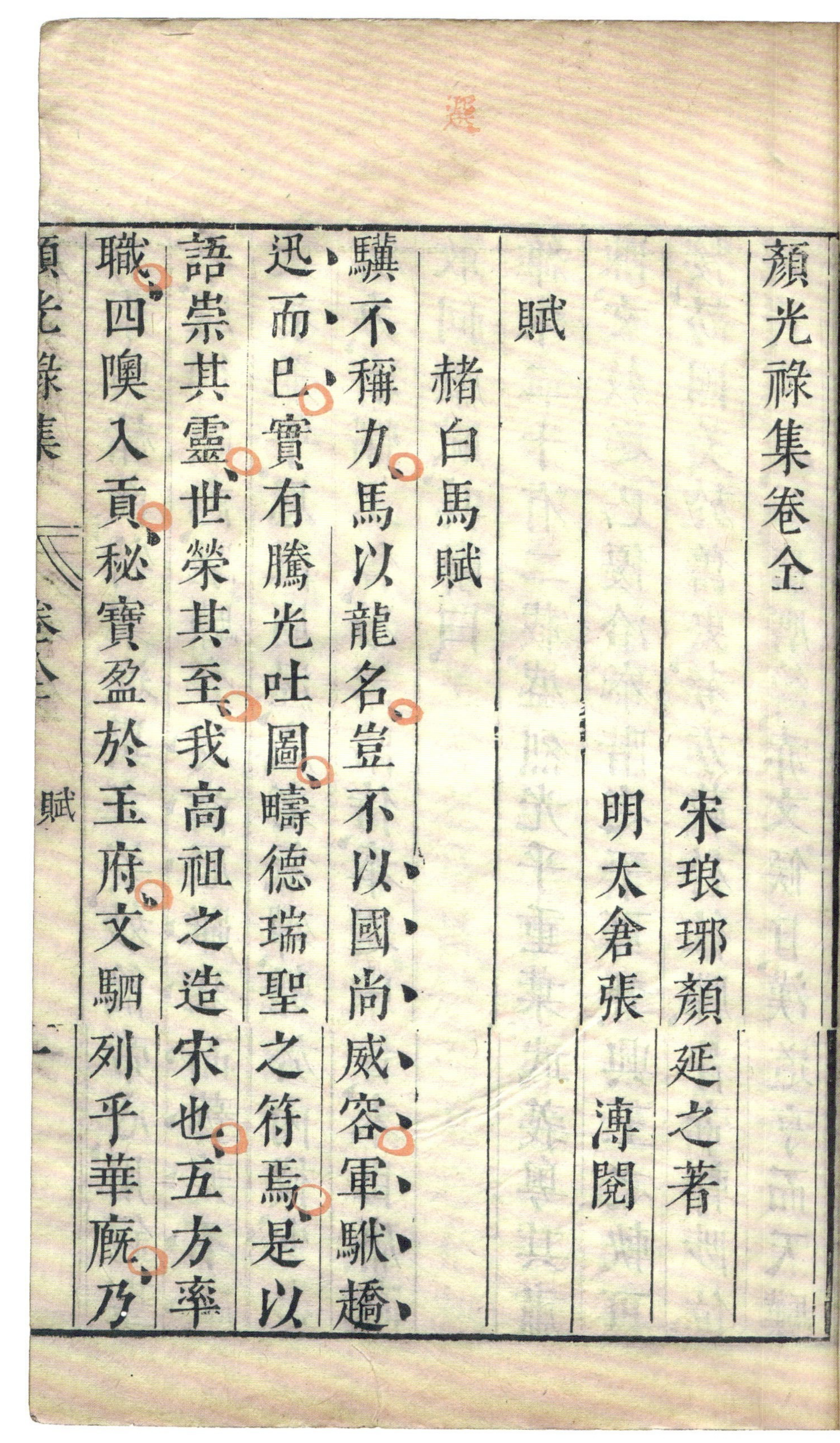

顔光禄集卷全

宋琅琊顔延之著
明太倉張溥閲

賦

赭白馬賦

驥不稱力，馬以龍名，豈不以國尚威容，軍駿趫
迅而已。實有騰光吐圖，疇德瑞聖之符焉。是以
語崇其靈，世榮其至。我高祖之造宋也，五方率
職，四隩入貢，秘寶盈於玉府，文駟列乎華廐，乃

133 《廣文選刪》提要

《廣文選刪》，明張溥刪閱。明末刻本。凡八冊。半葉九行，行十九字。白口，黑魚尾，魚尾上刻書名，左右雙邊。版框高二十一點二厘米，寬十一點五厘米。

張溥自序中說：『文選推高江左，簡脱漢代劉氏之箴，疾補缺，不謂無功。予刪本爲彼輔行，語云山木工度，賓禮主擇，後來者固善審也。』明之前文選內容龐博，張氏擢其精華，剔其糟粕，成《廣文選刪》，以饗後人。

館藏本存十卷：卷二至卷十一。

廣文選刪卷之二

明 太倉張溥刪閱

詔

尊太公曰太上皇詔 漢高帝

人之至親，莫親於父子。故父有天下，傳歸於子；子有天下，尊歸於父。此人道之極也。前日天下大亂，兵革竝起，萬民苦殃，朕親被堅執鋭，自帥士卒，犯危難，平暴亂，立諸侯，偃兵息民，天下大安，此皆太公之教訓也。諸王通侯將軍，羣卿大夫，已尊朕爲

134 《秋水庵花影集》提要

《秋水庵花影集》五卷，明施紹莘撰。明末刻本。凡四册。半葉八行，行二十字。白口，無界行，四周單邊。眉刻小字批語。版框高十九點五厘米，寬十三點五厘米。

施紹莘，字子野，號峰泖浪仙，室名秋水庵。華亭（今上海松江）人。好治經書，工詩文詞曲，精音律，又通地理星緯之學。然屢試不第。

是書爲詞曲集。秋水庵乃作者室名。蓋取唐陶峴《西塞山下回舟作》『鵶翻楓葉夕陽動，鷺立蘆花秋水明』詩意。而『花影』取宋張先《天仙子·送春》詞『沙上并禽池上暝，雲破月來花弄影』之意。是集前兩卷爲樂府詩，後三卷爲詩餘。

館藏本有陳繼儒、顧乃大、施紹莘叙。

秋水菴花影集卷一

華亭峯泖浪仙施紹莘子野父著

樂府

○○○春遊述懷有序 跋

秋。土。春。來。愁。縈。病。惱。自。是。傷。心。南。浦。其。如。撲。
西。東。風。携。愁。筍。丁。錦。陣。命。付。花。魂。漉。破。葛。於。
玉。缸。夢。回。酒。國。盖。竊。歎。浮。生。之。如。寄。乃。深。悲。
去日之苦多若令現前之樂事何與身心惝

金泰卿寫

135　《續百川學海》提要

《續百川學海》一百一十一種，一百四十四卷，明吴永編。明末刻本。凡六十册。半葉九行，行二十字。白口，左右雙邊，白魚尾。版心上刻子目。版框高十九點四厘米，寬十四點一厘米。

吴永，明崇禎間人。宋咸淳間左圭輯《百川學海》叢書，所收多唐宋人野史雜説，内容較廣泛，流傳亦普遍，當時即經雕版，是我國最早刻印的一部叢書。後來明人吴永仿其體例編刻《續百川學海》，吴氏稱：『唯學海一書，皆彙唐宋名卿士大夫所別撰，大則譚經考世，次亦不失廣見博聞。』

館藏本卷端有吴永《續百川學海序》。有鈐印二：序首頁鈐竪長方陽文印『會稽王季愷珍藏』，目録頁鈐方形陰文印『道訢眼福』。

令旨解二諦義

梁　蕭統著　楊慎周滿仝挍

二諦理實深玄自非虛懷無以通其弘遠明道之方其由非一舉要論之不出境智（智字滿添）或時以鏡明義或時以智顯行至於二諦卽是就境明義若迷（迷字俊改）其方三有不絕若達其致（虞訂）萬累斯遣所言二諦者一是眞諦二（虞訂）名俗諦眞諦亦名第一義諦（諦字邵生添）俗諦亦（俗諦亦三字滿改）名世諦眞諦俗諦以定體立名第一義諦世諦以褒貶立目若以次第言說應云一眞

136 《詩傳大全》提要

《詩傳大全》二十卷，明胡廣等撰。明末刻本。凡一册。半葉八行，行二十一字，小字雙行，行二十字。白口，左右雙邊。版框高十九點三厘米，寬十三點三厘米。

胡廣（1370—1418），一名靖，字光大，號晃庵，江西吉水人。明朝文學家、内閣首輔，南宋名臣胡銓之後。建文二年（1400）庚辰科狀元。官至文淵閣大學士。謚文穆。明仁宗即位後，加贈太子少師。著作有《胡文穆公雜著》《胡文穆集》等。

館藏本存三卷：卷一八至二〇。爲胡氏廣采諸家解《詩》之説彙編而成，個人見解不多，可作爲學《詩》者之教材使用。

詩傳大全卷之十八

蕩之什三之三

蕩蕩上帝下民之辟必亦反疾威上帝其命多辟匹亦反天生烝民其命匪諶市林反或叶市隆反靡不有初鮮克有終叶諸深反

或如字

賦也蕩蕩廣大貌辟君也疾威猶暴虐也多辟多邪辟也烝衆諶信也○言此蕩蕩之上帝乃下民之君也今此暴虐之上帝其命乃多邪僻者何哉葢天生

詩傳大全　卷之十八　大雅變

137 《草堂詩餘》提要

《草堂詩餘》正集六卷、續集二卷、新集五卷、别集四卷，明顧從敬類選，明沈際飛評正。明末童涌泉刻本。凡十六册。半葉九行，行十九字，小字雙行，行十八字。白口，白單魚尾，四周單邊。眉刻批語。版框高二十二點八厘米，寬十三點二厘米。

顧從敬，字汝所，自號武陵逸史，曾任光禄寺監事。嘉靖二十九年（1550）刻印過宋何士信輯《類編草堂詩餘》。沈際飛，明代戲曲理論家。字天羽，自署震峰居士，江蘇昆山人。生卒年不可考。著有《草堂詩餘新集》。

是書不著編輯者名氏，舊傳南宋人所編。其中詞作以宋詞爲主，兼收一小部分唐五代詞，是一部南宋人編輯的詞總集。它繁盛流行於明代，對明代詞壇影響深遠，在當時詞學界成爲衆所關注的焦點和中心。許多文人才子如楊慎、李攀龍、唐順之、何良俊、沈際飛、錢允治等都紛紛爲其評注、校箋、作序、題跋。其時書商競相刊刻《草堂詩餘》，僅今傳明版《草堂詩餘》就多達二十餘種。

館藏本内封鎸『鎸古香岑批點草堂詩餘四集』『吴門童涌泉梓』。是書文、批、刻寫皆精良，海内少見。

斜月斜風秋方不同○只一句含無盡意且從尋常中領取手眼最高

草堂詩餘正集卷之一

雲間 顧從敬 類選

吳郡 沈際飛 評正

小令

搗練子 秋閨 秦少游

心耿耿，淚雙雙。斜一作皓誤月斜一作清誤風冷透牕。人去秋來宮漏永，夜深無語對銀釭。

詩耿耿不寐如有隱憂○銀釭燈也

憶王孫 下名豆葉黃 怨王孫

138 《南華發覆》提要

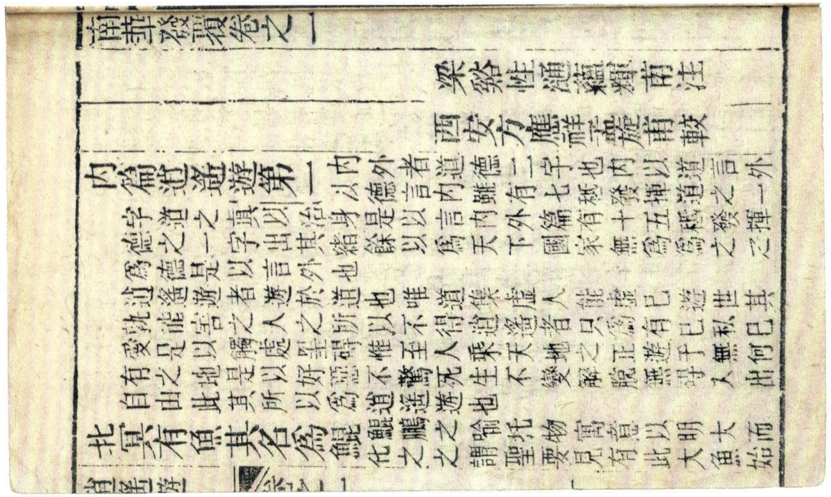
南華發覆卷之一
梁谿性通蘊輝甫注
西安方應祥孟旋甫較
内篇逍遙遊第一

《南華發覆》八卷，明性通撰。明末文奎堂刻本。凡八册。半葉九行，行二十字，小字雙行，行二十字。白口，黑單魚尾，四周單邊。版框高二十一厘米，寬十四厘米。

性通，明僧。字蘊輝，梁溪（今江蘇省無錫市）人。生卒年不詳。明世宗嘉靖中居金陵清凉山孔雀庵，自號孔雀頭陀，嘗與僧人正勉共編《古今禪藻集》。

是書乃爲注釋《莊子》一書而作，以『道』『德』二字概述莊子内外篇思想。

館藏本有陳繼儒《南華發覆叙》，有性通自叙，有□□跋。

139 《東坡先生全集》提要

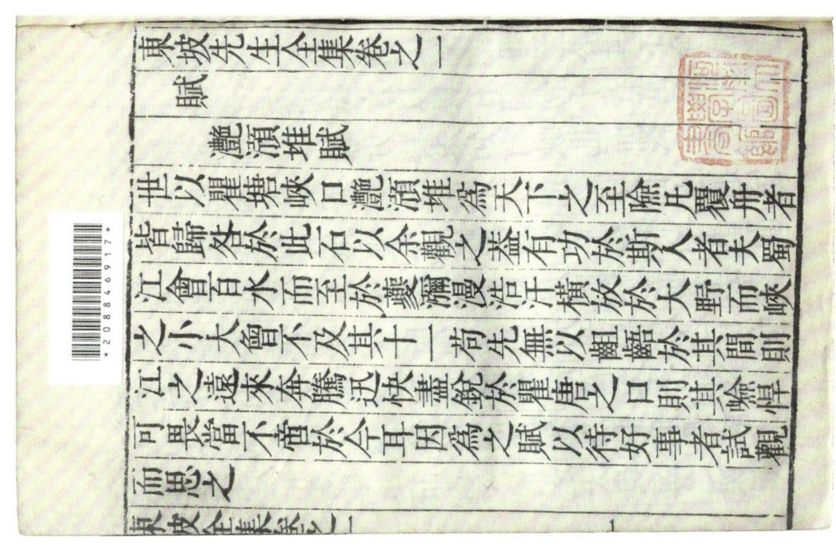
東坡先生全集卷之一
賦
灩澦堆賦
世以瞿塘峽口灩澦堆爲天下之至險凡覆舟者
皆歸咎於此石以余觀之蓋有功於斯人者夫蜀
江會百水而至於夔瀰漫浩汗橫放於大野而峽
之大小曾不及其十一苟先無以齟齬於其間則
江之遠來奔騰迅快盡鋭於瞿唐之口則其嶮悍
可畏當不啻於今耳因爲之賦以待好事者試觀
而思之
東坡全集卷之一

《東坡先生全集》七十五卷，宋蘇軾撰。明項煜刻本。凡二十五册。半葉十行，行十九字。白口，左右雙邊，無魚尾。版心上刻『東坡全集』及卷數。版框高二十點三厘米，寬十四點三厘米。

是書爲蘇軾詩、文、詞總集。

館藏本内封鎸『蘇文忠公全集』『金閶寶翰樓藏板』。卷端有項煜《刻蘇文忠全集叙》，開本闊大，賞心悦目，乃不可多得的明版書佳品。

項煜，明吴縣人，字水心，崇禎進士。

140 《新鍥鄭孩如先生精選戰國策旁訓便讀》提要

《新鍥鄭孩如先生精選戰國策旁訓便讀》四卷，明鄭維岳旁訓，明温陵楊氏刻本。凡二册，半葉九行，行二十字，行間係公文格式，内有旁訓。白口，黑魚尾，魚尾上刻書名，下刻卷數，四周雙邊或左右雙邊或四周單邊。版框高二十一點一厘米，寬十三點三厘米。

鄭維岳，字孩如。

是書乃坊間刻本，爲士子讀書科舉考試之用。

館藏本卷端題『新鍥鄭孩如先生精選戰國策旁訓便讀』及『温陵孩如子鄭維岳旁訓、鞭孩子楊九經訂梓』。書前有鄭維岳序。

新鐫鄭孩如先生精選戰國策旁訓便讀一卷

温陵　垓如子　鄭維嶽　旁訓

鞭孩子　楊九經　訂梓

西周

赧王

司寇布爲周最說周君

齊閔王善最欲其爲太子以賂進之最時讓于周

周官　名布

司寇布爲周最說周君曰君使人告齊王以周最不

以最不肯立告齊　姓一鐵　官　即田和

肯爲太子也臣爲君不取也函冶氏爲齊太公買良

還　責取買劍之金　雖千金猶爲

劍公不知善歸其劍而責之金越人謂買之千金折

141 《世説新語注》提要

《世説新語注》六卷，南朝梁劉孝標注，明吴中珩校，明吴勉學補修刻本。凡六册。半葉九行，行十八字，小字雙行，行十八字。白口，黑白魚尾，四周雙邊。版心下有字數。版框高十八點五厘米，寬十三點七厘米。

吴中珩，字子美，師古齋主人吴勉學之子。吴氏憑藉富厚家資與宏富藏書，整理校刻經史子集及醫學古籍數百種。其刻書皆讎校精審，版式劃一，多精善本，爲書林珍視。輯有《河間六書》。刻印過經史子集一百多種，是晚明著名的出版家。

《世説新語》是我國南朝時期（420—581）産生的一部主要記述魏晋人物言談軼事的筆記小説。《隋書·經籍志》將它列入小説。明代《世説新語》空前盛行，保存至今的版本，據不完全統計，竟有二十六種之多。這主要是王世貞、王世懋兄弟將何良俊《何氏語林》與劉義慶《世説新語》删并合刊，大大擴充了《世説新語》的影響。另外，凌瀛初、凌濛初兄弟刊行劉辰翁批點本、太倉王氏刊行李卓吾批點本也對此起到了相當大的作用。

館藏本内封中鎸『世説新語補』，右上鎸『劉須溪先生纂輯』，左下鎸『三畏堂梓行』；卷端下署『宋劉義慶撰、梁劉孝標注、明吴中珩校』，『吴中珩』顯係挖改，卷二至卷六署『黄之寀校』也是挖補的，實爲『明吴勉學校』；卷二頁十八、十九和卷六頁十九、二十係補抄，卷三頁四十五、四十六和卷五頁十五、十六、十九、二十、三十三至三十六等係萬曆以後補刻。書中有袁褧《刻世説新語序》。

世說新語卷一

宋　劉義慶　撰

梁　劉孝標　注

明　吳中珩　校

德行第一

陳仲舉言爲士則行爲世範登車攬轡有澄清天下之志汝南先賢傳曰陳蕃字仲舉汝南平輿人有室荒蕪不掃除曰大丈夫當爲國家掃天下值漢桓之末閹豎用事外戚豪橫及拜太傅與大將軍竇武謀誅宦官反爲所害爲豫章太守海內先賢傳曰蕃爲尚書以忠正忤貴戚不得在臺遷豫章太

142 《道言内外秘訣全書》提要

《道言内外秘訣全書》不分卷，明彭好古撰。明新安黄之寀刻本。凡六册。半葉九行，行十八字。白口，左右雙邊，黑單魚尾，魚尾上刻『道言内一（二、三）』『道言外上（中、下）』，魚尾下刻收録之篇名，如『道德經』『度人經』等。版框高十九點七厘米，寬十四點三厘米。

彭好古，號一壑居士，明代人。

是書爲道教叢書，收録内外丹經名篇及己之注解。大旨内外丹法兼行，又以外丹爲主，收羅了清修、陰陽、外丹等道家基本經籍。言，言論。道言，道家之言，此指道家書籍。全書分『道言内』和『道言外』兩部分，又視其書爲秘傳真訣，故名《道言内外秘訣全書》。『道言内』爲經典、清修丹書、修真詩歌等著作；『道言外』爲地元外丹及陰陽修煉之籍，均係彭氏自注，有其自己的心得和見解。

館藏本内封右刻『吕純陽祖師世傳』，中刻『道言内外秘訣全書』，左刻『文錦堂藏板』，正文卷端爲篇名，書名以内封而定，書前有彭好古《集道言内外序》。

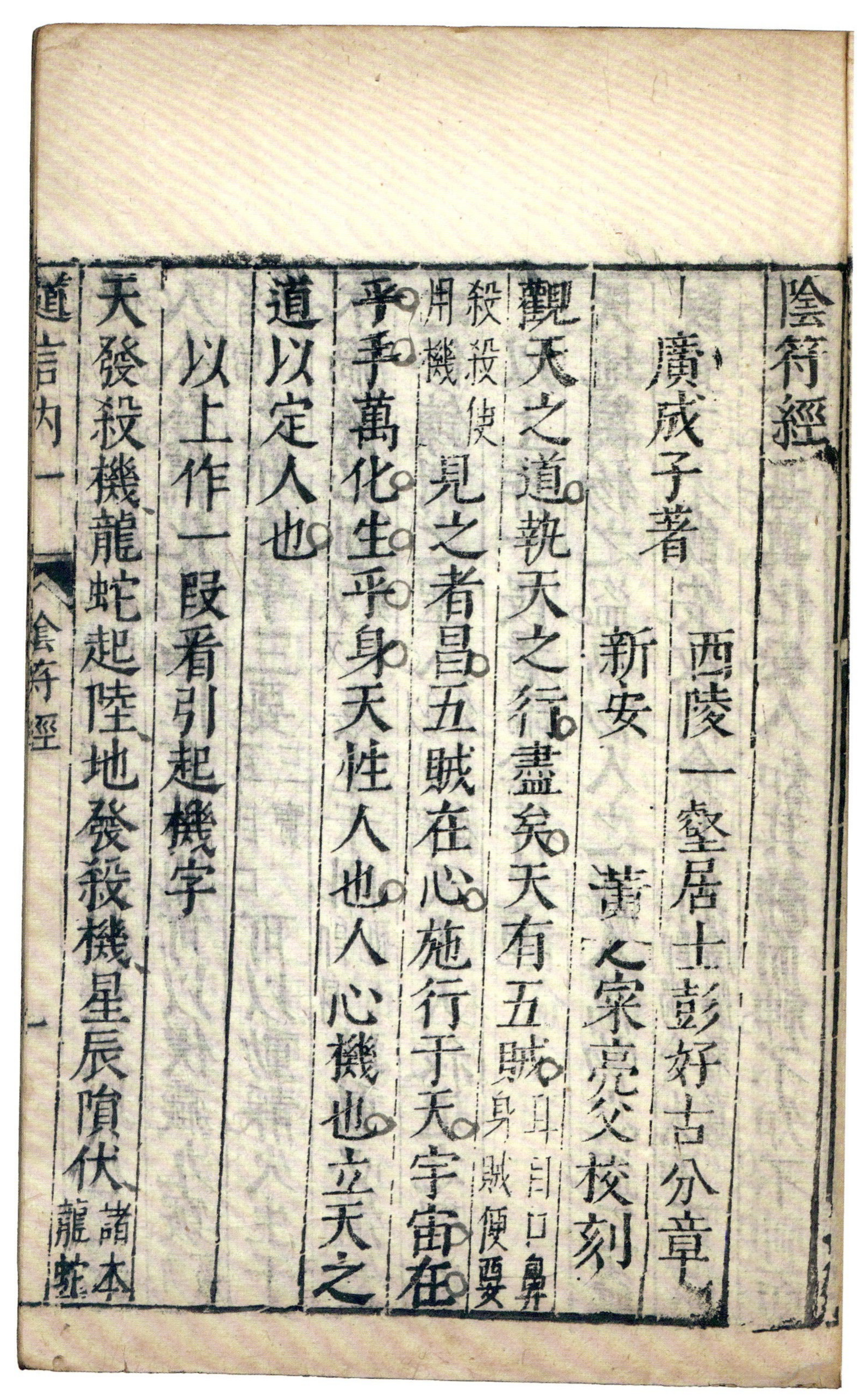

陰符經

廣成子著　　西陵一壑居士彭好古分章

新安　　蕭文宗亮父校刻

觀天之道。執天之行。盡矣。天有五賊。耳目口鼻身賊便要殺殺使用機見之者昌。五賊在心。施行于天。宇宙在乎手。萬化生乎身。天性人也。人心機也。立天之道以定人也。

以上作一段看引起機字

天發殺機。龍蛇起陸。地發殺機。星辰隕伏。諸本龍蛇

道言內一　陰符經　一

143 《癸辛雜識》提要

《癸辛雜識》前集一卷、續集两卷、別集两卷，宋周密輯，明毛晋訂。明虞山毛氏汲古閣刻本。凡二册。半葉九行，行十九字。白口，左右雙邊。版框高十九點二厘米，寬十四點四厘米。

周密（1232—1298），字公謹，號草窗，又號霄齋、蘋洲、蕭齋，晚年號弁陽老人、四水潜夫、華不注山人，南宋詞人、文學家。祖籍濟南，先人因隨高宗南渡，落籍吴興（今浙江省湖州市），置業於弁山南。曾任義烏令（今屬浙江）。宋亡，入元不仕。擅長詩詞，作品典雅濃麗、格律嚴謹，亦有時感之作。能詩，擅書畫。與吴文英（號夢窗）齊名，時人稱爲『二窗』。著述繁富，流傳詩詞有《草窗舊事》《萍洲漁笛譜》《雲煙過眼録》《浩然齋雅談》《武林舊事》《齊東野語》《癸辛雜識》等。編有《絶妙好詞》。

宋亡後，周密寓居杭州癸辛街，以南宋遺老自居，著書以寄憤，《癸辛雜識》因而得名。《癸辛雜識》分前、後、續、別四集，凡四百八十一條，是宋代同類筆記中卷帙較多之一種。書中大量記載爲國犧牲之將士，堅持民族氣節之士大夫，及异族統治者、投降派之言行，寄亡國之痛於筆端，如『襄陽始末』『佛蓮家資』『方回（降元宋臣）等條，史料價值甚高。

癸辛雜識續集上

宋　弁陽　周密　輯

明　海隅　毛晉　訂

羅椅

羅椅字子遠號磵谷廬陵產也少年以詩名高自標致常以詩投後村有華裾客子袖文過之句知其爲巨富家子也壯年留意功名借徑勇爵捐金結客馳名江湖時方向程朱之學於是盡棄舊習而學焉然性理之學必須有所授然後名家於是

癸辛雜識　續集上　一　汲古閣

144 《重刊校正唐荊川先生文集》提要

《重刊校正唐荊川先生文集》十二卷，明唐順之撰。明嘉靖三十二年（1553）浙江葉寶山堂刻本。凡六册。半葉十行，行二十字。白口，黑單魚尾，四周單邊。版框高二十點九厘米，寬十四點二厘米。

唐順之（1507—1560），字應德，一字義修，號荊川，武進（今屬江蘇省常州市）人。明代儒學大師、軍事家、散文家、數學家，抗倭英雄。嘉靖八年（1529）會試第一，官翰林編修，後調兵部主事，曾親率兵船於崇明破倭寇於海上。升右僉都御史，巡撫鳳陽。崇禎時追謚襄文。學者稱其爲『荊川先生』。唐順之是明代著名散文家，『嘉靖三大家』之一，其散文文從字順，樸實流暢，感情真摯，實踐了自己的主張，師法唐宋，以唐宋古人爲法度。

葉寶山堂是明代著名民間書坊。

館藏本目録葉末有牌記『是集因無錫板差訛太多，增削校正無差，謹告四方賢明士大夫君子須認此板，三衢葉寶山堂爲真故稟』。

重刊校正唐荆川先生文集卷之一

廷試策一道

御批 條論精詳殆盡

臣唐順之

臣對臣聞保民所以格天也正百官所以保民也振紀綱所以正百官也何則君者代天理物者也百官者行君之令而致之民以共亮天工者也百官弗正則下有倒懸之危而莫爲之恤上有子惠之仁而莫爲之施而欲民之安也不

陳奎刻

145　《大明一統志》提要

《大明一統志》九十卷，明李賢等撰。明刻本。凡二十四册。半葉十行，行二十二字，小字雙行，行二十一字。白口，黑魚尾，四周單邊。版心下刻『萬壽堂刊』。版框高二十一點五厘米，寬十三點七厘米。

李賢（1408—1466），字原德，鄧州（今河南省鄧州市）人。一生從政三十餘年，爲官清廉正直，政績卓著，是明朝文官中難得的治世良臣之一。

是書有明天順五年御製序，序中言此書旨在『昭我朝一統之盛，而泛求約取，參極群書』并『海宇之廣，古今之迹，了然盡在胸中矣』，以當時兩京十三布政使司爲綱，所屬一百四十九府爲目，下設建置、沿革、郡名、形勝、風俗、山川、土産、公署、學校、書院、宫室、關津、寺觀、祠廟、陵墓、古迹、名宦、流寓、人物、列女、仙釋等三十八門。書末記述相鄰近國家或地區的地理形勢。凡經書所載，咸在網羅；而子史所傳，則舉當收録，比較系統而集中地保存了明代政區的有關地理資料。

館藏本内封鎸『一統志』，左下鎸『文林閣梓行』。

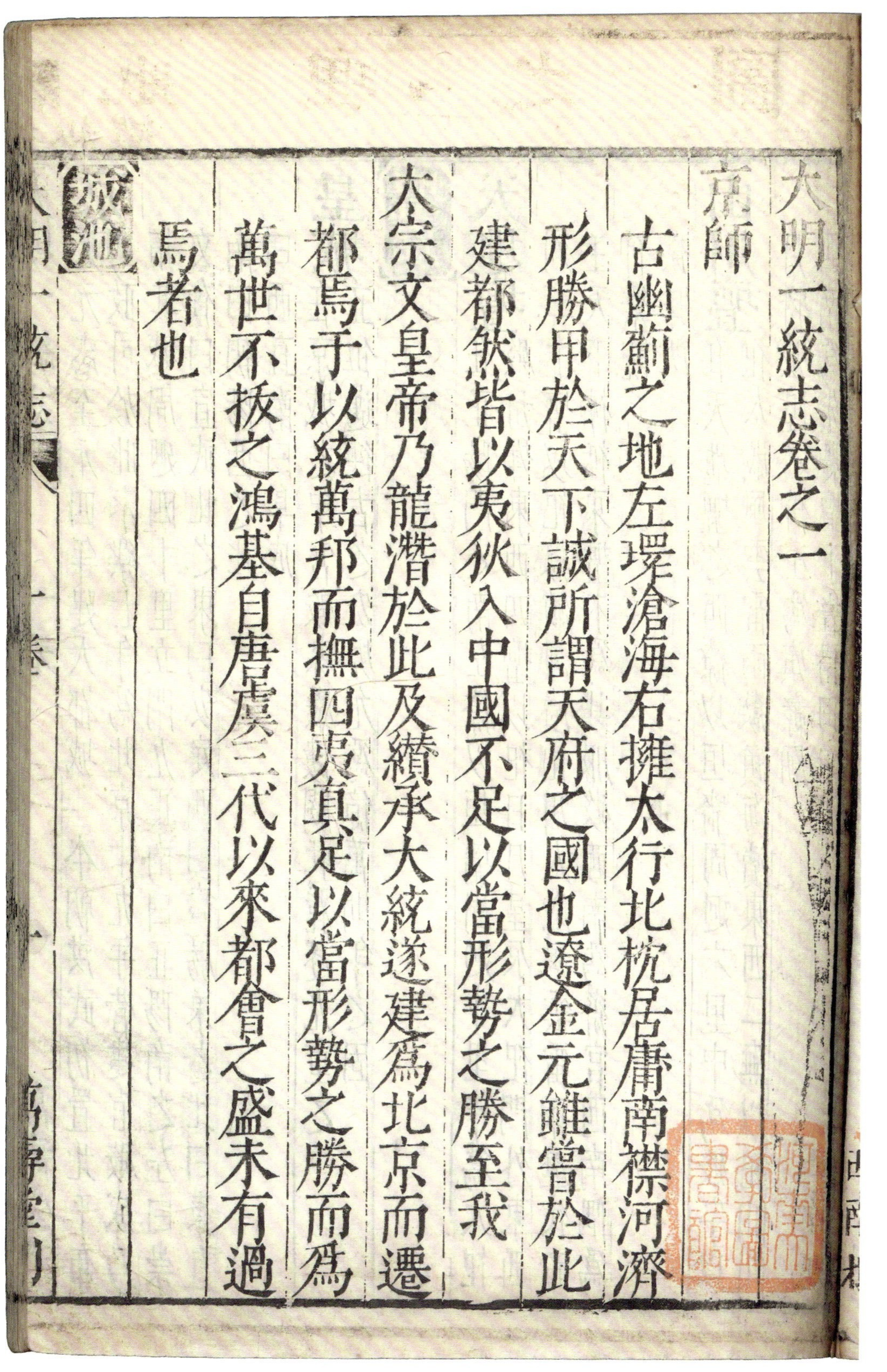

大明一統志卷之一

京師

古幽薊之地左環滄海右擁太行北枕居庸南襟河濟形勝甲於天下誠所謂天府之國也遼金元雖嘗於此建都然皆以夷狄入中國不足以當形勢之勝至我

太宗文皇帝乃龍潛於此及纘承大統遂建爲北京而遷都焉于以統萬邦而撫四夷眞足以當形勢之勝而爲萬世不拔之鴻基自唐虞三代以來都會之盛未有過焉者也

城池

146 《北史》提要

《北史》一百卷，唐李延壽撰。明萬曆二十年（1592）刻，清順治、康熙遞修本。凡十二册。半葉九行，行十八字。上細黑口，黑順魚尾，四周雙邊。版框高二十點二厘米，寬十四厘米。

李延壽，生卒年待考。貞觀年間，做過太子典膳丞、崇賢館學士，後任御史臺主簿，兼直國史。受詔與人同修《五代史志》，預撰《晋書》，删補《南史》《北史》，并撰《太宗政典》（已佚）。

是書乃彙合并删節記載北朝歷史的《魏書》《北齊書》《周書》《隋書》而編成的紀傳體史書，其體例爲魏本紀五卷、齊本紀三卷、周本紀二卷、隋本紀二卷、列傳八十八卷，共一百卷。記述從北魏登國元年（386）到隋義寧二年（618）的歷史。《南史》與《北史》爲姊妹篇。

館藏本存卷十四至十九、五十四至八十八。内封和目録頁鈐有方形陰文印『李純修印』印章一枚。

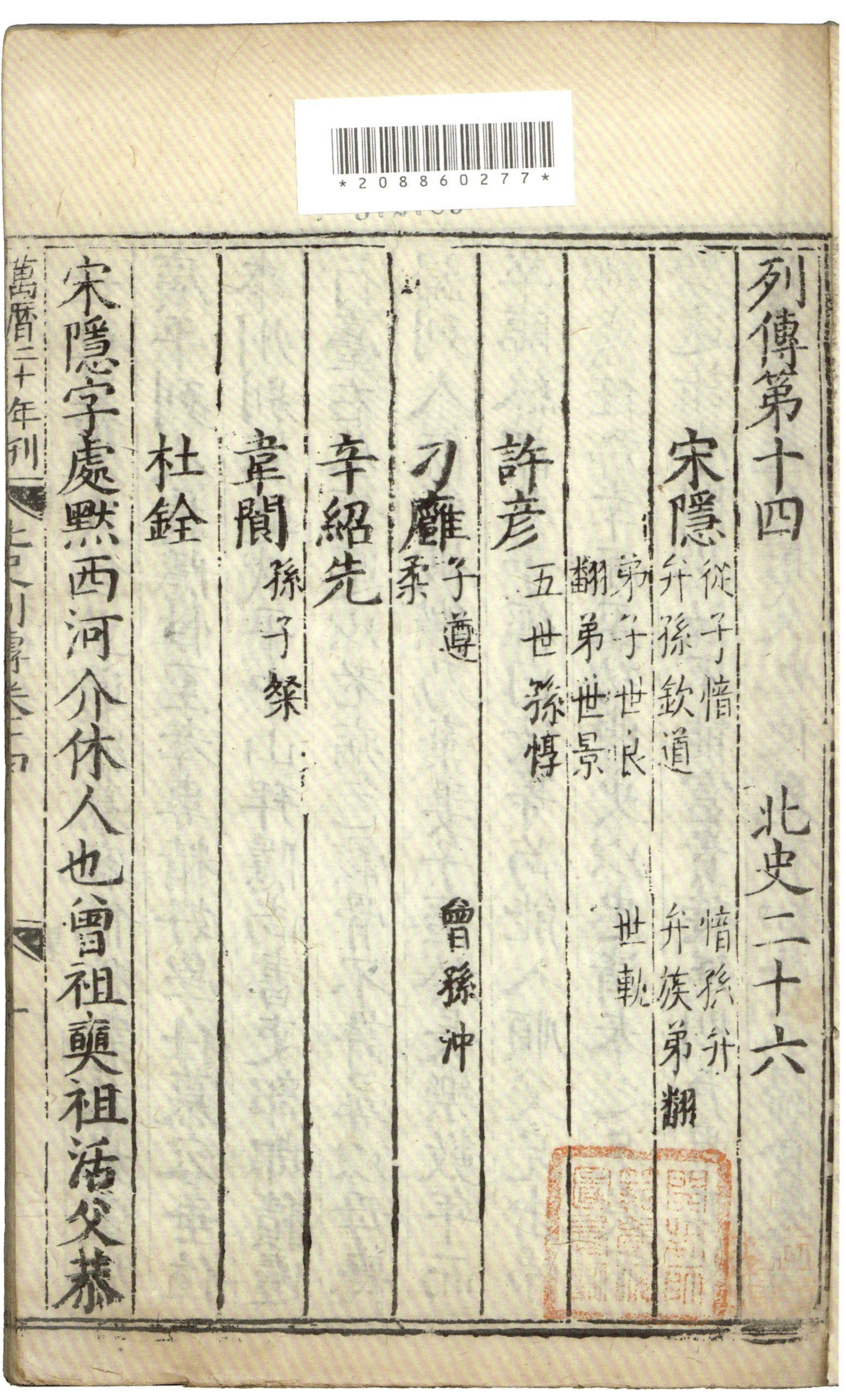

列傳第十四　　北史二十六

宋隱 從子愔 愔孫升 升孫欽道 升族弟翻 弟子世良 世軌 翻弟世景 世景孫㥄

許彥 五世孫㥄

刁雍 子遵 曾孫沖 柔

辛紹先

韋閬 孫子粲

杜銓

宋隱字處默西河介休人也曾祖奭祖活父恭

萬曆二十年刊

147 《陽明先生平濠書》提要

《陽明先生平濠書》六卷，明王守仁撰。明刻本。凡一册。半葉九行，行十八字。白口，黑魚尾，四周單邊。版心上鎸書名，中刻卷數、頁數，下刻字數。版框高二十四點六厘米，寬十五厘米。

王守仁（1472—1529），原名雲，更名守仁，字伯安。陽明洞中，嘗築室故鄉，世稱陽明先生。少受儒家教育，暇好騎射兵事、善射。是教育家、軍事家、文學家和書法家。著作由門人輯成《王文公全書》。

是書記録1519年陽明先生用兵如神，四十多天就平定寧王朱宸濠叛亂的經過。

館藏本存一卷：卷六。内封有識文『長日西窗焚香莊誦一過，時天啓夏五月十日也，居士不周』。鈐印三：内封方形陰文『陳自怡印』，卷六首葉方形陰文『郭延禧印』，書尾方形陰文『古昌齋』。

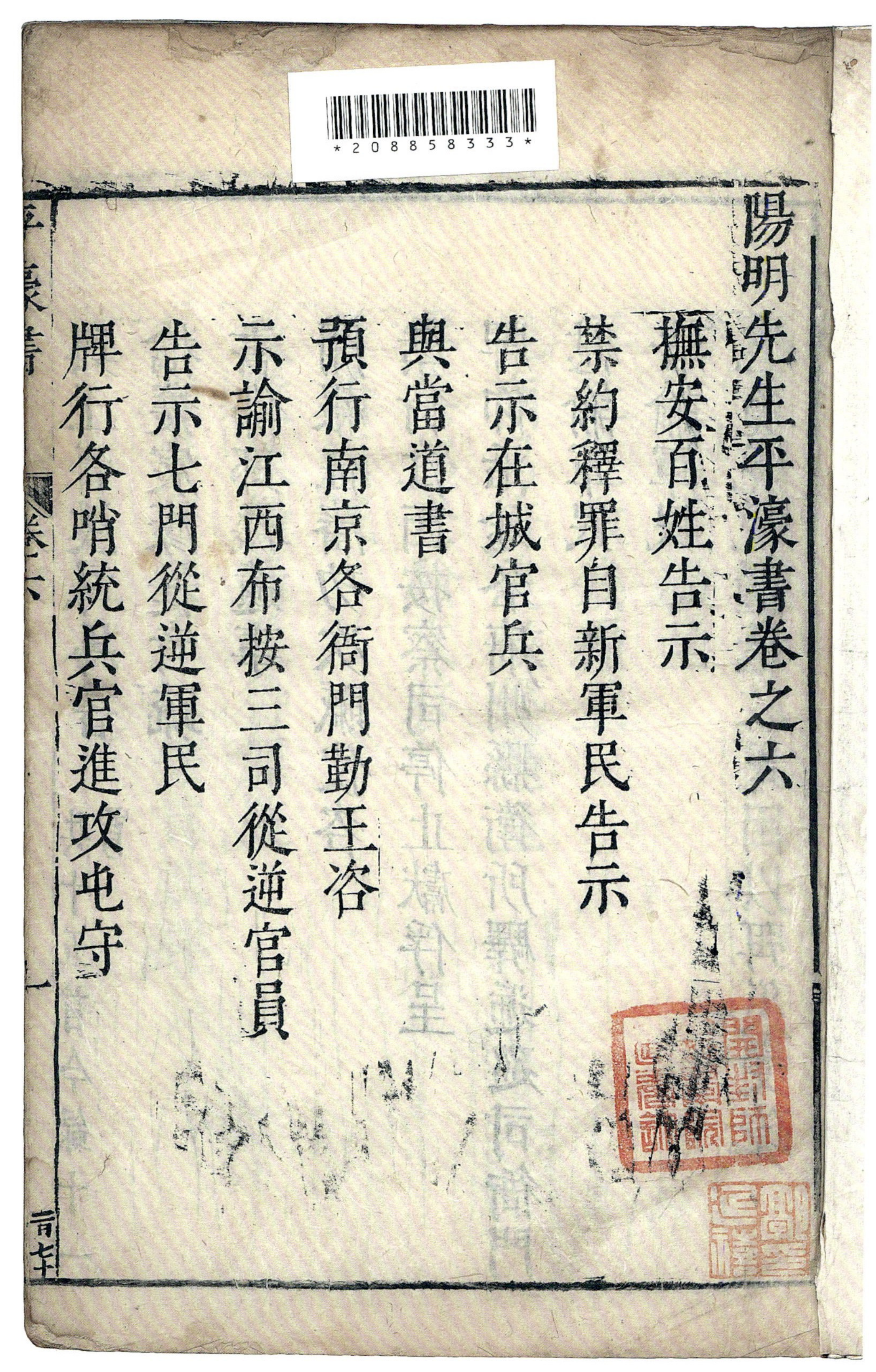
陽明先生平濠書卷之六

撫安百姓告示

禁約釋罪自新軍民告示

告示在城官兵

與當道書

預行南京各衙門勤王咨

示諭江西布按三司從逆官員

告示七門從逆軍民

牌行各哨統兵官進攻屯守

148 《玉茗堂尺牘》提要

《玉茗堂尺牘》六卷，明湯顯祖撰。明刻本。凡六册。半葉七行，行十八字，白口，四周單邊。版心上刻『尺牘』，下刻卷數頁數。版框高二十一點三厘米，寬十三點一厘米。

湯顯祖（1550—1616），字義仍，號海若、若士、清遠道人。湯氏祖籍臨川縣雲山鄉，後遷居湯家山（今江西省撫州市）。中國浪漫主義戲曲家、文學家，被譽爲東方的『莎士比亞』。在湯顯祖多方面的成就中，以戲曲創作爲最，其戲劇作品《還魂記》（一名《牡丹亭》）、《紫釵記》、《南柯記》和《邯鄲記》合稱『臨川四夢』，又稱『玉茗堂四夢』，其中《還魂記》是他的代表作。

是書收録湯顯祖與友人來往信札。

館藏本卷端有『臨川義仍湯顯祖著』，目次前刻有『玉茗堂尺牘』，正文卷端有『玉茗堂全集』。

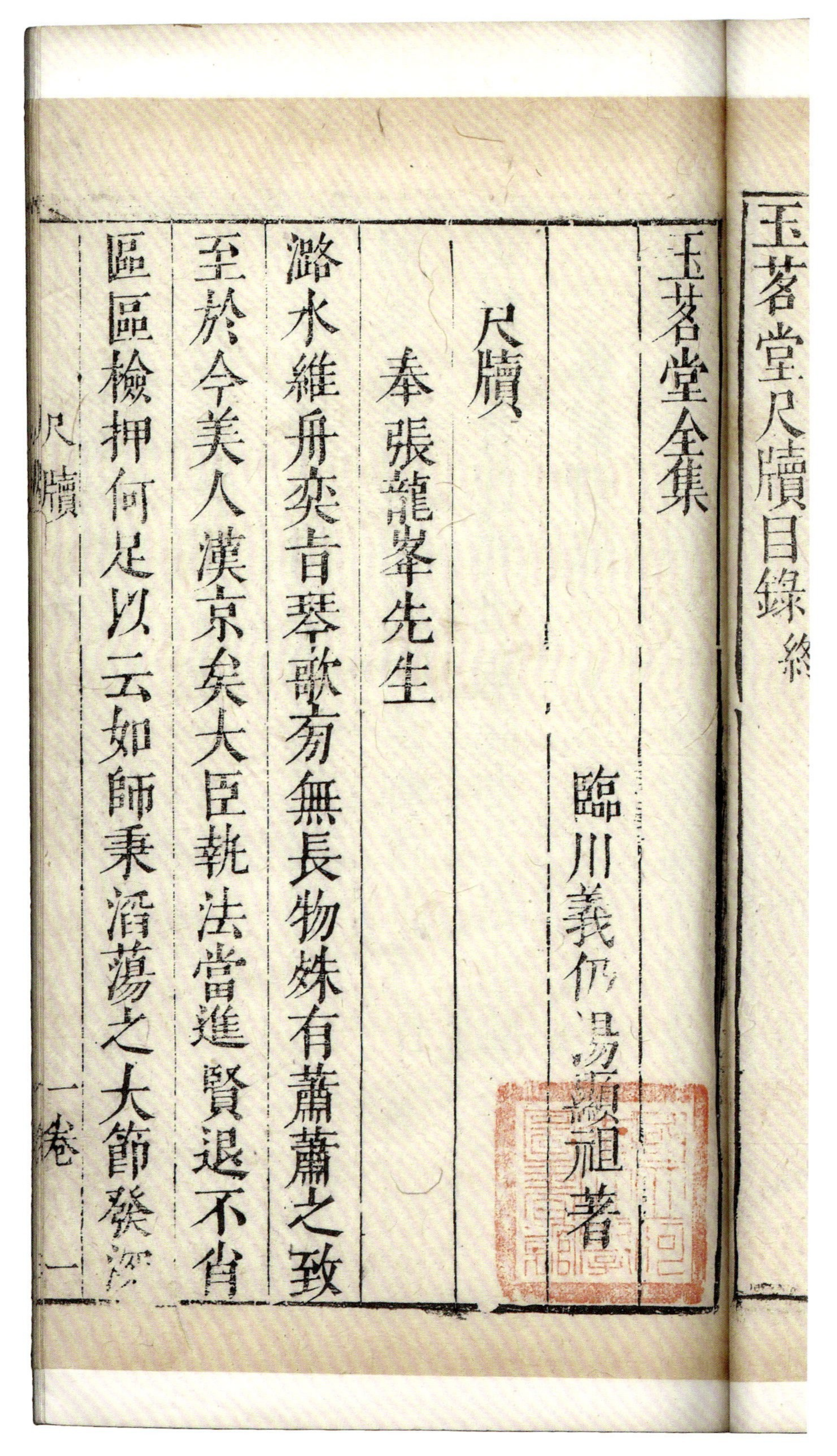
玉茗堂尺牘目錄終

玉茗堂全集

臨川義仍湯顯祖著

尺牘

奉張龍峯先生

潞水維舟奕吉琴歌旁無長物殊有蕭蕭之致至於今美人漢京矣大臣執法當進賢退不肖區區檢押何足以云如師秉淴蕩之大節發深

尺牘　卷一　一

149 《高皇帝御製文集》提要

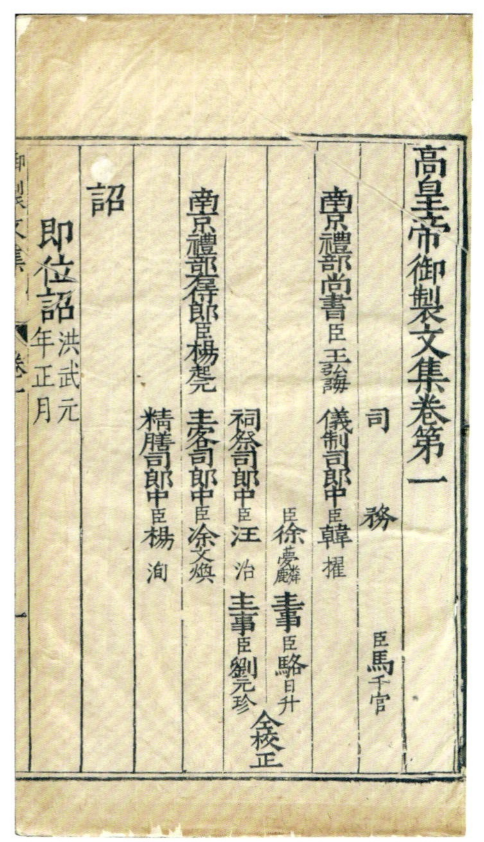
高皇帝御製文集卷第一
司　務　臣馬千官
南京禮部尚書臣王瀚　儀制司郎中臣韓擢
臣徐夔麟　主事臣駱日升
祠祭司郎中臣汪治　主事臣劉元珍　仝校正
南京禮部右侍郎臣楊□　主客司郎中臣涂文煥
精膳司郎中臣楊洵
詔
即位詔洪武元年正月

《高皇帝御製文集》二十卷，明朱元璋撰。明刻本。凡十二册。半葉九行，行十八字。白口，黑單魚尾，四周雙邊。版心上鎸『御製文集』，中爲卷數，下爲葉數。版框高二十一點七厘米，寬十四點五厘米。

是書为洪武皇帝所作诗文集，包括詔、制、誥、書、敕、策問、論、雜著、詩等。

館藏本有序二：劉基和郭傳《御製文集後序》。

150 《漢魏六朝諸家文集》提要

《漢魏六朝諸家文集》二十二種，一百二十九卷，明汪士賢編。明刻本。凡十六册。半葉九行，行二十字，其中《陶靖節集》半葉九行，行十八字。白口，左右雙邊，黑魚尾或白魚尾。版心上刻『陶集』或『陸士衡集』等。版框高二十一厘米，寬十二點二厘米。

汪士賢，字隱侯，伯仁，號朝用，徽州婺源古坑人。明萬曆二十九年（1601）前後曾任鉛山縣丞，後弃絕仕途，以『省吾堂』爲號，專司刻書，是明代徽州府著名藏書家。

是書乃收録董仲舒、司馬相如、蔡邕、陶淵明、江淹、陶弘景、鮑照、庾信、阮籍、潘岳、謝靈運、謝朓、昭明太子、任昉、顔延之等人文集彙編而成。

館藏本存八種，六十六卷：存陸機、陸雲、潘岳、陶淵明、陶弘景、鮑照、江淹、庾信之文集。

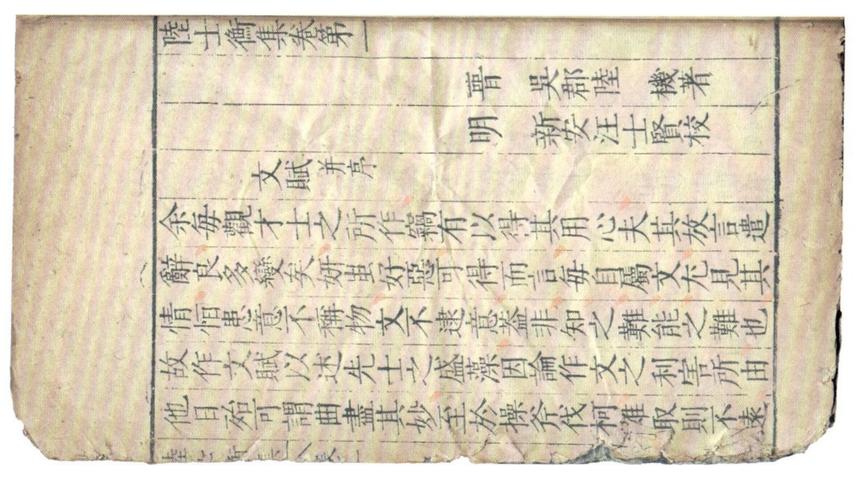

陸士衡集卷第一

晉吳郡陸機著

明新安汪士賢校

文賦并序

余每觀才士之所作竊有以得其用心夫其放言遣辭良多變矣妍蚩好惡可得而言每自屬文尤見其情恒患意不稱物文不逮意蓋非知之難能之難也故作文賦以述先士之盛藻因論作文之利害所由他日殆可謂曲盡其妙至於操斧伐柯雖取則不遠

151 《西山先生真文忠公文章正宗》提要

《西山先生真文忠公文章正宗》二十四卷，宋真德秀編。明萬曆山東刻本。凡二十四册。半葉十行，行十九字，小字雙行，行十九字。白口，黑單魚尾，左右雙邊。版心有刻工章儒、李炤、陸錀、楊仁、李福、李孫、柯仁義、章松、章彬、陳約、何勉、章循、何金、袁宏、唐林、唐鳳、張雷、張電、李福等名字。版框高十九點六厘米，寬十五點三厘米。

是集分辭命、議論、叙事、詩歌四類，録《左傳》《國語》以下，至於唐末之作。總集之選録《國語》《左傳》自是編始，遂爲後來坊刻古文之例。其持論甚嚴，大意主於論理，而不論文。

館藏本有鈐印三：卷首鈐正方陽文印『穀士』、方形陽文印『古瞟摠百城慶主人珍藏書畫印記』，卷末鈐方形陰文印『廖世蔭印』。卷末有山東布政司曹鑊、濟南府德州同知崔吉等管理校正人員十三人名單，故定爲明萬曆山東刻本，具有珍貴的版本價值。

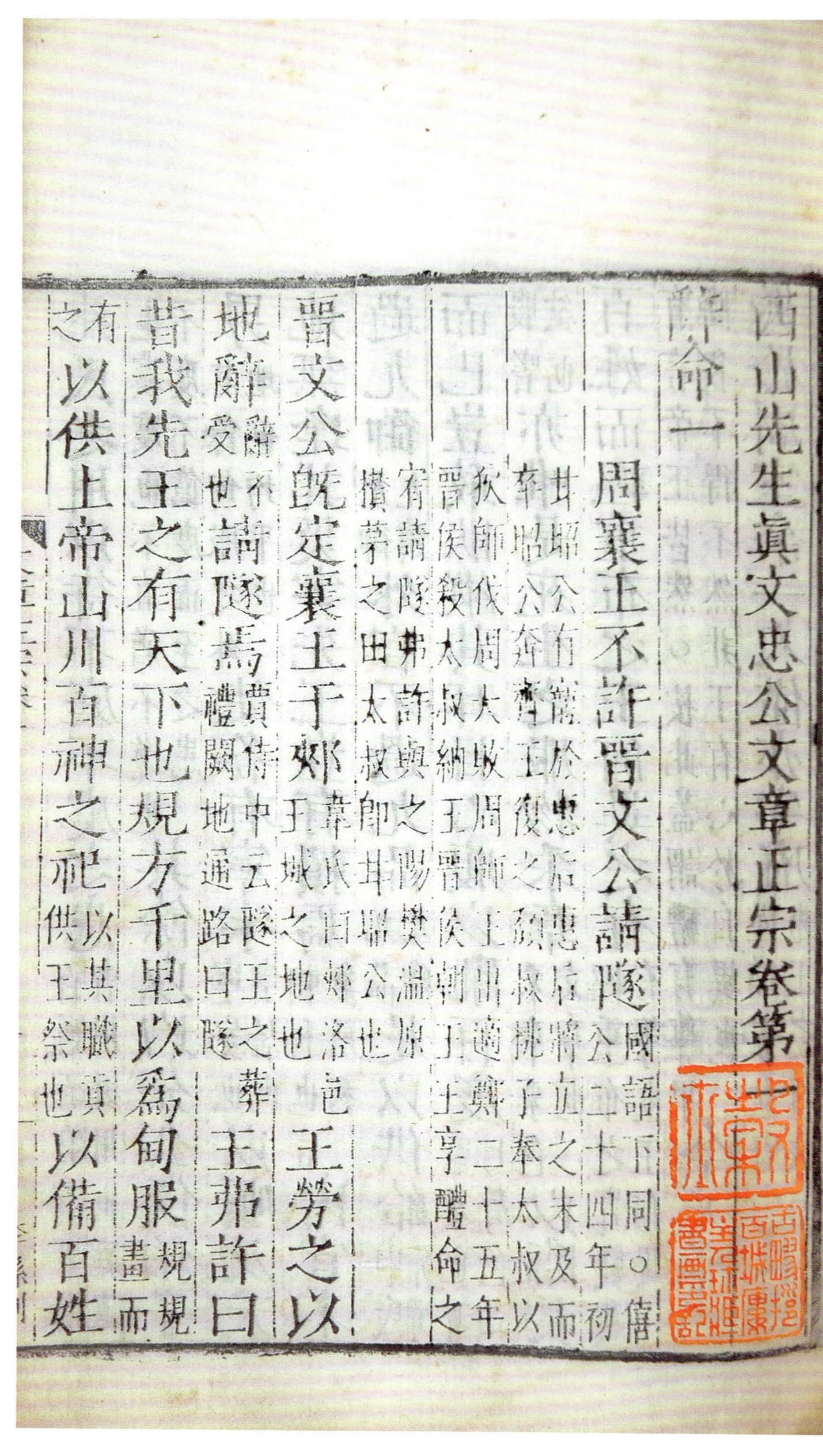

西山先生真文忠公文章正宗卷第一

辭命一

周襄王不許晉文公請隧 國語下同○僖公二十四年初甘昭公有寵於惠后惠后將立之未及而卒昭公奔齊王復之頽叔桃子奉太叔以狄師伐周大敗周師王出適鄭二十五年晉侯殺太叔納王晉侯朝王王享醴命之宥請隧弗許與之陽樊溫原攢茅之田太叔即甘昭公也

晉文公既定襄王于郟 韋氏曰郟洛邑王城之地也 王勞之以地辭 辭不受也 請隧焉 賈侍中云隧王之葬禮闕地通路曰隧 王弗許曰昔我先王之有天下也規方千里以爲甸服 規規畫而有之 以供上帝山川百神之祀 以其職貢供王祭也 以備百姓

152 《說郛》提要

《說郛》十二種，明陶宗儀輯。明刻本。凡三冊。半葉九行，行二十字。白口，白單魚尾，四周單邊。版框高十九厘米，寬十四厘米。

陶宗儀（1321—？），字九成，號南村，浙江台州黄岩人，東晋陶淵明後裔。他一生著書十餘部，數百卷。《四庫全書》收録了他的《南村詩集》《國風尊經》《四書備遺》《古唐類苑》《草莽私乘》《游志續編》《古刻叢鈔》《元代掖庭記》《金丹密語》《滄浪棹歌》《淳化帖考》等著述。

書名取揚子語『天地萬物郭也，五經衆説郛也』，『說郛』的意思就是五經衆説，是書條目數萬，彙集秦漢至宋元名家作品，包括諸子百家、各種筆記、詩話、文論，爲歷代私家編集大型叢書中較重要的一種。

館藏本有陽文印章『鹿城陳氏』『根香廬珍藏』。

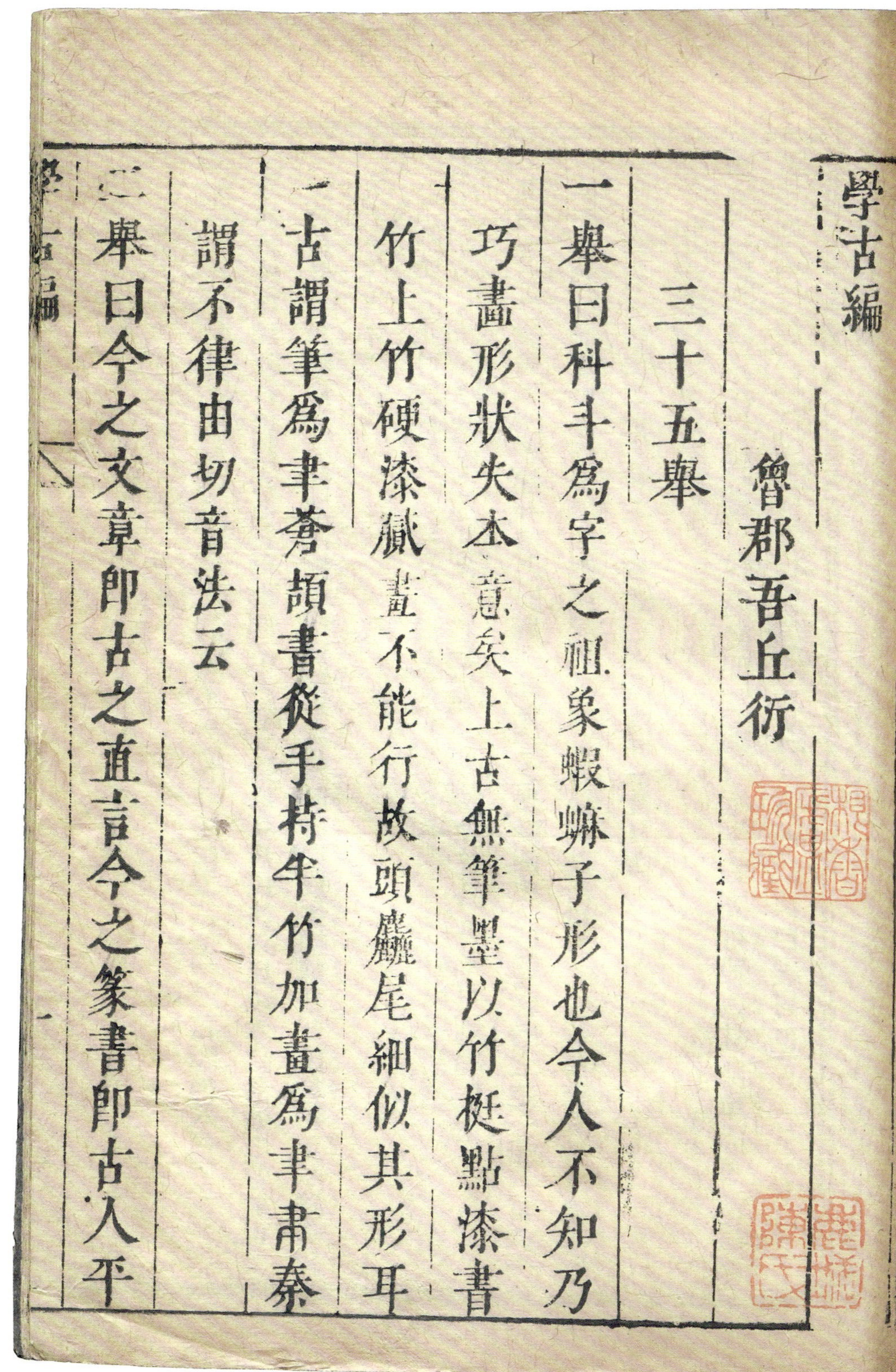

學古編

　　　　　　　　　　　　　　　　曾郡吾丘衍

三十五舉

一舉曰科斗爲字之祖象蝦蟆子形也今人不知乃巧畫形狀失本意矣上古無筆墨以竹梃點漆書竹上竹硬漆膩畫不能行故頭麤尾細似其形耳

一古謂筆爲聿蒼頡書從手持半竹加畫爲聿肃秦謂不律由切音法云

二舉曰今之文章卽古之直言今之篆書卽古人平

153 《類編草堂詩餘》提要

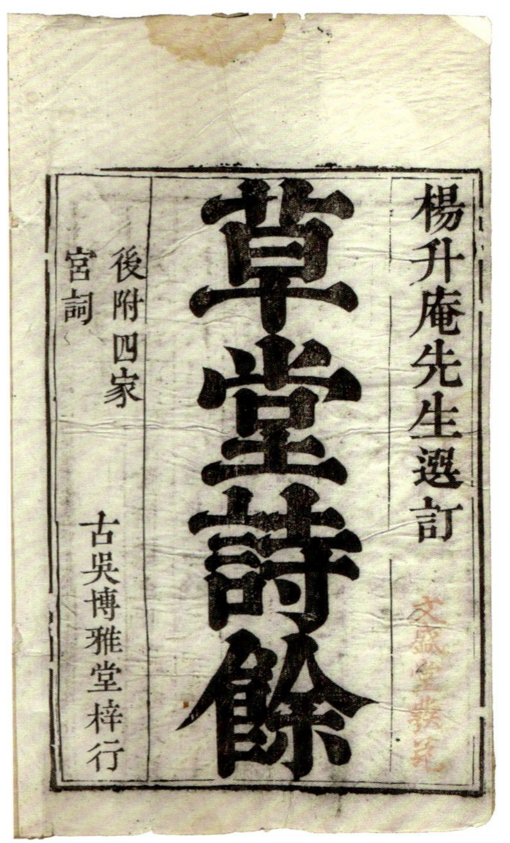

《類編草堂詩餘》四卷，明顧從敬撰。明刻本。凡四册。半葉十一行，行十九字。白口，黑對魚尾，左右雙邊。版框高十七點五厘米，寬十二點一厘米。

是書以小令、中調、長調分編，間采詞話。何良俊序稱從敬家藏宋刻，較世所行本多七十餘調。自此本行而舊本遂微。如萬曆間上元崐石山人本四卷，則用顧刻增注故實。金溪胡桂芳本三卷，則用顧刻改分時令、名勝、花卉、禽鳥、宮闈、人事、雜咏七類。

館藏本有何良俊序，内封左下鎸『古吳博雅堂梓行』，中鎸『草堂詩餘』，右上鎸『楊升庵先生選訂』。

類編草堂詩餘卷之一

武陵顧　從敬　編次
高陽韓　俞臣　校正

小令

擣練子

秋閨　秦少游

心耿耿淚雙雙。皓月清風冷透窗。人去秋來宮漏永。夜深無語對銀釭。

憶王孫

春景　秦少游

萋萋芳草憶王孫柳外樓高空斷䰟杜宇聲聲不

詩餘卷之一

154 《李長吉歌詩集》提要

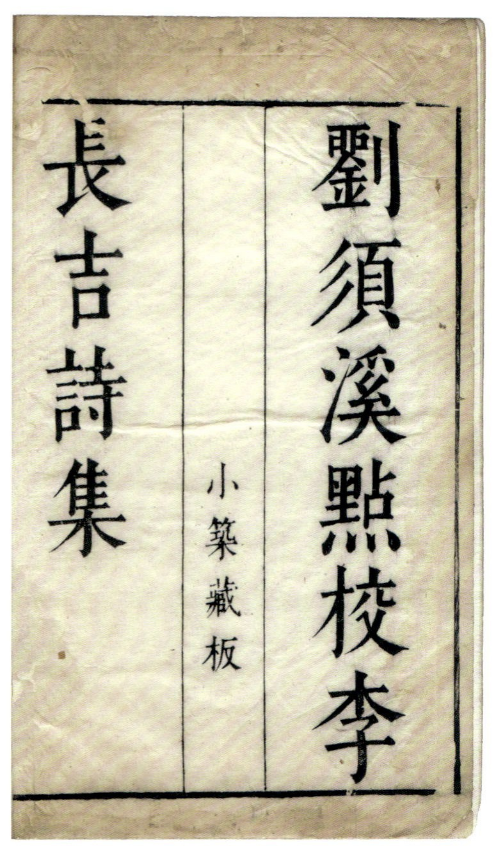

《李長吉歌詩集》四卷，外集一卷，唐李賀撰，宋吴正子箋注，宋劉辰翁評點。明刻本。凡二册。半葉九行，行二十字，小字雙行，行二十字。白口，白單魚尾，四周單邊。版框高二十點五厘米，寬十四點二厘米。

李賀（790—816），字長吉，福昌（今河南省宜陽縣）人。七歲能詩，爲韓愈所重。父名晋肅，『晋』與『進』同音，爲避父諱不得考進士。年二十七卒。有『詩鬼』之稱。

是書存録詩歌二百四十多首，賀詩以豐富的想象力和新穎詭异的語言，創造出一種幽奇神秘的意境。

館藏本有『須溪總評二則』，内封鎸『劉須溪點校李長吉詩集』，中刻『小築藏板』。有杜牧叙，序首頁鈐有方形陽文印『蕪室』、方形陰文印『黄節』。

李長吉歌詩卷之一

西泉吳正子箋註
須溪劉辰翁評點

李憑箜篌引

按劉熙釋名云箜篌師延所作靡靡之音空國之侯所好　應劭風俗通云一曰坎侯漢武帝祠太乙后土樂人侯調作言其坎坎應節也崔豹古今註云箜篌引即公無渡河朝鮮津卒霍里子高妻麗玉所作子高晨起刺船而濯有白首狂夫被髮提壺亂流而渡其妻隨止不及遂溺死於是援箜篌鼓之作公無渡河之曲甚悽愴曲終亦投河死子高還以聲語麗玉麗玉傷之以箜篌寫其聲聞者墮淚麗玉鄰女麗容乃名曰箜篌引　曹子建有箜篌引一篇但言

155 | 《稗海》提要

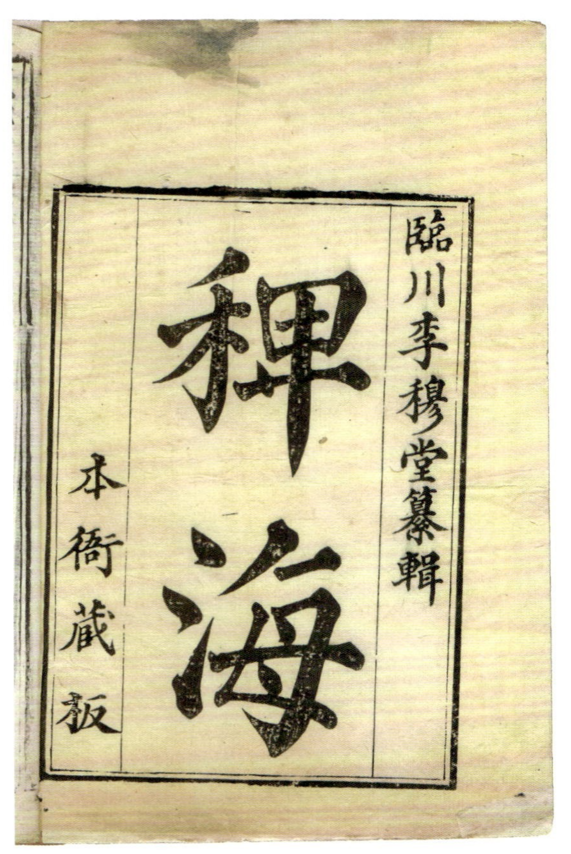

《稗海》七十種，明商維濬輯。明萬曆刻本。凡八十册。半葉九行，行二十字。白口，黑單魚尾，四周單邊。版框高二十一點一厘米，寬十三點八厘米。

商維濬，字初陽，學者稱石溪先生。浙江會稽（今浙江省紹興市）人。

是書爲明萬曆間人商維濬所輯，當時隨編隨刊，故各家書目著録互有异同，所收唐宋人野史筆記、掌故瑣言、人物瑣事，鑒别頗爲精審，包括一些流傳不廣的要籍。

館藏本有商維濬序和總論。内封中鎸『稗海』，右上鎸『臨川李穆堂纂輯』。

博物志卷第一

晋司空張華茂先

余視山海經及禹貢爾雅說文地志雖曰悉備各有所不載者作畧說出所不見粗言遠方陳山川位象吉凶有徵諸國境界犬牙相入春秋之後並相侵伐其土地不可具詳其山川地澤畧而言之正國十二博物之士覽而鑒焉

地理畧自魏氏目已前夏禹治四方而制之

河圖括地象曰地南北三億三萬五千五百里地部

156 《新校經史海篇直音》提要

《新校經史海篇直音》五卷，口口撰。明刻本。凡二冊。半葉十一行，行字數不等，小字雙行，大小字數不等。上下粗黑口，四周雙邊，順黑魚尾。版框高二十三點三厘米，寬十五點五厘米。

是書注音采用直音，釋義簡單，是一部古代大型字書。全書所收字數遠遠超過後來的《康熙字典》，達五萬五千多個，總篇幅約五十萬字；其注音則統一采用直音，是中國第一部全直音字典。晚明時，它曾與明代最權威的官方韵書《洪武正韵》并列，成爲皇帝的御用工具書，崇禎帝『凡經書有疑難字義、典故，即《洪武正韵》《海篇直音》及《韵小補》等書，自搜查之』。

館藏本存二卷：卷四、卷五。據字體、紙張斷爲明刻本。書皮題簽上有『儉』『讓』二字。封皮上題『東壁圖書府』。

新校經史海篇直音卷四

司部第一 凡九字

司 音私主也臣丨事於外者也　伺 同似二音候也察也　詞 [illegible] 二音辭意内而言外也　[illegible] 籀文同上

嗣 音四継也　[illegible] 音調　[illegible] 音祖　[illegible] 音寺

須部第二 凡九字

須 音需面毛也　[illegible] 音然頰須也　[illegible] 夫袁二音短須也髮白也　頾 音咨口上須也　[illegible] 音捊丨短白皃也

[illegible] 音早須髮半白声類云鬚皃　[illegible] 音皮短須髮皃又音丕　[illegible] 同上　[illegible] 音須持也或作頊嵹端也

彡部第三 凡七十五字

彡 音先毛飾畫文也又音山　[illegible] 音政彩也　㐱 音軫稠髮也亦作鬒真也　形 音刑象丨也　彤 古文丹字　[illegible] 音文䖝也

彥 音晏旁求俊彥　彦 同上　耏 音而頰須也又獸多毛也　修 音羞治也六府三事也丨　[illegible] 音台丨星名也

[illegible] 音劉形也　㣎 音木細文也　彬 音斌論語曰文質彬丨　[illegible] 音静清飾也　彫 音凋琢文也書曰峻宇彫牆也

157 《仁王護國般若波羅蜜多經》提要

《仁王護國般若波羅蜜多經》科疏五卷，懸譚一卷，唐三藏沙門大廣智不空奉詔譯，明真貴述。明刻本。凡二册。半葉十行，行二十字。白口，黑單魚尾，左右雙邊。版心題『仁王經疏』。版框高二十一厘米，寬十三點四厘米。

不空（705—774），唐代高僧，師子國人，唐玄宗開元八年（720）抵洛陽。天寶五年（746）爲玄宗灌頂，住净影寺。代宗時，曾於太原五臺山建密教道場，展開傳教活動。開元以來，所譯經典有一百一十部，一百四十三卷，對確立梵語與漢字間嚴密的音韵對照組織的功勞甚巨。又與善無畏、金剛智并稱『開元三大士』。大曆九年圓寂。

是經又稱《仁王護國經》《新譯仁王經》《仁王經》。本經傳入中國，先後共有四譯，即晋竺法護、姚秦鳩摩羅什、梁真諦、唐不空等譯。此四種譯本，晋、梁二譯已經失傳，僅存秦譯和唐譯。秦譯和唐譯内容相同，僅文字略异。『仁王護國』，是説仁王見衆生痛苦，生起憐憫的心，因此施予自在力而保護之，稱爲『仁王護國』。『般若波羅蜜多』，是六度中的一度，能使衆生從苦惱的此岸到達涅槃的彼岸，也就是借着般若法船，能護送一切衆生安穩到達彼岸，恒受妙樂。因此，般若是能仁其國、能護其國的秘密要法。本經是以佛陀爲印度波斯匿王等十六大國國王説示如何守護佛果、修持十地善行，及守護國土的因緣，而講説受持讀誦此經可息灾得福，使一切世間有情安穩康樂。與《法華經》《金光明經》并稱爲『護國三經』。文字簡約，義理豐富。

仁王護國般若波羅蜜多經卷上科疏卷一

唐三藏沙門大廣智不空奉　詔譯

明慈慧寺開山比丘蜀東普真貫述

三正釋經文。三。初釋經總題

仁王護國般若波羅蜜多經

代宗有國重譯此經。意與黔黎共臻實相。故自叙云。懿夫護國實在茲經。竊景行於波斯。庶闡揚於調御。至若高張五忍。足明惻隱之深。永祛衆難。寔惟化清之本。據此則般若之可護國也。不待條分縷析數星擘兩。自然明如日月。潤同雲雨者矣。然

158 《野客叢書》提要

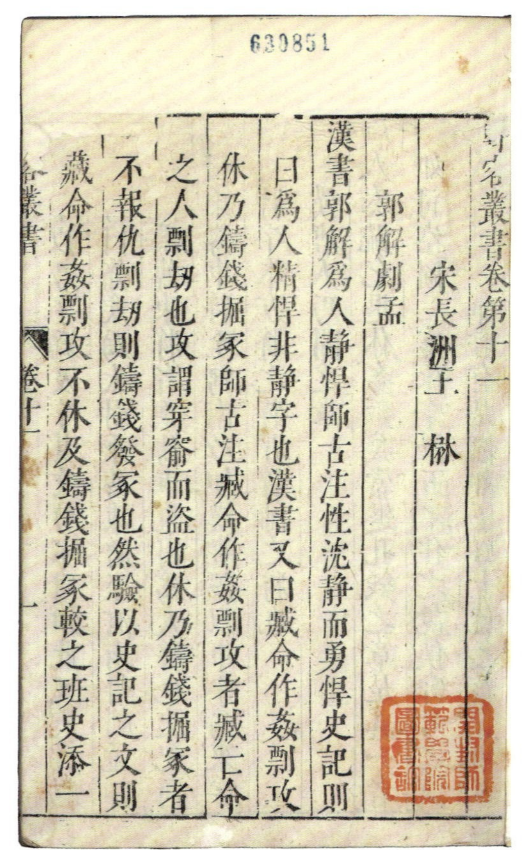
630851

野客叢書卷第十一

宋長洲王　楙

郭解劇孟

漢書郭解爲人靜悍師古注性沈靜而勇悍史記則曰爲人精悍非靜字也漢書又曰臧命作姦剽攻休乃鑄錢掘冢師古注臧命作姦剽攻者臧亡命之人剽刼也攻謂穿窬而盜也休乃鑄錢掘冢者不報仇剽刼則鑄錢發冢也然驗以史記之文則藏命作姦剽攻不休及鑄錢掘冢較之班史添一

野客叢書　卷十一

《野客叢書》三十卷，宋王楙撰。明刻本。凡四册。半葉九行，行二十字。白口，黑單魚尾，四周單邊。版框高二十一點五厘米，寬十三點二厘米。

王楙（1151—1213），字勉夫。寬厚誠實，刻苦嗜書。

是書内容博洽，經史子集，無不涉及，以考辨典籍、雜記宋朝及歷代軼事爲主，《四庫全書總目》稱其『位置於《夢溪筆談》《緗素雜記》《容齋隨筆》之間無愧色也』。

館藏本存二十卷：卷十一至卷三十。

159 《新纂門目五臣音注揚子法言》提要

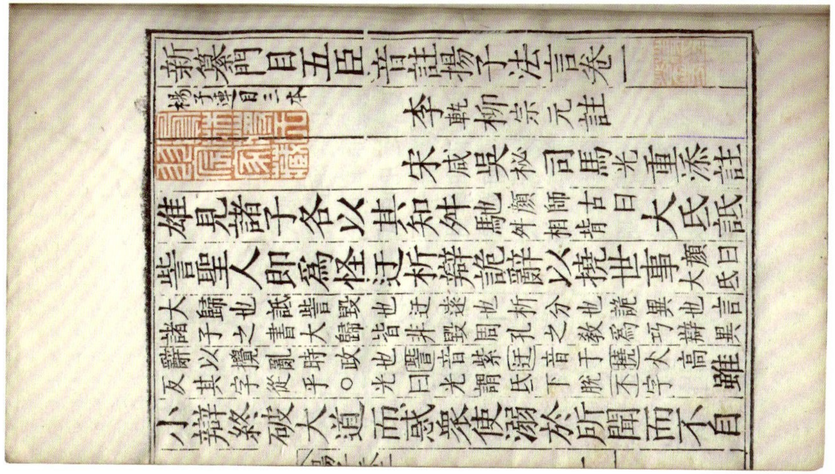

《新纂門目五臣音注揚子法言》十卷，漢揚雄撰，晉李軌、唐柳宗元、宋宋咸、宋吴祕、宋司馬光注。明刻本。凡二册。半葉八行，行十七字，小字雙行，行十七字。白口，四周雙邊，白單魚尾。版框高十九點六厘米，寬十四點一厘米。

是書乃五臣注揚雄《法言》注釋彙集，有音注。

館藏本卷端有宋咸序及表，司馬光序。篇目及渾天儀圖説一篇，卷一末和卷二至四、卷六至卷十的卷端題名『監本五臣音注揚子法言』。鈐印四：序首頁鈐方形陰文『蔣榮芳印』，方形陽文印『王宗炎所見書』，方形陽文『蕭山王氏十萬卷樓藏書』，首卷卷端鈐長方形陰文印『鳳林蔣氏羽宸家藏』。

160 《中説》提要

《中説》十卷，隋王通撰，宋阮逸注。明刻本。凡四册。半葉八行，行十七字，小字雙行，行十七字。白口，四周雙邊，黑魚尾。版心上刻『文中子中説』，下刻『敬忍居』。版框高十九點三厘米，寬十三點九厘米。

王通（584—617），字仲淹，門人私謚『文中子』。河東郡龍門縣通化鎮（今山西省萬榮縣通化鎮）人，隋朝著名教育家、思想家。阮逸，字天隱，宋建陽人，天聖五年（1027）進士。北宋音樂家，精通經學，擅長詞賦。

是書乃王通弟子仿孔子門徒作《論語》編輯而成，又稱《文中子説》，用講授記録的形式保存了王通講課時的主要内容以及與衆弟子、學友、時人的對話，共分爲十個部分，王道篇、天地篇、事君篇、周公篇、問易篇、禮樂篇、述史篇、魏相篇、立命篇、關朗篇。中心是如何治國。是書爲後人研究王通思想以及隋唐之際思想發展提供了重要依據和參考。

館藏本有《文中子中説序》。

中說卷第一

王道篇　　阮逸註

文中子曰甚矣王道難行也吾家頃銅川六世矣（上黨有銅堤縣）未嘗不篤於斯（斯文）然亦未嘗得宣其用（不遇時）退而咸有述焉則以志其道也

志（記）蓋先生之述曰時變論六篇其言化俗推移之理竭矣江州府君之述曰五經決録五篇其言聖賢製述之意備矣晉陽穆公之述

161 《百川學海》提要

《百川學海》十集，一百零六種，一百二十二卷，宋左圭輯，明□□重輯。明刻本。凡十六册。半葉九行，行二十字。白口，白魚尾，左右雙邊。版框高十八點七厘米，寬十四點二厘米。

左圭字禹锡，號古鄮山人。

是書於宋度宗咸淳間輯刊而成。書名取於漢代學者揚雄《揚子法言·學行》中『百川學海而至於海』一語。是書按天干分爲甲至癸十集，多爲唐宋人野史雜説。

館藏本内封中鎸『百川學海』，右上刻『陳明卿先生訂』，左下刻『讀書坊藏板』，有宋左圭叙。有鈐印十：序首頁并鈐有方形陽文印『學子』，竪長方陽文『張季林藏書印』，方形陰文『埧』，方形陽文印『大成』；目次葉鈐横長方形陽文印『鄭琮』，聖六事業圖序卷端鈐方形陰文『世美堂圖書』，宋景文公筆記卷端鈐陽文『世家第一』，寶章行訪録卷端鈐方形陽文『翰海是我家』，竪橢圓陰文『未了因緣一卷書』，竪橢圓陽文『延陵吴氏』。

漁樵對問

宋 邵雍

漁者垂釣於伊水之上樵者過之弛檐息肩坐于磐石之上而問於漁者曰魚可鈎取乎曰然曰鈎非餌可乎曰否曰非鈎也餌也魚利食而見害人利魚而蒙利其利同也其害異也敢問何故漁者曰子樵者也與吾異治安得侵吾事乎然亦可以爲子試言之彼之利猶此之利也彼之害亦猶此之害也子知其小未知其大魚之利食吾亦利乎食也魚之害食吾

162 《廣百川學海》提要

《廣百川學海》一百一十種，一百一十七卷，明馮可賓輯。明刻本。凡十七册。半葉九行，行二十字。左右雙邊，白口，白魚尾。版框高十九點三厘米，寬十四點一厘米。

馮可賓，字正卿，山東益都（今山東省青州市）人。天啓二年進士。官湖州司理，入清不仕。

是書仿宋左圭《百川學海》例，輯有南朝、唐、宋、元、明人雜著一百三十二種，以十天干爲名分爲甲至癸十集，其中明人著述約占十之八九。因其編纂宗旨，是於正續《百川學海》之外，選取説部各書以增廣之，故名《廣百川學海》。

館藏本有馮可賓《廣百川學海序》。有鈐印六：聖學範圍圖説卷端有竪長方陰文印『世美堂圖書』，葫蘆形陽文印『古閩』，《聖君初政記》卷端有方形陽文印『世家第一』，横橢圓陽文印『未了因緣一卷書』，方形陰文印『春江吴秋』，目次頁鈐有方形陰文印『實碩家藏』。

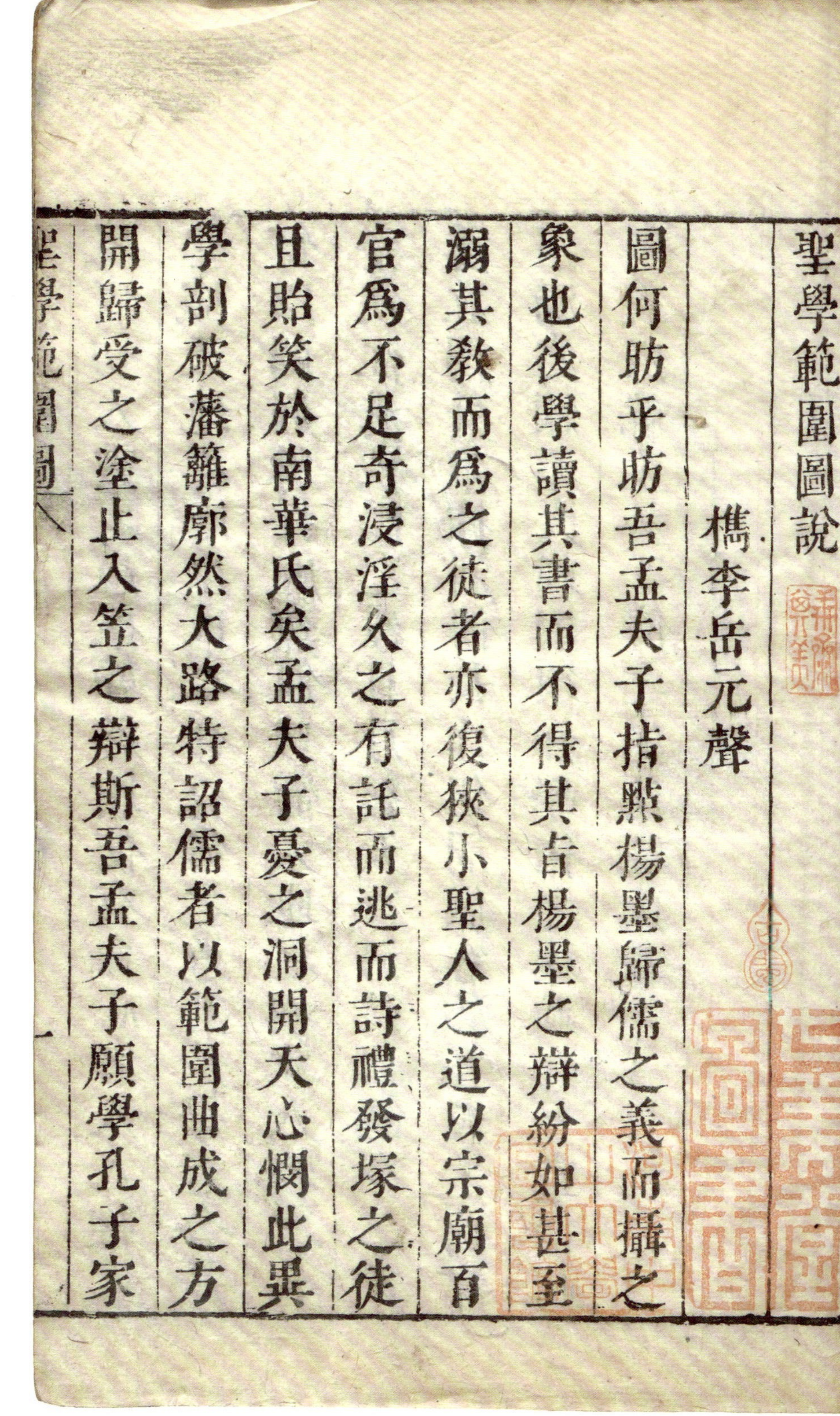

聖學範圍圖說

檇李岳元聲

圖何昉乎昉吾孟夫子指點楊墨歸儒之義而攝之象也後學讀其書而不得其旨楊墨之辯紛如甚至溺其教而爲之徒者亦復狹小聖人之道以宗廟百官爲不足奇浸淫久之有託而逃而詩禮發塚之徒且貽笑於南華氏矣孟夫子憂之洞開天心憫此異學剖破藩籬廓然大路特詔儒者以範圍曲成之方開歸受之塗止入笠之辯斯吾孟夫子願學孔子家

聖學範圍圖　一

163 《唐宋叢書》提要

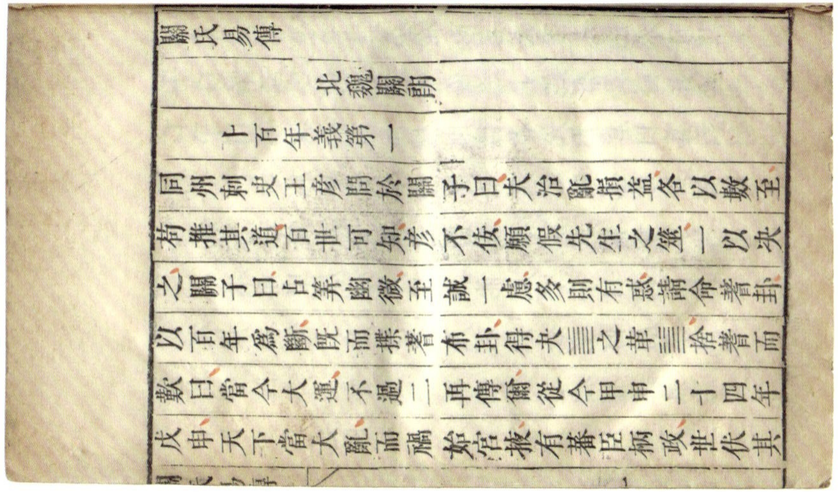

《唐宋叢書》九十一種，明鍾人傑、張遂辰輯。明刻本。凡十六冊。半葉九行，行二十字。白口，單白魚尾，四周單邊。版框高十九厘米，寬十四厘米。

鍾人傑，字瑞先，錢塘人。

是書是以彙輯唐宋名著爲主的著名叢書，其中與洛陽有關的頗多。是書分經翼七種，別史十四種，子餘二十種，載籍四十八種，又有書無目二種。書雖以唐宋名，實不限於唐宋，内有元人著述二種。刻上戴澳序云：『五代故唐之殘局，而遼金元皆宋之遺疹，故統之唐宋。』這是以時代爲類的叢書，主要内容以雜説、筆記、譜錄、動植物爲主。

館藏本存四十一種。内封鎸有『經德堂藏板』。書中有戴澳序。

164 《西溪叢語》提要

450472

西溪叢語卷上

宋剡川姚寬

周易遯卦肥遯無不利肥字古作𩇯與古蜚字相似即今之飛字後世遂改爲肥字九師道訓云遯而能飛吉孰大焉張平子思玄賦云欲飛遁以保名註引易上九飛遯無不利謂去而遷也曹子建七啟云飛遯離俗程氏易傳引漸上九鴻漸于陸爲鴻漸于逵以小狐汔濟汔當爲訖豈未辨證此耶論語云觚不觚觚哉觚哉太平御覽引此注云孔子

《西溪叢語》二卷，宋姚寬撰。明刻本。凡二册。半葉九行，行二十字。白口，黑魚尾，四周單邊。版心上刻書名，下刻卷數。版框高二十點八厘米，寬十三點三厘米。

姚寬（1105—1162），字令威，號西溪。會稽嵊縣人，博學多才，精天文，宋代傑出史學家、科學家、著名詞人。曾集古今用弩事實及造弩技術，編寫《弩守書》獻與朝廷。另著有《西溪集》《史記注》《戰國策補注》《西溪叢語》等行於世。姚寬留詞僅五首。

是書主要考證歷代詩文、史籍，兼述南北兩宋及金朝諸事。其中考辨尤爲精核。論詩則較注意考究詩人遣詞用字之所本，認爲咏物用事應不違實情。

165 《姓氏譜纂》提要

《姓氏譜纂》七卷，明李日華撰。明刻本。凡一册。半葉九行，行二十字，小字雙行，行十九字。白口，四周單邊。版框高二十一點一厘米，寬十四厘米。

李日華（1565—1635），字君實，號竹懶，又號九疑，浙江嘉興人。萬曆二十年（1592）進士。官至太僕少卿。性淡泊，與人無忤，工書畫，精善鑒賞，世稱博物君子。時王維儉與董其昌齊名，而日華亞之。李日華著作宏富，有《致堂集》四十卷及《官制備考》《姓氏譜纂》《想像録》《紫桃軒雜綴》《竹懶畫媵》《六研齋筆記》《恬致堂詩話》等書。擅畫山水、墨竹，用筆金貴，格調高雅。

館藏本存三卷：卷五至卷七。乃稽考姓氏源流，記載各姓氏名人姓名之作。館藏本内封鈐方形陰文印『三鄉山人』。

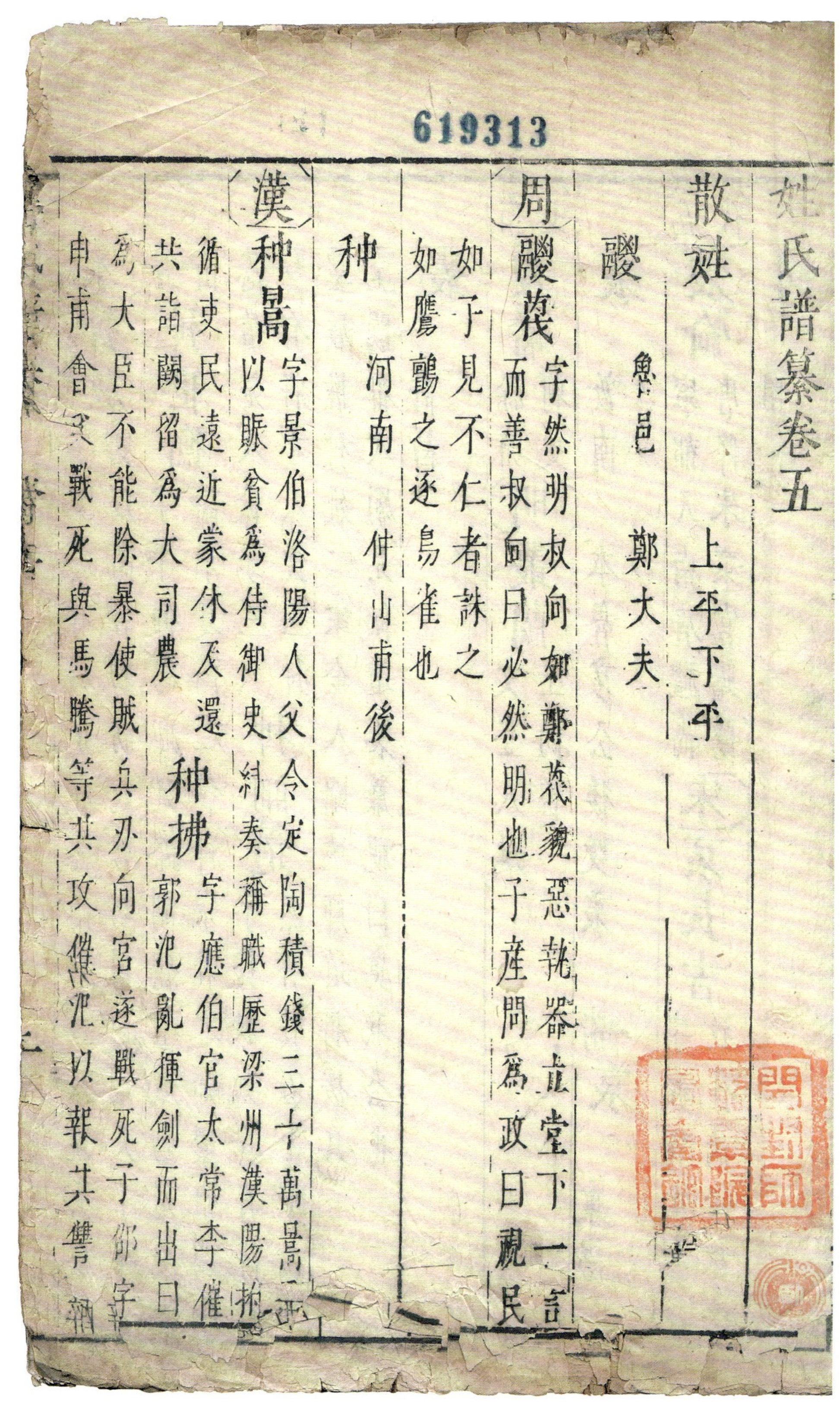

姓氏譜纂卷五

散姓　上平下平

鬷　魯邑　鄭大夫

周　鬷蔑　字然明叔向如鄭蔑惡執器立堂下一言
而善叔向曰必然明也子產問爲政曰視民
如子見不仁者誅之
如鷹鸇之逐鳥雀也

种　河南　仲山甫後

漢　种暠　字景伯洛陽人父令定陶積錢三千萬暠悉
以賑貧爲侍御史糾奏稱職歷梁州漢陽稱
循吏民遠近慕休及還
共詣闕留爲大司農　种拂　字應伯官太常李傕
郭汜亂揮劍而出曰
爲大臣不能除暴使賊兵刃向宮遂戰死于邰字
申甫會戰死與馬騰等共攻傕汜以報其讎

166 《伊川擊壤集》提要

《伊川擊壤集》二十卷，宋邵雍撰。清初文靖書院刻本。凡六册。半葉十行，行二十字。上白口，下黑口，四周雙邊。版框高二十點八厘米，寬十四點六厘米。

邵雍（1011—1077），字堯夫，自號安樂先生，謚康節，生於河南衡漳（今河南省林州市康節村）。幼隨父遷共城（今河南省輝縣市），隱居蘇門山百源之上，屢授官不赴。三十七歲移居洛陽，冬夏閉門讀書，春秋兩季出游，與司馬光、吕公著等從游甚密。他精於易學，樂天知命。著有《皇極經世》《伊川擊壤集》等。

是書爲邵雍詩集。與周敦頤、張載、『二程』相比，大儒邵雍還擅長吟詩。他以詩抒情言志、闡述哲理。他生於北宋國力鼎盛、經濟繁榮之時，當時世風恐怕也是浮躁的，但他的詩展現給我們的是閑適、自在。他自命居所爲『安樂窩』，誠然他是既安且樂的。邵雍一生作詩三千餘首，收入《伊川擊壤集》中。

館藏本有宋邵雍序。内封中鎸『擊壤集』，右上刻『邵康節先生著』，左下鎸『文靖書院藏板』。

伊川擊壤集卷一

伊川　邵雍　堯夫

觀棊大吟

人有精游藝，予嘗觀弈棊。算餘知造化，著外見幾微。好勝心無已，爭先意不低。當人盡賓主，對面如蠻夷。財利激于衷，喜怒見于頄。生殺在于手，與奪指于頤。戾不殊冰炭，和不侔塤篪。義不及朋友，情不通夫妻。珠玉出懷袖，龍蛇走肝脾。金湯起樽俎，劒戟交幈幃。白晝役鬼神，平地蟠蛟螭。空江響雷雹，陸海誅鯨鯢。寒暑同舒慘，昏明共蔽虧。山河璨輿地，星斗會璇璣。

167　《四憶堂詩集》提要

《四憶堂詩集》六卷，清侯方域撰，清賈開宗、徐作肅等選。清初刻本。凡二册。半葉九行，行十八字，小字雙行，行十八字。白口，左右雙邊。版框高十九點一厘米，寬十四點二厘米。

侯方域（1618—1654），字朝宗，號雪苑，商丘人。能爲古文，亦能詩，才華横溢，頗有奇氣。其文宗唐法宋，推崇韓歐，構思嚴整，用筆曉暢，語多深婉，與寧都魏禧、長洲汪琬并稱『清初三家』，與方以智、冒襄、陳貞慧合稱『明末四公子』。著《壯悔堂文集》《四憶堂詩集》等。

是書以編年順序分为六卷，收詩四百首，是侯方域晚年『避難歸里，始厘定詩章』（賈開宗語）、經友人練貞吉審核訂正的詩歌全集（後面八首遺稿爲友人所補，除外），乃詩人二十年間嘔心瀝血之結晶。正如彭賓《四憶堂詩集序》所述：『二十年内兵寇流離，奔竄瑣尾，而刻陰窮晷，著作不輟。』詩的體裁各體兼括，既有古詩、府樂，又有律詩、絶句，也有一些突破形式自由發揮的創體詩。林林總總，無不盡其體勢。

館藏本内封中鎸『四憶堂詩集』，左下鎸『退齋藏板』。有賈開宗、宋犖、練貞吉、彭賓序。

四憶堂詩集卷之一

賈開宗靜子　練貞吉石林　選註

同里　徐作肅恭士　宋犖牧仲

過易水黃金臺

千年尚有昭王闕高臺遺址生青蕨陰風常鬪

擊筑歌蟋蟀哀鳴細不歇野原夕照霸圖盡東

顧督亢臥蒼碣老父無語立瀟津易水捲波寒

六月氣象高京慘澹經營割據心死馬不辭金千笏

詩亦經營慘澹想見古人懷抱處今人但知重芻粟何論霜蹄

168 《宋人百家小説》提要

二酉委譚

吳郡王世懋

天下事有不可曉者往聞邊城有棺數十具啟之皆紗帽紅袍以爲異說頗不甚信數以問人多云有之近至關中則同僚徐方伯時方在甘州張大參在涼州其說尤異徐云修甘州城初破土見有一小棺出之已而愈斷愈多棺皆長二三尺啟視鬚髮儼然老人也服飾不同大都多紗帽紅袍者亡慮數十衆喧然遂止不復發爲祭文掩而瘞之竟不知是何物又

二酉委譚

《宋人百家小説》□□種，明□□輯，清初刻本。凡一册。半葉九行，行二十字。白口，白魚尾，左右雙邊。版心上刻子目，下刻字數。版框高十九點一厘米，寬十四點三厘米。

《宋人百家小説》是《五朝小説》之一。《五朝小説》，明佚名輯，收志怪傳奇、筆記雜著及單篇文言小説四百餘種，分魏晋小説、唐人百家小説、宋人百家小説、皇明百家小説四部，是書以魏晋分屬兩朝，故以『五朝』名之，實際包括了明及明以前各朝此類作品。

館藏本爲殘本，存八種：對雨編、軒渠録、中山狼傳、清尊録、昨夢録、拊掌録、調謔編、艾子雜説。

169 《皇明百家小說》提要

《皇明百家小說》，明□□輯，清初刻本。凡十册。半葉九行，行二十字。白口，白單魚尾，左右雙邊。版心上刻子目，下刻字數。版框高十九點一厘米，寬十四點三厘米。

《皇明百家小說》是《五朝小說》之一，主要收録明代筆記雜著及文言小說。

館藏本爲殘本，存八十八種。

170 《説文解字》提要

《説文解字》十五卷，漢許慎撰。清初毛氏汲古閣刻本。凡八册。半葉七行，行十五字，小字雙行，行二十一、二十二字不等。白口，左右雙邊。版框高二十點五厘米，寬十六厘米。

是書成於漢和帝永元十二年（100）。推究六書之義，分部類從，至爲精密。而訓詁簡質，猝不易通。又音韵改移，古今异讀，諧聲諸字，亦每難明，故傳本往往訛异。宋雍熙三年（986），詔徐鉉等重加刊定。凡字爲《説文》注義、序例所載，而諸部不見者，悉爲補録。又有經典相承，時俗要用，而《説文》不載者，亦皆增加，别題之曰『新附字』。其本有正體，而俗書訛變者，或注義未備，更爲補釋，亦題『臣鉉等按』以别之。以篇帙繁重，每卷各分上、下，即今所行毛晋刊本是也。

館藏本字大行稀，字形疏朗，墨色清潤，天頭有朱墨批校。内封右上鎸『北宋本校刊』，中鎸『説文真本』，左下鎸『汲古閣藏板』。鈐印三：首頁標目鈐有正方陰文印『古瞟秦氏所藏』，首卷卷端鈐竪長方陽文印『秦菽舫圖書記』、方形陰文印『緑平吟館』等。是書爲毛氏精刻校刊北宋本，品相完好。

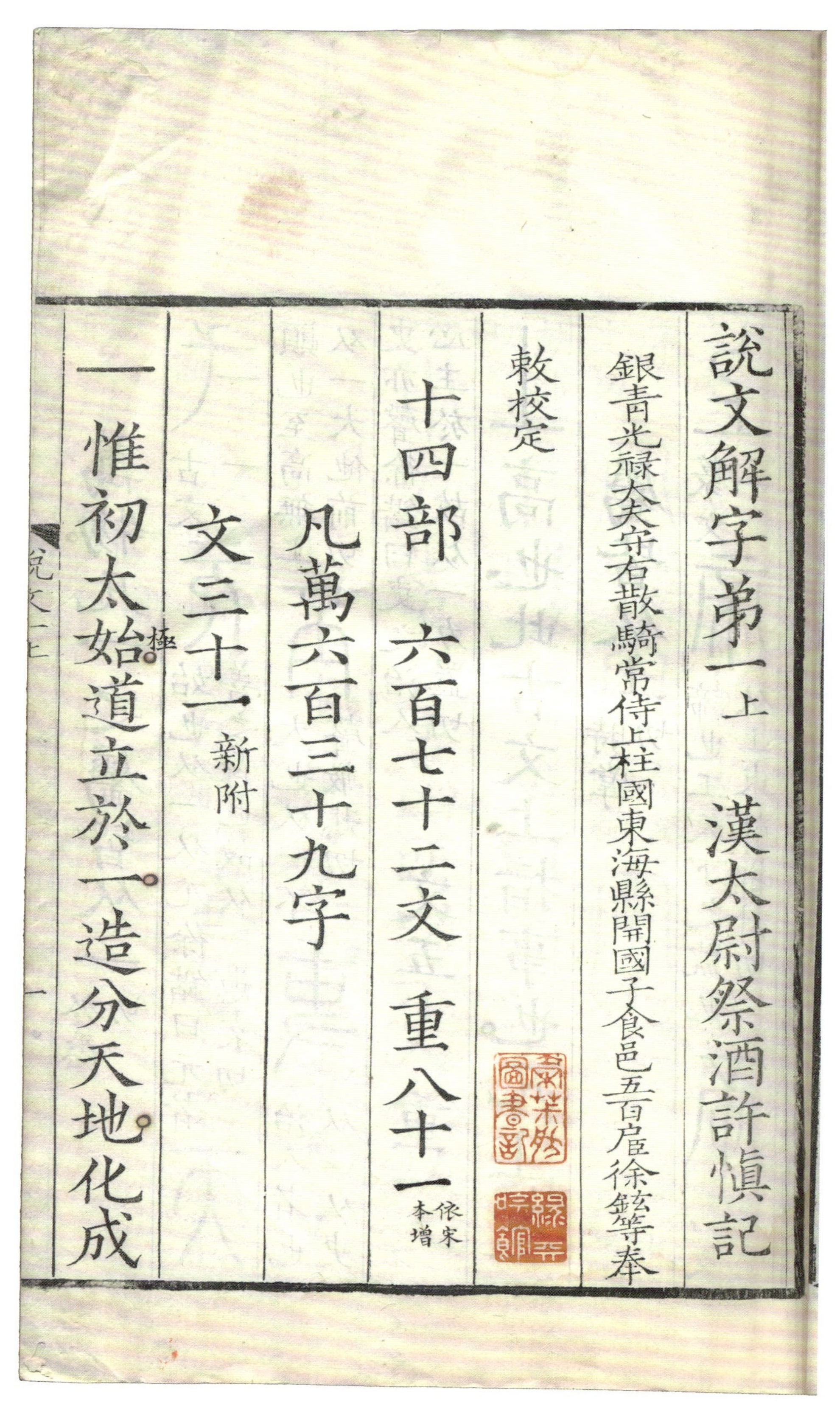

說文解字弟一上　漢太尉祭酒許慎記

銀青光禄大夫守右散騎常侍上柱國東海縣開國子食邑五百户臣徐鉉等奉

敕校定

十四部　六百七十二文　重八十一依宋本增

凡萬六百三十九字

文三十一新附

一　惟初太始道立於一造分天地化成

說文一上　一

171 《毗尼止持會集》提要

《毗尼止持會集》十六卷，首一卷，清讀體集。清順治六年（1649）刻本。凡七册。半葉九行，行二十字。上下黑口，左右雙邊。版框高十九厘米，寬十三點七厘米。

讀體（1601—1679），號見月。俗姓許，冲霄雲南楚雄人。三十一歲依亮如法師披剃。崇禎六年（1633），投寂光律師受戒，依住學律，改號見月。弘光元年，寂光臨殁，命繼主寶華山隆昌寺。著有《一夢漫言》《大乘玄義》等。

是書是見月依明代釋性祇《毗尼日用切録》（又稱《毗尼日用》）重新編集而成，采擇《華嚴經・净行品》與密教經典中之偈、咒彙編成集，注釋了《四分律》比丘戒二百五十戒。每卷後附音義。

毘尼止持會集卷第一

金陵寶華山宏律沙門讀體集

將明斯律。依賢首宗略開七門。一、教起因緣。二、藏乘所攝。三、教義通局。四、辯定宗趣。五、教所被機。六、總釋題目。七、別解戒相。所言門者，收攝無壅，名之爲門。俾依門入解，通達無滯。凡所釋義，則有所宗歸也。

初教起因緣者，有通有別。所言通者，謂如來惟爲一大事因緣，出現於世。則一代時教，總其大意，惟

172 《龜山先生集》提要

《龜山先生集》四十二卷，宋楊時撰。清順治八年（1651）雪香齋刻本。凡十册。半葉十行，行二十字。白口，黑單魚尾，四周雙邊。版心刻書名、刻工名，刻工張、黄、京等，分散見於各卷版心，無固定規律。版框高十九點九厘米，寬十三點七厘米。

楊時（1053—1135），字中立，號龜山，南劍州將樂（今屬福建省將樂縣）人。熙寧九年（1076）進士。歷官瀏陽、余杭、蕭山知縣，荆州教授，工部侍郎，以龍圖閣直學士專事著述講學。晚年隱居龜山，學者稱龜山先生。謚文靖。著有《龜山集》《二程粹言》等。楊時一生精研理學，特别是他『倡道東南』，對閩中理學的興起，有篳路藍縷之功，被後人尊爲『閩學鼻祖』。其哲學思想繼承了『二程』的思想體系，被後人稱爲『程氏正宗』。楊時對『理一分殊』『明鏡』等學説有新的創見，還在自然觀上，吸收了張載『氣』的唯物主義學説。

是書包括書、奏、表、札、講義、經解、史論、啓、記、序、跋各一卷，語録四卷，答問二卷，辨二卷，書七卷，雜著一卷，哀辭、祭文一卷，狀述一卷，志銘八卷，詩五卷。

館藏本内封右刻『辛卯仲春重梓』，中刻『龜山先生全集』，右刻『雪香齋藏板』；卷端有楚黄耿序，閔度叙，王孫蕃叙，孔興序，楊思聖叙，楊令聞跋。

龜山先生集卷第一

上書　　裔孫令聞重刊

上淵聖皇帝

臣以凡庸之才叨被誤恩擢寘諫垣仍侍經幄絲毫未有所補而迫以桑榆晚暮衰病日侵不足以任職引年之請屢瀆天聽伏蒙陛下眷憐未忍擯棄授以宮祠之祿使畢此餘生天地之恩無以報稱念將去國恐自此遂填溝壑無復再瞻清光犬馬之情不能自已謹竭所聞以獻伏望　陛下清閒之燕俯賜覽觀庶或補於萬分臣不勝幸甚臣聞古之欲明明德

173 《列朝詩集》提要

《列朝詩集》八十一卷，清錢謙益輯。清順治九年（1652）毛晋刻本。凡四十册。半葉十五行，行二十八字。白口，黑對魚尾，四周雙邊。版框高二十點三厘米，寬十三點三厘米。

錢謙益（1582—1664），字受之，號牧齋，晚號蒙叟、東澗老人，江蘇常熟人，明末清初詩人。著有《初學集》《有學集》《投筆集》等，乾隆時其詩文集遭到禁毁。

《列朝詩集》收録了明代十六朝二百七十八年間一千六百餘家詩人的作品，分乾集、甲集前編、甲集、乙集、丙集、丁集、閏集，是一部詩史性質的詩歌總集。其體例仿元好問《中州集》，『以詩繫人，以人繫傳。中州之詩亦金源之始也』。卷首置乾集上、下兩卷，上爲明代歷朝皇帝詩作，下爲藩王詩作；接以甲集前編十一卷，録明太祖元末起事至洪武開國間作家作品；其次爲全書正編所在，分甲、乙、丙、丁四集，共六十二卷，依時代先後選録洪武至崇禎年間諸家作品；末置閏集六卷，專收僧道、香奩、宗室、無名氏、碑刻、集句、域外之類作品。作者名下有小傳，介紹姓氏爵里生平，品評其作品得失，資料比較豐富，時有編者本人之獨到見解，但論及詩家不同流派則有門户之見。是書是中國詩歌發展歷程中重要的一筆，有些記述在今天已是罕見的史料，文獻價值較大。

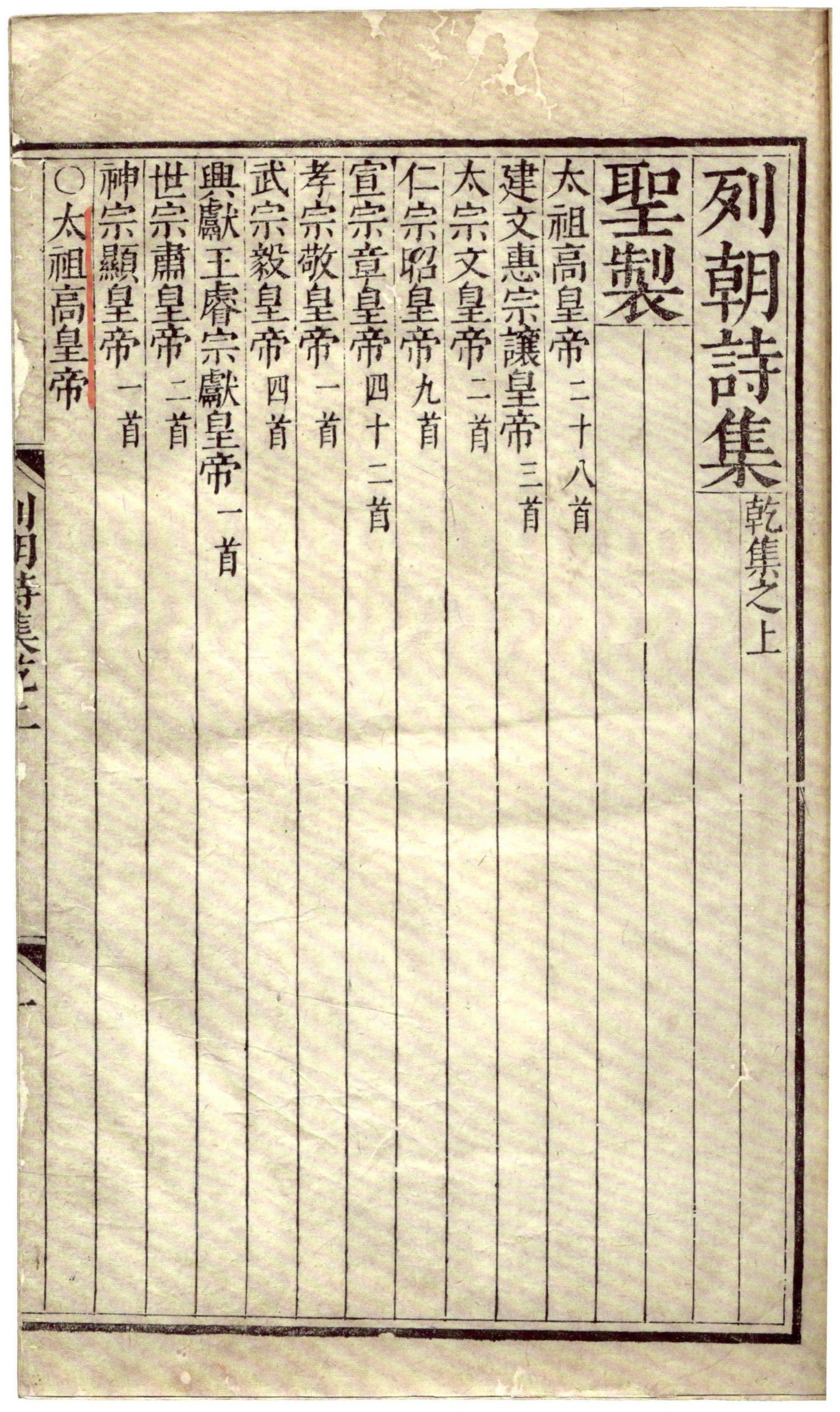

列朝詩集 乾集之上

聖製

太祖高皇帝 二十八首

建文惠宗讓皇帝 三首

太宗文皇帝 二首

仁宗昭皇帝 九首

宣宗章皇帝 四十二首

孝宗敬皇帝 一首

武宗毅皇帝 四首

興獻王睿宗獻皇帝 一首

世宗肅皇帝 二首

神宗顯皇帝 一首

○太祖高皇帝

174 《壯悔堂文集》提要

《壯悔堂文集》十卷，附壯悔堂遺稿一卷，清侯方域撰。清順治十三年（1656）刻本。凡四册。半葉九行，行十八字。白口，左右雙邊。版框高十八點八厘米，寬十四點二厘米。

《壯悔堂文集》爲其友人徐作肅所選編，包括正集十卷、遺稿一卷。正集卷一、卷二爲序，卷三爲書，卷四爲奏議，卷五爲傳，卷六爲記，卷七爲論，卷八爲策，卷九爲表、説、書後，卷十爲墓志銘、祭文和雜著，加上『遺稿』十篇，共收文一百四十二篇，因其『語多失體』，在乾隆年間數度被列入各省禁毀書目中。

館藏本内封鎸『壯悔堂文集』『退齋藏板』。卷首有徐作肅序，卷十後有賈開宗《侯朝宗古文逸稿序》，係初刻本，有較高的版本價值。

壯悔堂文集卷之一

同里　賈開宗靜子　徐作肅恭士　選
徐鄰唐爾黃　宋犖牧仲　閱

序

送徐㚖二子序

侯子既放，涉江，迺棹棲乎高陽之舊廬，曰召酒徒，飲醇酒。醉則仰天而歌（一篇立意在此）猛虎行，戒門者曰：有冠儒冠、服儒服而以儒術請間者，固拒之。於是侯子之庭無儒者迹。一日，遇豈儒於途，勞侯子

175 《佛經六種》提要

《佛經六種》，□□編。清順治十二年（1655）至康熙三年（1664）刻本。凡一册。半葉九行，行二十字。白口，四周雙邊。版心上刻『經』，中刻經名和卷數、頁數，下刻『信一（二……十）』。版框高二十二點三厘米，寬十四點七厘米。

是書包括魏晋至隋唐時的佛經六種：《佛説長者法志妻經》《佛説薩羅國經》《佛説十吉祥經》《佛説長者女庵提遮師子吼了義經》《佛説一切智光明仙人慈心因緣不食肉經》《大方等陀羅尼經》。

館藏本第五、六種經後刻有刻經時間。第五種後刻有『康熙三年十月化城板頭銀貲刻』，第六種後刻有『浙江嘉興府平湖縣信士陸模捐貲刻此，順治乙未仲秋竺陽氏馮洪業升子鄒煌較』。首卷卷端鈐有方形陰文印『繡佛子弟』。

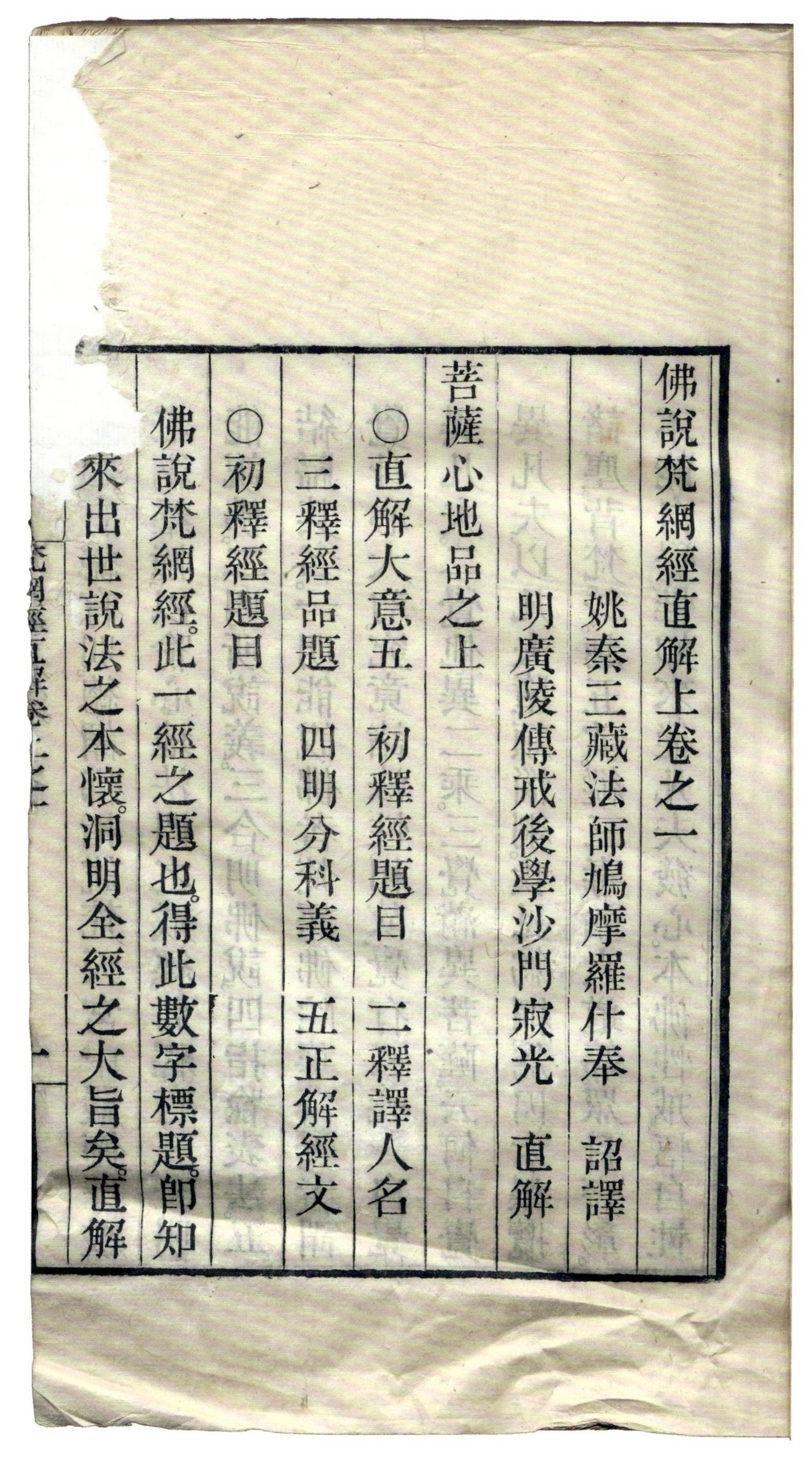

佛說梵網經直解上卷之一

姚秦三藏法師鳩摩羅什奉　詔譯

明廣陵傳戒後學沙門寂光　直解

菩薩心地品之上

○直解大意五　初釋經題目　二釋譯人名

三釋經品題　四明分科義　五正解經文

○初釋經題目

佛說梵網經。此一經之題也。得此數字標題。即知來出世說法之本懷。洞明全經之大旨矣。直解

176 《宗鏡録》提要

《宗鏡録》一百卷，宋延壽集。清雍正十二年（1734）内府重刻本。凡二十册。半葉十行，行二十字。白口，黑單魚尾，四周單邊。版框高十七點六厘米，寬十三厘米。

延壽（904—975），俗姓王，錢塘人。出家住慧日永明寺，如是法眼宗德韶的弟子，法眼宗創始人文益的再傳弟子，禪門大德，賜號『智覺禪師』。

是書總結了宋以前中國佛學之得失，指出了此後中國佛教的發展道路，客觀上反映了中國佛教在五代宋初演變的基本軌迹。其主旨是要在肯定唐代宗密禪教一致的基礎上，進一步予以發揚光大，并把這種融合思想的原則推及所有佛教宗派。全書約八十餘萬字，分爲三章：第一卷前半爲標宗章，自第一卷後半至第九十三卷爲問答章，第九十四卷至第一百卷爲引證章。標宗章『立正宗明爲歸趨』，問答章『申問答用去疑情』，引證章『引真詮成其圓信』。所謂正宗，即『舉一心爲宗』，此一心宗，『照萬法如鏡』，又編聯古制的深義，撮略寶藏的圓詮，故稱録。是書在禪師們輕視義學的流弊發展到相當嚴重的時候編集成書，在當時對於佛教界的教育意義很大。

館藏本有雍正《御製重刊宗鏡録序》，宋楊傑序，書尾有釋超海奉敕重刊跋和牌記『雍正十二年甲寅四月初八日奉旨重刊宗鏡録』。

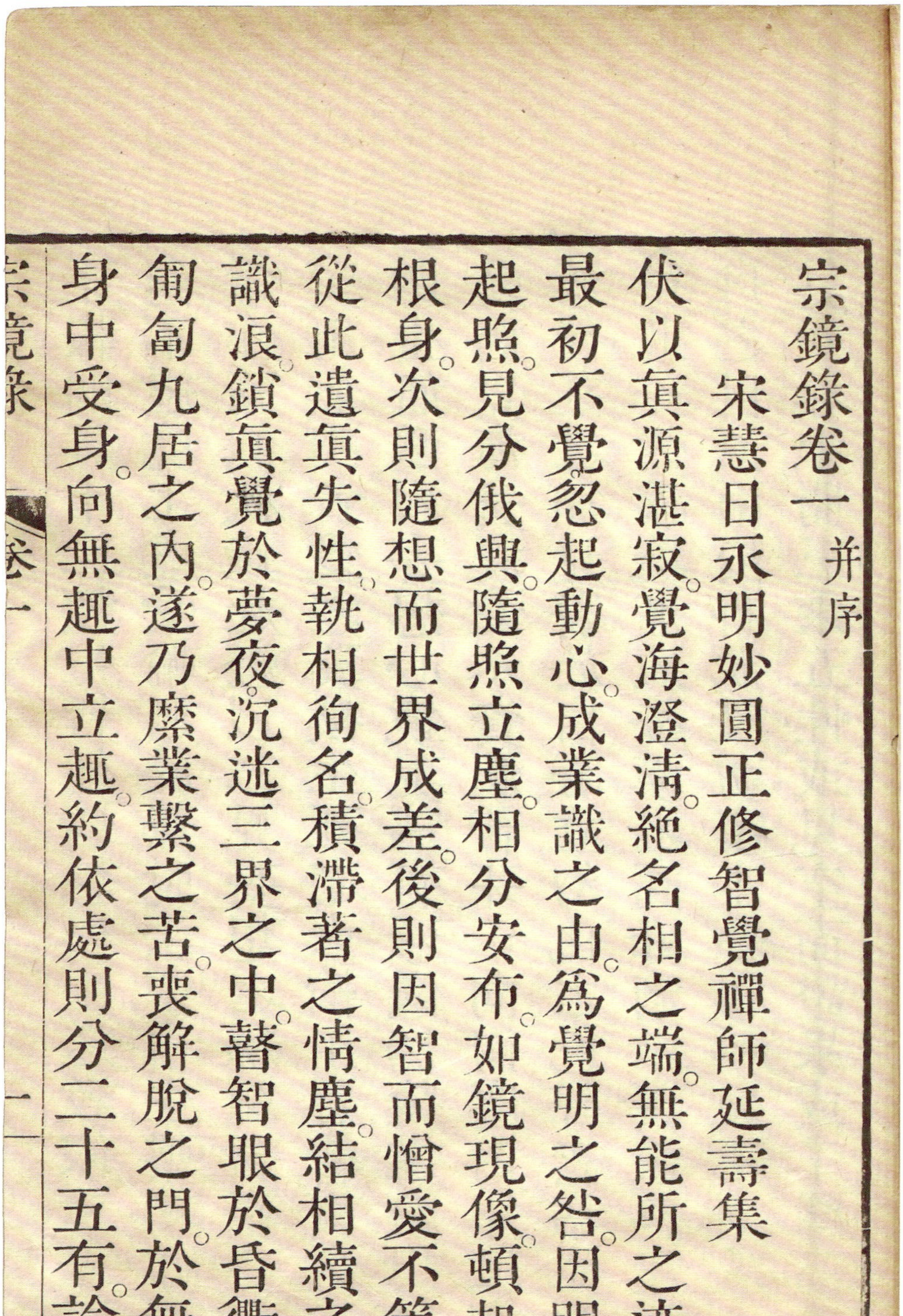

宗鏡錄卷一 并序

宋慧日永明妙圓正修智覺禪師延壽集

伏以眞源湛寂。覺海澄清。絕名相之端。無能所之迹。最初不覺忽起動心。成業識之由。爲覺明之咎。因明起照。見分俄興。隨照立塵。相分安布。如鏡現像。頓起根身。次則隨想而世界成差。後則因智而憎愛不等。從此遺眞失性。執相徇名。積滯著之情塵。結相續之識浪。鎖眞覺於夢夜。沉迷三界之中。瞽智眼於昏衢。匍匐九居之內。遂乃縻業繫之苦。喪解脫之門。於無身中受身。向無趣中立趣。約依處則分二十五有。論

177 《皇明通紀直解》提要

《皇明通紀直解》十六卷，清張嘉和輯。清順治刻本。凡十二册。半葉十行，行二十一字。四周單邊，眉刻有批語。版框高二十點二厘米，寬十四點二厘米。

是書又名《通紀直解》，分正、續兩編，按年編載。正編自洪武至天啓，續編專記崇禎朝事迹，凡有關時事，名臣奏疏，如楊漣等劾魏忠賢二十四大罪、楊繼盛誅賊臣各疏，用小字分注於各條之後。作者於凡例中主張敘事貴簡而核、貴核而嚴、貴嚴而直，故正編簡核嚴直。續編僅記崇禎一朝却用兩卷篇幅，并稱『如今天興清，自然要廢明』，顯係清人口吻，亦可能爲入清後作，或清人刊行所損益。

館藏本存十二卷：卷三至卷七、卷九、卷十一至卷十六。

通紀直解卷之六

五朝名臣傳

魏驥

公字仲芳。蕭山人。永樂三年。鄉舉爲松江訓導。歷尚書致仕。年九十八卒。

公爲訓導。汲汲造就人材。諸生讀書學宮。夜分携茶勞問。諸生益感激自奮。三考復留陞博士。宣德初陞員外。轉南太常少卿。正統十三年陞尚書。景泰初致仕。大學士陳循公所取士。諸公

178 《唐詩解》提要

《唐詩解》五十卷，清唐汝詢撰。清順治十六年（1659）萬笈堂刻本。凡二十四册。半葉九行，行十九字，小字雙行，行十九字。白口，黑單魚尾，四周單邊。版心上刻『唐詩解』，下刻『萬笈堂』。版框高二十點九厘米，寬十四點五厘米。

唐汝詢，字仲言，華亭（今上海松江）人。自幼聰穎過人，五歲而瞽，父兄抱膝上授以三百篇及唐詩，旁通經史，箋注唐詩。

是書係綜取高棅《唐詩正聲》、李攀龍《唐詩選》二書，共選唐詩人一百八十四家，詩一千四百餘首，加以訂正，附以己意，爲之箋釋而成。追流溯源，搜羅略盡。入選作家有帝王公卿、方外异人、閨秀、宫人及無名氏等。選詩共分七體，曰：五言古詩，七言古詩，五言絶句，七言絶句，五言律詩，七言律詩，五言排律。每詩均由原文、作者簡介、校彙、注釋及詳解組成，是一册具有較高學術價值的唐詩總彙，可供唐詩研究者及愛好者參閲。

館藏本存三十六卷。内封右上鎸『唐仲言先生選釋』，左下鎸『武林萬笈堂藏書』。有戴京曾叙。

唐詩解卷之一

華亭唐汝詢仲言父選釋

毛先舒馳黄父參校

武林沈賦相如父

五言古詩一

魏徵

述懷

樂府作出關（唐書本傳）徵少有大志從李密來京師未知名自請安輯山東乃擢秘書丞馳驛至黎陽此詩蓋馳驛時作

中原還逐鹿投筆事戎軒縱橫計不就慷慨志猶

179 《金石録》提要

金石録卷第一
目録一　三代　秦　漢
宋東武趙明誠編著
濟南謝世箕較梓
清　晉陵馮逵道叅訂
第一古器物銘一
第二古器物銘二
第三古器物銘三
第四古器物銘四
第五古器物銘五

《金石録》三十卷，宋趙明誠撰。清順治謝世箕刻本。凡六册。半葉九行，行二十一字，小字双行，字數不等。白口，黑單魚尾，四周單邊。版心刻有书名，中刻卷數。版框高十八點六厘米，寬十二點九厘米。

趙明誠（1081—1129），字德甫，山東諸城人，對考古、金石、書畫研究甚深。《金石録》一書，著録其所見從上古三代至隋唐五代以來鐘鼎彝器的銘文款識和碑銘墓志等石刻文字，是中國最早的金石目録和研究專著之一。全書共三十卷，前爲目録十卷，後爲跋尾二十卷，考訂精核，評論獨具卓識。《金石録》一書，實为趙明誠与其妻李清照二人之合著。

館藏本有序三：宋趙明誠序，易安室後序，謝世箕叙。

180 《昌谷集》提要

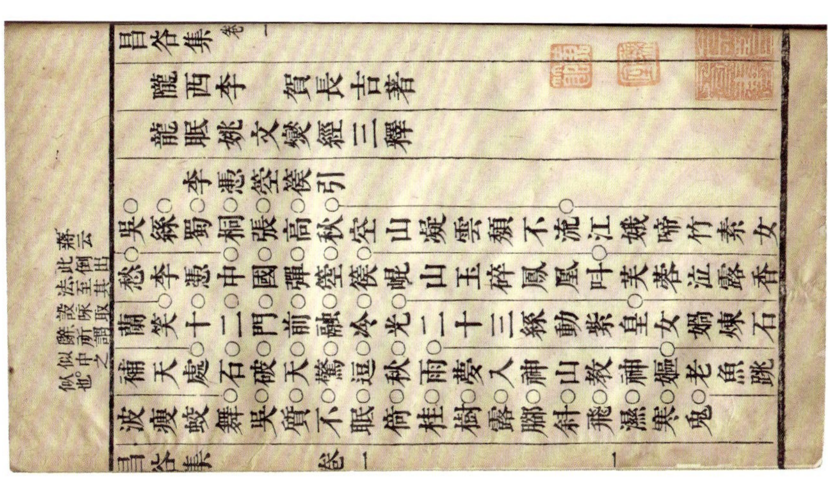
昌谷集卷一

隴西李賀長吉著

龍眠姚文燮經三釋

李憑箜篌引

吴絲蜀桐張高秋，空山凝雲頽不流。江娥啼竹素女愁，李憑中國彈箜篌。崑山玉碎鳳凰叫，芙蓉泣露香蘭笑。十二門前融冷光，二十三絲動紫皇。女媧煉石補天處，石破天驚逗秋雨。夢入神山教神嫗，老魚跳波瘦蛟舞。吴質不眠倚桂樹，露脚斜飛濕寒兔。

《昌谷集》四卷，外集一卷，唐李賀撰，清姚文燮注。清康熙五年（1666）建陽同文書院刻本。凡四册。半葉九行，行二十字。白口，四周單邊。版心刻有『昌谷集』，眉刻批語。版框高二十厘米，寬十三點五厘米。

是書前依次有錢澄之《重刻昌谷集注序》，陳式《重刻昌谷集注序》，注者姚文燮《昌谷詩集自序》，杜牧《李賀詩編序》，李商隱《李長吉小傳》。書後附有宋琬《昌谷注序》，方拱乾序，姜承烈序，黄傳祖序，何永紹序，陳焯然序，錢澄之序。姚注在眉批處，每卷卷端均有『隴西李賀長吉著，龍眠姚文燮經三釋』。内封鈐有方形陽文『潭陽書林藏板』，錢序首頁鈐方形陰文『黄節』、方形陽文『蕉室』，姚序首頁鈐方形陽文『金溪野客』，首卷卷端頁鈐方形陰文『崇賢藏書』，凡例頁鈐橢圓陽文『雲園』，卷四卷端鈐方形陽文『雲園李同人』，小傳首頁鈐橢圓陽文『呆囚』等數十枚藏書印。

181 《通雅》提要

《通雅》五十二卷，首三卷，明方以智撰。清康熙五年（1666）龍眠姚氏刻本。凡八册。半葉十行，行二十四字。白口，黑單魚尾，四周單邊。版心下刻『浮山此藏軒』。版框高二十二厘米，寬十三點五厘米。

方以智（1611—1671），字密之，號曼公，又號鹿起、龍眠愚者等。入清爲僧，法名弘智，江南桐城（今安徽省桐城市城區鳳儀里）人。明代思想家、哲學家、科學家。因家學淵源，博采衆長，主張中西合璧，儒、釋、道三教歸一。一生著述四百餘萬言，多有散佚，存世作品數十種，内容廣博，文、史、哲、地、醫藥、物理，無所不包。

通雅，即通達高雅之意。作者在《自序》中表明：『此書非類書。』『函雅故，通古今，此鼓篋之必有事也。』『今以經史爲概，遍覽所及，輒爲要删，古今聚訟，爲徵考而决之，期於通達……名曰《通雅》。』全書共分二十四門，爲音義、讀書、小學大略、詩説、文章、天文、地理、身體、稱謂、姓名、官制、禮儀、樂曲、樂舞、器用、宫室、飲食、金石、算數、動植物、脉考。對舉凡天地人身之故，輒通考旁徵而會通之。内容廣泛，考證名物、象數、訓詁、音聲等，是一部百科全書式的著作。

館藏本有序四：姚文燮序，錢澄序，方以智自序，方以智又序。有批校題跋三：一九三一年李大翀『辛未秋八月義州李大翀點校一過』，清馬鑄式跋『丙寅夏獲於北京市上，道光乙未購於濩澤城内』，清達文跋『素安居士達文手校重裝』。序第一頁有鈐印四方：方形陽文印『達文』，方形陽文印『李大翀珍秘』，方形陰文印『臣馬鑄式』，方形陽文印『李氏藏書』。凡例第一頁鈐方形朱文印『石蓀』，方形陰文印『李辟勇』。目次頁鈐印三：方形陰文印『翀』，方形陰文印『臣馬鑄式』，方形陰文印『達文』。首卷卷端有鈐方形朱文印『李大翀讀書記』，方形朱文印『楓玠』。卷三卷端鈐竪長方朱文印『義州李氏珍藏』，方形朱文印『石孫讀過』。

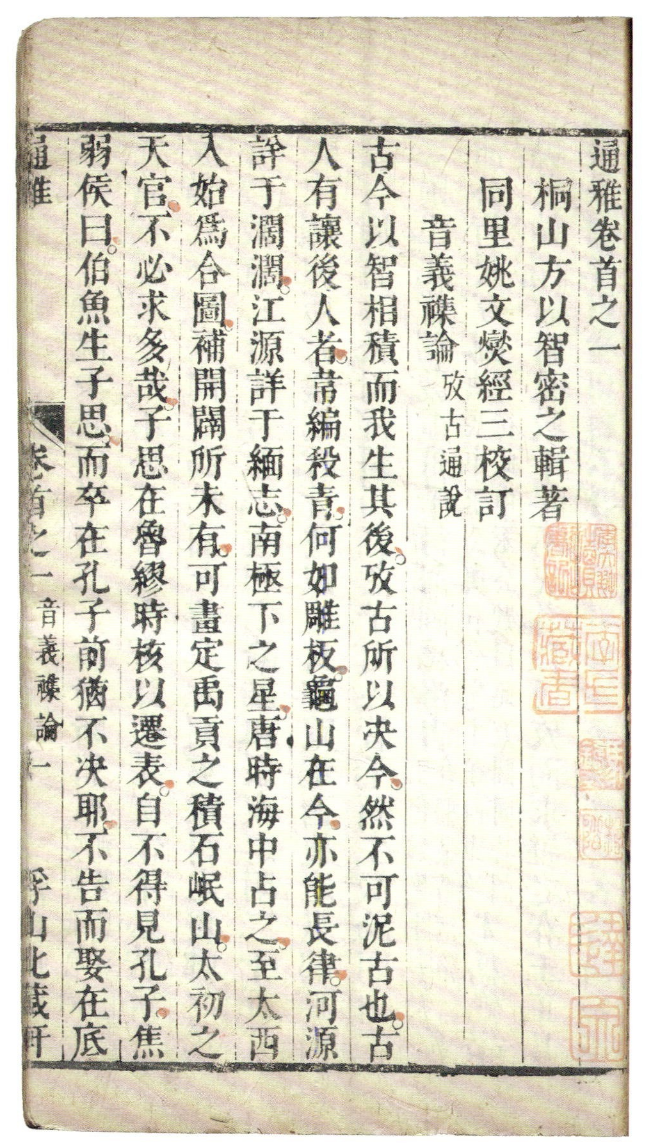

通雅卷首之一

桐山方以智密之輯著

同里姚文燮經三校訂

音義襍論 攷古通說

古今以智相積而我生其後攷古所以決今然不可泥古也古
人有讓後人者帝編殺青何如雕板龜山在今亦能長律河源
詳于潤潤江源詳于緬志南極下之星唐時海中占之至太西
入始爲合圖補開闢所未有可畫定禹貢之積石岷山太初之
天官不必求多哉子思在魯繆時抜以遷表自不得見孔子焦
弱侯曰伯魚生子思而卒在孔子前猶不決耶不告而娶在底

通雅 卷首之一 音義襍論 一 浮山此藏軒

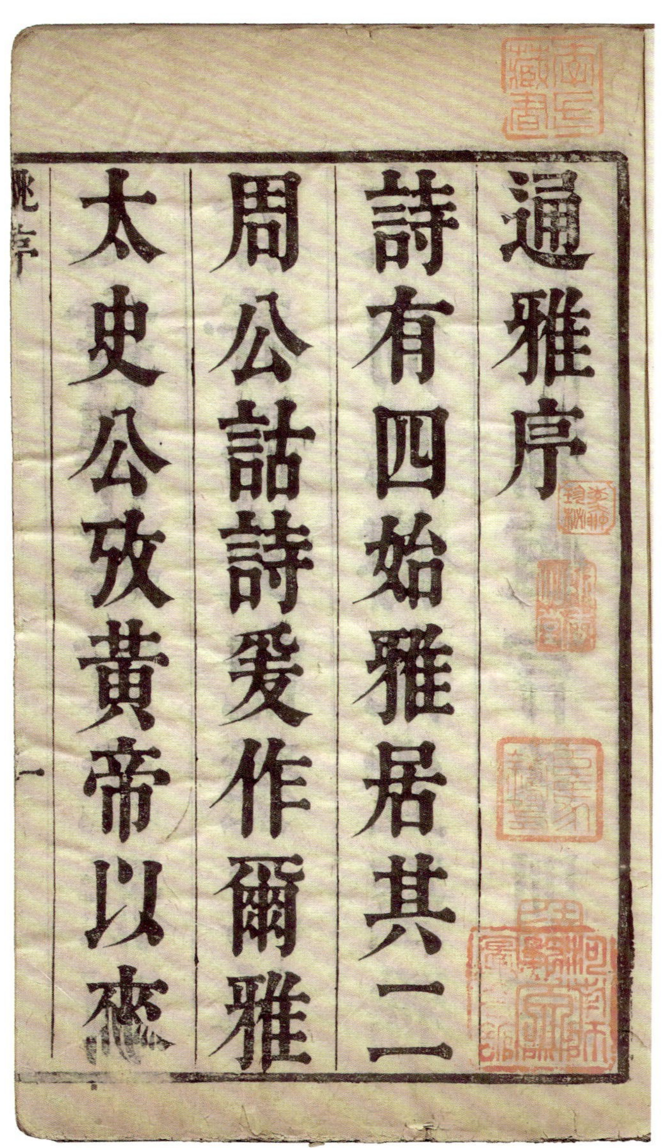

通雅序

詩有四始雅居其二
周公詁詩爰作爾雅
太史公攷黃帝以來

通雅序 一

182 《杜工部集箋注》提要

《杜工部集箋注》二十卷，年譜一卷，諸家詩話一卷，唱酬題咏一卷，附録一卷，清錢謙益撰。清康熙六年（1667）刻本。凡十二册。半葉十一行，行二十字，小字雙行，行二十八字（不頂格）。上下黑口，四周雙邊，黑對魚尾。版框高十八點三厘米，寬十三點五厘米。

杜甫（712—770），字子美，河南鞏縣（今河南鄭州鞏義市）人，自號少陵野老。杜甫是唐代偉大的現實主義詩人，被後人稱爲『詩聖』，他的詩被稱爲『詩史』。因其曾任左拾遺、檢校工部員外郎，後世稱其杜拾遺、杜工部；又因他居住在長安城外的少陵，也稱他杜少陵。杜甫存詩一千四百餘首，宋王洙編訂成集，又經王淇、吴若等校訂補益，後出注本皆本此。

是書爲杜詩四大注本之一，是錢謙益積數十年之力，以史證詩，考訂精審之作。

館藏本内封右上刻『季滄葦先生校閲』，中刻『錢牧齋先生箋注杜工部集』，右下刻『静思堂藏板』。正文卷端題名『杜工部集』。有季振宜序和錢謙益《草堂詩箋元本序》。

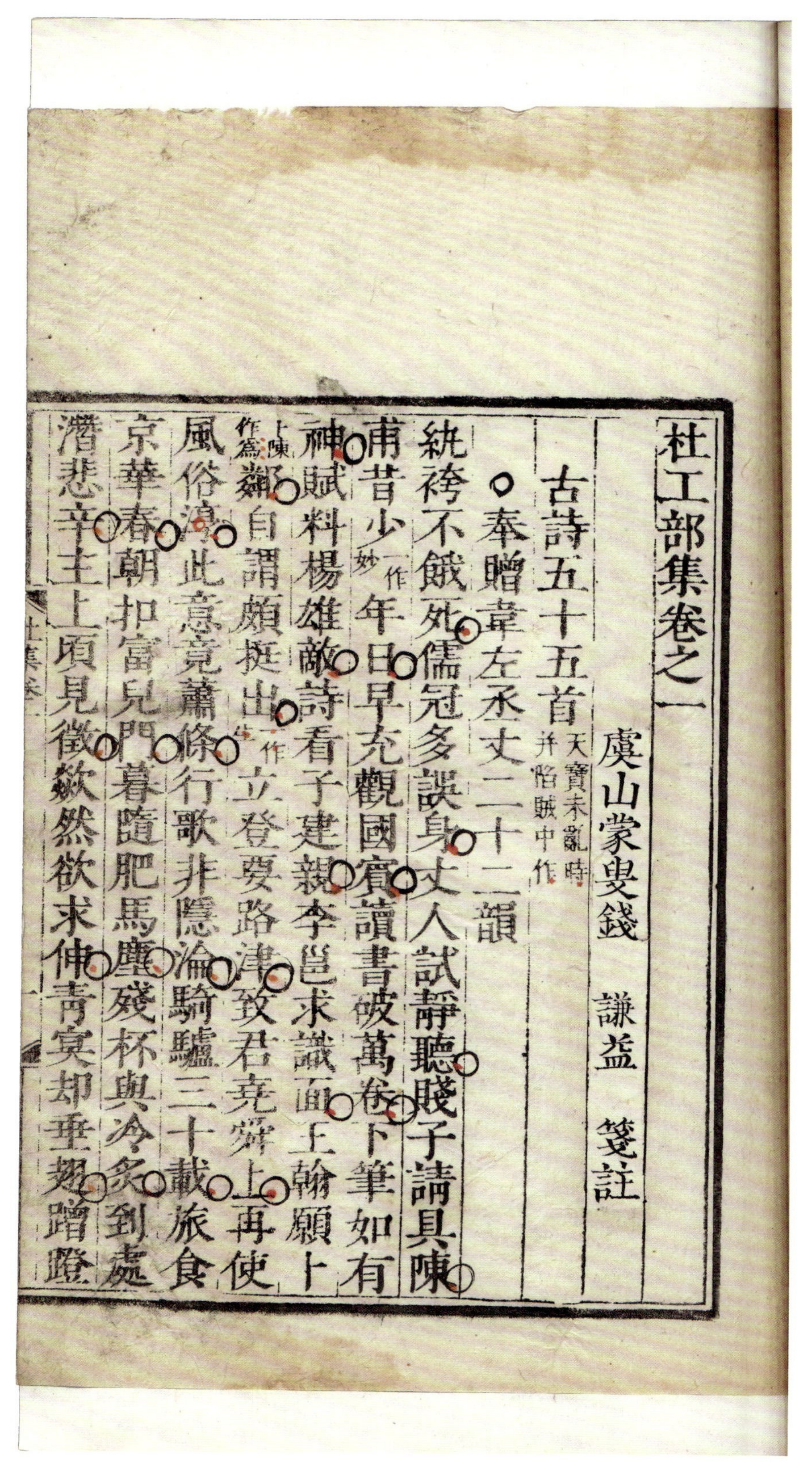

杜工部集卷之一

虞山蒙叟錢謙益箋註

古詩五十五首 天寶未亂時并陷賊中作

○奉贈韋左丞丈二十二韻

紈袴不餓死儒冠多誤身丈人試靜聽賤子請具陳
甫昔少妙一作年日早充觀國賓讀書破萬卷下筆如有
神賦料揚雄敵詩看子建親李邕求識面王翰願卜
上陳作爲鄰自謂頗挺出一作立登要路津致君堯舜上再使
風俗淳此意竟蕭條行歌非隱淪騎驢三十載旅食
京華春朝扣富兒門暮隨肥馬塵殘杯與冷炙到處
潛悲辛主上頃見徵欻然欲求伸青冥却垂翅蹭蹬

183 《音學五書》提要

《音學五書》三十八卷，清顧炎武撰。清康熙六年（1667）山陽張弨符山堂刻本。凡十册。半葉八行，行十二字。白口，左右雙邊，黑單魚尾。版心上刻子目題名。版框高十九點七厘米，寬十四點五厘米。

顧炎武（1613—1682），本名繼坤，改名絳，明亡後改爲炎武，字寧人，號亭林，南直隸昆山（今江蘇省昆山市）人。曾起兵抗清，纍拒仕清，專事學問。他是清代樸學的開創者，在經學、史學、輿地學、音韵學等方面都卓有成就。他是第一個用科學的方法研究上古音，并對上古韵類進行分部的學者，是清代古音學的奠基人。

是書包括《音論》《詩本音》《易音》《唐韵正》和《古音表》五個部分。《音論》總述其音韵學思想，對一些重要問題提出自己的看法。《詩本音》列出《詩經》原文，在押韵字下一一注明《廣韵》的韵部，凡於其所認定之古音不合者，則注『古音某』，并詳考此字在《詩經》或其他古籍出現之次數，謂讀音并同，又謂『後人混入某韵』或『後人誤入某韵』。《易音》是考查《易經》中押韵字之古音，體例與《詩本音》基本相同，但不録《易經》全文，只列有韵之文。《唐韵正》以《廣韵》韵部爲序，一一列出顧氏以爲今音與古音不同之字，注云『古音某』，并引經傳之文以證之。《古音表》分古音爲十部，以表格形式列出其分部内容，每部按四聲分列《廣韵》韵目；對《廣韵》某韵在上古應分爲兩部者標以『半』，并列常用字；對個别他韵當移入此韵之字，亦附列韵目下；入聲除閉口韵外，都配陰聲。

館藏本前有曹學佺序，清顧炎武叙，書尾有顧炎武兩篇後序和《答李子德書》。鈐印三：序首頁鈐竪長方陽文『廣陵湖陽氏藏書』，方形陽文『縠士』『古矅擓百城樓主人珍藏書畫記』。

音論卷上

古曰音今曰韻

詩序曰情發於聲聲成文謂之音箋云聲謂宮商角徵羽也聲成文者宮商上下相應按此所謂音卽今之所謂韻也然而古人不言韻

梁劉勰文心雕龍曰異音相從

184 《增補箋注繪像第六才子西厢釋解》提要

《增補箋注繪像第六才子西厢釋解》八卷，元王實甫撰，清金聖歎批。清康熙八年（1669）刻本。凡四册。半葉十行，行二十字到二十五字不等，分兩欄。白口，黑單魚尾，四周單邊。版框高十九點四厘米，寬十三點五厘米。

金聖歎（1608—1661），名采，字若采。明亡後改名人瑞，字聖歎。明末清初蘇州吴縣人。明末諸生出身，爲人狂傲有奇氣，因明亡誓不仕清，常喟然歎曰：『金人在上，聖人焉能不歎？』從而改姓『金』，字『聖歎』。在金聖歎之前，《西厢記》已經譽滿四海，令無數文人墨客爲之傾倒。金聖歎將它列爲『第六才子書』，并加以評點，正如清代著名劇評家李漁所説，人人都稱《西厢記》爲古今傳奇第一，但『能歷指其所以爲第一之故者，獨出一金聖歎』。

館藏本有汪溥勛《題聖歎批第六才子西厢原序》，序首頁鈐方形陽文印『常肇勤』。

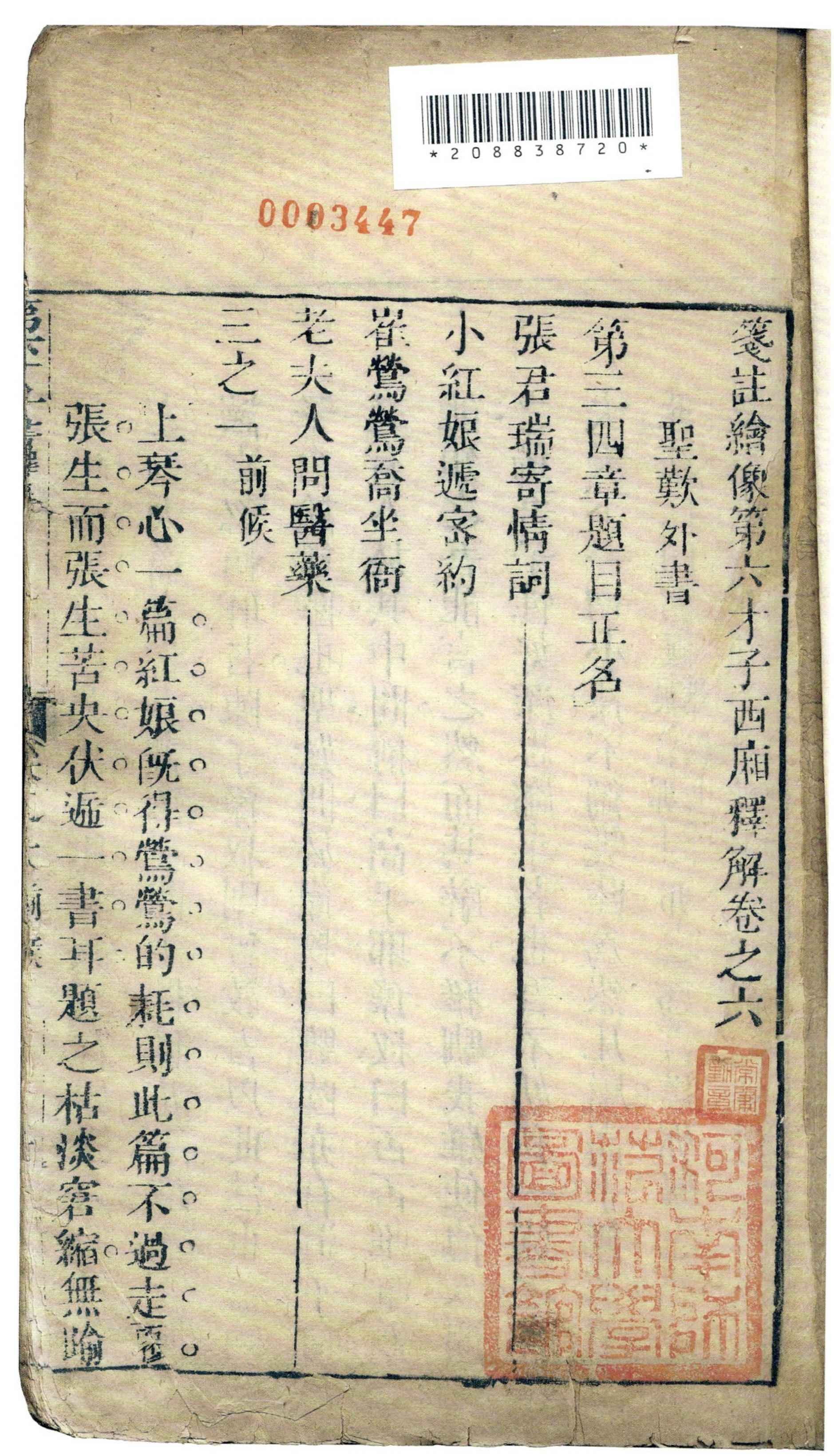
箋註繪像第六才子西廂釋解卷之六

聖歎外書

第三四章題目正名

張君瑞寄情詞

小紅娘遞密約

崔鶯鶯喬坐衙

老夫人問醫藥

三之一 前候

上琴心一篇紅娘既得鶯鶯的耗則此篇不過走覆

張生而張生苦央伏遞一書并題之枯淡寡縮無踰

185 《賴古堂尺牘新鈔三選結鄰集》提要

《賴古堂尺牘新鈔三選結鄰集》十六卷，清周亮工撰，清周在浚等輯。清康熙九年（1670）賴古堂刻本。凡二册。半葉九行，行二十字。白口，白單魚尾，四周單邊。版心下刻『賴古堂』，正文眉刻評語。版框高十九厘米，寬十三點五厘米。

周亮工（1612—1672），字元亮。才氣高逸，記聞淹博，生平著述甚富。周亮工在《賴古堂集·凡例》中説道：『先司農選輯之書，如《賴古堂文選》及《尺牘新鈔》《藏弆》《結鄰》不在焚書之列，迄今印行海内。學者莫不奉爲枕秘，咸望續刻，以廣未見。』後於《四庫全書》復查時，因《讀書録》中『語有違礙』，乃連同其他著作悉遭查毁，流傳遂少。

是書輯録明嘉靖至清康熙初年的名家二百六十餘人的尺牘七百四十餘封，按時代爲序，以作者爲單元。是書内容豐富、收録較廣，承晚明風習，雖意在選文，但也保留了不少史實資料。卷首有作者小传。

館藏本序有『康熙九年歲次庚戌重五前二日賴古堂彙梓』，凡例有『康熙九年歲次庚戌重五前一日賴古堂識』。内封中鎸『結鄰集』，左下鎸『情話軒藏板』，右上鎸『賴古堂評訂』，眉刻『尺牘新鈔三選』。内封下鈐方形陽文印『本衙藏板』、長方形陰文印『青箱樓藏書』。凡例頁鈐方形陰文印『松蔭草堂』。

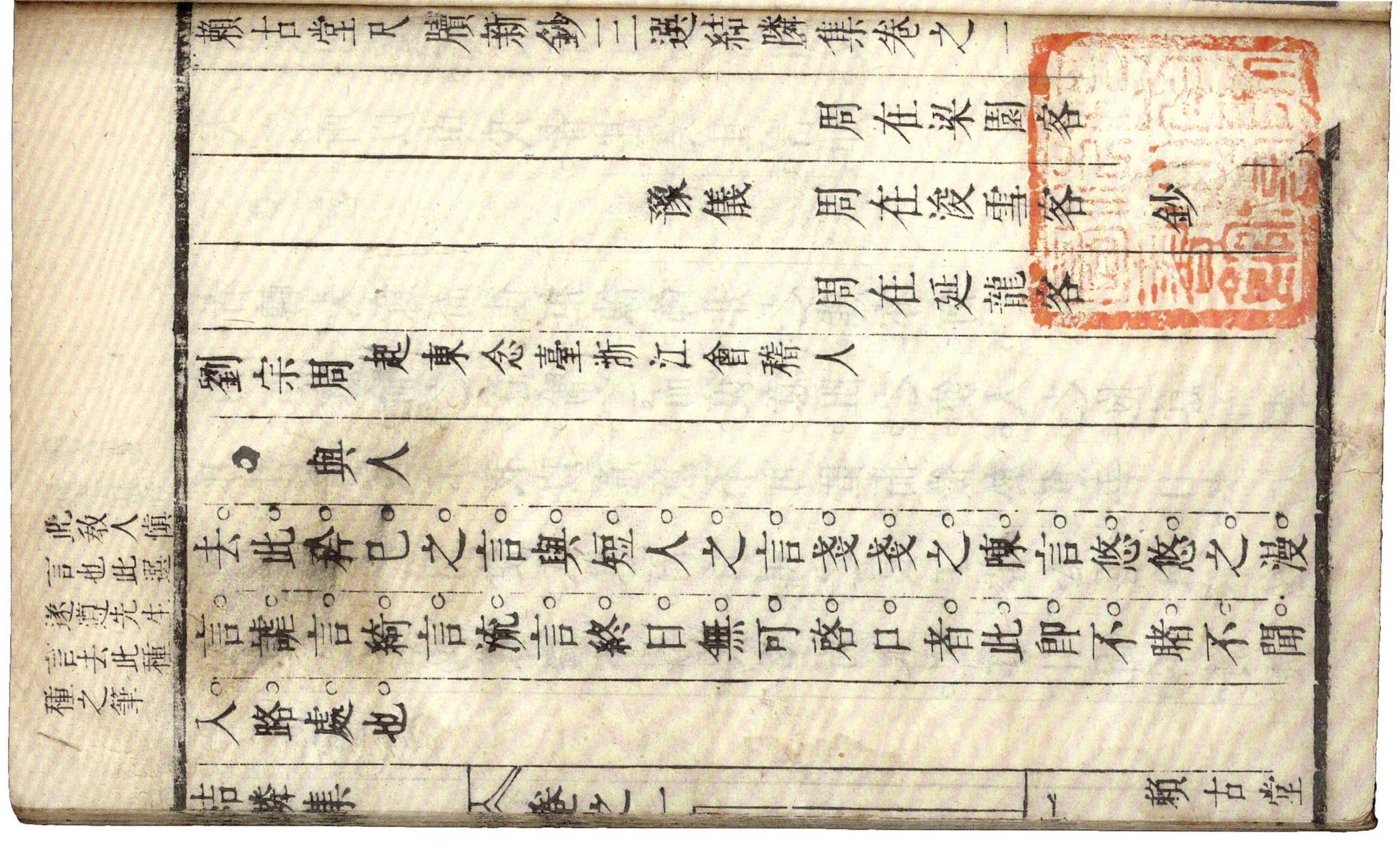
剪古堂尺牘新鈔二選結鄰集卷之一

周在梁園客
豫儀　周在浚雪客
周在延龍客

劉宗周起東念臺浙江會稽人

與人

去此矜己之言與短人之言委委之陳言悠悠之漫言詭言綺言流言終日無可啓口者此即不睹不聞人路處也

此教人慎言也此選遂遵先生言去此種種之筆

結鄰集　卷之一　剪古堂

186 《繹史》提要

《繹史》一百六十卷，清馬驌著。清康熙九年（1670）刻本。凡四十八册。半葉十一行，行二十四字，小字雙行，行三十六字。白口，左右雙邊，無魚尾。版心中刻卷數，下刻頁數。版框高十八點八厘米，寬十四點四厘米。

馬驌（1621—1673），字驄御，又字宛斯，鄒平人。順治十六年（1659）進士，官淮安府推官，終於靈璧縣知縣。

《繹史》正文分爲太古、三代、春秋、戰國和外録五部分：一、太古三皇五帝，十卷；二、三代即夏、商、西周，二十卷；三、春秋十二公時事，七十卷；四、戰國至秦亡，五十卷；五、外録，記天官、地志、名物、制度等，十卷。書後列世系圖表與正文配合，在以往的史書中前所未有。

館藏本前有李清序。卷端鈐方形陽文印『黄有澤藏書』。

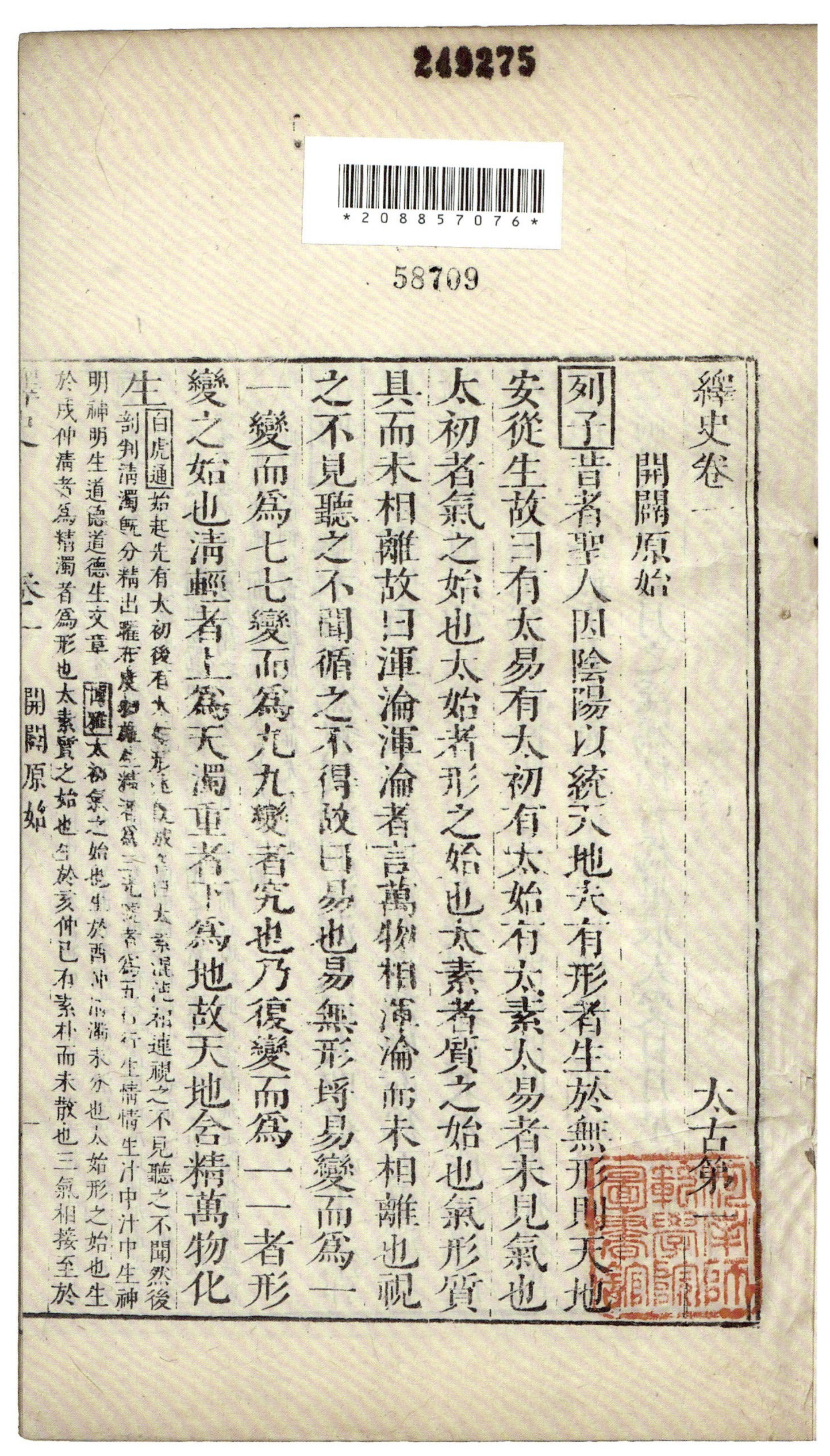

繹史卷一

開闢原始

太古第一

列子 昔者聖人因陰陽以統天地夫有形者生於無形則天地安從生故曰有太易有太初有太始有太素太易者未見氣也太初者氣之始也太始者形之始也太素者質之始也氣形質具而未相離故曰渾淪渾淪者言萬物相渾淪而未相離也視之不見聽之不聞循之不得故曰易也易無形埒易變而爲一一變而爲七七變而爲九九變者究也乃復變而爲一一者形變之始也清輕者上爲天濁重者下爲地故天地含精萬物化生

白虎通 始起先有太初後有太始形兆既成名曰太素混沌相連視之不見聽之不聞然後剖判清濁既分精出曜布度物施生精者爲三光號者爲五行五行生情情生汁中汁中生神明神明生道德道德生文章 廣雅 太初氣之始也生於酉仲清濁未分也太始形之始也生於戌仲清者爲精濁者爲形也太素質之始也生於亥仲已有素朴而未散也三氣相接至於

繹史 卷一 開闢原始

187 《閑情偶寄》提要

《閑情偶寄》十六卷，清李漁撰。清康熙十年（1671）翼聖堂刻本。凡八册。半葉九行，行二十字。白口，四周單邊，正文上有眉刻评語。版框高十八點五厘米，寬十三厘米。

李漁（1611—1679），初名仙侣，後改名漁，字謫凡，號笠翁。浙江金華蘭溪人。明末清初文學家、戲曲家。十八歲補博士弟子員，在明代中過秀才，入清後無意仕進，從事著述和指導戲劇演出。後居於南京，把居所命名爲『芥子園』，并開設書鋪，編刻圖籍，廣交達官貴人、文壇名流。

是書又名《笠翁偶集》，乃李漁之戲曲理論專著。包括詞曲、演習、聲容、居室、器玩、飲饌、種植和頤養共八部分。李漁汲取了前人如王驥德《曲律》中的理論成果，聯繫當時戲曲創作的實踐，并結合他自身的創作經驗，建立了一套完整的戲曲理論體系，其深度和廣度都達到了中國古典戲曲理論的高峰，爲戲曲理論批評史乃至中國文學批評史樹立了一塊里程碑。李漁的戲曲理論以舞臺演出實踐爲基礎，因而能够揭示戲曲創作的一般規律。

館藏本内封右鎸『笠翁秘書第一種（大字），第二種一家言即出（小字）』，中鎸『閑情偶寄』，左鎸翼聖堂主人識語四行；卷端有余懷序、尤侗序及李漁『凡例七則』。序首頁鈐竪長方陽文印『松臺書院主人』，陰文印『河湄西園逸叟』，内有朱筆圈點評校。

笠翁秘書第一種

閑情偶寄

第二種一家言即出

先生之書竟寒宇宙人謂奇矣絕矣莫能加矣先生自視蔑如也謂生平奇絕處儘有但不在從前剞劂中倘出枕中所秘者公世或能真見笠翁乎因授是編梓爲後勁 翼聖堂主人識

閑情偶寄卷之一

湖上笠翁李漁著

胥沈心友因伯

男 將舒陶長 仝訂

詞曲部

結構第一

填詞一道文人之末技也然能抑而爲此猶覺愈于馳馬試劍縱酒呼盧孔子有言不有博奕者乎爲之猶賢乎已博奕雖戲具猶賢于飽食終日無所用心塡詞雖小道不又賢

188 《理學要旨》提要

《理學要旨》不分卷，清耿介輯。清康熙十七年（1678）嵩陽書院刻本。凡一册。半葉九行，行二十字。白口，黑單魚尾，四周單邊。版框高十八點七厘米，寬十三點六厘米。

耿介（1618—1688），字介石，號逸庵，稱嵩陽先生，登封人。順治九年（1652）進士。曾受業於清代理學大家孫奇逢、學宗朱熹，内主於敬而行之以恕，成爲繼湯斌之後的中州理學大家。隱退的三十年中，除受聘於大梁書院講學外，其主要的學術、教育、著述活動，基本上托迹於嵩陽書院。河南大學圖書館珍藏耿介的著述頗多，有《理學要旨》《敬恕堂存稿》《嵩陽書院志》《中州道學編》《孝經易知》等珍稀刊本。

是書輯周敦頤、程顥、程頤、張載、朱熹五子之書爲一帙，書首各列小傳。精要簡當，概括了程朱理學的基本概念和脉絡，是一本理學入門之作。

館藏本有竇克勤序、彭如芝序和姚爾申跋。首卷卷端鈐有方形陽文『耿介之印』。是書現今存世稀少，具有很高的版本價值。

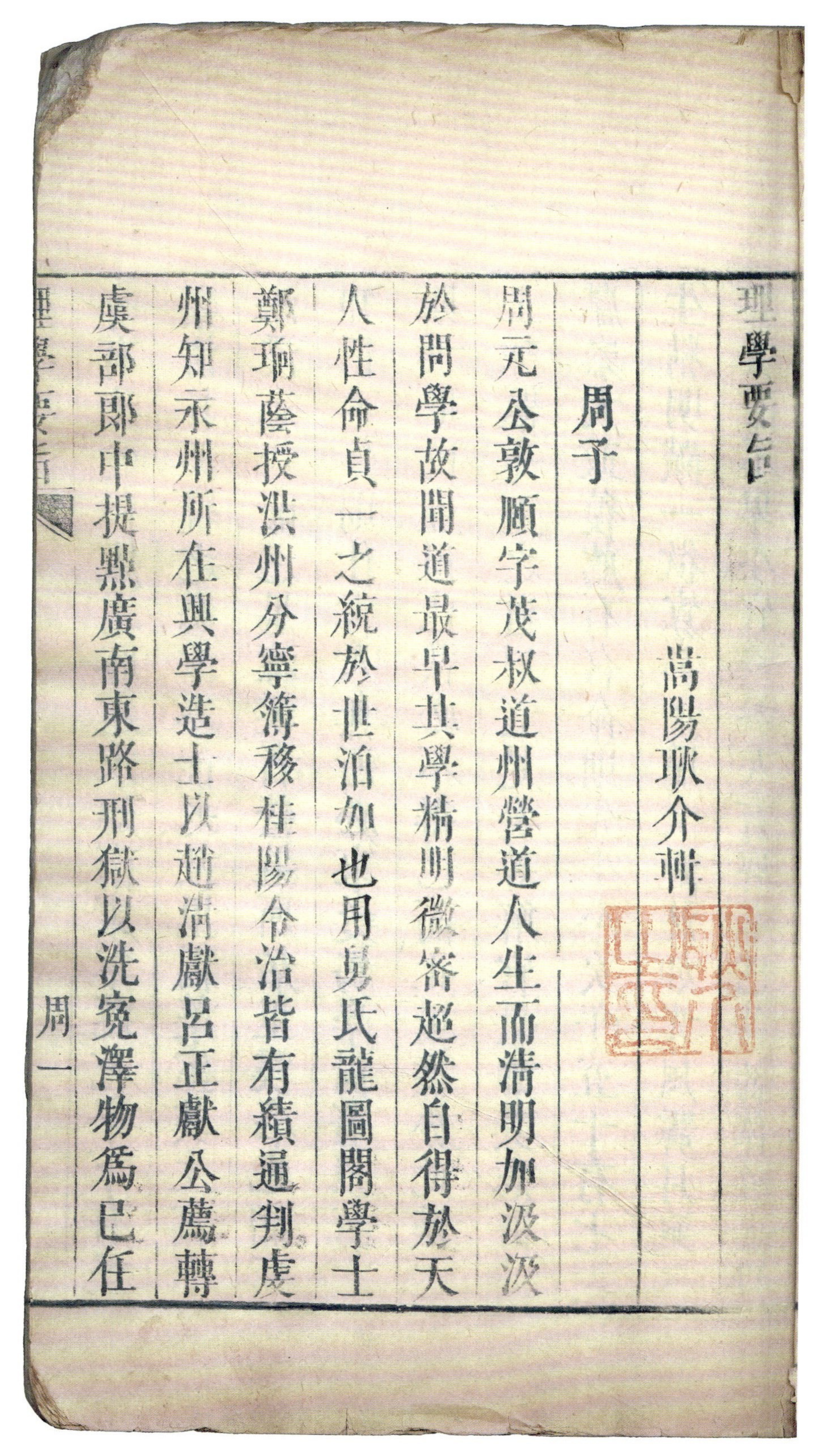
理學要旨

嵩陽耿介輯

周子

周元公敦頤字茂叔道州營道人生而清明加汲汲於問學故聞道最早其學精明微密超然自得於天人性命貞一之統於世泊如也用舅氏龍圖閣學士鄭珦蔭授洪州分寧簿移桂陽令治皆有績通判虔州知永州所在興學造士以趙清獻呂正獻公薦轉虞部郎中提點廣南東路刑獄以洗冤澤物爲己任

理學要旨 周 一

189 《詞學全書》提要

填詞名解卷之一

錢唐毛先舒稚黃著并注　一名騤字馳黃

小令

十六字令有二體以字數也其單字起句者又名蒼梧謠

閒中好鄭夢復諸人作詞起句云閒中好後多效之

紇那曲唐樂府名劉禹錫紇那曲詞楊柳鬱青青竹枝無限情周郎一回顧聽唱紇那聲藝林伐山云劉禹錫言湖南調爲北曲詞譜云紇那曲北客當歌如竹枝

填詞名解《卷一　一

《詞學全書》十四卷，附録一卷，清查培繼輯。清康熙十八年（1679）刻本。凡八册。半葉九行，行二十字，小字雙行，行十九字。白口，黑單魚尾，四周單邊。版框高十七點五厘米，寬十二點一厘米。

查培繼，順治九年（1652）進士，官至給事中。

是書收集詞譜六百八十三個，包括填詞名解四卷、古今詞論一卷、填詞圖譜六卷，附續集一卷、詞韵上下兩卷。理論上確具『争一字之奇，競一韵之巧，幾於江皋拾翠，洛浦探珠』之功用。爲查氏歸綜前人，以畢生之學識和心血所著詞學集大成者之作，爲後人研究詞學音韵聲律做出巨大貢獻。故是書具有較高的文學價值和藝術價值。

館藏本有查培繼序。

190 《熊先生經説》提要

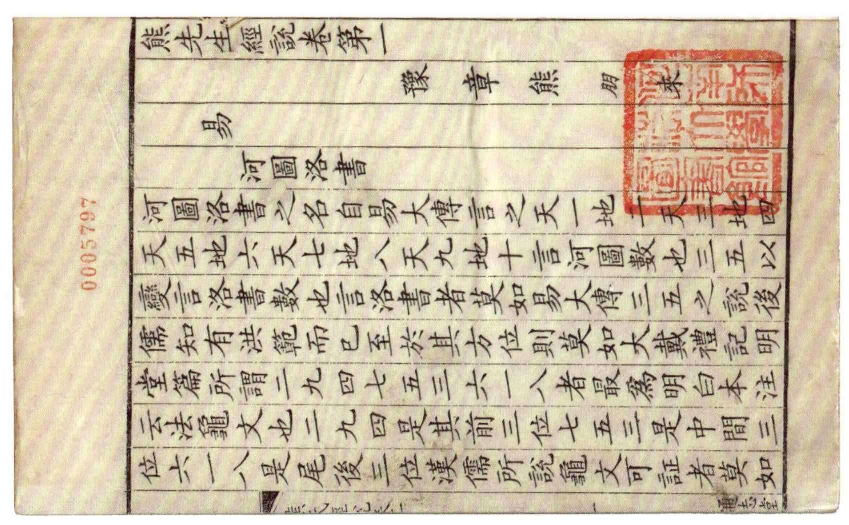
熊先生經説卷第一
豫章熊朋
易
河圖洛書
河圖洛書之名自易大傳言之天一地二天三地四天五地六天七地八天九地十言河圖數也三五以變言洛書數也言洛書者莫如易大傳三五之説後儒知有洪範而已至於其方位則莫如大戴禮記明堂篇所謂二九四七五三六一八者最爲明白本注云法龜文也二九四是其前三位七五三是中間三位六一八是尾後三位漢儒所説龜文可証者莫如

《熊先生經説》七卷，附録熊朋來本傳一卷，元熊朋來撰。清康熙通志堂刻本。凡四册。半葉十一行，行二十字。白口，黑單魚尾，左右雙邊。版心下方有『通志堂』和刻工『周聖西、張君起、甘公御、鄭孔加、於作熙』等人姓名。版框高二十點三厘米，寬十三點七厘米。

熊朋來（1246—1323），字與可，號天慵子，豫章（今江西省南昌市）人。南宋咸淳十年（1274）進士。宋亡後，隱居鄉里，傳授儒學。曾任福建、廬陵兩郡教授，常鼓瑟而歌以自樂，爲當時著名的經學家和音樂家。

是書爲熊氏解説諸經之作，全書包括解《易詩書》《春秋》《周禮　儀禮　禮記》《儀禮　禮記》《大小戴禮記》和《雜説》。附録本傳。

191 《王王屋遺稿》提要

《王王屋遺稿》二卷，明王亓撰。清康熙二十年（1681）王頎等刻本。凡二册。半葉八行，行十九字。白口，黑單魚尾，四周雙邊。版框高十九點四厘米，寬十四點一厘米。

王亓，明蘭陽人，自號王屋山人，生平挺拔自放。崇禎四年（1631）進士，令滋陽。因簡審壽鎔謀殺人命事，處置失宜，二十日後去官，被謫戍睢陽，九載鬱鬱，嘔血以殞。王頎跋中稱其父『所遺詩文，不過觸凄風冷月，懷土自傷，借竹簡以抒悲憤』。賈光先所作序稱其詩文『中幽而外峭，體尊而氣嚴，不啻左高右赤，以成一家之奇字』。王亓死後，所遺詩文稿，爲其子王頎所收藏。後於乙巳冬暮，賴鄰封父母、同里先達各捐微資，勉付剞劂。

館藏《王王屋遺稿》，有賈光先序及其子王頎《刻家藏遺書跋》，武偁序，張民表序。有文有詩，多嫉世之辭，其《戍睢自理疏》《獄中上魯王書》反映了明末宗室豪强虐民等黑暗現象。

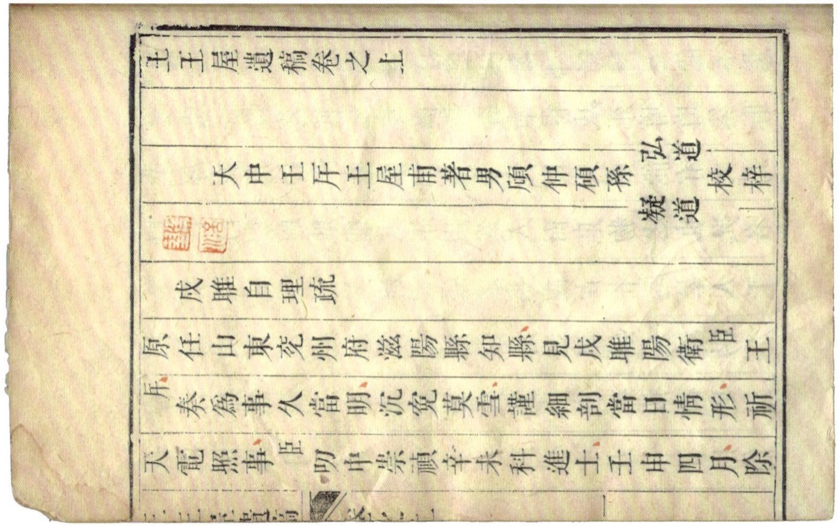

192 《平閩記》提要

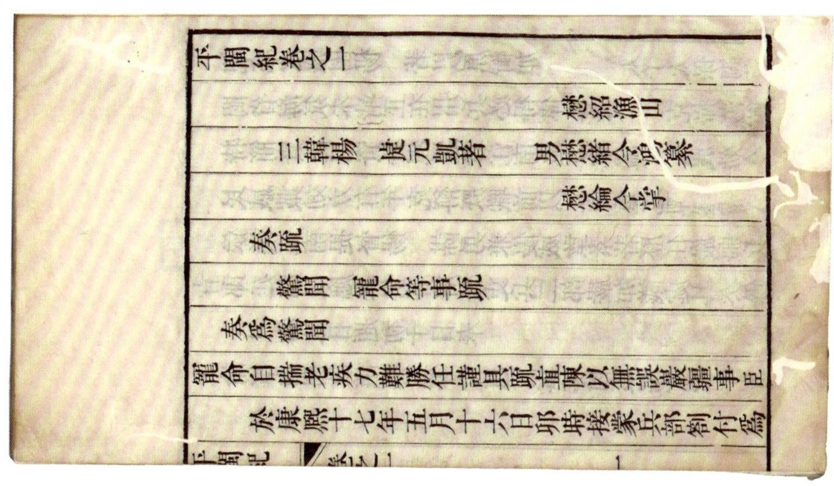

平閩記卷之一

三韓楊　捷元凱著　男慈紹濂山　慈緒介逆纂　慈綸今孚

奏疏

聲聞　寵命等事疏

奏爲聲聞

寵命自揣老衰力難勝任謹具疏直陳以無誤嚴疆事臣

於康熙十七年五月十六日卯時接奉兵部劄付爲

《平閩記》十二卷，清楊捷撰。清康熙二十二年（1683）世澤堂刻本。凡十册。半葉九行，行二十二字。白口，黑魚尾，四周單邊。版框高二十點九厘米，寬十五厘米。

楊捷（1617—1690），字月三，一字元凱，義州人。初爲明裨將，順治初降清，身經數十戰，所向輒克，卒謚敏壯。

是書乃福建全省水陸提督總兵官義州楊捷，康熙十七年征剿鄭成功時的奏疏及箋啓、諮文、牌檄、告示諸稿。

館藏本内封中鎸『平閩記』，左下鎸『世澤堂藏板』，右上鎸『三韓楊元凱父著』，眉刻『康熙癸亥仲春吉旦』；有張玉書序、沈荃序、王熙序、楊捷自序、馮溥序、葉映榴序和王廣心序。

193 《漁洋詩集》提要

《漁洋詩集》二十二卷，續集十六卷，清王士禛撰。清康熙二十三年（1684）刻本。凡八册。诗集半葉十行，行十九字；白口、黑口相間，黑單魚尾，四周單邊。續集半葉十行，行十八字；黑口，左右雙邊。版框高十八厘米，寬十三點六厘米。

王士禛（1634—1711），字子真，一字貽上，號阮亭，又號漁洋山人，世稱王漁洋，謚文簡。山東新城（今山東省桓台縣）人，常自稱濟南人。清順治十五年（1658）進士，康熙四十三年（1704）官至刑部尚書，頗有政聲。清初杰出詩人、文學家，繼錢謙益之後主盟詩壇，與朱彝尊并稱『南朱北王』。詩論創『神韵』説，對後世影響深遠。早年詩作清麗澄淡，中年轉爲蒼勁。擅長各體，尤工七絶。生平著作有五十多種，有《池北偶談》《居易録》《香祖筆記》等。康熙朝書畫家宋犖稱王士禛『書法高秀似晋人』。近人稱其書法爲『詩人之書』。王士禛博學好古，又能鑒别書畫、鼎彝之屬，精金石篆刻。

王士禛有《落箋堂詩》《阮亭詩》《過江》《入吴》《白門前後》諸集，後删并諸作，定爲《漁洋前集》，始於丙申，終於康熙己酉，凡十四年之詩。康熙甲子，又裒其辛亥至癸亥之詩十六卷，爲《漁洋續集》，蓋其爲詹事時也，其時菁華方盛，與天下作者，馳逐矜名，故平生刻意之作，見於二集者爲多焉。

館藏本目次頁有牌記『康熙己酉吴郡沂泳堂雕』。有陳維嵩、葉方藹、錢謙益、汪琬、李敬等序五篇，續集有施閏章、徐乾學等序七篇。前序鈐有竪長方陽文『楊氏雙雲山館藏書』、方形陽文『耀遠珍藏』印二枚。

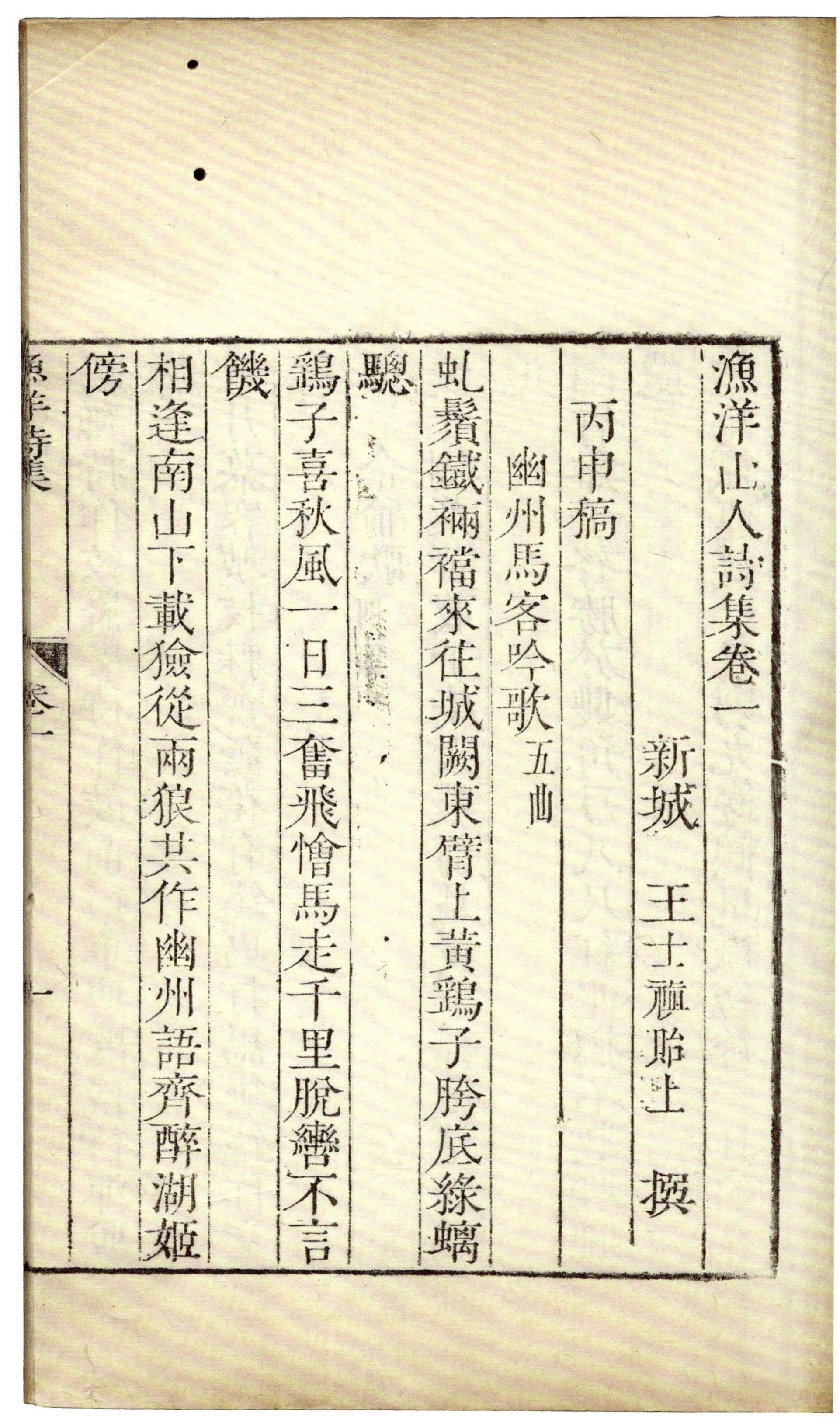

漁洋山人詩集卷一　新城　王士禛貽上　撰

丙申稿

幽州馬客吟歌五曲

虬鬢鐵裲襠來往城闕東臂上黃鷂子胯底綠螭驄

鷂子喜秋風一日三奮飛愶馬走千里脫轡不言饑

相逢南山下載獫從兩狼共作幽州語齊醉湖姬傍

漁洋詩集　卷一　一

194 《呂晚邨先生四書講義》提要

《呂晚邨先生四書講義》四十三卷，清呂留良撰，清陳鏦編。清康熙（1662—1722）天蓋樓刻本。凡十二册。半葉十一行，行二十一字，小字雙行，行二十字。上下粗黑口，黑對魚尾，左右雙邊。版框高十七點二厘米，寬十二點九厘米。

呂留良（1629—1683），字莊生，浙江石門人。他對清初政壇局勢、士林風尚産生過重要影響。卒後受湖南曾静案牽連，清雍正十年被定爲『大逆』，毁墓開棺戮尸，其書均被列禁毁。

是書尊崇朱子，認爲朱子之學，祖述孔孟之道，近紹周程之旨，重彰『六經』之義，力黜百氏邪説，承接道統，尊崇其學，有利於救治人心道德的衰微。

館藏本目録後有其門人陳鏦序，并刻印章兩枚『陳鏦』『天蓋』。是書爲四庫全毁之書，且爲初刻本，具有重要歷史文獻價值、版本價值。

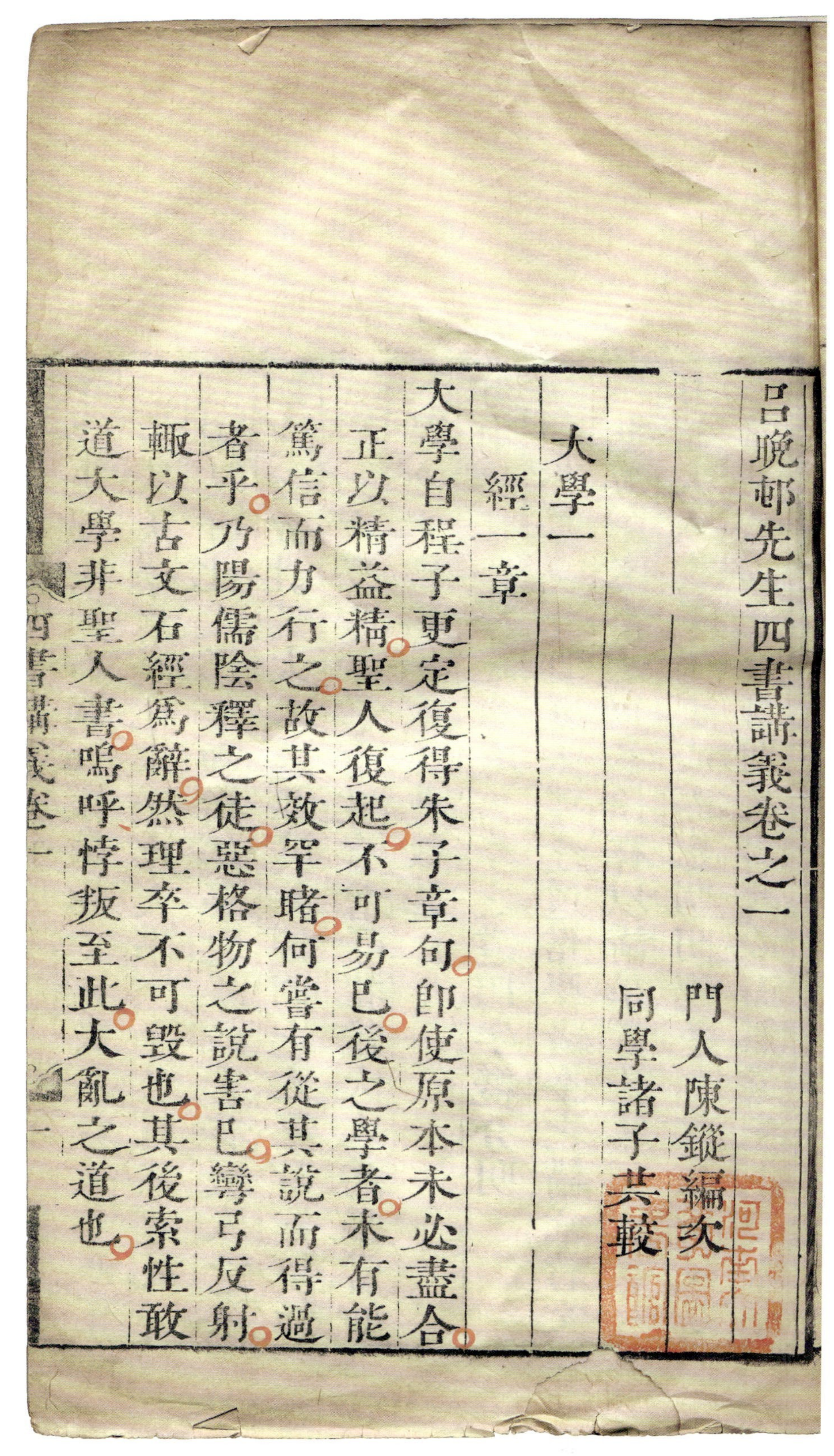

呂晚邨先生四書講義卷之一

門人陳鏦編次

同學諸子共較

大學一

經一章

大學自程子更定復得朱子章句即使原本未必盡合正以精益精聖人復起不可易已後之學者未有能篤信而力行之故其效罕睹何嘗有從其說而得過者乎乃陽儒陰釋之徒惡格物之說害已彎弓反射輒以古文石經爲辭然理卒不可毀也其後索性敢道大學非聖人書嗚呼悖叛至此大亂之道也

四書講義卷一

195　《庾子山集》提要

《庾子山集》十六卷，附總釋一卷、年譜一卷、本傳一卷，北周庾信撰，清倪璠注。清康熙二十六年（1687）崇岫堂刻本。凡六册。半葉十行，行二十字，小字雙行，行二十字。白口，單黑魚尾，魚尾上刻書名，左右雙邊。版框高二十點一厘米，寬十四點四厘米。

庾信（513—581），字子山。南陽新野（今河南省新野縣）人。南北朝時期文學家、詩人。其家『七世舉秀才』『五代有文集』。詩歌創作上，庾信與徐陵齊名，世稱『徐庾體』，多輕靡浮艷之辭。仕西魏後，詩風爲之一新，雄勁蒼凉，沉鬱老成。庾信也是南北朝的駢文大家，講究對仗、善於用典。其《哀江南賦序》爲歷代傳誦。倪璠，字魯玉，錢塘人。康熙舉人。官内閣中書。

是書以吴兆宜所箋《庾開府集》合衆手以成之，頗傷漏略。乃詳考諸史，作年譜冠於集首。又旁采博搜，重爲注釋。辨證亦頗精審，不以稍傷蕪冗爲嫌也。

館藏本内封右刻『錢唐倪魯玉注釋』，中刻『庾開府全集』，左刻『崇岫堂藏板』。有張溥、張天如先生原序。每卷卷端鈐有方形陽文印二：『黄節』『蕪室』，序首頁有方形陰文印『小西圖書』。

庾子山集卷之一

錢唐倪璠魯玉註釋

賦

三月三日華林園馬射賦 并序

華林園起自魏明帝名芳林園齊王芳改爲華林于寶晉紀泰始四年二月上幸芳林園與羣臣宴賦詩觀志應貞有晉武帝華林園集詩按周書明帝時會羣公及突厥使者於芳林園魏在鄴都晉在洛陽後周承其名或名華林或名芳林其爲長安別館洛下舊宮是所未詳○又按本序暫離北闕聊宴西城賦云日下澤宮筵闢相圃帳徙蹕之留歡春迴鑾之餘舞知華林園是長安城西別苑可以朝出暮歸者也幸華林園當是武帝事注見序

文

196 《詞律》提要

《詞律》二十卷，清萬樹撰。清康熙二十六年（1687）刻本。凡十一册。半葉七行，行二十一字，小字雙行，行二十字。白口，黑單魚尾，四周單邊。版框高十七點五厘米，寬十四點四厘米。

萬樹（約1630—1688），字紅友，一字花農，號山翁、山農，明常州府宜興（今江蘇省宜興市）人，清初著名詩人、詞學家、戲曲文學作家。康熙年間入兩廣總督吴興祚幕府作幕僚，一切奏議皆由其執筆，閑暇時作劇供吴家伶人演出。

詞的種類繁多，填詞須依照固定的格律，稱爲詞律。《詞律》是清代詞人萬樹根據自己所見古人之詞進行分類考訂，在糾正《嘯餘譜》錯訛之基礎上編寫而成，收集詞牌六百六十個，一千一百八十體。康熙年間陳廷敬、王奕清等奉旨編寫《欽定詞譜》，基本以萬樹《詞律》爲基礎。

館藏本内封有『志剛重訂』字樣。有嚴繩孫序，吴興祚序，萬樹自序，有收藏者曉嵐跋。内封鈐方形陽文印二：『以美玉陶性情』『山蘭詞翰』。

詞律卷一

古越吳大司馬留村先生鑒定

陽羨萬　樹紅友論次

姚江姜　垚蒼崖　　古越吳秉仁慎菴

古越吳秉鈞琰青　仝叅　山陰吳棠禎雪舫　校閱

竹枝　十四字　又名巴渝辭　皇甫松

芙蓉並蒂竹枝一心連韻女兒花侵槅子竹枝眼應穿叶女兒

詞律　卷一　竹枝　一　堆絮園

197 《綿津山人詩集》提要

《綿津山人詩集》二十九卷，附楓香詞一卷、漫堂説詩一卷，清宋犖撰。清康熙二十七年（1688）刻本。凡三册。半葉十行，行十九字。白口，黑順魚尾，四周單邊。版框高十八點九厘米，寬十三點五厘米。

宋犖（1635—1714），字牧仲，號漫堂，又號西陂，别號綿津山人，河南商丘人。清代戲曲家、文學家。大學士宋權之子，因父蔭初授侍衛，改任湖廣黄州通判等職，康熙二十六年（1687）任山東按察使，纍遷至江西、江蘇巡撫，并擢升吏部尚書，最後以衰老乞休。詩文和王士禛齊名，他推崇宋詩，尤好蘇軾。著有《綿津山人詩集》《筠廊偶筆》《西陂類稿》，劇作有《滄浪亭》傳奇。

是書乃宋犖爲江西巡撫時，將歷年所作詩歌删汰揀擇，并爲一編。

館藏本爲殘本，存二十二卷：卷八至卷二十九。

綿津山人詩集卷八

商丘宋　犖牧仲

雙江倡和集上

聞蟬

淒切空庭外新蟬作意吟數聲殘雨後一樹碧烟深物候他鄉得羇愁薄暮侵柴門高柳下幾日許披襟

和前韻　　華亭錢柏齡介維

薄暮虛堂外新蟬嘒嘒吟好音傳院靜嘉樹逼檐深過雨聽偏切臨風感易侵故園何處所林際想

綿津山人詩集　卷八　雙江倡和集上　一

198 《虛直堂文集》提要

《虛直堂文集》二十四卷，清劉榛撰。清康熙二十七年（1688）刻本。凡六册。半葉十行，行十九字。大黑口，黑順魚尾，四周單邊。版心上刻書名。版框高十八點七厘米，寬十三點三厘米。

劉榛（1635—1690），字山蔚，號董園，河南商丘人。諸生。少聰穎力學。性沖穆，不妄交游。與田蘭芳、鄭廉友善，又與蘭芳齊名。歲歷齊魯吴越，與賢士大夫論古今得失，爲孫奇逢、湯斌、宋犖所稱。性至孝，以不及事父爲憾，因名其廬曰『事庵』。嘗從學使游兩浙，忽念母，辭歸。竇克勤建朱陽書院，欲聘之，會病卒。劉榛文法初得之同里徐作肅，以秀潔稱。其後學益進，文益工，求文者無虛日。著有《女使韵統》《虛直堂集》等。

是書收録劉榛生平所作之詩、詞、文、賦、序、書、記、傳、論、墓志銘、雜著等各類作品。

館藏本内封鐫『劉山蔚虛直堂文集』。有序五篇：徐隣唐序，徐作肅序，田蘭芳序，宋犖序，湯斌《詩序》，劉榛自序。内封鈐方形陽文印『河南通志館收藏之章』。

虛直堂文集卷一

商丘劉　榛山蔚著

睢州田蘭芳簣山選

序

秋詠倡和序

秋詠倡和者何也宋君介山倡之吾黨諸君子和之也其詠乎秋何也感其候與物也然則秋固感人乎曰感在我用意不在秋也不在秋何以詠乎秋也曰適當乎秋則適詠乎秋焉爾夫觸物起興流連諷歎以自暢其情之所欲言者古風人之旨也介

199　《幸魯盛典》提要

《幸魯盛典》四十卷，清孔毓圻等輯。清康熙五十年（1711）刻本。凡十二册。半葉十行，行二十一字。白口，黑單魚尾，四周雙邊。版框高十九點五厘米，寬十四點一厘米。

孔毓圻（1657—1723），字鍾在，又字翊宸，號蘭堂。山東曲阜人。孔子的第六十六代嫡長孫。康熙六年（1667）襲封衍聖公，九年（1670）授光禄大夫，十五年（1676）晋階太子少師。好詩文，工擘窠大字，善畫墨蘭，得元人趙孟頫之旨。卒謚恭慤。有《蘭堂集》《幸魯盛典》。

是書記載了康熙二十三年（1684）皇帝駕臨曲阜時迎駕、駐蹕、釋奠、墓祭、經筵、優渥、送駕等詳細的儀程和經過，對於研究曲阜文史、禮儀程式以及牽涉到的許多歷史人物，提供了直接或間接的資料佐證。

館藏本卷端有清康熙御製序。

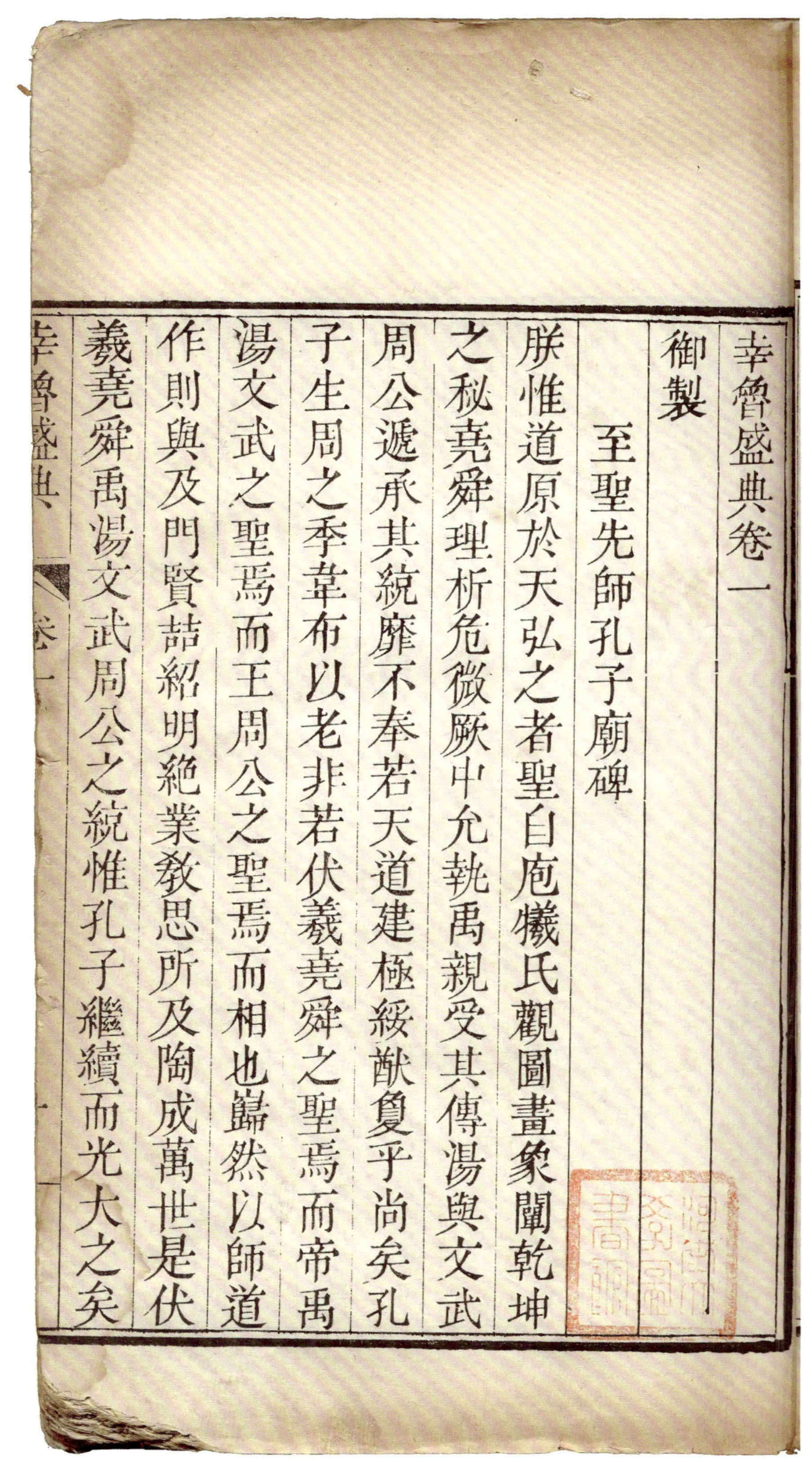
幸魯盛典卷一

御製

至聖先師孔子廟碑

朕惟道原於天弘之者聖自庖犧氏觀圖畫象闡乾坤之秘堯舜理析危微厥中允執禹親受其傳湯與文武周公遞承其統靡不奉若天道建極綏猷𡸁乎尚矣孔子生周之季韋布以老非若伏羲堯舜之聖焉而帝禹湯文武之聖焉而王周公之聖焉而相也巋然以師道作則與及門賢喆紹明絶業教思所及陶成萬世是伏羲堯舜禹湯文武周公之統惟孔子繼續而光大之矣

幸魯盛典　卷一　一

200 《西湖志》提要

《西湖志》八卷，附《西湖志餘》十八卷，明田汝成輯，清姚靖增刪。清康熙二十八年（1689）刻本。凡九册。半葉九行，行二十字。白口，無魚尾，四周雙邊。版框高二十點一厘米，寬十四點一厘米。

田汝成，字叔禾，錢塘人。明嘉靖五年（1526）進士。授南京刑部主事，尋改禮部。

是書又名《西湖游覽志》，雖以游覽爲名，多記湖山之勝，實則關於宋史者爲多。田汝成此書，其體在地志、雜史之間，因名勝而附以事迹，鴻纖巨細，一一兼該，不只可廣見聞，且可以考文獻。與明人游記徒以觴咏登臨、流連光景者不同。而《西湖志餘》則摭拾南宋軼聞，分門臚載。大都杭州之事居多，不盡有關於西湖。清初書商姚靖感其繁雜缺失，進行了增減，於康熙二十八年（1689）重刻《西湖志》於三鑒堂。後雍正間，杭世駿、傅玉露等人重有編纂，而姚靖的《西湖志》是最爲接近明嘉靖本的版本，存世極爲少見，可見此版本之珍貴。此書刻印精美，前有西湖風景版畫十餘幅。

館藏本卷端有『錢塘田汝成輯撰，古吴姚靖增刪』，有序二：清姚靖《重刻西湖志序》，明田汝成序。姚序首頁鈐印三：陰陽文合璧『忠孝一生心』，方形陰文『襄逸』，方形陰文『華翊之印』。

西湖志第一卷

錢唐　田汝成　輯撰

古吳　姚靖　增刪

湖隄勝蹟

西湖自斷橋西徑爲十錦塘中爲錦帶橋至望湖亭爲孤山四賢堂范公祠敬一書院林處士墓放鶴亭瑪瑙坡俞公祠歲寒巖三賢祠二賢祠關帝祠陸宣公祠朱文公祠盧舍菴六一泉又西爲西泠橋橋之對自南新路屬之北新路

201 《藜照樓明二十四家詩定》提要

《藜照樓明二十四家詩定》二十四卷，清黄昌衢輯。清康熙二十八年（1689）藜照樓刻本。凡十二册。半葉十行，行十九字。上下粗黑口，黑對魚尾，四周單邊。版框高十八厘米，寬十三點五厘米。

黄昌衢，字堯皆，四川資中人。性聰穎，好學，通經史，尤工書法，以處士終。著《雲鶴山人集》《益州書畫録》。

是書乃清代明詩選本，輯録劉基、袁凱、高啓、楊基、張羽、徐賁、林鴻、李東陽、徐禎卿、蔡羽、何景明、李夢陽、薛蕙、高叔嗣、皇甫汸、謝榛、李攀龍、王世貞、徐渭、沈明哲、王叔承、王稚登、程嘉燧、陳子龍等明代二十四家詩人之作彙集成書，每家一卷，卷之前有作者精心結撰的小序，有人物生平介紹、詩歌簡評，對二十四家詩的内容與風格作了詳實的概述、給予適當評價。

館藏本版本存世極稀，卷端有宋犖序。是書寫刻精工，保存完好。每册内封均有『陳自怡印』白文藏書印章一枚。

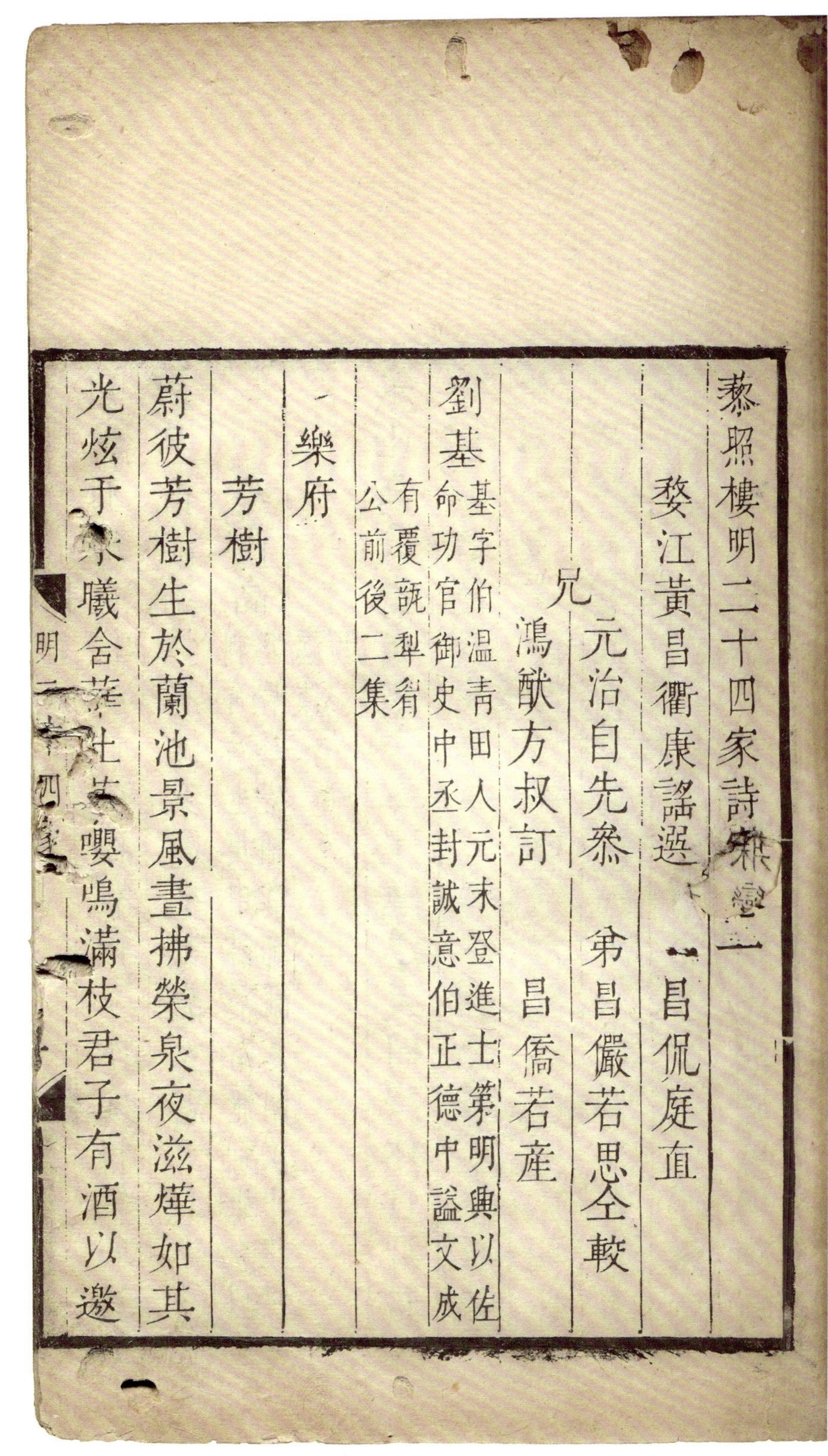

藜照樓明二十四家詩定卷一

婺江黃昌衢康謠選　昌侃庭直

元治自先叅　弟昌儼若思仝較

兄鴻猷方叔訂　昌僑若產

劉基　基字伯温青田人元末登進士第明興以佐命功官御史中丞封誠意伯正德中謚文成有覆瓿犁眉公前後二集

樂府

芳樹

蔚彼芳樹生於蘭池景風晝拂榮泉夜滋燁如其光炫于朱曦含華吐英嚶鳴滿枝君子有酒以遨

202　《［康熙］上蔡縣志》提要

《［康熙］上蔡縣志》十五卷，清楊廷望修，清張沐纂。清康熙二十九年（1690）刻本。凡八册。半葉九行，行二十字，小字雙行，行二十字。白口，四周雙邊。版框高十九點二厘米，寬十三點六厘米。

楊廷望，字兢如，江蘇武進人。例監，一生纂修河南志書三種。張沐，字仲誠，河南上蔡人。清朝官吏，順治十五年（1658）進士，康熙元年授直隸内黄知縣。

《上蔡縣志》之最早修纂爲明至清順治己亥年間，據云，順治志遺漏殘缺，不得爲信史；故縣令楊廷望來任之三年，乃延邑人張沐創新志，康熙二十九年（1690）春稿成，楊爲之修飾，又十餘月書成而付雕問世。書目曰：卷一輿地志，卷二建置志，卷三溝洫志，卷四食貨志，卷五、六典禮志，卷七爵秩志，卷八選舉志，卷九、十、十一人物志（上、中、下），卷十二編年，卷十三、十四、十五藝文志（上、中、下）。

館藏本内封有陽文官印『上蔡縣印』，爲各版本《上蔡縣志》中保存較完備的最早版本。

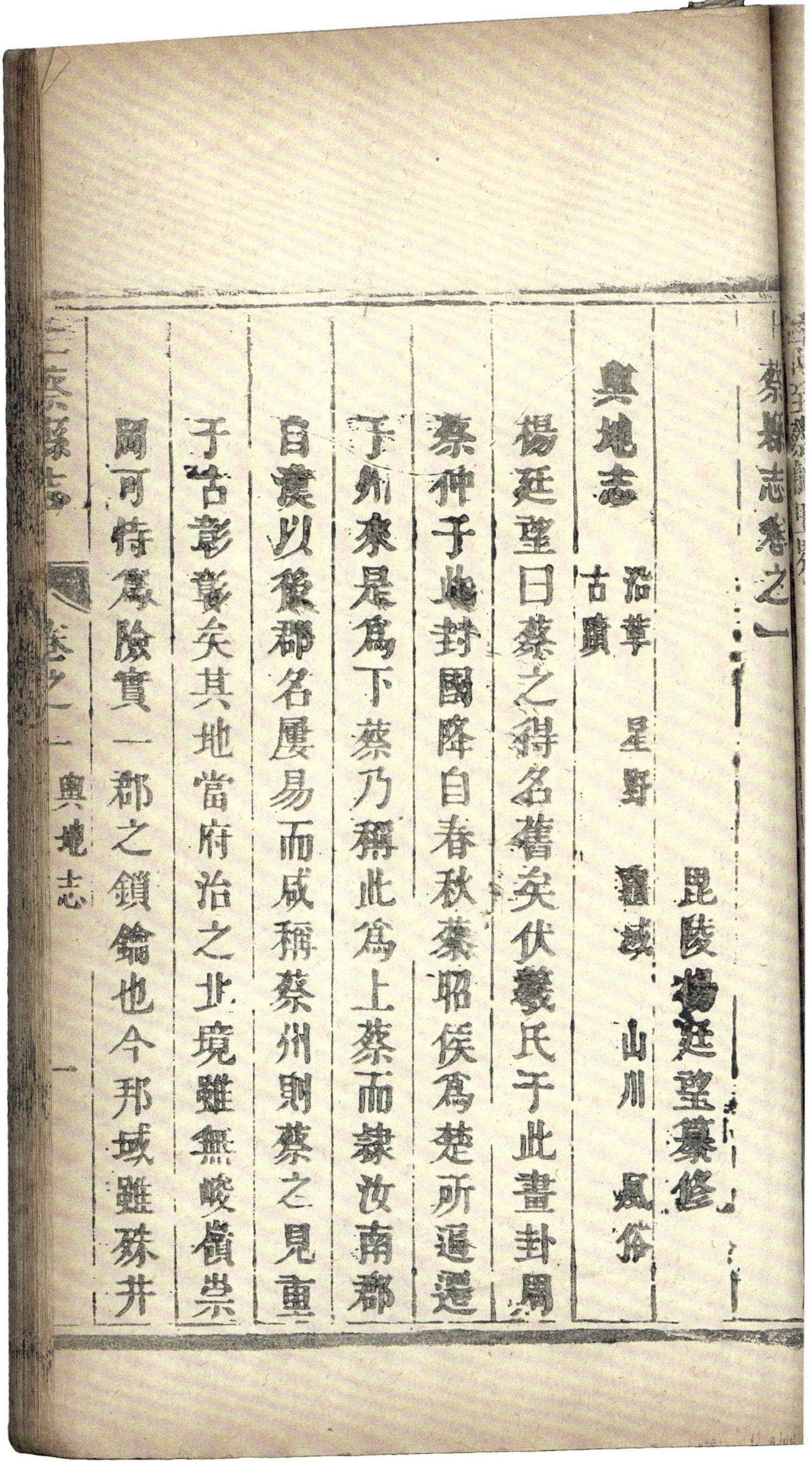

上蔡縣志卷之一

毘陵楊廷望纂修

輿地志　沿革　星野　疆域　山川　風俗　古蹟

楊廷望曰蔡之得名舊矣伏羲氏于此畫卦周蔡仲于此封國降自春秋蔡昭侯爲楚所逼遷于州來是爲下蔡乃稱此爲上蔡而隸汝南郡自漢以後郡名屢易而咸稱蔡州則蔡之見重于古彰彰矣其地當府治之北境雖無峻嶺崇岡可恃爲險實一郡之鎖鑰也今邦域雖殊井

203 《[康熙] 商城縣志》提要

《[康熙]商城縣志》八卷，清許全學纂修。清康熙二十九年(1690)刻本。凡四冊。半葉八行，行二十字，小字雙行，行十八字。白口，黑單魚尾，四周雙邊。版框高十八點九厘米，寬十二點六厘米。

許全學，字聞雍。浙江石門縣人，貢生，康熙二十八年（1689）任商城知縣。

《商城縣志》於明嘉靖三十年（1551）由知縣萬烱創修，清順治十六年（1659）知縣高村再修。此志係繼高志重修，書凡八卷，分輿地志、建置志、典禮志、食貨志、職官志、人物志、藝文志七類。

館藏本有許全學序，許汝霖序。卷端首頁鈐方形陽文印『河南通志館收藏之章』。

《石齋文集》提要

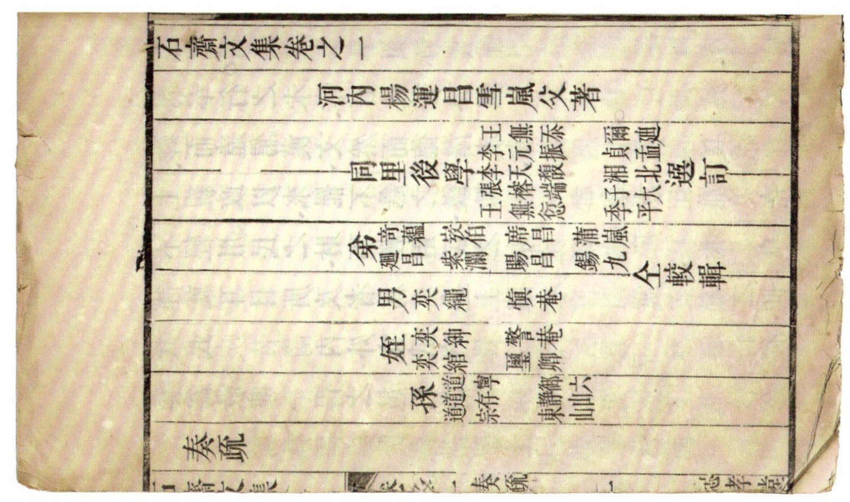
石齋文集卷之一

河内楊運昌雪嵐父著

奏疏

《石齋文集》八卷，清楊運昌撰。清康熙忠孝堂刻本。凡二册。半葉九行，行二十字。白口，左右雙邊。版框高二十點五厘米，寬十七厘米。

楊運昌，字石齋，一字雪嵐，懷慶府河内（今河南省沁陽市）人。清代大臣。順治三年（1646）進士，選翰林院庶吉士，歷國史院侍讀學士，擢工部右侍郎，以母老歸。撰有《石齋文集》。

是書爲楊運昌詩文合集。

館藏本内封右上鎸『河内楊雪嵐先生著』，中間鎸『石齋文集』，左下鎸『忠孝堂』。有河内知縣嶺南李杕的《少司空雪嵐楊先生文集叙》，隨後附有參訂者的姓氏，且每卷前都刻有著者、選訂者、校輯者的姓名。

205 《敕賜紫雲書院志》提要

《敕賜紫雲書院志》不分卷，清李來章纂修。清康熙三十年（1691）刻本。凡一册。半葉九行，行十八字。上下粗黑口，黑單魚尾，左右雙邊。版框高十七點七厘米，寬十三點七厘米。

李來章（1654—1721），字禮山，襄城人。康熙十四年（1675）舉人。嘗學於魏象樞，再學於孫奇逢、李顒。

紫雲書院，坐落於河南省襄城縣西南十公里紫雲山麓。明成化四年（1468），時任太子太保、户部尚書的襄城縣籍李敏，因母故，回鄉守孝三年，此間他常漫步紫雲山，見山色秀麗幽静，筑書屋三間，讀書講學。成化十八年（1482）皇帝下詔賜名『紫雲書院』，擴建殿宇堂齋，紫雲書院成爲當時中原四大書院之一。李敏曾孫李繼業，早年亦曾肄業其中，嘉靖中亦歸隱紫雲，課授生徒，四方來學之士負笈如雲，書院乃興復。明末毀。清初繼業之孫光裡倡族人重修，其子來章就讀其中。來章於清康熙十四年（1675）中舉，康熙三十年（1691）主講南陽書院。尋以母老謝歸，又重葺紫雲書院，廣收生徒，倡明道學於中州。規定月逢二、六講書，初九會文。纂有《敕賜紫雲書院志》。

館藏本有張潤民序，朱璘序。序後有《紫雲影勝圖》、襄城李來章撰的書院學規，并有李敏、劉昌、劉建等人撰寫的《紫雲書院記》。

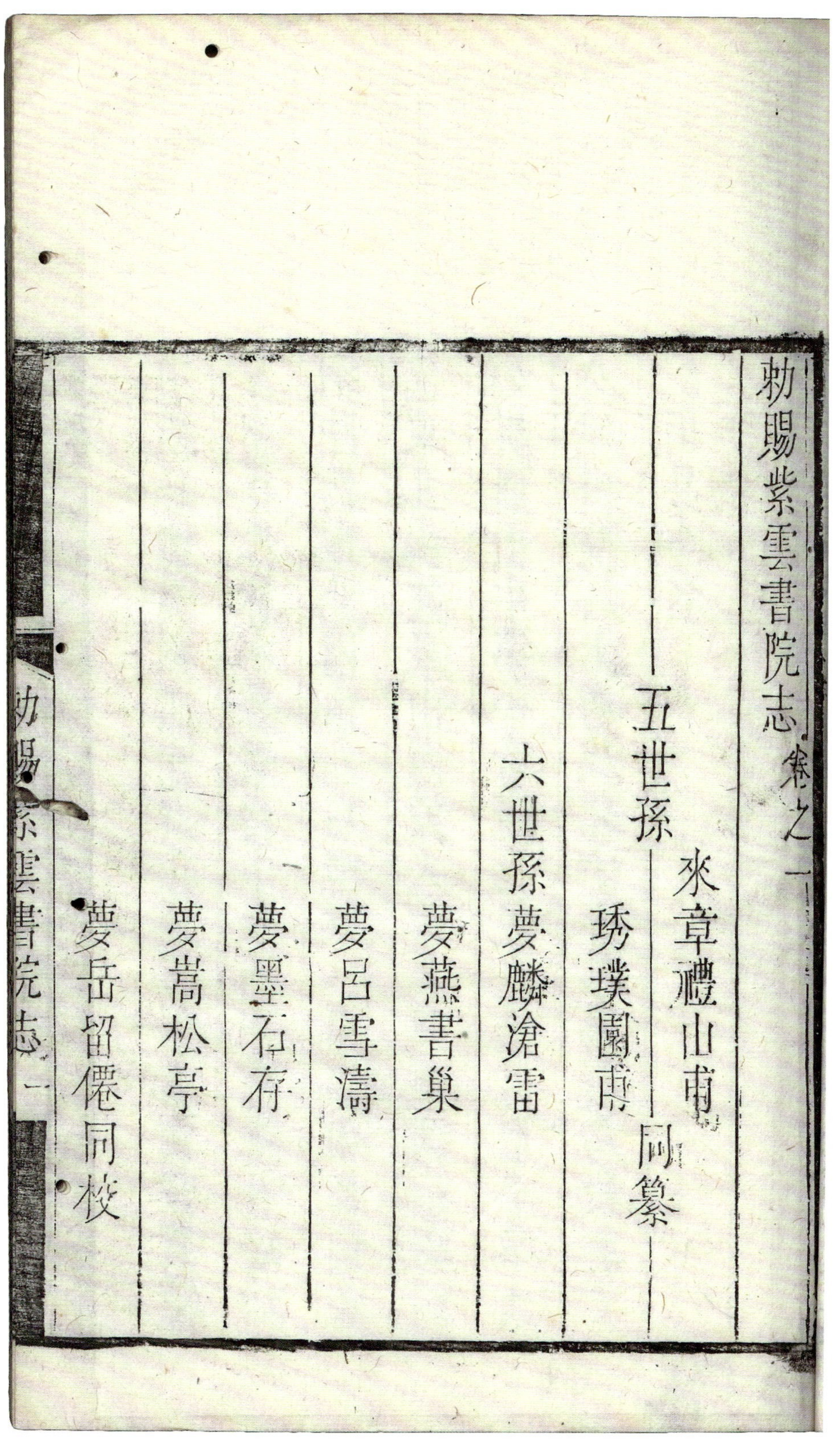

勅賜紫雲書院志卷之一

五世孫　來章禮山甫

琇璞園甫　同纂

六世孫夢麟滄雷

夢燕書巢

夢呂雪濤

夢墨石存

夢嵩松亭

夢岳留僊同校

勅賜紫雲書院志　一

206 《杜詩詳注》提要

《杜詩詳注》二十五卷，首一卷，清仇兆鰲輯注。清康熙三十二年（1693）刻本。凡十四册。半葉十行，行二十二字，小字雙行，行二十二字。黑口，黑單魚尾，左右雙邊。版框高二十點三厘米，寬十四點四厘米。

仇兆鰲，字滄柱，鄞縣（今浙江省寧波市）人。少年時曾師從名儒黄宗羲講論性命之學，恬淡自安。康熙二十四年（1685）進士，歷任内閣學士兼禮部侍郎、吏部侍郎。著有《兩經要義》《四書説約》《杜詩詳注》等書。

是書乃仇兆鰲耗時二十多年編纂而成，采取各家注釋，特下己意，彙集了康熙以前幾乎所有的杜詩評注。

館藏本内封中鎸『杜少陵集詳注』，上鎸『進呈本新鎸』，右鎸『史官仇兆鰲誦習』，左下角鈐有『本文較正無訛名注搜羅悉備武林藏板』印。有仇兆鰲序。卷九至卷十係補抄本。鈐印五方：序首頁鈐有正方形陽文印『蕙宗』，卷一首頁鈐有正方形陽文印『默庵』、方形陰文印『邵大生印』，卷三首頁鈐有正方形陽文印『雙南』，正方形陰文印『首彭』。

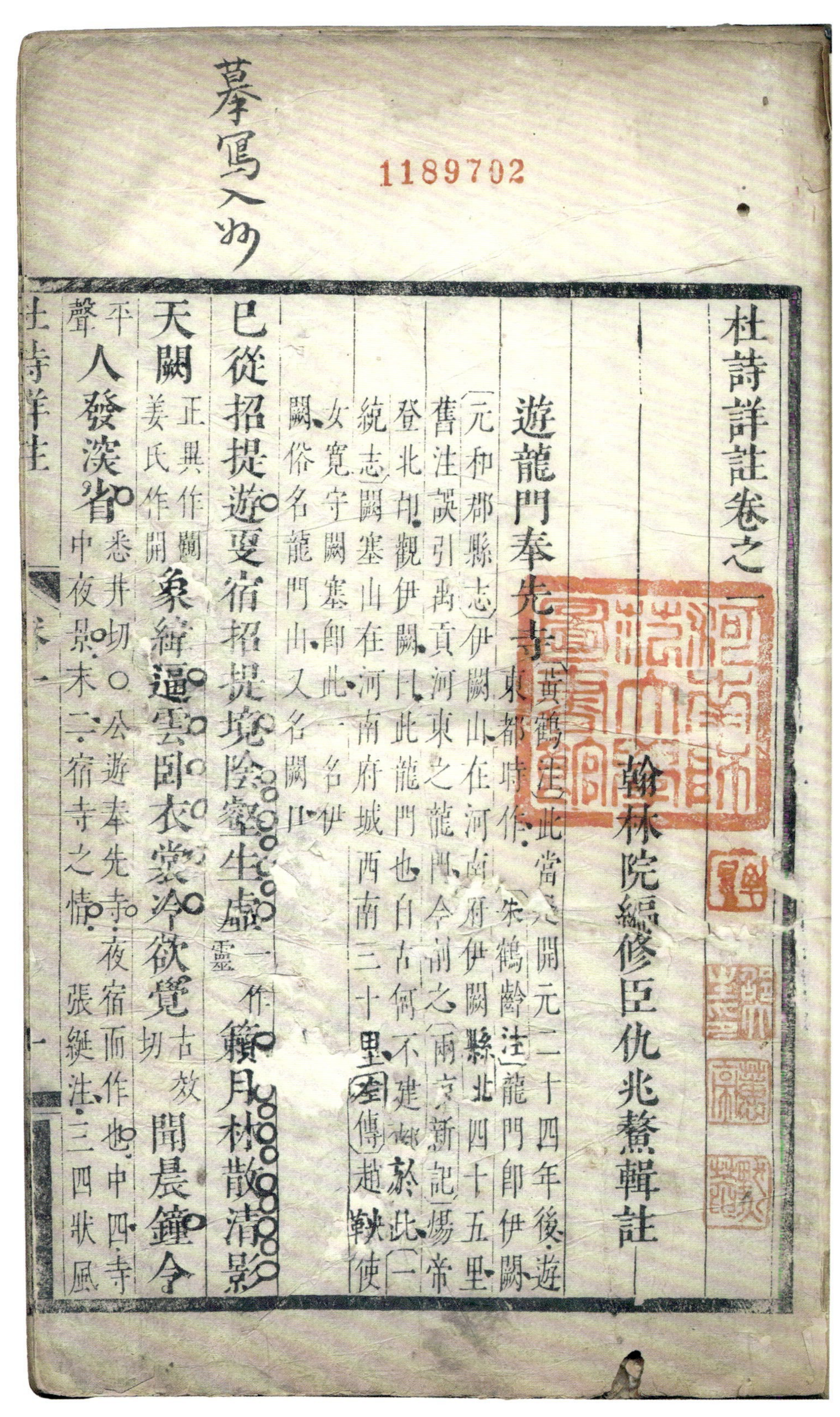

摹寫入妙

杜詩詳註卷之一

翰林院編修臣仇兆鰲輯註

遊龍門奉先寺〔黄鶴注〕此當是開元二十四年後遊東都時作。〔朱鶴齡注〕龍門即伊闕。〔元和郡縣志〕伊闕山在河南府伊闕縣北四十五里。舊注誤引禹貢河東之龍門。今詳之。〔兩京新記〕煬帝登北邙，觀伊闕，曰：此龍門也，自古何不建都於此。〔一統志〕闕塞山在河南府城西南三十里。〔左傳〕趙鞅使女寬守闕塞，即此。一名伊闕，俗名龍門山，又名闕口。

已從招提遊，更宿招提境。陰壑生虛一作靈籟，月林散清影。天闕正異作闕，姜氏作開象緯逼，雲臥衣裳冷。欲覺古效切聞晨鐘，令人發深平聲省。悉井切。○公遊奉先寺，夜宿而作也。中四，寺中夜景。末二，宿寺之情。張綖注：三四狀風

杜詩詳註　卷一

207 《[康熙]南陽縣志》提要

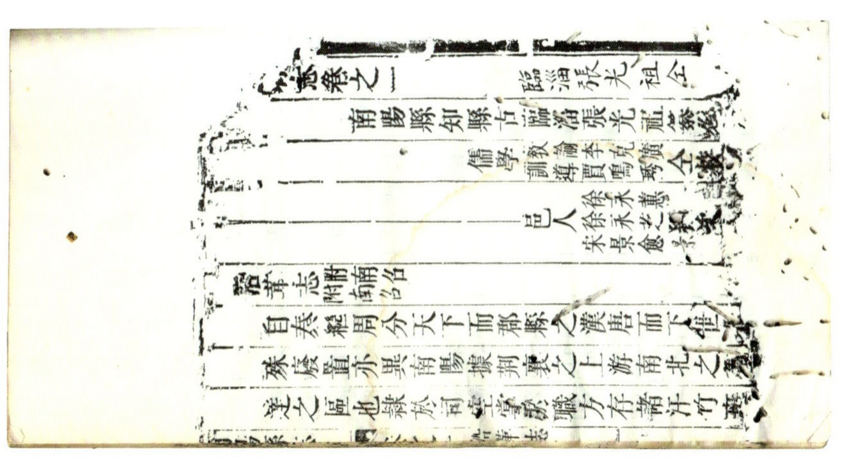

《[康熙]南陽縣志》六卷，首一卷，清張光祖修，清宋景愈、清徐永芝纂。清康熙三十二年（1693）刻本。凡六册。半葉九行，行二十字，小字雙行，行十九字。白口，黑魚尾，左右雙邊。版框高二十厘米，寬十二點八厘米。

張光祖，字子明，號裕園，山東歷城監生，康熙二十九年（1690）來任。景愈、永芝皆本縣生員。

南陽自漢以來爲郡，明正統年間知府康孔高修有府志十二卷，此志繼康志之後重修。其書體裁，自建置迄文類，共四十門，而紀載簡举。是書包括：卷首縣治圖，卷一地理志，卷二建置志，卷三賦役志，卷四職官志，卷五至卷六上人物志（上、下），卷六下藝文志。書六卷六門，甚覺簡潔。所輯資料由於舊志盡佚，亦覺可貴。

館藏本卷端有張光祖序和徐永芝跋。書中多處有行書題識和批校。

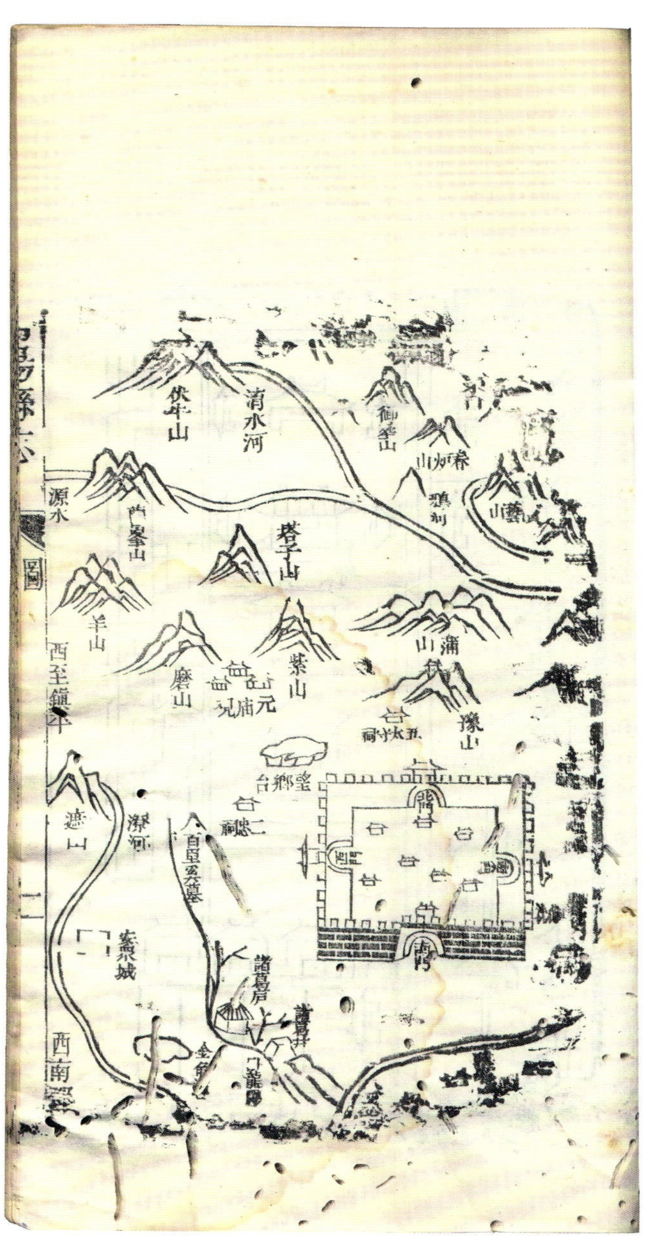
清水河
伏牛山
紫山
磨山
羊山
源水
豫山
西南

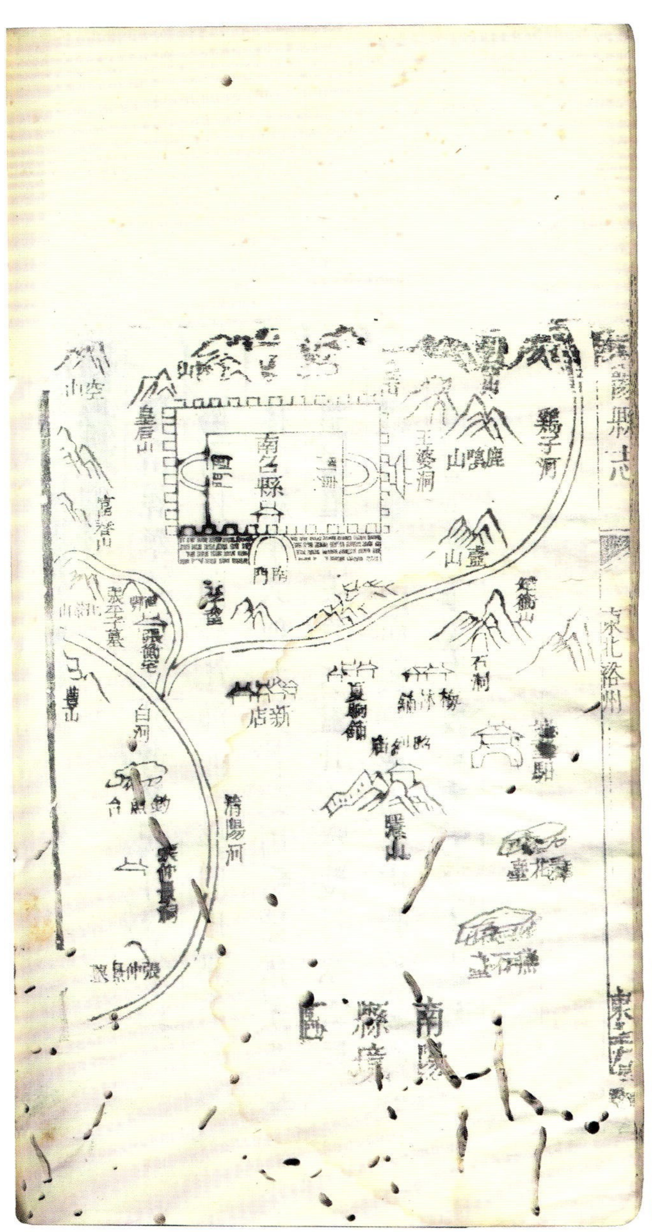
南召縣
王婆洞
白河
皇后山

208　《國朝三家文鈔》提要

《國朝三家文鈔》三十二卷，清宋犖、許汝霖編。清康熙三十三年（1694）刻本。凡八册。半葉十二行，行二十三字。黑口，黑單魚尾，左右雙邊。版框高十八點三厘米，寬十四厘米。

是書乃選録侯方域、魏禧、汪琬之文鈔而板行之，此三家雖旨趣不同，氣體有别，均與宋犖善，宋犖與許汝霖編選三家全集詳加校閲澄汰，有個别佳文爲全集所遺，又據别本録入，故名『文鈔』。分爲《侯朝宗文鈔》八卷、《魏叔子文鈔》十二卷、《汪鈍翁文鈔》十二卷。各卷前係作者小傳。三大家的古文標舉唐宋，主張革除晚明文章流弊，開創一代新風，這與編選者宋犖的審美理想相合。

館藏本雖不見禁毁書目，但侯方域、魏禧二人诗文集屬禁毁書。且本書又屬初刻初印，鐫刻精美，校正謹細，實不多見。

侯朝宗文鈔卷之一

序

贈鄭大夫序

八年冬十月朔郡太守王公奉制行鄉飲酒禮以鄉大夫鄭公爲大老先期遣博士造於其廬具述　天子所以尚賢羞老之意乃集生儒勑人吏設筵於明倫之堂太守暨僚屬胥蠲胥恪迎鄭公至就賓位酒醴既陳三歌鹿鳴鄭公北向拜手稽首謝　天子而退是日也觀者傾城僉謂以公之賢克副大典今相國宋公曰是不可無以誌盛事爰率先其族執爵於公而都人咸繼以遑鳴乎風化之所以盛衰其由來者漸矣昔者禮教大行鄉國一俗莫不尊延耆耇象其德音馴而習之敬讓之心生悖亂之萌息比屋之間蒸蒸如也傳所

侯朝宗文鈔卷之一　一

209 《［康熙］南陽府志》提要

《［康熙］南陽府志》六卷，清朱璘纂修。清康熙三十三年（1694）刻本。凡十册。半葉九行，行二十一字，小字雙行，行二十字。白口，黑單魚尾，左右雙邊。版框高二十點七厘米，寬十三點六厘米。

南陽自漢以來爲郡，明正統年間知府康孔高修有府志十二卷，此志繼《康志》重修。其書體裁，自建置迄文類，共四十門，而紀載簡率。據《明史·藝文志》載：『《南陽府志》十卷，葉珠撰。』葉珠實僅爲作序，而未經纂輯也。

朱璘，字青嚴，直隸武清縣籍，浙江上虞人，貢監，康熙二十九年（1690）來任知府。

朱璘纂修此書頗認真，其自序云：『詳搜近事，准之輿論；親自撰録，不敢一字假手於人，至於見諸前代者，尤不敢依樣葫蘆，以抄襲塞責。』故此書雖簡疏不全，但頗有雅潔之感。是書六卷，卷各一門：卷一輿地志，卷二建置志，卷三賦役志，卷四官師志，卷五人物志（上、中、下），卷六藝文志（上、中、下）。

館藏本有朱璘序。扉頁鈐有圓形陽文印『唐河縣靖蔚文堂圖書章』。

南陽府志卷之一

知南陽府事加一級古虞朱璘纂輯

輿地志

昔黄帝畫野分疆得百里之國萬區其後因以封建而甸侯要綏荒之地互有盈絀國無定名亦無定形及秦并天下分爲三十六郡而南陽郡之名始立漢史郡屬荆州縣三十六東都以來更置不常延袤縱廣漸失其舊惟我

朝職方規制南陽所隸十二州縣經界既正而萬世之

210 《妙法蓮華經大成》提要

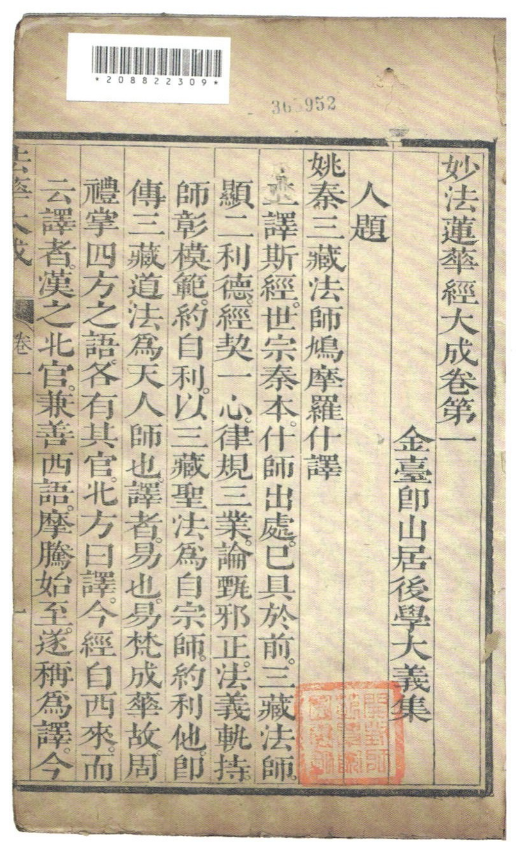
妙法蓮華經大成卷第一　金臺卽山居後學大義集
人題
姚秦三藏法師鳩摩羅什譯
述譯斯經世宗秦本什師出處已具於前三藏法師
題二利德經契一心律規三業論甄邪正法義軌持
師彰模範約自利以三藏聖法爲自宗師約利他卽
傳三藏道法爲天人師也譯者易也易梵成華故周
禮掌四方之語各有其官北方曰譯今經自西來而
云譯者漢之北官兼善西語摩騰始至遂稱爲譯今
法華大成　卷一

《妙法蓮華經大成》九卷，清釋大義集。清康熙三十四年（1695）刻本。凡十册。半葉十行，行二十一字。白口，黑單魚尾，四周雙邊。版心鎸『法華大成』。版框高二十點二厘米，寬十四點八厘米。

《妙法蓮華經》是中國佛教史上有着深遠影響的一部大乘經典，由於此經譯文流暢、文字優美、譬喻生動、教義圓滿，讀誦此經是中國佛教徒最爲普遍的修持方法。是書九卷，分爲二十八品，是佛陀釋迦牟尼晚年説教，宣講内容至高無上，明示不分貧富貴賤、人人皆可成佛。『妙法』指的是一乘法、不二法；『蓮華』比喻『妙』在什麼地方，第一是花果同時，第二是出淤泥而不染，第三是内斂不露。

館藏本刀鋒畢現，邊欄完整。有張希良序，釋大義編集始末。内封鈐方形陽文『陳雲路印』。

211 《唐四家詩》提要

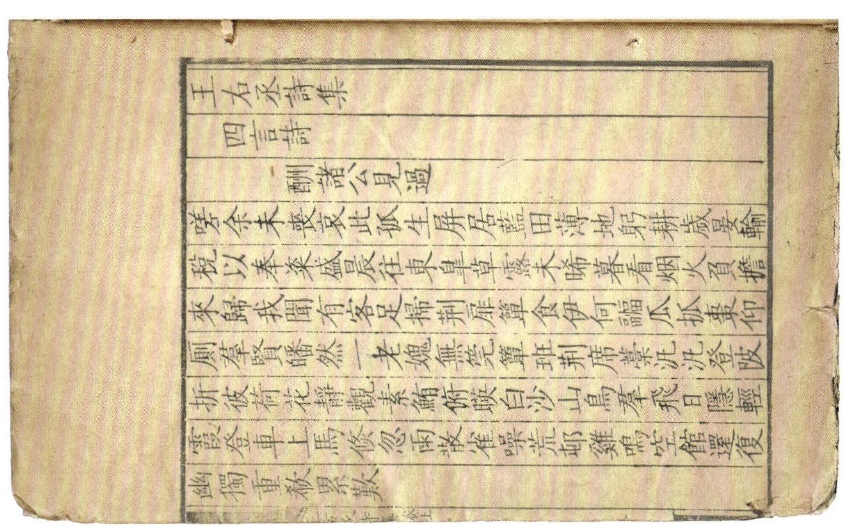
王右丞詩集
四言詩
酬諸公見過
嗟余未喪哀此孤生屏居藍田薄地躬耕歲晏輸
稅以奉粢盛晨往東皋草露未晞暮看烟火負擔
來歸我聞有客足掃荊扉簞食伊何副瓜抓棗仰
廁群賢皤然一老愧無莞簟班荊席藁汎汎登陂
折彼荷花靜觀素鮪俯映白沙山鳥群飛日隱輕
霞登車上馬倏忽雨散雀噪荒村雞鳴空館還復
幽獨重欷累歎

《唐四家詩》八卷，清汪立名編校。清康熙三十四年（1695）刻本。凡六册。半葉十行，行十九字。上下粗黑口，左右雙邊。版框高十七點五厘米，寬十三點四厘米。

汪立名，號西亭，婺源人。官工部主事，通六書，著有《鐘鼎字源》，輯有《白香山詩集》《唐四家詩》。

是書輯有王維詩二卷、孟浩然詩二卷、韋應物詩二卷、柳宗元詩二卷。《四庫全書總目》集部四十七云：『唐四家詩……前有自序，稱四家詩爲宋、元人鼻祖，學宋元人詩者當仍於唐詩求之。』刻本精良。

館藏本有汪立名序。序第一頁鈐有豎長方陰文『理經堂藏書印』。

212 《讀禮通考》提要

《讀禮通考》一百二十卷，清徐乾學著。清康熙三十五年（1696）刻本。凡四十册。半葉十三行，行二十一字，小字雙行，行三十一字。白口，黑單魚尾，左右雙邊。版框高十九厘米，寬十五厘米。

徐乾學（1631—1694），字原一，幼慧，號健庵、玉峰先生，清代大臣，學者，藏書家。江蘇昆山人。顧炎武之甥，與弟徐元文、徐秉義皆官貴文名，人稱『昆山三徐』。康熙九年（1670）進士，授編修，先後擔任日講起居注官、《明史》總裁官、侍講學士、内閣學士，康熙二十六年（1687）升左都御史、刑部尚書。曾主持編修《明史》《大清一統志》《讀禮通考》等書籍，著《憺園文集》三十六卷。家有藏書樓『傳是樓』，乃中國藏書史上著名的藏書樓。

是書纂集中國歷代喪葬制度加以説明，分喪期、喪服、喪儀節、葬考、喪具、喪制、廟制等類。他本想再修吉、軍、賓、嘉四禮，方事排纂而卒；後出秦蕙田《五禮通考》即因其體例而成。爲研究中國古代喪禮較完備之書。

館藏本有朱彝尊序，徐樹穀序。

讀禮通考卷第一

經筵講官禮部右侍郎兼翰林院學士教習庶吉士 大清會典一統志副總裁明史總裁徐乾學

喪期一

表上

乾學案上古喪期無數中古聖人以親踈定服術上殺下殺旁殺而別爲再期期九月七月五月三月之喪有恩有理有節有權著於經禮卜子傳之其後代有因革或重而輕或輕而重或古有而今省或前略而後詳其見於載紀者貞觀之律開元政和之禮司馬氏之書儀朱子之家禮以及明之集禮孝慈録會典稱情立文各有其義顧分見於諸書考禮者卒難辨其同異乃倣國史之表列行排

213 《寄園寄所寄》提要

《寄園寄所寄》十二卷，清趙吉士撰。清康熙三十五年（1696）刻本。凡十七册。半葉十一行，行二十一字。白口，黑魚尾，左右雙邊。版心上刻書名卷數，下刻卷目和細目。版框高十八點二厘米，寬十三點七厘米。

趙吉士（1628—1706），字天羽，又字恒夫，號漸岸，又號寄園，休寧（今屬安徽省黄山市）人。清順治八年（1651）中舉，順治十八年（1661）簡選推官。歷任山西省交城縣知縣、山西清吏司主事、通州中南倉主管等職。

是書乃明末清初安徽休寧人趙吉士輯撰的一部筆記，内容涉及智術、忠孝悌義、名勝、詩話、神怪、明末寇亂、徽州逸聞、諧謔等。作者廣摭博采，搜遺闡隱，『言必有據，事必有徵』，使全書『章章縷縷，極備極奇』，對於今天瞭解清初以前尤其是明代我國社會諸側面有着很高的參考價值。

館藏本内封右上鎸『漸岸趙恒夫先生著』，中鎸『寄園寄所寄』。卷端有士麟序及趙吉士凡例；卷九『裂眥寄』中『流寇瑣聞』係以後刻印，卷十二尾有折記一頁半。序首頁鈐印二：正方陰文印『溶川主人珍藏書畫印』、竪長方陽文印『欽訓堂』，首卷卷端鈐有竪長方陽文印『溶川珍藏書畫之印』，卷二首頁鈐竪長方陽文印『溶川氏珍藏印』。又有朱文印『辛齋』，牌記『本衙藏版』，有朱筆圈點。

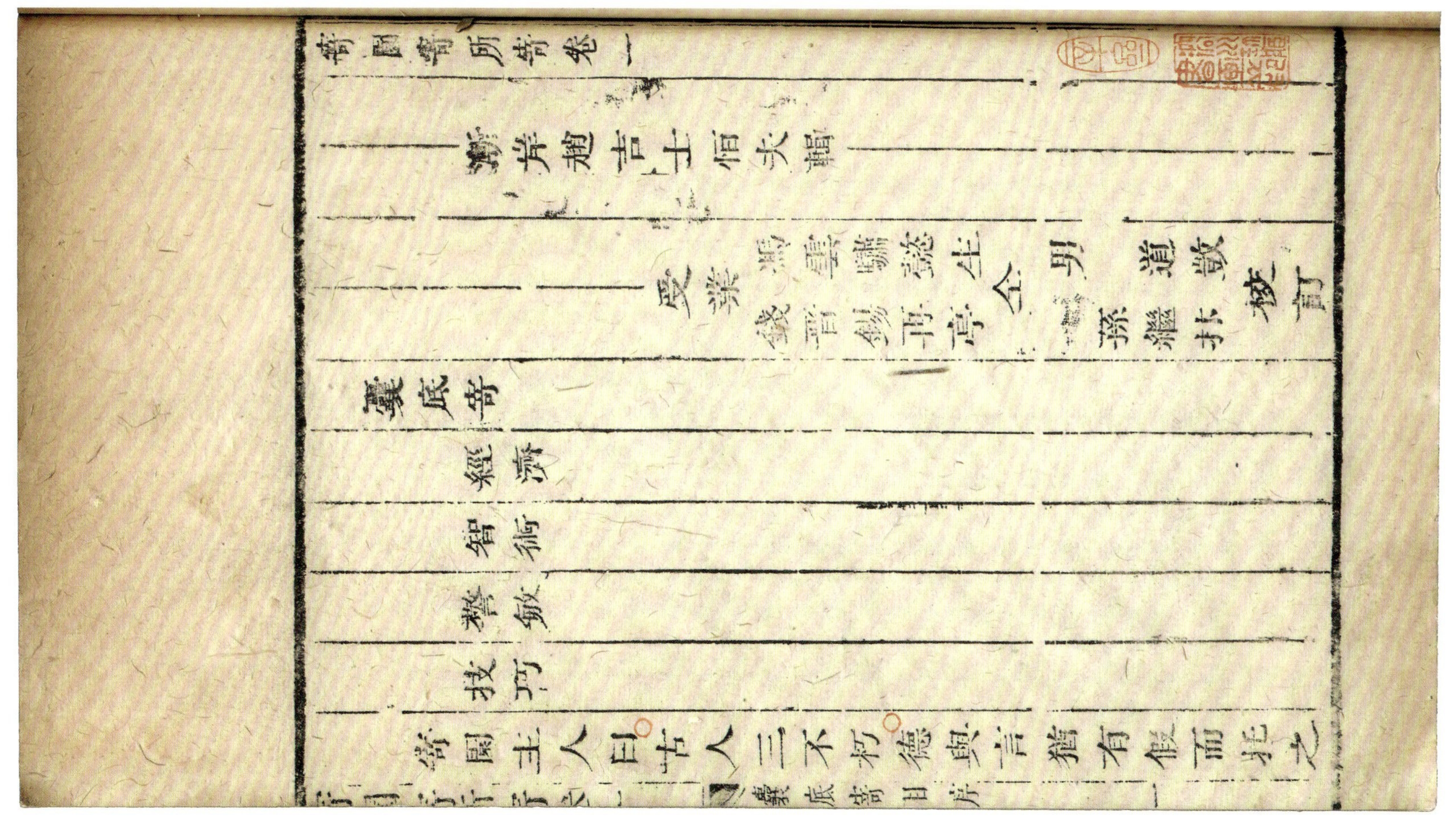
寄園寄所寄卷一

新安趙吉士恒夫輯

囊底寄

經濟

智術

警敏

技巧

寄園主人曰古人三不朽德與言猶有假而非之

214 《[康熙] 開封府志》提要

《[康熙] 開封府志》四十卷，清管竭忠等修。清康熙三十五年（1696）刻本。凡十一册。半葉十行，行二十字，小字雙行，行十六字。白口，黑魚尾，四周單邊。版框高二十一點五厘米，寬十五點七厘米。

開封爲豫省首郡，按開封沿革戰國時稱大梁，魏所都焉。據《史記·魏世家》云：『惠王三十一年遷都大梁。』漢爲陳留郡，隋唐稱汴州，五代梁都於此，號東都，置開封府；宋、金因之。元改曰汴梁，明復爲開封府，領三十六州縣。考開封地志，始有東漢圈稱《陳留風俗傳》，五代王權《大梁夷門記》，又有環中《汴都名實記》《京東路圖經》《開封府圖經》，而以宋敏求《東京記》叙故實最精博。修於元者無可考也，明有朱𣚴《開封郡志》見《圖書集成》引《明外史·周定王𣚴傳》，及萬曆《開封府志》，而其未可考見者，當不止此數耳。

是書乃目前保存較爲完整的一部地方志書。該志由時任開封知府的管竭忠纂。他聘請上蔡人張沐（順治十五年進士，曾兩任知縣）爲主修，於康熙三十三年（1694）秋季開始編纂，翌年（1695）仲夏完稿。先後用時不足一年。全書共四十卷、二十七目。篇目頗顯龐雜，無綱統率，缺乏系統性和整體性；纂修用時極短，以量求勝，似有粗製濫造之嫌。該志的可取之處：不是舊府志的續修，不是斷代志，而是完整通志，是一部字數超百萬的鴻篇巨著。兵制、河防、漕運、鹽法、驛站皆爲一府大事，舊志未載，此志一一爲之補綴；職官、選舉皆續至修志前夕；河防自大禹導河，直寫到康熙二十九年（1690）。是書具有重要的史學和史料價值。

館藏本爲殘本，缺卷五至卷七。有胡介祉序，祖文明序，管竭忠序，河南承宣布政使司布政序，沈荃舊序，錢綸舊序，順治十六年（1659）舊序。

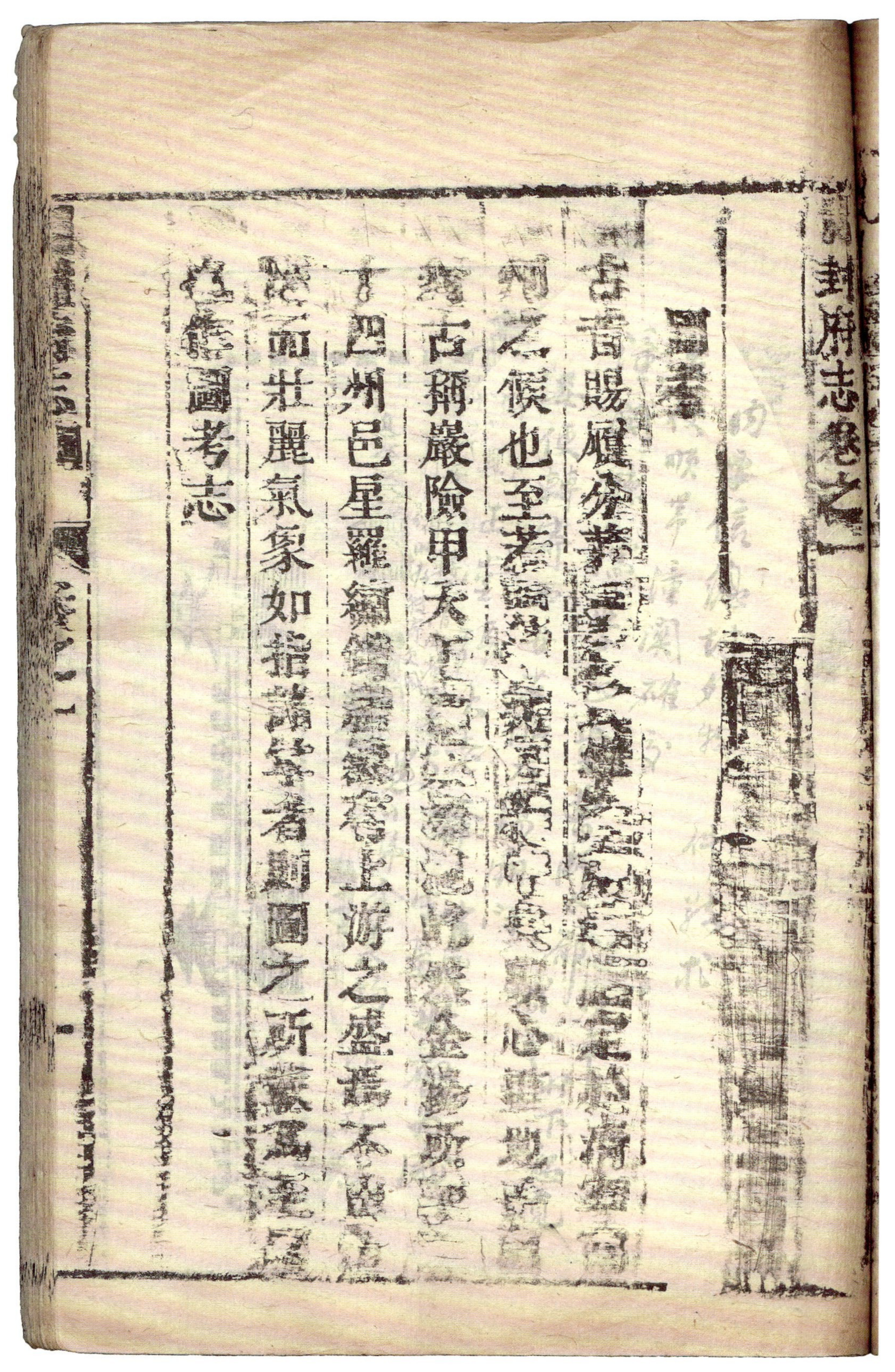

圖考

古者賜履分茅[illegible]

州之候也至若[illegible]

為古稱巖險甲天下[illegible]

十四州邑星羅綺錯[illegible]上游之盛焉不[illegible]

於而壯麗氣象如指諸掌者則圖之所[illegible]

終篇圖考志

215 ｜《儋園文集》提要

《儋園文集》三十六卷，清徐乾學撰。清康熙三十六年（1697）冠山堂刻本。凡十二册。半葉十行，行十九字。白口，黑魚尾，左右雙邊。版心有字數，下有刻工姓名若干。版框高二十厘米，寬十四點二厘米。

是書又名《儋園集》《儋園全集》《徐大司寇儋園全集》，乃徐乾學個人文集，包括奏疏、論辯文、序文、記傳、祭文、墓志銘、神道碑、書信、行狀等等。

館藏本内封左下有『冠山堂藏板』。有宋犖序。

憺園文集卷第一

賦

温泉賦

古者詞賦之作所以鋪揚鴻業詠歌盛治然竊怪相如子雲之徒侈陳羽獵組織雖工於主德奚裨焉夫帝王之至德要道無逾於孝曾子曰孝者置之而塞乎天地施之而横乎四海大哉其言之也臣備員史館伏見我

皇上奉事

兩宫先意承志聽微察渺可與虞舜姬文比烈矣

216　《天下名山記鈔》提要

《天下名山記鈔》十六卷，清吴秋士選，清汪立名校訂。清康熙三十六年（1697）刻本。凡四册。半葉十行，行二十二字。下粗黑口，黑魚尾，左右雙邊。版框高十八點三厘米，寬十二點九厘米。

吴秋士，字西湄，歙縣人。

是書乃搜集古代游記之專輯。吴秋士取何鏜《游名山記》及王世貞之《廣編》删而録之，無一字之考訂，在王世貞《廣編》一書基礎上加以精選，『存其人所習見者什之一二，人所不經見者什之八九』，然後改編校訂爲十六卷，初名爲《天下名山記鈔》，後易名爲《天下名山游記》。此書一出，天下名勝得以宏揚光大，其功自不可没。是書以地區編排，先直隸，後各省，共計收録二百一十九篇，游記以外的蕪雜之作多被删除，是一部比較純粹的游記總集。

館藏本有序四：尤侗序，彭定求序，韓菼序，張大受序。鈐印：竪長方陽文『鄭州黄河北岸』，竪長方陽文『邵公』，陽文『寶石堂藏書』。

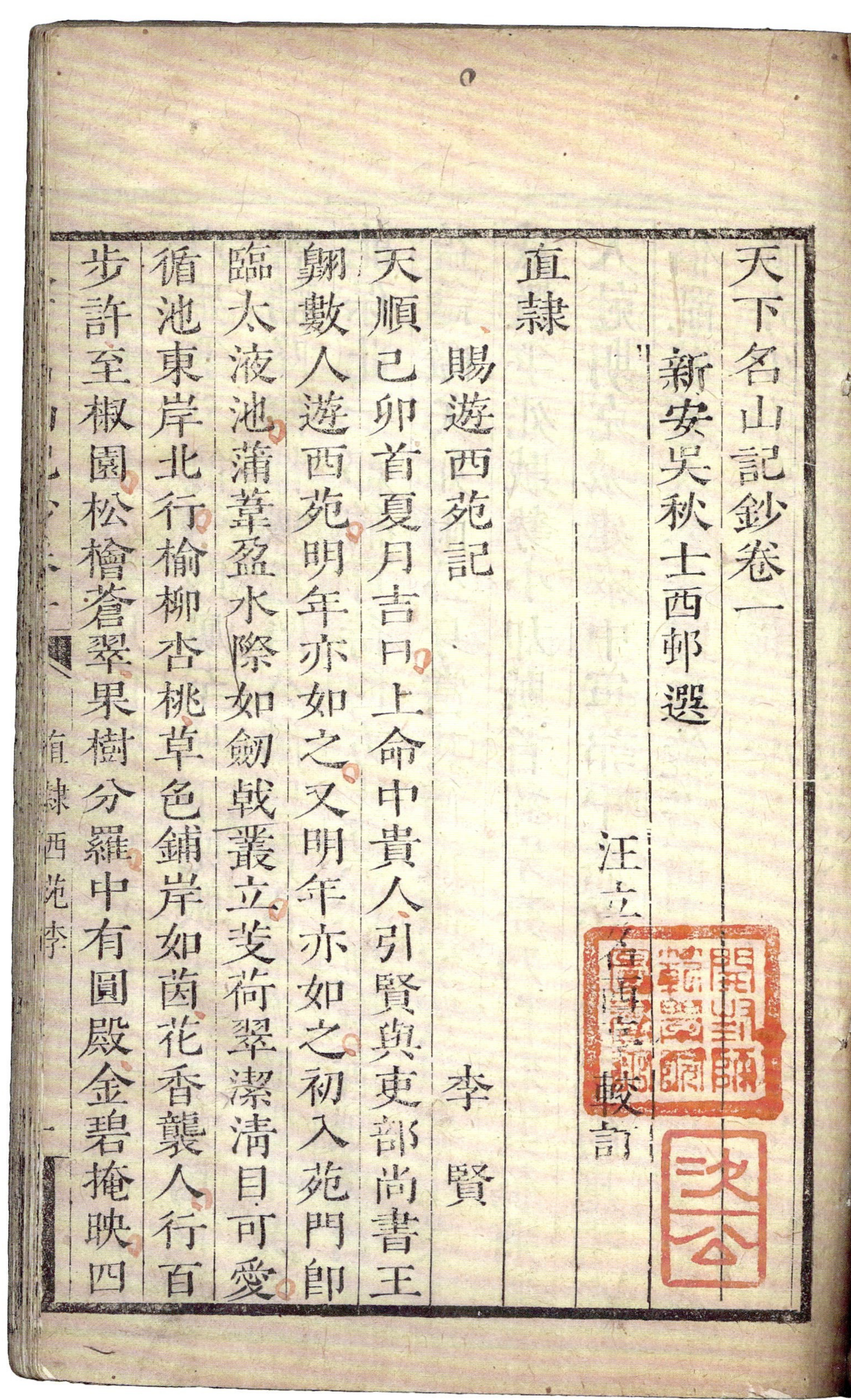

天下名山記鈔卷一

新安吳秋士西郵選

汪立[illegible]較訂

直隸

賜遊西苑記　李賢

天順己卯首夏月吉日上命中貴人引賢與吏部尚書王翺數人遊西苑明年亦如之又明年亦如之初入苑門即臨太液池蒲葦盈水際如劍戟叢立芰荷翠潔清目可愛循池東岸北行榆柳杏桃草色鋪岸如茵花香襲人行百步許至椒園松檜蒼翠果樹分羅中有圓殿金碧掩映四

直隸西苑李　一

217 《有懷堂詩稿》提要

《有懷堂詩稿》六卷，清韓菼撰。清康熙四十二年（1703）刻本。凡一册。半葉十一行，行二十一字。白口，黑單魚尾，四周單邊。版框高十九點四厘米，寬十三點六厘米。

韓菼（1637—1704），字元少，别字慕廬，長洲（今江蘇省吴縣）人。康熙十二年（1673）狀元。授翰林院修撰。歷任起居注官、侍講學士、内閣學士、經筵講官、禮部尚書等職。爲官正直敢言，學問深湛。擅長八股文，以文章稱名於世。康熙贊其『爲天下才』『學問優長，文章古雅』。著有《有懷堂文稿》《有懷堂詩稿》《瀛洲亭經説初集》《直廬集》《詩疏集》《四六文鈔》等。

是書爲韓菼詩集，共收録四百九十二首在不同時期所作的詩歌，館藏本有韓菼自序。

有懷堂詩藁卷一

蹢躅集

詠史六首 時將赴京兆試

孤鶴時懊喪病驥復悲鳴泬寥窮巷士挾策將遄征今
雖太平時慷慨慕賈生羈旅一少年廷屈漢公卿箕箒
嗟薄俗筐篋羞世營願言稽制作聖漢垂鴻名以茲長
太息豈爲前席榮
李廣負才氣勇敢莫不聞彎弓挾大黄射鵰安足云奈
何遭數奇望氣亦虛言生不逢沛公不得策高勳禁中
却拊髀上有聖明君試問誰頗牧何似飛將軍
嘗慨袴下人楚漢兩不識屠沽少年兒見侮寧足責請

有懷堂詩藁　卷一　一

218 《雅趣藏書》提要

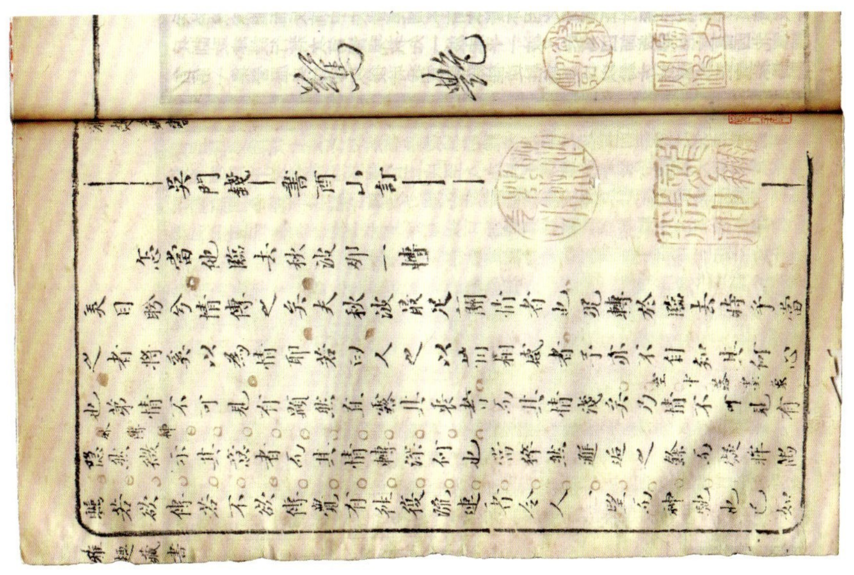

《雅趣藏書》不分卷，清錢書撰。清康熙四十二年（1703）精刻朱墨套印本。凡二册。半葉九行，行二十五字。白口，四周單邊。版心刻『雅趣藏書』，圖版版心刻『佛殿奇逢』『僧房假寓』等。版框高二十點四厘米，寬十二點八厘米。

本書乃崇文堂刻本，爲《西厢記》評論，每折刻一圖（半頁），詩詞一首（半頁），再刻評論，共二十折，有着别致的編排體例和生動的版畫藝術。全書以精美的手寫體上板，真、草、隸、篆四體書法皆備，正文係朱墨兩色套印精刻而成，朱色圈點隨處可見。是書以獨特的版式風格，歷經三百年風塵而保存至今，具有重要的版本價值和歷史文物價值。

是書内封刻『繡像西厢時藝』，中刻『雅趣藏書』，左下刻『崇文堂藏板』。前有陳玉珍序，徐鵬序，鄭鵬舉序，錢書序。是書鈐『魯陽趙氏珍藏』『趙氏珍藏』『筱三藏書』印。

219 《[康熙]韓城縣續志》提要

《[康熙]韓城縣續志》八卷，清康行僴纂修，康乃心編次。清康熙四十二年（1703）刻本。凡二冊。半葉九行，行二十三字，小字雙行，行二十字。白口，黑單魚尾，四周單邊。版框高二十一點一厘米，寬十四厘米。

萬曆三十五年（1607）張士佩主持編纂的《韓城縣志》，爲韓城現存最早的地方志書。入清以後，康熙四十二年，康行僴、康乃心編纂了《韓城縣續志》。康行僴，山西安邑人，清康熙三十三年（1694）進士，曾任韓城縣令、工部主事等職。康乃心（1643—1707），字孟謀，一字太乙，韓城縣槐里（今文化街）人，康熙三十八年（1699）舉人，博學能文，是清初陝西著名詩人。著有《莘野集》《太乙子》。

是書卷端有張廷樞序、劉蔭樞序、陳朝君序、康行僴序、康乃心序，主要介紹續志之意義和修志之功。康行僴撰寫凡例，後有名勝圖六幅。是書凡星野志、建置志、食貨志、祠祀志、官師志、人物志、風俗志、藝文志共八卷，其中星野、建置各四目，食貨六目，祠祀七目，官師六目，人物二十三目，風俗六目，藝文五目。每卷前有總括，間有康行僴按語。

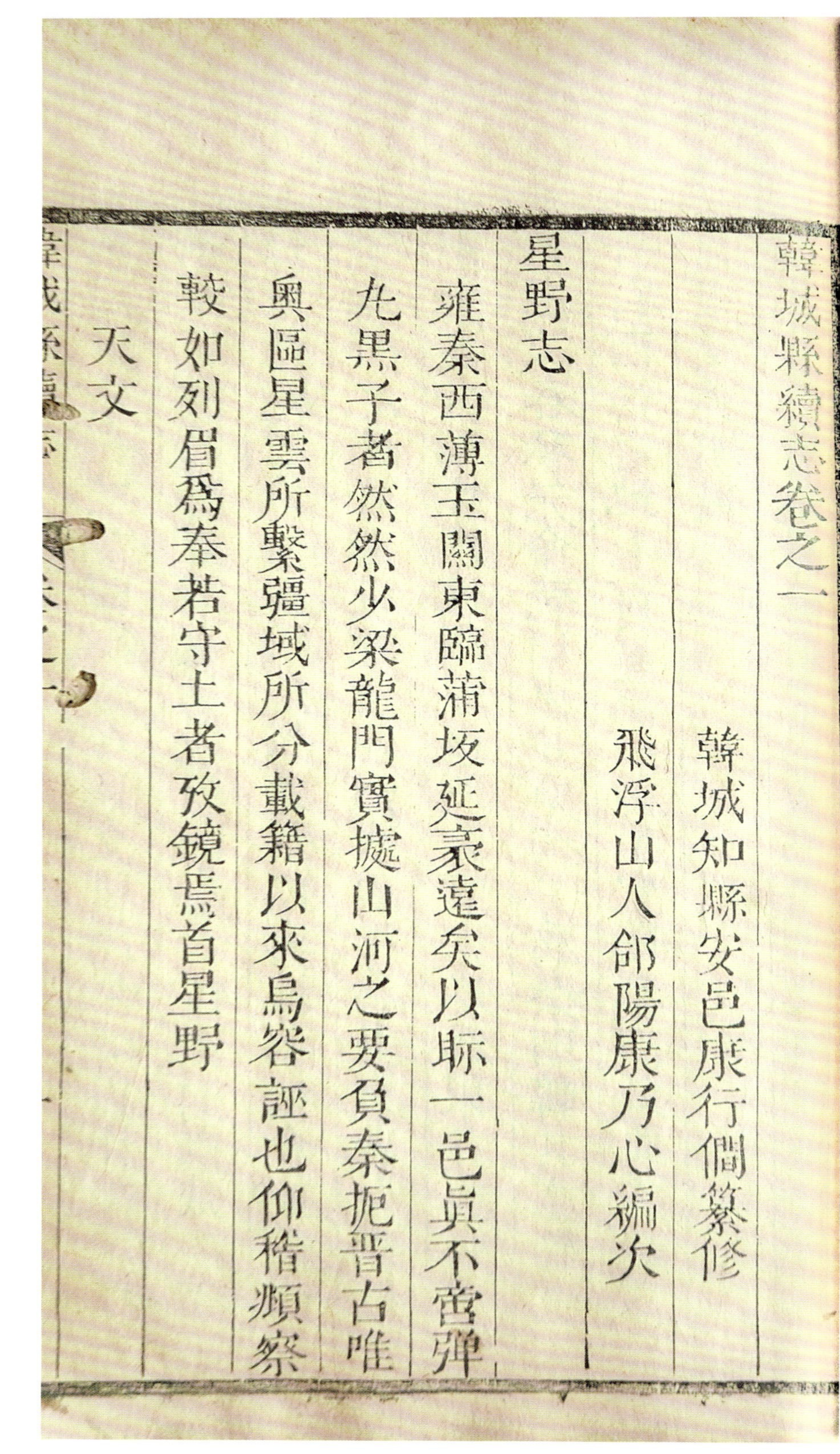

韓城縣續志卷之一

韓城知縣安邑康行僴纂修

飛浮山人郃陽康乃心編次

星野志

雍秦西薄玉關東臨蒲坂延袤遠矣以睞一邑眞不啻彈丸黑子者然然少梁龍門實據山河之要負秦扼晉古唯輿區星雲所繫疆域所分載籍以來烏容誣也仰稽頫察較如列眉爲奉若守土者攷鏡焉首星野

天文

220 《古文英華》提要

《古文英華》十二卷，清殷承爵選，清殷克緒編校。清康熙四十三年（1704）刻本。凡六册。半葉十行，行十八字，小字雙行，行十八字。四周雙邊，有眉欄刻評語。版框高十九點六厘米，寬十二厘米。

殷承爵，江寧（今江蘇南京）人，約生活在康熙時期。是書爲科舉考試而選編之教材，彙集先秦至清代名家文章，篇末附古今名賢原評供讀者參閲。

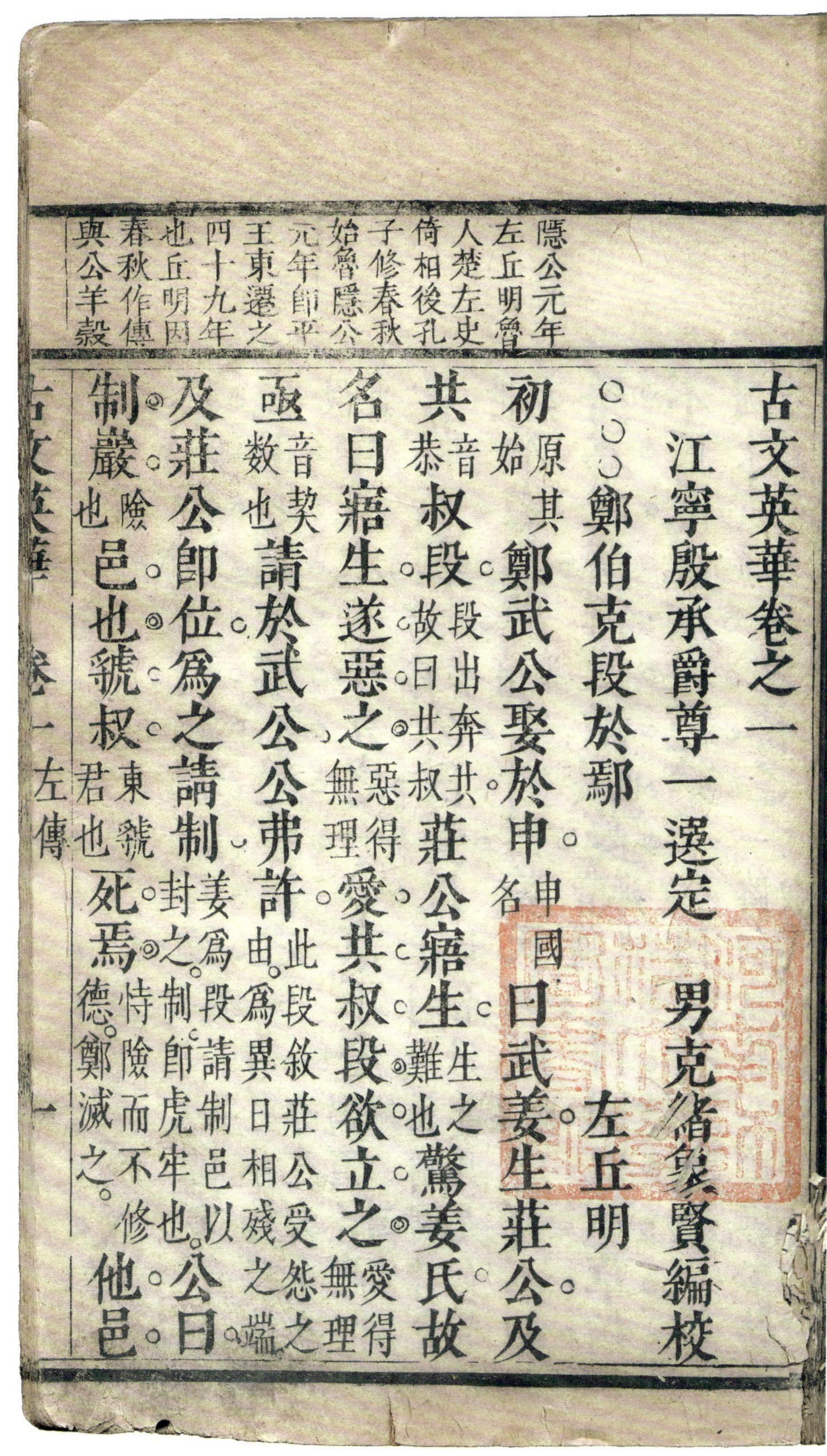

隱公元年左丘明魯人楚左史倚相後孔子修春秋始魯隱公元年即平王東遷之四十九年也丘明因春秋作傳與公羊穀

古文英華卷之一

江寧殷承爵尊一選定　男克緒象賢編校

鄭伯克段於鄢　左丘明

初原其始鄭武公娶於申申國名曰武姜生莊公及共音恭叔段段出奔共故曰共叔莊公寤生寤生難也驚姜氏故名曰寤生遂惡之惡得無理愛共叔段欲立之愛得無理亟音契數也請於武公公弗許此段敘莊公愛怨之由為異日相殘之端及莊公即位為之請制姜為段請制邑以封之制即虎牢也公曰制巖險也邑也虢叔東虢君也死焉恃險而不修德鄭滅之他邑

古文英華　卷一　左傳　一

221 《大宋重修廣韵》提要

《大宋重修廣韵》五卷，宋陳彭年等撰。清康熙張士俊澤存堂影宋刻本。凡五册。半葉十行，行二十七字，小字雙行，行二十七字。白口，黑單魚尾，左右雙邊。版框高二十九點八厘米，寬十五點六厘米。

初，隋陸法言以六家韵書各有乖互，撰爲《切韵》五卷。書成於隋仁壽元年（601）。唐儀鳳二年（677），長孫陸訥言爲之注。宋景德四年（1007），以舊本偏旁差訛，傳寫漏落，又注解未備，乃命重修。大中祥符四年（1011）書成，賜名《大宋重修廣韵》，即是書也。舊本不題撰人。以丁度《集韵》考之，知爲陳彭年等爾。其書二百零六韵，仍陸氏之舊，所收凡二萬六千一百九十四字。考唐《封演聞見記》，載陸法言《韵》凡一萬二千一百五十八字，則所增凡一萬四千三十六字矣。

館藏本乃蘇州張士俊從宋槧翻刻，書眉有浣華别塾過録宋本朱筆批校，内封右上鎸『張氏重刻』，中鎸『宋本廣韵』，左下鎸『澤存堂藏板』。書後有張士俊識，缺筆避欽宗諱，蓋建炎以後重刊。是書宋槧翻雕，具有較爲重要的歷史文獻價值。

景祐中修禮部韻畧以賈昌朝請韻窄者凡十三處許令附近通用於是合欣於文合嚴於鹽添合凡於咸銜上聲合隱於吻合儼於琰忝合范於豏檻去聲合廢於隊代合焮於問合釅於豔㮇合梵於陷鑑入聲合迄於物合業於葉怗合乏於洽狎此書上去二聲亦沿韻畧舊次今挍改

廣韻上平聲卷第一

東德紅第一獨用　冬都宗第二鍾同用
鍾職容第三　江古雙第四獨用
支章移第五脂之同用　脂旨夷第六
之止而第七　微無非第八獨用
魚語居第九獨用　虞遇俱第十模同用
模莫胡第十一　齊徂奚第十二獨用
佳古膎第十三皆同用　皆古諧第十四
灰呼恢第十五咍同用　咍呼來第十六
眞職鄰第十七諄臻同用　諄之純第十八

222　《大廣益會玉篇》提要

《大廣益會玉篇》三十卷，梁顧野王撰，唐孫强增字。清康熙四十三年（1704）張士俊澤存堂影宋刻本。凡三册。半葉十行，字数不等，小字雙行二十八字。白口，黑單魚尾，四周單邊。版心下刻『澤存堂』和刻工『金滋』『沈思恭』等姓名。版框高二十點九厘米，寬十五點二厘米。

顧野王（519—581），原名顧體倫，字希馮，吴郡吴縣（今江蘇蘇州）人。南朝梁陳間官員、文字訓詁學家、史學家，因仰慕西漢馮野王，更名爲顧野王，希望自己在文學方面取得与馮野王一樣的成績。

《大廣益會玉篇》是繼《説文解字》後的一部重要字書，編撰於梁武帝大同九年（543）。唐高宗上元元年（674），處士孫强曾修訂增字。宋真宗於大中祥符六年（1013）敕令陳彭年等再次重修，增字很多，名爲《大廣益玉篇》，即所謂今本《大廣益會玉篇》。是書收字二萬二千餘，分爲五百四十二部，以字義相關爲先後。每個字下先以反切釋音，然後解釋字義，有些還引有書證或直接引用典籍的詁訓來釋義，并把一些字的古體、异體附於釋義之後。《大廣益會玉篇》是字書，又可用爲韵書，是研究古籍不可缺少的工具書。

館藏本内封右上鎸『張氏重刊』，中鎸『宋本玉篇』，左下鎸『澤存堂藏板』。卷端有朱彝尊重刊序文，卷尾有張士俊的跋文。是書據宋槧翻雕，字迹秀勁，刊印精美，具有較爲重要的歷史文獻價值。

旨 支耳切第一百一十四
汝 徐仙切第一百一十五
夲 [illegible]切第一百一十六
本 [illegible]第一百一十七
[illegible] [illegible]第一百一十八

卷第十 凡一十九部

彳 丑亦切第一百一十九
行 下庚切第一百二十
冘 余針切第一百二十一
夂 竹几切第一百二十二
久 居柳切第一百二十三
夊 思隹切第一百二十四
舛 尺兖切第一百二十五
走 子后切第一百二十六
辵 丑略切第一百二十七
廴 余忍切第一百二十八
癶 補葛切第一百二十九
步 蒲故切第一百三十
止 之市切第一百三十一
處 充與切第一百三十二
立 力急切第一百三十三
竝 蒲茗切第一百三十四
此 七爾切第一百三十五
正 之盛切第一百三十六
是 時紙切第一百三十七

玉篇卷第一 凡八部

一部第一 於逸
上部第二 市讓
示部第三 時至
二部第四 而至
三部第五 思甘
王部第六 禹方
玉部第七 魚録
玨部第八 古岳

〇一部第一 凡九字

一 於逸切。說文曰：惟初太始道立於一，造分天地，化成萬物。道德經云：昔之得一者，天得一以清，地得一以寧，神得一以靈，谷得一以盈，萬

223 │《説鈴》提要

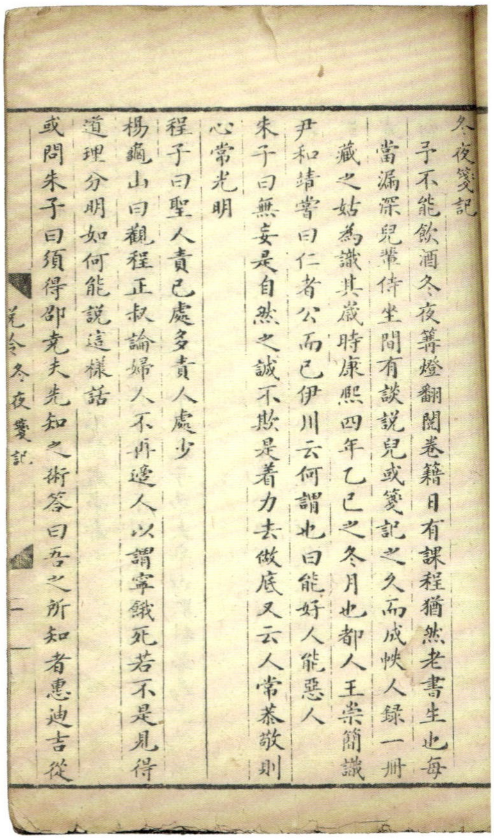
冬夜箋記

子不能飲酒冬夜篝燈翻閱卷籍日有課程猶然老書生也每當漏深兒輩侍坐間有談説兒或箋記之久而成帙人録一冊藏之姑為識其歲時康熙四年乙巳之冬月也都人王崇簡識

尹和靖嘗曰仁者公而已伊川云何謂也曰能好人能惡人

朱子曰無妄是自然之誠不欺是着力去做底又云人常恭敬則心常光明

程子曰聖人責己處多責人處少

楊龜山曰觀程正叔論婦人不再適人以謂寧餓死若不是見得道理分明如何能説這樣話

或問朱子曰須得卻竟夫先知之術答曰吾之所知者惠迪吉從

説鈴　冬夜箋記　一

《説鈴》前集三十三種四十三卷，後集十九種二十六卷，清吴震方編。清康熙四十四年（1705）刻本。凡十六册。半葉十一行，行二十五字。細黑口，左右雙邊，黑對魚尾。版框高二十點二厘米，寬十四厘米。

吴震方，字青壇，浙江石門人。康熙十八年（1679）進士。官至監察御史，罷歸。康熙四十二年（1703），聖祖南巡，以所輯《朱子論定文鈔》進呈，得復職，且御書白居易詩以賜。以摘詩中『晚樹』二字名其樓。翌年，游滁州。吴震方著有《晚樹樓詩稿》四卷及《讀書正音》《嶺南雜記》等，并傳於世。

『説鈴』即瑣屑的言論，是書乃清代文人筆記小説集。

館藏本牌記上有白文印章『學古堂』一枚，并附『歷代説部各有成書，唯本朝未見彙輯，兹偶舉年昔知交投贈先公同好，諸君子鄴架舊藏雲亭新著，望祁郵賜以光雅集謹啓』『本朝名家雜著』之説明。書中有徐倬序。

224 《六書分類》提要

《六書分類》十二卷，首一卷，清傅世垚撰。清康熙四十四年（1705）聽松閣刻本。凡九册。半葉八行，行字數不等。白口，黑單魚尾，四周單邊。版心下鐫『聽松閣』。版框高二十一厘米，寬三點八厘米。

傅世垚，字實石，清河南歸德人。

其書分部，依梅膺祚《字彙》之例，每字以小篆、古文次於楷書之後。古文之學，漢、魏後久已失傳。後人所譯鐘鼎之文，十之九出於臆度，確然可信者無幾。況古器或出剥爛之餘，或出僞作，尤不足爲依據。謂之好古則可，謂有當於古義，則未然也。

館藏本内封右上鐫『帚庵秘書』，中鐫『六書分類』，左下鐫『寶仁堂藏板』。有周呈兆序，李根茂和閻錫爵序，王騰人序，胡簡敬序，朱洞李弁言及羊和奏跋，何源濬序，李來章序，周天健序。序端鈐正方陰文印『新鄉周氏家藏』。

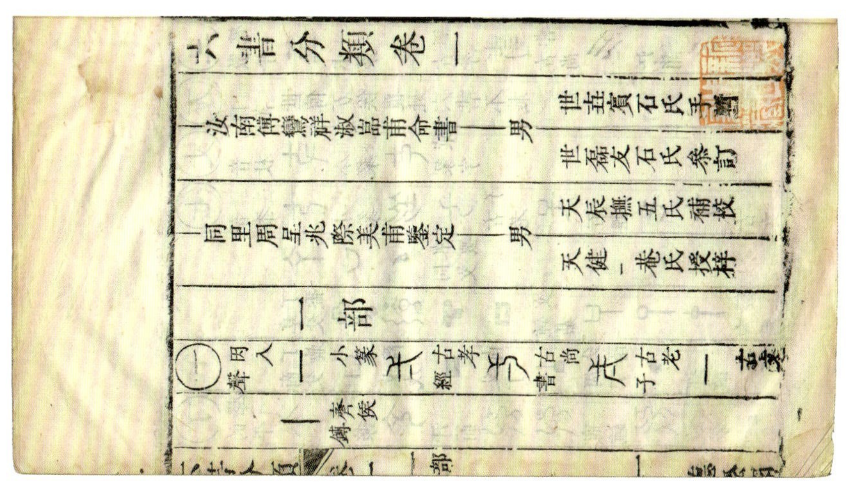

225 《中州名賢文表》提要

《中州名賢文表》三十卷，明劉昌輯。清康熙四十五年（1706）汪立名刻本。凡十二册。半葉十二行，行二十二字。黑口，黑魚尾，四周單邊。版框高二十二厘米，寬十三點五厘米。

劉昌（1424—1480），字欽謨，吴縣人。正統十年（1445）進士，歷官河南提學副使，遷廣東布政司參政。

是書意在表彰諸賢，又有考證文，乃劉昌官河南時所搜輯。又略依本集之體，各以碑志、銘傳等篇附録於後。每集末有劉昌所作《跋語》數則，亦頗見考訂。王士禛《香祖筆記》載，其《勸宋牧仲重刻文表》云：『欽謨諸跋當悉刻之，以存其舊。』是書實康熙丙戌宋犖授錢塘汪立名所刊，其附入原跋，蓋本王士禛之意也。劉昌自序又謂此爲内集，尚有外集、正集、雜集若干卷。今俱未見，殆久而散佚歟。

館藏本有宋犖序、劉昌原序、汪立名跋。寫體字，挺竣有力，一筆不苟，係初刻初印。卷端有陰文印『黄詡之印』『襄逸』。

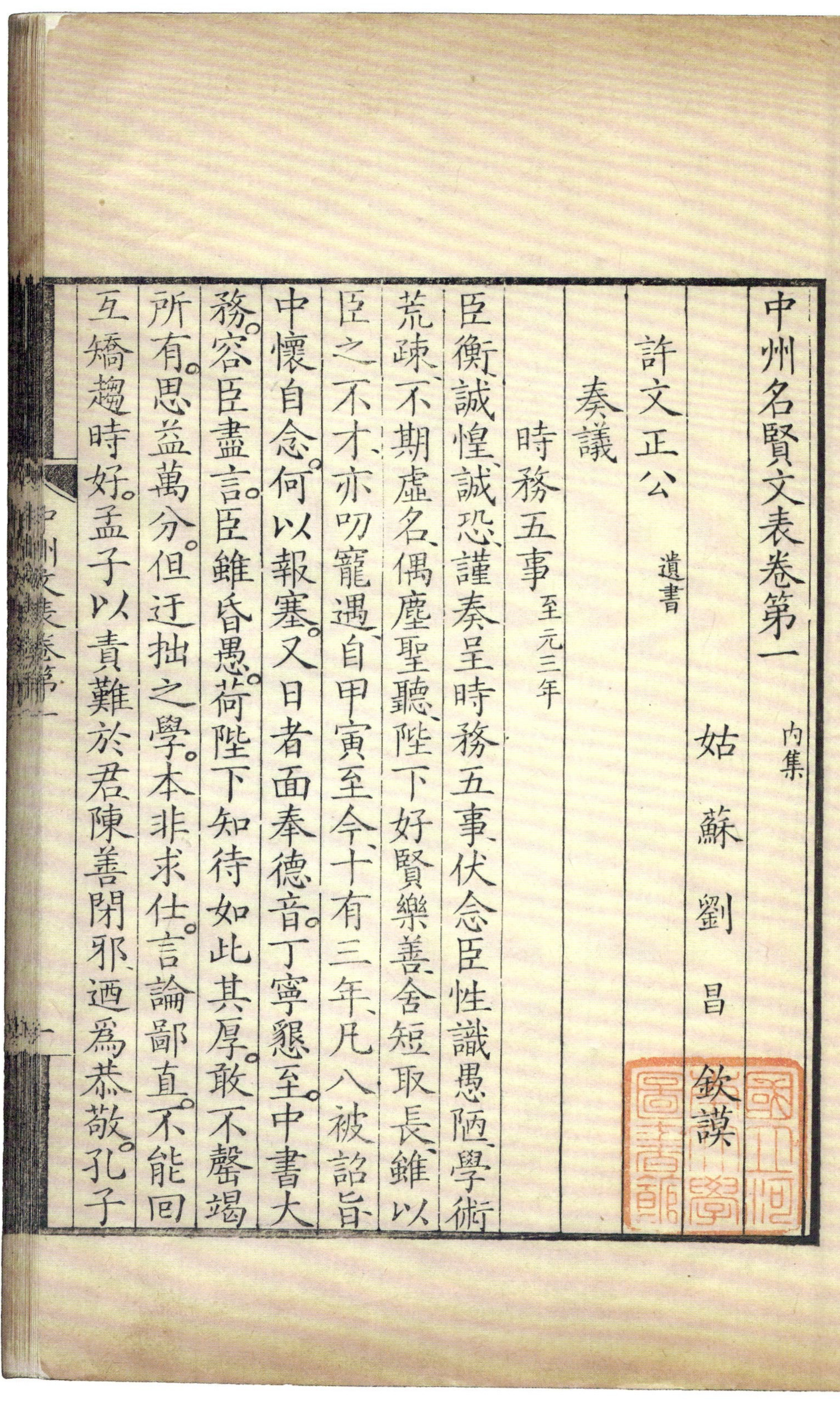

中州名賢文表卷第一　内集

姑蘇劉昌欽謨

許文正公　遺書

奏議

時務五事　至元三年

臣衡誠惶誠恐謹奏呈時務五事伏念臣性識愚陋學術荒疏不期虛名偶塵聖聽陛下好賢樂善舍短取長雖以臣之不才亦叨寵遇自甲寅至今十有三年凡八被詔旨中懷自念何以報塞又日者面奉德音丁寧懇至中書大務容臣盡言臣雖昏愚荷陛下知待如此其厚敢不罄竭所有思益萬分但迂拙之學本非求仕言論鄙直不能回互矯趨時好孟子以責難於君陳善閉邪迺爲恭敬孔子

226 《御定歷代題畫詩類》提要

《御定歷代題畫詩類》一百二十卷，清陳邦彦輯。清康熙四十六年（1707）内府刻本。凡二十四册。半葉十一行，行二十三字。黑口，黑單魚尾，左右雙邊。版框高十八點六厘米，寬十二點五厘米。

畫上題詩是我國文學藝術特産。題畫之詩共爲一集者，始於宋代孫紹遠，其書僅八卷，所録爲唐、宋之作。自是以來，論書畫者，所録皆題跋爲多，詩句僅附見其一二。清代對題畫詩的編輯整理達到鼎盛，是書乃康熙四十六年（1707）御定，收録歷代題畫詩凡八千九百六十二首，分爲三十門，較諸孫氏舊編，實博而有要，蔚爲大觀。披覽之餘，覽名物典故，有資考證；鴻篇巨制，有益文章。

館藏本字畫如寫，墨色上乘，實屬清内府刻本之珍品。收入第一批全國珍貴古籍名録。

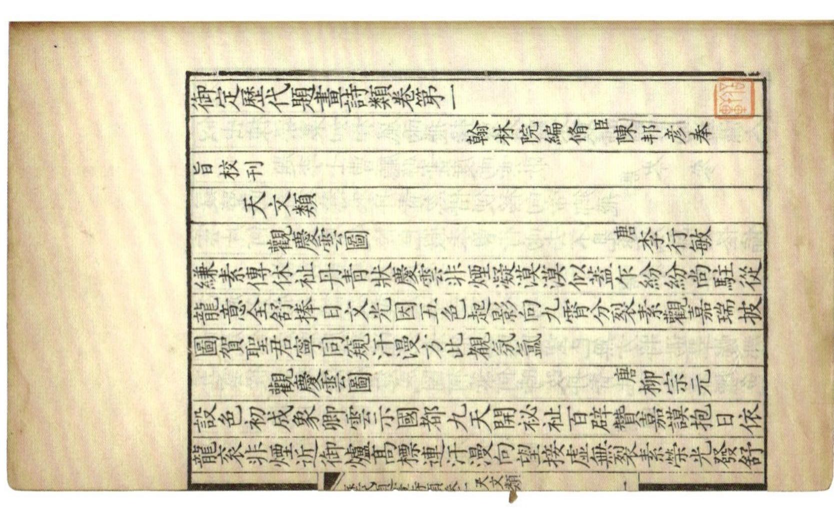
御定歷代題畫詩類卷第一
翰林院編修臣陳邦彦奉
旨校刊
天文類
觀慶雲圖　唐　李行敏
縹素傳休祉丹青狀慶雲非煙凝漠漠似蓋乍紛紛尚駐從
龍意全舒捧日文光因五色起影向九霄分裂素觀嘉瑞披
圖賀聖君寧同窺汗漫方此覩氤氳
觀慶雲圖　唐　柳宗元
設色初成象卿雲示國都九天開祕祉百辟贊嘉謨抱日依
龍衮非煙近御爐高標連汗漫向望接虛無裂素榮光發舒

227 《御批資治通鑒綱目》提要

《御批資治通鑒綱目》五十九卷，卷首一卷，前編十八卷，舉要三卷，外紀一卷，續編二十七卷，宋朱熹、明商輅撰，清康熙御批，清宋犖校刻本。凡五十册。半葉十一行，行二十二字。黑口，黑順魚尾，四周雙邊。版框高十八點二厘米，寬十五點四厘米。

《資治通鑒綱目》是朱熹生前未能定稿的史學巨著，其門人趙師淵於樊川書院續編完成，内容注重嚴分正閏之際，明辨倫理綱常，并注意褒貶春秋筆法。全書以『綱目』爲體，綱仿《春秋》，目仿《左傳》，創造了一種新的史書體裁。宋明以來，許多學人對《通鑒綱目》進行研究，拓展其價值，如尹起莘寫了《發明》，劉友益寫了《書法》，汪克寬寫了《考异》等。清康熙四十六年（1707），皇帝爲《通鑒綱目》及商輅的《續資治通鑒綱目》加上御批，每卷後均有『吏部尚書加一級臣宋犖謹奉敕校刊』字樣。

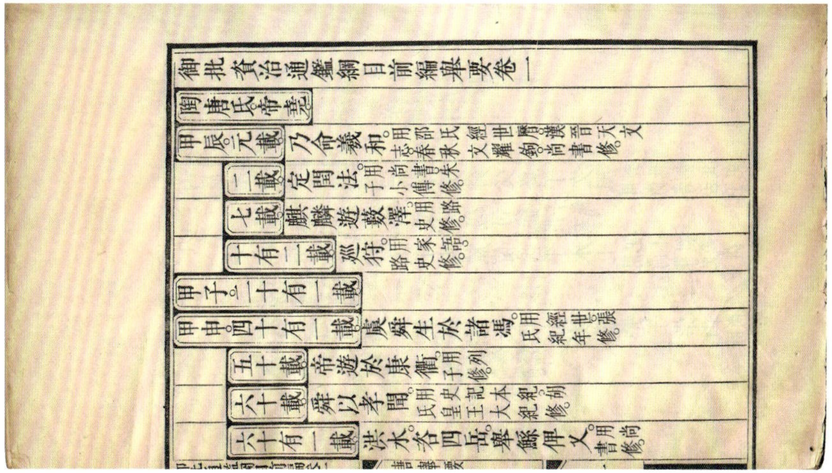
御批資治通鑑綱目前編舉要卷一
陶唐氏帝堯
甲辰。元載。乃命羲和。
二載。定閏法。
七載。麒麟遊藪澤。
甲子。二十有一載。
甲申。四十有一載。虞舜生於諸馮。
五十載。帝遊於康衢。
六十載。舜以孝聞。
六十有一載。洪水。咨四岳。舉鯀。

228　《淵鑒類函》提要

《淵鑒類函》四百五十卷，清張英等纂。清康熙四十九年（1710）清吟堂刻本。凡三十五册。半葉十行，行二十一字。上下黑口，黑順魚尾，四周雙邊。版框高十七點四厘米，寬十一點七厘米。

張英（1637—1708），字敦複，號樂圃，安徽桐城人。康熙六年（1667）進士。官至文華殿大學士，兼禮部尚書。

是書乃清代官修大型類書，以《唐類函》爲底本，廣采諸多類書彙集而成。是書共四百五十卷，四十五個部類，每部下分爲條目若干，每條條目分爲釋名總論、典故、對偶、摘句、詩文五部分。五部分俱廣征諸類古籍以爲釋。釋名總論部分以《説文》《爾雅》《經》《史》《子》《集》爲序。典故部分則是以朝代爲次序。對偶、摘句、詩文三部分則不按次序排列，只選取華麗有文采之詩文。

館藏本存卷二十至卷三十二、卷四十五至卷四十六、卷五十一、卷五十二、卷一百一十至卷一百一十七、卷一百一十九至卷一百二十四、卷一百八十三至卷二百零三、卷二百二十三至卷二百二十五、卷二百三十三至卷二百三十五、卷二百四十三至卷二百四十五、卷三百一十八至卷三百二十一、卷三百二十七至卷三百三十、卷三百八十五至卷四百。

淵鑑類函卷二十

歲時部九 七月十五 蜡臘 小歲 中秋 歲除 九月九日

七月十五日一

〔原〕道經曰七月十五中元之日地官校勾搜選人間分別善惡諸天聖衆普詣宮中簡定劫數人鬼傳錄餓鬼囚徒一時皆集以其日作元都大獻於玉京[illegible]採諸花果珍奇異物幢旛寶蓋淸膳飲食獻諸聖衆道士於其日夜講誦是經十方大聖齊詠靈篇囚徒餓鬼俱飽滿免於衆苦得還人中　荆楚歲時記曰七月十五日僧尼道俗悉營盆供諸寺院〔增〕大明一統賦註云七月

229 《周易本義》提要

《周易本義》十二卷，宋朱熹撰。清康熙五十年（1711）刻本。凡一册。半葉八行，行十六字，小字雙行，行二十字。白口，黑對魚尾，左右雙邊。版框高十六點五厘米，寬十一厘米。

是書乃朱熹注釋《周易》經傳的著作。以吕祖謙《古周易》爲底本，分爲經二篇，傳十篇，音訓亦取吕祖謙之説。朱熹將各家《易》分門别類，通過分析比較，認爲《易》爲卜筮之書，説明《周易》本來是占筮的典籍，故稱之爲《本義》，但其重點在於解釋卦爻辭，對卦爻辭的解説，注重文意，以簡略爲特色。是書在宋明易學中影響很大。南宋董楷即把《本義》與《程氏易傳》合爲一書，稱爲《周易本義附録》。元代胡一桂、其子胡炳文、學生董真卿都有解説《本義》的著述。明代頒布《周易大全》，則標志着《程傳》與《本義》占據了統治地位，其影響一直延續到清初。

館藏本存二卷：上卷、下卷。有清曹寅序，宋吴革序。

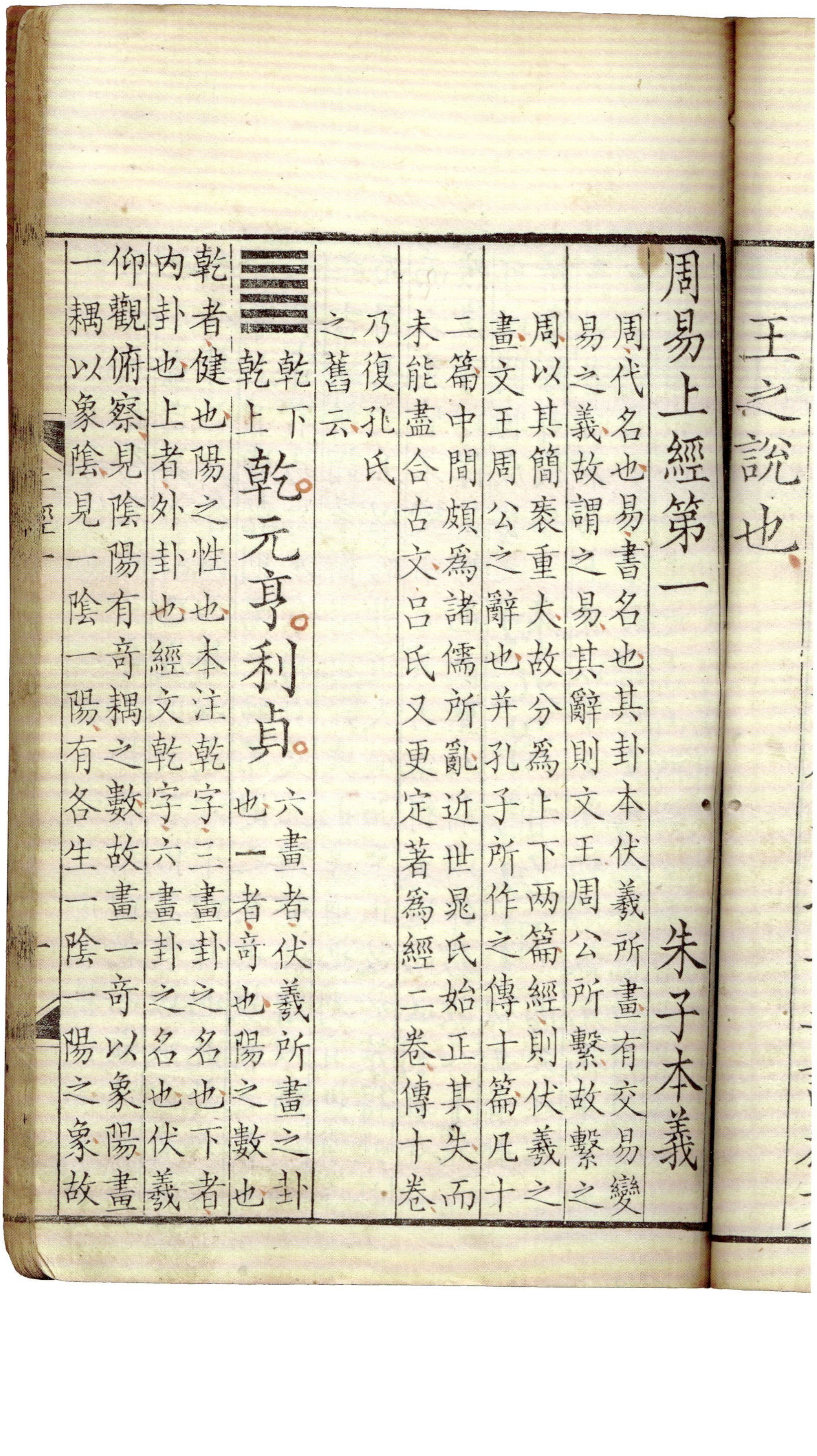

王之說也

周易上經第一　朱子本義

周代名也易書名也其卦本伏羲所畫有交易變易之義故謂之易其辭則文王周公所繫故繫之周以其簡袠重大故分爲上下兩篇經則伏羲之畫文王周公之辭也并孔子所作之傳十篇凡十二篇中間頗爲諸儒所亂近世晁氏始正其失而未能盡合古文呂氏又更定著爲經二卷傳十卷乃復孔氏之舊云

☰ 乾下乾上

乾元亨利貞。

六畫者伏羲所畫之卦也一者奇也陽之數也乾者健也陽之性也本注乾字三畫卦之名也下者內卦也上者外卦也經文乾字六畫卦之名也伏羲仰觀俯察見陰陽有奇耦之數故畫一奇以象陽畫一耦以象陰見一陰一陽有各生一陰一陽之象故

230 《佩文韵府》提要

《佩文韵府》一百六十卷，清張玉書等纂。清康熙内府刻本。凡一百五册。半葉十二行，行二十四字，小字雙行，行二十五字。白口，四周雙邊。版框高十六點五厘米，寬十一點三厘米。

是書乃清代官修大型辭藻典故辭典，清張玉書、陳廷敬、李光地等七十六人奉敕編撰。康熙四十三年（1704）開始編寫，康熙五十年（1711）成書。其正集四百四十四卷，單字約一萬個，引録詩文辭藻典故約一百四十萬條。是書以元陰時夫《韵府群玉》和明凌稚隆《五車韵瑞》爲基礎，再彙抄類書中有關材料增補而成，詞以經、史、子、集爲序，兼顧時間。收詞上自先秦典籍，下至明代文人著作，至今仍然是人們查閲古代詞語、成語和典故出處的重要的工具書。

館藏《佩文韵府》是清康熙年間内府初刻本，保存完好，刻寫精美，字迹清楚，具有較高的版本價值和校勘價值。收入第一批全國珍貴古籍名録。

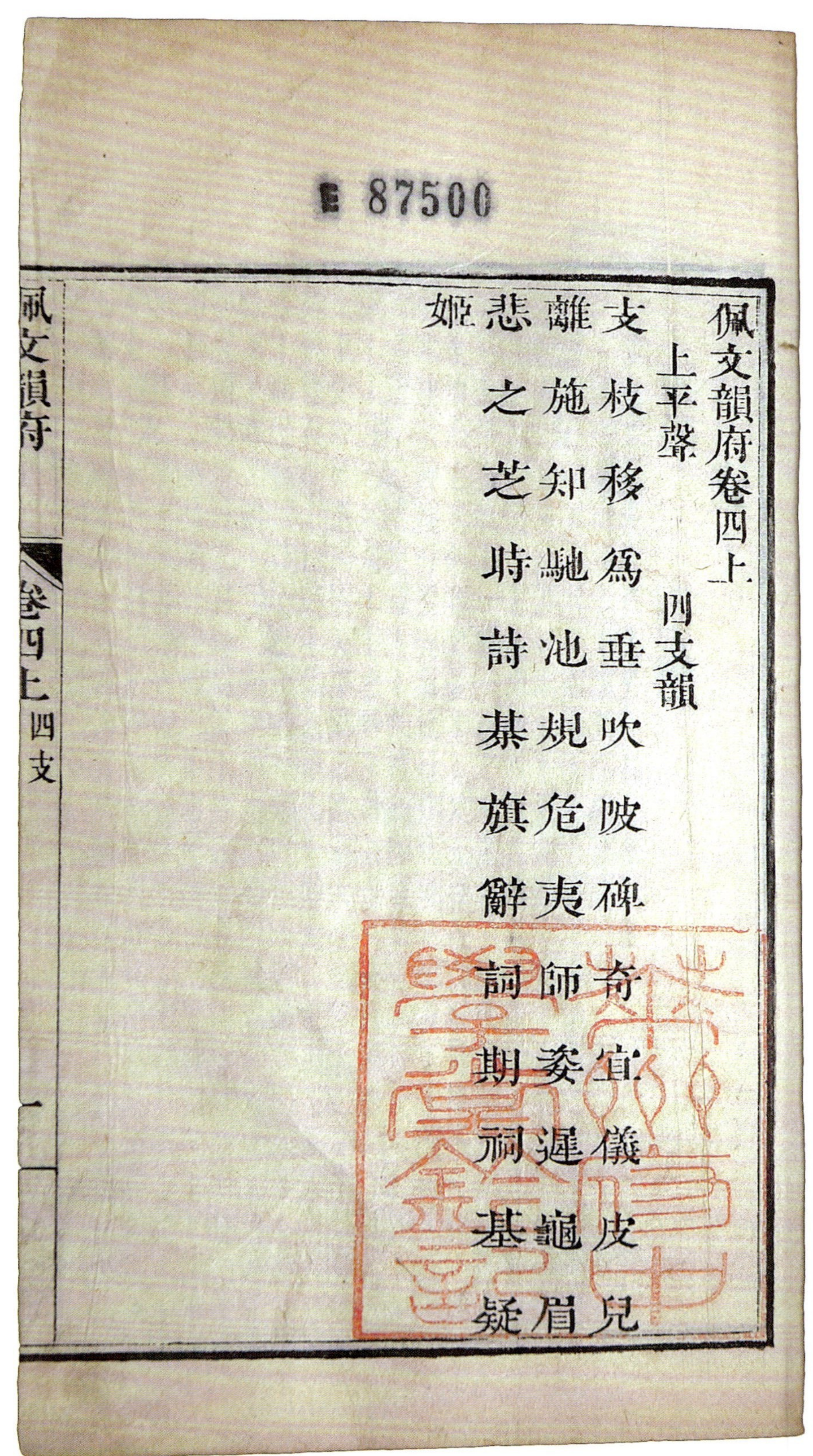

佩文韻府卷四上

上平聲　四支韻

支枝移爲垂吹陂碑奇宜儀皮兒

離施知馳池規危夷師姿遲龜眉

悲之芝時詩棊旗辭詞期祠基疑

姬

佩文韻府　卷四上　四支　一

231 《帶經堂全集》提要

《帶經堂全集》九十二卷，清王士禛撰。清康熙五十年（1711）七略書堂精刻、乾隆十二年（1747）黄晟印本。凡三十六册。半葉十行，行十九字。白口，黑單魚尾，左右雙邊。版框高十八點五厘米，寬十四厘米。

館藏《帶經堂全集》，前有程哲序及林佶識語，内封右上鎸『王阮亭先生著』，中鎸『帶經堂集』，左下鎸『七略書堂校刊』，正文卷端下鎸『歙門人程哲校編，新城王士禛貽上』二行。《帶經堂全集》序後鈐有乾隆十二年『黄晟』『曉峰』印，但正文不諱『弘』『禛』，故定爲康熙刻本，應係七略書堂軟體精刻而成，賞心悦目，素稱精美，具有很重要的版本價值和資料價值。

帶經堂集卷一　歙門人程哲挍編

新城王士禛貽上

漁洋詩一　丙申稿

幽州馬客吟歌　五曲

虬鬒鐵裲襠來往城闕東臂上黃鷂子胯底綠螭驄

鷂子喜秋風一日三奮飛憎馬走千里脫轡不言饑

相逢南山下載獫從兩狼共作幽州語齊醉湖姬旁

漁洋詩卷一

232　《說鈴續集》提要

《說鈴續集》七種，後集五種，清吴震方編。清康熙五十一年（1712）學古堂刻本。凡六冊。半葉十一行，行二十五字。細黑口，黑對魚尾，左右雙邊。版框高十九點六厘米，寬十三點一厘米。

是書包括《談助》《畫壁詩》《邇語》《庸言》《筠廊二筆》《池北偶談》《讀書質疑》七種，另有後集一冊，包括《冥報録》《現果隨録》《果報聞見録》《信征録》《曠園雜志》五種。

館藏本卷端有『學古堂藏板』。有勞之辨序、徐倬序。

談助

嘗暮夕坐閒談或述古語或及近事所聞偶錄之已成帙矣存

為談助王崇簡識

孫文介慎行嘗言知止可盡大學慎獨可盡中庸忠恕可盡論語性善可盡孟子

翁文簡正春為少宗伯時代藩以無嫡子以所鍾意庶子為嫡得立後庶有子而長子訟之公衆之曰均庶立長宜也然訟父得立是有兄弟而無父子請立長子之子而以前立者為將軍則兄弟之倫正而父子之恩亦不至掃地言不盡行而識者韙之

吳大司馬兊家居未嘗入郡郭就見長吏曰大臣體自尊重先輩浸失其故吾不能見重于人敢自薄耶人以為有體

233 《御選唐詩》提要

《御選唐詩》三十二卷，目録三卷，清玄燁選，清陳廷敬等編注。清康熙五十二年（1713）武英殿朱墨套印本。凡四册。半葉七行，行十七字，小字雙行，行二十二至二十四字不等。白口，黑單魚尾，無界欄，四周雙邊。版框高十八點七厘米，寬十二點四厘米。

御選是清代獨有的詩文選現象，《御選唐詩》與清朝的文治思想以及尊唐思潮密切相關，以清真雅正的詩風、温柔敦厚的詩教引導社會文化的方向，以唐詩的盛世之音渲染清代治世的清明景象，逐漸消解了文人對清朝統治的不滿。是書録唐人詩分體編排，計五古六卷、七古三卷、五律（附六言）七卷、七律七卷、五排（附七排）二卷、五絶二卷、七絶五卷。前有玄燁序，稱此書係在彙刻《全唐詩》的基礎上重加選編而成，『蓋討索貴於詳備，而用以吟咏性情，則當挹其精華而漱其芳潤』，所選詩作，『雖風格不一，而皆以温柔敦厚爲宗，其憂君感憤、倩麗纖巧之作，雖工不録』。按：是書實際主持人爲陳廷敬，列名校勘官的尚有顧廷儀、蔣廷錫、張廷玉、趙熊詔，另有繕寫、監造、纂注、校録等四十五人。每位詩人名下附小傳，詩句有箋注，僅限於名物訓詁和徵引故實，不作釋義。

館藏本存八卷：卷十三至卷二十。

御選唐詩第十三卷

五言律

杜甫

鄭氏東亭 全唐詩鄭氏上有重題二字甫自注在新安界唐書地理志河南府新安縣

華亭入翠微 洛陽名園記環溪王開府宅園甚潔華亭者南臨池池左右翼而北過涼榭復滙為大池周圍如環故云然也爾雅山脊岡未及上翠微左思蜀都賦鬱葐蒕以翠微崛巍巍以戕戕注翠微山氣之輕縹也沈

234 《平叛記》提要

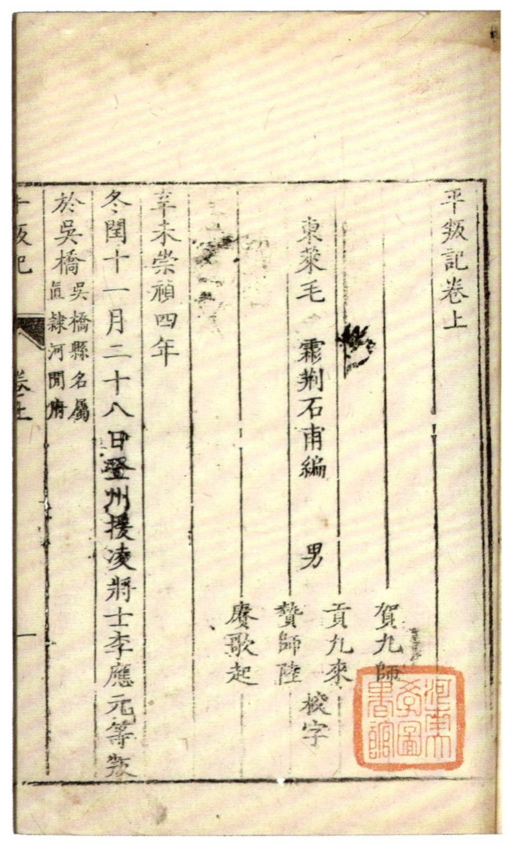
平叛記卷上
東萊毛霦荊石甫編　男　賀九師　貢九來　贊歸陸　賡歌起　校字
辛未崇禎四年
冬閏十一月二十八日登州援遼將士李應元等叛
於吴橋吴橋縣名屬直隸河間府

《平叛記》二卷，清毛霦撰。清康熙五十五年（1716）刻本。凡二十四册。半葉九行，行二十二字，小字雙行，行十九字。白口，黑魚尾，左右雙邊。版框高十七點九厘米，寬十三點七厘米。

毛霦，字荊石，山東掖縣人。

是書記載崇禎四年（1631）叛兵李九成等攻圍萊州始末，始於是年閏十一月二十八日吴橋之激變，終於崇禎六年（1633）四月十三日蔴坨之捷。分目記載，有綱有目，皆作者目睹，故纖悉具備。

館藏本有作者自序、辜光序、毛霦自序。

235 《朱子古文讀本》提要

《朱子古文讀本》六卷，附本傳一卷，宋朱熹撰，清周大璋輯。清康熙五十六年（1717）寶旭齋刻本。凡十六册。半葉八行，行十六字。無界格，時有黑單魚尾，白口，四周單邊。版心下鎸『寶旭齋』。版框高二十一點五厘米，寬十五點一厘米。

周大璋（1671—？），字聘侯，號筆峰，安徽安慶樅陽縣周潭人。清雍正二年（1724）進士，授湖南龍陽縣令。他精研先儒之學，窮究經史百家。著有《四書精言》《四書正義》《左傳翼》《修凝堂文鈔》《朱子古文讀本》。

是書乃以古文義法作爲選目標準，選取朱熹文章彙編成集。

館藏本内封鎸有『康熙五十六年新鎸』『寶旭齋藏板』『桐城周聘侯選評』，白文印章『寶旭齋藏版』。周大璋序，張若潭、張若震識文。

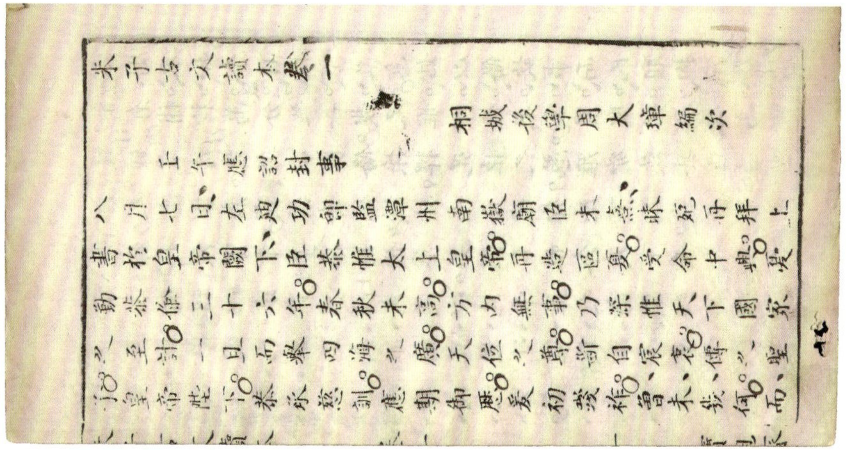

236 《隸辨》提要

《隸辨》八卷，清顧靄吉撰。清康熙五十七年（1718）項氏玉淵堂刻本。凡八册。半葉十二行，漢隸文大字騎雙行，注行二十字。上下黑口，黑單魚尾，四周單邊。版框高十九點八厘米，寬十四點七厘米。

顧靄吉，字畹先，一字天山，號南原，長洲人。

是書爲隸書字典，采自漢碑之隸字，以宋《禮部韵略》之韵部爲序編次，每字之下均注出碑名并引碑語，第六卷『偏旁』，按《説文解字》五百四十部進行分析，第七、八卷『碑考』，説明碑之存亡居外，以碑碣的年代先後爲序。是書爲清代復興時期石刻著録中纂字類書中搜集最完備的一部書。

館藏本内封中鎸『隸辨』，左下鎸『項氏玉淵堂藏』，右上鎸『顧南原譔集』，前有顧靄吉序和項絪跋。有鈐印六：首卷卷端鈐有正方形陽文印『李氏家藏』，方形陰文印『韵泉鑒賞』，竪長方陽文印『平之真賞』，正方形陰文印『李夢德讀書記』；書尾鈐正方形印，一爲陰文『張』，一爲陽文『溥泉』。

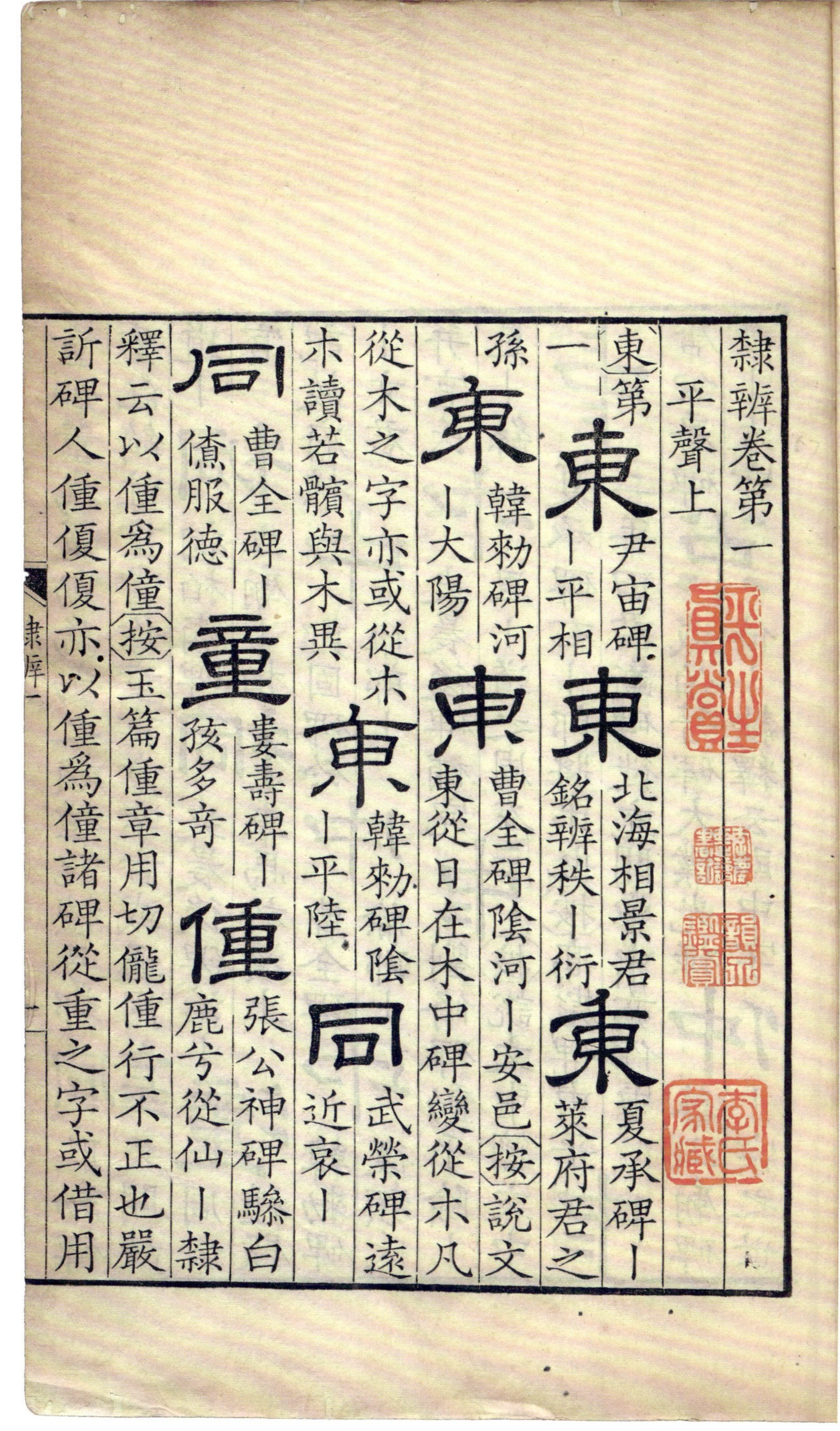
隸辨卷第一
平聲上
東第一
東尹宙碑丨平相東北海相景君銘辨秩丨衍東夏承碑丨萊府君之孫
東韓勑碑河丨大陽東曹全碑陰河丨安邑按說文東從日在木中碑變從木凡從木之字亦或從木木讀若髕與木異
東韓勑碑陰丨平陸同武榮碑遠近哀丨
同曹全碑丨僀服德重婁壽碑丨孩多奇僮張公神碑騶白鹿兮從仙丨隸釋云以僮爲僮按玉篇僮章用切儱僮行不正也嚴訢碑人僮復復亦以僮爲僮諸碑從重之字或借用
隸辨一

237 《德音堂琴譜》提要

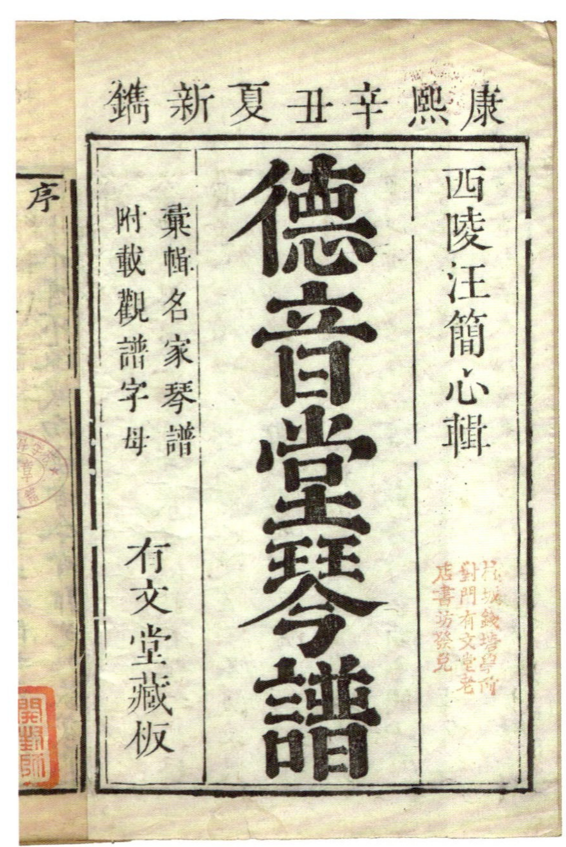

《德音堂琴譜》十卷，清汪天榮輯。清康熙六十年（1721）刻本。凡四册。半葉八行，行十八字，小字雙行，行十六字。白口，黑單魚尾，左右雙邊。版框高十九點三厘米，寬十三點八厘米。

是書爲清康熙辛丑（1721）夏，西陵汪天榮彙輯名家琴譜刊刻而成。該譜主要以虞山、中州兩派傳譜爲主，風格以蒼老恬静爲美。由杭州有文堂發兑，是清代流傳較廣的琴譜。

館藏本内封天頭刻有『康熙辛丑夏新鐫』，右上刻『西陵汪簡心輯』，左下刻『有文堂藏板』。有汪天榮序。

德音堂琴譜卷之一

諳水吳之振孟舉鑒定

諳水吳寶芝瑞草

新安汪天榮簡心　仝校

歷代聖賢名錄

伏羲　起制，象鳳集桐而形琴。

神農　創桐爲琴，以絲爲絃，以通神明之德，合天地之和。

黄帝　作蓃遊華胥引、八極遊。

238 | 《左傳仿史録》提要

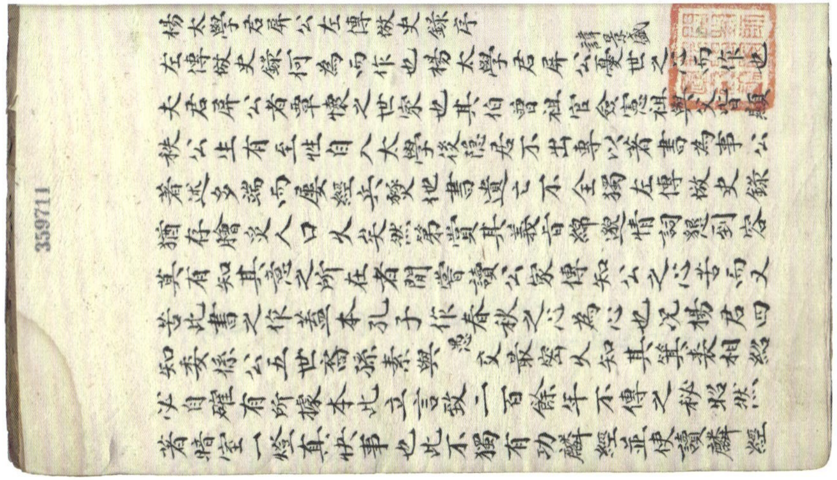

《左傳仿史録》十二卷，清楊景盛撰。清康熙抄本。凡十二册。半葉十一行，行二十五六字不等。版框高十九點六厘米，寬十二厘米。

楊景盛，字君屏，河南懷州人，清康熙太學生。

《左傳》是我國現存最早的也是第一部較爲完備的編年體史書。以《春秋》爲本，通過記述春秋時期的具體史實來説明《春秋》的綱目，是儒家重要經典，『春秋三傳』之一。《左傳仿史録》一書摘録《左傳》各篇，其後均有按語，闡述春秋義理。卷端有光緒十年（1884）李道增序，稱是書：『然第賞其義旨綿邈情詞懇到，容莫有知其意之所在者……昭然著暗室一燈，真快事也。……斯亦後學之南針也。展誦數過良用欣然。』

是書不見於各家書目，經楊景盛五世裔孫楊四知訂補，暨四知子濟桓繕書。正文諱『玄』，不諱『弘』，據諱字和紙張斷爲康熙抄本。

239 《讀禮偶見》提要

《讀禮偶見》二卷，清許三禮撰。清康熙刻本。凡一册。半葉九行，行二十五字。白口，四周單邊。版框高二十點一厘米，寬十二點三厘米。

許三禮（1625—1691），字典三，號酉山，清初安陽人。早歲曾受業於著名學者孫奇逢（世稱夏峰先生，直隸容城人）門下，并苦讀於林慮山中。順治十四年（1657）中舉，十八年（1661）登進士。康熙十二年（1673）赴京謁選，日以講學爲事，與當時名士魏象樞、葉方藹等過從甚密。是年夏，在京師撰成《讀禮偶見》二卷。

其書『雖多參講學語，而於五禮亦頗有證核』，於吉、凶、軍、賓、嘉五禮極有考辨，大約依《書儀》《家禮》《會典》各書，折中一是，以便實行。對俗禮，專列解誤八條，釋疑十條。又增《哭奠家禮儀注》《招魂》《葬服説》等，皆有依據。

館藏本上卷缺前四頁。

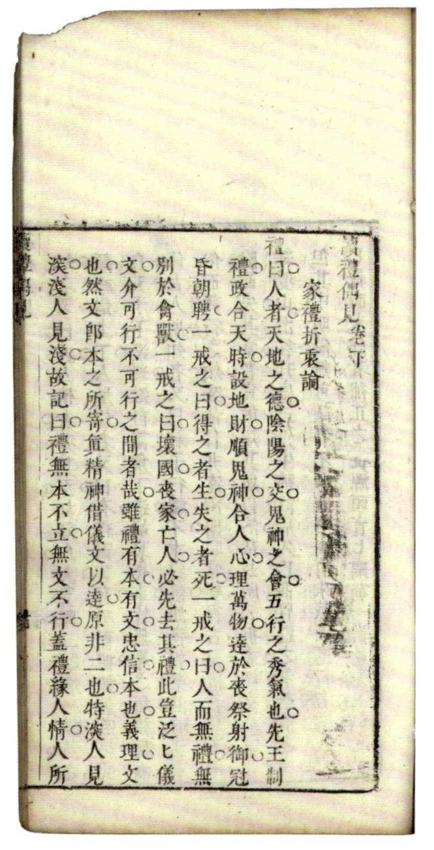
讀禮偶見卷下

家禮折衷論

禮曰人者天地之德陰陽之交鬼神之會五行之秀氣也先王制禮致合天時設地財順鬼神合人心理萬物達於喪祭射御冠昏朝聘一戒之曰得之者生失之者死一戒之曰人而無禮無別於禽獸一戒之曰壞國喪家亡人必先去其禮此豈泛泛儀文介可行不可行之間者哉雖禮有本有文忠信本也義理文也然文即本之所寄寓精神借儀文以達原非二也特深人見深淺人見淺故記曰禮無本不立無文不行蓋禮緣人情人所

240 《古本周易參同契集注》提要

《古本周易參同契集注》二卷，附録一卷，悟真篇集注三卷，首一卷，末一卷，清仇兆鰲補輯。清康熙刻本。凡四册。半葉十行，行二十一字。白口，黑單魚尾，四周雙邊。版框高二十厘米，寬十四點七厘米。

仇兆鰲，字滄柱，號知幾子，浙江鄞縣（今寧波鄞州區）人。明末清初著名學者。代表作有《四書説約》《杜詩詳注》《周易參同契集注》和《悟真篇集注》，其研究杜甫詩最精深，所著以《杜詩詳注》最享盛名。

是書選集彭曉、朱熹、陳顯微、俞琰等十六家注文，結合自己實踐加以補注而成，爲《周易參同契》的重要注本。例言二十條，叙述原書版本源流及主要内容，具有重要參考價值。

館藏本内封中鎸『參同契悟真篇集注』，右上角鎸『後學知幾子補輯』，有陸長庚《參同悟真總論》和仇兆鰲《周易參同契集注序》。有鈐印四：内封鈐橢圓形陽文印『金石出聲音』，豎長方陽文『九番修改新增補注』，序首頁鈐豎長方陽文印『楊氏雙雲山館藏書』，首卷卷端鈐有正方陽文印『耀遠珍藏』。

古本周易參同契集註上卷

萬古丹經王　　甬江後學知幾子集補

四言經文 杜一誠分經文爲三篇段落未清今參酌諸家冠以序文定爲一十八章

分四言以定經則無長短句語之混淆按古韻以分章則無前後錯簡之倒置古本所以可貴也　經文古奧耐人深思傳文疎爽讀之醒目判然兩人手筆安得比而同之具眼者自知耳

魏眞人自序 神仙傳魏伯陽號雲牙子上虞人師事陰徐二眞人約周易作參同契三篇

鄶國鄙夫幽谷朽生挾懷樸素不樂音洛權榮棲遲僻陋忽略利名執守恬淡希時安寧已上庚青同叶宴然閒居乃譔

241 《國朝十一家詩彙編》提要

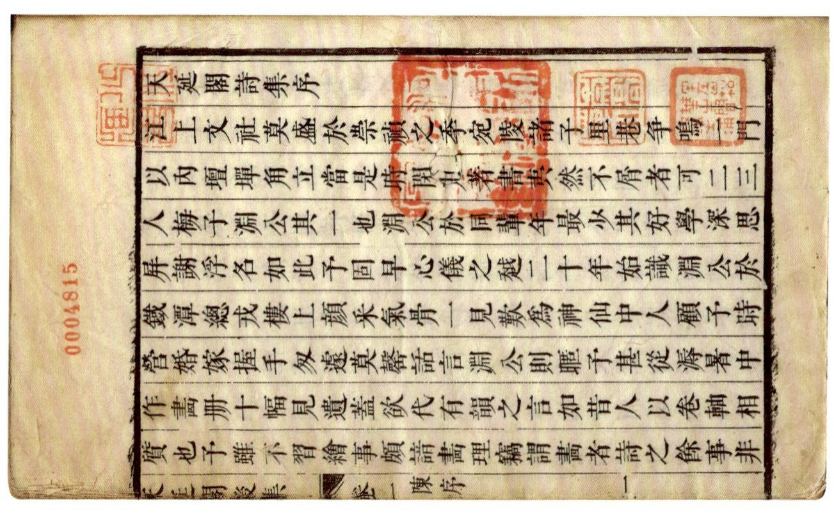

《國朝十一家詩彙編》十一種，清梅清等撰。清康熙刻本。凡一册。半葉九行到十一行不等，行十九到二十一字不等。上下黑口，左右雙邊，黑單魚尾。版心上刻『桐蔭書屋』。版框高十九點六厘米，寬十三點七厘米。

是書輯録清代詩人梅清、田雯、顧岱、蔣廷錫、鍾輗等十一家詩人之詩作。

館藏本間有手抄補録。首卷卷端鈐有方形陰文印『家在山松華之間□江之浦』，方形陰文印『崇高藏』。

天延閣後集卷一　甲寅詩畧

宣城梅　清淵公氏著

送不次二姪還肥水

春雪忽盈尺皎皎明江湄江漲爾何暴游子行將歸朝言發宛曲暮言達濡須候門喧雙鬟中庭罷鳴機置酒美清夜引瑟伸睽離一曲復一曲一巵復一巵歡愜境易忘寧復思解攜骨肉悵遠別煙樹分羈棲歸者跡已安送者魂未移渺渺大江外獨見孤鴻飛

寄金斗程蕉鹿先生

242 《笠翁傳奇十種》提要

《笠翁傳奇十種》二十卷，清李漁撰。清康熙刻本。凡二十冊。半葉十一行，行二十二字。白口，黑單魚尾，四周單邊，魚尾上刻子目名，眉欄内刻評語。版框高十九點八厘米，寬十四點七厘米。

《笠翁傳奇十種》：《憐香伴》《風箏誤》《意中緣》《蜃中樓》《鳳求凰》《奈何天》《比目魚》《玉搔頭》《巧團圓》《慎鸞交》，分三個階段創作。第一階段以《憐香伴》等爲主，描寫文人學士的風流韵事；第二階段以《蜃中樓》等爲題，借愛情婚姻故事宣揚封建倫理道德；第三階段則借《慎鸞交》等，把風流與道學融爲一體。以最終達到『點綴太平』『規正風俗』『警惕人心』的用意。

館藏本每種曲前刻有圖數幅，題詩及序。鈐有『柯氏半壁軒藏』朱文印。内封有牌記，右鐫『笠翁十種曲』，左鐫『憐香伴』等十種曲目。

憐香伴傳奇卷上

湖上笠翁編次

玄洲逸叟批評

第一齣　破題

西江月（末上）眞色何曾忌色，眞才始解憐才。物非同類自相猜，理本如斯奚怪。　奇妒雖輸女子，癡情也讓裙釵。轉將妒痞作情胎，不是尋常癡派。

漢宮春　才女箋雲，聞郜花香氣，詩種情根。願締來生夫婦，弄假成眞。約爲側室，倩媒言，陶父生嗔。遇歲考，觸開行劣，范生褫却衣巾。　二女相思莫解，更兩家遷播，音耗無聞。泣附公車北訪，勢隔難親。爲遴閨秀，諱前名，賺入朱門。遇

243 《續弘簡録元史類編》提要

《續弘簡録元史類編》四十二卷，清邵遠平撰。清康熙刻本。凡十六册。半葉十二行，行二十四字。白口，黑單魚尾，四周單邊。版框高二十點三厘米，寬十四點八厘米。

邵遠平，字吕璜，一字戒三。康熙三年（1664）進士，官至光禄少卿。康熙十八年（1679）召試鴻博，授翰林院侍讀，官少詹事。著有《續弘簡録元史類編》《史學辨誤》《戒三文存》等書。

本書又名《續宏簡録》，意爲接述其高祖史學專著《宏簡録》而命名。《類編》把《元史》紀、志、表、傳四體濃縮改造爲紀、傳二體。紀分爲天王、世紀二類（若干帝紀僅歸入《系屬》及《附見》二目下），傳則分爲十四類。紀、傳人物各分類歸屬相關類目下，因此是書名爲《類編》。是書係清人元史學研究的一部較早著作，具有重要的文獻價值。

館藏本刻印精良，有朱彝尊序和邵遠平自序。内封牌記中鎸『元史類編』，眉鎸『續弘簡録』，右上鎸『仁和邵戒山學士輯』，左下鎸『繼善堂藏板』。内封鈐方形陽文印『藏書』。序首頁鈐方形陰文印『清白守聲』和方形陽文印『得味於回』。函套鈐長方陰文印『三余堂藏書印』。

續弘簡錄元史類編卷之一

皇清詹事府少詹事仁和邵遠平戒山學

世紀一

太祖皇帝諱鐵木眞姓奇渥溫氏蒙古部人十一世祖曰脫奔咩哩犍妻曰阿蘭果火夜寢帳中夢白光自天而下化金色神人趨臥榻遂驚覺有娠生子曰孛端乂兒大方通鑑云阿蘭夜寢屢有光明照其腹一乳三子長曰孛完合答吉次日孛合撒赤孛端乂兒其季也狀貌奇異沉默寡言家人謂之癡阿蘭獨曰此兒非癡後世子孫當有大貴者歷四世曰海都家爲押剌伊兒部所破止海都存其季父納眞率八剌忽怯谷諸民共立爲君長海都既立轉攻押剌伊兒部役屬之形勢寖大列營帳于八剌合黑河上跨河爲梁以便往來由是隣部歸者漸衆其後子孫蕃衍各自爲族曰哈答吉曰散只兒曰吉押

244 《班馬字類》提要

《班馬字類》五卷，宋婁機撰。清康熙祁門馬氏叢書樓刻本。凡二册。半葉九行，字頭大字，考證訓詁小字雙行，行十六字，細黑口，黑單魚尾，左右雙邊。版框高十八厘米，寬十四點一厘米。

婁機（113—1211），字彦發，南宋紹興年間嘉興人，著名小學大家和歷史學家。乾道二年（1166）進士，官至太常少卿兼中書舍人，力阻韓侂冑開邊，冑敗，召爲吏部侍郎，進參知政事。稱獎人才，不遺寸長。以資政大學士致仕。卒謚忠簡。家藏碑版圖書甚富。著有《歷代帝王總要》。

是書又名《史漢字類》，采用司馬遷《史記》與班固《漢書》中古字僻字彙編而成。共收字一千八百餘，按平上去入四聲編次，逐次考義辨音，於通假之字介紹詳備，辨别聲音，説明假借，并引用原注加以考證。不僅可作閲讀《史記》《漢書》之工具，亦可作爲研究文字、音韵、訓詁的參考資料。

館藏本有宋洪邁序，樓鑰字類前序及婁機字類后序。正文卷端下鈐方形陽文印『蒼茫齋』，方形陰文印『華陽國士』，方形陽文印『陶北溟』，橢圓陰文印『舊雲庵』，序末有正方陽文印『（钵）銘緣隱夫婦歡賞記』，首卷卷端有竪長方陽文印『高世异圖書印』，卷末有正方陰文印『世异之印』和竪長方陽文印『蒼茫齋高氏藏書記』，内封左下鎸『叢書樓藏板』，書尾寫有『戊午秋高世异抄補』八字，并鈐有印記，是書經著名清代藏書家高世异補抄并收藏。

班馬字類上

平聲上

一東

桐 漢書禮樂志｜生茂豫讀爲通達也武五子傳母｜好逸｜音通輕脫之貌

空桐 史記五帝本紀西至於｜｜黄帝過｜｜從廣成子叩此山

空同 史記趙世家其後娶｜｜氏正義云即崆峒

童 漢書項籍傳贊舜重｜子目之眸子與瞳同

僮 史記樂書上使｜男｜女七十人俱歌通作童

蘢 漢書晁錯傳屮木蒙｜來東反師古曰蒙｜覆蔽之貌

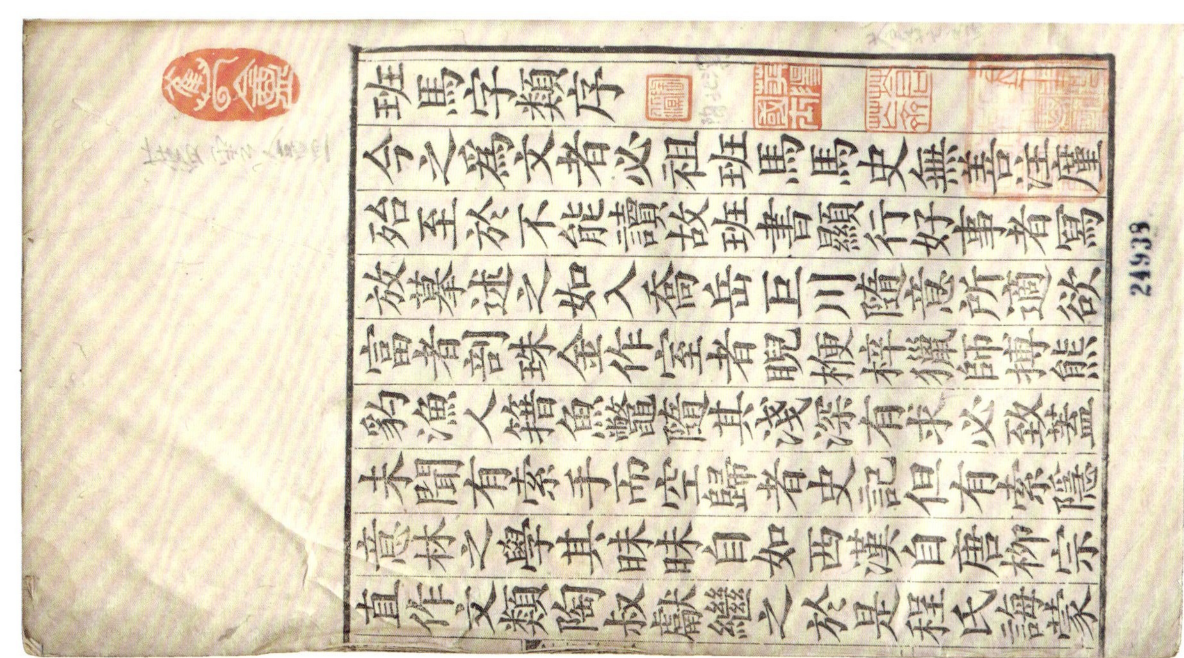

班馬字類序

今之爲文者必祖班馬馬史無善注廑
殆至於不能讀故班書顯行好事者寫
放摹述之如入喬岳巨川隨意所適欲
富者剖珠金作室者睨楩梓獵師搏熊
豹漁人籍魚鼈隨其淺深有求必致蓋
未聞有索手而空歸者史記但有索隱
意林之學其昧昧自如西漢自唐柳宗
直作文類陶叔獻繼之於是程氏誨蒙

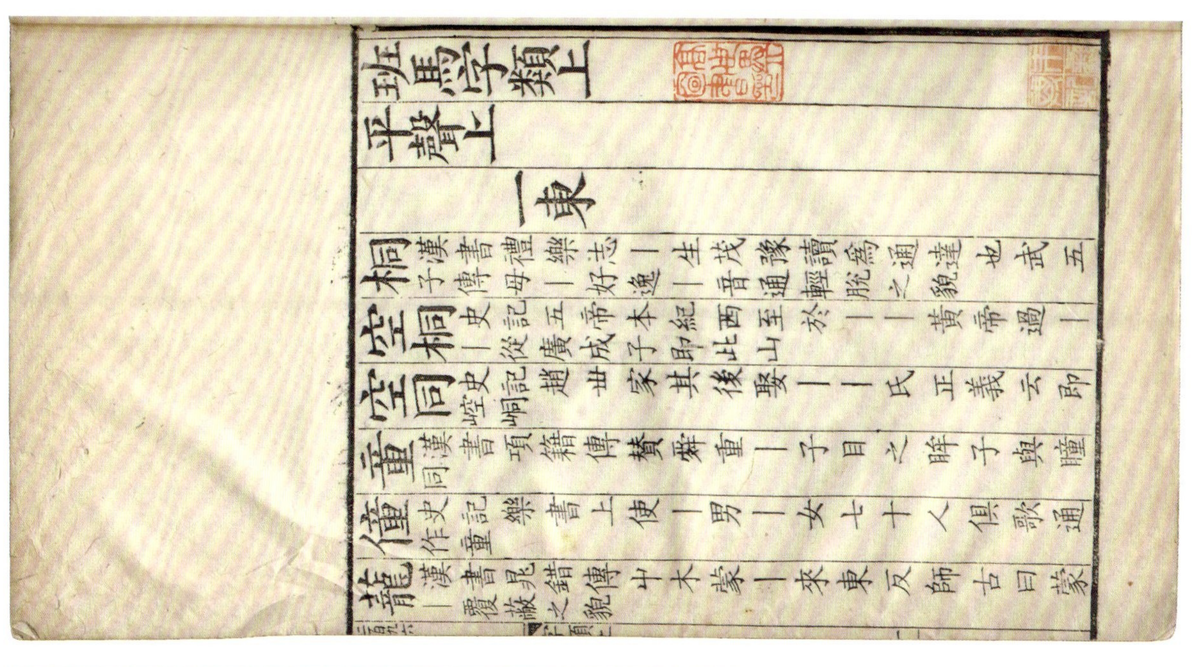

245 《鹿忠節公集》提要

《鹿忠節公集》二十一卷，明鹿善繼撰。清康熙刻本。凡六册。半葉九行，行二十字。白口，黑單魚尾，四周雙邊。版框高十九點八厘米，寬十四點一厘米。

鹿善繼（1575—1636），蒙古族，竇格（竇古）氏，字伯順。直隸定興（今河北定興）人。萬曆四十一年（1613）進士，授户部主事。謚忠節，并敕建祠祭奉。鹿善繼著述甚豐，《明史·藝文志》著録有《鹿善繼文稿》四卷；今存《鹿忠節公集》二十一卷、門人陳鋐編次《年譜》二卷。集中體現其儒學思想的，則爲《四書説約》《認理提綱》《尋樂大旨》諸種。

是書乃鹿善繼文集，包括其生平所作之奏疏、覆疏、記、紀、序、墓志銘、行略、議、説、引、疏、贊、啓、答、祭文以及書信。

館藏本有范景文序、茅元儀序。范序首頁鈐有方形陽文滿漢合璧印『淮寧縣印』。

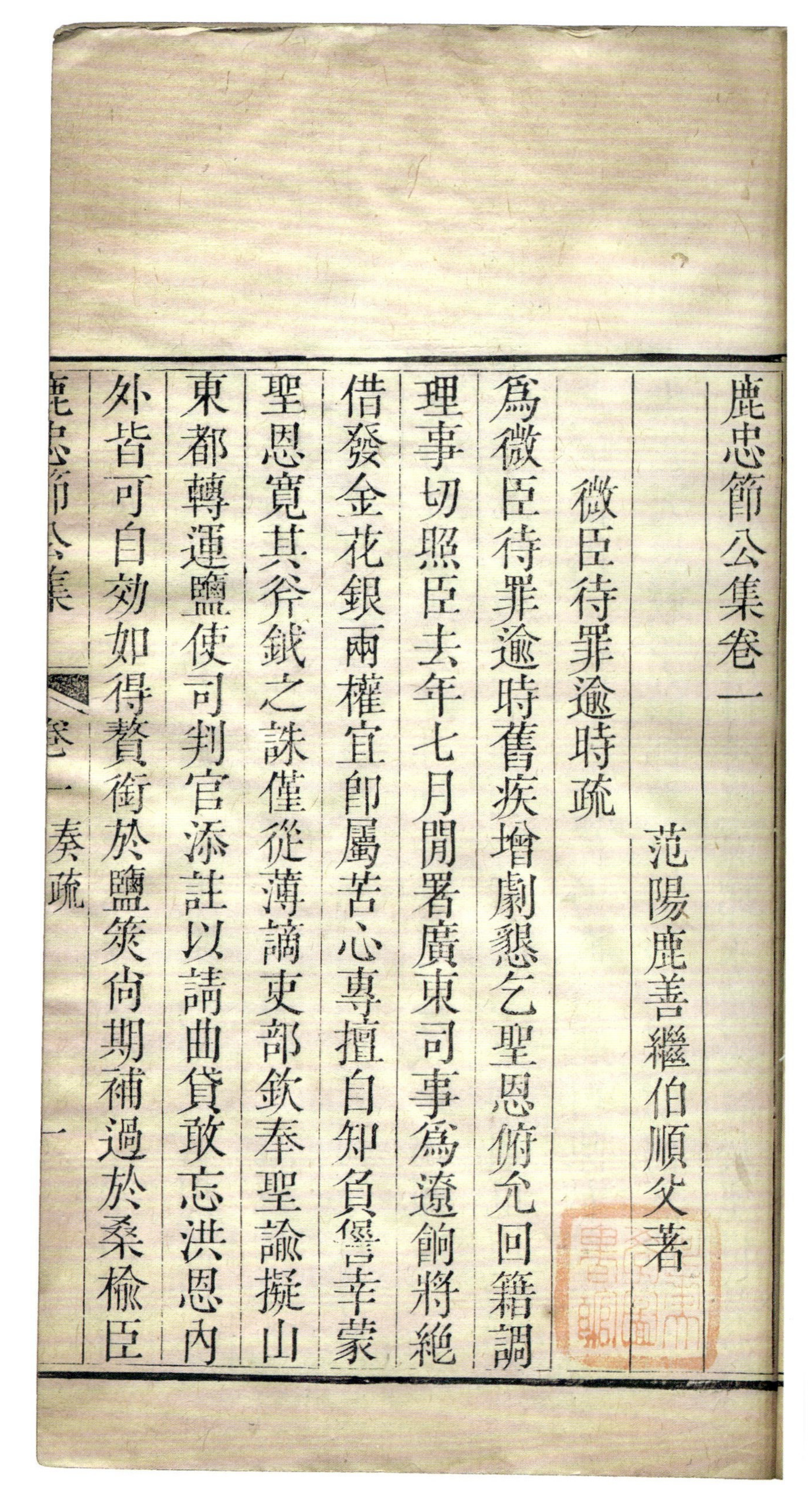

鹿忠節公集卷一

范陽鹿善繼伯順父著

微臣待罪逾時疏

爲微臣待罪逾時舊疾增劇懇乞聖恩俯允回籍調理事切照臣去年七月閒署廣東司事爲遼餉將絕借發金花銀兩權宜即屬苦心專擅自知負諐幸蒙聖恩寬其斧鉞之誅僅從薄謫吏部欽奉聖諭擬山東都轉運鹽使司判官添註以請曲貸敢忘洪恩内外皆可自効如得贅銜於鹽筴尙期補過於桑榆臣

鹿忠節公集　卷一　奏疏　一

246 《御纂朱子全書》提要

《御纂朱子全書》六十六卷，清李光地等編。清康熙内府刻本。凡二十五册。半葉九行，行二十字。黑口，黑順魚尾，四周單邊。版框高十八點八厘米，寬十三點八厘米。

李光地（1642—1718），字晋卿，號厚庵，别號榕村，福建泉州人。康熙九年（1670）進士，歷任翰林編修、吏部尚書、文淵閣大學士等職。著有《曆像要義》《四書解》《性理精義》《朱子全書》等書。

因宋朱熹《晦庵集》由多人編輯，難免有失真之處，且朱熹早年與晚歲學術觀點有所變化，而後代儒家往往堅持朱子的部分言論，没有從整體上把握朱子的本旨。鑒於此，康熙帝敕命李光地等儒臣將朱熹文集、語録進行整理删節，汰其繁蕪，存其精華，以類排比編成此書，并命以『御纂』名義頒行全國。全書分爲學類、《孟子》、《中庸》、《易》等十九門。内容涉及自然科學、政治、哲學及史學等諸學科。全書具體反映了朱熹『有理有氣，以理爲本，理在氣先』的哲學思想，爲研究朱熹的思想提供了重要的歷史文獻價值。

館藏本卷前有康熙御制序，序後鈐『體元主人』『稽古右文之章』朱文兩璽。有鈐印三：序首頁竪長方陰文『欽訓堂書畫記』，進程表端竪橢圓陽文『守素園世寶御筆書畫臣奕淶恭記之章』，首卷卷端竪長方陽文『守素園溶川氏珍藏』。刻印精美，行格疏朗，觀之賞心悦目。是書極具學術價值、文獻價值、版本價值。

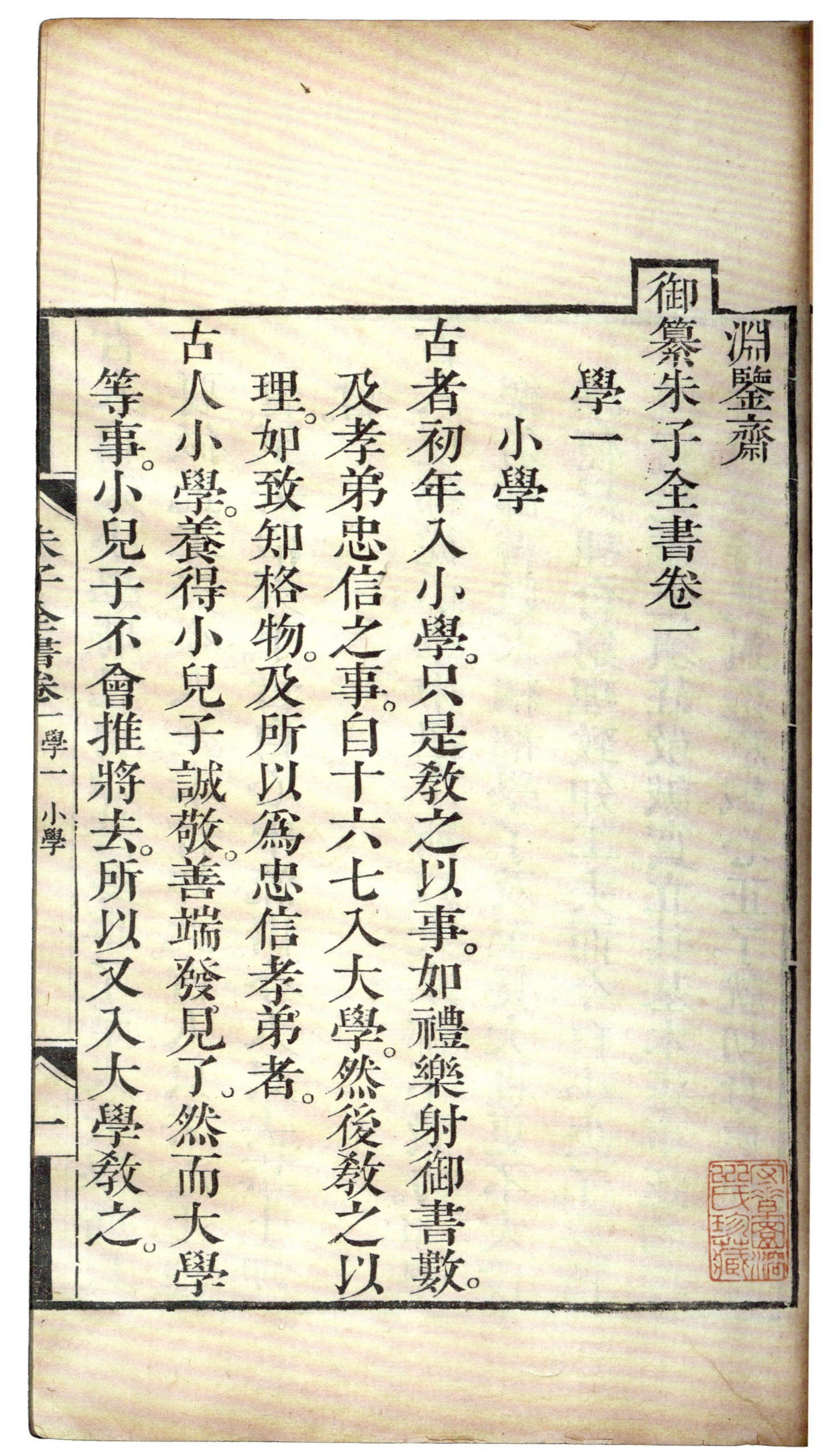
淵鑒齋
御纂朱子全書卷一
學一
小學
古者初年入小學。只是教之以事。如禮樂射御書數。及孝弟忠信之事。自十六七入大學。然後教之以理。如致知格物。及所以爲忠信孝弟者。
古人小學。養得小兒子誠敬善端發見了。然而大學等事。小兒子不會推將去。所以又入大學教之。

247 《唐詩七律箋注》提要

《唐詩七律箋注》六卷，清趙臣瑗撰。清康熙山滿樓刻本。凡六册。半葉九行，行十九字，小字雙行，行十八字。白口，黑單魚尾，左右雙邊。版框高十八點四厘米，寬十三點八厘米。

是書收録唐代七律六百多首，每首詩前有作者簡介，詩人下係詩，分析該詩用韵、聯對等技巧，最後是解説和評點。

館藏本卷端有錢陸璨序及趙臣瑗自序。目次頁鈐有方形陽文印『廣州伯十七世孫』。

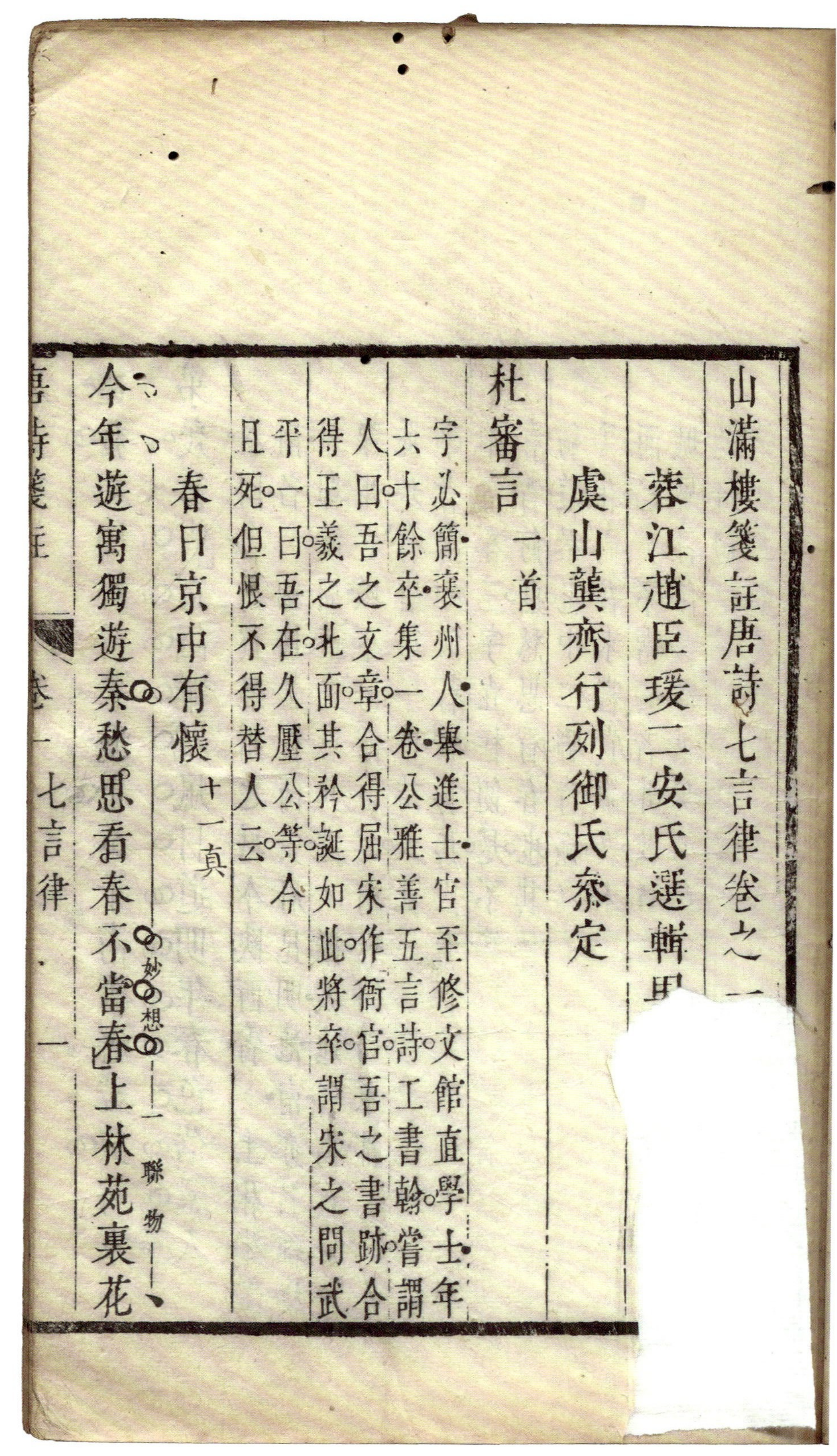

山滿樓箋註唐詩七言律卷之一

晉江趙臣瑗二安氏選輯

虞山龔齊行列御氏參定

杜審言 一首

字必簡。襄州人。舉進士。官至修文館直學士。年六十餘卒。集一卷。公雅善五言詩。工書翰。嘗謂人曰。吾之文章合得屈宋作衙官。吾之書跡合得王羲之北面。其矜誕如此。將卒。謂宋之問武平一曰。吾在。久壓公等。今且死。但恨不得替人云。

春日京中有懷 十一真

今年遊寓獨遊秦。愁思看春不當春。上林苑裏花

唐詩箋註 卷一 七言律 一

248 《本草綱目》提要

《本草綱目》五十二卷，圖三卷，附奇經八脉考一卷，明李時珍撰。清康熙書業堂重刻本。凡四十八册。半葉十行，行二十字，小字雙行，行十九字。白口，黑單魚尾，四周單邊。版框高二十點八厘米，寬十四點七厘米。

李時珍（1518—1593），字東璧，晚年自號瀕湖山人，湖北蘄春人，明代著名醫藥學家。爲楚王府奉祠正、皇家太醫院判，去世後明朝廷敕封爲『文林郎』。

是書借用朱熹《通鑒綱目》之名，定名爲《本草綱目》。嘉靖三十一年（1552）着手編寫，至明萬曆六年（1578）三易其稿始成，前後歷時二十七年。凡十六部，約一百九十萬字。全書收納諸家本草所收藥物一千五百一十八種，在前人基礎上增收藥物三百七十四種，合一千八百九十二種，其中植物一千一百九十五種；共輯録古代藥學家和民間單方一萬一千零九十六則；書前附藥物形態圖一千一百六十幅。是書吸收了歷代本草著作之精華，盡可能糾正錯誤，補充不足，并有诸多重要發現和突破。是書到十六世紀爲止，是中國最系統、最完整、最科學的一部醫藥學著作。不僅爲中國藥物學的發展做出了重大貢獻，而且對世界醫藥學、植物學、動物學、礦物學、化學的發展也産生了深遠的影響。

館藏本有吴太衝、吴毓昌『重訂本草綱目序』。第一函附：萬方鍼綫八卷，清蔡烈先撰，清乾隆年間金閶書業堂刻本。内封右上鎸『李時珍先生原本』，中鎸『重刊本草綱目』，左下鎸『書業堂鎸藏』。

本草萬方鍼線卷一

山陰蔡烈先繭齋父輯

通治部

瘧疾門

寒熱瘧疾　有體虛汪多者　有一日一發或二三發及三日
一發者　但熱不寒者　脾胃聚痰發爲寒熱
五卷五　八卷廿三　九卷六六　十卷廿八
十一卷五十　十一卷五四　十四卷八一　十五卷十九
十五卷廿四　十六卷五八　十七卷上五七　廿五卷三
廿六卷廿五　廿六卷四八　廿七卷十九　廿九卷十八
三十卷三一　三三卷五　四一卷十七
四六卷三　五二卷三三

溫瘧不止　痰甚但　八卷廿三　十四卷四
熱不寒　十五卷十八　十七卷上三九　廿九卷廿一

鬼瘧去來　邪瘧時作　經久或發或止　三六卷四一
進退不定　寒熱日發

萬方鍼線　卷一　瘧疾　一

249 《敬恕堂存稿》提要

《敬恕堂存稿》不分卷，清耿介撰。清康熙嵩陽書院刻本。凡四册。半葉九行，行二十字。白口，四周單邊。版心上鎸『敬恕堂』，此堂號爲耿介書屋號。版框高十八點八厘米，寬十二點六厘米。

耿介（1618—1688），清代著名理學家，字介石，號逸庵，登封人。順治九年（1652）進士，由庶吉士授檢討，官至侍講學士、詹事府少詹事。受業於孫奇逢，曾興復并主講嵩陽書院，學宗朱熹，内主於敬而行之以恕，著有《敬恕堂存稿》《河南通志》《嵩陽書院志》《孝經易知》《理學要旨》等。一生對河南文化教育有較大的貢獻。

是書涵括有詩稿、序、記、考、箴、行狀、傳、書、對、文、説、贊、墓志銘、跋、講、墓表、約等。《敬恕堂存稿》另有康熙麗澤堂刊本，麗澤堂乃嵩陽書院之講堂，麗澤堂藏版實際上也就是嵩陽書院之刻版。

館藏本每册卷端鈐有『耿介之印』朱文印章，此版本應是耿介自刊本，亦是嵩陽書院刻本。

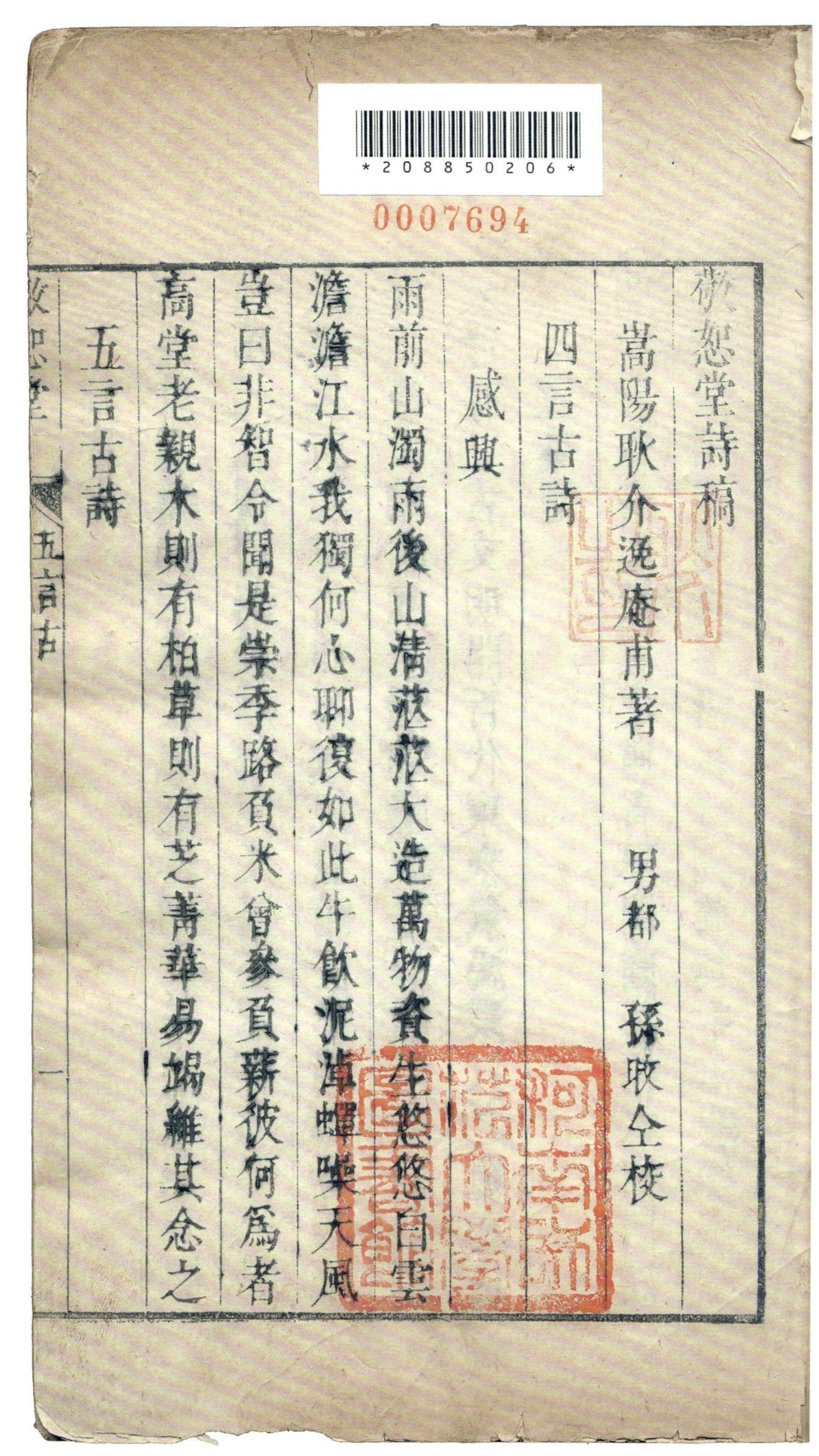

敬恕堂詩稿

嵩陽耿介逸庵甫著　男都　孫耿仝校

四言古詩

感興

雨前山溷雨後山清落落大造萬物資生悠悠白雲
澹澹江水我獨何心聊復如此牛飲泥淖蟬嘬天風
豈曰非智令聞是崇季路負米曾參負薪彼何爲者
高堂老親木則有柏草則有芝菁華易竭維其念之

五言古詩

敬恕堂　五言古　一

250 《唐詩貫珠》提要

《唐詩貫珠》六十卷，清胡以梅箋注。清康熙五十四年（1715）素心堂刻本。凡六册。半葉九行，行二十三字，小字雙行，行二十二字。白口，黑單魚尾，左右雙邊。版心下鎸『素心堂』。版框高二十點一厘米，寬十四厘米。

胡以梅，字燮亭，清康熙年間吴郡（今江蘇蘇州）人。是書又名《唐詩貫珠箋釋》，規模較大之唐詩七律選集。選唐人七律一千四百首，初、盛、中、晚各時期不偏廢，分類編排，有意模仿《文選》，全书分帝京、旅懷、贈别、咏史、親情、感懷、閨情、艷情、山水、古迹、春、秋、禽、獸等七十九類。內容繁複。詩後有箋注，箋釋典故，分析章法，引用書目達四百九十八種，足資參考。

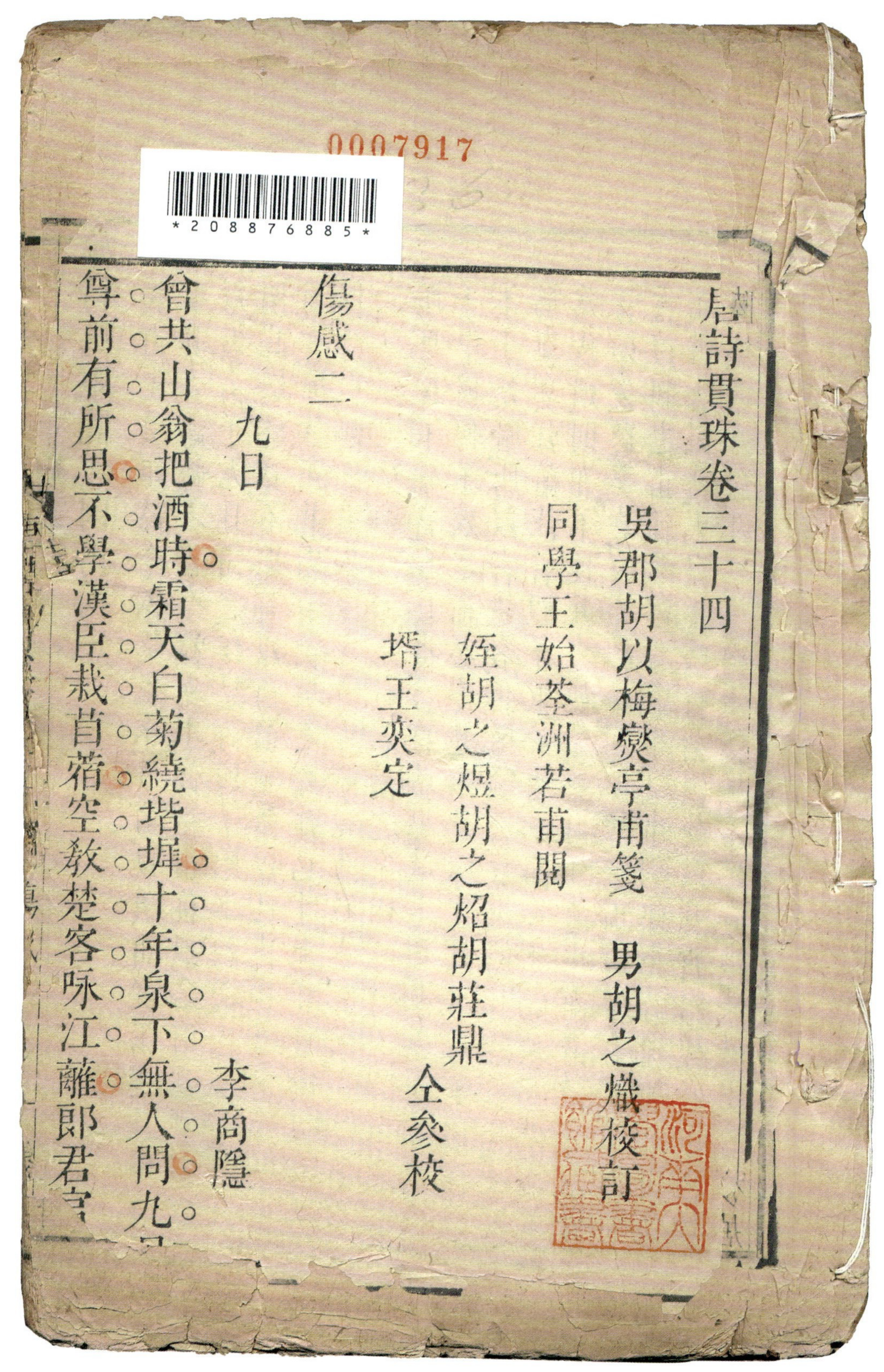
唐詩貫珠卷三十四
吳郡胡以梅燮亭甫箋　男胡之熾校訂
同學王始荃洲若甫閱
姪胡之煜胡之炤胡莊鼎　仝參校
壻王奕定
傷感二
九日　李商隱
曾共山翁把酒時霜天白菊繞堦墀十年泉下無人問九日
尊前有所思不學漢臣栽苜蓿空教楚客咏江蘺郎君官

251 《杜荀鶴文集》提要

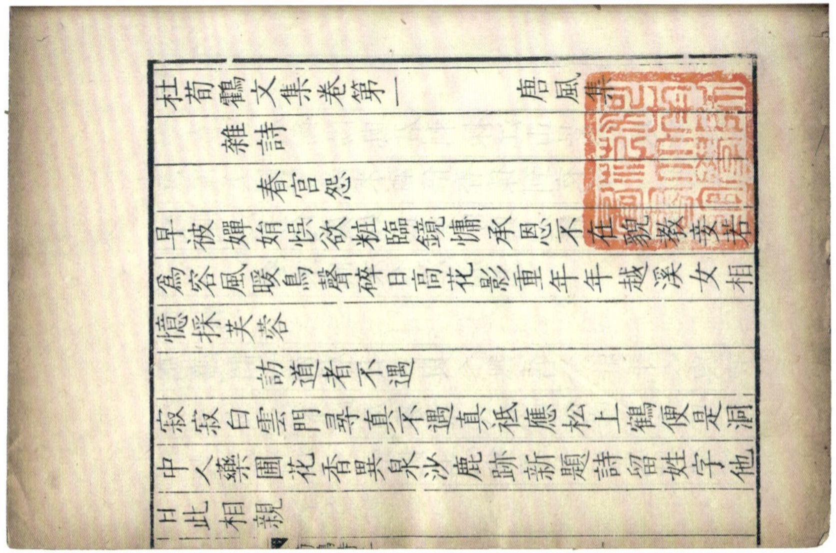

杜荀鶴文集卷第一　唐風集

雜詩

春宫怨

早被嬋娟誤欲粧臨鏡慵承恩不在貌教妾若爲容風暖鳥聲碎日高花影重年年越溪女相憶採芙蓉

訪道者不遇

寂寂白雲門尋真不遇真祗應松上鶴便是洞中人藥圃花香異沙泉鹿跡新題詩留姓字他日此相親

《杜荀鶴文集》三卷，唐杜荀鶴撰。清康熙席氏琴川書屋刻本。凡一册。半葉十行，行十八字。白口，黑單魚尾，左右雙邊。版框高十六點八厘米，寬十三點四厘米。

杜荀鶴（846—904），字彦之，池州石埭（今安徽石台）人，號九華山人。唐昭宗大順二年（891）四十六歲時登進士第，歷任主客員外郎、知制誥，充翰林學士。早有詩名，善近體，手法多用白描，語言通俗曉暢。著有《唐風集》《杜荀鶴文集》。

是書共收詩三百餘首，皆爲五言、七言近體詩，以七律爲最多。杜荀鶴詩淺近通俗，其中一部分反映現實社會之作品，於唐末詩歌中較有光彩。

館藏本爲席刻《唐詩百名家全集》本，有顧雲序。

252 《浣花集》提要

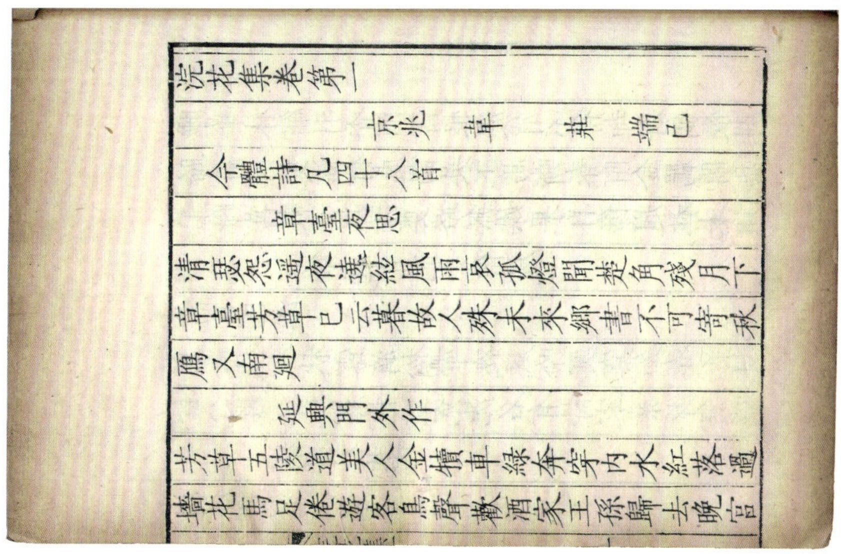

浣花集卷第一
京兆　韋　莊　端己
今體詩凡四十八首
章臺夜思
清瑟怨遙夜遶絃風雨哀孤燈聞楚角殘月下
章臺芳草已云暮故人殊未來鄉書不可寄秋
鴈又南廻
延興門外作
芳草五陵道美人金犢車綠奔穿內水紅落過
牆花馬足倦遊客鳥聲歡酒家王孫歸去晚宮

《浣花集》十卷，補遺一卷，唐韋莊撰。清康熙席氏琴川書屋刻本。凡一册。半葉十行，行十八字。白口，黑單魚尾，左右雙邊。版框高十六點七厘米，寬十二點五厘米。

韋莊(836—910)，字端己，京兆杜陵(今陝西)人。詩人韋應物四世孫。仕蜀，官禮部侍郎。

是集由其弟韋藹編。因韋莊入蜀定居浣花溪杜甫舊宅，故名。收詩二百四十四首，詩多傷時、懷鄉、感舊之作。長篇叙事詩《秦婦吟》頗具史料價值。自宋以來，殘缺不全。傳本有明正德年間朱氏文房刻本、汲古閣本，清康熙年間席鑒刻本、緑君亭刊本。

館藏本爲席氏《唐詩百名家全集》本，有韋藹序。

253 《唐英歌詩》提要

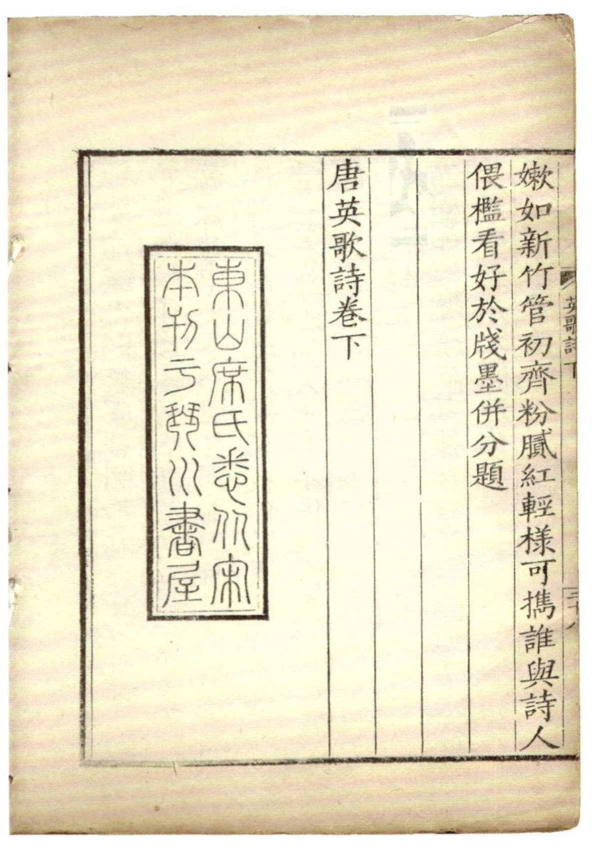
人
與
誰
攜
可
樣
輕
紅題
膩分
粉併
齊墨
初牋
管於
竹好
新看
如檻
嫩假

唐英歌詩卷下

《唐英歌詩》三卷，唐吳融撰。清康熙席氏琴川書屋刻本。凡一册。半葉十行，行十八字。白口，黑單魚尾，左右雙邊。版框高十七厘米，寬十三點四厘米。

吳融，字子華，越州山陰（今浙江紹興）人。幼力學，文辭富贍。唐昭宗龍紀元年（889）登進士第，辟掌書記，隨軍討蜀。纍遷侍御史。後因事貶官，流寓荆南，次年召爲左補闕。以禮部郎中爲翰林學士，遷中書舍人、兵部侍郎。昭宗復位，爲昭宗撰詔書十餘篇，少選即成，意詳語當，深爲昭宗所激賞，擢爲户部侍郎。是年冬，朱全忠犯闕，吴融扈駕不及，客閿鄉，與貫休爲方外交，多有酬唱。終翰林承旨。

是書收録吴融歌詩二百九十六首，《四庫全書總目》稱其詩「音節諧雅，猶有中唐之遺風」。

唐英歌詩上

翰林學士承旨銀青光祿大夫行尚書戶部侍郎知制誥上柱國漢陽縣開國男食邑三百戶吳融字子華

奉和　御製

嶽寺清秋霽宸遊永日閑霓旌森物外鳳吹落人間玉漱穿城水屏開對闕山皆知聖情悅麗藻灑芳蘭

和集賢相公西溪侍宴觀競渡

片水聳層橋祥煙靄慶霄晝花鋪廣宴晴電閃飛橈浪疊搖仙仗風微定彩標都人同盛觀不覺在行朝

254 《元詩選》提要

《元詩選》十集，首一卷，清顧嗣立編。清康熙秀野草堂刻本。凡四十九册。半葉十三行，行二十三字。白口，黑順魚尾，左右雙邊。版框高十九厘米，寬十五厘米。

顧嗣立（1665—1722），字俠君，號閭丘，江蘇長洲（今蘇州）人，清代學者。康熙三十八年（1699）舉於鄉。會聖祖南巡，進所撰《元詩選》，爲所嘉嘆。車駕復幸江南，以宋犖薦，召試行在。被選至京師，給筆札分纂《宋金元明四代詩選》與《皇輿全覽》等書。以勤勘最，議叙内閣中書。康熙五十一年（1712）中賜進士，授知縣，以疾歸。顧少年失學，二十歲始學詩，博學有才名，喜藏書，尤工詩，性輕財，好施與，性豪於飲，成立『酒人社』，有『酒王』『酒帝』之稱。著有《秀野集》《閭丘集》。

是書三編，每編分爲十集。而所謂癸集，實有録無書，故皆止於九集。蓋其例以甲集至壬集分編有集之人，以癸集總收零章斷什、不成卷帙之作。其事浩繁，故欲爲之而未成也。所録自帝王别爲卷首外，初集凡元好問以下一百家；二集所録，凡段克己兄弟以下一百家；三集所録，凡麻革以下一百家。每人下各存原集之名，前列小傳，兼品其詩。雖去取不必盡當，而網羅浩博，一一采自本書，具見崖略，非他家選本可比。

館藏本有宋犖序。

元詩選卷首

長洲　顧　嗣立　俠君　集

文宗皇帝

自集慶路入正大統途中偶吟

穿了䙨衫便著鞭一鉤殘月柳梢邊二三點露滴如雨六七
個星猶在天犬吠竹籬人過語雞鳴茅店客驚眠須臾捧出
扶桑日七十二峯都在前

望九華

昔年曾見九華圖爲問江南有也無今日五溪橋上見畫師
猶自欠工夫

順帝

贈吳王

金陵使者過江來漠漠風煙一道開王氣有時還自息皇恩

255 《寧都三魏全集》提要

《寧都三魏全集》六十七卷，清魏際瑞等撰。清康熙易堂刻本。凡四十八册。半葉八行或九行，行二十字。白口，黑白魚尾間有，左右雙邊。版框高十九點八厘米，寬十四點一厘米。

『寧都三魏』，係清初江西散文家魏禧、魏際瑞和魏禮的并稱。清王士禛《池北偶談·徵聘不至》：『唯魏以古文擅名，其兄際瑞、弟禮，皆有詩名，時號「寧都三魏」。』三人自爲師友，對清王朝皆有抵觸情緒，創作以散文見長，宗法唐宋八大家，而較有氣勢，是集乃三人詩文集合編，爲清代禁書。

館藏本内封中鎸『寧都三魏全集』，左下鎸『易堂藏板』，右上鎸『諸名家評點』。有林時益序、魏禧序、丘維屏序、曾燦序。

《說嵩》提要

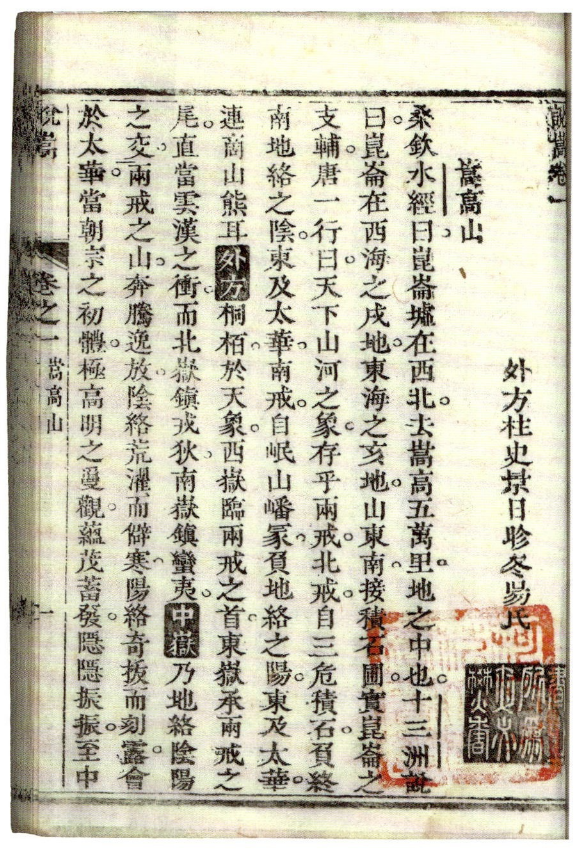

說嵩卷一

外方杜史景日昣冬暘氏

嵩高山

桑欽水經曰崑崙墟在西北去嵩高五萬里地之中也十三洲記曰崑崙在西海之戌地東海之亥地山東南接積石圃實崑崙之支輔唐一行曰天下山河之象存乎兩戒北戒自三危積石負終南地絡之陰東及太華南戒自岷山嶓冢負地絡之陽東及太華連商山熊耳外方桐栢於天象西嶽臨兩戒之首東嶽承兩戒之尾直當雲漢之衝而北嶽鎮戎狄南嶽鎮蠻夷中嶽乃地絡陰陽之交兩戒之山奔騰逸放陰絡荒灌而僻寒陽絡奇拔而刻露會於太華當朝宗之初轢極高明之曼觀蘊茂蓄發隱隱振振至中

說嵩　卷之一　嵩高山

《說嵩》三十二卷，例目一卷，清景日昣著。清康熙岳生堂刻本。凡十册。半葉十一行，行二十五字，白口，黑單魚尾，四周雙邊。版框高十九點八厘米，寬十四點五厘米。

景日昣，字東陽，號嵩崖，登封人。幼年家貧如洗，從師於一代名儒湯斌、耿介等。康熙二十六年（1687）中舉人，三十年（1691）中進士。一生著書立説，著述甚豐，流芳百世，影響深遠，其中《説嵩》被稱爲嵩山的『百科全書』，《崧臺書》則是對其從政活動和經驗的總結，《嵩崖學凡》是一本著名的教育論著，《嵩崖尊生》是一本著名的醫學論著。

是書内容記述嵩山歷史、地理、人物、物産等，内容極豐。爲嵩山志中最詳盡的一部。

館藏本内封中鎸『説嵩』，左下鎸『岳生堂』，右上鎸『嵩崖景冬陽』，諱『恒』字，『繡水範長髮具稿』。有序六：吕履恒序、張伯行序、陳鵬年序、孫絨序、孫勷序、景日昣自序。

257 《崧臺書》提要

《崧臺書》二種不分卷，清景日昣撰。清康熙中期刻本。凡三册。半葉九行，行二十四字。白口，黑單魚尾，无界格，左右雙邊。版框高十八點一厘米，寬十一點一厘米。

嵩臺，即嵩山，在登封西北，有峻極、太室、少室三峰，太室主峰中頂，平闊如臺，漢武帝登山封禪，又建登仙臺，故嵩山又名嵩臺。

館藏本存《崧臺隨笔》《崧臺学制》二種，前者乃作者任廣東高要知縣時所作，多記粤中掌故、風土人情、物産、商務等；後者爲吏、户、倉、刑集，多爲案牘、折獄、記事之屬。

卷首有陳捷崧臺書序、陶楨序。内封有『端州長景日昣冬陽著』。

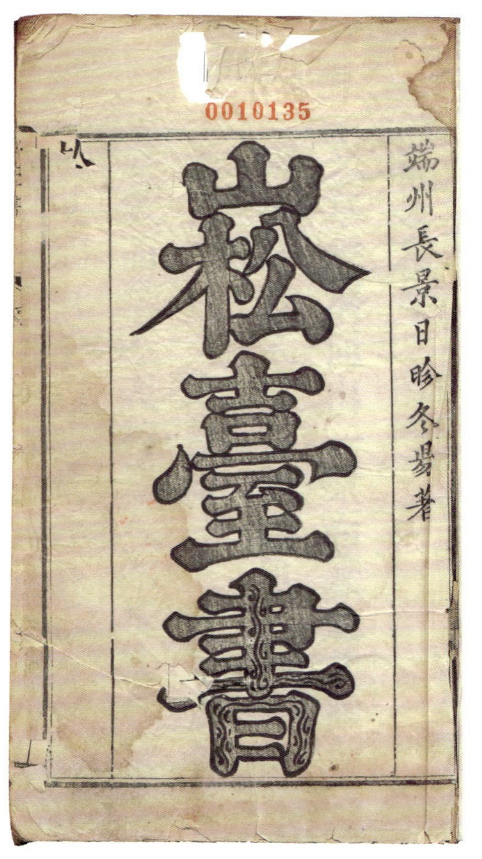

端州長景日昣冬昜

農事

稅畝種稻者謂之田其種麥豆等高區不宜稻者謂之地村屋舍基亦謂之地稻田曠衍渾言之名曰田洞其低田四旁有圍者謂之塘水池可蓄魚者亦謂之塘細分之曰禾塘魚塘各田塘俱無陂池渠道惟藉天雨滋溉盛夏半月不雨則土焦十日則乾裂稻有小稻毛稻光稻大稻四種小稻撒佈不移栽收成在五月最早低田無圍乘西潦未漲利其速獲青黃不交可以

258　《王漁洋遺書》提要

《王漁洋遺書》三十八種，清王士禛撰。清康熙至雍正刻本。凡五十册。行款不一。開本高二十六點三厘米，寬十七點一厘米。

集内共收著述三十八種，大致包括三個部分。第一部分爲其自撰詩文，計有《漁洋山人詩集》二十二卷、《續集》十六卷，《蠶尾集》十卷、《續集》二卷、《後集》二卷，《南海集》二卷，《雍益集》一卷，《漁洋山人文略》十四卷，《漁洋山人精華録》十卷，共六種。其中詩歌除《漁洋山人精華録》爲分體選本以及《南海集》《雍益集》分别單出之外，其他都以編年排次。第二部分爲其自撰筆記詩話，計有《池北偶談》《漁洋詩話》等十六種。第三部分爲其編訂之他人著作，計有《唐賢三昧集》《考功集選》等十六種。其稱『遺書』，實則基本上都刻於王士禛生前，所以也有《漁洋山人著述》《漁洋全書》《王漁洋全集》諸名。

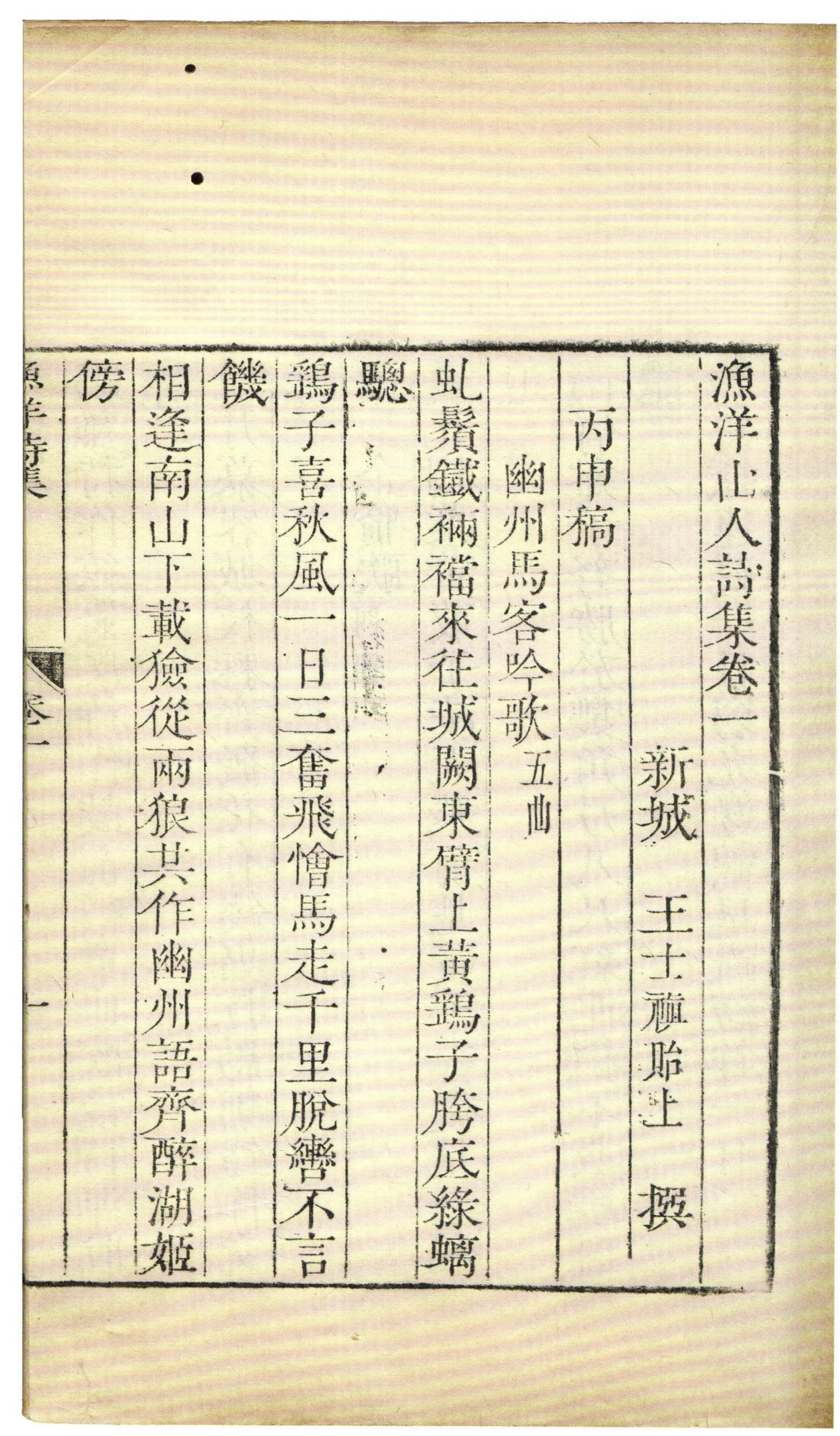

漁洋山人詩集卷一　　新城　王士禛貽上　撰

丙申稿

幽州馬客吟歌五曲

虬鬚鐵裲襠來往城闕東臂上黃鷂子胯底綠螭驄

鷂子喜秋風一日三奮飛憎馬走千里朊轡不言饑

相逢南山下載獫從兩狼共作幽州語齊醉湖姬傍

漁洋詩集　卷一　一

259 《高季迪先生大全集》提要

《高季迪先生大全集》十八卷，明高啓撰。清康熙竹素園刻本。凡四册。半葉十行，行二十字。白口，黑魚尾，左右雙邊。版框高十九點七厘米，寬十四點二厘米。

是書爲高太史季迪詩文全集，其畢生之精華皆在其中。

高啓（1336—1374），字季迪，號槎軒，長洲（今江蘇蘇州）人。元末隱居吴淞青丘，自號青丘子。高啓才華高逸，學問淵博，能文，尤精於詩，與劉基、宋濂并稱『明初詩文三大家』，又與楊基、張羽、徐賁被譽爲『吴中四傑』，當時論者把他們比作『初唐四傑』。又與王行等號『北郭十友』。

是書有李志光《高太史傳》，目録後有竹素園主人題識。竹素園主人即許廷鑅，字子遜，號竹素，長洲人。康熙庚子舉人，官武平知縣，著有《竹素園詩存》。

内封刻『重訂原本高季迪先生大全集』『竹素園藏板』，并鈐有清長洲許廷鑅『古吴竹素園藏書』『天下文章莫大於是』印記，此書係竹素園自藏初刻初印本，與一般的竹素園本不同。鈐有『破浪藏書』『張查山鑒藏圖書印』，係佚名朱墨筆點校，且書中有手抄補配之處，極爲少見。

高季迪先生大全集卷之一

古樂府

上之回

聖主重行幸六蚪法乾旋北巡初避暑東祠巳祈年羣官從清塵粲若星麗天前揚豹尾竿左靡魚須旃瀚海通漢月蕭關絶胡煙願奉千齡樂皇躬長泰然

君子有所思行

騁望京輔地金城千里餘峩峩松柏陵靄靄桑柘墟明堂表青陽飛觀切紫虛況有戚里第高樓夾清渠

260 《西山先生真文忠公文集》提要

《西山先生真文忠公文集》五十五卷，宋真德秀撰。清康熙刻本。凡二册。半葉十行，行二十字。白口，黑單魚尾，四周雙邊。版框高十九點八厘米，寬十四點三厘米。

真德秀（1178—1235），始字實夫，後更字景元，又更爲希元，號西山。本姓慎，因避孝宗諱改姓真。福建浦城（今浦城縣仙陽鎮）人。南宋後期著名理學家，與魏了翁齊名，學者稱其爲『西山先生』。其为理學家朱熹的私淑弟子，大力提倡程朱理學，著述十分豐富，主要有《四書集錦》《清源文集》《西山文集》《大學衍義》等，是正統的有代表性的福建朱子學者，對後世影響較大。

館藏本存六卷：卷三十四、卷三十五、卷四十三、卷四十四、卷四十九、卷五十。每卷末均有牌記『皇宋乾道壬辰鄧氏初梓家塾』。

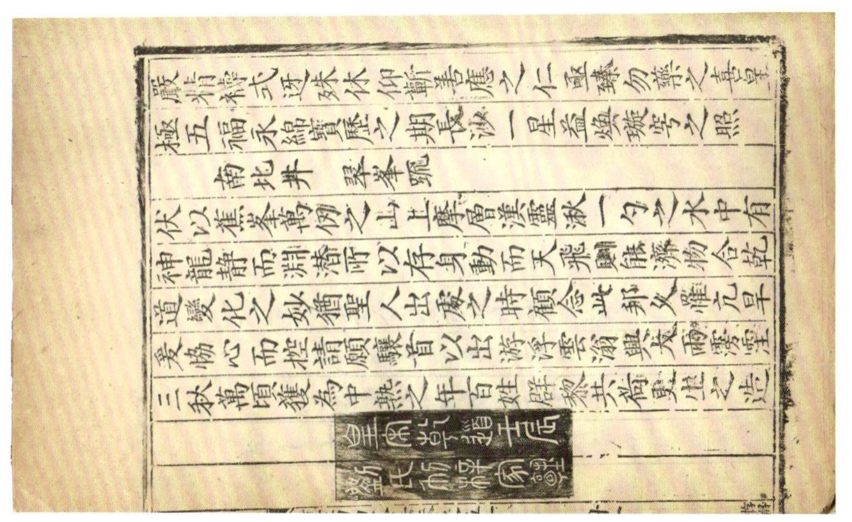

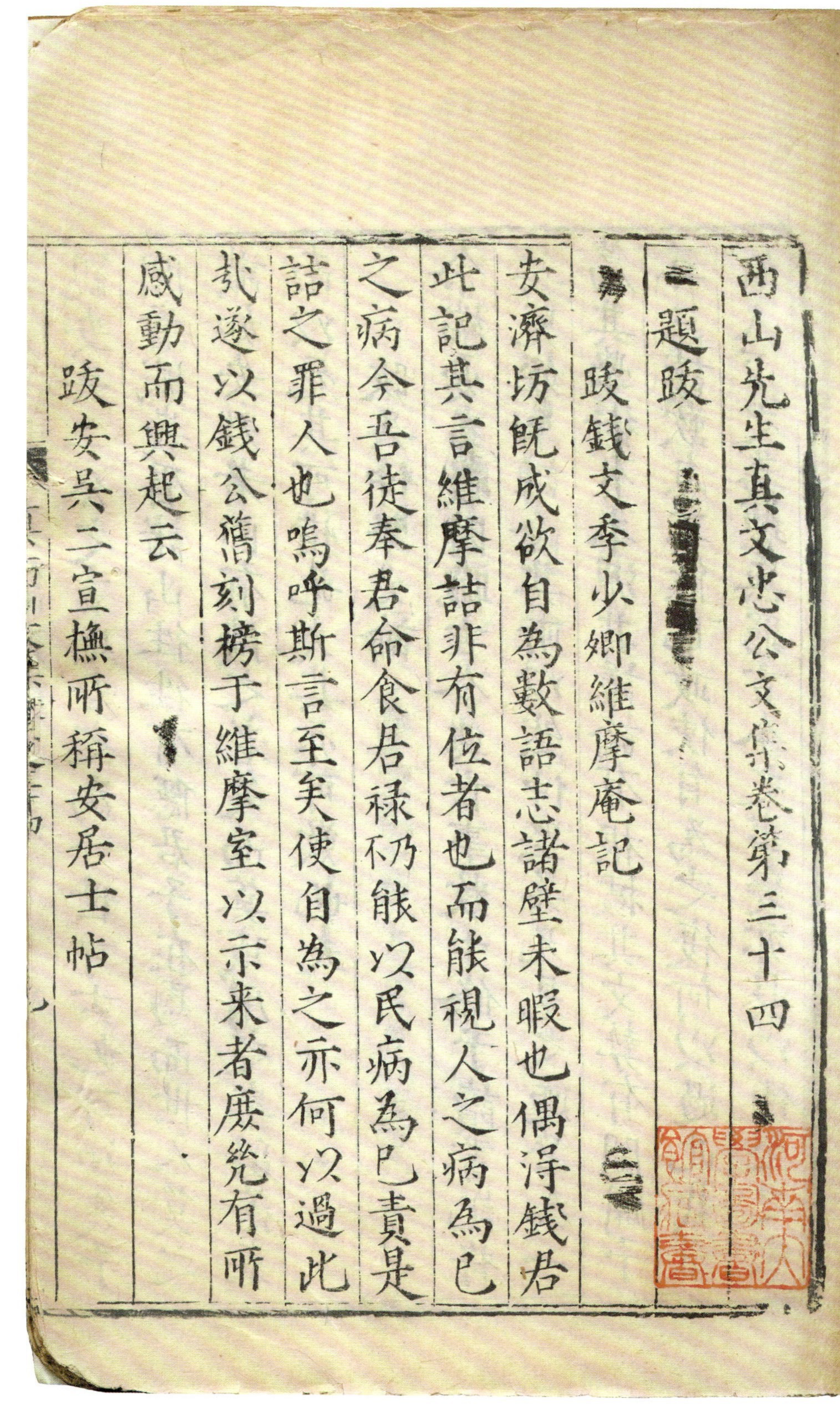

西山先生真文忠公文集卷第三十四

題跋

跋錢文季少卿維摩庵記

安濟坊既成欲自為數語志諸壁未暇也偶得錢君此記其言維摩詰非有位者也而能視人之病為己之病今吾徒奉君命食君禄乃能以民病為己責是詰之罪人也嗚呼斯言至矣使自為之亦何以過此扎遂以錢公舊刻榜于維摩室以示来者庶㡬有所感動而興起云

跋安吳二宣撫所稱安居士帖

261 《周易函書别集》提要

《周易函書别集》十六卷，清胡煦撰。清雍正二年（1724）葆璞堂刻本。凡二册。半葉十行，行二十四字。白口，黑單魚尾，四周雙邊。版心下鎸『葆璞堂』。版框高十八點九厘米，寬十三點七厘米。

胡煦（1655—1736），字滄曉，光山人，康熙五十一年（1712）進士，官至禮部侍郎。胡煦研思易理，其持論酌於漢學宋學之間，與朱子頗有异同。

胡煦在《弁語》中有感於歷代注家解説《周易》時故作標新立异之語，背離了聖人本意，『其始原於注釋家好新立异，各執己見，而不克深維聖人遺教之本心』，導致後人無法真正領會聖人之意，『其繼由於後學者膠柱刻舟，固執成説，而不復折中於聖人翼經之本旨』，因此重做釋經之作。

館藏本有胡煦《周易函書别集弁語》。

周易函書別集卷二

禮部左侍郎胡煦著

易學須知二

須知周公命爻用一初字。其原皆出於先天圓圖。凡九皆東陽。凡六皆西陰。因在方加之始。故以為初。是初之一字。既明其發原於太極。又以見三十二卦。咸得而資之。故曰其初難知。至於上爻。各成其體。各具一象。故曰其上易知。須知初之一字。最有關係。蓋卦之方成。尚未有象。不能定諸位。止可考諸時。故前面有太極。惟此一初字。始能標之。後面有二三四五上。惟此一初字。始能統之。

周易函書別集　卷二　易學須知　二　葆璞堂

262 《五經類編》提要

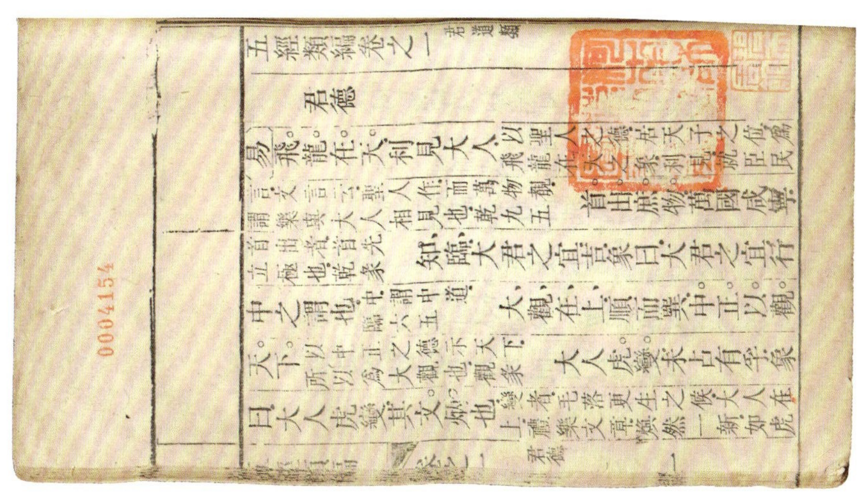

《五經類編》二十八卷，清周世樟編。清雍正二年（1724）刻本。凡十册。半葉八行，行二十字。白口，左右雙邊，黑單魚尾，魚尾上刻書名，下刻卷數。版框高十九點六厘米，寬十三點六厘米。

周世樟（1636—？），字章成，號安素，清太倉人，諸生。醇謹好學，通天文算術。平居教授，每以窮經訓後進。著有《經義辨訛》《五經類編》《諸經略説》。

是編摘取五經之語，分爲十門，每門又分子目，皆以備時文之用。末附諸經穀詒堂藏板略説、經義辨訛、辨疑各數條。

館藏本内封右上鎸『婁東周章成先生編輯』，中鎸『五經類編』，左下刻『穀詒堂藏板』。有王掞序、周象明序、王原祁序、編者自序、王謇序等。序首頁有方形陰文印『碧天閒館』。

263 《御製欽若曆書》提要

《御製欽若曆書》四十二卷，清允禄等撰。清雍正二年（1724）内府刻本。凡十六册。半葉九行，上下分欄（上圖下文），行二十字，小字雙行。黑口，白單魚尾，四周雙邊。版框高二十點九厘米，寬十四點六厘米。

允禄（1695—1767），號愛月主人，清朝宗室大臣，康熙皇帝第十六子，雍正帝胤禛即位後，爲避名諱，改『胤』爲『允』，因此又作『允禄』。精數學，通樂律。

明末清初時期，中國故有的曆法已經落後於西方，康熙六十一年（1722）編纂修訂成含有大量西方科技知識的《御製欽若曆書》。

館藏本刀鋒畢現，邊欄完整，版面净潔，墨色純正，字迹清晰。版心標目，係初刻初印，於版刻體例特爲創見。扉頁上有『楊榮光印』『楊氏雙雲山館』『耀遠珍藏』的藏印。是書具有很高的文獻版本價值。

天象

虞書堯典曰欽若昊天曆象日月星辰楚詞天問曰圜則九重孰營度之後世曆家謂天有十二重非天實有如許重數蓋言日月星辰運轉於天各有所行之道卽楚詞所謂圜也欲明諸圜之理必詳諸圜之動欲考諸圜之動必以至靜不動者準之然後得其盈縮蓋天道靜專者也天行動直者也至靜者自有一天與地相爲表裏故羣動者運於其間而不息若無至靜者以驗至動則聖人亦無所成其能矣人恆

264 《杳吟集》提要

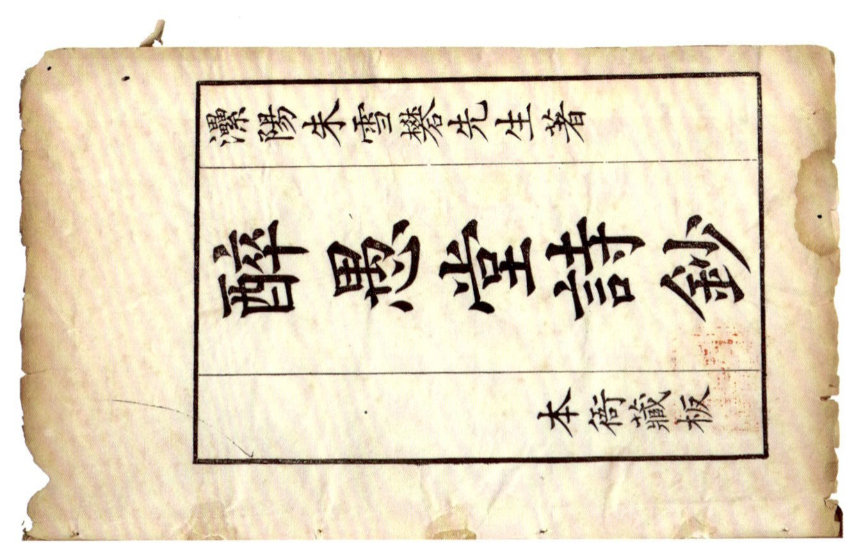

《杳吟集》四卷，清朱維熊著。清雍正四年（1726）朱芾刻本。凡四册。半葉十行，行二十一字。白口，黑單魚尾，左右雙邊。版心上刻『醉愚堂集』，卷端刻『杳吟集』。版框高十八點三厘米，寬十二點七厘米。

朱維熊，生於順治二年（1645），卒年不詳。字兆公，號雪磐。初授湖北當陽知縣，歷户刑部曹，出守信州。

是書又名《醉愚堂詩鈔》，爲清代朱維熊詩集，乃歿後其子朱鶱等删選結集而成，共收録詩歌八百餘首，分體編次。

館藏本内封刻『醉愚堂詩鈔』，左下端刻『本衙藏板』，右上端刻『濼陽朱雪磐先生著』。有汪灝序、沈寅序、葉晟序、顧黍交序、周京序、朱維熊自序，卷末有吳范、朱鶱二跋。

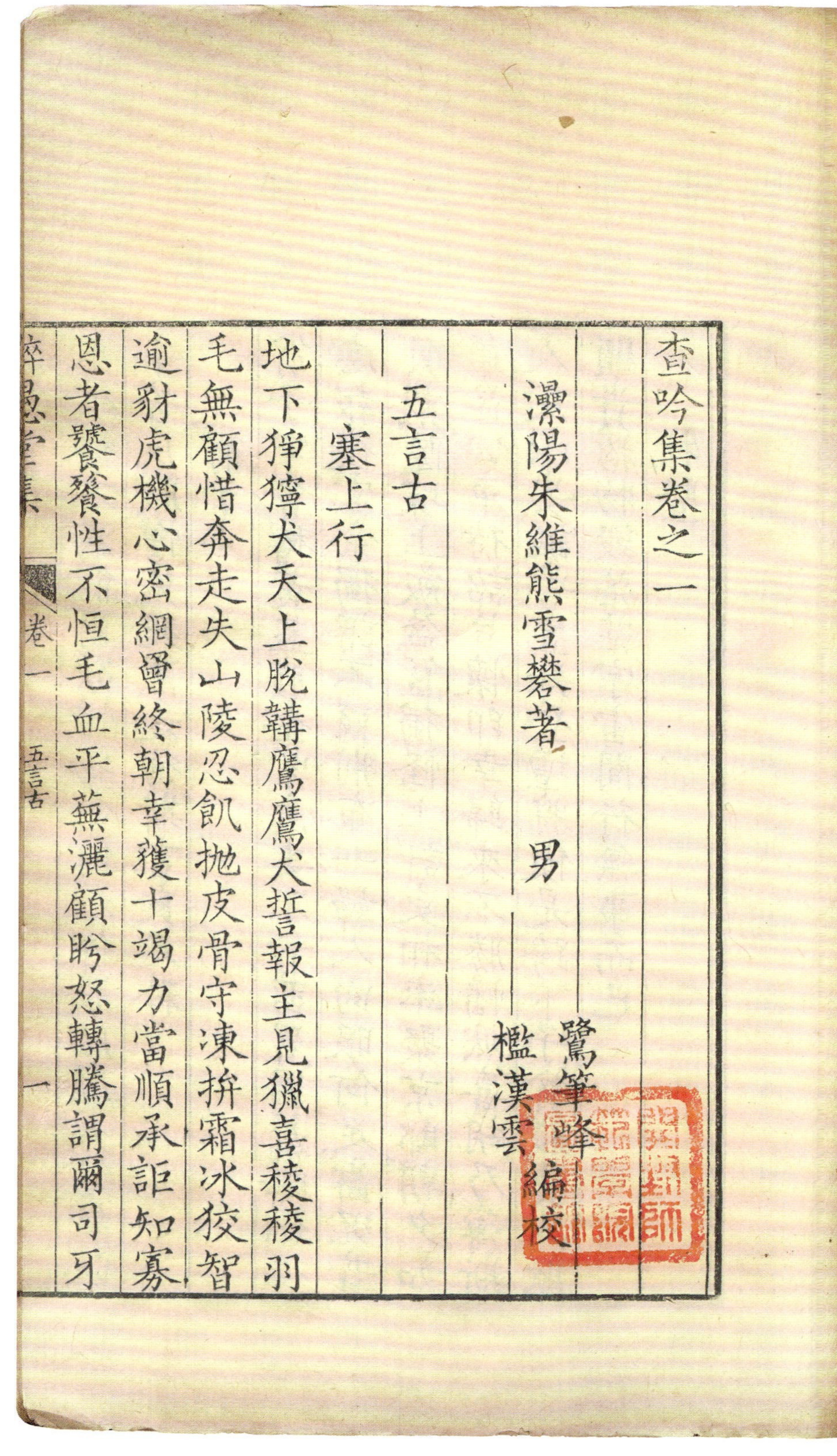
查吟集卷之一

瀠陽朱維熊雪磬著

男　鷺筆峰　檻漢雲　編校

五言古

塞上行

地下獰獰犬天上脫鞲鷹鷹犬誓報主見獵喜稜稜羽毛無顧惜奔走失山陵忍飢抛皮骨守凍拚霜冰狡智適豺虎機心密網罾終朝幸獲十竭力當順承詎知寡恩者饕餮性不恒毛血平蕪灑顧盼怒轉騰謂爾司牙

啐隱堂集　卷一　五言古　一

265 《重刊校正笠澤叢書》提要

《重刊校正笠澤叢書》四卷，補遺一卷，續補遺一卷，唐陸龜蒙撰。清雍正九年（1731）陸鍾輝刻本。凡四册。半葉九行，行十八字。白口，黑對魚尾，左右雙邊。版框高二十一點二厘米，寬十二點九厘米。

陸龜蒙（？—881），字魯望，號天隨子、江湖散人、甫里先生，長洲（今江蘇蘇州）人。唐代農學家、文學家。曾任湖州、蘇州刺史幕僚，後隱居松江甫里（今甪直鎮），編著有《甫里先生文集》等。他的小品文主要收在《笠澤叢書》中，現實針對性强，議論也頗精切。陸龜蒙與皮日休交友，世稱『皮陸』，詩以寫景咏物爲多。

唐乾符六年（879）陸龜蒙卧病笠澤期間自編《笠澤叢書》四卷，以甲、乙、丙、丁爲次，係詩、賦、頌、銘、記等雜文集，不分類次，故名『叢書』。『叢書』一詞即始於此書。

館藏本據元陸德原本覆刻，出自善本，刻寫精美。書尾有陸德原跋和陸鍾輝跋。有鈐印四：目録頁鈐有竪長方陽文印『淮陽杜氏藏書』、方形陰文印『武福鼐』，跋尾鈐方形陰文印『六五百竿竹弍三千卷書』，首卷卷端鈐方形陽文印『適齋』。是書經名家武慕姚收藏，且有親筆點評。

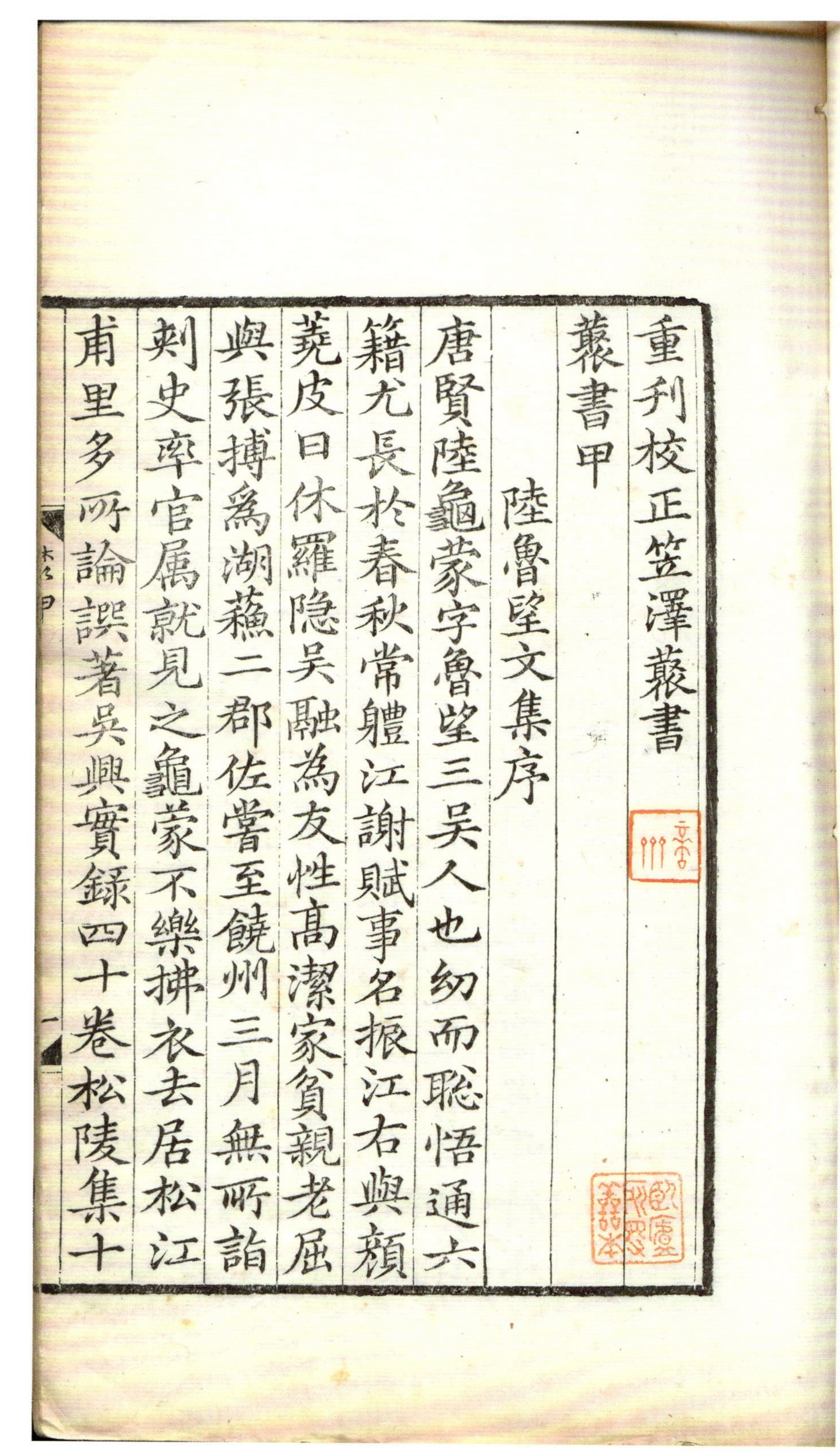

重刊校正笠澤叢書

叢書甲

陸魯望文集序

唐賢陸龜蒙字魯望三吳人也幼而聰悟通六籍尤長於春秋常體江謝賦事名振江右與顔蕘皮日休羅隱吳融為友性高潔家貧親老屈與張摶為湖蘓二郡佐嘗至饒州三月無所詣剌史率官屬就見之龜蒙不樂拂衣去居松江甫里多所論譔著吳興實錄四十卷松陵集十

266 《鹿洲公案》提要

《鹿洲公案》二卷，清藍鼎元撰。清雍正十年（1732）刻本。凡一册。半葉九行，行二十字。白口，黑單魚尾，左右雙邊。版框高十八點七厘米，寬十三點九厘米。

藍鼎元（1675或1680—1733），字玉霖，號鹿洲，漳浦縣赤嶺人。清代知名學者，是一位對臺灣歷史有很大影響的官吏。一生著述頗多，主要有《鹿洲初集》《女學》《東征集》《平臺紀略》《鹿洲公案》，并參加編修《大清一統志》。

是書又名《藍公案》《公案偶記》，主要叙述作者處理政務、審判案件、破除迷信之經歷，有較高的史學價值。藍鼎元在被劾罷職後，獄中将治潮洲、普寧十四個月所經辦的典型案例追記成書，資政惠人。從治安的角度切入，多側面地反映了當時的社會問題。

館藏本存卷下。

鹿洲公案卷下

漳浦藍鼎元玉霖著

衡山曠敏本魯之評

平和張　宣逸夫校

雲落店私刑

戊申二月五日有吏人過普邑之東郊一人（一幅行人圖）肩行李以從後兩人似學步輿夫舁一人被傷憔悴投宿邱興旅店次日清晨肩行李者先驅從郡城大路以去

267 《平臺紀略》提要

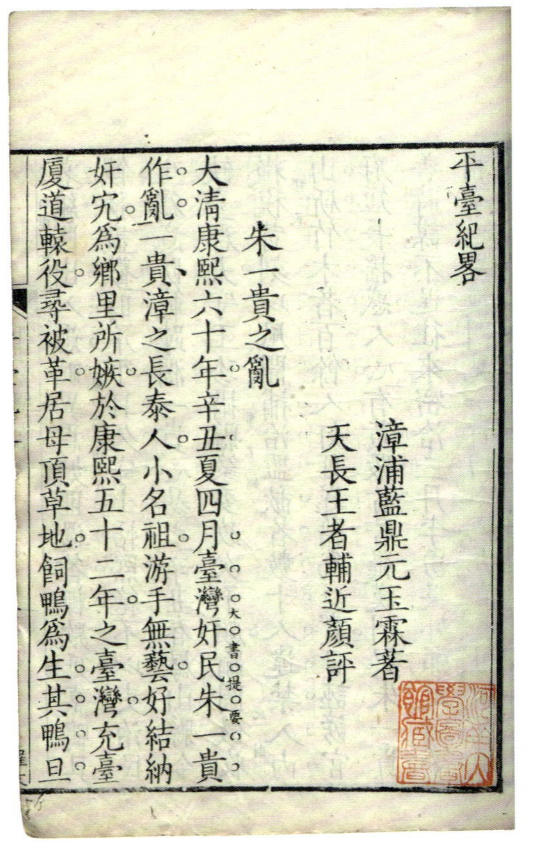

平臺紀畧

漳浦藍鼎元玉霖著

天長王者輔近顔評

朱一貴之亂

大清康熙六十年辛丑夏四月臺灣奸民朱一貴（大書提要）作亂一貴漳之長泰人小名祖游手無藝好結納奸宄爲鄉里所嫉於康熙五十二年之臺灣充臺厦道轅役尋被革居母頂草地飼鴨爲生其鴨旦

《平臺紀略》一卷，清藍鼎元撰，清王者輔評。清雍正十年（1732）刻本。凡一册。半葉九行，行十九字，白口，黑單魚尾，左右雙邊，文中有小字注释。版框高十八點五厘米，寬十三點九厘米。

是書乃作者對臺湾一年多的考察后，返鄉撰写的。陳述治臺十九事，如『行墾田，復官莊，恤澎民，撫土番，招生番』等，尤爲切中治臺時務。體現在這本書中的治臺卓識和策略，對清代臺灣的發展影響深遠。

館藏本前有『平臺紀略』書名、『鹿洲小圖藍鼎元畫像』。有藍鼎元序、王者輔序。

268 | 《東征集》提要

《東征集》六卷，清藍鼎元撰，清王者輔評，清雍正十年（1732）刻本。凡二册，半葉九行，行二十字，白口，黑單魚尾，左右雙邊，文中有小字注释。版心有刻工姓名若干。版框高十八點五厘米，寬十四厘米。

康熙六十年（1721），藍鼎元隨藍廷珍出師入臺，平臺後又在臺灣住了一年多。《東征集》六卷是他爲藍廷珍擬寫的公檄、書稟、條陳、告諭的集成。

館藏本有王者輔序、藍廷珍序。

東征集卷一
漳浦藍鼎元玉霖稿
天長王者輔近顔評
上滿制府論臺灣寇變書
臺灣僻處海外狃於治安久矣朱一貴突爾跳梁戕害官兵竊踞郡縣雖曰猖獗之極其實不難平也胸有成算無賴子弟偶爾烏合尚未知戰守紀律爲何事當即命將出師星夜進討速進便是高着如摧焚拯溺勿容稍緩彼不意官

269 《榕村語録》提要

《榕村語録》三十卷，清李光地撰。清雍正十一年（1733）刻本。凡六册。半葉九行，二十字。白口，黑單魚尾，左右雙邊。版心上刻『榕村語録』，下刻卷數。版框高十七點七厘米，寬十二點九厘米。

是書爲李光地學術言論彙編，包括經書總論與論『四書』者八卷，論《易》、《書》、《詩》、『三禮』、《春秋》、《孝經》者九卷，論宋六子、諸儒、諸子、道釋者三卷，論史一卷，論歷代一卷，論學二卷，論性命、理氣者二卷，論治道二卷，論詩文二卷，末附韵學。每一條或爲李光地自記，或爲李清植記，或爲門人記，皆標於該條之末，而以李光地自記與李清植記者爲多。李光地之學源於朱熹，而能心知其意，得所變通，故不拘於門户之見。其訪經兼取漢唐之説，其講學亦酌采陸王之義，而明辨其是非得失，往往一語而决疑。李光地爲清初宋學代表，此書爲其代表作，全面反映了李光地的學術思想。

館藏本卷端有李清植題識，卷末有其門人徐用錫跋。目録頁鈐印二：方形陽文印『南友一字心萱』，方形陰文印『張光基印』。首卷卷端鈐印二：方形陽文印『詒經堂張氏珍藏』，方形陰文印『儒英後人』。張光基（1738—1799），字南友，號心萱。江蘇常熟人。張仁濟之子，張金吾之父，清藏書家。

榕村語錄卷之一

經書總論

孔子留下幾部經。部部精妙。佛書一看便有佛氣。老書一看便有老氣。經卻一槩正當。無他聲色臭味。在聖人手中一過。便純粹無偏。天下之道。盡於六經。六經之道。盡於四書。四書之道。全在吾心。

孔子之書。如日月經天。但看尊之則天下太平。廢而不用。天下便大亂。

孔子六經。字字可信。博學多能。一肚皮家當。卻又江

270 《爾雅音》提要

《爾雅音》不分卷，□□撰。清雍正（1723—1735）抄本。凡一册。半葉十二行，行二十五字。版框高二十五點六厘米，寬十八點八厘米。

《爾雅》是中國最早的一部解釋詞義的書，是十三經之一，也是後人考證古語的重要文獻。《爾雅音》爲研究《爾雅》的著作，是書采用音義結合的研究方法，對後世研究《爾雅》産生了一定影響。

館藏本鈐有『高氏校閲精鈔善本印』『蒼茫齋所藏抄本』『適齋』『武福鼐』『鑽閲六經泛濫百氏』數枚印章。是書未見其他機構著録。

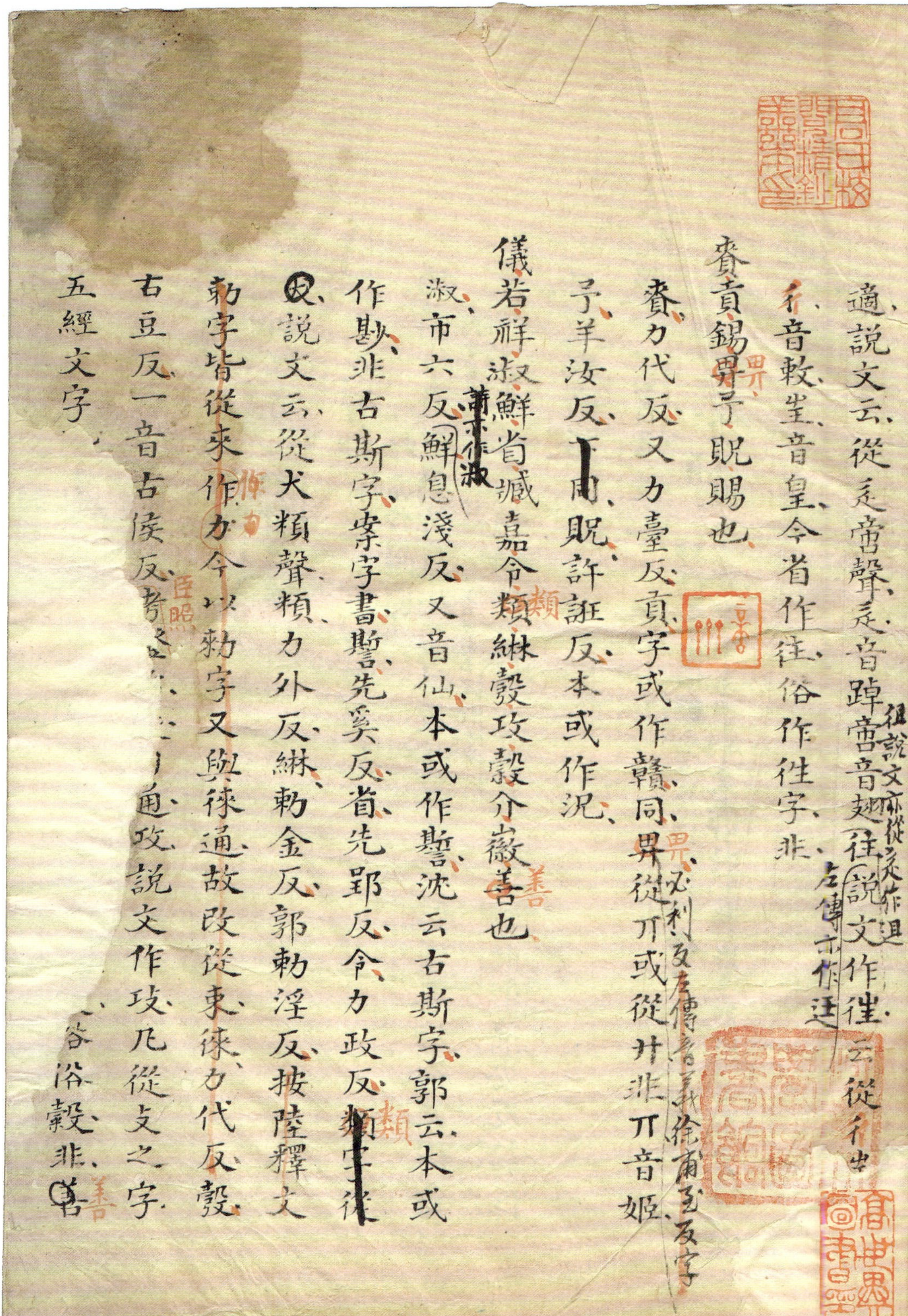

適說文云從辵啻聲辵音踔啻音翅往說文作徃云從彳㞢

彳音敕㞢音皇今省作往俗作徃字非

賚賁錫畀予貺賜也

賚力代反又力臺反賁字或作贛同畀從丌或從廾非丌音姬

予羊汝反貺許誑反本或作況

儀若祥淑鮮省臧嘉令類綝彀攻穀介徽善也

淑市六反鮮息淺反又音仙本或作尟沈云古斯字郭云本或

作尟非古斯字寀字書尟先奚反省先郢反令力政反類字從

頁說文云從犬頪聲頪力外反綝勑金反郭勑淫反披陸釋文

勑字皆從來作力今以勑字又與徠通故改從東徠力代反彀

古豆反一音古候反……通攻說文作玫凡從攴之字……谷浴穀非

五經文字

271 《杜律通解》提要

《杜律通解》四卷，唐杜甫撰，清李文煒箋釋。清雍正刻本。凡四册。半葉十行，行二十字。上下大黑口，黑對魚尾，左右雙邊。版框高十六點五厘米，寬十二點五厘米。

李文煒，字雪岩，慈水（今浙江慈溪）人，約生於清順治十年（1653），爲甬東名士，博學多識，尤長於風雅。畢生未仕，或坐館於帷署，或隱居於湖山。嘗作吴興寓公。康熙四十年（1701），客館於涿鹿知府趙恕庵家；康熙四十八年（1709），趙恕庵領郡筠州，仍延雪岩課諸子，其門生趙伊言愛讀少陵五七律，索解不得，於是雪岩纂輯前人評論，删繁補略，合成解説，於康熙五十一年（1712）撰成此書，以示後生初學，實爲其教授杜詩之課本。

是書爲杜律選本，凡四卷，卷一、卷二爲五律，選詩一百二十首，卷三、卷四爲七律，選詩八十首，共二百首。目録分列各卷首。分體後編次，仍依編年爲序。

館藏本内封正中鎸『杜律通解』，右鎸『慈水李雪巖先生箋注』，左鎸『各體嗣出』。有李文煒序。

杜律通解卷一

慈水李文煒雪巖氏箋釋

錦州趙世錫恕庵氏攷訂

及門趙弘訓伊吉氏分校

登兗州城樓

東郡趨庭日。南樓縱目初。（對起）浮雲連海岱。平野入青徐。（實○眼○句○法）孤嶂秦碑在。荒城魯殿餘。（五六懷○古）從來多古意。臨眺獨躊躇。（順承結○法）

此公于開元二十三年下第後遊齊趙時所作也。時公父閑爲兗州司馬。故公之兗。因登城樓臨眺。曰吾于東郡趨庭見父之日。因來南樓縱目之初、

272 《拙圃詩草》提要

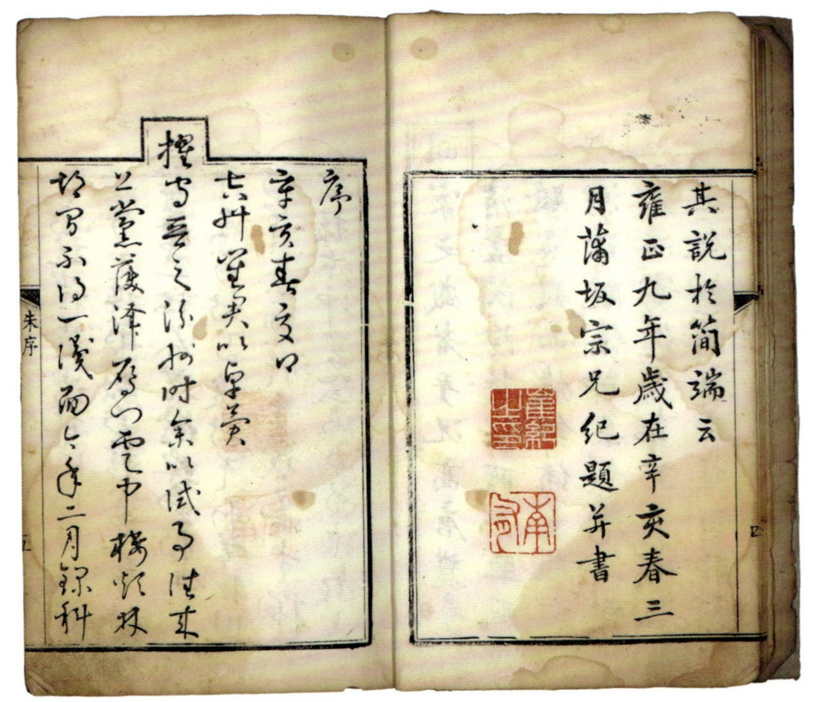
其說於簡端云
雍正九年歲在辛亥春三
月嶺坂宗兄紀題并書

序

朱序

《拙圃詩草》二卷，清崔應階撰。清雍正刻本。凡二册。半葉九行，行二十字。白口，黑單魚尾，四周雙邊。版框高十七點六厘米，寬十二點四厘米。

崔應階，字吉升，號拙圃，别號研露樓主人，湖北江夏人。以父蔭，補順天通判，官至太子太保、刑部尚書，遷左都御史。工詩，善作曲，著有《拙圃詩草》《黔游紀程》《研露樓琴譜》《官鏡録》《陳州府志》《雲臺山志》等。

館藏本爲清雍正初刻本，初集一卷、二集一卷，前有崔紀、儲大文等序，後有嚴遂成序。

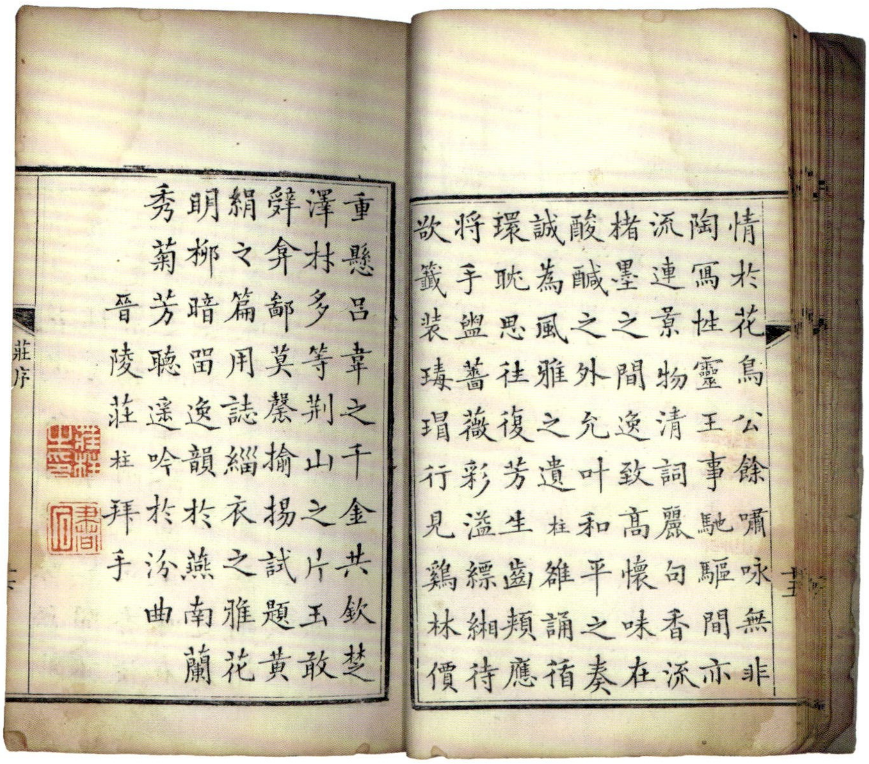

情於花鳥公餘嘯咏無非
陶冩性靈王事馳驅間亦
流連景物清詞麗句香派
楮墨之間逸致高懷味在
酸醎之外允叶和平之奏
誠為風雅之遺 柱 雒誦循
環耽思往復芳生齒頰應
將手盥薔薇彩溢縹緗待
欲籤裝瑇瑁行見鷄林價

重懸呂韋之千金共欽楚
澤林多等荊山之片玉敢
辭弇鄙莫罄揄揚試題黃
絹之篇用誌緇衣之雅花
明柳暗留逸韻於燕南蘭
秀菊芳聽遙吟於汾曲
晉陵莊 柱 拜手

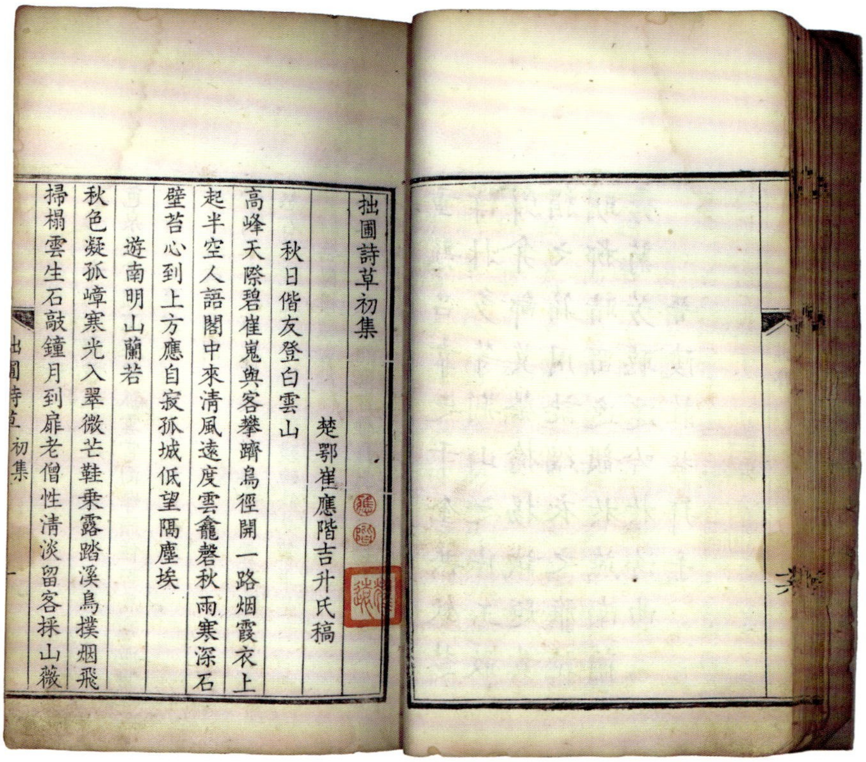

拙圖詩草初集

楚鄂崔應階吉升氏稿

秋日偕友登白雲山

高峰天際碧崔嵬與客攀躋鳥徑開一路烟霞衣上
起半空人語閣中來清風遠度雲龕磬秋雨寒深石
壁苔心到上方應自寂孤城低望隔塵埃

遊南明山蘭若

秋色凝孤嶂寒光入翠微芒鞋乘露踏溪鳥撲烟飛
掃榻雲生石敲鐘月到扉老僧性清淡留客採山薇

拙圖詩草初集 一

273　《牧齋初學集詩注》《牧齋有學集詩注》提要

《牧齋初學集詩注》二十卷，《牧齋有學集詩注》十四卷，清錢謙益撰，清錢曾注。清雍正玉詔堂刻本。凡二十六册，初集十四册，有集十二册。半葉十行，行二十字，小字雙行，行四十字。上白口，黑單魚尾，下粗黑口，四周單邊。版框高十八厘米，寬十四厘米。

是書係清雍正玉詔堂初刻本，諱『玄』『胤』，不諱『弘』。館藏本《初學集》卷首有牌記，右鎸『初學集箋注』，左鎸『玉詔堂藏板』；《有學集》卷首有牌記，右鎸『有學集詩注』，左鎸『玉詔堂藏板』。書中鈐有陽文印『番禺丁氏珍藏書畫之章』，陰文印『丁氏珍藏』『仁長之印』，陽文印『伯厚』『仲文』，陰文印『臣赤之印』及收藏名家南海潘錫基陽文印『足廬珍藏書畫金石印』『潘錫基印』等印記。自乾隆三十四年（1769）起，錢謙益的遺書遭到焚毁，是書也在禁毁之列，故《四庫全书总目》未收，國内所藏足本極稀。

牧齋初學集詩註卷第一

錢後人錢曾遵王箋註

茗南■■鈔訂

東海朱梅朗巖分校

還朝詩集上 起泰昌元年九月盡一年

吳門寄陸仲謀大叅

步屧相呼倒接䍦東阡南陌夜歸遲檀槽奏罷翻新曲樺燭燒殘覆舊棋燕賞花時無主客催徵酒社有文移謝公底事情懷惡只爲中年有別離

檀槽 譚賓錄開元中有中官白秀貞自蜀使回得琵琶以獻其檀邏皆杪檀爲之溫潤如玉光

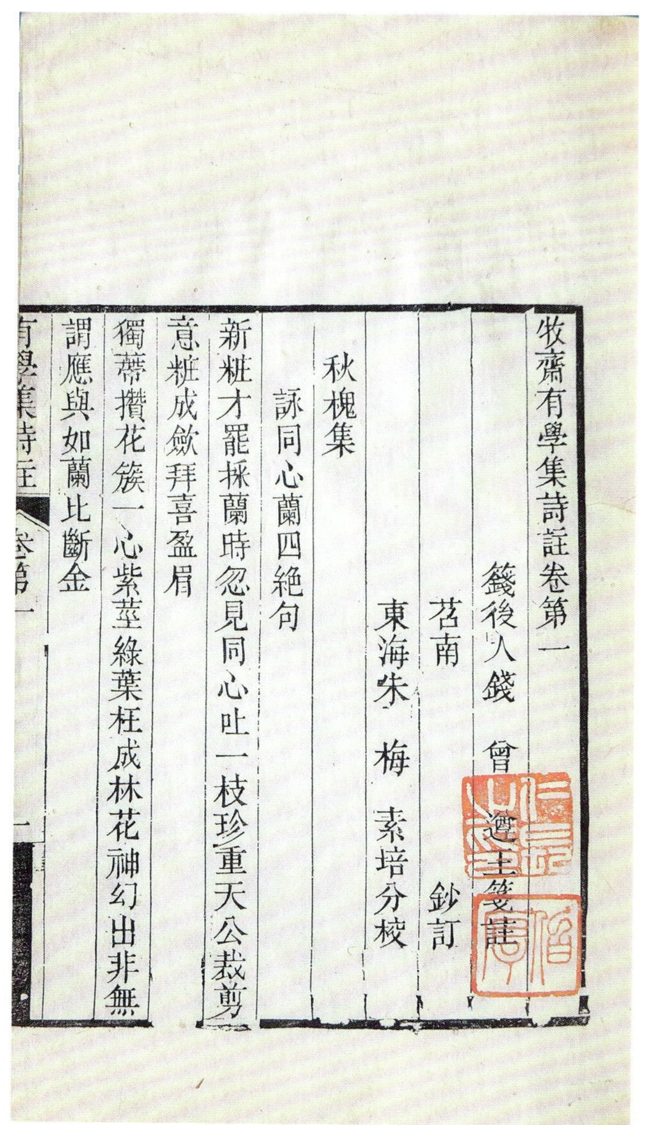

牧齋有學集詩註卷第一

錢後人錢曾遵王箋註

茗南鈔訂

東海朱梅素培分校

秋槐集

詠同心蘭四絶句

新粧才罷採蘭時忽見同心吐一枝珍重天公裁剪意粧成斂拜喜盈眉

獨蔕攢花簇一心紫莖綠葉枉成林花神幻出非無謂應與如蘭比斷金

274　《明詩綜》提要

《明詩綜》一百卷，清朱彝尊編。清雍正朱氏六峰閣刻本。凡三十二册。半葉十一行，行二十字，小字雙行，行十九字。白口，左右雙邊，黑單魚尾。版框高十九點一厘米，寬十四點五厘米。

朱彝尊（1629—1709），字錫鬯，號竹垞，又號醧舫，晚號小長蘆釣魚師、金風亭長，秀水（今浙江嘉興）人。清代詞人、學者、藏書家。康熙十八年（1679）舉博學鴻詞科，除檢討。康熙二十二年（1683）入直南書房。曾參加纂修《明史》。博通經史，詩與王士禛稱南北兩大宗（『南朱北王』）；作詞風格清麗，爲浙西詞派的創始人，與陳維崧并稱朱陳；精於金石文史，爲清初著名藏書家之一。著有《曝書亭集》《日下舊聞》《經義考》；選《明詩綜》、《詞綜》（汪森增補）。

是書收録明初洪武直至明末崇禎歷朝詩人，以及明亡後遺民和殉節大臣共三千四百餘人的作品，附有作家小傳及其友人汪森、朱端等人的分卷輯評。首卷録明代諸帝王之詩；第二卷至第八十二卷，按時代先後編録明詩家作品；第八十三卷至第九十九卷，輯録宮掖，宗室、閨門、僧道等詩；末卷録漢族民間雜歌謡辭一百五十五首。朱氏選録此書旨在成一代之書，因此，他針對明代詩風屢變、選詩不一的情况，求全圖備，搜羅各派詩歌，詩人幾乎無所遺漏，資料較爲豐富，詩人小傳也頗費斟酌，評論較爲公允，爲後人所重視。是書還存有大量明末殉節之臣及遺民之作，對研究明代詩歌風貌有重要資料價值。

明詩綜卷一上

小長蘆　朱彝尊　錄

休陽　汪森　緝評

太祖高皇帝 三首

帝諱元璋，姓朱氏，字國瑞，濠之鍾離東鄉人。元至正十一年辛卯起兵，丁未稱吳元年，戊申建元洪武，在位三十一年崩，葬孝陵（在應天府治東北鍾山之陽）。永樂元年上尊謚曰聖神文武欽明啓運俊德成功統天大孝高皇帝，廟號太祖。嘉靖十七年改上尊謚曰開天行道肇紀立極大聖至神仁文義武俊德成功高皇帝。有御製詩集五卷。

275 《五知齋琴譜》提要

《五知齋琴譜》八卷，清周魯封彙纂。清乾隆二年（1737）刻本。凡八册。半葉八行，行十八字。白口，黑單魚尾，左右雙邊。版框高十八點四厘米，寬十四點七厘米。

是書經作者四十年考訂，收集海内新舊各譜并名家藏本校正編纂而成。卷一爲基本理論，包括上古琴論、五音統論、指法紀略等，卷二至卷八爲琴譜。

館藏本内封題名『琴譜大成』，左下刻有『紅杏山房藏板』，右上刻有『燕山周子安彙輯』。有石清序、徐越千序、周魯封序、黃仲安序，黃次瑤跋、黃琨跋。

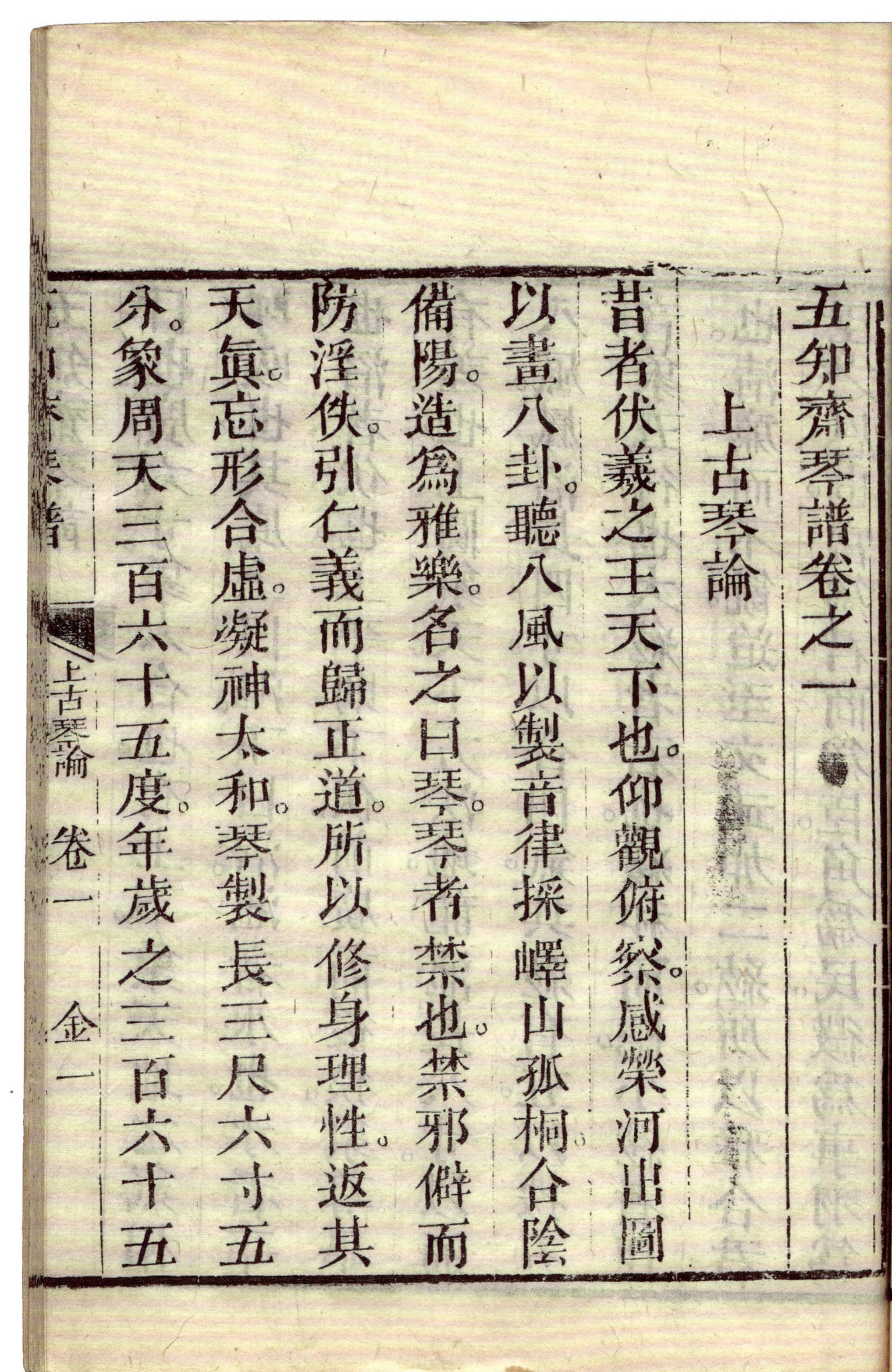

五知齋琴譜卷之一

上古琴論

昔者伏羲之王天下也。仰觀俯察。感槃河出圖以畫八卦。聽八風以製音律。採嶧山孤桐合陰備陽。造爲雅樂。名之曰琴。琴者禁也。禁邪僻而防淫佚。引仁義而歸正道。所以修身理性。返其天眞。忘形合虛。凝神太和。琴製長三尺六寸五分。象周天三百六十五度。年歲之三百六十五

上古琴論　卷一　金一

276 《一切經音義》提要

《一切經音義》一百卷，唐慧琳撰。日本元文二年（1737）洛東獅谷白蓮社刻本。凡五十五册。半葉十行，行二十字，小字雙行，行二十字。黑口，四周雙邊。版心上鎸『支那撰述』。版框高二十二厘米，寬十四點五厘米。

慧琳（737—820），唐京師西明寺僧，俗姓裴，疏勒國人。幼習儒學，出家後，始事不空三藏，對於印度聲明、中國訓詁，都有深入的研究。

慧琳認爲佛教音義一類的書籍，有的只限於一經，有的且有訛誤。因在各家音義基礎之上，根據《韵英》《考聲》《切韵》等以釋音，根據《説文》《字林》《玉篇》《字統》《古今正字》《文字典説》《開元文字音義》等以釋義，并兼采一般經史百家學説，以佛意爲標準詳加考訂，撰成《一切經音義》百卷。自唐德宗貞元四年（788）開始，至唐憲宗元和五年（810）止，經二十三年方才完成。是書爲經典文字音義的注釋之作。它將佛典中讀者與解義較難的字一一録出，詳加音訓，并對新舊音譯的名詞，一一考正梵音。所釋以《開元釋教録》入藏之籍爲主，兼采西明寺所藏經，始於《大般若經》，終於《護命法》，總一千三百部，五千七百餘卷（此據景審《一切經音義序》説，實際不足此數），約六十萬言。

館藏本卷端有賜紫老納真察書鎌倉府天照山方丈序，顧齊之《新雕一切藏經音義序》，景審《一切經音義序》《新雕慧琳藏經音義紀事》及洛東獅谷白蓮社多鶴寶洲槃譚《新雕慧琳藏經音義紀事》。牌記『燕京崇仁續一切經音義……大日本延享二年……』。

一切經音義卷第一　翻經沙門慧琳撰

音三藏聖教序并大般若經五十一卷

大唐三藏聖教序

太宗文皇帝製　慧琳音

二儀 魚羈反易上繫曰易有太極是生兩儀顧野王云二儀謂天地也法象也毛詩傳云儀正也說文度也從人義聲也說文文解義字從羊從我我字從手從戈下從禾者非也羈音居宜反

覆載 上敷務反見韻英秦音也諸字書音爲敷救反楚之音也賈逵注國語云覆蓋也蔭也說文從襾復聲也襾音呼賈反從冂冂音覓上下覆之會意字也下哉愛反孔安國注尚書云載成也禮記曰天無私覆地無私載說文載乘也從車𢦏音哉從戈才聲也經作載隸書略也木古文才

277 《玉溪生詩意》提要

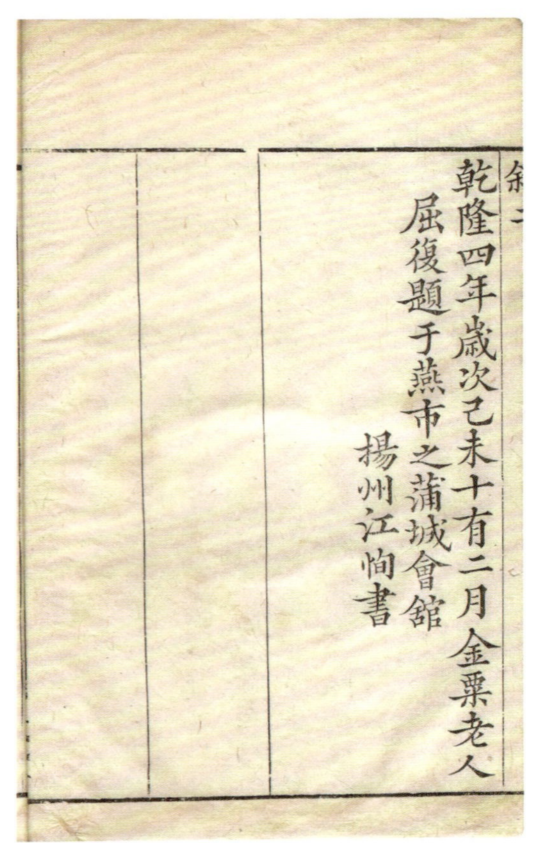
乾隆四年歲次己未十有二月金粟老人
屈復題于燕市之蒲城會館
揚州江恂書

《玉溪生詩意》八卷，清屈復撰。清乾隆四年（1739）刻本。凡八册。半葉十行，行二十一字，小字雙行，行二十一字。白口，左右雙邊，黑單魚尾，魚尾下刻書名卷數。版框高十八點五厘米，寬十四點二厘米。

屈復（1668—1744），初名北雄，後改復，字見心，號金粟，晚號悔翁，清代詩人，世稱關西夫子。蒲城縣（今屬陝西）罕井鎮人。十九歲時童子試第一名，不久出游晋、豫、蘇、浙各地，又歷經閩、粤等處，并四至京師。乾隆元年（1736）曾被舉博學鴻詞科，不肯應試。七十二歲時尚在北京蒲城會館撰書，終生未歸故鄉。著有《弱水集》等。

館藏本有屈復序、朱鶴齡原序。紅筆圈點。

玉溪生詩意卷一　　五言古

蒲城屈　復悔翁著

襄平高士鑰景萊閲

臨潼張　坦吉人參閲

無題

近知名阿侯住處小江流腰細不勝舞眉長惟是愁黄金堪作屋何不作重樓

樂府十六生兒名阿侯後漢志元嘉中京都婦女作愁眉所謂愁眉者細而曲折古今注梁冀改驚翠為愁眉既有佳名又居佳地藝復絶妙乃但蒙金屋之寵而不得高樓之貴何也

無題

278 《[乾隆] 天津縣志》提要

《[乾隆] 天津縣志》二十四卷，清朱奎揚、張志奇修，清吴廷華纂。清乾隆四年（1739）刻本。凡八册。半葉十行，行十九字。白口，黑魚尾，四周雙邊。版框高十八點五厘米，寬十三點九厘米。

朱奎揚，號南湖，浙江山陰人，監生，歷任光禄寺卿、天津知縣。清乾隆二十二年（1757）任上海蘇松太道道員。張志奇，字鴻如，山東利津人。清雍正八年（1730）進士，官直隸天津府天津縣知縣，乾隆十八年（1753）任宣化府知府。吴廷華，字中林，號東壁，浙江錢塘人，清康熙五十三年（1714）舉人，内閣三禮館纂修官，曾任福建同知管興化府通判事。撰有《周禮疑義》四十四卷、《儀禮疑義》五十卷、《禮記疑義》七十二卷。

是志編次：卷首有陳弘謀序、程風文序、張文炳序、朱奎揚序，十五則凡例，姓氏，目録。是志稿『屬草創，無粉本可憑』，纂修者『略考地官大司徒之屬，誦訓掌道地慝』『羅網掌故，討核綦詳』。全志『若風土之剛柔，物力之豐耗，民俗之淳漓，建置之因革，條其綱紀，靡有缺失。至人物、列女，更詳加諮訪，不虚美，不泯善，以求無負……典而且實，贍而不蕪』。僅一邑之志，綱目如此之細，且於天津之海防、水利、漕運等情况記載翔實，着實不易。陳弘謀序是志『條分縷析，綱舉目張，不附會以誇多，不鋪張而失實。雖規模未能宏遠，而耳目所及庶乎無遺漏之譏矣』。

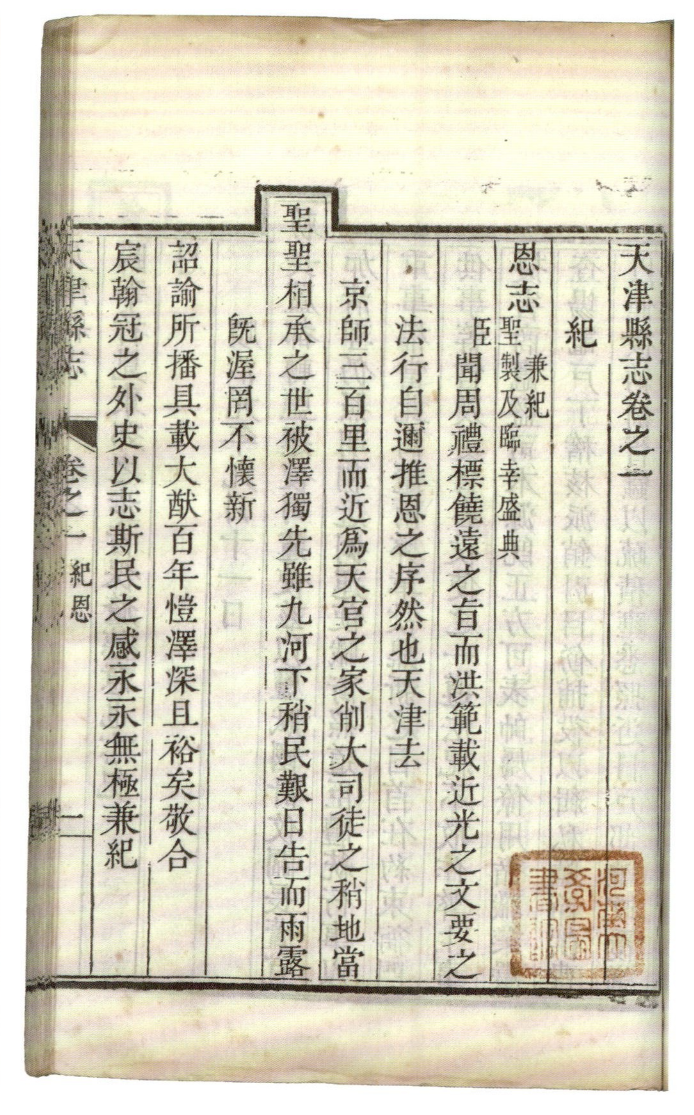
天津縣志卷之一

紀

恩志 兼紀聖製及臨幸盛典

臣聞周禮標饒遠之旨而洪範載近光之文要之
法行自邇推恩之序然也天津去
京師三百里而近爲天官之家削大司徒之稍地當
聖聖相承之世被澤獨先雖九河下稍民艱日告而雨露
旣渥罔不懷新
詔諭所播具載大猷百年愷澤深且裕矣敬合
宸翰冠之外史以志斯民之感永永無極兼紀

天津縣志 卷之一 紀恩 一

乾隆四年歲次己未七月
朔日
賜進士出身直隸分巡天津河
間等處地方兼理河務布
政使司叅政紀錄一次桂
林陳弘謀序

279 《紅崖草堂詩集》提要

《紅崖草堂詩集》十二卷，清萬邦榮撰。清乾隆六年（1741）刻本。凡四册。半葉十行，行二十一字。白口，黑單魚尾，四周雙邊。版框高十九點三厘米，寬十三點八厘米。

萬邦榮（？—1749），字伯仁，號西田，河南襄城人。於書無不窺，尤好詩。湯右曾、劉師恕督學中州延爲上客。康熙五十九年（1720）舉人，受知蔡挺。雍正三年（1725）蔡挺薦修《明史》，稽史館三載，總督王士俊聘修《河南通志》。乾隆元年（1736）召試博學鴻詞。以史館議叙授山東莘縣知縣，到任三月而卒。

是書爲萬邦榮詩集，其詩氣勢豪放，英氣勃發，以五言、七律爲善。

館藏本卷末有章文然跋。序首頁鈐方形陰文『武福鼐』印。首卷卷端鈐方形陽文『適齊藏書』印。有適齋先生墨筆題跋『清新婉麗，合是名家。適齋讀記庚寅季冬　此書不易得可寶』。

紅崖草堂詩集卷一

襄城 萬邦榮西田著　男 稼 樵 圃 漁 編

門人 會稽章文然校

五言古

諸葛廬

炎精昔季漢。臥龍初奮迅。君臣契魚水。籌策竭忠藎。功
眞葢三分。名豈徒八陣。管樂才不忝。伊呂人皆信。及讀
出師表。自許惟謹愼。雲霄一羽毛。萬古逈難近。吁嗟阽
弛徒。凋步騁雄儁。容氣難收斂。臨事能靜鎮。識淺失機

280 《［乾隆］貴州通志》提要

《［乾隆］貴州通志》四十六卷，首一卷，清鄂爾泰、張廣泗修，清靖道謨、杜詮纂。清乾隆六年（1741）刻本。凡二十四册。半葉十一行，行十九至二十字。白口，黑單魚尾，四周雙邊，間有左右雙邊。版框高二十一點六厘米，寬十四點八厘米。

鄂爾泰（1677—1745），西林覺羅氏，字毅庵，滿洲鑲藍旗人，清康熙年間舉人。任内務府員外郎。雍正元年（1723），任雲南鄉試副考官、江蘇布政使。雍正三年（1725），遷廣西巡撫。次年，調任雲貴總督，兼轄廣西。在滇實行改土歸流，在西南各族地區設置州縣，改土司爲流官，加强中央對地方的統治。官至軍機大臣，加太傅銜。卒謚文端。著《西林遺稿》等。靖道謨，字誠合，號果園，湖北黄岡人。清康熙六十年（1721）進士。雍正元年，授姚州知州。辭官歸籍後，主講於白鹿書院、江漢書院。多次被推舉，均不赴職。於家鄉置義田六百餘畝，仿朱子社倉法儲糧備荒。又倡修鐘坪堤，數十村受益。乾隆十四年（1749），參修《黄州府志》。杜詮，字向真，雲南馬龍州人。清康熙五十年（1711）舉人，官仁懷縣。

是志編次：卷首爲貴州總督張廣泗撰貴州通志表，二十三則凡例，官銜，目録。卷一天文（星野、氣候、祥异），卷二至卷七地理（輿圖），卷八至卷十營建（城池、公署、學校、貢院、書院、義學、壇廟、寺觀），卷十一至卷十五食貨（户口、田賦、課程、經費、蠲恤、積貯、物産），卷十六至卷二十一秩官（官制、職官、名宦、土司），卷二十二至卷二十五武備（兵制、師旅考、苗疆師旅始末），卷二十六至卷三十二人物（選舉、鄉賢、忠烈、孝義、宦迹、文學、隱逸、列女、流寓、仙釋、方技），卷三十三至卷四十六藝文（敕、詔、諭、奏疏、狀、頌、贊、箴、銘、書、論、解、考、辯、傳、序、紀事、記、碑記、文、議、教、説、賦、詩、雜記）。

館藏本内封鈐方形陰文『奎印』，方形陽文『龔五珍藏』，首卷卷端鈐方形陽文『龔氏奎□臨』。

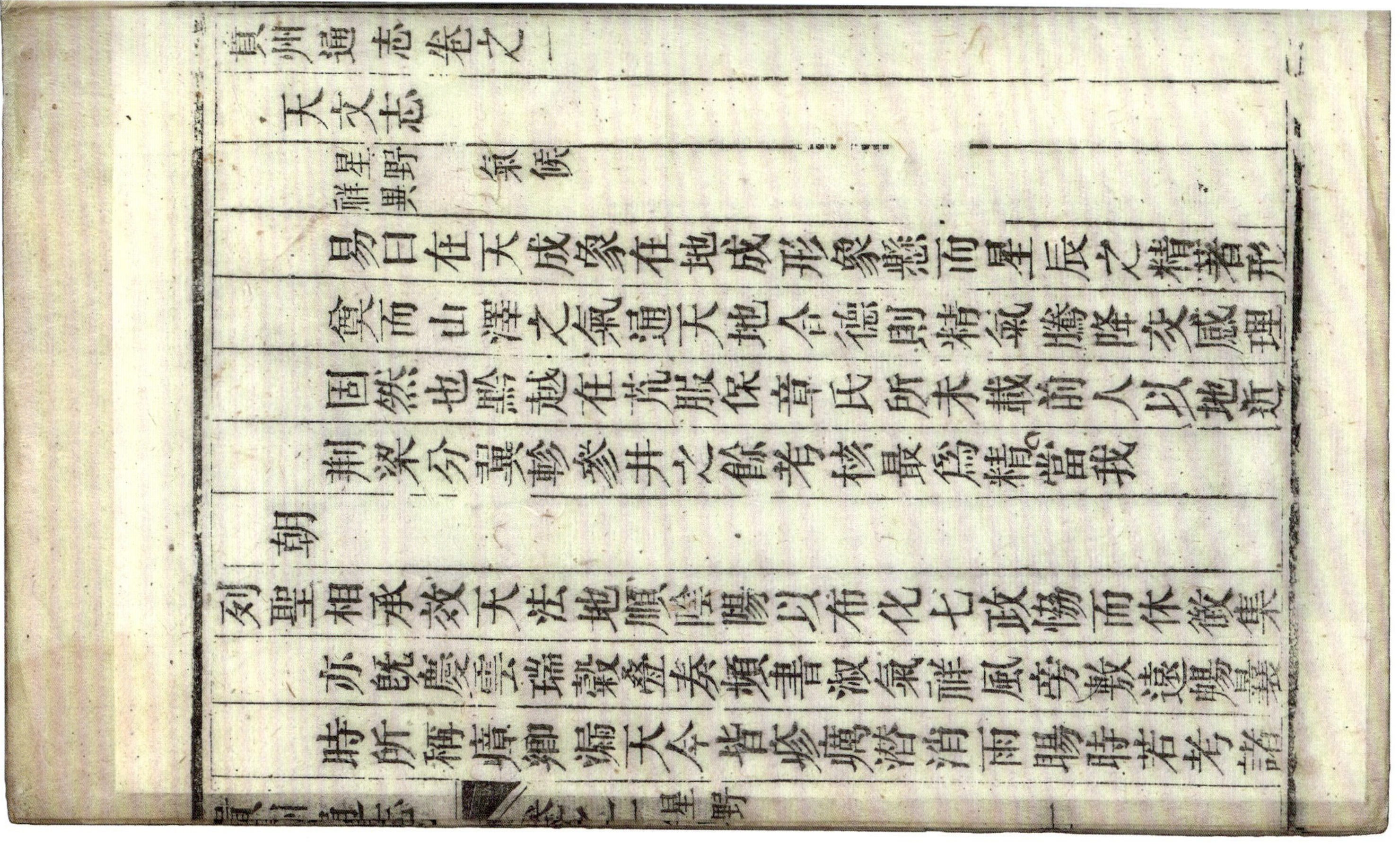
貴州通志卷之一
天文志
星野 祥異 氣候
易曰在天成象在地成形象懸而星辰之精著形
實而山澤之氣通天地合德則精氣騰降交感理
固然也黔越在荒服保章氏所未載前人以地近
荆梁分翼軫參井之餘考核最爲精當我
朝
列聖相承效天法地順陰陽以布化七政協而休徵集
亦既慶雲瑞穀叠奏頻書淑氣祥風旁敷遠暢是
時所稱瘴鄉漏天今皆疹癘潛消雨暘時若考諸

281 《王荆文公詩注》提要

《王荆文公詩注》五十卷，宋李壁撰。清乾隆六年（1741）清綺齋刻本。凡八册。半葉十一行，行二十一字，小字雙行，行三十一字。上下黑口，黑單魚尾，左右雙邊。版框高十八點七厘米，寬十四點二厘米。

是書又名《王荆文公詩李壁注》，是價值最高的宋詩宋注之一，李壁注詩，意、藝并重，釋名物、解典故、補本事，對王安石詩歌的句法、對仗、用字等方面進行梳理，成爲早期最重要的王安石詩歌注本。

館藏本内封右上鎸『宋李雁湖先生原本』，中鎸『王荆公詩箋注』，左下鎸『清綺齋藏板』。有張宗松序。首卷卷端鈐竪長方陽文『简莊陆文』印。

王荆文公詩卷之一

鴈湖李壁箋註

古詩

元豐行示德逢德逢姓楊與公鄰曲○按王直方雜記德逢號湖陰先生丹陽陳輔浙西佳士也毎歲清明過金陵上冢事畢則至蔣山過湖陰先生之居清談終日歲率以爲常元豐辛酉癸亥頻歲訪之不遇題一絶於門云北山松粉未飄花白下風輕麥脚斜身似舊時王謝燕一年一度到君家湖陰歸見其詩吟賞久之曾稱於舒王聞之笑曰此正戲君爲尋常百姓耳湖陰亦大笑

四山翛翛映赤日田背坼如龜兆出詩予尾翛翛此借用退之詩或如龜坼兆○湖陰先生坐草室看踏溝車望秋實雷蟠電掣雲滔滔夜半載雨輸亭皐旱禾秀發埋牛尻子虛賦云亭皐千里師古曰爲亭候於皐隰之地○埋牛尻言久旱得雨禾皆怒長其高可没牛尻也豆死更蘇肥莢毛倒持龍骨掛屋敖月令孟夏之月

282 《晚笑堂竹莊畫傳》提要

《晚笑堂竹莊畫傳》不分卷，清上官周撰并繪。清乾隆八年（1743）刻本。凡四册。半葉行數不等，傳二十二至二十六字不等，像上題字二十八至三十一不等。白口，黑單魚尾，左右雙邊。版框高二十二點七厘米，寬十五點三厘米。

上官周（1665—1749後），字文佐，號竹莊，與寧化黄慎、上杭華岩并稱爲『閩西三傑』。善山水，工人物，精篆刻，著有《晚笑堂竹莊詩集》《晚笑堂竹莊畫傳》。其山水畫煙嵐彌漫，别具風味，人物畫筆法瀟灑，獨樹一幟。其畫傳自乾隆八年問世以來，一直是學習人物畫的臨摹範本，開『閩派』先路。

是書描繪歷代聖賢、名臣、名將、名媛等百二十人小像，并附有小傳，末附『明太祖功臣圖』。

館藏本卷首有楊於位序、上官周自序，書後有癸亥秋門人劉杞跋。版刻綫條清晰，表情刻畫細膩，構圖富於變化，加之良工鎸刻，衣紋刀法工整流利。

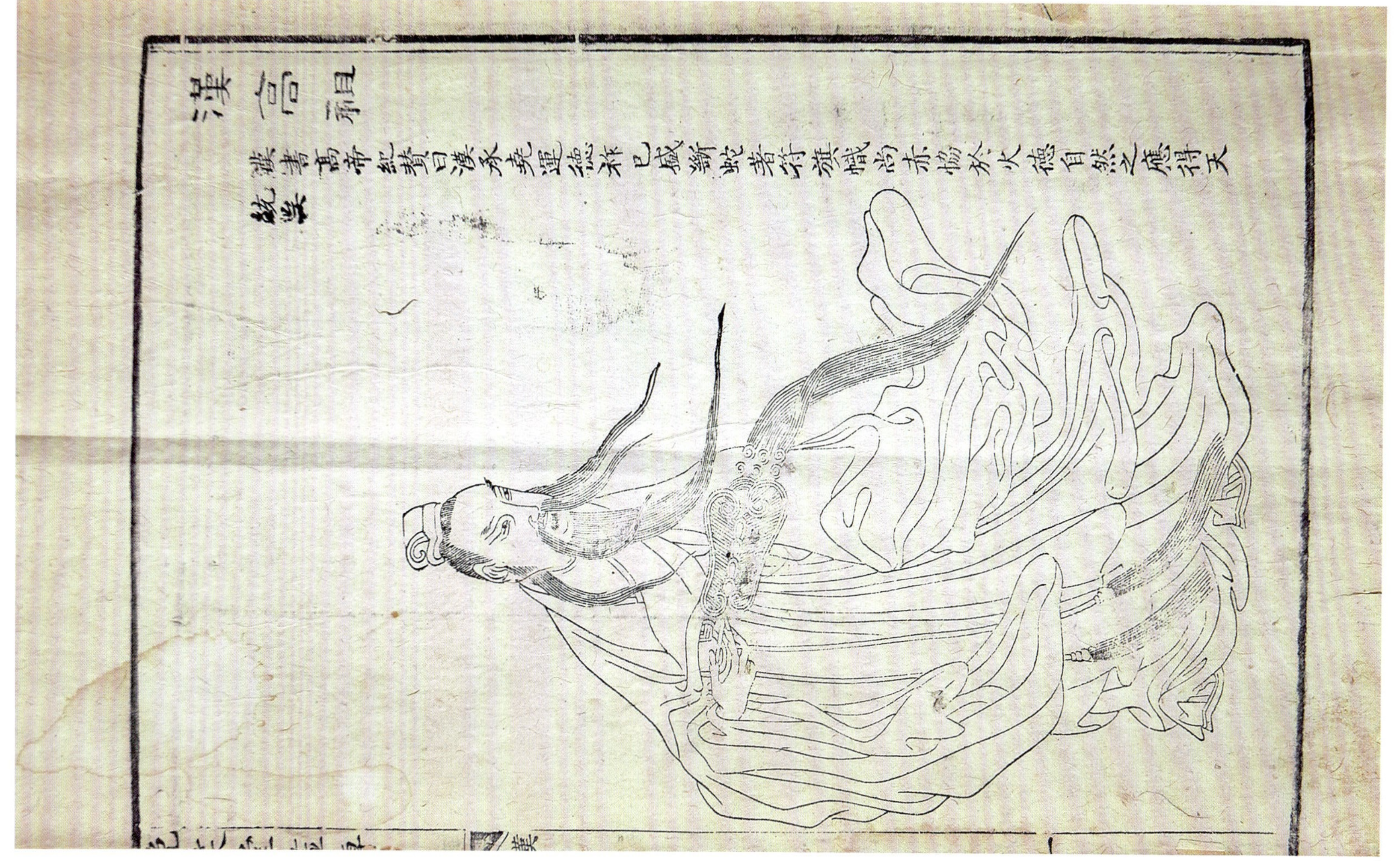

漢高祖

漢書高帝紀贊曰漢承堯運德祚已盛斷蛇著符旗幟尚赤協於火德自然之應得天統矣

283 《本朝應制和聲集》提要

《本朝應制和聲集》六卷，首三卷，清沈德潛、王居正輯并評。清乾隆九年（1744）京都琉璃廠鴻遠堂刻本。凡八册。半葉十行，行十九或二十字，小字雙行，行十九字。白口，黑單魚尾，左右雙邊。版框高十六點八厘米，寬十三點四厘米。

沈德潛（1673—1769），字確士，號歸愚，長洲（今江蘇蘇州）人，清代詩人。乾隆四年（1739）進士，官至内閣學士兼禮部侍郎。在朝期間，他的詩受到乾隆帝的賞識，常出入禁苑，與乾隆唱和。

是書由沈德潛與王居正排纂評定，首卷爲御制詩賦，附群臣和章，繼采朝考及進呈應制館課詩頌賦策、論奏疏辨説贊各體。沈德潛序稱『集名和聲，見聖制渾涵，備乎太和之元氣，而臣下和其聲，以鳴國家之盛者，皆莊敬典雅面，而不雜以粗厲猛起之音』。王居正序稱，此舉『在天子懋建皇極，履中蹈和，而群臣和其聲，以鳴國家之盛者』。

館藏本内封牌記眉刻『乾隆九年新鎸』，中鎸『本朝應制和聲集』，左下刻『琉璃廠西門鴻遠堂梓』。有史貽直序，沈德潛序、王居正序。刊印俱佳，品相完好。

本朝應制和聲集詩卷之一

長洲沈德潛　評定　　繡谷劉鳴珂仝校

石城王居正

五言排律

賦得折檻旌直臣　御試一等一名　王會汾

炎靈方御宇。紫殿儼垂旒。鹿角猶堪折。龍鱗孰敢捎。劇憐孤賤士。乃叶地天爻。勁節森千載。危言動四郊。酬恩徒請劍。占象類焚巢。道在神明助。誠通黼座交。一時容骨鯁。終古謝詉嘲。丹檻無勞葺。溼源頼寸膠。

284 《周禮質疑》提要

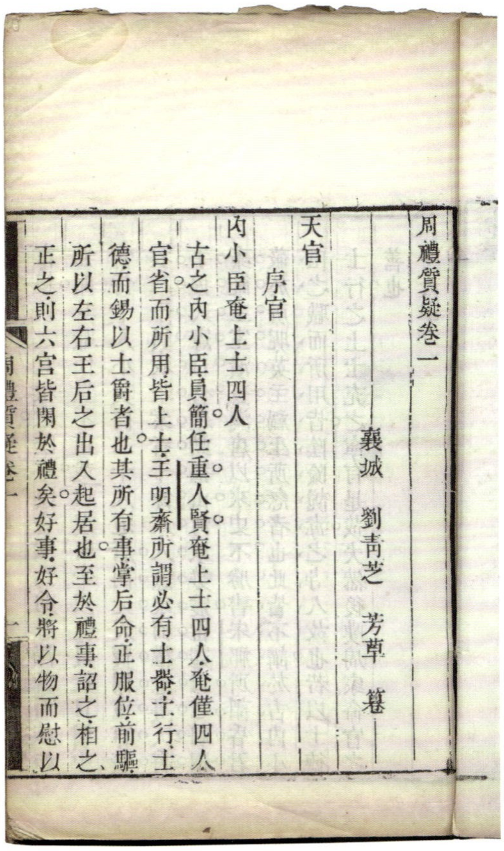
周禮質疑卷一
襄城　劉青芝　芳草　著
天官
序官
内小臣奄上士四人。
古之内小臣員簡任重人賢。奄上士四人奄僕四人
官省而所用皆上士。王明齋所謂必有士器士行士
德而錫以士爵者也。其所有事掌后命正服位前驅
所以左右王后之出入起居也。至於禮事詔之相之
正之則六宮皆閑於禮矣好事好令將以物而慰以

《周禮質疑》五卷，清劉青芝撰。清乾隆二十年（1755）刻本。凡二册。半葉十一行，行二十字。上下黑口，黑單魚尾，左右雙邊。版框高十八點六厘米，寬十四點七厘米。

劉青芝（1676—？），字芳草，晚號江村山人，河南襄城縣人。少負异才，康熙四十四年（1675）舉人。雍正五年（1727）進士。

是書摘《周禮》舊注及前人經訓互相參證，間亦取後代之事以引申其義，然臆斷多而考證少。宋儒事事排漢儒，獨『三禮』注疏不敢輕詆，知禮不可以空言説也。

館藏本有劉曾輝《周禮質疑跋》、劉青芝《小序》。

285 《古今孝友傳》提要

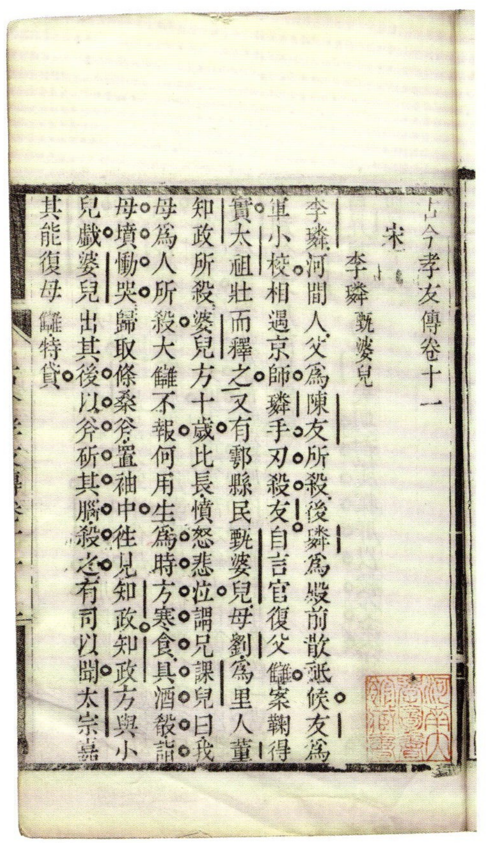

古今孝友傳卷十一

宋

李璘 甄婆兒

李璘，河間人。父爲陳友所殺。後璘爲殿前散祗候，友爲軍小校，相遇京師。璘手刃殺友，自言官，復父讎。案鞫得實，太祖壯而釋之。又有鄆縣民甄婆兒，母劉爲里人董知政所殺。婆兒方十歲，比長，憤怨悲泣，謂兄課兒曰：我母爲人所殺，大讎不報，何用生爲。時方寒食，具酒殽詣母墳慟哭，歸取條桑斧，置袖中，往見知政。知政方與小兒戲，婆兒出其後，以斧斫其腦殺之。有司以聞，太宗嘉其能復母讎，特貸。

《古今孝友傳》十五卷，附古今孝友傳補遺不分卷，叙傳十卷，清劉青芝撰。清乾隆二十年（1755）刻本。凡一册。半葉十一行，行二十一字。上下黑口，左右雙邊，黑單魚尾。版框高十九點四厘米，寬十四點五厘米。

是書收録從古至清各時代孝友故事彙集而成。劉青芝在文后叙傳中説道：『劉青蓮纂輯《古今孝友傳》，既成，其弟青芝效司馬氏、班氏自叙例，謹撮世系先德及著書大旨，爲叙傳一通附其後。』

館藏本存六卷：卷十一至卷十五及補遺等。

286 《劉嘯林史論》提要

《劉嘯林史論》四卷，清劉青霞撰。清乾隆二十年（1755）刻本。凡二册。半葉十行，行二十一字。黑口，黑單魚尾，左右雙邊。版框高十八點二厘米，寬十三點八厘米。

劉青霞（1660—1717），字嘯林，河南襄城人，清散文家。少即聰穎能文章，不屑爲舉子業。年三十八始補博士弟子員，又十年成廪生，又十年而卒。平生刻苦讀書，於諸史百家稗言雜説，無不强記貫穿。好爲史論，尤酷嗜司馬遷文，心摹手追。晚年得李顒《二曲集》，遂潛心理學。與青駿、青震、青蓮、青藜、青芝一門從兄弟，皆以人品學問文章著名，時有『中州六劉』之稱。著有《慎獨軒文集》《劉嘯林史論》。生平事迹見方鴻《文學劉青霞傳》、王心敬《襄城嘯林劉子别傳》。

其子劉伯梁説，《劉嘯林史論》所論自三皇以至於明，有十二卷，惜不戒於火，漢武以後的文章皆焚毁無存，特識卓論而化爲灰燼，殊爲可惜。

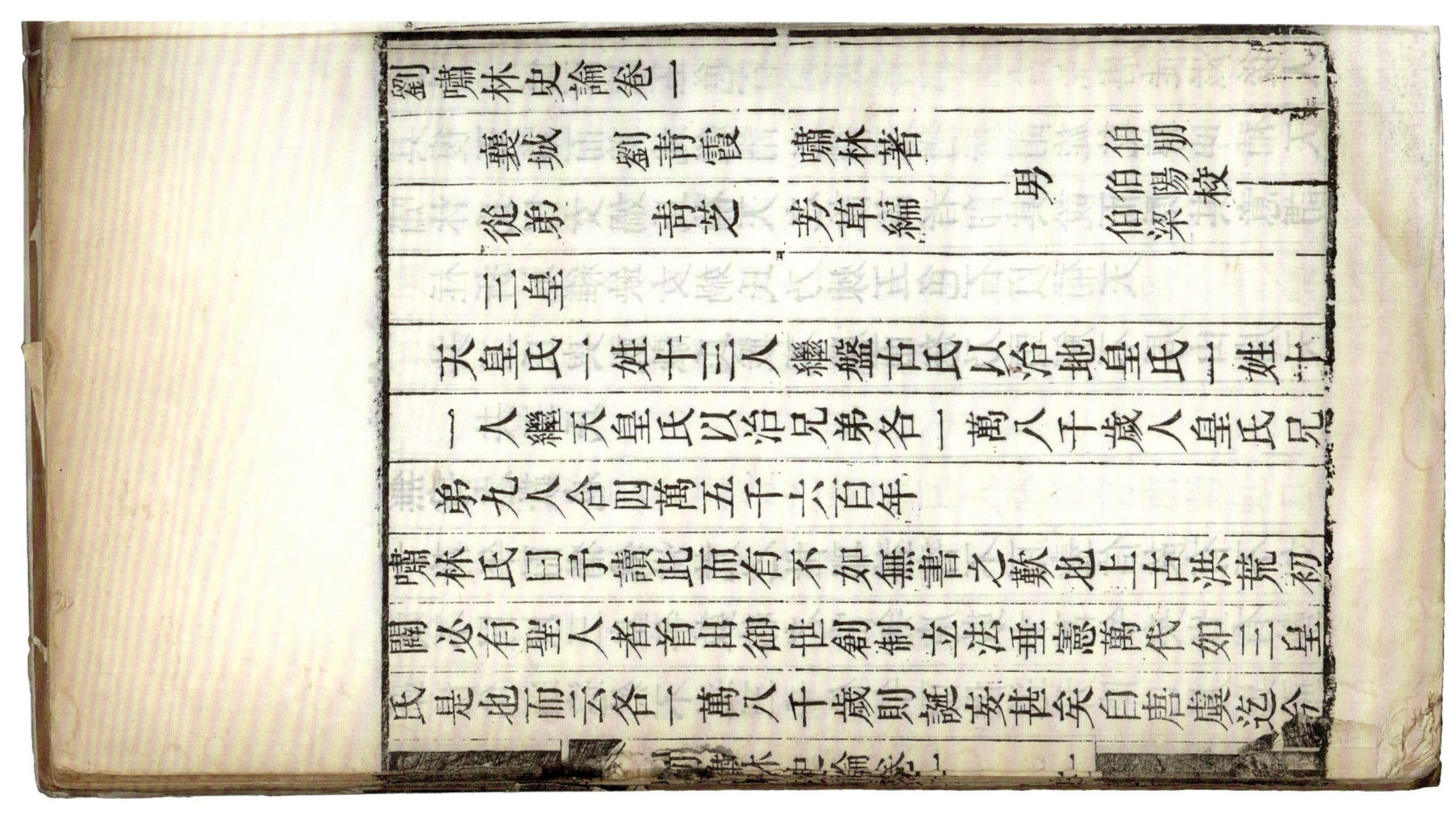

劉嘯林史論卷一

襄城　劉青霞　嘯林著

從弟　青芝　芳草編

男　伯朋　伯陽　伯梁　校

三皇

天皇氏一姓十三人繼盤古氏以治地皇氏一姓十一人繼天皇氏以治兄弟各一萬八千歲人皇氏兄弟九人合四萬五千六百年

嘯林氏曰予讀此而有不如無書之歎也上古洪荒初闢必有聖人者首出御世創制立法垂憲萬代如三皇氏是也而云各一萬八千歲則誕妄甚矣自唐虞迄今

劉嘯林史論卷一

287 《劉氏傳家集》提要

《劉氏傳家集》一百九十九卷，清劉伯川輯。清乾隆二十年（1755）襄邑繼陽堂刻本。凡一百零三册。半葉九行，行十九字。上下黑口，黑魚尾，左右雙邊。版框高十八厘米，寬十四厘米。

劉伯川，襄城人。《劉氏傳家集》係襄城劉氏家族的家集，記載襄城縣劉氏家族從明代八世劉漢臣始至十一世共三代八人的遺作輯録，共三十三種。主要有劉家九世劉宗泗的《中州道學存真録》《襄城文獻録》；十世劉清霞的《慎獨軒文集》；十世劉清芝的《江村山人未定稿》《江村山人續稿》《江村山人閏餘稿》《學詩闕疑》《尚書辨疑》《周禮質疑》《史記紀疑》《史漢异同是非》《古氾城志》《疑明代人物志》《古人孝友傳補遺》《續錦機》《續錦機補遺》《江村隨筆》；十一世劉伯川的《獨學齋詩集》《獨學齋文集》等。這部傳家集，全套傳集種類多樣，內容豐富，有總序、總目，每一小史又各有小序、序、自序或跋及分目，從載體上既有隨筆、札記、雜記、傳記、碑記和墓表，又有評述、論著、考證和詩文等，對研究襄城歷史具有重要的參考價值。

館藏本內封上欄外有『乾隆乙亥年秋月鐫』，左下鐫『襄邑繼陽堂藏板』。前有張庚總序。《天傭館遺稿》內封鈐方形陽文『熙鳳樓孟龢珍賞書畫印』，《抱膝廬文集》序一頁鈐橢圓形陽文『周恕』，卷四卷端鈐圓形陽文『敬修』。

天傭館遺稿卷一

襄城　劉宗洙長源撰

男　青駿
　　青霞編

姪　青芝校

邯鄲夢

至人何所夢說夢無乃癡百年一大夢擾擾多參差有時夢爲喜有時夢爲悲是悲覺欲速是喜覺欲遲喜惟恐不信悲惟恐不疑總屬蕉鹿幻先覺者爲誰欲喚盧生起莫向枕上迷好夢不常得休

288 《金石三例》提要

《金石三例》十五卷，清盧見曾輯。清乾隆二十年（1755）雅雨堂刻本。凡二册。半葉十行，行二十二字，小字雙行，行三十一字。白口，黑單魚尾，左右雙邊。版框高二十點八厘米，寬十五點五厘米。

盧見曾（1690—1768），字抱孫，號雅雨山人，山東德州人。康熙六十年（1721）進士。纍至兩淮鹽運使。性度高廓，不拘小節，形貌矮瘦，人稱『矮盧』。學詩於王漁洋，有詩名，愛才好客，四方名士咸集，流連唱和，一時稱爲海内宗匠。著有《雅雨堂詩文集》等，刻有《雅雨堂叢書》。

乾隆年間，盧見曾因感於『文章無義例，惟碑碣之制則備載姓氏、爵里、世系以及功烈德望、子女卒葬之類，近於史家如春秋之有五十凡，故例尚焉』（《序》），故收録元潘昂霄《金石例》十卷，明王行《墓銘舉例》四卷，清黄宗羲《金石要例》一卷。開山東清代乾嘉之際興盛起來的金石學之先路。

館藏本内封牌記中鎸『金石三例』，右上鎸『乾隆乙亥年鎸』，左鎸『潘蒼崖金石例　王止仲墓銘舉例　黄梨洲金石要例』。有盧見曾《金石三例序》和王思明序。序首頁鈐有著名藏書家潘遵祁方形陽文『西圃藏書』印記。

金石例卷之一

濟南　潘昂霄　景梁

○碑碣之始

禮記檀弓下季康子之母死公肩假曰公室視豐碑註言視者時僭天子也豐碑斲大木爲之形如石碑於椁前後四角樹之穿中於閒爲鹿盧下棺以綍繞天子六綍四碑前後各重鹿盧也三家視桓楹註時僭諸侯諸侯下天子也斲之形如大楹耳四植謂之桓諸侯四綍二碑碑如桓矣大夫二綍二碑士二綍無碑　疏視比擬之辭也斲大木爲之形如石碑者禮廟庭有碑故祭義云牲入麗于碑儀禮每云當碑揖此云豐碑故知斲大木爲碑也云於椁前後四角樹之者謂椁前後及兩旁樹之角落相望故云非正當椁四角也云穿中於閒爲鹿盧者謂穿去碑中之木令使空於空閒著鹿盧兩頭各入碑木云下棺以綍繞者綍即紼也人各背碑負紼末頭聽鼓聲以漸却行而下之案春秋天子有隧以羨道下棺所以用碑者凡天子之葬掘地以爲方壙漢書謂之方中又方中之内先累椁於其方中南畔爲羨道以蜃車載柩至壙說而載以龍輴從羨道而入至方中乃屬紼於棺之緘從上而下棺入於椁之中於此時用碑綍也　又云以言視桓楹不云碑知不似碑形故云如大楹耳通而言之亦

289 《本事詩》提要

《本事詩》前集六卷，後集六卷，清徐釚輯，清乾隆二十二年（1757）汪肯堂半松書屋重刻本。凡四册。半葉十一行，行二十一字，小字雙行，行二十九字。白口，黑單魚尾，左右雙邊。版框高十八點二厘米，寬十三點三厘米。

徐釚，號菊莊，晚號楓江漁父，是清初著名詞人、詞論家和詩論家。康熙十八年（1679）舉博學鴻詞，授翰林院檢討。著有《菊莊詞》《本事詩》《詞苑叢談》《南州草堂集》《南州草堂詞話》等，并與葉燮合修《吴江縣志》。

館藏《本事詩》内封眉鎸『乾隆二十二年重鎸』，左刻『半松書屋藏板』，右刻『徐虹亭太史編輯』。卷端有尤侗序、吴中立序，王士禛手札三通及徐釚略例，卷七前有孫大椿刊刻後集跋，卷末有紅豆道人朱筆題跋。卷十一有兩處不諱『弘』。此集因收録錢謙益、屈大鈞詩而入《清代禁毁書目》。卷七及例略中錢謙益名字被挖去，後人墨筆塗抹後又補寫，序中『牧老』二字先用墨筆塗去，後人用朱筆填上。卷十二『屈大鈞』名字被挖去，未補填，詩均存。略例後有墨筆和朱筆跋語詳記是書抽毁經過：『虹亭先生之曾孫榆村爔與餘善此板，向藏在家。後因奉全書館諮稱抽繳，以板解送江蘇書局。』朱筆題：『此書爲菊莊先生游京華後所刻，集至舉制科時更加芟補。』卷末紅豆道人朱筆後跋：『右本事詩十二卷，吴江徐虹亭先生輯，向刻於粤中。乾隆初，其孫泗溪重刻。歲丙申，江南織造徵選書畫抽銷，集中應禁詩，以板解内運方略館，以俟纂修諸臣詳看，數年來遂少印行，今年晤先生曾孫鏡緣云板已許還故藏書家，尚未能歸也。丙午冬日鴛水紅豆道人書時年二十有五。』這兩處的跋語從筆迹上看，應是紅豆道人一人所題，且書中亦有其朱筆圈點和校語。是書鈐『陶北溟』『金輪精舍』『翔鸞閣』『十年爲客負黄花』『懷沅』『江左懷生』『屈宋騷情』『武福鼐』『適齋』等印。

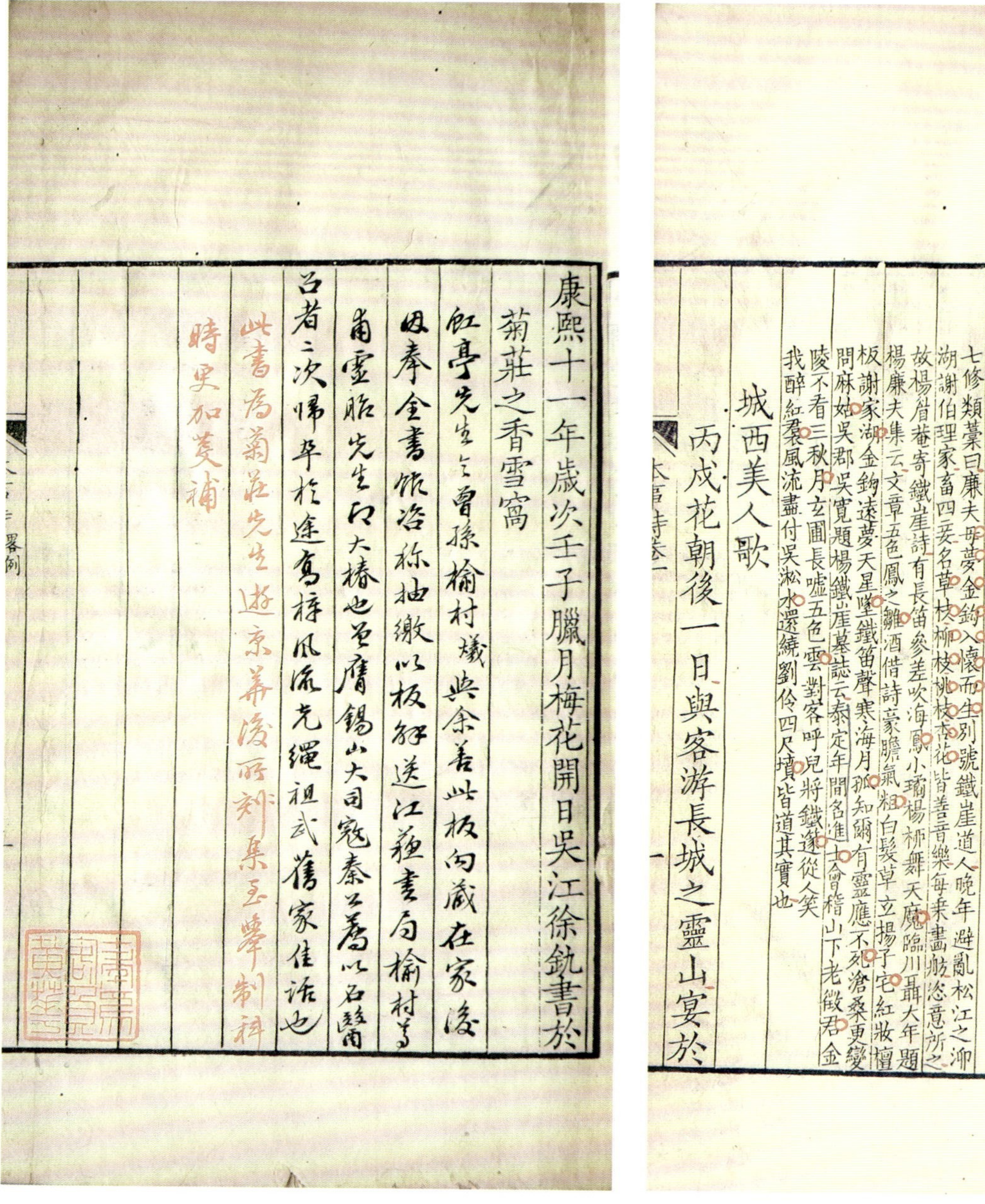

本事詩卷一

前集

楓江漁父　徐釚　編輯

桐鄉　汪肯堂　重校刊

楊維禎　廉夫鐵崖　會稽人

七修類藁曰廉夫母夢金鉤入懷而生別號鐵崖道人晚年避亂松江之泖湖謝伯理家畜四妾名草枝柳枝桃枝杏花皆善音樂每乘畫舫恣意所之故楊眉菴寄鐵崖詩有長笛參差吹海風小瓊楊柳舞天魔臨川聶大年題楊廉夫集云文章五色鳳之雛酒借詩豪膽氣粗白髮草玄揚子宅紅妝檀板謝家湖金鉤遠夢天星墜鐵笛聲寒海月孤知爾有靈應不死滄桑更變問麻姑吳郡吳寛題楊鐵崖墓誌云泰定年間名進士會稽山下老徵君金陵不看三秋月玄圃長噓五色雲對客呼兒將鐵笛從人笑我醉紅裙風流盡付吳淞水還繞劉伶四尺墳皆道其實也

城西美人歌

丙戌花朝後一日與客游長城之靈山宴於

康熙十一年歲次壬子臘月梅花開日吳江徐釚書於菊莊之香雪窩

紅亭先生之曾孫榆村[illegible]與余善此板向藏在家後因奉全書館咨稱抽繳以板解送江蘇書局榆村為甫靈胎先生之大椿也曾膺錫山大司寇秦公薦以名醫召者二次歸卒於途喬梓風流克繩祖武舊家佳話也

此書為菊莊先生遊京華後所刻集至舉制科時更加芟補

290 《國朝山左詩鈔》提要

《國朝山左詩鈔》六十卷，清盧見曾纂。清乾隆二十三年（1758）雅雨堂精刻本。凡二十册。半葉十行，行二十一字，小字雙行，行二十字。白口，黑單魚尾，四周單邊。版心下鎸『雅雨堂』。版框高十八厘米，寬十四點二厘米。

是書纂輯清初山左詩人宋琬、王士禛、趙執信等六百二十餘家六千餘首詩作，是當時收羅最爲宏富的一部清代山東地方詩選，對保存鄉邦詩歌文獻，弘揚地方詩文化，居功甚偉，具有重要的歷史資料價值。

館藏本卷端有盧見曾序及凡例。係雅雨堂乾隆二十三年精寫刻本，開化紙印刷，刀鋒畢現，邊欄完整，版本精良。

國朝山左詩鈔卷一

雅雨山人盧見曾纂

宋琬八十四首

琬字玉叔號荔裳萊陽人順治丁亥進士歷官四川按察使有安雅堂集

291　《欽定國朝詩別裁集》提要

《欽定國朝詩別裁集》三十六卷，清沈德潛輯評。清乾隆二十四年（1759）刻本。凡十八册。半葉十行，行十九字，小字雙行，行二十七字。白口，左右雙邊，黑單魚尾。版框高十七點七厘米，寬十三點五厘米。

是書又名《清詩別裁集》，乃清代詩歌總集，選輯九百九十六人之三千九百五十二首詩。始選於乾隆十九年（1754），乾隆二十二（1757）年完成，乾隆二十四年初刻，乾隆二十五年（1760）重新修訂。乾隆二十六年（1761）增訂本刻成，同年十二月乾隆帝命南書房删改重鐫爲三十二卷，將錢謙益、吴偉業、龔鼎孶等人的詩删去。書前有《例言》，作者名下有小傳，詩後有評語。香奩詩、遺老詩一般不選。館藏本爲初刻本，未删减，較爲完備。

館藏本卷端有沈德潛自序。序首頁鈐有方形陽文印『亭壽家藏書畫印』。

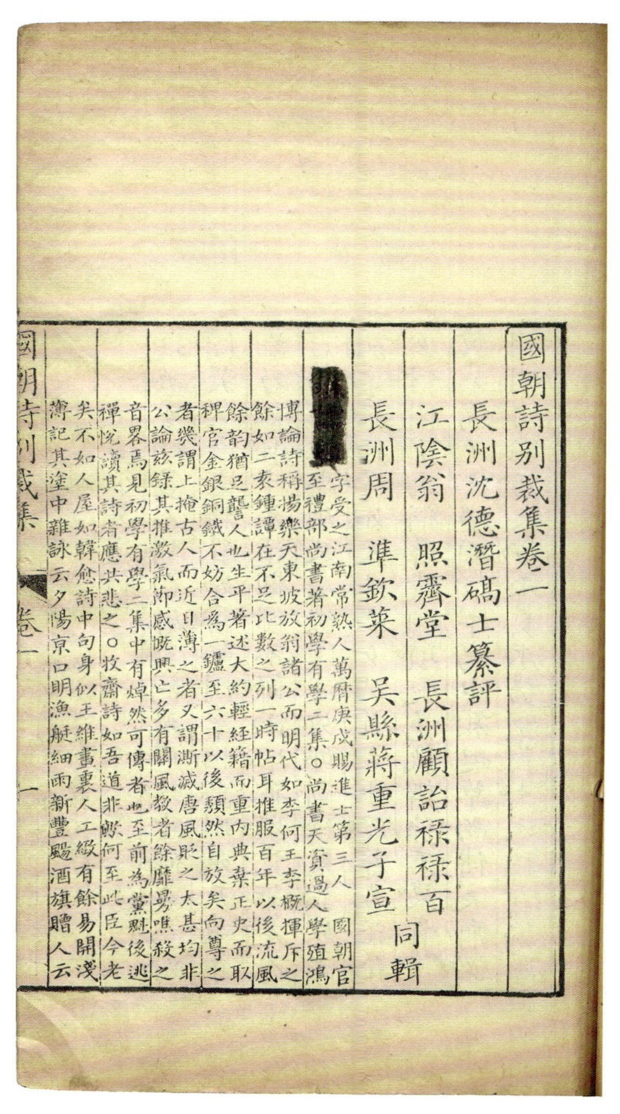
國朝詩別裁集卷一
長洲沈德潛碻士纂評
江陰翁照霽堂　長洲顧詒祿祿百
長洲周準欽萊　吳縣蔣重光子宣　同輯

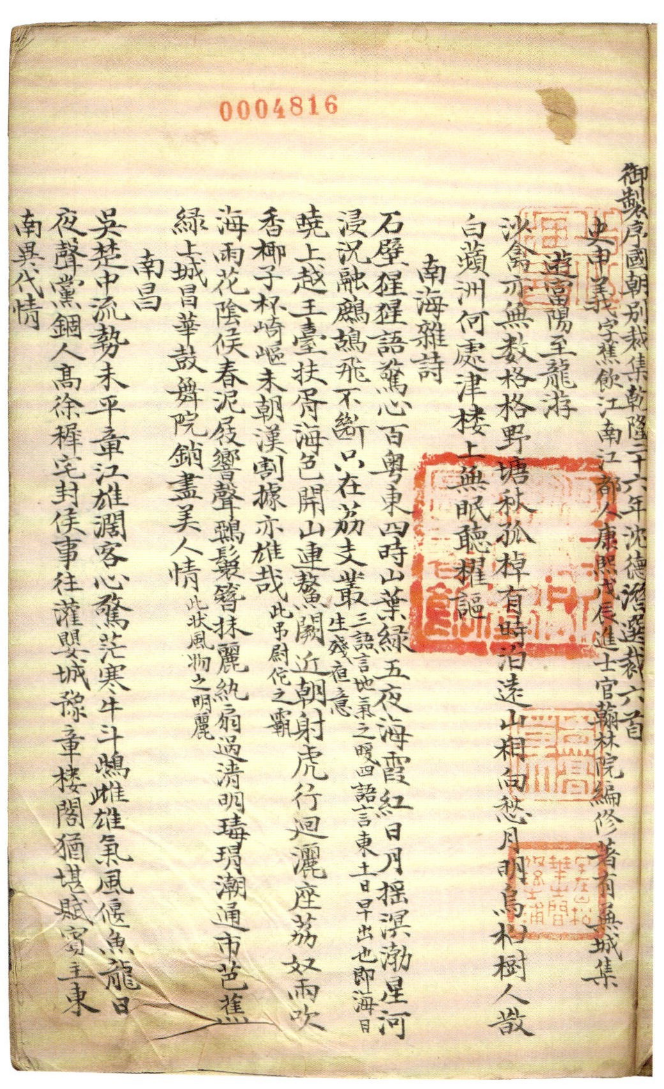
0004816

292 《樂善堂全集定本》提要

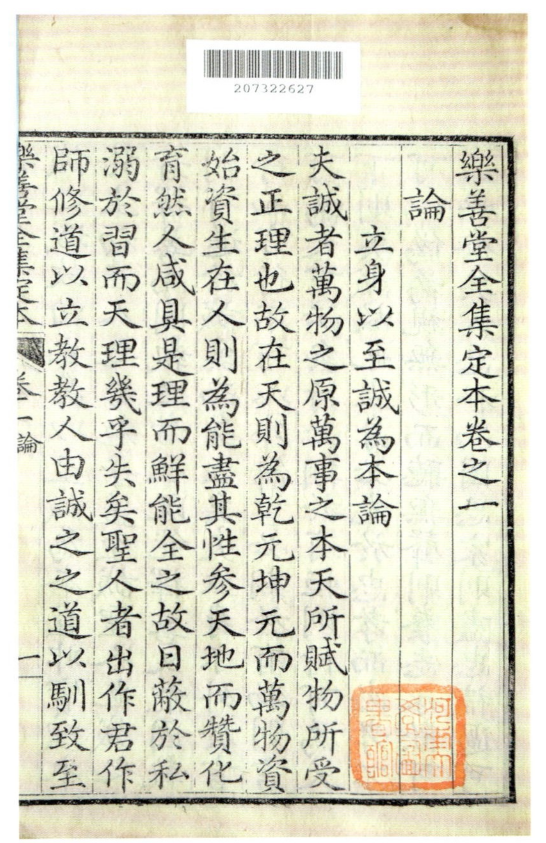

樂善堂全集定本卷之一

論

立身以至誠為本論

夫誠者萬物之原萬事之本天所賦物所受之正理也故在天則為乾元坤元而萬物資始資生在人則為能盡其性參天地而贊化育然人咸具是理而鮮能全之故日蔽於私溺於習而天理幾乎失矣聖人者出作君作師修道以立教教人由誠之之道以馴致至

《樂善堂全集定本》三十卷，目録一卷，清高宗弘曆著。清乾隆二十四年（1759）年武英殿刻本。凡十八册。半葉九行，行十七字。白口，黑單魚尾，四周雙邊。版框高十九點八厘米，寬十四點二厘米。

是書最早刊於乾隆二年（1737），係乾隆爲皇子時所作詩文，集中反映了乾隆的政治理想、生活情趣以及閑適恬淡的心境，浸透着正統儒家的教條和理念。乾隆二十三年（1758），乾隆因『偶閲《樂善堂集》，緣初刻所存，卷帙頗繁，其中多有不愜心之句』，命户部尚書蔣溥等校閲删定。蔣溥等遵旨删去制義一項，改爲三十卷，是爲《樂善堂全集定本》，收入《四庫全書》集部。

館藏本卷末有蔣溥等跋，字大行稀，書法飄逸俊美，刻印精良，書品較佳，頗具版本價值。

293 《諸經日誦朝時功課集要》提要

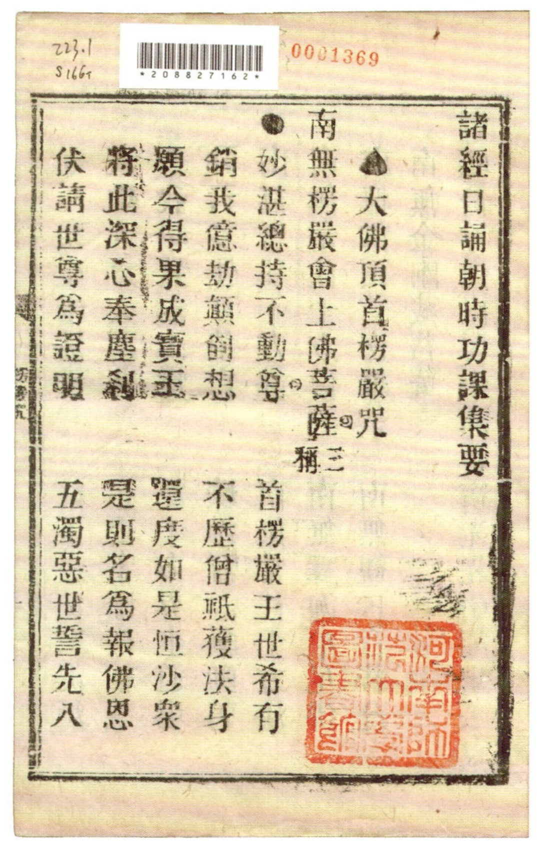

《諸經日誦朝時功課集要》一卷，清實榮、通園輯。清乾隆二十五年（1760）刻本。凡一册。半葉九行，行十八字。白口，黑單魚尾，四周雙邊。版框高二十二點三厘米，寬十五厘米。

是書記載各種佛教經文，如《大佛頂楞嚴咒》《十小咒》《華嚴經》《彌陀經》《大懺悔蒙山文》等等。

館藏本有牌記『乾隆貳拾伍春孟，河南省比丘通園實榮敬募板存相國寺放生堂，永遠流通。匠人朱倫采』。

294 《東坡先生編年詩》提要

《東坡先生編年詩》五十卷，年表一卷，清查慎行補注。清乾隆二十六年（1761）李氏香雨齋刻本。凡二十册。半葉十行，行二十一字，小字雙行，行三十字。白口，黑單魚尾，左右雙邊。版心下鎸『香雨齋』。版框高十八點三厘米，寬十四點一厘米。

查慎行，字夏重，號查田，浙江海寧人。康熙三十二年（1693）舉人，康熙四十二年（1703）以獻詩賜進士出身，官編修。著有《敬業堂集》《補注東坡編年詩》等。其詩俊逸峭勁，題其一格。

是書又名《蘇詩補注》《東坡先生詩補注》。查氏不滿於題名王十朋纂輯之《集注分類東坡先生詩》，曾爲之駁正瑕舋，積久漸成卷帙。後讀宋犖新刻之《施注蘇詩》，因復補輯舊聞，而成是書。查氏勘驗原書，參照他本，補録宋犖所删之處，以存舊貌。又采擷衆書，增其未收之作，詳其未詳之處，正其紀事與郡縣山川名稱之訛。有先後錯亂及將他人之詩混入蘇集者，均細加考訂，一一標出，全書按寫作年代重新編排。

館藏本内封中鎸『初白庵蘇詩補注』，右鎸『乾隆辛巳小春鎸』，左下鎸『香雨齋藏板』。有《宋孝宗御製蘇文忠公集序并贊》，查開跋。序首頁鈐方形陽文『毗陵杨氏万頃樓珍藏』印。

東坡先生編年詩卷一

後學查慎行補註　姪男開校刊

古今體詩四十二首 仁宗嘉祐四年己亥冬侍老蘇公自蜀至荊州作

慎按南行集敘略云己亥之歲侍行適楚舟中無事凡與耳目所接者雜然有觸於中而發於咏歎蓋家君之作與弟轍之文皆在凡一百篇謂之南行集十二月十八日江陵驛書又按子由詩云初來寄荊渚魚雁賤宜客楚人重歲時爆竹聲磔磔新春始涉五田東未生麥相攜歷唐許花柳漸芽坼蓋己亥十

295 《[乾隆] 魚臺縣志》提要

《[乾隆] 魚臺縣志》十三卷，首一卷，末一卷，清馮振鴻纂修。清乾隆二十九年（1764）刻本。凡四册。半葉十行，行二十一或二十二字。白口，黑單魚尾，四周雙邊。版框高十八點八厘米，寬十四點三厘米。

魚臺，秦置方與縣，屬薛郡，北齊廢。隋開皇年間復置，唐屬兖州。唐寶應元年（762）改爲魚臺縣，因境内魯隱公觀魚臺而得名。五代、北宋、金屬單州，元屬濟寧路濟州，明及清前期屬兖州府，乾隆二十一年（1756）移治今址，乾隆三十九年（1774）屬濟寧直隸州，民國先後屬濟寧道、兖濟道。新中國成立後歷屬平原省湖西專區、山東省湖西專區、濟寧專區，1956年并入金鄉縣，1964年復置，仍屬濟寧專區，現隸屬濟寧市。

是書分爲輿地、山水、灾祥、建置、舊迹、賦役、學校、祀典、職官、選舉、人物、列女、藝文、雜志十四门类。

館藏本内封右上鎸『乾隆二十九年新修』，中鎸『魚臺縣志』，左下鎸『本衙藏板』。有王秉和序、覺羅普爾泰序、馮振鴻重修序。

魚臺縣志卷之一

輿地志

魚故魯棠邑地在晚周已更隸他國自後名號屢更或併或廢其輪廓葢莫得而詳也有明爲兗郡屬

昭代因之雖治經新徙而繡壤交錯勝概猶存其間風會之遷流物產之豐嗇商賈之貿遷有無葢猶班班可考焉則夫體國經野所爲相物土而布其宜者覘治者將于是乎在彙而志之亦可識其大凡矣

296 《欽定重刻淳化閣帖》提要

《欽定重刻淳化閣帖》十卷，清于敏中等編，清金簡校。清乾隆三十四年（1769）本。凡三册。半葉九行，行二十一字。白口，黑單魚尾，四周雙邊。版心有『欽定重刻淳化閣帖』『臣金簡恭校』。版框高十九點二厘米，寬十二點七厘米。

是書乃中國最早的一部彙集各家書法墨迹的法帖。宋淳化三年（992），太宗趙炅令出内府所藏歷代墨迹，命翰林侍書王著編次摹勒上石於禁内，名《淳化閣帖》。此帖又名《淳化秘閣法帖》，簡稱《閣帖》，係彙帖，共十卷。第一卷爲歷代帝王書，第二、三、四卷爲歷代名臣書，第五卷是諸家古法帖，第六、七、八卷爲王羲之書，第九、十卷爲王獻之書。因帖石早佚，摹刻、翻刻甚繁。收録了中國先秦至隋唐一千多年的書法墨迹，包括帝王、臣子和著名書法家等一百零三人、四百二十篇作品，被後世譽爲『中國法帖之冠』和『叢帖始祖』。

館藏本前有乾隆御製《淳化閣記》和序言。御製序首頁鈐有正方陽文『揚州阮氏瑯嬛仙館藏書印』和長方陽文『文選樓』二印記。各卷卷尾牌記『乾隆三十四年歲在己丑春二月奉敕校正宋淳化閣帖初拓模勒上石』。

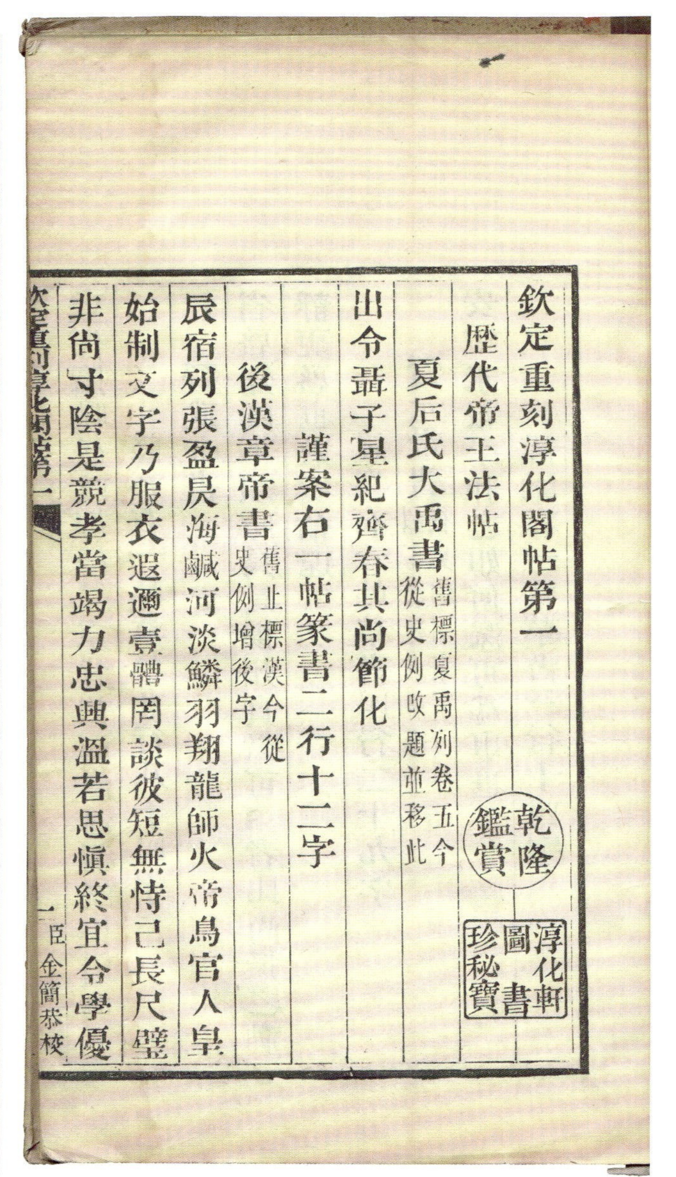

欽定重刻淳化閣帖第一

歷代帝王法帖

夏后氏大禹書 舊標夏禹列卷五今從史例改題並移此

出令聶子星紀齊春其尚節化

謹案右一帖篆書二行十二字

後漢章帝書 舊止標漢今從史例增後字

辰宿列張盈昃海鹹河淡鱗羽翔龍師火帝鳥官人皇

始制文字乃服衣遐邇壹體罔談彼短無恃己長尺璧

非尚寸陰是競孝當竭力忠興溫若思慎終宜令學優

臣金簡恭校

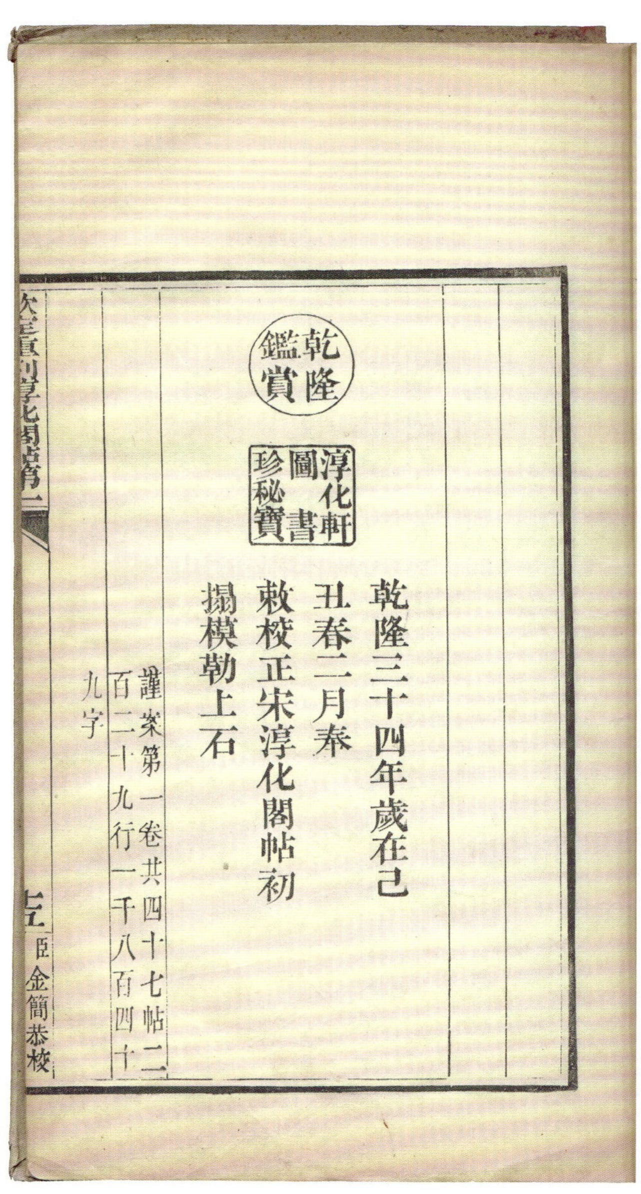

乾隆三十四年歲在己丑春二月奉

敕校正宋淳化閣帖初搨模勒上石

謹案第一卷共四十七帖二百二十九行一千八百四十九字

臣金簡恭校

297 《怡情集》提要

《怡情集》詩一卷，文一卷，清梁御撰。清乾隆三十六年（1771）袖珍刻本。凡一册。半葉六行，行十二字。白口，黑單魚尾，四周雙邊。版框高八點五厘米，寬六厘米。

梁御，字宸翼，號燮山，自署綿上籍，山西介休人。

是集收録梁御詩一百四十八首，編年排列。

館藏本前有朱諧、雷大興、郭正興、石磬序。序首頁鈐有方形陽文印『劉德潤記』，卷一目録首頁鈐有方形陰文印『耀遠』。

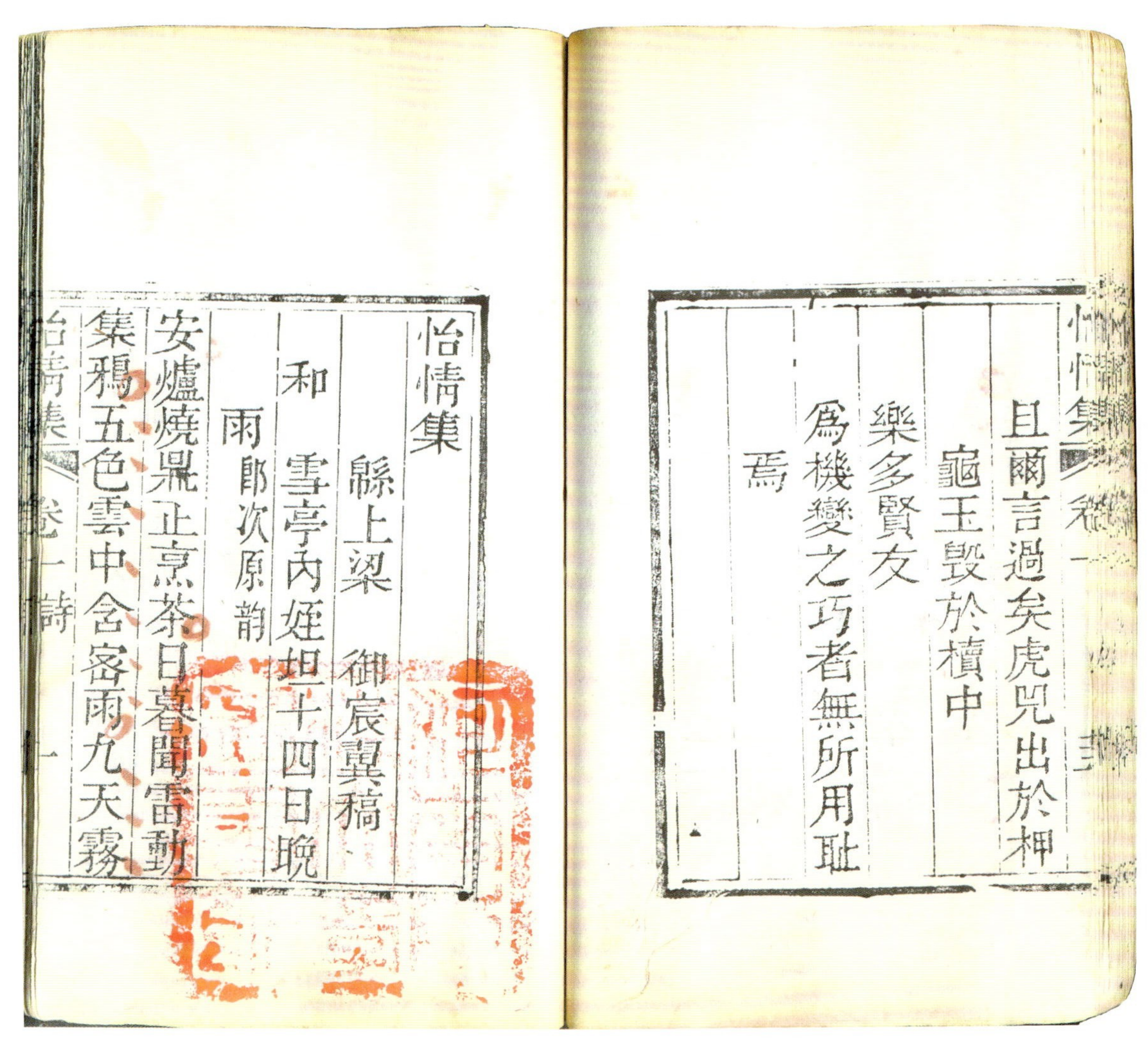

且爾言過矣虎兕出於柙
龜玉毀於櫝中
樂多賢友
爲機變之巧者無所用耻
焉

怡情集
緜上梁　御宸翼稿
和雪亭内姪坦十四日晚
雨郎次原韵
安爐燒鼎止烹茶日暮聞雷動
集鴉五色雲中含容雨九天霧

怡情集　卷一　詩

298 《元豐九域志》提要

《元豐九域志》十卷，宋王存等撰。清乾隆三十九年（1774）武英殿活字本。凡六册。半葉九行，行二十一字。白口，黑單魚尾，四周雙邊。版框高十九點一厘米，寬十三厘米。

是書乃北宋中葉地理總志，王存主編，曾肇、李德芻共同修撰。全書分十卷，始於四京，次列二十三路，終於省廢州軍、化外州、羈縻州；每縣下又詳列距府州方位里程、所領鄉數鎮堡、寨名目以及名山大川。文直事賅，條理井然。全書舉綱撮要，極爲簡明，内容豐實，獨具一格。書中除記載當時疆域政區外，又備載各地户數、元豐三年（1080）土貢數額及城、鎮、堡、寨、山岳、河澤的分布，據統計僅鎮即達一千八百八十餘個，山岳、河澤亦各在一千處以上。這是研究歷史經濟地理和歷史自然地理的寶貴資料。

館藏本有序二：乾隆《御製題武英殿聚珍版十韵并序》、王存謹序。内封下有『武英殿聚珍板』六字。

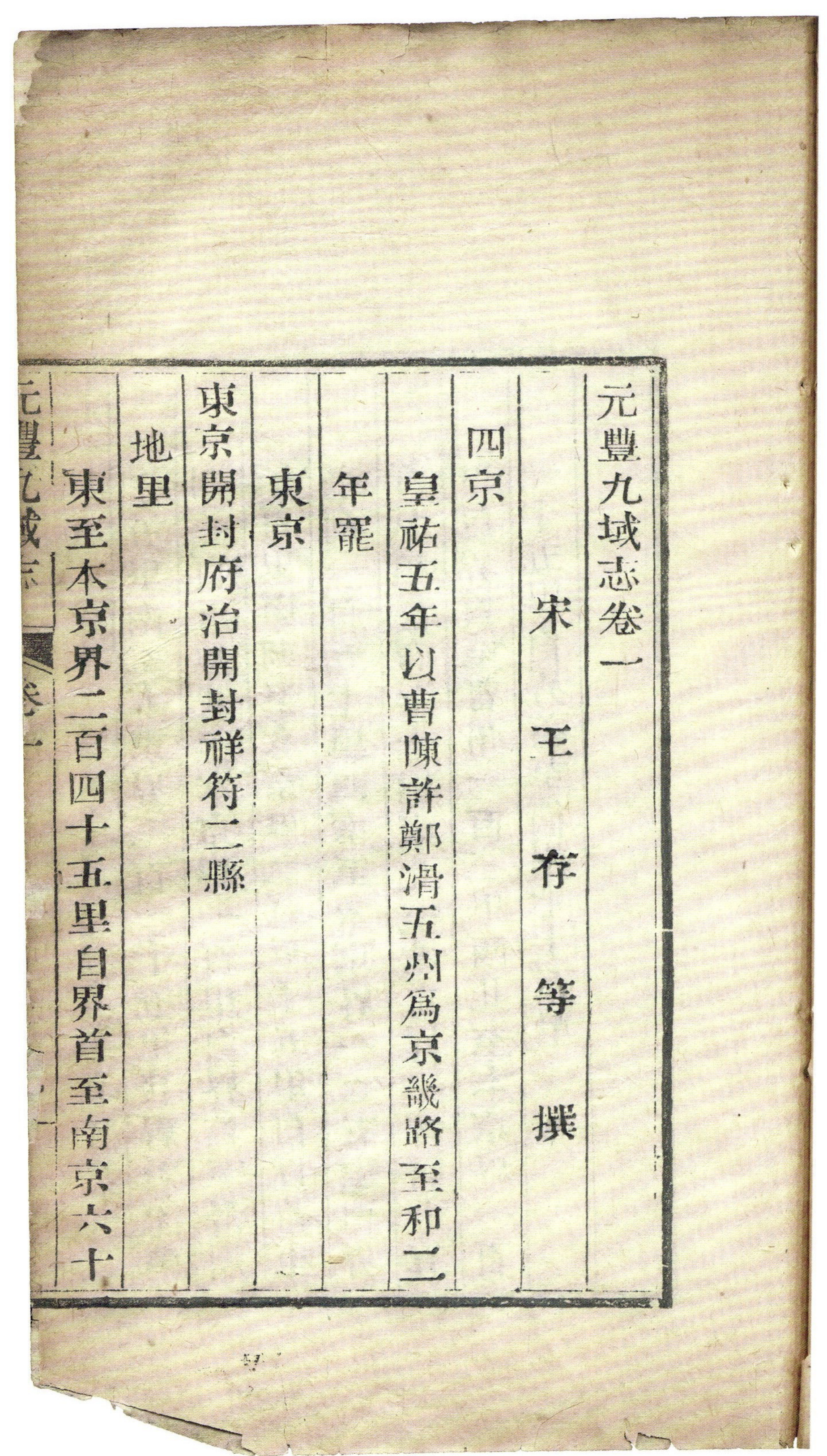

元豐九域志卷一

宋　王　存　等　撰

四京

皇祐五年以曹陳許鄭滑五州爲京畿路至和二

年罷

東京

東京開封府治開封祥符二縣

地里

東至本京界二百四十五里自界首至南京六十

299 《杜律啓蒙》提要

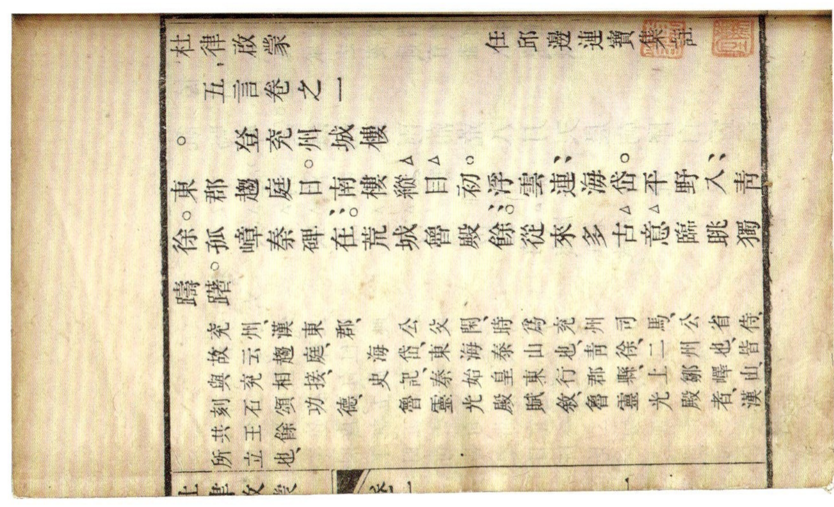
杜律啓蒙五言卷之一
任邱邊連寶著
登兖州城樓
東郡趨庭日，南樓縱目初。浮雲連海岱，平野入青徐。孤嶂秦碑在，荒城魯殿餘。從來多古意，臨眺獨躊躇。

《杜律啓蒙》十二卷，年譜一卷，清邊連寶撰。清乾隆四十二年（1777）刻本。凡四册。半葉九行，行十九字，小字雙行，行十八字。白口，四周單邊，單黑魚尾。版框高十八點二厘米，寬十四點三厘米。

邊連寶（1699—1768），字趙珍，一字肇畛，號隨園。任丘人。雍正十三年（1735）拔貢。

是書乃杜甫詩歌選輯，前九卷選注五律六百二十七首，後三卷選注七律一百五十一首。

館藏本内封刻有『杜律啓蒙乾隆丁酉初刻』，有戈涛《杜律啓蒙叙》，仇兆鰲《杜诗详注序》。首卷卷端鈐方形陽文『蕪室』，方形陰文『黄節』。

《[乾隆]濟寧直隸州志》提要

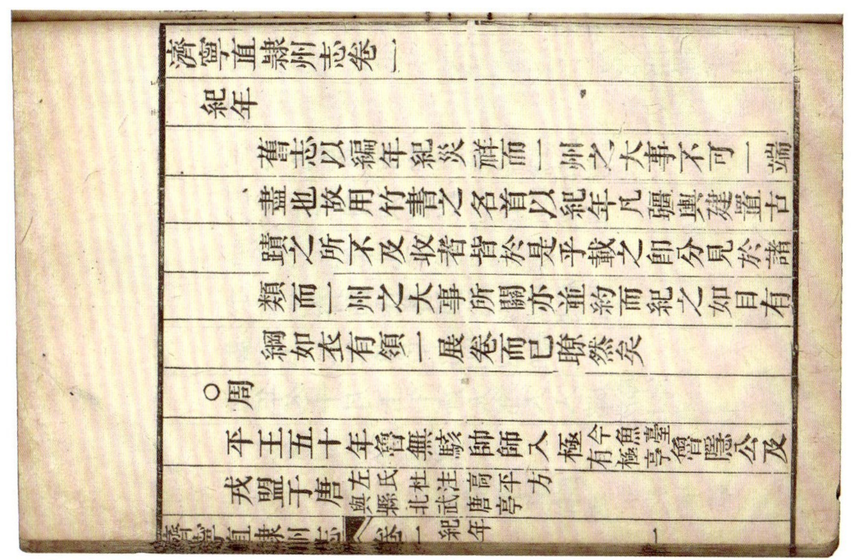
濟寧直隸州志卷一

紀年

舊志以編年紀災祥而一州之大事不可一端盡也故用竹書之名首以紀年凡疆域建置古蹟之所不及收者皆於是乎載之即分見於諸類而一州之大事所關亦並約而紀之如目有綱如衣有領一展卷而已瞭然矣

○周

平王五十年魯無駭帥師入極今魚臺縣有極亭魯隱公及戎盟于唐左氏杜注高平方與縣北武唐亭

《[乾隆]濟寧直隸州志》三十四卷，首一卷，清胡德琳、藍應桂修，清周永年、盛百二纂。清乾隆四十三年（1778）刻本。凡二十册。半葉十行，行十八或十九字。白口，黑單魚尾，左右雙邊。版框高十九厘米，寬十五厘米。

清雍正二年（1724）濟寧州升濟寧直隸州，設統轄黃、運兩河的河道總署。領三縣，直屬山東省，雍正八年（1730）改爲散州，不領縣。乾隆四十一年（1776），又復升爲直隸州，仍領三縣。

是書分爲序、圖、紀年、輿地、建置、古迹、人物、藝文拾遺、雜綴。

館藏本有序四：藍應桂序、胡德琳序、王國楨序、楊洵舊序。

301 《[乾隆] 山西志輯要》提要

《[乾隆] 山西志輯要》十卷，首一卷，清雅德修，清汪本直纂。清乾隆四十五年（1780）刻本。凡十册。半葉九行，行十九字，小字雙行，行十九字。白口，左右雙邊，黑單魚尾。版框高十二點五厘米，寬九點三厘米。

雅德，滿洲人。乾隆四十四年（1779）由侍郎擢山西巡抚，次年调撫陝西，转任河南巡撫，四十六年（1781）又调撫山西，同年底改任广东巡撫。

清乾隆三十一年（1766），清廷準備再修一統志，通令各省續纂志書以備采擇。同時，爲備高宗弘曆巡幸五臺山時呈覽，山西巡撫雅德乃命絳州通判汪本直節采雍正《山西通志》，删繁就簡，厘爲十卷，以甄總隱括，名曰《山西志輯要》，於乾隆四十五年付梓。是志與一統志比則加詳，與通志比則加擇。不以類分，而以府州縣分編，蓋遵《大清一統志》體例。首卷爲省志，備載山西之分野、沿革、疆域、職官、户口、田賦、宦迹，以昭一省之梗概。然後以府州分編爲十卷。卷一，太原府；卷二，平陽府；卷三，潞安府；卷四，汾州府；卷五，大同府；卷六，朔平府、歸化城、甯武府；卷七，澤州府、蒲州府；卷八，遼州、沁州、平定州、忻州；卷九，代州、保德州、解州；卷十，絳州、霍州、隰州。是志在全省及各府、直隸州卷首，分别繪省治、府治、直隸州治等圖共二十二幅，除首一卷省志外，各卷以府、直隸州及所轄各散州、縣分編。各府志、直隸州志所載門類與省志略同，唯不載職官、户口，而增入風俗、城池、學校、人物、列女諸門；各散州、縣與各府志略同，唯不載户口、風俗，而增入山川、古迹，關隘津梁并爲一門，驛站附後，祠廟陵墓并爲一門，寓賢、仙釋、物産者録之，無者闕如。是志主要是撮前志之要。

館藏本有雅德序、韓百齡序。内封鈐方形陰文『陳自怡印』。

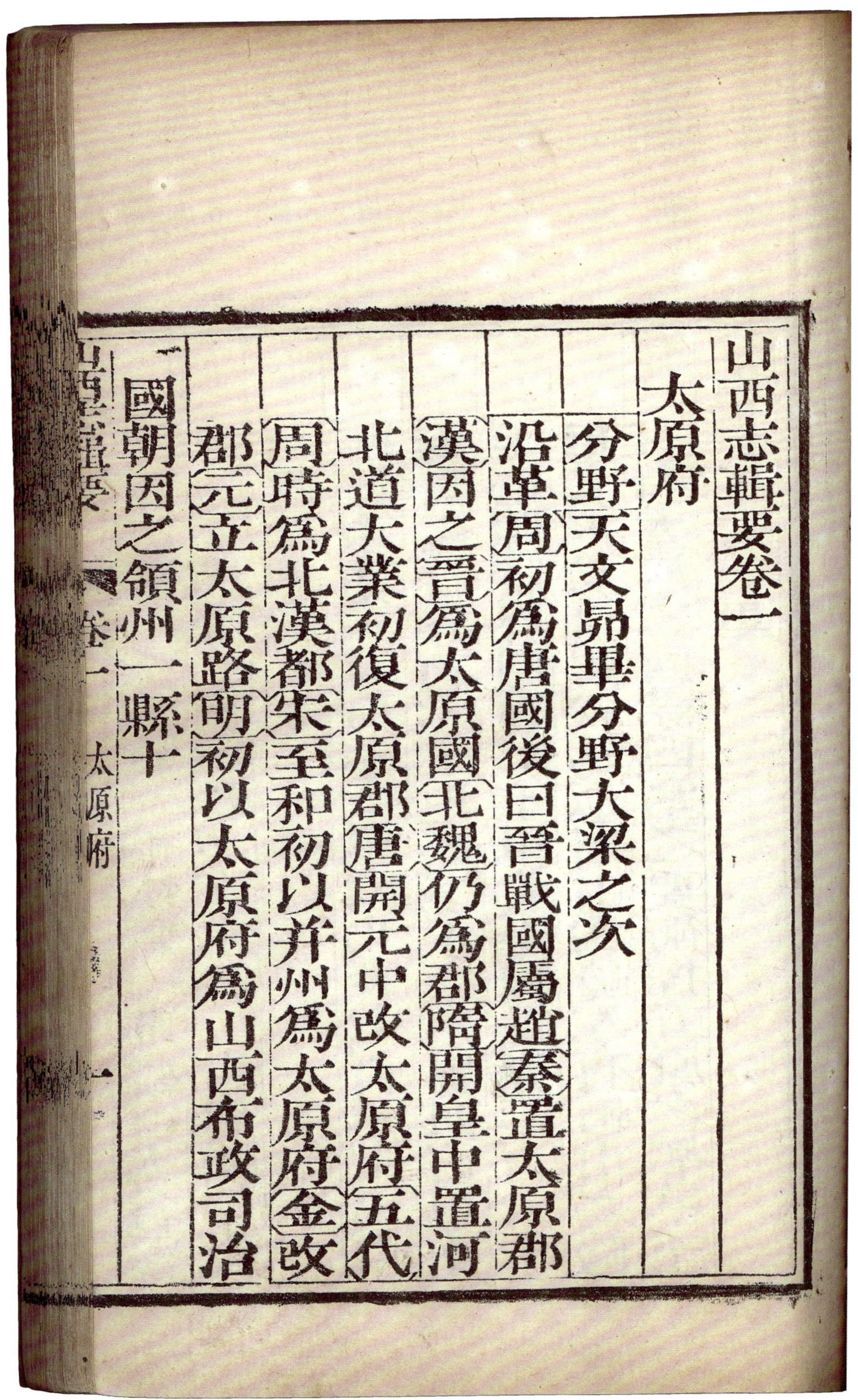

山西志輯要卷一

太原府

分野 天文昴畢分野大梁之次

沿革 周初爲唐國後曰晉戰國屬趙秦置太原郡
漢因之晉爲太原國北魏仍爲郡隋開皇中置河
北道大業初復太原郡唐開元中改太原府五代
周時爲北漢都宋至和初以并州爲太原府金改
郡元立太原路明初以太原府爲山西布政司治
國朝因之領州一縣十

山西志輯要 卷一 太原府

302 《[乾隆]泰安縣志》提要

《[乾隆]泰安縣志》十二卷，首一卷，末一卷，清黃鈐修，清蕭儒林、宋圻纂。清乾隆四十七年（1782）刻本。凡九册。半葉九行，行二十一字，小字雙行，行二十一字。白口，黑單魚尾，左右雙邊。版框高十八點七厘米，寬十四點五厘米。

泰安位於山東中部。西周時屬魯地，春秋戰國時爲齊魯交錯地帶。唐乾封元年（666）博城縣改爲乾封縣，宋大中祥符元年（1008）改爲奉符縣。金天會十四年（1136），於奉符設泰安軍。『泰安』取意『泰山安四海皆安』，亦即『國泰民安』。明廢奉符縣入泰安州。清雍正十三年（1735）設泰安縣。新中國成立後，1958年6月城關鎮及周圍部分村莊析出，建立泰山市，11月與泰安縣并爲泰安市。1963年撤市復縣。1982年恢復泰安市（1985年6月泰安市劃分爲泰山區、郊區）。

全書分爲新序一、旧序七、凡例一则、发凡二十则、图考十六幅。

館藏本内封鈐方形陽文『泰安縣印』。

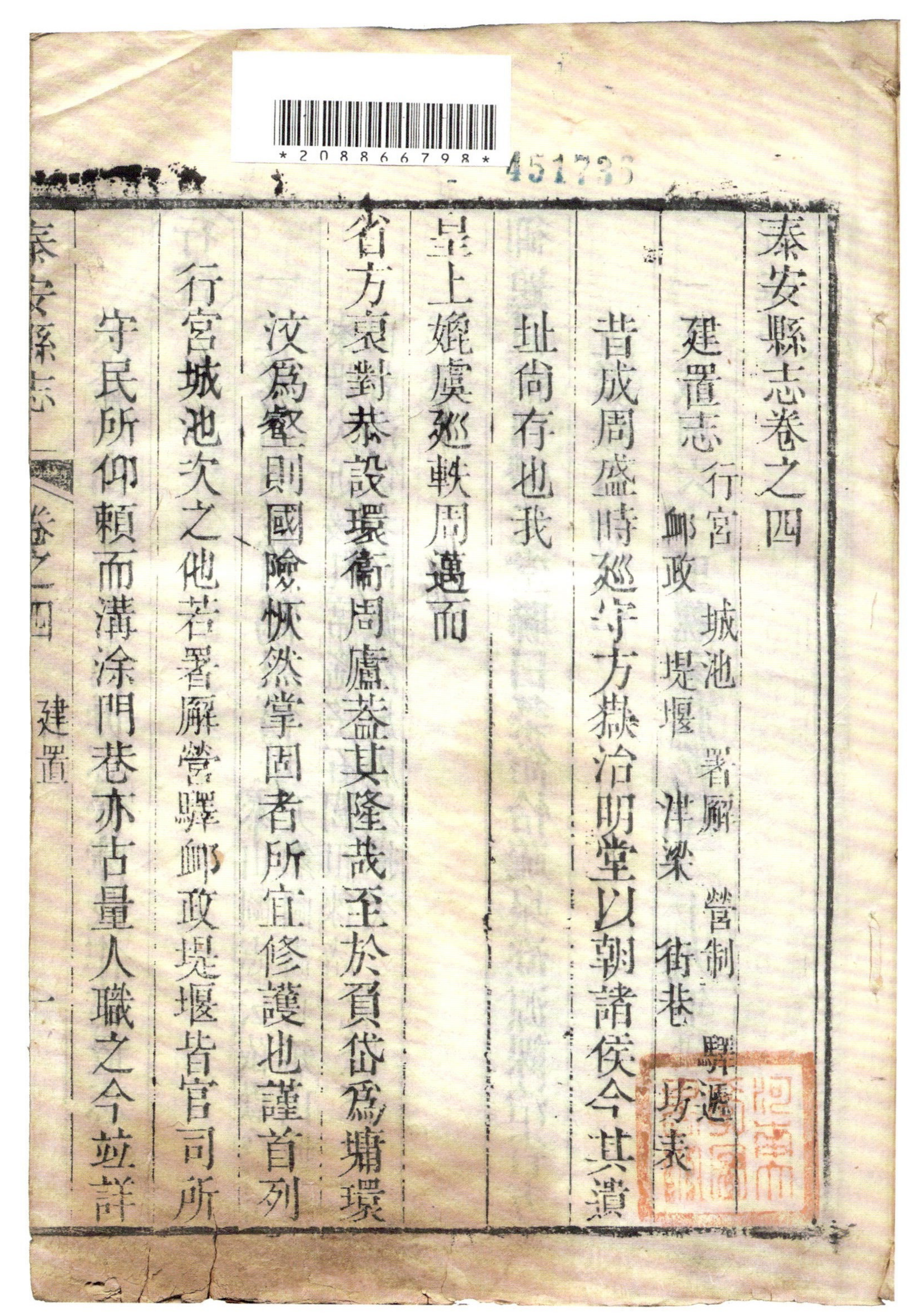

泰安縣志卷之四

建置志 行宮 城池 署廨 營制 驛遞 郵政 堤堰 津梁 街巷 坊表

昔成周盛時巡守方嶽治明堂以朝諸侯今其遺址尚存也我

皇上媲虞巡軼周邁而

省方衮對恭設環衛周廬蓋其隆哉至於負岱爲塘環汶爲壑則國險攸然掌固者所宜修護也謹首列行宮城池次之他若署廨營驛郵政堤堰皆官司所守民所仰賴而溝涂門巷亦古量人職之今並詳

泰安縣志　卷之四　建置　一

303 《[乾隆] 洵陽縣志》提要

《[乾隆] 洵陽縣志》十四卷，清鄧夢琴纂修。清乾隆四十八年（1783）刻本。凡四册。半葉九行，行二十二字。白口，黑單魚尾，左右雙邊。版框高二十一厘米，寬十四點七厘米。

洵陽縣位於陝西東南部，秦巴山區東段，漢水中游。旬陽縣名，得於旬河。遠在六七千年前，就有先民在此繁衍生息。秦設旬關，西漢置縣。此後歷代曾先後於縣境内設淯陽縣、興晉縣、洵州、洵陽郡、黄土縣、長岡縣、長岡郡、洵城縣、驢川縣、洵陽巡檢司等建制。西魏初，改旬陽爲洵陽。此後轄屬屢有變更。1964年復改旬陽。置縣至今兩千一百多年，轄區比較固定。地處楚秦蜀交界地帶，其文化具有濃郁的地方特色。

是志共分十四門類，收集資料較多。志首爲序言、凡例，序文係陝西巡撫畢沅所作。正文前附圖四幅（縣境全圖、洵陽縣縣治圖、洵陽縣漢水圖和洵陽縣水渠圖）和四言十四句題頭：『沔漾東注，旬柞南趨。陵城酈關，古有今無。壘石堞戊，水縣測疏。下通鄖國，上接嫣墟。扼其險要，聚米而圖。百川善下，水到成渠。不壅其澤，浸彼芋區。』十四卷之體例爲：分野、沿革、疆域、建置、賦役、祠廟、秩官、選舉、宦績、人物、風俗、祥异、録史、古迹。此志體例完備，考證嚴謹，糾正了各本舊志及康熙《陝西通志》中對洵陽歷史的某些錯誤記載，詳略得當，對人物只褒不貶，揚善不抑惡。光緒《重修洵陽縣志》稱贊此志『引征賅博』『學識淹通，詞旨淵雅』。著名清代歷史學家畢沅在序文中説：『編次井井，勿漏勿支，據群史以證南志沿革之僞，據宋書以糾通志避諱之非……』。

是志修成於乾隆四十三年（1778），刊刻於乾隆四十八年（1783）。館藏本卷端有畢沅序，内封鎸『乾隆癸卯年重修　洵陽縣志　本署藏版』。

洵陽縣志卷之一

分野

保章分野之說信者半疑者亦半豈內外傳梓愼裨竈諸占單公董因之對盡屬無徵乎如洵邑地列秦封自應壚同鶉首乃辨方既異觀象亦殊班書耳熟楚封則屬諸翼軫晉隋日泥益部遂割附觜參毋亦天遠人邇固可與時爲消息歟惟唐之天文獨謂起漢中盡華陽當地絡之東南天咫雖不可知以地揆之似於秦分爲最合故玆所編錄略軫參而詳井鬼蓋說則備列諸史

304 《顏氏家訓》提要

《顏氏家訓》七卷，隋顏之推撰，清趙曦明注，清盧文弨補注。清乾隆五十四年（1789）錢塘盧氏抱經堂刻本。凡四册。半葉十行，行二十一字，小字雙行，行二十一字。白口，黑單魚尾，左右雙邊。版心上鎸書名，中鎸卷數，下鎸『抱經堂校定本』和刻工姓名。版框高十七點七厘米，寬十二點九厘米。

顏之推（530或531—591），字介。原籍琅邪郡臨沂縣，先世隨東晋渡江，寓居建康。侯景之亂，梁元帝蕭繹自立於江陵，顏之推任散騎侍郎。承聖三年（554），西魏破江陵，顏之推被俘北去。他爲回江南，乘黄河水漲，從弘農（今河南省靈寶市）偷渡，經砥柱之險，先逃奔北齊。但南方陳朝代替了梁朝，顏之推南歸之願未遂，即留居北齊，官至黄門侍郎。577年齊亡入周。隋代周後，又仕於隋。

是書乃顏之推記述個人經歷、思想、學識以告誡子孫之著作。共有七卷，二十篇。分别是序、教子、兄弟、後娶、治家、風操、慕賢、勉學、文章、名實、涉務、省事、止足、誡兵、養心、歸心、書證、音辭、雜藝、終制。

館藏本内封右上鎸有『趙瞰江先生注』，右下鎸『壬子重訂癸丑改刊校單附後』，中刻書名，左下刻『抱經堂校補』。卷端有盧文弨序及例言，卷末有補遺及重校正，序後有『江寧劉文奎、劉文楷鎸字』。有鈐印二：序首頁鈐有竪長方陽文印『胡氏長守閣藏書印』，首卷卷端鈐竪長方陰陽合璧『風流儒雅亦吾師』。

注顏氏家訓序

士少而學問長而議論老而教訓斯人也其不虛生於天地間也乎余友江陰趙敬夫先生方嚴有氣骨與余遊處十餘年八十外就鍾山講舍取宋本顏氏家訓而爲之注余奪於他事不暇相助也又甚惜其勞謂姑置其易明者可乎先生曰此將以教後生小子也人即甚英敏不能於就傅成童之年聖經賢傳舉能成誦況於歷代之事蹟乎吾欲世之教子弟者既令其通曉大義又引之使略涉載籍之津涯明古今之治亂識流品之邪正他日依類以求其於用力也亦差省書成未幾而

抱經堂校定本

305 《思園遺稿》提要

《思園遺稿》不分卷，清衛台擢撰，清乾隆稿本。凡二册。半葉十行，行二十一字，藍色格紙，每頁後均刻有『北崖埜人』。版框高二十點二厘米，寬十六點三厘米。

衛台擢，曲沃人，清康熙時人，卒於乾隆時期，字枚光，號北崖，康熙二十三年（1684）應科試不第。

書前有耿大光序。據其《叙》引：『北崖仁兄，雅好讀書，甲子科薦，不售。近於城南村落辟園，名曰：思。一山一水，日坐其中。樂數晨夕，唯以詩酒自娱。北崖，其别號也，詩規矩先民，未嘗憑空而作。』由此序文可知，《思園遺稿》爲衛台擢之稿本，字迹清秀規整，帶有濃厚的清代學者風味，具有極高的歷史文獻價值和文學價值。

館藏本卷端鈐有『衛台擢』和『寓意於物仙成誦』等印記，首卷卷端鈐方形陽文印『衛康叔苗裔名呼曰台擢字呼曰枚光』。目録頁鈐有陽文印章『克尹私印』，朱文印章『寓意于物』『衛台擢』。

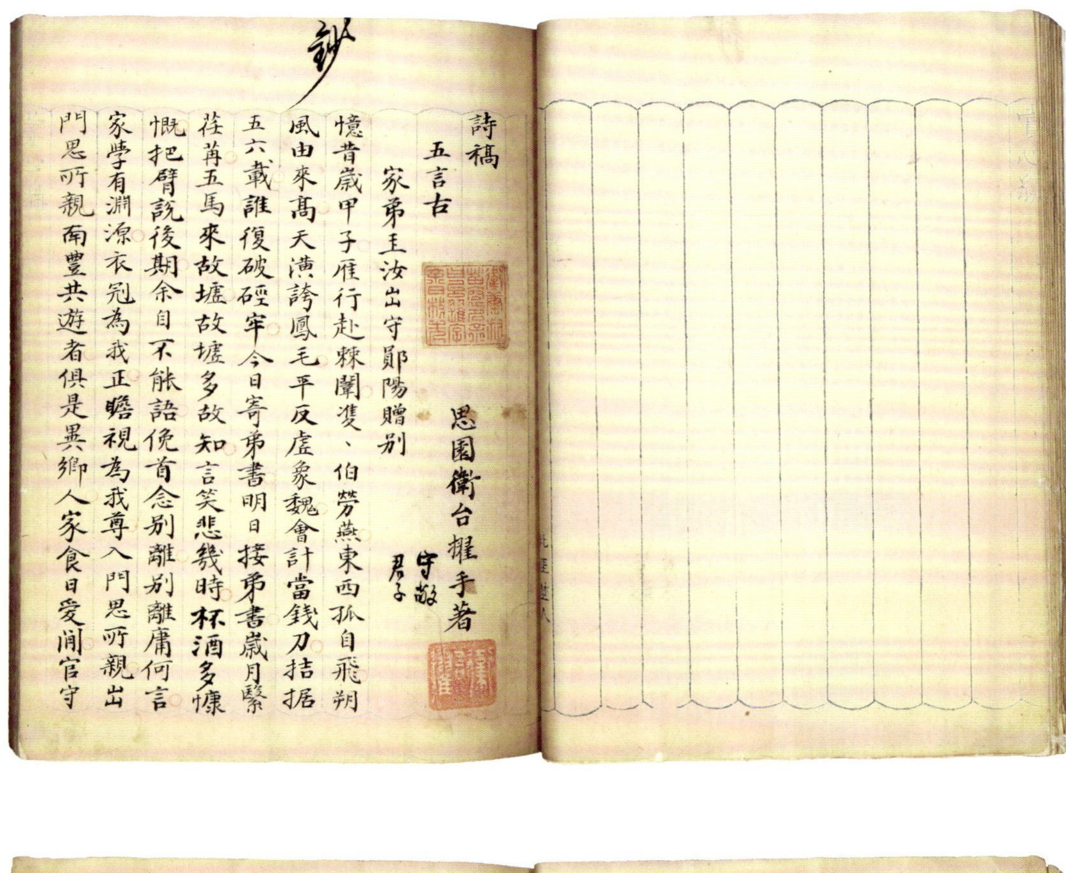

鈔

詩稿

思園衛台椎手着

守敬 君子

五言古

家弟玉汝出守鄖陽贈別

憶昔歲甲子雁行赴輮闈雙、伯勞燕東西孤自飛朔風由來髙天潰誇鳳毛平反虛象魏會計當錢刀拮据五六載誰復破硜牢今日寄弟書明日接弟書歲月鰵荏苒五馬來故墟故墟多故知言笑悲幾時杯酒多慷慨把臂訊後期余自不能語俛首念別離別離庸何言家學有淵源衣冠為我正瞻視為我尊入門思所親出門思所親南豐共遊者俱是異鄉人家食日愛閒官守

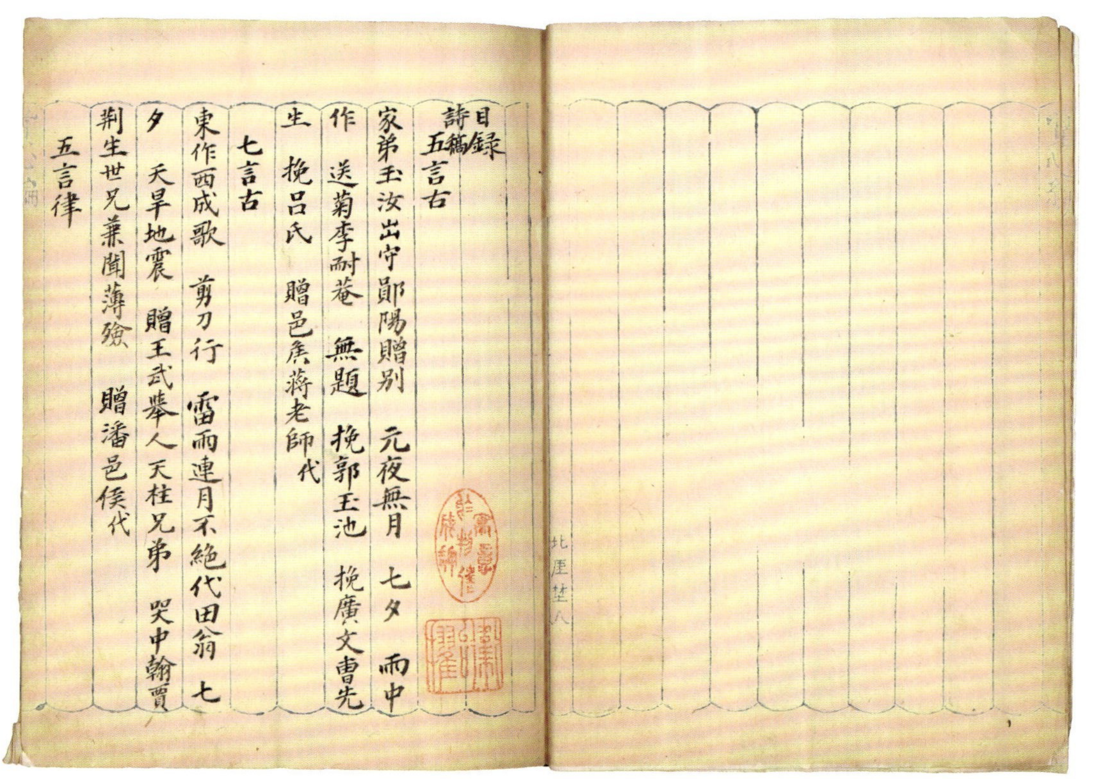

詩稿目録

五言古

家弟玉汝出守鄖陽贈別　元夜無月　七夕　雨中作　送菊李耐菴　無題　挽郭玉池　挽廣文曹先生　挽呂氏　贈邑侯蔣老師代

七言古

東作西成歌　剪刀行　雷雨連月不絶代田翁　七夕　天旱地震　贈王武舉人天柱兄弟　哭中翰賈荊生世兄兼閔薄殮　贈潘邑侯代

五言律

306 | 《河南巡撫衙門河工檔案》提要

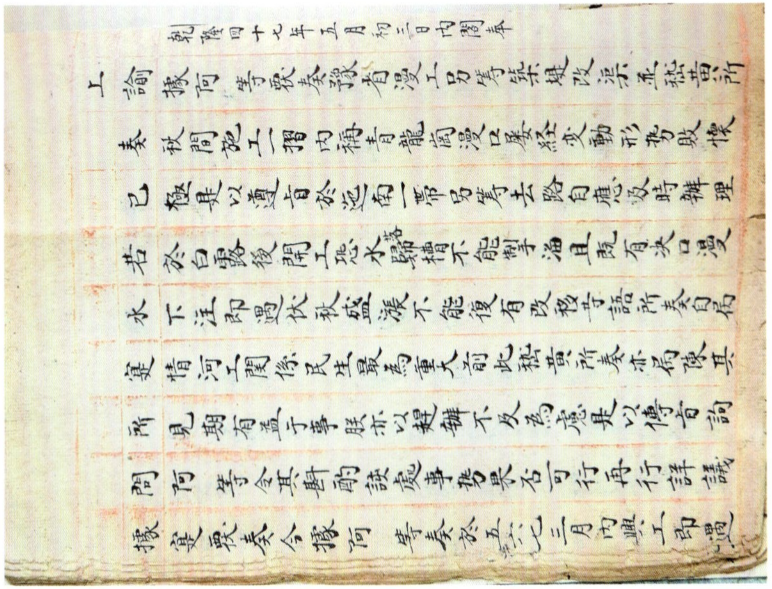

《河南巡撫衙門河工檔案》不分卷，清乾隆寫本。凡一册。半葉十行，行十七至二十六字不等。白口，四周雙邊。版框高二十六點五厘米，寬二十二點三厘米。

乾隆朝河工檔案，多爲河南巡撫衙門下發給河南布政司和河南有關道、府之札件，也有河南巡撫衙門給東河總督、南河總督的諮文，還有一部分是河南巡撫的奏稿。是書内容主要涉及乾隆四十七年（1782）到乾隆四十九年（1784）黄河（河南和山東境内部分）的汛情、水文、堤壩、治河款項等方面的資料。這些檔案是研究乾隆年間黄河中下游地區治河情況的重要資料，不僅對研究清代的河工具有很高的史料價值，而且對今天的黄河治理也有重要的參考價值。

館藏該部分河工檔案是繕寫本，其大多數札件、奏稿僅依賴本檔案存世，具有較高的文獻價值、史料價值。

307 《釋名疏證》提要

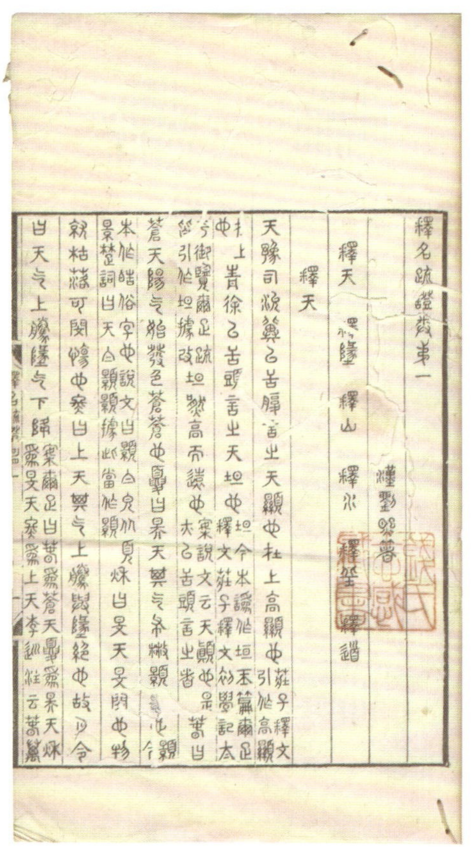

《釋名疏證》八卷，補遺一卷，續釋名一卷，漢劉熙撰。清乾隆刻本。凡二册。半葉十一行，篆字二十二字，小字雙行，行二十二字。上下黑口，黑對魚尾，四周單邊。版框高十九點四厘米，寬十四點七厘米。

是書取群經及《史記》《漢書》注、唐宋類書、道釋二藏校勘《釋名》，表其异同，是正確實，大體精博。末附録二卷，一爲補《釋名》，輯群書所引而今本所無者數十條，又據《三國志·韋曜（昭）傳》認爲當有《釋爵位》，故補之；一爲輯録韋昭《官職訓》《辨釋名》。書成後，次年重加删定，付江聲審正。

館藏本有漢劉熙原序和畢沅序及江聲題識。序首頁鈐方形陽文『錢氏志感藏書』印。

308 《孟子》提要

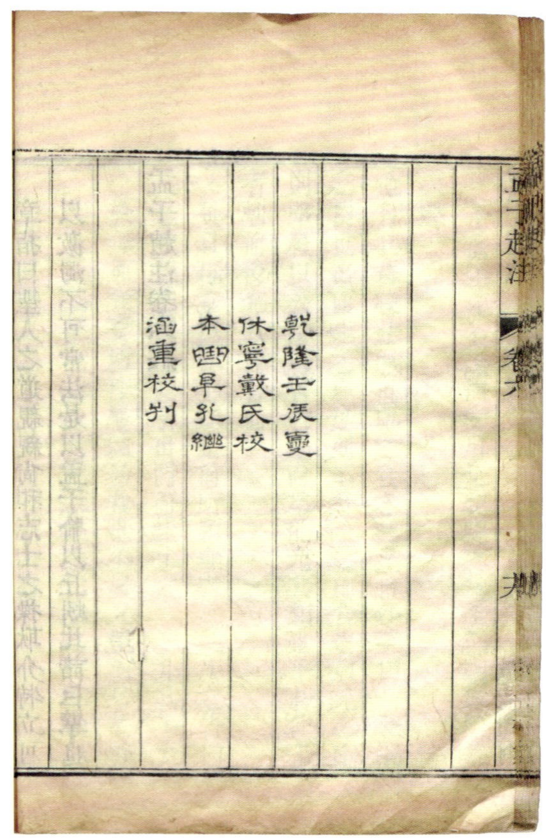

《孟子》十四卷，附音義二卷，漢趙岐注。清乾隆孔氏微波榭刻本。凡四册。半葉十一行，行二十一字。白口，黑單魚尾，四周雙邊。版心上刻『孟子趙注』，中刻卷數、爲葉數，下鎸『微波謝刻』。版框高十七點八厘米，寬十三點五厘米。

是書乃孟子的言論彙編，由孟子及其弟子共同編寫而成，記録了孟子的言論、政治觀點（仁政、王霸之辨、民本、格君心之非，民貴君輕）和政治行動，屬儒家經典著作。提出『仁政』『王道』，主張德治。

《孟子》有七篇十四卷傳世：《梁惠王》上、下，《公孫丑》上、下，《滕文公》上、下，《離婁》上、下，《萬章》上、下，《告子》上、下，《盡心》上、下。

孟子卷第一

梁惠王章句上

趙氏注

梁惠王者魏惠王也魏國名惠謚也王號也時天下有七王皆僭號者也猶春秋之時吴楚之君稱王也魏惠王居於大梁故號曰梁王聖人及大賢有道德者王公侯伯及卿大夫咸願以爲師孔子時諸侯問疑質禮若弟子之問師也魯衛之君皆尊事焉故論語或以弟子名篇而有衛靈公季氏之篇孟子亦以大儒爲諸侯所師是以梁惠王滕文公題篇與公孫丑等而爲一例也

孟子見梁惠王

微波榭刻

309 《程琦山水花卉畫册》提要

《程琦山水花卉畫册》不分卷，清程琦繪。清乾隆年間彩墨畫真迹寫本。凡一册。經折裝。開本高二十六點八厘米，寬十六點三厘米。

程琦，清乾隆時人，字聯人，號松蕉山人、燕銜山人、嘯古、松蕉。本册爲程琦所畫山水、花卉，共十二葉。内鈐有『程琦』『聯人』『一味真』等印記，第一頁題時間爲『乾隆三十四年夏四月寫』，後面畫頁上也曾題時間爲『己丑立夏後五日』『己丑之夏臨東坡居士』等，係程琦的彩墨畫真迹，其版本價值、藝術價值、文物價值較高。

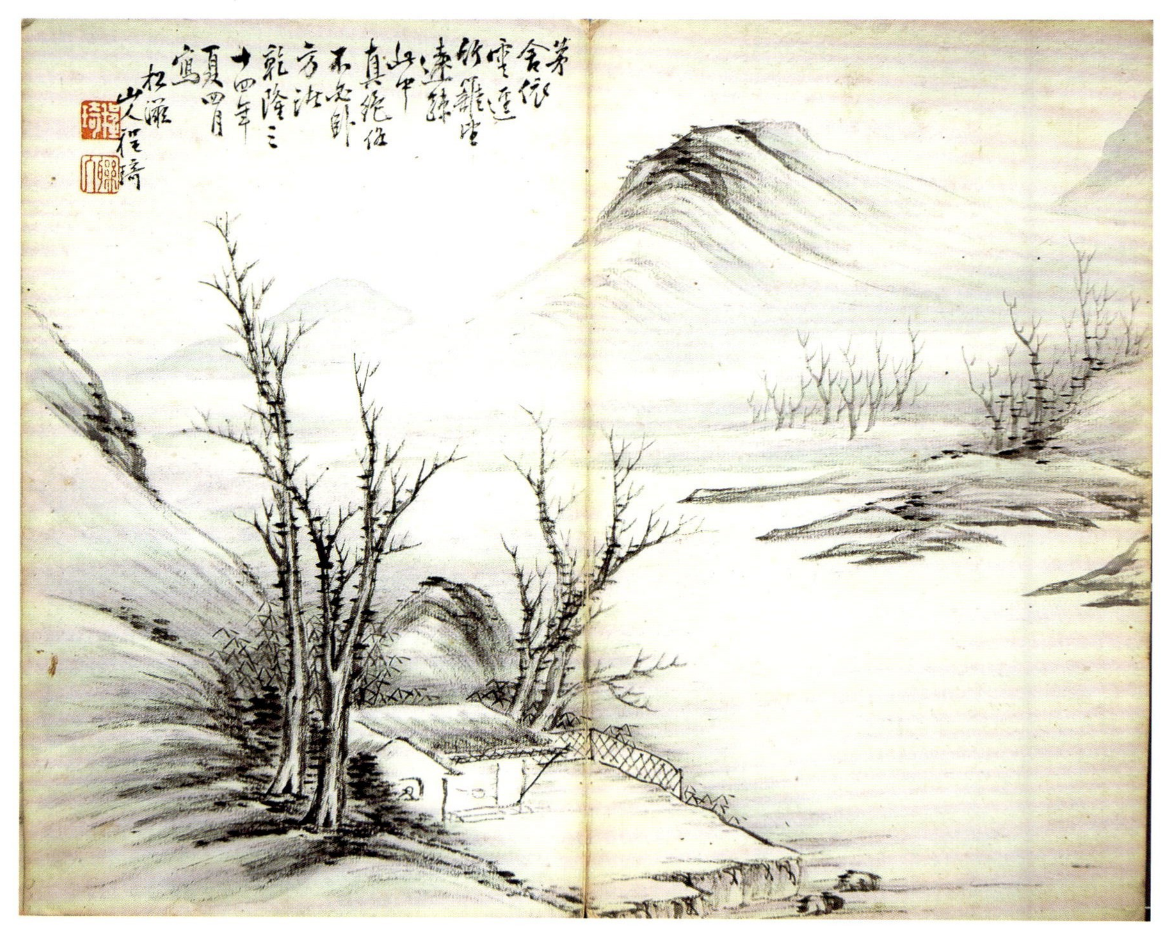

310 《棉花圖册》提要

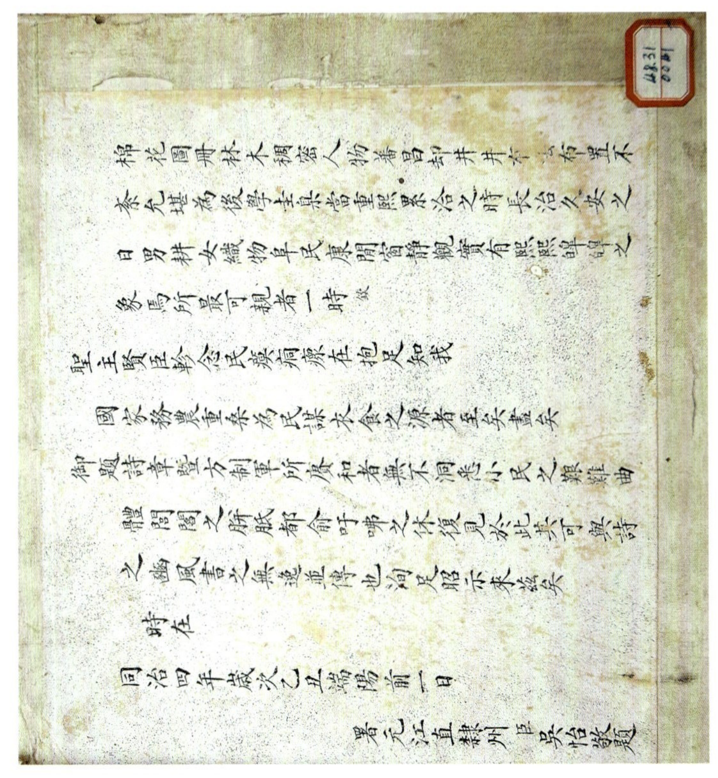
棉花圖冊林木稠密人物蕃昌邨井井然有畫不
秦允堪為後學圭臬當重熙累洽之時長治久安之
日男耕女織物阜民康閒窗靜觀實有熙熙皥皥之
象焉所最可觀者一時欽
聖主賢臣軫念民瘼痌瘝在抱足知我
國家務農重桑為民謀衣食之源者至矣盡矣
御題詩章暨方制軍所賡和者無不洞悉小民之艱難曲
體閭閻之胼胝都俞吁咈之休復見於此其可與詩
之豳風書之無逸並傳也洵足昭示來茲矣
時在
同治四年歲次乙丑端陽前一日
署元江直隸州臣吳怡敬題

《棉花圖册》不分卷，清方觀承撰。清石刻藍拓白文本。凡一册。半葉十四行，十九字。經折裝。開本高三十一點一厘米，寬三十厘米。

方觀承，字遐穀，安徽桐城人。清乾隆時著名水利家和植棉專家。方觀承十分重視棉花生産，據自己長期積累之植棉經驗，於乾隆三十年（1765）繪成《棉花圖册》十六幅，系統地説明了從植棉到成布的全過程，同時列出每道工序的生産工藝及經驗，呈進御覽。乾隆皇帝龍心大悦，御筆題詩十六首，備加贊賞，下詔將《棉花圖册》頒行天下。爲竪排版。内容分爲奏章、御批、釋文三部分。是書爲國内外迄今爲止年代最早、内容最翔實的集棉花種植、加工和紡織於一體的圖譜理論專集。對研究我國古代棉花種植、加工等技術有較爲深遠的意義。每圖均由乾隆皇帝和作者各題詩一首，并附有圖譜解釋説明，圖文并茂，具有很高的藝術價值和科普價值。

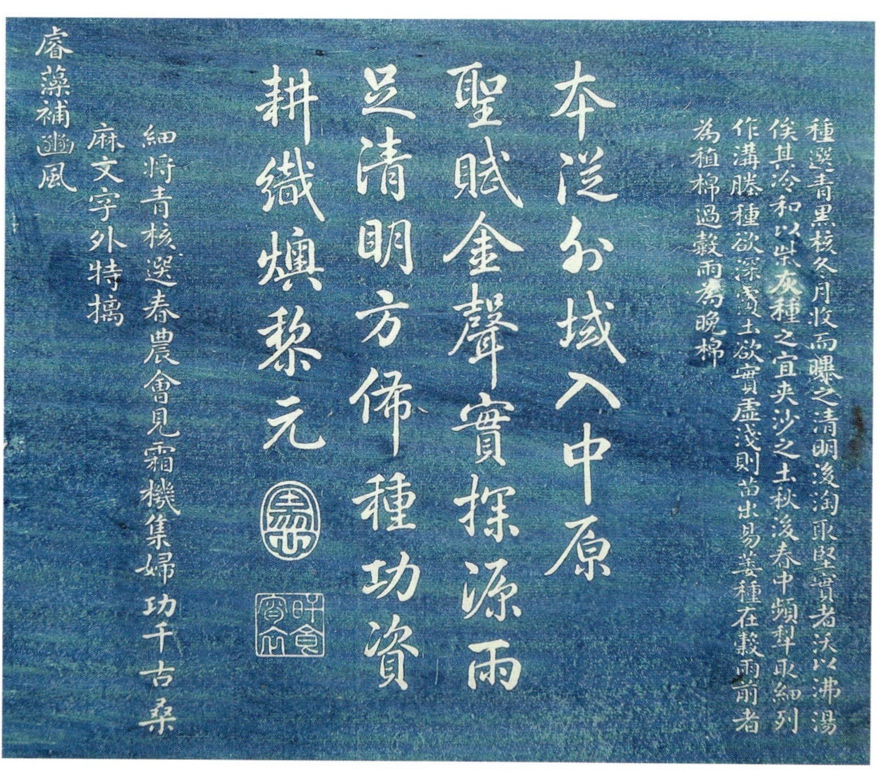
種選青黑核冬月收而曝之清明後淘取堅實者沃以沸湯
俟其冷和以柴灰種之宜夾沙之土秋後春中頻犁取細列
作溝塍種欲深覆土欲實虛淺則苗出易萎種在穀雨前者
為植棉過穀雨為晚棉
本從外域入中原
聖賦金聲實探源雨
足清明方佈種功資
耕織熯黎元
細將青核選春農會見霜機集婦功千古桑
麻文字外特摛
睿藻補豳風

311 《墨表》提要

《墨表》四卷，清萬壽祺撰。清嘉慶戴光曾抄本。凡一册。半葉八行，行二十字。開本高二十八點一厘米，寬十七點七厘米。

萬壽祺（1603—1652），字年少，又字介若、内景，入清衣僧服，改名慧壽，又名明志道人、壽道人、壽若、若若，世稱年少先生，明末清初文學家、書畫家。祖籍河北滄州，生於江蘇徐州。曾參加抗清活動，兵敗後隱居江淮一帶。代表作有《秋江别思圖》《松石圖》《山水圖》等。工書畫，精於六書，癖嗜印章，輯有《沙門慧壽印譜》。

全書四卷：卷一自述編寫《墨表》的凡例，計十三則；卷二列墨家姓氏目録；卷三記録墨品的題識、形狀等；卷四集録了古今論墨十五則。卷末有嘉慶甲戌年戴光曾識記，云：『墨表四卷，萬年少壽祺先生所輯，長興吴権（號木雀，又號習隱）手抄本也。鮑氏知不足齋得此本，欲刊入叢書，未果。餘從飲渌偕得手録副本藏之。』卷末并抄寫戊寅蕘翁後記云：『嘉慶丁丑初冬訪松門於吴涇橋，出萬年少墨表，托付剞劂，曰此鮑文渌飲遺書也。余梓之以竟彼未竟之志，遂携歸付刊……』

館藏本首卷卷端鈐印三：正方陰文『昀曉嵐印』，正方陽文『品珍園主藏書』，竪長方陽文『江安傅增湘收藏書畫金石印』。是書經名家收藏，具有較高版本價值、文獻價值。

墨表一篋

嗚呼大文舒矣玄德孔固黃帝以来四千餘年之間書契既往厺刀咸謝漢興隃麋始進代降而後天命神靈龍賓出焉地不愛寶石墨産於女牀之山嗚呼豈不盛與奚氏南竄易水興於新安家擅緑蟻人握玄珠世勢趋今而下才法踰古而尊玫其大凡可得而論南唐北元歲遐則寖道失斯擯咸無足紀自宋及今人以世次墨以代升玫者不可勝窮而有萱廼一篋

嘉慶丁丑初冬訪松門於吳涇橋出萬年少墨表托付剞劂曰此鮑文淥飲遺書也余梓之以竟彼未竟之志遂攜歸付刊因思向年曾於張白華家見萬所畫祭硯圖筆墨古雅令人愛絶今又讀其所著墨表余於翰墨因緣抑何深耶惜老友云逝賞析惟艱止此一二素心如松門者又在異地不能時常晤語益知商榷此事為不易矣戊寅春分後四日蕘翁記

後跋

312 《梁園志餘》提要

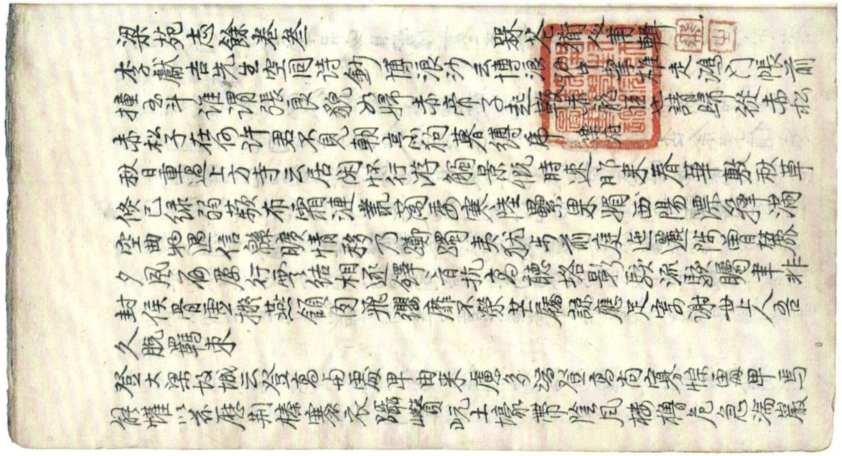

《梁園志餘》不分卷，清宋繼郊輯，清道光二十年（1840）稿本。凡四册。半葉八至十四行不等，行二十三到二十五字不等。白口，無邊欄。開本高二十二點四厘米，寬十四點六厘米。

梁園，又名梁苑、兔園、睢園、修竹園，俗名竹園，古代有衆多詩品名篇咏頌梁園。

是書約五萬字，輯録宋代東京軼事軼聞、詩詞、賦等。宋氏云：『凡汴中古迹爲吾所目睹者，載於是。』（見卷六宋氏記）又宋氏在《東京志略》第三帙中記云：『宋元人詩文集中之有關汴京遺迹者甚多，餘另有選本，他日亦當裒在一處，以成全璧。』此本疑即《梁園志餘》。此輯爲首次輯有關宋東京詩、詞、賦專集，有一定的資料價值；書名爲宋氏自定。是書鈐有『述』『之』（朱方）、『梅花道人』（朱方）及『夷門宋羲齋藏』（朱方）諸印記。是書可資考證宋明開封城垣建築、當時風俗。

313 《仙屏書屋初集詩錄》提要

《仙屏書屋初集詩錄》十六卷，後錄一卷，清黃爵滋撰。清道光翟西園泥活字印本。凡五冊。半葉九行，行二十一字。白口，黑單魚尾，左右雙邊。版框高十六點八厘米，寬十一點二厘米。

是書係安徽涇縣翟金生用自製泥活字擺印而成，內封印有牌記『涇翟西園泥字排印』。集首冠以黃爵滋序文，次爲詩錄總目，共計一千餘首。再次有編錄名錄、泥印排檢名單（涇縣翟金生西園、翟廷珍、翟一熙、翟家祥及門人崔文彪等）及詩錄校誤，足見翟金生精審此書。

翟氏共印書三種，即《泥板試印初稿》《仙屏書屋初集詩錄》《水東翟氏宗譜》。此書因所用泥字較小，稱『小泥字』，是現存於世的泥活字本的珍貴實物之一，全國所藏極少，具有極其重要的版本價值。收入第一批全國珍貴古籍名錄。

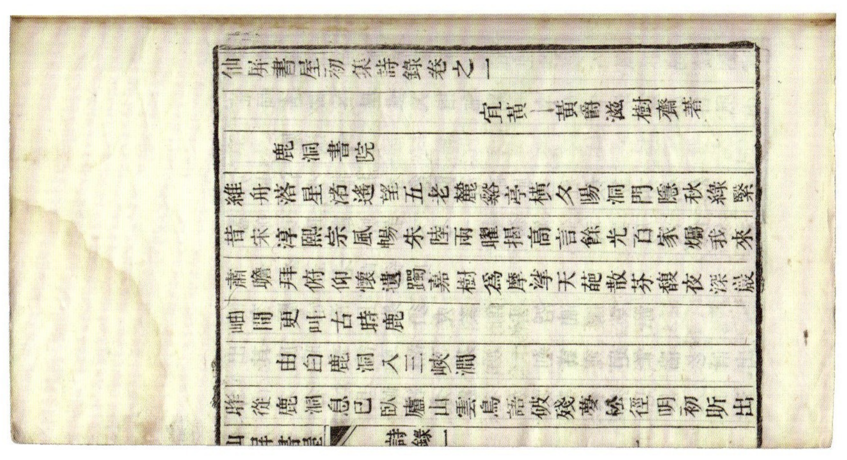

仙屏書屋初集詩錄卷之一
宜黃　黃爵滋樹齋著
鹿洞書院
維舟落星渚遠望五老巔谿亭樸久賜洞門隱秋綠緊
昔宋淳熙宗風暢朱陸兩耀揖高言餘光百家爛我來
齋瞻拜俯仰懷遺躅嘉樹爲摩挲天葩散芬馥夜深嶽
岫開更叫古時鹿
由白鹿洞入三峽澗
旹從鹿洞息已臥廬山雲鳥語破幾夢絲徑明初斯出
詩錄一

314 《李芸甫水部墨筆花卉》提要

《李芸甫水部墨筆花卉》一卷，清李秉綬繪。清道光彩墨畫真迹寫本。凡一册。經折裝裝裱一夾，十二葉。每葉長三十點二厘米，寬四十一厘米。

李秉綬，字芸甫，清道光咸豐年間江西臨川人。工書，善畫花卉、梅、石、竹、蘭。

館藏本内鈐有『李秉綬』『李芸甫』印記十餘方；有二葉題有『道光庚寅』；内封題籤『李芸甫水部墨筆花卉　紫蓴軒珍玩』；書末題籤云：『李芸甫水部墨筆花卉　十二葉　冬生草堂藏』。

仿八大山人用墨
道光庚寅冬至日李秉綬作於茶半香初之館

315 《詩舲寫生》提要

《詩舲寫生》不分卷，清張祥河繪。清道光年間彩色畫真迹寫本。凡一册。本册爲張所畫花卉、竹石，共十二葉。每葉長三十點二厘米，寬二十九點七厘米。經折裝，裝裱一夾。

張祥河（1785—1862），字詩舲，又字詩舫，號詩道人，嘉慶二十五年（1820）進士，江蘇松江人，善畫山水、花卉。

館藏本内鈐有『祥河』『詩舲』『詩道人』等印記十餘方。有題跋：『時正五十……』可考本册畫於道光年間。正文首葉鈐有竪長方陽文印『牛鍇堂書畫印』。

金盞露積珠穠重玉佩風生翠
帶長 擬壽齋筆 能甫

316　《韵學源流》提要

三十六母推源論
聲音三十六字母傳自西域胡僧了義上官氏萬里謂其奉
盡造化之巧觀其以三十六字母約三百六十八聲別為二
十四圖畫為四類審四聲開合以權其輕重辨七音清濁以
明其虛實極六律之變分八轉之異索之以二百八十二之
韻總之為一十零六之攝然其聲妙用出自天然無一毫牽
合扭捏之累以之調聲則執矩為方而纖毫不枉以之切字
則持衡稱物而錙銖不爽可謂俟之後世而不惑聖人復起
而不易者也厥後字學代興業擅專門若字家古韻指掌圖

《韵學源流》不分卷，□□抄。清道光年間抄本。凡一册。半葉八行、九行不等，行二十五字。開本高二十一點二厘米，寬十三點三厘米。

此書推究韵學沿革，分音韵爲古韵、今韵、反切（等韵）三部分。全書取材於多本《四庫全書總目》。論古韵只斷至顧、江而不及戴、段、孔、王諸家；論今韵則不重視《中原音韵》以後的音變；論反切則詳述《切韵指掌圖》《經史正音切韵指南》《四聲等子》，其他等韵書都略去不講。因此它不是一部完備的音韵學史。此書叙述韵學原委，提綱挈領，理明事簡；評論得失，精闢處頗多，有一定參考價值。

317 《名人姓字辨同》提要

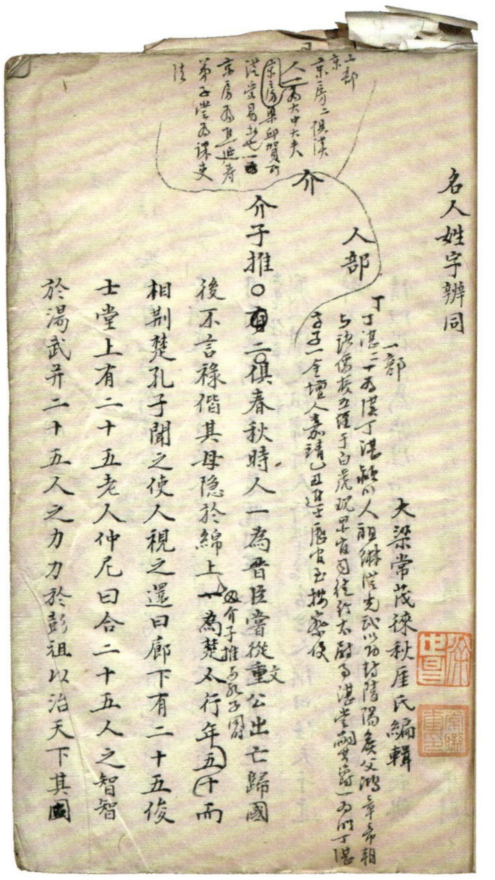

名人姓字辨同

大梁常茂徠秋崖氏編輯

人部

介子推○有二俱春秋時人一為晉臣嘗從重文公出亡歸國後不言祿僭其母隱於綿上一為楚人行年五十而相荆楚孔子聞之使人視之還曰廊下有二十五俊士堂上有二十五老人仲尼曰合二十五人之智智於湯武并二十五人之力力於彭祖以治天下其國

《名人姓字辨同》不分卷，清常茂徠撰。清道光咸豐年間手稿本。凡一册。半葉八行、九行不等，字數不等。開本高二十三厘米，寬十四點四厘米。

常茂徠，清祥符人，字逸山，號秋崖，道光五年（1825）拔貢，屢試不遇，功保優師、登封教諭。

館藏本正文卷端題名曰『名人姓字辨同』『大梁常茂徠秋崖氏編輯』，目録殘缺，本册至目録中木部柳姓，柳姓以下諸姓均缺。本書即爲中州藝文録常氏所譔《廣古今同姓名録》之初稿，有一定的資料價值。

318 《相國寺志略》提要

《相國寺志略》不分卷，清宋繼郊輯，清咸豐年間手稿本。凡一册。半葉八行，行二十一二字不等。開本高二十二點七厘米，寬十四點五厘米。

相國寺，中國著名的佛教寺院，始建於北齊天保六年（555），原名建國寺，唐代延和元年（712），唐睿宗因紀念其由相王登上皇位，賜名大相國寺。北宋時期，相國寺深得皇家尊崇，多次擴建，是京城最大的寺院和全國佛教活動中心。宋繼郊（1818—1893），字述之、術芝、樹芝，號梅花道人、木雁道者。清祥符（今河南開封）人。

《相國寺志略》爲小型地方專志，輯録宋至清代文獻中有關相国寺之資料，全書約一萬五千字，分爲十略記録。首爲目録，共分爲古迹、仙釋、宴集、建修、市肆、藝文、碑版、歌謡、雜記等。此書涉及文獻衆多，包括史書地志、宋人筆記、文獻考證、類書等等，取材廣泛，如《續文獻通考》《東軒筆録》《鐵圍山叢談》《石林詩話》《談圃》《王氏畫苑》《玉海》《宋東京考》等。

書中鈐有『宋繼郊印』（陰文朱方）、『述之』（朱方）印記，具有一定的資料價值。此志綱目清晰，體例已備，可供後人編寫專志作爲參考。收入第二批全國珍貴古籍名録。

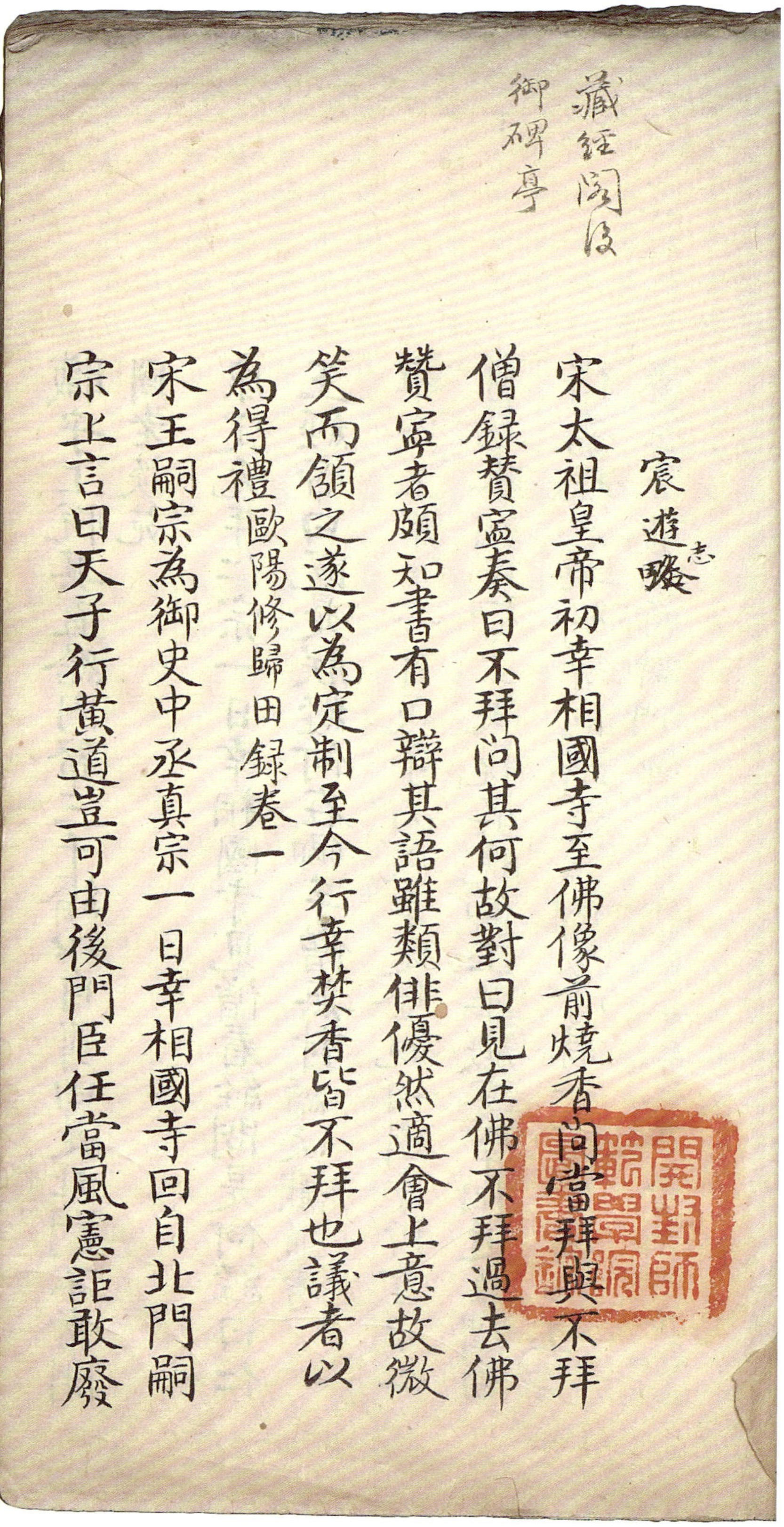
藏經閣後
御碑亭

宸遊志略

宋太祖皇帝初幸相國寺至佛像前燒香問當拜與不拜僧錄贊甯奏曰不拜問其何故對曰見在佛不拜過去佛贊甯者頗知書有口辯其語雖類俳優然適會上意故微笑而頷之遂以為定制至今行幸焚香皆不拜也議者以為得禮 歐陽修歸田錄卷一

宋王嗣宗為御史中丞真宗一日幸相國寺回自北門嗣宗上言曰天子行黃道豈可由後門臣任當風憲詎敢廢

319 《東京志略》提要

《東京志略》十八帙，清宋繼郊輯。清咸豐同治年間手稿本。凡二十一册。半葉八行（間有七行、九行不等），行字數不等，多爲二十一字。開本高二十二厘米，寬十四點一厘米。

是書乃清代開封著名學者宋繼郊輯録宋代開封（東京）史料而成，資料較爲豐富，内容較爲廣泛，是研究東京的重要資料。書名爲宋氏自定，鈐有『宋繼郊印』『述之』印記。卷端宋氏云：『余讀宋人説部，慨然想見東京之盛，及訪求《東京記》《遺迹志》諸書又不可得。暇時閲書，遇汴軼事輒籤記之。辛亥閏八月上旬連雨數日，因檢舊書記籤多增塵封，恐久而易忘也，爰録於是。樹芝隨筆。』另有咸豐二年、九年，同治元年諸記。宋繼郊一生有關開封的著述頗多，惜都未曾刊刻。

館藏本爲海内外孤本，輯録五百餘種古籍中有關開封之史料，其中二百餘種古籍已湮滅，吉鱗片羽，賴是書遺存。收入第一批全國珍貴古籍名録。

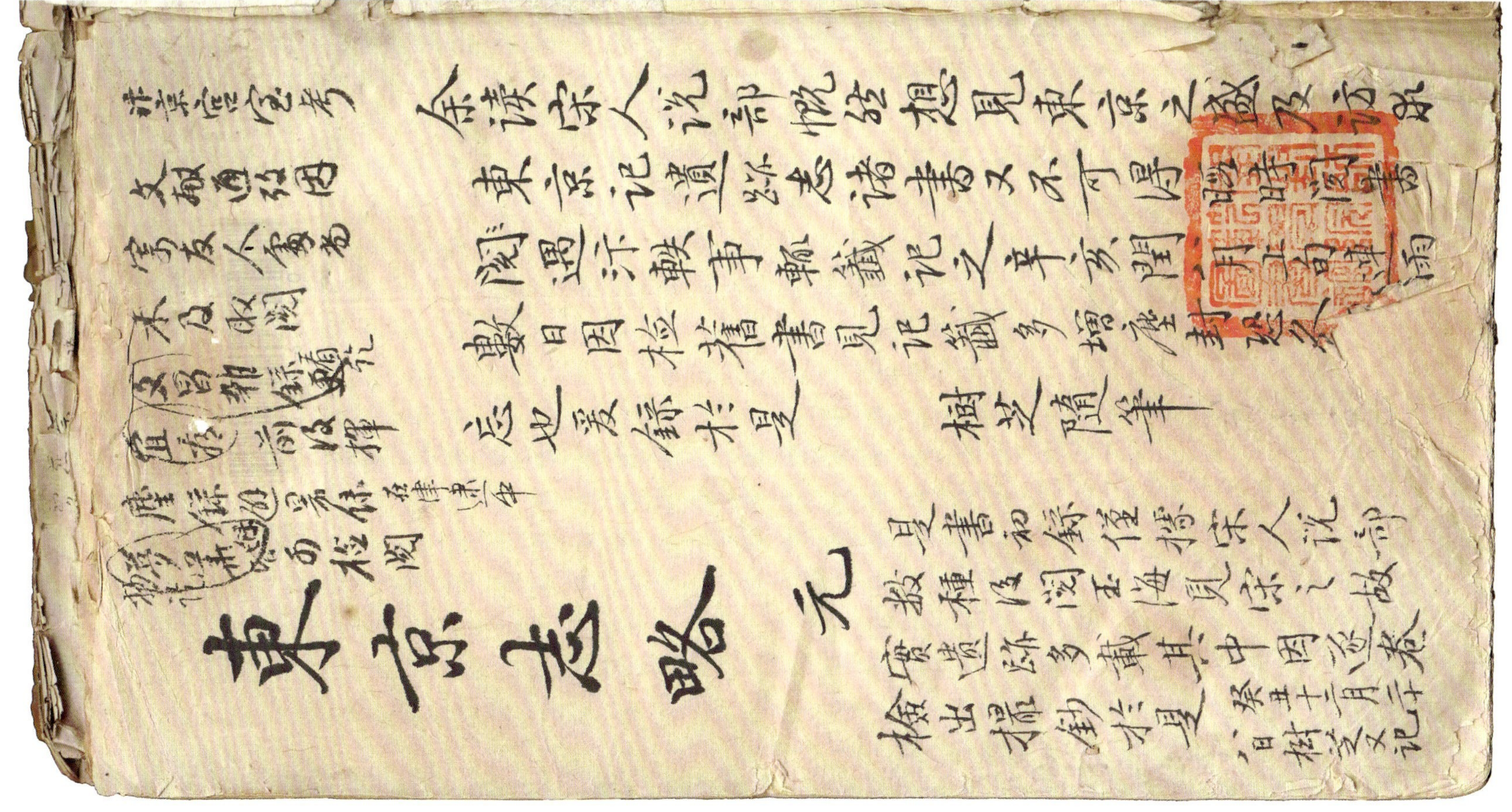
東京志畧 元

320 《河南巡撫衙門軍政檔案》提要

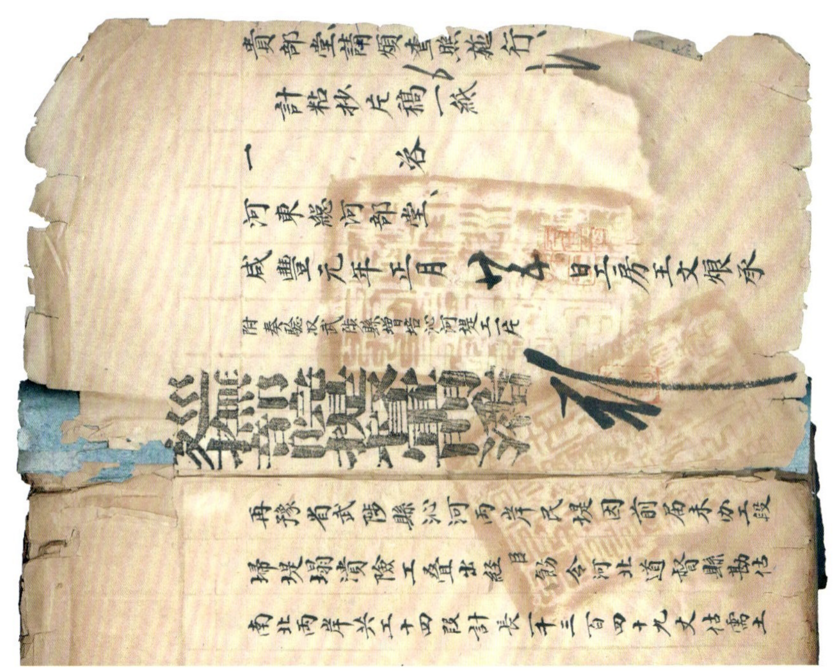

《河南巡撫衙門軍政檔案》不分卷，清佚名撰。清咸豐同治年間稿本。凡十六册。版框高二十四點三厘米，寬十五點六厘米。半葉八行，行十八字至二十四字不等。白口，红色間藍色公文格纸。

是書包括軍務卷和河工卷：咸豐元年至三年（1851—1853）二册，咸豐四年（1854）五月至十二月一册，咸豐五年（1855）三月至十二月三册；平捻軍務卷：咸豐六年（1856）元月至五月一册，咸豐六年八月至十月一册，咸豐六年迭次剿匪奏獎一册，咸豐七年（1857）七月至九月二册，同治四年（1865）四月至十二月五册。

館藏本鈐有『河南巡撫兼提督銜關防』漢滿文騎縫印記。書名係本館擬定，子目卷名係據原書內容和內封題名擬定。

札布政司、照得本部院於咸豐元年正月二
十四日、附
奏驗收武陟縣增培沁河堤工一片、除俟奉到
硃批另行恭録札知外、合先抄片咨札行、
便移行查照、催造冊結圖說、詳送核辦、毋違、
此札、
計粘抄片稿一紙
札布政司、
爲移咨事、竊照云云前合先抄片咨送、爲此合咨

321 《蘇齋題跋》提要

《蘇齋題跋》不分卷，清翁方綱撰，清何溱集録。清同治二年（1863）逸湖抄本。凡二册。半葉十一行，行二十字。緑色格紙。版框高二十厘米，寬十三點八厘米。

翁方綱（1733—1818），字正三，號忠叙，又號覃溪，晚號蘇齋。直隸大興（今屬北京）人。清代著名書法家、學者、詩人。乾隆十七年（1752）進士，官至内閣學士。能詩文，精鑒賞，擅長金石考證之學，頗享盛名。

是書爲法帖考釋，包括題漢代至清代碑帖和題名迹之作共四十種，每種下均注明來源，而後詳細解説，從内容、形制、印章等方面一一介紹，并加入個人之考據。

館藏本前有何溱序。書尾鈐有竪長方陽文『逸湖手抄』印記。全書字體優美，很有功力。

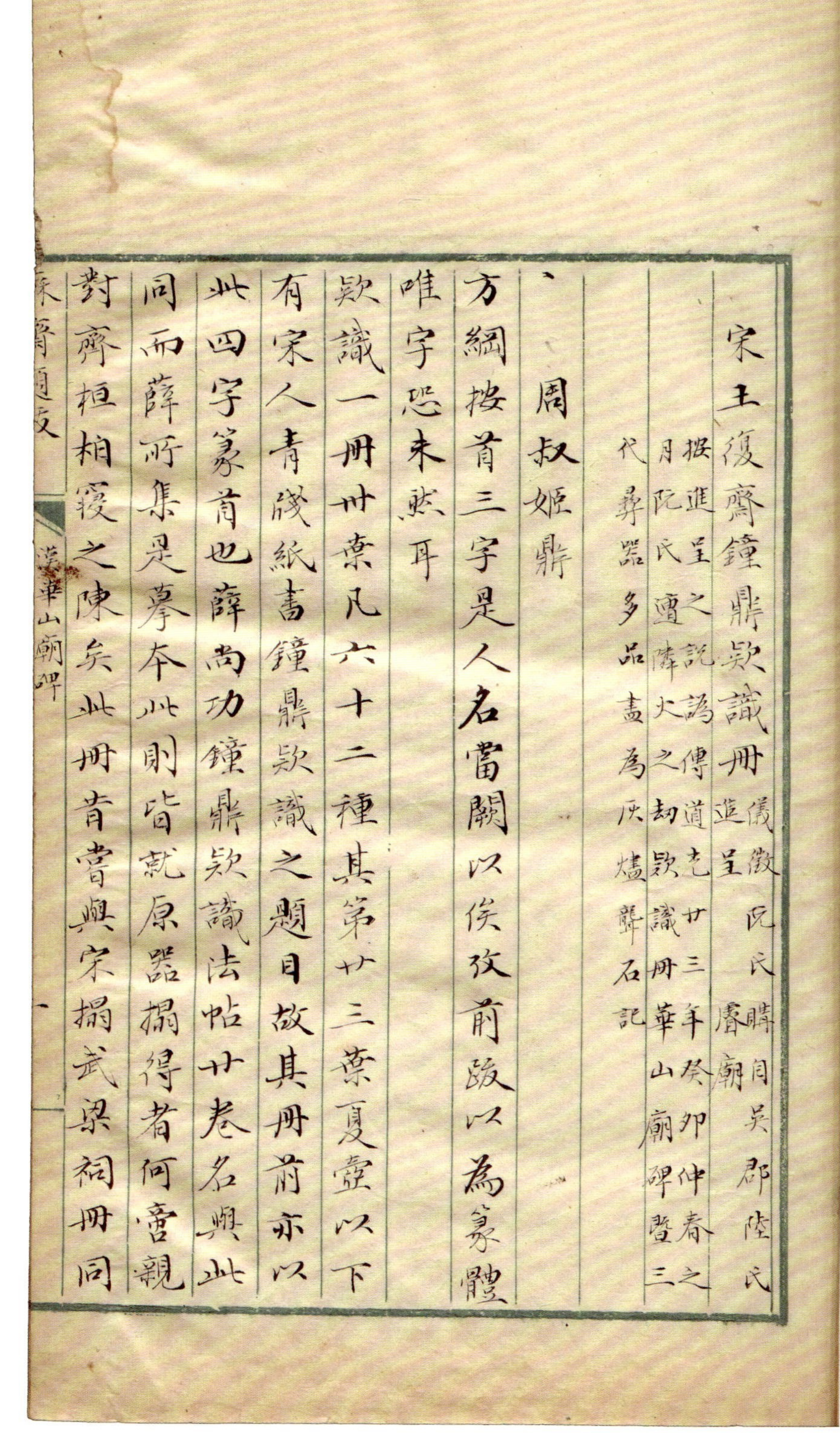
宋王復齋鐘鼎款識冊儀徵阮氏購自吳郡陸氏進呈曆廟

按進呈之說謁傳道光廿三年癸卯仲春之月阮氏遭隣火之刼款識冊華山廟碑暨三代彝器多品盡為灰燼龔石記

、周叔姬鼎

方綱按首三字是人名當闕以俟攷前跋以為篆體唯字恐未然耳

款識一冊卅葉凡六十二種其第廿三葉夏壺以下有宋人青牋紙書鐘鼎款識之題目故其冊前亦以此四字篆首也薛尚功鐘鼎款識法帖廿卷名與此同而薛所集是摹本此則皆就原器搨得者何曾親對齊桓相寢之陳矣此冊首嘗與宋搨武梁祠冊同

322 ｜《清代成案彙編》提要

《清代成案彙編》不分卷，清□□編。清同文堂稿本。凡四十二册。半葉十二行，行三十四字。開本高二十點二厘米，寬十四點三厘米。

是書彙集清代行政事務先例類成案、司法成案、禮儀成案、地方成案，是研究清代法制的珍貴資料。《清代成案彙編》有助於人們全面瞭解清代成案的面貌、性質和功能，有助於人們利用清代成案記載的各類法律和案例，進一步深入研究清代法律史。

館藏本書名本館自擬，原擬《成案稿本》，補入二十九册。

323 《志略備選》提要

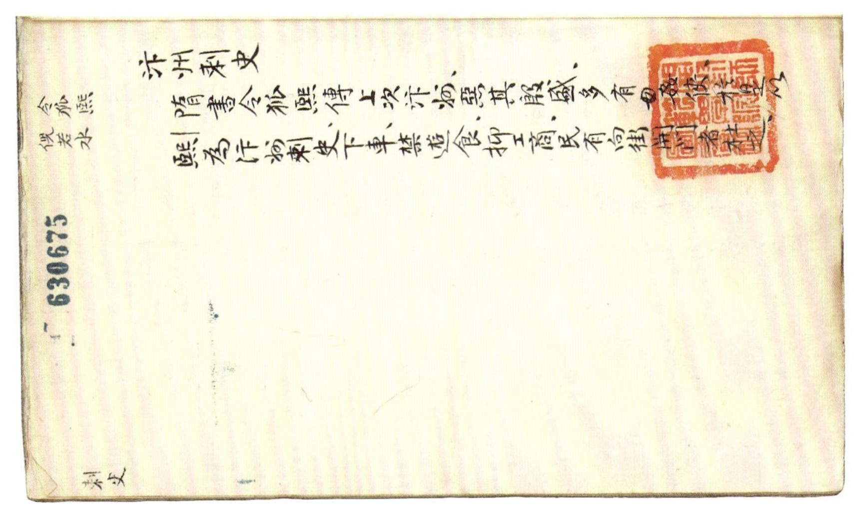

《志略備選》不分卷，清宋繼郊輯，清同治年間稿本。凡一册。半葉八行，九行不等，行二十三到二十五字不等。版框高十九點八厘米，寬十四點八厘米。

是書選取宋代文集中與東京城相關之文獻資料，按祕閣、舍人院、景靈宮、睦親宅、中太一宮、崇政殿、五岳觀、集禧觀、上清宮、奉祠廟、安福院、騏驥院、群牧司、開封府後苑、化成殿、信陵、宋門、吹臺、閶闔臺、三館、相國寺、大梁城、汴橋等分別逐條輯録。

是書疑爲宋氏輯《東京志略》的準備材料或補充材料。內封作者自署『述之』。

324 《邑乘備采》提要

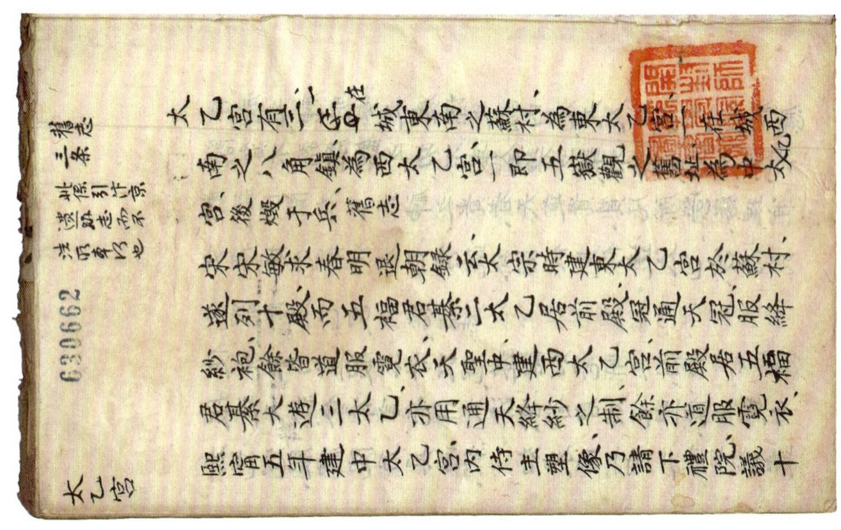

《邑乘備采》不分卷，清宋繼郊輯。清同治年間稿本。凡一册。半葉八行，行二十一或二十二字不等。版框高二十二厘米，寬十四點八厘米。

是書乃宋繼郊隨筆記録的有關祥符縣的歷史資料，内封有作者自署『述之輯』，是館藏宋繼郊重要稿本文獻之一。

325 《怡古堂文鈔》提要

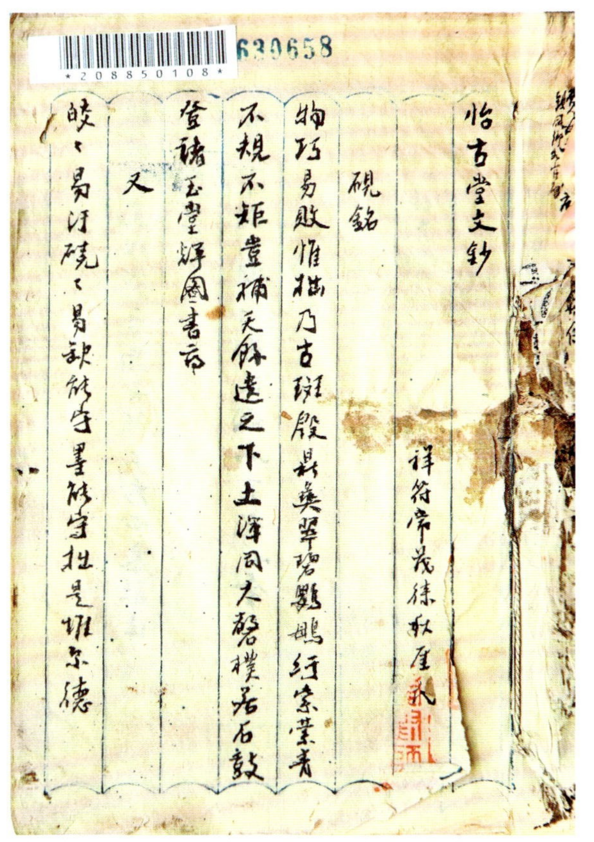

怡古堂文鈔

祥符常茂徠秋崖氏

硯銘

又

《怡古堂文鈔》不分卷，清常茂徠撰。清同治年間手稿本。凡二册。半葉八行，行二十字。版框高十八厘米，寬十一點七厘米。

館藏《怡古堂文鈔》爲藍色格紙，係海内外孤本，其内封題簽『秋崖文鈔』，鈐有『常聯奎印』『祥符常肇勤藏』印。該文鈔除記、傳、書、序跋、墓志銘、墓表外，對開封、登封等地方風土名物亦有所介紹與考證，此外文中還涉及清政府鎮壓捻軍諸人諸事，於史志之訂訛補闕頗有裨益，具有地方史料價值和版本價值。

326　《祥符縣采訪初稿》提要

《祥符縣采訪初稿》不分卷，清宋繼郊輯。清同治年間手稿本。凡一册。半葉八行、九行不等，行二十一到二十五字不等。版框高十九點八厘米，寬十四點八厘米。

祥符縣，今河南省開封市祥符區舊稱。漢於此置浚儀、開封二縣，前者在今開封市西北，屬陳留郡；後者在今開封市南，屬河南郡。浚儀縣於宋大中祥符三年（1010）改稱祥符縣，宋代慣以年號名地。宋金以後開封縣同爲開封府、汴梁路治所。明初省開封縣入祥符縣，故明清均無開封縣志。中華民國二年（1913），將祥符縣易名開封縣。2014年10月19日，原開封縣正式更名爲祥符區。

是書係宋氏所輯采的有關祥符縣之古迹、藝文、人物内容，卷末附有祥符縣修志告示。同治年間，《祥符縣志》未修成。其内容多爲光緒二十四年（1898）《新修祥符縣志》所采用。書名爲宋氏自定。書中内容大致分爲城、岳、岡、海、邱、門、宫、志等類，逐條分别輯録，其中藝文志詳細記載了一些碑志、文賦、詩詞。

此書乃手稿本，存世稀少。内封作者自署『樹芝』。

汴城南門内關聖廟碑記

國朝 王日藻

帝君廟徧天下雖蠻陬荒裔之遠孤村僻壤之陋且微莫不有户而祝之者焉汴居土中向所稱都會地其立廟不一而足咸載郡志奚用碑碑所以志廟之所由來也蓋自昔給孤布金短簿拾宅悉傳為福田勝果故凡祠宇之建雖尺椽寸瓦為里人所樂助猶必籍而登之以為後之好義者勸况以一人經始其事而可令其姓氏泯滅弗彰耶間嘗考汴方全盛時佛宇神祠不可勝紀自經河患悉蕩為平沙欲求當年神所憑依之地杳不可得數十年前之遺址大半蔓草寒烟感慨係之矣南門内

327 《學齋隨筆録》提要

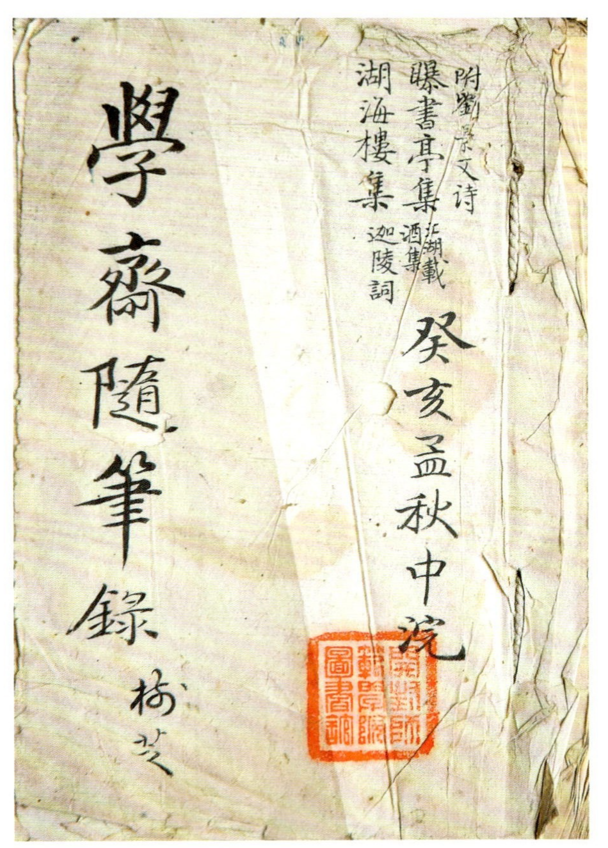

《學齋隨筆録》不分卷，清宋繼郊輯。清同治年間宋氏稿本。凡三册。半葉九行至十行，字數不等。開本高二十一點一厘米，寬十五點一厘米。

是書爲宋氏讀書摘記之手稿，孤本。館藏本第一册内封題『癸亥孟秋中浣』『樹芝』，第三册内封題『丙寅八月訂於如舟學舍』『樹芝氏選』『晚翠軒』等字。首頁鈐印三：正方陽文印『芝』、正反陰文印『樹』、正方陰文印『宋繼郊』各一枚，且書中多處鈐有作者『樹』『芝』『述』『之』等印，天頭多有朱批，文中亦多點校，手抄稿本字迹行楷駁雜，韵味十足。

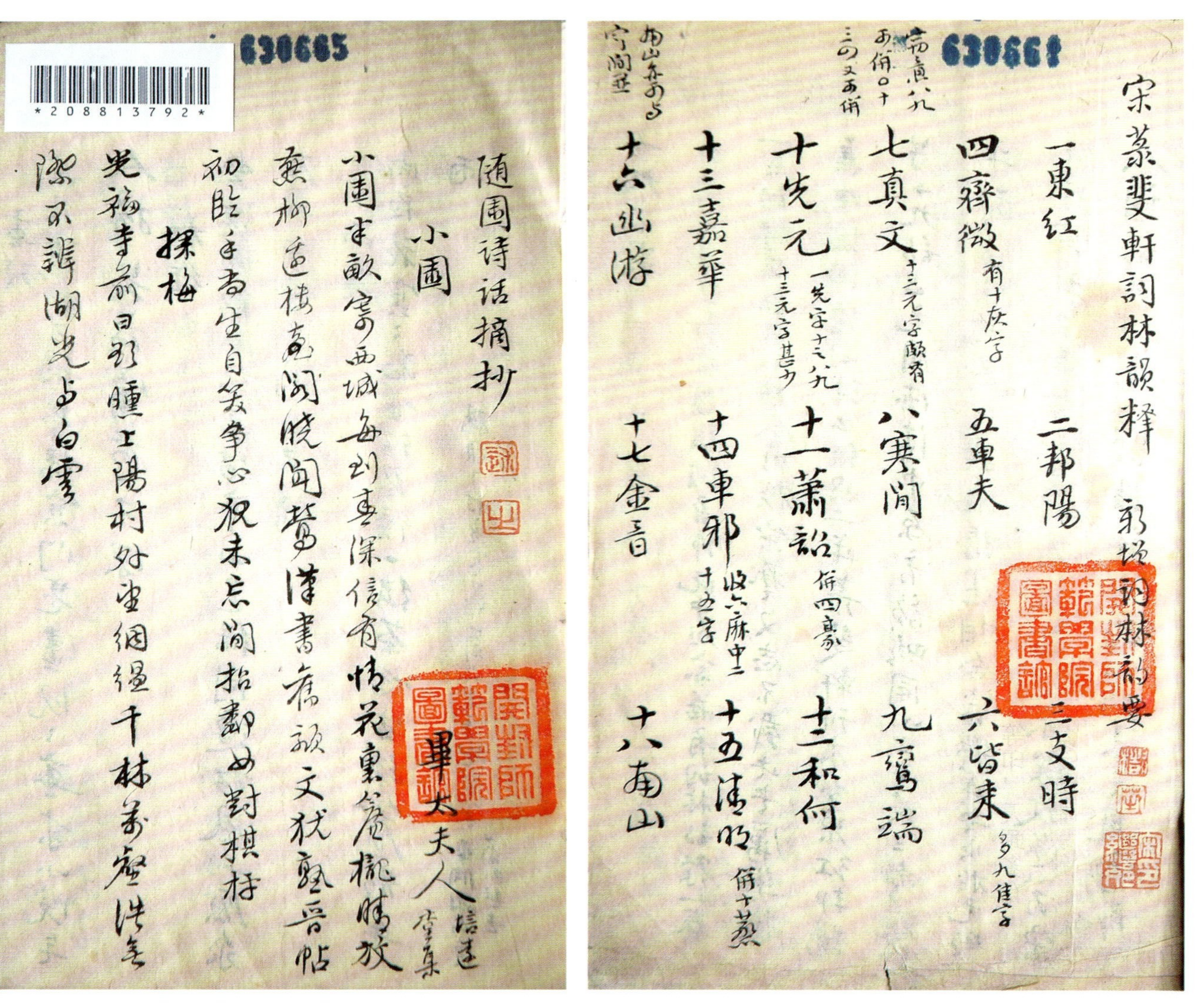

328 《紅樓夢》提要

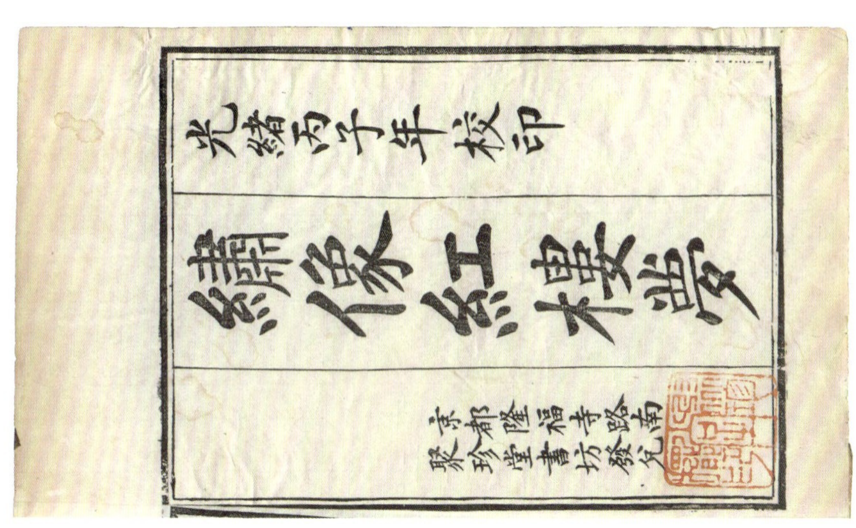

《紅樓夢》一百二十回，清曹雪芹撰。清光緒二年(1876)北京聚珍堂木活字本。凡二十四册。半葉十行，行二十二字，白口，黑單魚尾，四周雙邊。版心下鎸『聚珍堂』。版框高二十三點五厘米，寬十四點五厘米。

《紅樓夢》爲中國古典四大名著之一，清代作家曹雪芹創作的章回體長篇小説，又名《石頭記》《金玉緣》。

館藏本爲程甲本，内封正中鎸『繡像紅樓夢』，右上鎸『光緒丙子年校印』，左下鎸『京都隆福寺路南聚珍堂書坊發兑』。書中有王希廉、程偉元序，王希廉、雪香氏序，序中有陽文印章『無愧我心』，序後有陰文印章『聚珍主人』。书中钤有阳文印章『聚珍堂擺印』。

紅樓夢卷一

第一回　洞庭王希廉雪香評

甄士隱夢幻識通靈　賈雨村風塵懷閨秀

此開卷第一回也作者自云曾歷過一番夢幻之後故將眞事隱去而借通靈說此石頭記一書也故曰甄士隱云云但書中所記何事何人自己又云今風塵碌碌一事無成忽念及當日所有之女子一一細考較去覺其行止見識皆出我之上我堂堂鬚眉誠不若彼裙釵我實愧則有餘悔又無益大無可如何之日也當此日欲將已往所賴天恩祖德錦衣紈褲之時飫甘饜肥之日背父兄教育之

繡像紅樓夢　第一回　一　聚珍堂

329 《輯抄東京夢華錄》提要

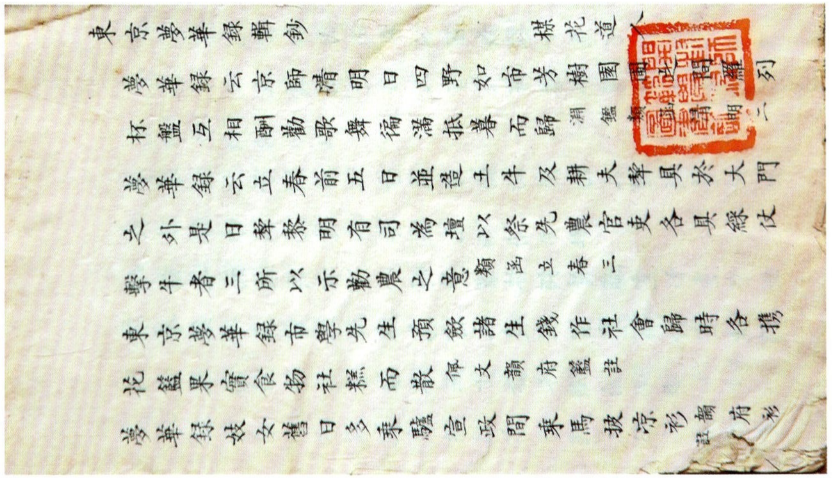

《輯抄東京夢華錄》一卷，附蘀石齋詩，清宋繼郊輯。清光緒年間宋氏手稿本。凡一册。半葉八行至十一行不等，行二十一至二十四字，小字雙行，行二十四字。開本高二十三點一厘米，寬十四點九厘米。

是書乃宋繼郊抄錄《東京夢華錄》之抄本。書中字小如豆，字體有行有楷，掩映參差，形態各異，爲海内孤本。

330 《雜物撰德》提要

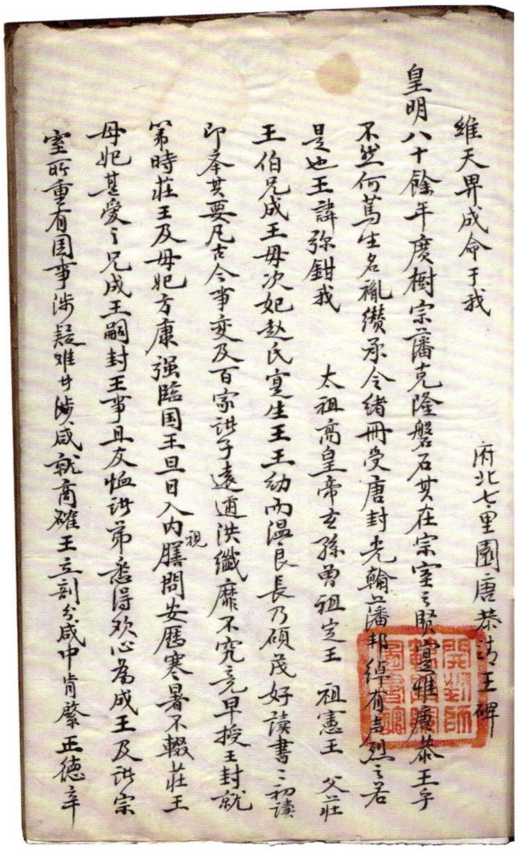
府北七里園唐恭王碑
維天界成命于我
皇明八十餘年度樹宗藩克隆磐石其在宗室之賢恭王字
不然何莫生名祿纘承令緒冊受唐封光翰藩邦有之君
是也王諱彌鉗我　太祖高皇帝玄孫曾祖定王　祖憲王　父莊
王伯兄成王母次妃趙氏寔生王王幼而溫良長乃碩茂好讀書書初讀
印奉其要凡古今事變及百家諸子遠通洪纖靡不究竟早按王封就
第時莊王及母妃方康強臨國王旦日入內視膳問安居寒暑不輟莊王
母妃甚愛之兄成王嗣封王事且友恤諸弟慈得歡心為成王及諸宗
室所重有国事涉疑难咸就商確王立創分成中肯綮正德辛

《雜物撰德》不分卷，清宋繼郊撰。清光緒年間宋氏手稿本。凡一册。半葉九行、十行不等，字數不等。開本高二十一點五厘米，寬十四點五厘米。

館藏本係宋氏讀書摘記及在職學館時期宋氏手札等，書名據内封原題書名而定。書衣内封鈐方形陰文鈐印『如是齋』。

331 《清代名人畫冊》提要

《清代名人畫冊》不分卷，清高簡等繪。清初彩墨真迹寫本。凡一册。經折裝。開本高三十八厘米，寬三十六點五厘米。

高簡（1634—1707），字澹游、德園，號旅雲、澹游子、一雲山人、旅雲山人、娛暉老人，江蘇蘇州人。能詩，工山水，畫學『元四家』，精於尺幅小品，秀潔妍雅，頗有風趣。所作筆墨簡淡清臞，布置深穩，脱盡縱横習氣。善畫梅，好畫梅花書屋圖，冷隽雅逸。傳世作品有《寒林詩思圖》《仿曹知白山水圖》《夕照落雁圖》《仿古山水册》《仿宋元山水八幀》等。

是書共收録高簡、李禧、南屏山人等十三幅作品。

332 《寶硯齋詩存》提要

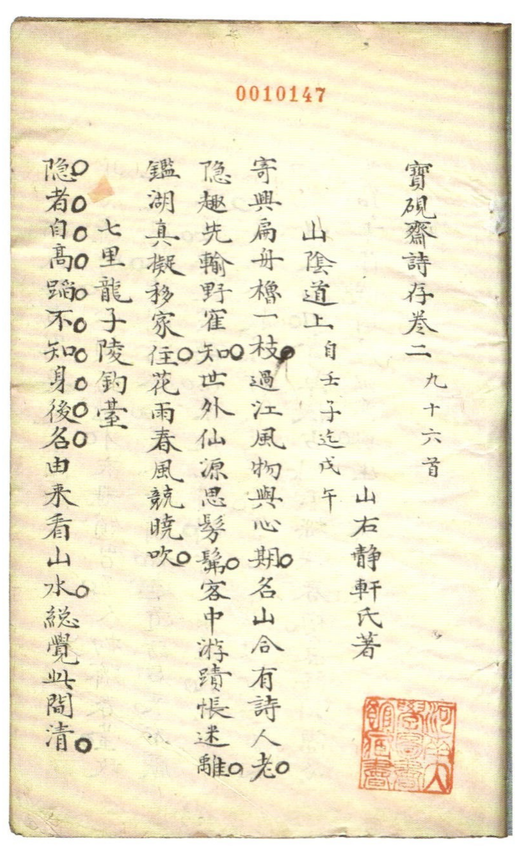
0010147

寶硯齋詩存卷二　九十六首

山右静軒氏著

山陰道上　自壬子迄戊午

寄興扁舟櫓一枝，過江風物興心期。名山合有詩人老，
隱趣先輸野雀知。世外仙源思髣髴，客中游蹟悵迷離。
鑑湖真擬移家住，花雨春風兢曉吹。

七里龍子陵釣臺

隱者自高蹈，不知身後名。由來看山水，總覺此間清。

《寶硯齋詩存》□□卷，清静軒氏著。清抄本。凡一册。半葉八行，行二十一字。開本高二十六厘米，寬十八點五厘米。

是書共收録各種體裁詩歌三百餘首，多閩地和汴梁詩。館藏本存六卷。

333 《歐陽修新唐書贊》提要

《歐陽修新唐書贊》不分卷，宋歐陽修撰。清抄本。凡二册。半葉九行，行二十三字。開本高二十五厘米，寬十六點四厘米。

歐陽修（1007—1072），字永叔，號醉翁、六一居士，吉州永豐（今江西省吉安市永豐縣）人，北宋政治家、文學家，且在政治上負有盛名。因吉州原屬廬陵郡，以『廬陵歐陽修』自居。官至翰林學士、樞密副使、參知政事，謚號文忠。纍贈太師、楚國公。後人又將其與韓愈、柳宗元和蘇軾合稱『千古文章四大家』。與韓愈、柳宗元、蘇軾、蘇洵、蘇轍、王安石、曾鞏被世人稱爲『唐宋散文八大家』。

是書輯録《新唐書》中『本紀』『列傳』有關『贊』的部分。與《史記》各篇之『太史公曰』，均是仿效《左傳》『君子曰』的形式。這是史傳作者藉以表達自己的觀點與史學思想，有時也用來記叙傳聞佚事、補充史料，後世完善體例逐漸發展成史書中的『論贊』體例。

是書卷端《高祖紀贊》一頁鈐印六：正方陽文印『歙鮑氏知不足齋藏書』，正方陰文印『桂馨之印』，長方陽文印『丹鉛精舍』，正方陽文印『彩福堂珍藏書畫』，正方陽文印『玨生』，正方陽文印『亨壽家藏書畫印』等藏書印。是書函套題簽寫：『歐陽修新唐書贊，鮑氏知不足齋舊藏寫本，繼歸詩龕哲嗣桂馨家藏』。由此可以看出是書之遞藏情况，鮑氏知不足齋是鮑廷博的齋房號，『詩龕』指清乾隆年間著名學者法式善，其子桂馨曾收藏是書，後又經勞格所收。『丹鉛精舍』爲其藏書處，亦是其藏書印之一種，玨生和楊亨壽都是民國著名的藏書家。可見是書屢經名家之手，其藝術價值、文獻價值之高可以想見。

高祖紀贊

自古受命之君非有德不王自夏后氏以來始傳以世而有賢有不肖故其為世數亦或短或長論者乃謂周自后稷至於文武積功累仁其來也遠其為世尤長然考於世本夏商周皆出於在黄帝夏自鯀以前商自契至於成湯其間寂寥無聞與周之興異矣而漢亦起于亭長叛亡之徒及其興也有天下皆數百年而後已由是言之天命豈易知哉然考其終始治亂顧其功德有厚薄與其制度紀綱所以維持者如何而其後世或寖以隆昌或遽以壞亂或漸以陵遲或能

334 《絳雲樓書目》提要

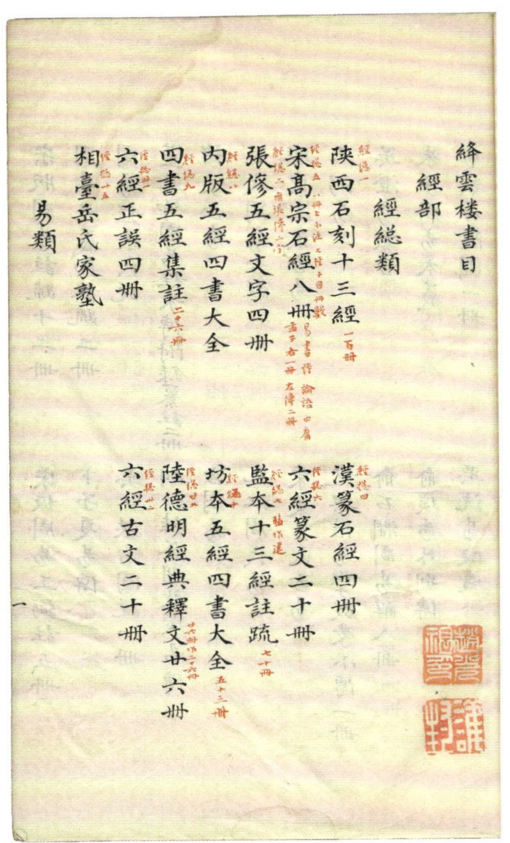
絳雲樓書目
經部
經總類
陝西石刻十三經　漢篆石經四冊
宋高宗石經八冊　六經篆文二十冊
張傪五經文字四冊　監本十三經註疏
內版五經四書大全　坊本五經四書大全
四書五經集註　陸德明經典釋文廿六冊
六經正誤四冊　六經古文二十冊
相臺岳氏家塾
易類

《絳雲樓書目》不分卷，清錢謙益撰。清初抄本。凡一冊。半葉十一行，行二十五字。開本高二十四點七厘米，寬十六點一厘米。

錢氏絳雲樓藏書以其品質聞名於世。《牧齋遺事》謂此目係絳雲樓灾後，『牧齋暇日想念其書，追録記之，尚遺十之三』。曹溶《絳雲樓書目題詞》説：『宗伯每一部書，能言舊刻若何，新版若何，中間差別幾何，驗之纖悉不爽，蓋於書無所不讀，去他人徒好書束高閣者遠甚。』

館藏《絳雲樓書目》『經部』和『史部』部分有朱筆夾注。卷端鈐有『桂林況周頤藏書』和『趙光祖印』等印記。

絳雲樓書目序

虞山宗伯生神廟盛時早歲科名交遊滿天下盡得劉子威錢功父楊五川趙汝師四家書更不惜重貲購古本書賈聞風奔赴捆載無虚日用是所積充牣幾埒内府視葉文莊吴文定及西亭王孫或過之中年搆拂水山房鑿壁為架庋其中四時從遊之士不遠千里行縢修贄乞其文刻繫牲之石為先世榮者絡繹門外自王弇州李大泌以還此事殆希見也宗伯文價既高多與清流往來好延引後進大為壬人所嫉一躓不復起晚歲浮沉南國操委蛇術容其身所薦某〻大異平居所持論物望為之頓損入北未久稱疾告歸紅豆山莊出所藏書重加繕治庀分類聚栖絳雲樓上大櫝七十有三顧之自喜曰我晚而貧書則可云富矣甫十餘

一

335 《靈棋經》提要

造靈棋法

用霹靂木或梓木棗木檀香木為棋子十二枚形圓周尺一
寸二分厚三分四書上字四書中字四書下字甲子日旋子
甲戌日書于甲申日刻子甲午日塡硃甲辰日入櫝甲寅日
致祭六戊日不占

占儀

凡占先須冠帶焚香靜坐少頃凝神定志乃捧棋子先曰天
清地寧河圖東靈焚香一炷十方肅清發鼓三通萬神咸聽
祝曰天地合德日月合明四時合序鬼神合其吉凶皇天無
私惟德是輔茲以年月日謹焚香上啓天地父母太上元
老日月五星北斗二十八宿四時五行六甲陰陽明堂威德

《靈棋經》一百二十五卦，周黄石公撰。清抄本。凡一册。半葉十一行，行二十三字。開本高二十四點五厘米，寬十四點八厘米。

館藏本正文首頁有邵瑞彭竪長方陽文『次公』印。

336 《宋志》提要

《宋志》十卷，清華氏改輯。清抄本。凡十册。半葉八行，行二十一至二十四字不等，無行格。版框高二十四點一厘米，寬十六點一厘米。

是書抄寫工整，書風淳厚。全書以五代至兩宋三百餘年之歷史爲背景，以七言説唱之方式，用演義的形式講述有宋一代之政治、經濟、軍事、文化等内容，是研究宋代歷史、文化諸方面的有力旁證。

館藏本卷三、卷四卷端下署名『海隅鎮旃華氏改輯』，卷尾署『宋志卷之□終』。此書係海内孤本，在抄寫風格、内容形式等方面具有特殊性，具有較高文獻價值。

337 —《石刻叢考》提要

《石刻叢考》十二卷，清林侗等撰。清雍正年間抄本。凡八册。半葉十行，行十九字。開本高二十七厘米，寬十七點三厘米。

林侗（1627—1714），字同人，福建侯官人。康熙中署尤溪教諭。清代書法家。

是書輯有唐昭陵墨迹考略五卷、石經考二卷、金石遺文録三卷、瘞鶴銘考一卷、焦山古鼎考一卷，共十二卷。係清初學者林侗、萬斯同、陳奕禧、張弨、張潮金石學研究成果的彙抄本，是清初金石學研究的一部重要文獻，文獻價值極大。

館藏本，抄寫工楷，書法俊美，部分文字有佚名朱筆批點。『昭陵墨迹考』有一處佚名眉批，『金石遺文録』有眉批，子目書正文卷端有幾處被吕蔭蓮挖補，一處還留有原鈐記篆文三字『藏印記』，各册均鈐有『吕氏蔭蓮珍藏書畫』陰文朱長方印記，且係孤本，版本價值較大。收入第三批全國珍貴古籍名録。

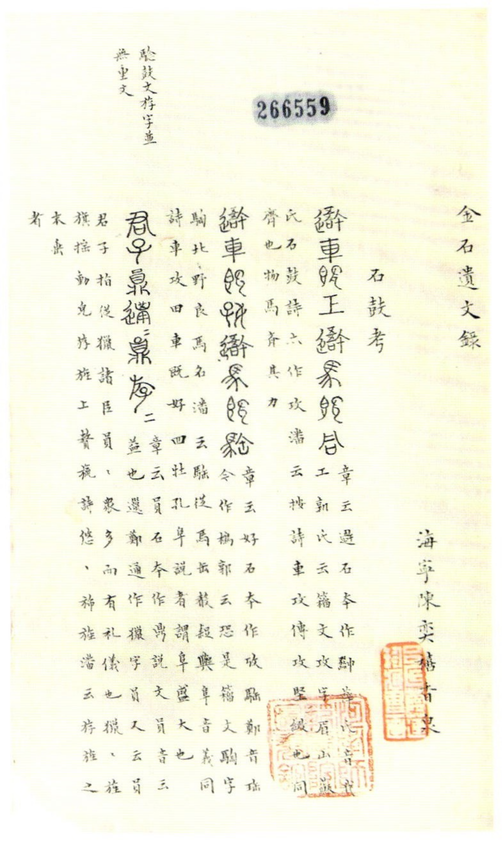
金石遺文録

石鼓考

海寧陳奕禧香泉

338｜《列國世次便考圖附唐昭陵陪葬考》提要

《列國世次便考圖附唐昭陵陪葬考》不分卷，清吴鳳來輯。清中後期抄本。凡一册。半葉九行、十行不等，行二十四字、二十五字不等。開本高二十二點八厘米，寬十四點三厘米。

吴鳳來（？—1799），字君擘，號九成，又號紫庭，清浦陽人。乾隆二十五年（1760）中進士第，乾隆三十三年（1768）選授廣西岑溪縣知縣。其後歷任西隆州、郁林象州知州，署思恩知府。吴鳳來治學嚴謹，博古通今，歸故里後著有《春秋集義》六十卷等。

是書所列世次爲王朝世次、魯國世次、晋國世次、衛國世次、蔡國世次、曹國世次等十餘國世次，每世次後附寫該國興廢略，係研究列國世次及其興廢方面的重要文獻。

館藏本内封題『光緒廿一年乙未十一月上旬永聲購自市上』，左題『秋崖伯祖手抄　列國世次便考圖　唐昭陵陪葬考』，中鎸方形陰文印『常永聲印』，卷端和卷末均鈐有長方陽文印『大梁常永聲藏書畫印』，可見此書爲開封文化名人常茂徠所抄，爲其侄孫常永聲所購回收藏。

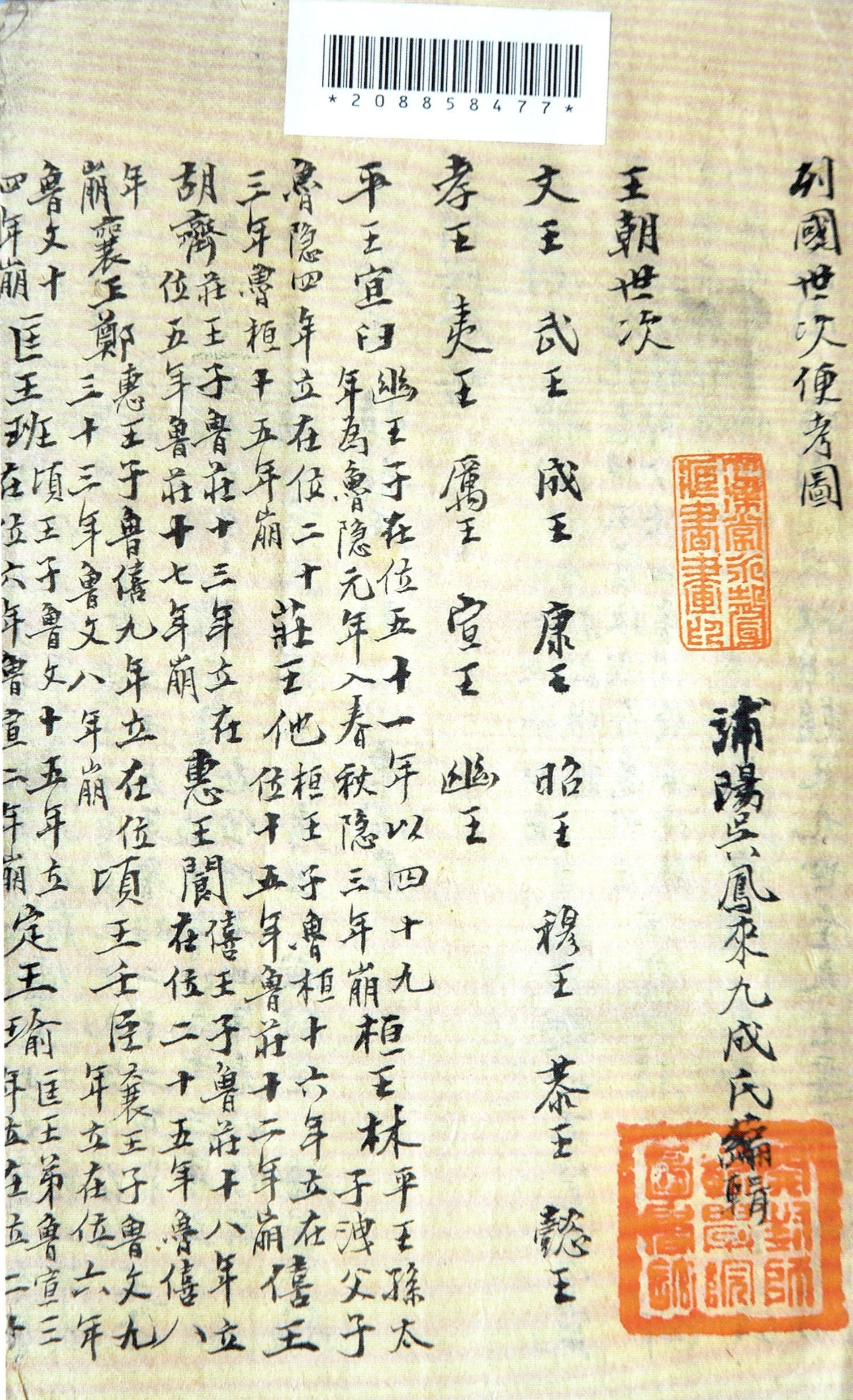

列國世次便考圖

蒲陽吳鳳來九成氏編輯

王朝世次

文王　武王　成王　康王　昭王　穆王　恭王　懿王

孝王　夷王　厲王　宣王　幽王

平王宜臼幽王子在位五十一年以四十九　桓王林平王孫太

年爲魯隱元年入春秋隱三年崩　子洩父子

魯隱四年立在位二十　莊王他桓王子魯桓十六年立在　僖王

三年魯桓十五年崩　位十五年魯莊十二年崩

胡齊莊王子魯莊十三年立在　惠王閬僖王子魯莊十八年立

位五年魯莊十七年崩　在位二十五年魯僖八

年　惠王子魯僖九年立在位　頃王壬臣襄王子魯文九

崩　襄王鄭　三十三年魯文八年崩　年立在位六年

魯文十　頃王子魯文十五年立　定王瑜　匡王弟魯宣三

四年崩　匡王班　在位六年魯宣二年崩　年立在位二

339 《高吴奏議》提要

《高吴奏議》不分卷，清高晋、吴嗣爵、吴璥奏稿。清抄本。凡二十六册。半葉九行，行二十三字或二十四字不等。白口，四周雙邊。開本高二十四點二厘米，寬十五點二厘米。

是書为清代乾隆年間兩江總督高晋、河督吴嗣爵和嘉慶年間河督吴璥所上奏折的彙編，内容主要是有關黄河變遷、治河防洪、農田水利、運河漕運、水利行政和水旱灾害等方面的資料，另外也有一些關於賦役制度、陋規攤派、基層組織、社會風俗、工料價格和生態保護方面的資料，均與治河有關。全書共六千五百多頁，約一百萬字。其中第一、二册为河督吴嗣爵和兩江總督高晋在乾隆三十六年至三十九年（1771—1774）、乾隆四十一年（1776）聯名給皇帝所上奏折，每册均題名《高吴奏議》，并注明每册奏折的起止時間；第三至二十六册爲吴嗣爵之子吴璥出任南河總督、東河總督以及署理河南巡撫時的奏稿，每册都題名爲《吴督奏議》，也注明每册奏折的起止時間，包括嘉慶四年（1799）到嘉慶十五年（1810）的奏稿十九册，嘉慶十九年（1814）到嘉慶二十年（1815）的奏稿三册以及嘉慶二十四年（1819）到嘉慶二十五年（1820）的奏稿二册。是書无頁碼、目録、序言、後跋，不分卷，各奏折也无題名，各册字體不一，係清抄本。

館藏是書保存完好，無缺損，字體清秀端方。

奏秋分後黄河復漲桃南陳家道口蟄堤漫工並各工
搶護情形

臣高晉　臣吳嗣爵　謹

奏為秋分後黄河又復盛長各工搶護情形仰祈
聖鑒事竊查黄河水勢七月下旬漸次消落徐城誌樁止存水
六尺一寸前經臣高晉於八月十二日恭摺奏
聞在案奏報後黄河又消水四寸迨八月十六日起至二十一
日黄河忽陡長水七尺三寸徐城誌樁連前長至一丈三
尺水勢浩瀚北岸之蘇家山滚壩過水深一尺五六寸南

340 《大中口義》提要

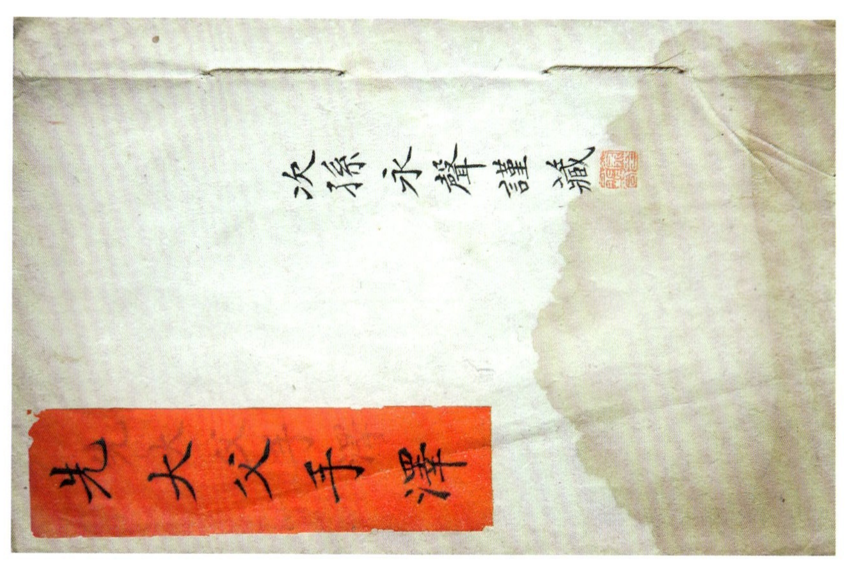

《大中口義》不分卷，清常啓佑撰。清稿本。凡一册。半葉七行，行十八至二十字不等，小字雙行，行二十二至二十五字不等。開本高二十三點三厘米，寬十四點九厘米。

是書爲常啓佑條貫義理，剖析《大學》《中庸》之作。常氏推尊紫陽而非象山，剖析大學言心昭德，順應天道；解釋中庸之旨，論心尋性，自有見地。

館藏本爲常氏手稿本，朱筆圈點，小字注釋，係海内孤本。扉頁有墨筆題『大中口義，篪軒手著』，并鈐有陰文朱方『啓佑之印』，内封題『先大父手澤，次孫永聲謹藏』，并鈐有陰文朱方『常永聲印』，正文卷端鈐有陽文朱長方『大梁常永聲藏書畫印』。

大中揔論

大學中庸陸像山分看朱子合看陸言大學言心不言性中庸言性不言心此一偏也蓋大學雖言心而明德非原於天乎中庸雖言性而率性非本於心乎且但曰心則止於老佛之虛無矣但曰性則近於俗學之支離矣不知學中具河圖洛書相表裡河圖言先天之理洛書言後天之理無河圖人雖有言動之具空為粗迹而無本源無洛書天

341 《大梁古迹考》提要

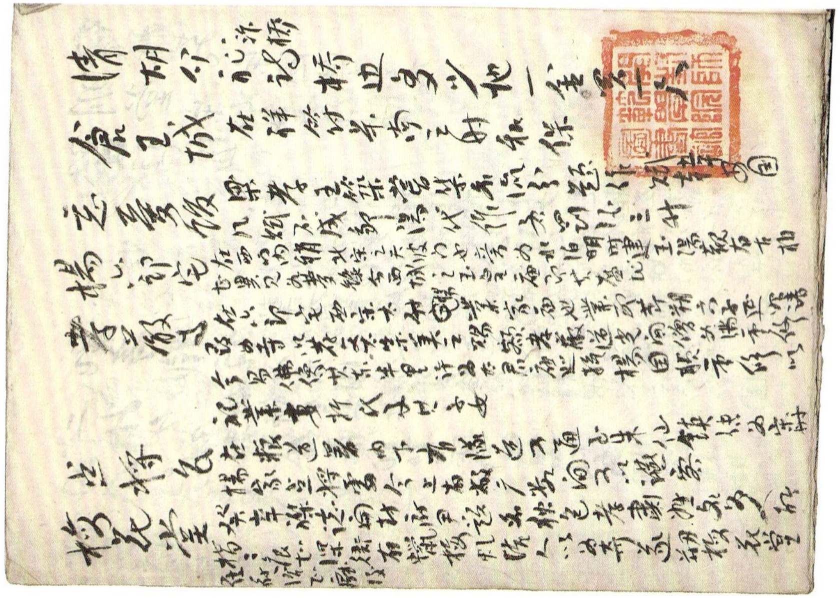

《大梁古迹考》不分卷，清宋繼郊撰。清稿本，後人補輯。凡一册。半葉十一行至十五行不等，字數不等，小字雙行，字數不等。開本高十九點六厘米，寬十四點五厘米。

是書輯録從春秋戰國至民國時期有關大梁城中古建、遺迹、街巷、寺廟、橋梁、園林等之沿革變遷，軼事軼聞并記載了開封城中重要歷史事件，如報紙開辦、文體活動、公共汽車開行等等，有一定的史料價值。

342 《［光緒］息縣鄉土志》提要

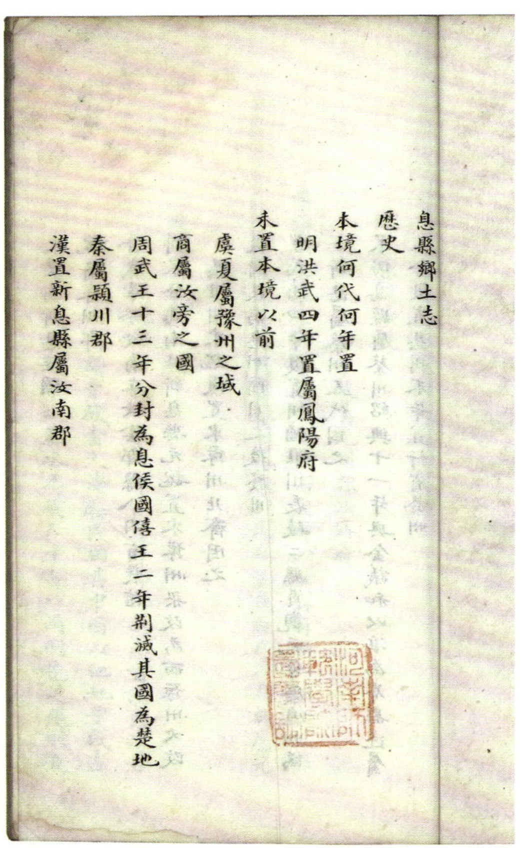
息縣鄉土志
歷史
本境何代何年置
明洪武四年置屬鳳陽府
未置本境以前
虞夏屬豫州之域
商屬汝旁之國
周武王十三年分封為息侯國僖王二年荊滅其國為楚地
秦屬潁川郡
漢置新息縣屬汝南郡

《［光緒］息縣鄉土志》不分卷，清□□修，清末抄本。凡一册，半葉十行，行二十三字。開本高二十六點一厘米，寬十五點二厘米。

是書記事至光緒十年（1884），内容涉及息縣的歷史、政績（涉及捻軍起義事迹）、民族、户口、氏族、宗教、地理、物産等，有一定的資料價值。

據1978年《中國地方志聯合目録》著録，國内僅河南大學圖書館藏一册。

343 《鐵橋金石跋》提要

《鐵橋金石跋》四卷，清嚴可均撰。清末古歡閣初刻紅樣本。凡一册。半葉十一行，行二十一字，小字雙行，行二十一字。白口，紅單魚尾，左右雙邊。版心下右鎸『古歡閣』。版框高十八厘米，寬十二點六厘米。

嚴可均（1762—1843），字景文，號鐵橋，宛平籍，改歸原籍烏程，清嘉慶五年（1800）舉人。

是書为清代金石學重要著作之一，考證精微，具有很重要的資料價值。同時它又爲清末古歡閣初刻紅樣本，字迹清晰，刀法剔透，印製精美，印數少，傳世罕，歷爲版本家和藏書家所看重。

館藏本内封鎸『鐵橋金石跋四卷　潘祖蔭署檢』。扉頁題：『此吴縣潘太夫子滂喜堂叢書中初刻紅樣本也，無意於冷攤上得之。景翁先生夙喜古金舊石之學。謹以奉贈。丁巳四月四日漢章謹識』。各卷後鎸有『歸安姚慰祖重校』。

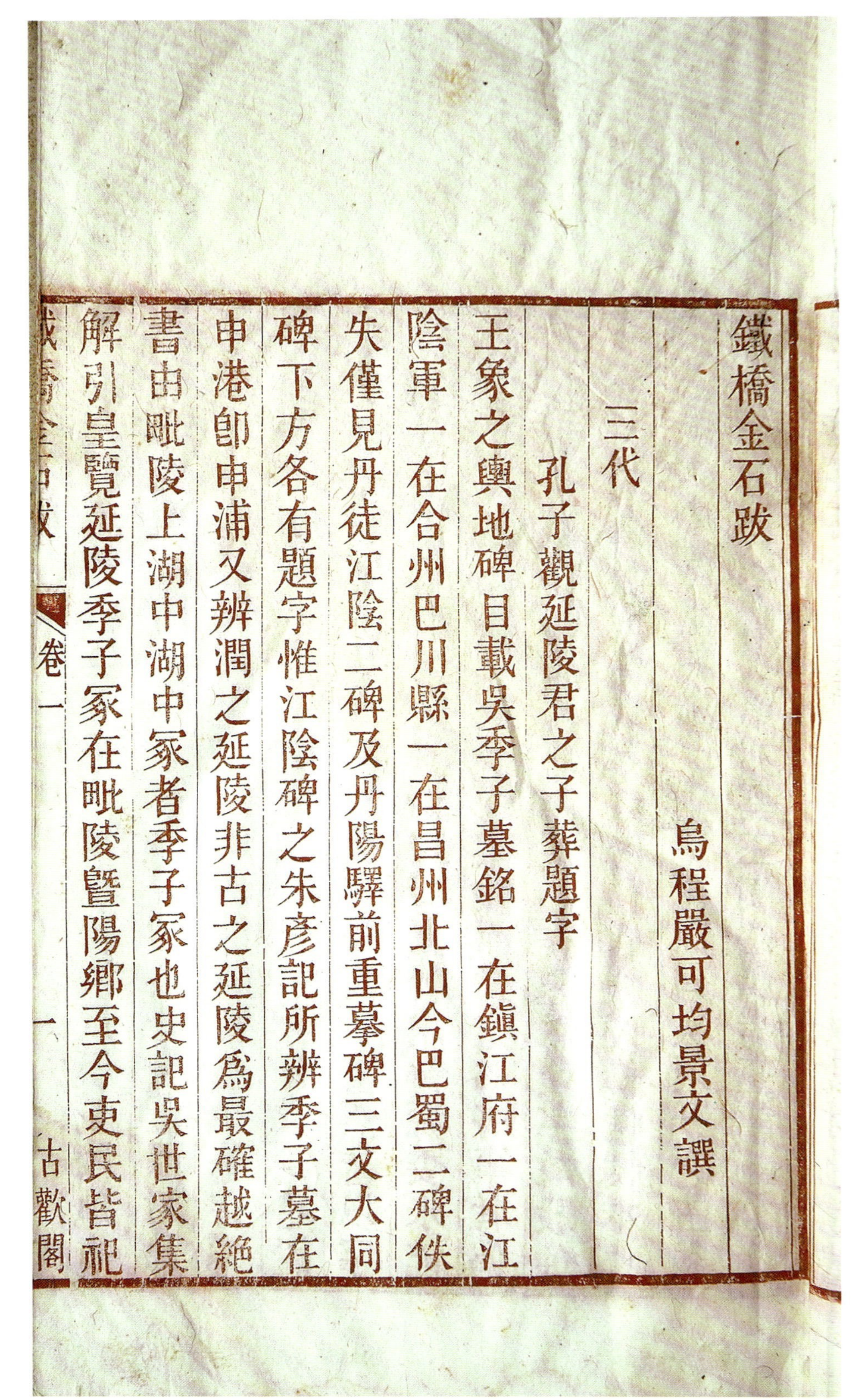

鐵橋金石跋

烏程嚴可均景文譔

三代

孔子觀延陵君之子葬題字

王象之輿地碑目載吳季子墓銘一在鎮江府一在江陰軍一在合州巴川縣一在昌州北山今巴蜀二碑佚失僅見丹徒江陰二碑及丹陽驛前重摹碑三攴大同碑下方各有題字惟江陰碑之朱彥記所辨季子墓在申港卽申浦又辨潤之延陵非古之延陵爲最確越絶書由毗陵上湖中湖中冢者季子冢也史記吳世家集解引皇覽延陵季子冢在毗陵暨陽鄉至今吏民皆祀

鐵橋金石跋　卷一　一　古歡閣

344　《古今圖書集成》提要

《古今圖書集成》一萬卷，清蔣廷錫纂，清康熙內府銅活字印本。半葉九行，行二十四字。白口，四周雙邊。版框高二十一點四厘米，寬十四點七厘米。

是書乃康熙年間陳夢雷等纂修的一部大型類書，雍正時蔣廷錫等奉命重輯，銅活字排印。全書分曆象、方輿、明倫、博物、理學、經濟六編。每部按彙考、總論、圖表、列傳、藝文、選句、紀事、雜録、外編的順序，把中國幾千年的資料和有關人物統括起來。內容涵蓋我國一萬五千多卷經史子集的典籍，浩瀚無比。雍正稱贊：『貫穿古今，匯合經史，天文地理，皆有圖記。下至山川草木，百工製造，海西秘法，靡不備具。洵爲典籍之大觀。』爲世界文化史上所罕見。

是書分類細緻，條理清晰，是現存類書中規模最大，資料最豐富，體例較完善，使用價值較高的一部。

館藏本存三册五卷，即卷三百八十七至卷三百八十八、卷六百二十七至卷六百二十八、卷六百七十一。雖殘編零什，然爲清內府銅活字印本，彌足珍貴。

職方典第三百八十七卷

開封府部藝文六

受禪臺賦　明杜柟

陟崇臺以佇立兮忽忳悒而徘徊値秋氣之蕭森兮動宋玉之悲懷操鵾夷之芳醞兮聊闔惡而銜杯痛漢季之小兒兮談劉氏以茹哀想赤精之黯黯兮驚黃星之陸離天胡降此孼瞞兮假夏侯之門楣乃狐媚而兎狡兮遂肆黠以恣欺彼啖葛而誆叔兮何舉世之無知當建安之改元兮正黃巾之初定方赴洛

欽定古今圖書集成方輿彙編職方典

第三百八十七卷目錄

345 《蘭亭序十三跋》提要

筆暮已自詩其餘薄俗可、
鄙、三日泊舟席陂待放閘書
甲午夏五月臨奉
覓卿三兄大人雅正
定甫弟徐仁麟

《蘭亭序十三跋》，清徐仁麟臨。清寫本，落款爲『甲午（1894）夏五月臨』。凡一册。經折裝。開本高二十七點二厘米，寬十六厘米。

徐仁麟，清末人。

元朝至大三年（1310）九月，應召赴京的趙孟頫乘舟北上，在南潯，得獨孤長老贈送一件定武蘭亭。這件定武蘭亭，非常珍貴，後有南宋書家吴説、南宋名家朱敦儒、元代著名畫家錢選、元代著名書家鮮於樞四人題跋。趙孟頫時時展讀這件定武舊刻，并寫下十三段題跋。蘭亭十三跋不僅是書中之奇品，而且在書法理論上也有其真知灼見，值得習書者精心研讀。

館藏本卷尾署名後鈐有正方陽文印『鈞良山館』。

永和九年歲在癸丑暮春之
初于會稽山陰之蘭亭脩稧
事也羣賢畢至少長咸集此
地有崇山峻領茂林脩竹又
有清流激湍暎帶左右引以
為流觴曲水列坐其次雖無

346　《蕓暉書屋筆記》提要

《蕓暉書屋筆記》不分卷，清兆琛撰。清同治年間稿本。凡八册。半葉十行，二十九字、三十字不等。開本高十九點七厘米，寬十三點六厘米。

清代中葉以後，黔、湘地區的苗族人民發動了一系列反清起義，其中大起義三次，小暴動二三十次。咸豐五年（1855），貴州苗族農民在太平天國起義的影響下，由苗族農民領袖張秀眉領導，又爆發了大規模反清起義。太平天國失敗後，清政府乃集中兵力鎮壓起義。同治五年（1866），湖南巡撫李瀚章派兆琛、李元度等率湘軍兩萬人入黔鎮壓起義。據筆記載，兆琛先任石門、龍山縣令，後以『剿辦有功』，升調寶慶知府。

筆記係兆琛在職期間之來往公牘稟札及督撫與兆琛之示諭，記咸豐年間清政府在湖南、貴州邊境各縣鎮壓苗民教民起義諸事。

館藏本首頁鈐有長方陰文印『蕓暉書屋』。是書反映了太平天國起義期間湘、黔兩省動蕩不安的社會狀況，有較重要的史料價值、文獻價值。

咸豐六年十二月十七日起至七年夏季

芸暉書屋筆記

桂生札 道生札同

前札飭道照事查花翎儘先補用同知直隸州兆 從前曾帶艇勇勦辦銅仁等處匪徒尚稱得力現在銅境肅清而貴州省自古州鎮失陷後黎平府城戒嚴請將一帶防勦哄防守部沈陸續派委丁訓導萬參將侯都司張倫萬書熊倫興柏等各帶兵勇駐紮勦辦惟查勇力尚單請函兆牧將前帶艇勇內挑選勇敢而慣於登山陟嶺精壯之勇各回三百名帶赴該州會同萬參將等及在防文武協力相機援勦以厚兵力而資調遣合亟札飭札到該牧立即遵照辦理星速募帶赴該援勦仍將遵札各回營帶起程原由及到該後會商援勦情形馳稟核查此札 六年十二月十七日到

稟桂藩司生 紅白上箋

347 《重修祥符縣志稿》提要

《重修祥符縣志稿》不分卷，清宋繼郊輯。清同治年間手稿本。凡一册。半葉九行，行二十一字，小字雙行，行二十一字。開本高二十點九厘米，寬十五點二厘米。

是書内封題『樹芝手輯』四字，右上側題曰『古迹志』。其大目是城、艮岳、牟駝岡、海、丘、宫；附鐵塔、侯生墓、節孝三條，雜記二條。

開封爲七朝古都，有關其古迹之作，代有佳構。北宋宋敏求之《東京記》已不可見，當首推孟元老之《東京夢華録》，此書自非古迹專志，但其中所叙東京面貌諸篇章，應爲後日探古尋幽者之先聲。明代李濂之《汴京遺迹志》一書，應爲這方面的名著。清雍乾年間，周城之《宋東京考》一書出版，記宋都一百七十年之遺迹，采摭舊籍至三百五十餘種之多，足見其富贍。仿朱彝尊《日下舊聞》體，而精核或稍遜之，但較之前宋明之作，或無遜色。有此三書在，後之談開封古迹者，苟不能拾遺補闕，實應慎重其筆墨。

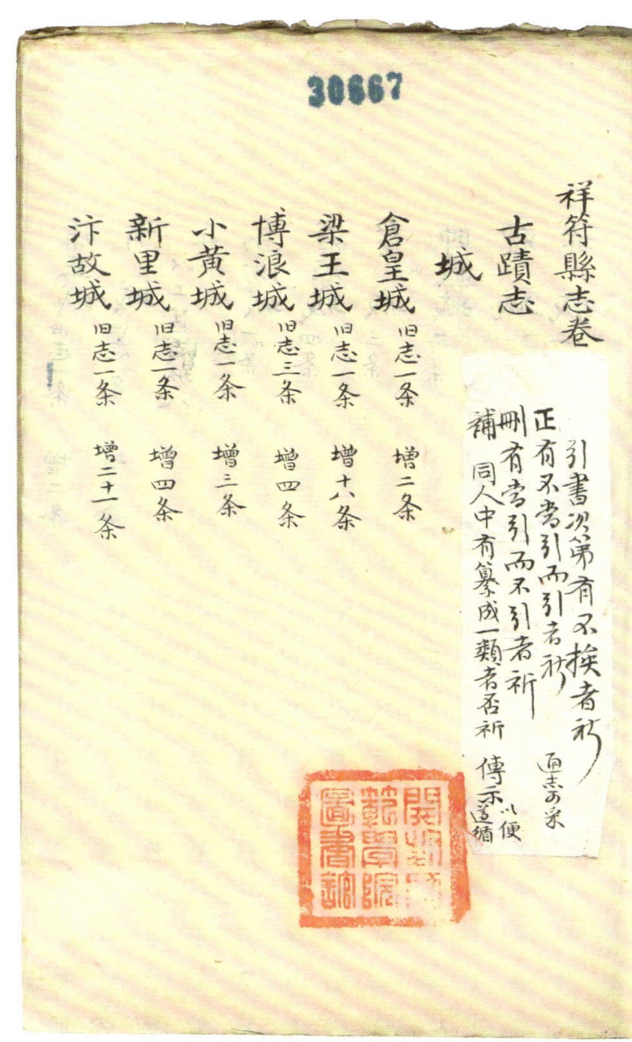

祥符縣志卷

古蹟志

城

倉皇城 旧志一条 增二条

梁王城 旧志一条 增十八条

博浪城 旧志三条 增四条

小黃城 旧志一条 增三条

新里城 旧志一条 增四条

汴故城 旧志一条 增二十一条

引書次第有不挨者补

正 有不當引而引者刪

刪 有當引而不引者补

補 同人中有纂成一類者各补

倉皇城 緒記

城

倉皇城在縣城北時和保世傳倉頡所築舊志

府志倉王城在府城北時和保古倉頡所築增

宋太平寰宇記東京開封縣引陳留風俗傳云縣有蒼頡師曠城增